PAROLE ET PENSÉE

Introduction au français d'aujourd'hui

TROISIÈME ÉDITION

Yvone Lenard

CALIFORNIA STATE UNIVERSITY, DOMINGUEZ HILLS

Color photography by Wayne Rowe

HARPER & ROW, PUBLISHERS
New York   Hagerstown   San Francisco   London

À la mémoire de Marguerite Dedieu-Delavallade qui a tant et si bien enseigné.

ACKNOWLEDGMENTS

Valuable critical reviews were provided by:
Professor Arthur Babcock, University of Southern California
Professor Danielle Chavy Cooper, Monterey Institute of Foreign Studies
Professor Jack Kolbert, University of New Mexico
Professor Constance Knop, University of Wisconsin
Professor Marcia Marvin, Portland Community College
Professor Hubert Séguin, University of Ottawa

Preparation of vocabulary charts and answers to the exercises:
Professor Danielle Chavy Cooper, Monterey Institute of Foreign Studies

Preparation of end vocabulary:
Roger Bonilla, Palo Alto, California

To these people, and to all the users of the first and second edition who have made criticisms and suggestions, I express my sincere appreciation.

Y.L.

Couverture : Le Port de Saint-Tropez, aquarelle de Ropp (photo Wayne Rowe)

Sponsoring Editor : George J. Telecki
Special Projects Editor : Ellen H. Antoville
Project Editor : Richard T. Viggiano
Designer : Rita Naughton
Production Supervisor : Will C. Jomarrón
Photo Researcher : Myra Schachne
Compositor : Santype International Limited
Printer and Binder : R. R. Donnelley & Sons Company
Artist of Lesson Openers and Poetry : Bill Greer

Parole et Pensée : Introduction au français d'aujourd'hui, Troisième édition
Copyright © 1964, 1965, 1971, 1977 by Yvone Lenard

Library of Congress Cataloging in Publication Data

Lenard, Yvone.
    Parole et pensée.

    Includes index.
    1. French language — Grammar — 1950- I. Title.
PC2112.L44   1977   448' .2'421   76-54983
ISBN 0-06-043963-7

Contents

TABLE DES MATIÈRES **v**

quelque chose de et quelque chose à
oui ou si ?
Les pronoms disjoints : **moi, toi, lui/elle, nous, vous, eux/elles,** et **soi**
Le pronom indéfini **ça** (ceci et cela)

Poème : Le vase (Guillaume Apollinaire)

Preface to the Third Edition

PAROLE ET PENSÉE is intended as an aid in teaching beginning students how to understand, speak, write, and read French. This is the third edition. The first edition was copyrighted in 1965, the second in 1971. Another edition, in fact, preceded these: An early syllabus version was copyrighted in the spring of 1964, because a number of colleges and universities were eager to start using PAROLE ET PENSÉE, without waiting for the publication of the hardcover book.

Over the years, and often through the constructive criticism of teachers using the book, much has been learned which has served to improve the materials. It is hoped that this edition will reflect better textbook writing techniques, as well as changing times. Many features of the previous editions have been retained, but many important changes have been made.

There is no change in methodology

The method I proposed and called the *Verbal-Active Method* has proved so successful that my main concern has been to define its concepts more clearly and to give them a fuller application.

Changes in the structure of the book

The number of lessons has been reduced from *thirty-seven* to *thirty*. This will make the material more manageable in the framework of a one-year program. This has been done partly by condensing some points and by eliminating lessons on the indirect discourse, the affective constructions, and the literary tenses of the subjunctive. You will find these and other materials included, instead, in a set of *Leçons supplémentaires*, to be used, or left aside, at your discretion.

You will note, among other changes, that *verbs of the first group* are presented much earlier than in the previous editions.

Changes in the structure of the lessons

The order of elements in each lesson has been modified, to present materials in a more logical manner. *Exercices oraux* now follow the *Explications*. We have added a new section, *Conversation*, which will elicit conversation between the students. The traditional *Questions* following the *Lecture* have been replaced by the fresher concept of *Répondez dans l'esprit de la lecture et avec imagination*, which will also serve to elicit guided, but creative conversation. New exercises have been added in many lessons.

Changes in language and attitudes

Changes in society and attitudes are reflected in language. I was born, grew up, and was educated in France, and regularly spend my summers living and traveling in France. Still, I was fortunate to spend last year in France, working and living in close contact with American and French students, and with French people in general. This was a cultural refresher course. Society is evolving quickly in France today, as it is everywhere else, and this is reflected in every aspect of the language. For instance, the informal *"tu"* is used more and more widely, not only among young people and members of a family, but among friends, colleagues at the university and elsewhere. Language is often at odds with grammatical rules: *"des"* in front of an adjective, as in: *"J'ai des bonnes nouvelles"* or *"Nous venons d'acheter des nouveaux meubles"* is very widespread today, and even used by members of the prestigious Académie française: *"Il fit des rapides progrès,"* writes Henri Troyat in his novel *L'Assiette des autres*. You will find these changes, and others, reflected in this edition.

Perhaps the most important change in recent years has been that of the condition of women, and in particular, of the image women have of themselves. Our text shows women who are free and responsible. In France, as in the U.S., there are today many students married, who work at part or full-time jobs outside their studies. You will meet such students in the pages of this new edition, and we hope, recognize them.

Last, but not least, thank you to all the students whose adventures, stories and personalities have provided PAROLE ET PENSÉE with models and inspiration. *Merci à vous tous, chers étudiants*.

To the teacher

This book is intended as an aid in teaching beginning students to understand, speak, read, and write French. Listening, understanding, and speaking are of primary importance, and writing should not be allowed to come first, or to take the place of the audio-lingual aspects of language. Students will learn how to write what they can already understand and say. They will learn how to read. But we do not want to encourage reading and writing as a substitute for understanding and speaking.

You will bring to life the textbook in your classroom. A book, by its very nature, can only be printed. While the lab materials help bridge the gap between the printed word and its sound, it is you, the instructor, who will give life and sound to the language contained in this book.

The Teacher's Guide will provide you with the following:

- The philosophy and principles of the *Verbal-Active Method* used in this book.

- How to introduce each of the components of the lesson: *Introduction, Explications, Exercices oraux, Conversation, Lecture, Répondez dans l'esprit de la lecture et avec imagination, Exercices écrits, Composition orale, écrite, ou discussion.*

- A step-by-step guide to introducing each new structure, for each lesson, including many examples and questions for use in your presentation.

- Answers to all the exercises and questions contained in the book.

- Samples of examinations, both written and oral.

While the above may be of help to you, an important feature of the *Verbal-Active Method* is its adaptability to the personality of each instructor. It is your own input which adds spice and excitement to your class. Communicate with your students on **your** own terms; it is **your** class, make this book **your** book.

The laboratory program. A complete set of audio tapes accompanies the book. These tapes can be reproduced by your lab on cassettes, so that students who so desire can do their lab work at home. A *Cahier de travail et de laboratoire* serves to complete the lab program. The text of the tapes follows closely the material of the lessons, but does not reproduce it. The tape exercises are different from those in the book.

The complete text of the audio tapes is included in the *Teacher's Guide*, including the text of the oral testing tapes, as well as answers to these tapes.

Selected songs included in the book, *Chevaliers de la table ronde*, *Vive la Canadienne*, *Le retour du marin*, and *Dans la Vallée des Roses*, are recorded on a separate tape. They are sung by the well-known French folk singer, Jacques Yvart, accompanying himself on the guitar.

To the student

You already know at least one language, and perhaps more than one. Learning a new language is an exciting, challenging venture. From it you will derive a variety of benefits: You will certainly sharpen your mind, increase your awareness of your own language, gain an insight into the nature of language itself, acquire an important and useful means of communication, become able to read great authors in the original text, and perhaps prepare for a satisfying career.

Why are there so many words in French that look the same as in English? When William of Normandy crossed the English Channel and won the battle of Hastings, in 1066, earning the title William the Conqueror, he and his Norman followers brought along their language, French. As they settled and imposed their rule on the Saxon population, a new language evolved, composed of Saxon and French elements. Over the years, that language developed into the English we know today. Meanwhile, of course, French continued to be spoken in France and evolved in its own way. But English is formed of several elements, the most important of which are French and Saxon. As a rule, concrete words come from Saxon, because, after the Conquest, the Saxons were confined to the status of peasants and artisans, and tended to use simple, direct words, like names of implements (*plough* for instance, is a Saxon word). On the other hand, the abstract, the poetic, the scientific, and the legal terms generally come from French as spoken by the Norman overlords, who lived a more luxurious and leisurely life in their castles, who administered justice and ruled the land. All this explains why you will see so many French words that look exactly, or very much, like English words. In fact about half the vocabulary of English is derived from French. The pronunciation of these words is, however, often quite different in French and in English.

Some important suggestions to help insure your success in the French class

Attend class regularly. You should never miss class, particularly at the beginning of the course. Missing even a single presentation will prevent you from understanding the subsequent ones, and you may soon find yourself hopelessly behind. If you *must* be absent, ask the instructor or another student, not just for the assignment for the day (it is only a reinforcement of what has been done in class), but what material was covered. Try to get a thorough explanation from the instructor, a tutor, or a classmate.

Listen carefully to everything the instructor is saying in class. It is not the same sort of listening you do in lecture classes. Here you will be expected not only to understand what is said, but to use it yourself and incorporate it in your own speech.

Repeat what the instructor says whenever given the opportunity, imitating him/her as accurately as you can.

Answer questions. Do attempt some sort of an answer, even if you are not certain that it is correct. A wrong answer is preferable to a prudent silence. When another student is being questioned, formulate a response in your own mind, so that you are, in effect, answering and participating constantly in class.

Do not look up in your textbook (or dictionary) something the instructor is saying in class. You probably won't be able to find it and, meanwhile, you will miss the trend of what is going on. Ask questions if you do not understand something, particularly a point of vocabulary. When you learn a new word, do not write the translation above the French word in the book. If you feel you must write it at all, then do so in the margin, where it will not interfere visually with the French word itself.

Do not take notes in class. No material is presented in class that cannot be found in the book. Try to make the materials presented in class sink into your mind, not into your notebook. Taking notes only prevents you from giving full attention to what is being said.

Avoid translation into English. When a new word is presented, make every effort to understand it through contextual clues. Don't fall into the error of feeling that the English word is the only true one and the only proof of your comprehension. It is quite possible, and even quite normal, to grasp ideas entirely in French from the very beginning. But to do this you must avoid translation into English.

Suggestions for your homework

Study carefully the structures that were presented in class. Now is the time to write. Practice writing and saying the new structures until you are comfortable with them. If a reading was presented, read it aloud to yourself (or into a tape recorder). Look up the words you do not understand. Make an effort to associate the sounds of the words which you have heard in class with their written form.

Do all written assignments carefully, on the day they are assigned, after having read through them and understood how to do them. If you do not know how to do the assignment, find out first. Do not waste your time doing something you do not understand. If the assignment contains fill-in exercises, do not write the answers in the blanks. Instead, write them in the margin, if you wish. This will enable you to self-test the material, an excellent means for review and for studying for a test.

While preparing your composition, do not, under any circumstances, write it first in English and then try to translate it into French. Instead, compose a simple but imaginative and interesting composition directly in French, *using the terms and the structures you have learned,* not only in the current lesson, but in the previous ones as well. *Never look up an English word to find the French equivalent.* You would find heaven-knows-what French term, and it would almost certainly be totally wrong.

Do not buy a dictionary. You must not, in this first year, buy or attempt to use a dictionary. Later, if you do purchase one, use it only to verify the spelling of words you already know. Do not look up new words. It takes training and experience to properly use a dictionary in a foreign language. Improper use of the dictionary would not only lead you into errors, but it would even prevent you from learning as you should. Take my word for it, and stay away from French/English, English/French dictionaries for the first year of your study of French. The French/English vocabulary at the end of this book is all you will need to check the meaning of French words you do not understand, and it cannot lead to your making errors.*

BON COURAGE, BONNE CHANCE, ET BEAUCOUP DE SUCCÈS!

---

*For many of these excellent suggestions, I am indebted to Professor Marcia Marvin, whom I thank for sharing them with us.

Masculin ou féminin?
Vive la différence!

- La présentation : **Bonjour! Comment vous appelez-vous ? Comment allez-vous ?**
- L'appel
- La fin de la classe : **Au revoir! À demain.**
- La définition et le genre d'un objet : **Qu'est-ce que c'est ? C'est un.../C'est une...**
- L'identité d'une personne : **Qui est-ce ? C'est Paul. C'est Suzanne.**
- Le genre et la terminaison d'un nom

INTRODUCTION

DÉCLARATION ET QUESTION	RÉPONSE

M.
Mme
Mlle

La présentation

Le professeur: Bonjour, Monsieur! Bonjour, Madame! Bonjour, Mademoiselle!

La classe: Bonjour, Madame (Mademoiselle, Monsieur)!

my name is

Le professeur: Je m'appelle Madame (Mademoiselle, Monsieur) X. Comment vous appelez-vous, Monsieur?

Un étudiant: Je m'appelle Roger Ellis.

Le professeur: Comment vous appelez-vous, Mademoiselle?

Une étudiante: Je m'appelle Kim Pastor.

Le professeur: Et vous, Mademoiselle, comment vous appelez-vous?

Une étudiante: Pardon, Madame. Je m'appelle « Madame ». Je m'appelle Madame Martin. Je m'appelle Jackie Martin.

Le professeur: Excusez-moi, Madame. Comment allez-vous, tout le monde?

La classe: (= Tout le monde): Très bien, merci. Et vous?

Le professeur: Très bien aussi, merci.

L'appel

Le professeur: Monsieur Ellis?

Roger Ellis: Présent.

Le professeur: Mademoiselle Pastor?

Kim Pastor: Présente.

Le professeur: Madame Martin?

Jackie Martin: Présente.

Le professeur: Monsieur Montel?

(*Silence*)

Le professeur: Ah, Monsieur Montel est absent. Mademoiselle Wilson?

(*Silence*)

Le professeur: Ah, Mademoiselle Wilson est absente aussi.

La fin de la classe

Le professeur: Au revoir, tout le monde.

La classe: (= Tout le monde) Au revoir, Madame (Mademoiselle, Monsieur)!

Le professeur: À demain.

La classe (= Tout le monde) À demain.

2 PREMIÈRE LEÇON

La définition et le genre d'un objet : **Qu'est-ce que c'est ?**

Le professeur : C'est un livre. Qu'est-ce que c'est ?

La classe : C'est un livre.

C'est un stylo. Qu'est-ce que c'est ?
C'est un crayon. Qu'est-ce que c'est ?
C'est un cahier. Qu'est-ce que c'est ?
C'est un papier. Qu'est-ce que c'est ?
C'est un tableau. Qu'est-ce que c'est ?
C'est un bureau. Qu'est-ce que c'est ?
C'est un mur. Qu'est-ce que c'est ?

La classe : C'est un stylo.
La classe : C'est un crayon.
C'est un cahier.
C'est un papier.
C'est un tableau.
C'est un bureau.
C'est un mur.

Le professeur : Qu'est-ce que c'est ?
Oui. C'est un livre. Et c'est un autre livre. Qu'est-ce que c'est ?
C'est un cahier. Et c'est un autre cahier. Qu'est-ce que c'est ?

C'est un livre.

C'est un autre livre.

C'est un autre cahier.

Le professeur : C'est une chaise. Qu'est-ce que c'est ?
C'est une table. Qu'est-ce que c'est ?
C'est une porte. Qu'est-ce que c'est ?
C'est une fenêtre. Qu'est-ce que c'est ?
C'est une lampe. Qu'est-ce que c'est ?
C'est une carte. Qu'est-ce que c'est ?
C'est une classe. Qu'est-ce que c'est ?
C'est une enveloppe. Qu'est-ce que c'est ?
C'est une adresse. Qu'est-ce que c'est ?

C'est une chaise.
C'est une table.
C'est une porte.
C'est une fenêtre.
C'est une lampe.
C'est une carte.
C'est une classe.

C'est une enveloppe.
C'est une adresse.

Le professeur : Qu'est-ce que c'est ?
Oui. C'est une chaise. Et c'est une autre chaise. Qu'est-ce que c'est ?
C'est une table. Et c'est une autre table. Qu'est-ce que c'est ?

C'est une chaise.

C'est une autre chaise.

C'est une autre table.

L'identité d'une personne : **Qui est-ce ?**

Le professeur : C'est Roger Ellis. Qui est-ce ?
Est-ce un étudiant ?
Est-ce un jeune homme (= un garçon) ?

La classe : C'est Roger Ellis.
Oui, c'est un étudiant.

Oui, c'est un jeune homme (= un garçon).

C'est Kim Pastor. Qui est-ce ?
Est-ce une étudiante ?
Est-ce une jeune fille (= une fille) ?

C'est Kim Pastor.
Oui, c'est une étudiante.
Oui, c'est une jeune fille (= une fille).

Le professeur, c'est Madame X (ou : Mademoiselle Y). Qui est-ce ? Est-ce une dame ?

C'est Madame X (ou : Mademoiselle Y). Oui, c'est une dame.

Le professeur d'une autre classe, c'est Monsieur Z. Qui est-ce ? Est-ce un monsieur ?

C'est Monsieur Z. Oui, c'est un monsieur.

EXPLICATIONS

1. La définition d'un objet

> Qu'est-ce que c'est ? ` C'est **un** livre.
> C'est **une** table.

La question est :   Qu'est-ce que c'est ?
La réponse est :   C'est **un**.../C'est **une**...

2. Masculin et féminin

A.   C'est **un** livre.
        C'est **un** cahier.

livre est masculin : **un livre** ; cahier est masculin : **un cahier**

> **un :** article indéfini masculin

B.   C'est **une** table.
        C'est **une** classe.

table est féminin : **une table** ; classe est féminin : **une classe**

> **une :** article indéfini féminin

En français, un nom est masculin ou féminin.

3. **un autre, une autre**

C'est un livre.   C'est **un autre** livre.

C'est une chaise.   C'est **une autre** chaise.

4. Le genre et la terminaison d'un nom*

   A.   un pap**ier**⎫
          un cah**ier**⎭ masculin (un pan**ier**, etc.)

   Un nom avec la terminaison **-ier** est masculin.

   B.   un tabl**eau**⎫
          un bur**eau**⎭ masculin (un rid**eau**, un drap**eau**, etc.)

   Un nom avec la terminaison **-eau** est masculin.

   C.   un restaura**nt**⎫
          un appartem**ent**⎬ masculin (un préside**nt**, un complime**nt**, etc.)
          un étudia**nt**⎭

   Un nom avec la terminaison **-nt** est masculin.**

   D.   une addi**tion**⎫
          une soustrac**tion**⎪
          une opéra**tion**⎬ féminin (une émo**tion**, une autorisa**tion**, etc.)
          une composi**tion**⎭

   Un nom avec la terminaison **-tion** est féminin.

   E.   une omel**ette**⎫
          une clarin**ette**⎬ féminin (une assi**ette**, une fourch**ette**, etc.)
          une tromp**ette**⎭

   Un nom avec la terminaison **-ette** est féminin.

5. L'identité d'une personne: **Qui est-ce? C'est...**

          Qui est-ce?

          C'est Monsieur Brun.   C'est un monsieur.
          C'est Madame Martin.   C'est une dame.
          C'est Mademoiselle Pastor.   C'est une jeune fille (= une fille).

---

* *It is true, of course, that the ending of a noun does not always reflect its gender. But there are several endings, like the ones indicated here, which can serve as a clue to gender.*
** *This is only part of a broader rule that, with very few exceptions, nouns ending with two consonants are masculine:* le respect, le temps, le doigt, le banc, le canard.

C'est Kim Pastor.
C'est Roger Ellis.

C'est une jeune fille (= une fille).
C'est un jeune homme (= un garçon).

RÉCAPITULATION

OBJET	PERSONNE
Qu'est-ce que c'est ?	Qui est-ce ?
C'est un.../C'est une...	C'est Roger./C'est Kim.
	C'est un monsieur./C'est une dame.

EXERCICES ORAUX

1. Complétez par **c'est un/c'est une**.

> Exemple : livre
> *C'est un livre.*

1. table	7. porte	13. étudiant	19. chaise
2. fenêtre	8. bureau	14. fille	20. dame
3. adresse	9. carte	15. monsieur	21. jeune homme
4. mur	10. papier	16. classe	22. professeur
5. cahier	11. crayon	17. tableau	23. étudiante
6. stylo	12. enveloppe	18. lampe	24. définition

2. Quelle est la question ?

> Exemple : C'est une porte.   C'est Roger.
> *Qu'est-ce que c'est ?   Qui est-ce ?*

1. C'est un monsieur.	8. C'est une dame.
2. C'est une auto.	9. C'est un garçon.
3. C'est une question.	10. C'est un crayon.
4. C'est une fenêtre.	11. C'est un mur.
5. C'est un professeur.	12. C'est une fille.
6. C'est une adresse.	13. C'est un étudiant.
7. C'est un stylo.	14. C'est un président.

3. Répondez à la question par : **C'est un monsieur. C'est une dame. C'est un jeune homme (= C'est un garçon). C'est une jeune fille (= C'est une fille).**

> Exemple : Madame Brun, qui est-ce ?
> *C'est une dame.*

1. Roger Ellis, qui est-ce ?	4. Suzanne Masson, qui est-ce ?
2. Pierre Pelletier, qui est-ce ?	5. Anne Berger, qui est-ce ?
3. Monsieur Brun, qui est-ce ?	6. Madame Arnaud, qui est-ce ?

7. Bob Bertrand, qui est-ce ?
8. Madame Giroud, qui est-ce ?
9. André Lemonnier, qui est-ce ?
10. Kim Pastor, qui est-ce ?
11. Monsieur Duval, qui est-ce ?
12. Mademoiselle Spencer, qui est-ce ?

CONVERSATION

Demandez à une autre personne* de la classe (à un étudiant ou à une étudiante) :

1. « Comment vous appelez-vous ? »
   « Comment allez-vous ? »

2. « Qu'est-ce que c'est ? » (Identification de 3 objets de la classe)

3. « Qui est-ce ? » (Identification de 3 personnes de la classe)

* **personne** est un nom féminin. Mais cette personne est du sexe féminin ou masculin.

PIERRE AUGUSTE RENOIR, *Le déjeuner des canotiers*   The Phillips Collection, Washington

Masculin : un monsieur, un autre monsieur, et un autre monsieur
             un chapeau
             un verre
             un restaurant
Féminin :   une dame, une autre, et une autre dame
             une table
             une bouteille de vin
             une chaise
             une rivière

Total :   Vive la différence !

Masculin ou féminin?
Vive la différence!

C'est une conversation entre Michel, français, et Kim, américaine.

Michel: (*supérieur*) En français, un nom est masculin ou féminin. Par exemple, *un étudiant* est masculin, *un jeune homme* est masculin, *un monsieur* est masculin...

Kim: C'est évident!

Michel: *Une étudiante* est féminin, *une jeune fille* est féminin, *une dame* est féminin. Le français est simple, clair, et logique.

Kim: Oui, très logique. La différence de genre est évidente pour une personne. C'est une différence importante. Mais le nom d'un objet est masculin ou féminin aussi?

Michel: Naturellement. Un nom neutre est impossible en français. C'est *un livre*, mais c'est *une table*; c'est *un cahier*, mais c'est *une page*; c'est *un professeur*...

Kim: Ah! Et si le professeur est une dame?

Michel: Dame ou monsieur, *professeur* est masculin. Par exemple, *Madame Duval est un excellent professeur.*

Kim: (*amusée*) Et le français est logique?

Michel: (*vexé*) Le français est différent, exotique. En français, l'importance du genre est essentielle. C'est une langue admirable... Le français est d'origine latine.

Kim: Oui, oui, certainement.

Michel: L'expression *Vive la différence!* est importante dans la classe de français.

RÉPONDEZ

1. **Michel:** Un jeune homme est masculin, un monsieur est masculin. Et une dame?
   Kim: _____

2. Kim : *professeur* est masculin ou féminin ?
   Michel : _____

3. Kim : Mais si le professeur est une dame ?
   Michel : _____

4. Kim : Un nom neutre est possible ou impossible en français ?
   Michel : _____

5. Michel : *page* est masculin ou féminin ?
   Kim : _____

6. Kim : Le français est logique ?
   Michel : _____

7. Michel : Le français est une langue admirable...
   Kim : _____

8. Michel : *Vive la différence !* est strictement pour une personne, ou aussi pour un objet ?
   Kim : _____

VOCABULAIRE DE LA LEÇON

NOMS

Noms masculins

un appartement
l'appel
un bureau
un cahier
un crayon
un étudiant
un exercice
le genre

un jeune homme
un livre
un monsieur
un mur wall
un nom name
un objet
un panier
un papier

un président
un professeur
un restaurant
un rideau curtain
un silence
un stylo
un tableau

Noms féminins

une adresse
une auto
une carte
une chaise
une clarinette
une classe
une conversation
une dame
une déclaration
une définition
une différence

une enveloppe
une étudiante
une explication
une fenêtre
la fin end
l'identité
une introduction
une jeune fille
une lampe
une leçon
une lecture

une omelette
une page
une personne
une porte
une présentation
une question
une récapitulation
une réponse
une table
une terminaison
une trompette

ADJECTIFS

absent, absente
admirable
amusé, amusée
autre
clair(e)
correct(e)

différent, différente
évident, évidente
excellent, excellente
exotique
important, importante
logique

masculin ≠ féminin *
possible ≠ impossible
présent, présente
simple
supérieur(e)
vexé, vexée

* ≠ signifie **le contraire.**

DIVERS *different*

À demain !
Au revoir !
aussi
Bonjour !
Comment allez-vous ?
Comment vous appelez-vous ?
Excusez-moi.

Je m'appelle...
Madame
Mademoiselle
Merci.
Monsieur
Pardon.
Qu'est-ce que c'est ?

Qui est-ce ?
répondez
strictement *strictly*
tout le monde
très bien
Vive... !

2 DEUXIÈME LEÇON

L'importance de l'accent

- Qu'est-ce que c'est ? C'est le/la/l'... de...
- Comptez : Chiffres de un (1) à trente (30)
- La date : Le jour, le mois, l'année
- L'alphabet : Épelez et écrivez
- L'accent aigu, grave, et circonflexe

INTRODUCTION

DÉCLARATION ET QUESTION	RÉPONSE

Qu'est-ce que c'est ? C'est le/la/l'... de...

Qu'est-ce que c'est ?

C'est un livre.
C'est **le livre de** M. Lamy.

Qu'est-ce que c'est?	C'est une chaise.
	C'est **la chaise de** Mme Lorne.
Qu'est-ce que c'est?	C'est un appartement.
	C'est l'appartement **de** Bill.
Qu'est-ce que c'est?	C'est une auto.
	C'est l'auto **de** M. et Mme Martin.

Comptez: Chiffres de un (1) à trente (30)

Comptez de un (1) à trente (30):

1	un	11	onze	21	vingt et un
2	deux	12	douze	22	vingt-deux
3	trois	13	treize	23	vingt-trois
4	quatre	14	quatorze	24	vingt-quatre
5	cinq	15	quinze	25	vingt-cinq
6	six	16	seize	26	vingt-six
7	sept	17	dix-sept	27	vingt-sept
8	huit	18	dix-huit	28	vingt-huit
9	neuf	19	dix-neuf	29	vingt-neuf
10	dix	20	vingt	30	trente

La date

Quelle est la date **aujourd'hui**?	Aujourd'hui, c'est lundi 10 septembre.
Quelle est la date **demain**?	Demain, c'est mardi 11 septembre.
Qu'est-ce que c'est, *lundi*?	C'est un jour.
Qu'est-ce que c'est, **une semaine**?	Une semaine, c'est: lundi, mardi, mercredi, jeudi, vendredi, samedi, et dimanche. Sept (7) **jours**, c'est une semaine.
Qu'est-ce que c'est, *septembre*?	C'est **un mois. L'année**, c'est douze (12) mois: janvier, février, mars, avril, mai, juin, juillet, août, septembre, octobre, novembre, et décembre.

L'alphabet

Qu'est-ce que c'est, **l'alphabet**?	C'est une liste de vingt-six (26) **lettres**.
Répétez l'alphabet:	a, e, i, o, u (5 voyelles)
	a, b, c, d, e, f, g, h, i, j, k, l, m, n, o, p, q, r, s, t, u, v, w, x, y, z

Une voyelle, qu'est-ce que c'est ?	Une voyelle, c'est par exemple **a.** Une autre voyelle, c'est **e, i, o,** ou **u.**
Une consonne, qu'est-ce que c'est ?	Une consonne, c'est une autre lettre. Par exemple, **b** est une consonne ; **c** est une autre consonne ; **d, f, g** aussi.

Épelez et écrivez

Allez au tableau, s'il vous plaît.
Écrivez : a, e, i, o, u
Très bien. **Épelez :**

a, e, i, o, u

Écrivez : o, e, a, e, i, u, i
Très bien. Épelez :

o, e, a, e, i, u, i

Maintenant, écrivez :
j, g, h, w, y, z
Très bien. Épelez :

j, g, h, w, y, z

Très bien. Maintenant, écrivez :
le la lu li lo
du de di do da
ma me mu mi mo

l, e   l, a   l, u   l, i   l, o
d, u   d, e   d, i   d, o   d, a
m, a   m, e   m, u   m, i   m, o

Très bien. Épelez et écrivez :
La pipe de Papa

l majuscule, a   p, i, p, e   d, e   p majuscule, a, p, a

la porte   le livre
mardi   samedi

l, a   p, o, r, t, e   l, e   l, i, v, r, e
m, a, r, d, i   s, a, m, e, d, i

L'accent aigu (´), grave (`) et circonflexe (ˆ)

ACCENT AIGU

Épelez : **la clé**

l, a   c, l, e **accent aigu** : la clé

Épelez : **la beauté,** la générosité, le téléphone, **l'étudiant**

l, a   b, e, a, u, t, e **accent aigu,** etc., l apostrophe, e **accent aigu,** t, u, d, i, a, n, t

ACCENT GRAVE

Épelez : **l'élève**

l apostrophe, e accent aigu, l, e **accent grave,** v, e

Épelez : **Hélène**

h majuscule, e accent aigu, l, e **accent grave,** n, e

Épelez : **une pièce**

u, n, e   p, i, e **accent grave,** c, e

14 DEUXIÈME LEÇON

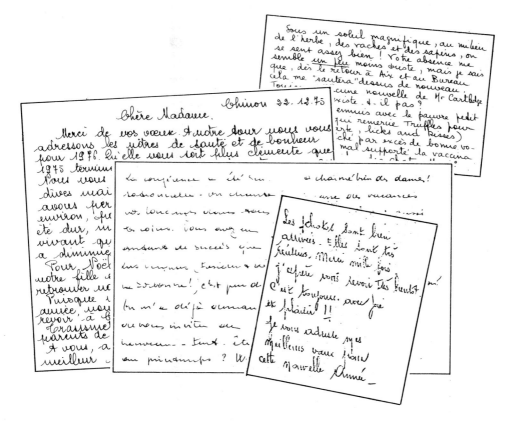

Remarquez la terminaison **è** + **consonne** + **e**: Hél**è**ne, Thér**è**se, pi**è**ce, premi**è**re.

L'accent grave est nécessaire sur le **è**.

Remarquez aussi l'accent grave sur quatre (4) termes: **là, voilà, à, où**.

ACCENT CIRCONFLEXE*

Épelez : **la fenêtre**   l, a   f, e, n, e **accent circonflexe**, t, r, e

Épelez : **la forêt**   l, a   f, o, r, e **accent circonflexe**, t

Épelez : **la tête** *head*   l, a   t, e **accent circonflexe**, t, e

Remarquez l'accent circonflexe sur une autre voyelle (la voyelle précède généralement un **t**) : gâteau, côté, sûr, s'il vous plaît

---

* *For other French diacritical marks* (**signes diacritiques**), *see Appendix A.*

EXERCICES ORAUX

1. Complétez par l'article correct.

Exemple : C'est *une* chaise. C'est *la* chaise de M. Brun.

1. C'est un crayon. C'est le crayon de M. Arnaud.
2. C'est un stylo. C'est le stylo de Jacques.
3. C'est un papier. C'est le papier de Suzanne.
4. C'est un chapeau. C'est le chapeau de M. Lefranc.
5. C'est un étudiant. C'est l' étudiant de M. Laval.
6. C'est une étudiante. C'est l' étudiante de M. Laval.
7. C'est un appartement. C'est l' appartement de M. et Mme Martin.
8. C'est un restaurant. C'est le restaurant *Chez Maxim's*.
9. C'est une enveloppe. C'est l' enveloppe de Mlle Martin.
10. C'est un cahier. C'est le cahier de Bob.
11. C'est une adresse. C'est l' adresse de Jacqueline.
12. C'est une auto. C'est l' auto de M. Martin.

2. Complétez la liste suivante.

Exemple : un, deux, *trois, quatre*, cinq

1. six, sept, huit neuf, dix
2. trois, quatre, cinq six, sept
3. dix, onze, deux, trois, quatorze
4. treize, quatorze, cinq, six, dix-sept
5. vingt, vingt et un, _____, vingt-quatre   vingt deux vingt trois
6. dix-huit, dix-neuf, _____, vingt-deux   vingt , v

3. Complétez par le jour correct.

Exemple : lundi, *mardi*, mercredi

1. mardi, mercredi, jeudi
2. samedi, dimanche, lundi
3. vendredi, samedi, dimanche
4. jeudi, vendredi, samedi
5. mercredi, jeudi, vendredi
6. dimanche, lundi, mardi
7. lundi, mardi, mercredi

4. Additions

Exemple : deux plus deux font *quatre*

1. trois plus trois font 6
2. cinq plus cinq font dix
3. six plus six font deux   douze
4. sept plus sept font 14
5. dix plus dix font vingt
6. quinze plus quinze font trente

7. douze plus sept font _dix neuf_
8. treize plus cinq font _dix huit_
9. sept plus quatre font _once_
10. dix plus six font _seize_
11. neuf plus sept font ~~~~ _seize_
12. vingt plus huit font _vingt huit_

5. Soustractions

Exemple : trois moins deux font _un_

1. cinq moins trois font _2_
2. dix moins deux font _8_
3. sept moins quatre font _3_
4. quinze moins sept font _8_
5. vingt moins dix font _dix_
6. trente moins quinze font _15_
7. vingt-cinq moins cinq font _vingt_
8. douze moins deux font _dix_
9. seize moins six font _dix_
10. quatorze moins huit font _six_
11. dix-sept moins trois font _14_
12. vingt moins quinze font _cinq_

6. Quel est le mois après... ?

Exemple : Quel est le mois après janvier ?
Le mois après janvier, c'est février.

1. Quel est le mois après mars ? _avril_
2. Quel est le mois après novembre ? _décembre_
3. Quel est le mois après juillet ? _août_
4. Quel est le mois après avril ? _mai_
5. Quel est le mois après décembre ? _janvier_
6. Quel est le mois après septembre ? _Octobre_
7. Quel est le mois après février ? _mars_
8. Quel est le mois après octobre ? _Novembre_
9. Quel est le mois après janvier ? _février_
10. Quel est le mois après août ? _Septembre_
11. Quel est le mois après juin ? _joille_
12. Quel est le mois après mai ? _juin_

CONVERSATION

Demandez à une autre personne de la classe (à un étudiant ou à une étudiante) :
1. quelle est la date aujourd'hui.
2. quelle est la date demain.
3. d'épeler son nom. (« Epelez votre nom, s'il vous plaît. »)
4. quelle est la liste de cinq voyelles en français.
5. quel jour est son anniversaire. (Réponse : « Mon anniversaire est le... »)

DEUXIÈME LEÇON **17**

L'importance de l'accent

C'est une autre conversation entre Michel et Kim.

Kim : Accent grave, accent aigu, accent circonflexe ! Le français est impossible ! e ? é ? è ? ê ? C'est une complication ridicule !

Michel : L'accent est très important. L'accent change complètement le sens d'un mot, quelquefois. —————→ *(sometimes)*

Kim : Ah oui ? Par exemple ?

Michel : Eh bien, par exemple, *pêcher* et *pécher*. Le premier est avec un accent *with* circonflexe : *pêcher*. Le deuxième est avec un accent aigu : *pécher*. Répétez avec moi : pêcher, pécher, pêcher, pécher... *(But)*

Kim : La différence de prononciation est évidente : pêcher, pécher. Mais la différence de sens ?

Michel : La différence de sens est considérable, énorme ! *Pêcher*, c'est une activité calme : une rivière, un poisson... Le monsieur avec une ligne, très décontracté, c'est un pêcheur.

Kim : Oh, oui, oui, j'adore pêcher. Mais pécher ?

Michel : Attention, Kim ! *Pécher*, c'est une autre activité. C'est une activité immorale, et probablement illégale. Pécher, c'est une action répréhensible. La personne responsable, c'est un pécheur.

Kim : *(enchantée)* Michel, le français est difficile, mais amusant. J'adore pécher ? pêcher ?... J'adore le français !

RÉPONDEZ

1. **Kim :** L'accent est important. Pourquoi ?
   Michel : *Oui, l'accent est important*

2. **Kim :** Pêcher, qu'est-ce que c'est ?
   Michel : *Pêcher c'est une activité calme.*

LUCIEN COUTAUD, *Pêcheurs le dimanche*

Une excellente question : C'est un groupe de *pêcheurs* ou de *pécheurs* ?

3. **Michel :** Un pêcheur, qu'est-ce que c'est ?
   Kim : *Un pêcheur c'est un monsieur avec une ligne*

4. **Michel :** Pécher, qu'est-ce que c'est ?
   Kim : _____

5. **Kim :** Prononcez pécher et pêcher.
   Michel : _____

6. **Michel :** Épelez pécher.
   Kim : _____

Montrez-moi (show me)   *Voilà (here is*
                          Voici (there is

7. **Michel:** Épelez pêcher.
   Kim: _____

8. **Michel:** Pêcher, c'est une activité morale ou immorale ?
   Kim: _____

EXERCICES ÉCRITS

1. Quel jour est... ?

   > Exemple : votre anniversaire ?
   > *Mon anniversaire est le douze avril.*

   1. votre anniversaire ?
   2. aujourd'hui ? demain ?
   3. Noël ?
   4. le premier jour de l'année ?
   5. le dernier jour de l'année ?
   6. la fête nationale américaine (*Independence Day*) ?
   7. la fête nationale de la France (*Bastille Day*) ? 14 Juillet
   8. le dernier jour de classe de la semaine ?

2. Placez l'accent (é aigu, ` grave, ^ circonflexe) et épelez :

une eleve	la mere	un elephant
une fenetre	ecrivez	un telephone
la generosite	epelez	s'il vous plait
le telephone	la piece	tres bien
la cle	la television	fevrier
la repetition	voila	annee
Therese	repetez	fete

3. Quelle est la date en français ?

   A.   Exemple : *Monday, March 20th*
                      lundi 20 mars

   1. *Monday, November 15th*   5. *Tuesday, May 1st*
   2. *Sunday, April 4th*   6. *Saturday, July 1st*
   3. *Wednesday, October 14th*   7. *Friday, February 21st*
   4. *Friday, January 13th*   8. *Monday, August 1st*

   B.   Exemple : *December 1st*
                      le premier décembre

   1. *March 1st*   5. *3/24*
   2. *July 21st*   6. *9/1*

3. *April 5th*   7. *12/30*
4. *October 30th*   8. *6/16*

4. Le genre du nom (*Révision et suite*)

Indiquez le genre avec l'article **le/la/l'**.

Exemple :   trompette
la trompette

1. mois   6. motocyclette   11. restaurant
2. année   7. éléphant   12. étudiant
3. semaine   8. autorisation   13. étudiante
4. jour   9. omelette   14. président
5. alphabet   10. bicyclette   15. amulette

VOCABULAIRE DE LA LEÇON

NOMS

Noms masculins

l'accent   le jour (day)   le pêcheur
l'alphabet   le mois   le poisson
l'anniversaire   le mot (word)   le sens
le chapeau hat   Noël   le téléphone
le chiffre (a number) le pécheur   le vocabulaire
le gâteau (cake)

Noms féminins

l'activité   la date   la pipe
l'addition   la fête nationale   la prononciation
l'amulette   la forêt   la révision
l'année   l'importance   la rivière
l'autorisation   la générosité   la semaine
la beauté   Hélène   la soustraction
la clé key   la leçon   la télévision
la complication   la lettre   la tête
la consonne   la liste   Thérèse
la continuation   la majuscule capital la voyelle

ADJECTIFS

aigu, aiguë   difficile   immoral(e) ≠ moral(e)
américain, américaine   écrit, écrite ≠ oral(e) premier, première ≠ dernier,
amusant, amusante   enchanté, enchantée   dernière
circonflexe   énorme   répréhensible
considérable   grave   responsable
décontracté, décontractée illégal(e) ≠ légal(e) ridicule

MOTS INVARIABLES

ah oui	complètement	plus (+)
après	demain	probablement
attention	maintenant	s'il vous plaît
aujourd'hui	moins (−)	
avec	par exemple	

VERBES (ORDRES)

allez	écrivez	remarquez
complétez	épelez	répétez
comptez	prononcez	

3 TROISIÈME LEÇON

La clé de l'appartement

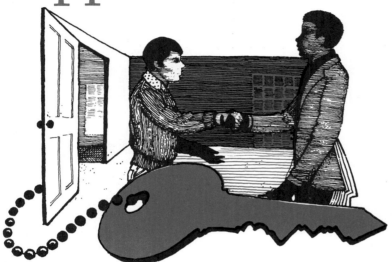

- Montrez-moi... Voilà (Voici)...
- Est-ce...? Oui, c'est.../Non, ce n'est pas...
- de et du/de la/de l'

INTRODUCTION

DÉCLARATION ET QUESTION	RÉPONSE
Montrez-moi... Voilà (Voici)...	
Montrez-moi un tableau.	Voilà un tableau.
Montrez-moi un autre tableau.	Voilà un autre tableau.
Montrez-moi un étudiant.	Voilà un étudiant.
Montrez-moi une étudiante.	Voilà une étudiante.

Est-ce... ? Oui, c'est.../Non, ce n'est pas...

Montrez-moi un livre.
Est-ce le livre de français ?

Voilà un livre.
Oui, c'est le livre de français.

Montrez-moi un autre livre.
Est-ce le livre de français ?

Voilà un autre livre.
Non, ce n'est pas le livre de français.
C'est le livre de géométrie.

Montrez-moi une clé.
Est-ce la clé de Roger ?

Voilà une clé.
Non, ce n'est pas la clé de Roger. C'est
la clé de Kim.

de + le = du
(dl) (nom)

de et du/de la/de l'

de + la = de la

de + l' = de l'

Voilà une étudiante. Une étudiante est
une jeune fille. Montrez-moi une autre
jeune fille.

Voilà une autre jeune fille.

Montrez-moi une chaise.

Voilà une chaise.

Montrez-moi la chaise **de la** jeune fille.

Voilà la chaise **de la** jeune fille.

Voilà un étudiant. Un étudiant est un
jeune homme. Montrez-moi un autre
jeune homme.

Voilà un autre jeune homme.

Montrez-moi la chaise **du** jeune
homme.

Voilà la chaise **du** jeune homme.

Montrez-moi le bureau du professeur.

Voilà le bureau du professeur.

Voilà une clé. C'est la clé **de l'**auto du
professeur. Qu'est-ce que c'est ?

C'est la clé **de l'**auto du professeur.

Voilà une autre clé. Qu'est-ce que c'est,
probablement ?

C'est probablement la clé de la maison
ou de l'appartement du professeur.

EXPLICATIONS

1. Montrez-moi... Voilà (Voici)...

> **Le professeur :** Montrez-moi un tableau.
> **Tout le monde :** (*avec un geste*) **Voilà** (*ou* : Voici) un tableau.

> **Le professeur :** Montrez-moi un étudiant.
> **Tout le monde :** (*avec un geste*) **Voilà** (*ou* : Voici) un étudiant.

> **Le professeur :** Montrez-moi une étudiante.
> **Tout le monde :** (*avec un geste*) **Voilà** (*ou* : Voici) une étudiante.

Le terme **Voilà** (ou **Voici**) indique la présence d'un objet ou d'une personne.

2. Est-ce...? Oui, c'est...

Est-ce une classe de français ?   Oui, c'est une classe de français.
Aujourd'hui, est-ce mercredi ?   Oui, c'est mercredi.

La forme interrogative de c'est... est est-ce... ?

3. Oui, c'est.../Non, ce n'est pas...

Aujourd'hui est-ce mercredi ?   Oui, c'est mercredi.
Aujourd'hui est-ce dimanche ?   Non, ce n'est pas dimanche.

Voilà un étudiant. Est-ce Roger ?   Oui, c'est Roger.
Est-ce Marc ?   Non, ce n'est pas Marc.

Voilà un livre. Est-ce le livre   Non, ce n'est pas le livre de français.
de français ?   (C'est le livre de math.)

La négation de c'est est ce n'est pas.

4. du/de la/de l'

A.   Montrez-moi l'auto du professeur.
C'est le bureau du docteur.
Voilà l'adresse du jeune homme.

Avec un nom masculin, du (contraction de de + le) indique la possession.

B.   Voilà le bureau de la jeune fille.
Voilà le livre de la jeune fille.
C'est la clé de la jeune fille.

Avec un nom féminin, de la indique la possession.

C.   C'est la clé de l'appartement.
Voilà l'adresse de l'étudiante.
Ce n'est pas l'opinion de l'homme.

Avec un nom masculin ou féminin, devant une voyelle (a, e, i, o, u) ou un h muet, de l' indique la possession.

RÉCAPITULATION DE **DU/DE LA/DE L'**

	DEVANT UN NOM MASCULIN: **DU**	DEVANT UN NOM FÉMININ: **DE LA**	DEVANT UNE VOYELLE OU H MUET (NOM MASCULIN OU FÉMININ): **DE L'**
l'auto	du monsieur du docteur du garçon	de la jeune fille de la dame de la police	de l'étudiant de l'étudiante de l'homme
la page	du livre du vocabulaire du titre	de la leçon de la lecture de la grammaire	de l'explication de l'exercice de l'introduction

EXERCICES ORAUX

1. Répondez correctement.

> Exemple : Montrez-moi une chaise.
> *Voilà une chaise.*
>
> Qu'est-ce que c'est ?
> *C'est une chaise.*
>
> Est-ce une table ?
> *Non, ce n'est pas une table.*

1. Montrez-moi un stylo.
   Qu'est-ce que c'est ?
   Est-ce un crayon ?

2. Montrez-moi une fenêtre.
   Qu'est-ce que c'est ?
   Est-ce une porte ?

3. Montrez-moi un étudiant.
   Qui est-ce ?
   Est-ce une dame ?

4. Montrez-moi une étudiante.
   Qui est-ce ?
   Est-ce un monsieur ?

5. Montrez-moi une dame.
   Qui est-ce ?
   Est-ce un professeur ?

6. Montrez-moi le stylo de Jackie.
   Qu'est-ce que c'est ?
   Est-ce le cahier de Jackie ?

7. Montrez-moi la fenêtre de la classe.
   Qu'est-ce que c'est ?
   Est-ce la porte de la classe ?

8. Montrez-moi l'enveloppe de la lettre.
   Qu'est-ce que c'est ?
   Est-ce l'adresse du professeur ?

9. Montrez-moi l'adresse de l'étudiante.
   Qu'est-ce que c'est ?
   Est-ce l'adresse de l'étudiant ?

10. Montrez-moi la solution du problème.
    Qu'est-ce que c'est ?
    Est-ce la solution correcte du problème ?

2. Voilà la réponse. Formulez la question.

> Exemple : Oui, c'est un jeune homme
> *Est-ce un jeune homme ?*

1. Oui, c'est une dame.
2. Non, ce n'est pas une difficulté.
3. Oui, c'est une raquette de tennis.
4. Non, ce n'est pas la clé de l'auto.
5. Oui, c'est une solution correcte.
6. Oui, c'est une autre opinion.
7. Non, ce n'est pas un restaurant français.
8. Oui, c'est la porte de la maison.
9. Non, ce n'est pas la solution.
10. Oui, c'est un accent aigu.

3. Employez correctement **le/la/l'**, **du/de la/de l'** et **de**, et formez une phrase complète.

> Exemple : auto / M. Martin
> *C'est l'auto de M. Martin.*
>
> auto / président
> *C'est l'auto du président.*

1. clé / appartement
2. appartement / Michel
3. maison / dame
4. porte / classe
5. motocyclette / jeune homme
6. bicyclette / Jacques
7. bureau / docteur
8. crayon / Jean-Paul
9. solution / addition
10. page / livre
11. jour / semaine
12. imagination / étudiant
13. opinion / homme
14. adresse / monsieur
15. adresse / appartement
16. menu (*masc.*) / restaurant

CONVERSATION

Adressez à une autre personne de la classe :

1. trois questions avec **Est-ce...?** (Exemple : « Est-ce un livre ? »)
2. trois questions avec **Montrez-moi...** (Exemple : « Montrez-moi une étudiante ».)

Adressez à une autre personne de la classe (*Révision*) :

1. trois questions avec **Qu'est-ce que c'est ?**
2. trois questions avec **Qui est-ce ?**

La clé de l'appartement

Aujourd'hui, c'est lundi, 1ᵉʳ (premier) septembre. C'est une date importante : C'est le premier jour de Michel dans une université américaine. C'est aussi le moment de la visite d'un appartement. C'est l'appartement de Bill, le nouveau camarade de chambre de Michel.

Bill : Bonjour, Michel, ça va ?

Michel : Bonjour, Bill. Oui, ça va, merci.

Bill : Voilà l'appartement. Ce n'est pas le château de Versailles, mais c'est un appartement confortable pour deux étudiants. Voilà la porte principale, voilà une chambre, et voilà l'autre chambre. Voilà la porte de la cuisine et la porte de la salle de bain. Voilà la salle de séjour.

Michel : La visite de l'appartement est finie ? Excellent. Ah, l'adresse exacte de l'appartement, qu'est-ce que c'est ?

Bill : C'est 128 (cent vingt-huit) boulevard Sommer.

Michel : Et le prix du loyer, qu'est-ce que c'est ?

Bill : C'est la moitié du prix total de deux cents (200) dollars, c'est cent (100) dollars.

Michel : Parfait. C'est un prix raisonnable. Et un camarade de chambre, étudiant de français, c'est une situation idéale. Ah, le téléphone ?

Bill : Voilà le téléphone. Le numéro est 125-22-14 (cent vingt-cinq, vingt-deux, quatorze). Et voilà la clé de l'appartement.

Michel : *(enchanté)* C'est une situation idéale : un appartement confortable, un camarade de chambre américain, un numéro de téléphone... La vie est belle !

RÉPONDEZ

1. **Bill :** Bonjour, Michel, ça va ?
   Michel : _____

JULES LEFRANC, *En Provence*

Est-ce le boulevard Sommer ? Non, c'est une rue dans une petite ville de France.

2. **Michel :** Montrez-moi l'appartement.
   Bill : _____

3. **Michel :** Est-ce le château de Versailles ?
   Bill : _____

4. **Michel :** Est-ce un appartement confortable pour cinq étudiants ?
   Bill : _____

5. **Michel :** L'adresse exacte de l'appartement, qu'est-ce que c'est ?
   Bill : _____

6. **Michel :** Le prix total du loyer, qu'est-ce que c'est ?
   Bill : _____

7. **Bill :** La moitié du prix du loyer, qu'est-ce que c'est ?
   Michel : _____

8. **Bill :** Cent (100) dollars, c'est un prix raisonnable ou un prix ridicule ?
   Michel : _____

9. **Michel :** Le numéro de téléphone, qu'est-ce que c'est ?
   Bill : _____

10. **Michel :** Au revoir, Bill. À demain.
    Bill : _____

EXERCICES ÉCRITS

1. Complétez la phrase avec **le/la/l'** et **de/d'/du/de la/de l'**.

Exemple : Montrez-moi _____ importance _____ leçon.
Montrez-moi l'importance de la leçon.

1. Voilà _____ fenêtre _____ appartement _____ Bill et _____ Michel.
2. Montrez-moi _____ maison _____ André.
3. C'est _____ première page _____ cahier _____ Anne.
4. Montrez-moi _____ solution _____ addition.
5. C'est _____ enveloppe _____ lettre _____ Angélique.
6. Voilà _____ prix _____ loyer _____ Michel.
7. Ce n'est pas _____ porte _____ garage (_masc._). C'est _____ porte _____ cuisine.
8. Lundi est _____ premier jour _____ semaine.
9. Janvier est _____ premier mois _____ année.
10. Le camarade de chambre _____ Michel, c'est un étudiant _de_ français.
11. Non, ce n'est pas _la_ solution _d'_ opération.
12. Voilà _la_ porte _de la_ chambre et _la_ fenêtre _de l'_ autre chambre.

2. Comment dit-on en français ?

Exemple : _Here is the girl's address._
Voilà l'adresse de la jeune fille.

1. *Here is the lady's car.*
2. *This is Bill's apartment.*
3. *Show me Jackie's car.*
4. *Here is the door of the classroom.*
5. *This is the first day of the ~~week~~.* Seman
6. *October is a month of the year.*
7. *That's the solution of the problem (problème, m.)*
8. *Here is the student's desk.*
9. *Here is Bill's key.*
10. *This isn't Bill's door.* C'est la
11. *This isn't the château of Versailles.*
12. *Here is Michel's address.*

3. Répondez négativement.

Exemple : Est-ce une classe de géométrie ?
Non, ce n'est pas une classe de géométrie.

1. L'appartement de Bill, est-ce le château de Versailles ?
2. Deux cents (200) dollars, est-ce le loyer de Michel ?
3. L'adresse de Michel, est-ce boulevard Saint-Germain ?
4. La réponse à *Bonjour*, est-ce *Au revoir* ?
5. Le résultat de dix plus dix, est-ce quinze ?
6. *Pêcher*, est-ce une activité immorale ?
7. Mardi, est-ce le premier jour de la semaine ?
8. Mars, est-ce le dernier mois de l'année ?
9. La Rolls-Royce, est-ce une motocyclette ?
10. Bill, est-ce un étudiant de français ?
11. Kim, est-ce la camarade de chambre de Michel ?
12. Aujourd'hui, est-ce le dernier jour de l'année ?

VOCABULAIRE DE LA LEÇON

NOMS

Noms masculins

le boulevard	l'homme	le menu
le camarade	le livre de français	le prix
le château	le livre de géométrie	le problème
le garçon	le livre de math	le résultat
le geste	le loyer	

Noms féminins

la bicyclette	l'importance	la possession
la camarade	la maison	la présence
la chambre	la moitié	la raquette (de tennis)
la classe	la motocyclette	la salle de bain
la contraction	la négation	la salle de séjour
la cuisine	l'opération	la solution
la difficulté	l'opinion	l'université
la grammaire	la police	la visite
l'imagination		

ADJECTIFS

américain, américaine	fini, finie	idéal(e)
confortable	français, française	raisonnable
exact(e)		

DIVERS

ça va	formulez	oui
comment dit-on... ?	montrez-moi...	La vie est belle !
demandez	négativement	voici
devant	non	voilà

Une classe brillante!

- il est/elle est et la question : est-il ?/est-elle ?
- La négation de il est/elle est : il n'est pas/elle n'est pas
- La question : Où est-il ? Où est-elle ?
- La situation d'un objet ou d'une personne : sur, sous, dans, devant, derrière, entre, à côté de, en face de, par terre

INTRODUCTION

DÉCLARATION ET QUESTION	RÉPONSE

il est / elle est et la question : **est-il ? / est-elle ?**

Michel est étudiant. **Il est** étudiant. Est-il étudiant ?	Oui, **il est** étudiant.
Bill est-il étudiant aussi ?	Oui, il est étudiant aussi.
Voilà un livre. Il est bleu. Est-il bleu ?	Oui, il est bleu.
Kim est étudiante. **Elle est** étudiante. Est-elle étudiante ?	Oui, **elle est** étudiante.

| Jackie est-elle étudiante aussi ? | Oui, elle est étudiante aussi. |
| Voilà une porte. Est-elle beige ? | Oui, elle est beige. |

La négation : **il n'est pas / elle n'est pas**

Michel est-il américain ?	Non, **il n'est pas** américain. Il est français.
Le livre est-il beige ?	Non, il n'est pas beige. Il est bleu.
Kim est-elle française ?	Non, **elle n'est pas** française. Elle est américaine.
La porte est-elle bleue ?	Non, elle n'est pas bleue. Elle est beige.

La situation : **sur, sous, dans, devant, derrière, entre, à côté de, en face de, par terre**

Le livre est **sur** la table. Où est-il ?	Il est sur la table.
La serviette est sur la table aussi. Où est-elle ?	Elle est sur la table aussi.
Le tableau est sur le mur. Où est-il ?	Il est sur le mur.
Où est l'autre tableau ?	Il est sur le mur aussi.
Où est le chat ?	Il est **sous** la table.
Où est l'auto ?	Elle est **dans** le garage.
Où est-elle, un autre jour ?	Un autre jour, elle est **devant** la maison.
Où est Jackie ? Qui est devant Roger ?	Elle est devant Roger. Jackie est devant Roger.
Est-elle **derrière** Bill ? Qui est derrière Bill ?	Oui, elle est derrière Bill. Jackie est derrière Bill.
Voilà Jackie. Elle est **entre** Roger et Bill. Où est-elle ?	Elle est entre Roger et Bill. Elle est aussi devant Roger.
Où est Jackie ? Est-elle devant Bill ?	Non, elle n'est pas devant Bill. Elle est derrière Bill.
Jackie, qui est devant **vous** ?	Bill est devant **moi**.
Où est la fenêtre ?	Elle est entre la porte et le tableau.
Regardez : Le livre est **à côté du** stylo. Où est-il ?	Il est à côté du stylo. Il est sur le bureau, avec le stylo et un autre livre.

L'appartement de Michel et de Bill est **à côté d'**un autre appartement. Où est-il ?

Il est à côté d'un autre appartement.

Regardez la photo : Sur la photo, la dame est à côté du monsieur. Où est-elle ?

Elle est à côté du monsieur.

Dans la classe, Bill est **en face du** tableau. Où est-il ?

Il est en face du tableau. Ce n'est pas une place confortable. (Une place confortable est à côté du radiateur !)

Le sac de Kim est **par terre**. Où est-il ?

Il est par terre, à côté de la chaise de Kim.

Où est la serviette du professeur ?

Elle est par terre, à côté du bureau du professeur.

Suzanne est absente aujourd'hui. Est-elle dans la classe ?

Non, elle n'est pas dans la classe.

Où est la motocyclette de Bill ?

Elle est dans le parking. Elle n'est pas dans le garage.

Mettez le livre par terre. Où est-il ?

Il est par terre.

EXPLICATIONS

1. **Le pronom masculin il (il est) et le pronom féminin elle (elle est)**

> Voilà **Bill**. Il est étudiant.
> Voilà **un livre**. Il est sur la table.

il est un pronom et remplace un nom masculin (personne ou objet).

> Voilà **Kim**. Elle est étudiante.
> Voilà **une porte**. Elle est beige.

elle est un pronom et remplace un nom féminin (personne ou objet).

2. **La forme interrogative de il est/elle est : est-il ?/est-elle ?**

> Voilà Bill. **Est-il** étudiant ? Oui, il est étudiant.
> Voilà un livre. **Est-il** bleu ? Oui, il est bleu.

> Voilà Kim. **Est-elle** étudiante ? Oui, elle est étudiante.
> Voilà une porte. **Est-elle** beige ? Oui, elle est beige.

La forme interrogative de **il est/elle est**, c'est **est-il ?/est-elle ?**

3. La forme négative de **il est/elle est : il n'est pas/elle n'est pas**

Voilà Docteur Éberlé. Est-il étudiant ? Non, **il n'est pas** étudiant. (Il est docteur.)

Voilà un livre. Est-il beige ? Non, **il n'est pas** beige. (Il est bleu.)

Voilà Madame Lenard. Est-elle étudiante ? Non, **elle n'est pas** étudiante. (Elle est professeur.)

RÉCAPITULATION DE **C'EST** ET DE **IL EST/ELLE EST**

FORME AFFIRMATIVE	FORME INTERROGATIVE	FORME NÉGATIVE
c'est	est-ce ?	ce n'est pas
il est	est-il ?	il n'est pas
elle est	est-elle ?	elle n'est pas

4. La situation

1. **sur**

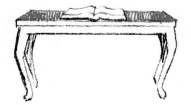

Le livre est **sur** la table.

2. **sous**

Le chat est **sous** la table.

3. **dans**

L'auto est **dans** le garage.

4. **devant**

L'auto est **devant** la maison.

5. derrière

Jackie est **derrière** Bill.

7. à côté de

Il est **à côté du** radiateur.

6. entre

Suzanne est **entre** Bill et Roger.

8. en face de

Bill est **en face du** tableau.

9. par terre

Le sac est **par terre**.   Il est **par terre** avec la serviette.

5. La question : Qui est... ?

> **Qui est** devant Jackie ? Bill est devant Jackie.
> **Qui est** derrière Bill ? Jackie est derrière Bill.

Qui est... ? indique une question sur une personne.

EXERCICES ORAUX

1. Remplacez le nom de l'objet par **il** ou **elle**.

> Exemple : Où est la lampe ?
> *Où est-elle ?*

1. Où est la photo ?
2. Où est l'album (*m.*) ?
3. Où est la dame ?

4. Où est le monsieur ?
5. Où est le chat ?
6. Où est l'auto ?

7. Où est l'enveloppe ?
8. Où est l'adresse ?
9. Où est l'appartement ? *mes*
10. Où est le professeur ?
11. Où est l'étudiant ?
12. Où est l'étudiante ?
13. Où est l'exercice ? *mes*
14. Où est l'explication ?
15. Où est l'autorisation ?
16. Où est l'addition ? *elle*

2. Remplacez le nom de la personne par **il** ou **elle**.

Exemple : Où est Michel ?
Où est-il ?

1. Où est André ?
2. Où est Yvonne ?
3. Où est Robert ?
4. Où est Jean ?
5. Où est Jeanne ?
6. Où est Jean-Pierre ?
7. Où est Jacques ?
8. Où est Jacqueline ?
9. Où est Yves ?
10. Où est Étienne ?
11. Où est Michel ?
12. Où est Michèle ?
13. Où est M. Duval ?
14. Où est Dr. Éberlé ?
15. Où est Mme Masson ?
16. Où est Mlle Arnaud ?

3. Composez une phrase complète.

Exemple : (photo) dans (album)
La photo est dans l'album.

1. (dame) devant (maison)
2. (table) à côté de (autre table)
3. (chien) *est* derrière *la* (chaise)
4. (chat) *est* sous *la* (maison)
5. (appartement) *est* à côté de *l'* (autre appartement)
6. (adresse) *est* sur *l'* (enveloppe)
7. (auto) *est* devant *la* (porte)
8. (stylo) *est* sous *le* (papier)
9. (serviette) *est* entre *la* (chaise, autre chaise)
10. (orange) *est* dans *la* (corbeille)

CONVERSATION

Demandez à une autre personne de la classe (à une autre étudiante ou à un autre étudiant) :

1. qui est devant un autre étudiant (ou une autre étudiante).
2. qui est derrière un autre étudiant.
3. qui est à côté d'un autre étudiant.
4. de situer trois objets. (Exemple : « Où est le livre ? » Réponse : « Le livre est sur la table. »)

5. de situer trois personnes dans la classe. (Exemple : « Où est Michel ? » Réponse : « Michel est à côté de Barbara. »)

6. quelle est la forme négative d'une phrase avec **sur, sous, dans, devant, derrière, par terre, à côté de, en face de**. (Exemple : « Le professeur est sous le bureau. Quelle est la forme négative ? » Réponse : « Le professeur n'est pas sous le bureau. »)

7. de donner trois ordres à une autre personne avec « Mettez... » (Exemple : « Mettez le crayon dans le livre. ») Et demandez à l'autre personne « Où est-il ?/Où est-elle ? » Obtenez la réponse. (Exemple : « Où est-il ? » Réponse : « Il est dans le livre. »)

PIERRE AUGUSTE RENOIR, *La liseuse*   Musée du Louvre, Paris

Voilà une étudiante probablement brillante.

Une classe brillante !

Aujourd'hui, c'est lundi. C'est le premier jour de la troisième semaine de la classe de français. Voilà Bill, Roger, Kim, Jackie, et le reste du groupe. Tout le monde est là. Tiens ! Surprise ! Voilà aussi une autre étudiante. Ce n'est pas une étudiante de la classe de français. C'est l'amie de Jackie Martin. Elle est française. Elle visite la classe aujourd'hui.

Roger : Bonjour ! Je m'appelle Roger. Comment vous appelez-vous ?

La jeune fille : Je m'appelle Marie-Claude. Chut ! Voilà le professeur... (*Le professeur arrive dans la classe.*)

Le professeur : Bonjour, tout le monde ! Aujourd'hui, ce n'est pas un jour ordinaire. C'est le jour de la préparation de la composition orale. Le sujet de la composition est : *Description de la classe de français.* Bill est volontaire ? Non ? Il n'est pas volontaire, c'est la victime du professeur. Commencez, Bill.

Bill : Euh... Euh...

Le professeur : Non. En français, ce n'est pas *euh.* C'est *eh bien.*

Bill : Eh bien... Eh bien... Voilà la classe. La porte est derrière moi, entre une fenêtre et une autre fenêtre. Le tableau est en face de moi, il n'est pas derrière moi...

Le professeur : Très bien. Continuez, Jackie, s'il vous plaît.

Jackie : Euh... Pardon, Madame. Eh bien... Kim n'est pas à côté de moi. Elle est derrière moi, entre Roger et Paméla.

Le professeur : Excellent, Jackie. Continuez, Kim, s'il vous plaît.

Kim : Regardez. Voilà le livre de français. Il est là, devant moi. À côté de moi, voilà un autre livre.

Le professeur : Superbe, Kim. Paméla, allez au tableau, et écrivez la phrase de Kim.

Paméla : Certainement, Madame. *Voilà le livre de français. Il est là, devant moi. À côté de moi, voilà un autre livre.* Voilà, Madame.

Le professeur : Très bien, c'est ça. Roger, montrez-moi un nom dans la phrase.

Roger : *Livre* est un nom. C'est *un livre.*

Le professeur: Oui, exactement. Paul, montrez-moi un mot dans la phrase.

Paul: Qu'est-ce que c'est, *un mot*, Madame?

Le professeur: Excellente question. Par exemple, *voilà* est un mot, *le* est un mot, *livre* est un mot (et c'est aussi un nom).

Paul: Ah, c'est clair maintenant. Merci, Madame. *mot* est un terme général, et *nom* est un terme spécifique. C'est le *nom* d'un objet ou d'une personne. Par exemple, *table* est un nom, *devant* est un mot.

Le professeur: Oui, c'est ça. *Devant* est précisément une préposition, comme *sur*, *sous*, *derrière*, etc.

Roger: Et la description de la classe de français? Où est-elle? Voilà une phrase pour la conclusion: C'est une classe brillante et remarquable! C'est un groupe exceptionnel!

Le professeur: D'accord, Roger, absolument d'accord.

RÉPONDEZ

1. **Roger:** Bonjour. Comment vous appelez-vous?
   Marie-Claude: _____

2. **Bill:** Euh... Euh...
   Le professeur: _____

3. **Le professeur:** Bill est volontaire, oui ou non?
   Tout le monde: _____

4. **Marie-Claude:** Le professeur est un monsieur ou une dame?
   Roger: _____

5. **Roger** (*à un autre étudiant*) Tiens! Voilà une autre jeune fille. Qui est-ce?
   L'autre étudiant: _____

6. **Le professeur:** Quel est le jour, aujourd'hui?
   Tout le monde: _____

7. **Le professeur:** Est-ce un jour ordinaire?
   Bill: _____

8. **Paul:** Qu'est-ce que c'est, *un mot*?
   Roger: _____

9. **Le professeur:** Un exemple de préposition, s'il vous plaît?
   Kim: _____

10. **Roger:** Voilà la conclusion: C'est une classe brillante!
    Le professeur: _____

EXERCICES ÉCRITS

1. Où est probablement... (Avec imagination!)

> Exemple : le chat ?
> *Il est sous la table.*

1. l'auto ?	9. l'album ?
2. le livre ?	10. la serviette ?
3. le tableau ?	11. l'étudiante de français ?
4. la télévision ?	12. le stylo ?
5. Roger ?	13. l'accent grave ?
6. la fenêtre ?	14. la page ?
7. le garage ?	15. le professeur ?
8. la clé ?	16. la photo ?

[handwritten margin notes: sur = on top; sous = under; dans = in; devant = in front of; derrière = in back of; à côté = next to; entre = between; en face de = facing; par terre = on the floor]

2. Complétez logiquement.

> Exemple : Le chat est *sur* une chaise.

1. L'appartement est *à côté* un autre appartement identique.
2. Jeudi est *entre* mercredi et vendredi.
3. L'antenne de télévision est *sur* la maison.
4. L'adresse est *devant* l'enveloppe, et la lettre est *dans* l'enveloppe.
5. Le téléphone est *sur* le bureau.
6. Voilà une photo. Une dame est *à côté* un monsieur, *devant* une porte.
7. Mettez le sandwich *dans* le sac en papier.
8. Mars est *entre* février et avril.
9. La porte est *entre* une fenêtre et une autre fenêtre.
10. Michel est étudiant ———— une université américaine.
11. Mettez un accent ————la voyelle.
12. Où est le professeur ? Il est ———— la classe, ————une chaise.

3. Description de la classe
Composez dix (10) phrases de description de la classe.

> Exemple : *Le tableau est sur le mur.*
> *C'est une classe de français.*
> *Le professeur est devant la porte.*

[handwritten notes at bottom: (pas de quoi) not at all; (il y a) there are, there is or there are]

COMPOSITION ORALE, ÉCRITE, OU DISCUSSION

Une description de la classe de français (10 lignes approximativement).

Écrivez une description originale et intéressante de la classe de français. Employez une quantité de **noms**. Employez **dans, sur, sous, devant, derrière, en face de, à côté de**. Employez, aussi, **maintenant, certainement, probablement**.

Par exemple, répondez aux questions : Où est le tableau ? Où est la fenêtre, et l'autre fenêtre ? Où est le professeur ? Est-ce un monsieur ? Est-ce une dame ? Qui est-ce ? Qui est devant vous ? Qui est derrière vous ? Est-ce une classe brillante ou une classe ordinaire ?

VOCABULAIRE DE LA LEÇON

NOMS

Noms masculins

l'album
l'ami
le chat
le chien
le docteur
l'exemple

le garage
le groupe
l'ordre
le parking
le pronom
le radiateur

le sac
le sandwich
le sujet
le terme
le volontaire

Noms féminins

l'amie
l'antenne (de télévision)
l'autorisation
la composition
la conclusion
la corbeille *basket*

la description
la forme interrogative
la forme négative
l'orange
la photo
la phrase

la préparation
la préposition
la serviette *suitcase*
la situation (situer)
la victime
la volontaire

ADJECTIFS

beige
bleu, bleue
brillant, brillante

exceptionnel, exceptionnelle
général ≠ spécifique
identique

ordinaire
remarquable
superbe

PREPOSITIONS

à côté de
avec
dans

devant ≠ derrière
en face de
entre

sous
sur

ADVERBES

absolument
approximativement
certainement

exactement
logiquement
où ?

précisément
quelquefois
très bien

DIVERS

chut !
d'accord

eh bien
par terre

surprise !
tiens !

ORDRES (VERBES)

allez
commencez
composez

continuez
donnez
mettez *put*

regardez
remplacez *replace*

Un groupe sympathique

*Midterm
Friday 12 February*

LA DESCRIPTION:

- L'usage de **c'est** (ce n'est pas) et de **il est/elle est** (il n'est pas/elle n'est pas)
- L'adjectif: masculin et féminin; terminaison et place de l'adjectif
- Est-ce que...?

INTRODUCTION

DÉCLARATION ET QUESTION	RÉPONSE

La description
L'usage de **c'est** (ce n'est pas) et de **il est/elle est** (il n'est pas/elle n'est pas)

Voilà Bill. **Est-ce un étudiant?**	Oui, **c'est** un étudiant.
Est-il grand?	Oui, **il est** grand.

Est-il français ?

Non, il n'est pas français, il est américain.

C'est un jeune homme. Est-ce un grand jeune homme ?

Oui, c'est un grand jeune homme.

Voilà Kim. **Est-ce une étudiante ?**

Oui, **c'est une étudiante.**

Est-elle grande ?

Oui, **elle est grande.**

Est-elle française ?

Non, elle n'est pas française, elle est américaine.

Comment est le jeune homme devant vous ?

Il est beau. **C'est un** beau jeune homme.

Comment est la jeune fille devant vous ?

Elle est jolie* (*ou* : belle). **C'est une** jolie jeune fille (*ou* : une belle jeune fille).

L'adjectif masculin et féminin

Voilà un **bon** exercice. «A» est une **bonne** note. «B», est-ce une bonne note aussi ?

Oui, c'est une bonne note aussi.

Voilà un **petit** problème : Une auto française est-elle généralement **petite** ou **grande** ?

Elle est généralement petite.

Le mur est **vert**. De quelle couleur est la porte ?

Elle est **verte** aussi.

Qu'est-ce que c'est ?

C'est un mur vert. C'est une porte verte.

Le tableau est **noir**. De quelle couleur est la serviette ?

Elle est **noire** aussi.

Le papier est **blanc**. De quelle couleur est la craie ?

Elle est **blanche**.

Voilà un mur **gris**. De quelle couleur est la maison ?

Elle est **grise** aussi.

Le pantalon de Roger est **bleu**. (C'est un blue-jeans.*) De quelle couleur est la chemise de Bill ?

Elle est **bleue** aussi.

---

* joli, jolie : adjectif employé pour un objet (**un joli appartement, une jolie auto**) ou une personne du sexe féminin : **une jolie dame**. Généralement pas employé pour un homme.
* blue-jeans : L'origine du mot **blue jeans** (ou **blue-jeans**) est probablement **bleu de Gênes**, un coton fabriqué dans la ville de Gênes. Et l'origine du mot **denim** est **bleu de Nîmes**, un coton fabriqué dans la ville de Nîmes.

De quelle couleur est le tricot** de Kim ?

Il est **rouge, jaune,** et **beige.**

De quelle couleur est la robe de Kim ?

Elle n'est pas rouge, elle n'est pas jaune. Elle est beige.

Est-ce que...? formule une question

Est-ce que Bill est grand ?
Est-ce que Kim est grande ?

Oui, il est grand.
Oui, elle est grande.

Est-ce que M. Duval est français ?
Et Mme Duval, est-elle française ?

Oui, il est français.
Oui, elle est française.

Est-ce que M. Smith est américain ?
Et Mme Smith, est-elle américaine ?

Oui, il est américain.
Oui, elle est américaine.

Est-ce que la classe de français est inté-ressante ? (*ou*: La classe de français est-elle intéressante ?)

Oui, elle est intéressante.

EXPLICATIONS

1. L'usage de **c'est (ce n'est pas)** et de **il est/elle est (il n'est pas/elle n'est pas)**

    A.   Qu'est-ce que c'est ?   C'est une classe.
                                                    C'est un livre.
                                                    C'est un monsieur ; c'est une dame.

          Qu'est-ce que c'est ?   C'est une bonne classe.
                                                    C'est un livre bleu.
                                                    C'est un monsieur français ; c'est une dame américaine.

    Employez **c'est (ce n'est pas)** avec un nom. (Le nom est, ou n'est pas, accompagné d'un adjectif.)

    B.   Voilà Bill. Comment est-il ? Il est grand. (mais : C'est un grand jeune homme.)

          Voilà Kim. Comment est-elle ? Elle est jolie. (mais : C'est une jolie jeune fille.)

** tricot : C'est un terme général.   **un chandail, un sweater, un pull-over** ou **un cardigan** est possible aussi en français.

Voilà une classe. Comment est-elle ? Elle est intéressante. (mais : C'est une classe intéressante.)

Employez **il est/elle est** (il n'est pas/elle n'est pas) avec un adjectif.

RÉCAPITULATION DE L'USAGE DE **C'EST** ET DE **IL EST/ELLE EST**

C'EST		IL EST/ELLE EST
AVEC UN NOM	AVEC UN NOM QUALIFIÉ	AVEC UN ADJECTIF
C'est un livre.	C'est un bon livre. C'est un livre intéressant.	Il est bon. Il est intéressant.
C'est une auto.	C'est une bonne auto. C'est une petite auto bleue. C'est une auto pratique.	Elle est bonne. Elle est petite. Elle est bleue. Elle est pratique.

2. **L'adjectif**

A.   Bill est **grand**.
        Le mur est **grand**.

Avec un nom masculin, l'adjectif est masculin.

        Kim est **grande**.
        La classe est **grande**.

Avec un nom féminin, l'adjectif est féminin.

B.   La terminaison de l'adjectif*

L'adjectif avec la terminaison **-e** est invariable au féminin :

rouge	un livre rouge, une blouse rouge
jaune	un crayon jaune, une robe jaune
beige	un mur beige, une porte beige
difficile	un exercice difficile, une leçon difficile
riche	un monsieur riche, une dame riche

L'adjectif avec une autre terminaison forme le féminin avec **-e** :

joli/jolie	un joli vase, une jolie rose
bleu/bleue	un pantalon bleu, une chemise bleue
vert/verte	un tricot vert, une auto verte
gris/grise	un mur gris, une porte grise
noir/noire	un crayon noir, une robe noire

* La table de récapitulation complète est page 137.

Remarquez le féminin de **bon, blanc, beau, vieux,** et **nouveau** :

bon/bonne	un bon livre, une bonne note
blanc/blanche	un papier blanc, une page blanche
beau/belle	un beau monument, une belle aventure
vieux/vieille	un vieux monument, une vieille maison
nouveau/nouvelle	un nouveau livre, une nouvelle idée

C. La place de l'adjectif

C'est un **bon** restaurant.
Voilà une **petite** auto.
Kim est une **jeune** fille, une **grande jeune** fille.
Voilà un **beau vieux** monument.

L'adjectif **bon/bonne, grand/grande, petit/petite, jeune, beau/belle, nouveau/nouvelle, mauvais/mauvaise, vieux/vieille** est généralement devant le nom. *joli-e*

C'est une robe **rouge**.
Kim est une fille **américaine**.
La Renault est une auto **économique**.
C'est un appartement **pratique** et **confortable**.

L'adjectif de description en général (qualité, couleur, nationalité, etc.) est après (= derrière) le nom.

La robe de Paméla est une **jolie petite** robe **rouge** et **bleue**.
Voilà une **bonne petite** auto **pratique** et **économique**.
Bill est un **jeune** homme **américain**.

Remarquez la place de chaque adjectif.

3. **Est-ce que... ?** et **est-il ?/est-elle ?** ou **est-ce... ?**

Est-ce que Bill est grand ? *ou* : Bill **est-il** grand ?
Est-ce que Kim est jeune ? *ou* : Kim **est-elle** jeune ?
Est-ce que la Renault est pratique ? *ou* : La Renault **est-elle** pratique ?
Est-ce que la maison est jolie ? *ou* : La maison **est-elle** jolie ?

Est-ce que c'est un bon livre ? *ou* : **Est-ce** un bon livre ?

Pour formuler une question, employez :

Est-ce que + ordre normal de la phrase

ou :

(Sujet) + **est-il/est-elle** + reste de la phrase

RÉCAPITULATION DE L'USAGE DE **EST-CE QUE** ET DE L'INVERSION
EST-IL/EST-ELLE OU **EST-CE**

Deux formes possibles : est-ce que ou inversion	**Est-ce que** Est-ce que le livre est bon ? Le livre **est-il** bon ?	
	Est-ce que Est-ce que l'auto est pratique ? L'auto **est-elle** pratique ?	
	Est-ce que c'est une classe difficile ? **Est-ce** une classe difficile ?	

EXERCICES ORAUX

1. Le masculin et le féminin de l'adjectif

Donnez la forme correcte de l'adjectif.

Exemple : C'est un livre bleu. C'est une porte *bleue*.

1. C'est un mur gris. C'est une maison *grise*.
2. C'est un grand jeune homme. C'est une *grande* jeune fille.
3. Montrez-moi un crayon noir et une serviette *noire*.
4. Voilà un mur vert et une maison *verte*.
5. Montrez-moi un bon étudiant et une *bonne* étudiante.
6. C'est un livre ouvert, et voilà une porte *ouverte*.
7. M. Bernard est français, et Mme Bernard est *française*.
8. M. Smith est américain, et Mme Smith est *américaine*.
9. Voilà une page blanche, et voilà un papier *blanc*.
10. C'est une belle jeune fille, et c'est un *beau* jeune homme.
11. C'est une jolie maison, et c'est une *jolie* auto.
12. Voilà un petit problème et une *petite* difficulté.

2. L'adjectif masculin et féminin, et la place de l'adjectif

Exemple : C'est une idée. (bon)
C'est une bonne idée.

1. La Volkswagen est une auto.   (petit)
2. Voilà une bicyclette.   (bleu)
3. Ce n'est pas une dame.   (riche)
4. Ce n'est pas un monsieur.   (important)
5. Montrez-moi une maison.   (beau)
6. Ce n'est pas un appartement.   (pratique)
7. Voilà une chemise.   (joli, rouge, vert)
8. C'est une maison.   (grand, blanc)

beautiful CINQUIÈME LEÇON   **51**

9. Kim est une jeune fille. (grand, américain)
10. Voilà la date de la Révolution. (grand, français)
11. La Renault est une auto. (petit, pratique)
12. C'est une idée. (nouveau, intéressant)

3. L'usage de **c'est (ce n'est pas)** et de **il est/elle est**

Complétez la phrase avec **c'est (ce n'est pas)** ou **il est/elle est**.

Exemple : C'est un exercice. _Il est_ simple.

Voilà un exercice. _C'est_ un exercice simple.

1. Voilà une Renault. _____ une auto. _____ petite. _____ une petite auto.
2. Le professeur ? _____ un monsieur. _____ français. _____ monsieur français.
3. _____ un mur. _____ blanc. _____ un grand mur blanc.
4. Voilà Paméla. _____ américaine. _____ grande et jolie. _____ aussi intelligente. _____ une étudiante de la classe de français.
5. Voilà Roger. _____ un grand jeune homme. _____ intelligent. _____ un ami de Paméla.
6. 128 boulevard Sommer, _____ l'adresse de l'appartement de Bill et de Michel. _____ un appartement pratique pour deux étudiants. _____ le château de Versailles, mais _____ confortable.

4. Formulez la question avec 1. **est-ce que**, 2. l'inversion.

Exemple : Roger est intelligent

1. *Est-ce que Roger est intelligent ?*
2. *Roger est-il intelligent ?*

C'est un étudiant remarquable.

1. *Est-ce que c'est un étudiant remarquable ?*
2. *Est-ce un étudiant remarquable ?*

1. Oui, c'est la clé de l'appartement.
2. Non, ce n'est pas la chambre de Bill.
3. Oui, il est très grand.
4. Non, elle n'est pas française.
5. Oui, c'est l'ami de Jackie Martin.
6. Oui, il est étudiant.
7. Non, ce n'est pas une question difficile.
8. C'est un chat.
9. Il est gris et blanc.
10. Le livre est ouvert.
11. Non ce n'est pas la classe de français.
12. Elle est facile et amusante.

CONVERSATION

Demandez à une autre personne de la classe :

1. comment est l'étudiante (l'étudiant) devant, derrière, ou à côté de lui/d'elle.
2. de quelle couleur est : le mur ; la porte ; le tableau ; le drapeau français ; le drapeau américain.
3. de quelle couleur est la chemise (ou : la robe, la blouse, le pantalon) du professeur.
4. comment est le costume du jeune homme ou de la jeune fille à côté de lui/ d'elle.
5. comment est la cuisine du restaurant d'étudiants. Est-elle bonne ?
6. comment est la classe de français. Est-elle bonne ? intéressante ? terrible ? difficile ? facile ? amusante ?
7. où est : le tableau ; la porte ; la fenêtre ; le bureau.

ANDRÉ HAMBOURG, *La guitare*

Un autre groupe sympathique : Une jeune fille, son amie, et un copain avec sa guitare.

LECTURE

Un groupe sympathique

Kim est une jeune fille américaine. Elle est blonde, elle est grande, jolie et intelligente. C'est une étudiante de français et de sociologie. Le costume de Kim est simple et pratique pour l'université : C'est une blouse bleue, parce que le bleu est joli pour une blonde — ou un blond ! — et un pantalon blue-jeans.

Kim est avec une autre étudiante. C'est une jeune femme, Jackie Martin. Jackie est mariée, et elle est étudiante comme Kim. Jackie est l'amie de Kim, mais c'est un autre type. Elle est petite et châtaine. Elle est originale et amusante. Le costume de Jackie est simple aussi, mais joli : une jupe de tweed beige, un pull-over orange, une jaquette marron,* et un sac marron à l'épaule.

Maintenant, voilà Roger, Bill, et Michel. Roger est un jeune homme américain, et Bill aussi. Roger est dans la classe de Kim et de Jackie, mais c'est aussi un étudiant de sciences politiques. Roger est grand, sportif, et sympathique. Le costume de Roger ? Tiens ! C'est une chemise bleue et un blue-jeans, exactement comme Kim. Est-ce le costume unisexe ?

Bill est différent de Roger. Il est grand aussi, mais brun. Il est toujours amusant et étourdi. Le costume de Bill, c'est un blouson de cuir marron, un pull-over bleu marine et un pantalon. Est-ce un modèle original ? Non, c'est un blue-jeans.

Michel est français, mais il n'est pas de la France métropolitaine. Il est de la Martinique.** Il n'est pas blond, il n'est pas brun, il est noir. Il est grand et mince, avec un accent français amusant pour le reste du groupe. Michel est toujours chic. Regardez ! Une chemise rouge, un veston en daim, et... un blue-jeans, naturellement ! Michel est sympathique. C'est le copain de Roger et de Bill (et le camarade de chambre de Bill).

Est-ce que c'est une rencontre accidentelle ? Non, pas exactement. Aujourd'hui, le groupe est dans la voiture (= l'auto) de Michel. Ah, la voiture de Michel ! C'est une autre histoire. C'est une petite Renault minuscule. Une Renault pour cinq personnes ? Oui, pourquoi pas ? Ce n'est pas un problème. Chaque personne est mince, et c'est un groupe sympathique.

---

* marron est invariable (comme olive, corail, turquoise, orange, etc.). C'est en réalité un **nom** employé comme adjectif (un marron = *a chestnut*). Comparez marron (une robe marron : *a brown dress*) et brun/brune (une personne brune : *a dark-haired person*).
** La Martinique est une île aux Antilles. C'est un département de la France, et un habitant de la Martinique (un Martiniquais, une Martiniquaise) est français comme un habitant de la France métropolitaine.

RÉPONDEZ

1. **Michel :** Tiens ! Voilà Jackie et... qui est-ce ?
   Roger : _____

2. **Jackie :** Est-ce que Michel est de Paris ?
   Kim : _____

3. **Jackie :** Est-ce que Michel est français ?
   Kim : _____

4. **Jackie :** Tiens, le costume de Kim est exactement comme le costume de Roger !
   Michel : _____

5. **Kim :** Bonjour, Roger. Comment est la classe de sciences politiques aujourd'hui ?
   Roger : _____

6. **Marie-Claude :** Kim ? Qui est-ce ? Comment est-elle ?
   Jackie : _____

7. **Marie-Claude :** Qu'est-ce que c'est, un blue-jeans ?
   Roger : _____

8. **Marie-Claude :** Michel ? Qui est-ce ?
   Roger : _____

9. **Marie-Claude :** Comment est-il ?
   Roger : _____

10. **Bob :** Qu'est-ce que c'est, une Renault ?
    Jackie : _____

11. **Suzanne :** Comment est Bill ?
    Kim : _____

12. **Kim :** Est-ce que Michel est le camarade de chambre de Roger ?
    Jackie : _____

13. **Roger :** Est-ce que Kim est mariée ?
    Jackie : _____

14. **Marie-Claude :** Tiens, voilà Kim, Jackie, Michel, Roger, et Bill.
    Suzanne : (*avec imagination*) Oui, _____

EXERCICES ÉCRITS

1. L'usage de **c'est (ce n'est pas)** et de **il est/elle est (il n'est pas/elle n'est pas)**

   Complétez les phrases suivantes par le terme correct.

   Exemple : *Il est* de la Martinique, *c'est* un Martiniquais.

1. Marie-Claude, *est une* l'amie de Jackie. *C'est* une jeune fille américaine, *c'est* une jeune fille française. Aujourd'hui, *elle est* avec une autre Française, Suzanne. Suzanne, *est* la camarade de chambre de Marie-Claude, et *c'est une* étudiante de linguistique. *C'est* une bonne étudiante.

2. La Cadillac, *c'est* une voiture française. *C'est* une voiture américaine *et* grande. *Il* économique, mais *il est* rapide et confortable. La Renault, *c'est* une voiture française. *Elle est* pratique, *et* économique, mais *elle est* grande.

3. Visitez l'appartement de Bill et de Michel. *Ce n'est pas* le palais de Versailles, mais *c'est* un appartement pratique. *Il est* très grand, mais *il est* assez grand pour Bill et un camarade de chambre. Le loyer est deux cents dollars, et *c'est* un prix raisonnable pour deux étudiants.

2. L'accord et la place de l'adjectif

Composez une phrase avec l'adjectif à la place correcte et à la forme correcte, affirmative et négative.

Exemple : voiture (grand)
C'est une grande voiture.
Ce n'est pas une grande voiture.

1. blue-jeans (joli, pratique)
2. jupe (petit, marron)
3. chemise (beau, rouge)
4. voiture (nouveau, gris et bleu)
5. appartement (grand, confortable)
6. maison (vieux, blanc)
7. classe (petit, intéressant)
8. dame (petit, blond)
9. professeur (nouveau, sympathique)
10. jeune fille (américaine, grande)
11. chat (noir, blanc)
12. étudiant (grand, américain)
13. rose (f.) (rouge, beau)
14. exercice (simple, petit)
15. idée (nouveau, amusant)

3. Répondez à la question.

Exemple : Est-ce que le costume de Kim est compliqué ?
Non, il n'est pas compliqué, il est simple.

1. Est-ce que Bill est grand ?
2. Est-ce que Roger est étudiant de musique ?
3. Est-ce que la Martinique est dans la France métropolitaine ?

4. Est-ce un continent ou une île?
5. Michel est-il dans une maison d'étudiants ou dans un appartement?
6. Comment est la voiture de Michel?
7. Où est-elle probablement? (Dans le garage? Dans le parking?)
8. Comment est le costume de Kim et de Roger?
9. Comment est le costume de Jackie?
10. Comment est Jackie?
11. Roger est-il marié, probablement?
12. Comment est chaque personne du groupe?
13. Michel, est-ce le camarade de chambre de Roger?

COMPOSITION ORALE, ÉCRITE, OU DISCUSSION

1. Un personnage mystérieux! Description d'une personne: Est-ce un monsieur ou une dame? Un jeune homme ou une jeune fille? Est-ce un étudiant ou une étudiante de la classe? D'une autre classe? Comment est-il/elle: apparence, costume, personnalité? Où est-il/elle maintenant? Conclusion: Qui est-ce?

2. Description d'un objet mystérieux: Comment est-il? De quelle couleur est-il? Est-il grand ou petit? Est-il pratique, amusant, ou extraordinaire? Est-il économique ou pas économique? Où est-il maintenant? Pourquoi? Conclusion: Qu'est-ce que c'est?

VOCABULAIRE DE LA LEÇON

NOMS

Noms masculins

l'accord	le cuir	le personnage
l'adjectif	le daim	le sweater
le bleu	le département	le tricot
le blouson	le drapeau	le tweed
le blue-jeans	le Martiniquais	l'usage
le cardigan	le modèle	le vase
le copain	le palais	le veston
le costume	le pantalon	

Noms féminins

l'apparence	la jaquette	la place
la blouse	la jupe	la qualité
la chemise	la linguistique	la rencontre
la couleur	la Martiniquaise	la Révolution
la craie	la Martinique	la robe
la difficulté	la musique	la rose
l'épaule	la nationalité	les sciences politiques (*pl.*)
l'idée	la note	la sociologie
l'île	la personnalité	la voiture

ADJECTIFS

Adjectifs « unisexes »

bleu marine	jaune	rapide
chic (*invariable*)	marron	riche
économique	mince	rouge
extraordinaire	minuscule	sympathique
facile ≠ difficile	orange	terrible
invariable	pratique	unisexe

Autres adjectifs (*masculin et féminin*)

accidentel, accidentelle	grand, grande	noir, noire
beau, belle	gris, grise	normal, normale
blanc, blanche	intelligent, intelligente	nouveau, nouvelle
blond, blonde	intéressant, intéressante	original, originale
bon, bonne	joli, jolie	ouvert, ouverte
brun, brune	long, longue	petit, petite
châtain, châtaine	marié, mariée	qualifié, qualifiée
collant, collante	mauvais, mauvaise	sportif, sportive
compliqué, compliquée	métropolitain, métropolitaine	vert, verte
étourdi, étourdie	mystérieux, mystérieuse	vieux, vieille

ADVERBES

généralement	naturellement

ORDRES (VERBES)

employez

6 SIXIÈME LEÇON

Quelle vie !

what hour it is?
Quelle heure est-il?
what time is it

- Le verbe **être** : Conjugaison au présent
- La forme affirmative, interrogative, et négative du verbe **être**
- **Quelle heure est-il ? Il est une heure.**
- **À quelle heure ? De quelle heure à quelle heure... ?**
- La préposition **à** et **à la/à l'/au**
- Les expressions **être en avance, être à l'heure, être en retard**

INTRODUCTION

DÉCLARATION ET QUESTION	RÉPONSE
Le verbe **être** : conjugaison	
Monsieur Duval **est-il** professeur ? (*ou* : Est-ce que M. Duval est professeur ?)	Oui, **il est** professeur. **Il n'est pas** étudiant.
Suis-je en face de vous ? (*ou* : Est-ce que je suis en face de vous ?)	Oui, **vous êtes** en face de nous. **Vous n'êtes pas** derrière nous.
Michel **êtes-vous** français ?	Oui, Madame, **je suis** français. **Je ne suis pas** américian.

Vous êtes dans la classe, et je suis dans la classe : **Nous sommes** dans la classe. **Sommes-nous** dans la classe ? (*ou* : Est-ce que nous sommes dans la classe ?)

Oui, **nous sommes** dans la classe. **Nous ne sommes pas** dans le laboratoire.

Bill et Michel **sont-ils** dans la classe de français aujourd'hui ? (*ou* : Est-ce que Bill et Michel sont dans la classe... ?)

Oui, **ils sont** dans la classe aujourd'hui. Mais quelquefois **ils ne sont pas** dans la classe.

Kim et Jackie **sont-elles** à l'université ? (*ou* : Est-ce que Kim et Jackie sont à l'université ?)

Oui, **elles sont** à l'université. Mais dimanche, **elles ne sont pas** à l'université, elles sont à la maison.

Quelle heure est-il ?

Il est une **heure**.

Il est une heure cinq (une heure dix, une heure vingt, une heure vingt-cinq).

Il est une heure et quart.

Il est une heure et demie.

Il est deux heures moins vingt-cinq (moins vingt, moins dix, moins cinq).

Il est deux heures moins le quart.

Quelle heure est-il?
Il est midi.

Quelle heure est-il?
Il est minuit.

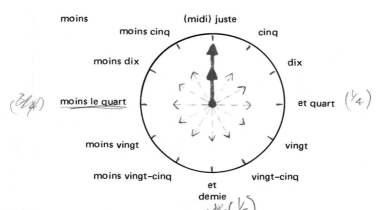

À quelle heure est la classe de français?
Le déjeuner?

La classe de français est **à neuf heures du matin.** Le déjeuner est **à midi juste.** *exactly*

Où êtes-vous à onze heures **du matin**?

À onze heures du matin, je suis en classe.

De quelle heure à quelle heure êtes-vous en classe?

Je suis en classe de huit heures du matin à deux heures **de l'après-midi** (*ou*: à quatorze heures).

À quelle heure êtes-vous devant la télévision?

Je suis devant la télévision à dix heures **du soir** (*ou*: à vingt-deux heures).

au/à la/à l'

Où êtes-vous à 10 h. du matin ?
Où êtes-vous à midi ?
Où êtes-vous à minuit ?

Je suis **à l'** université.
Je suis **à la** cafétéria.
Je suis **au** lit. (Quelquefois, je suis **au** cinéma, **au** théâtre, ou **à la** maison d'un ami).

à avec le nom d'une ville

Le président est **à** Washington. Où est-il ?

Il est **à** Washington. Mais le président de la République française est **à** Paris.

Dans quelle ville sommes-nous ?

Nous sommes **à** Chicago, **à** New-York, **à** Los Angeles, **à** San Francisco.

EXPLICATIONS

(tu be)

1. Le verbe **être**

A. **être** est l'infinitif du verbe. Voilà la conjugaison :

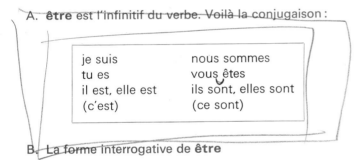

je suis	nous sommes
tu es	vous êtes
il est, elle est	ils sont, elles sont
(c'est)	(ce sont)

B. La forme interrogative de **être**

Il y a deux formes possibles : avec l'inversion et avec **est-ce que**.

AVEC L'INVERSION		AVEC EST-CE QUE
suis-je		est-ce que je suis ?
es-tu		est-ce que tu es ?
est-il ? est-elle ?		est-ce qu'il (elle) est ?
(est-ce ?)		(est-ce que c'est ?)
sommes-nous ?	*ou :*	est-ce que nous sommes
êtes-vous ?		est-ce que vous êtes ?
sont-ils ? sont-elles ?		est-ce qu'ils (elles) sont ?
(est-ce ?)		(est-ce que c'est ?)

La construction de la question avec le nom de la personne ou de l'objet :

Kim est-elle dans la voiture ?
(*ou* : Est-ce que Kim est dans la voiture ?)

L'adresse est-elle sur l'enveloppe ?
(*ou* : Est-ce que l'adresse est sur l'enveloppe ?)

REMARQUEZ : Avec l'inversion (**est-il, est-elle**, etc.) le nom de la personne *ou* de l'objet est au commencement de la phrase.

C. La forme négative de être

je ne suis pas
tu n'es pas
il n'est pas, elle n'est pas, ce n'est pas
nous ne sommes pas
vous n'êtes pas
ils ne sont pas, elles ne sont pas, ce ne sont pas

D. Le verbe être avec le nom d'une profession

Je suis professeur.
Mme Raynal est architecte.
Le docteur Raynal est médecin.
Vous êtes étudiant.
Alain Delon est acteur.

N'employez pas l'article. (**Je suis ~~un~~ professeur, vous êtes ~~un~~ étudiant** n'est pas correct. *)

2. Quelle heure est-il ?

Il est midi.

Il est minuit.

---

* Le nom de la profession est employé comme adjectif : Je suis étudiant. Mais : Je suis **un** étudiant américain (parce que **étudiant** est employé comme nom quand il est qualifié).

Il est une heure.

Il est deux heures.

Il est trois heures.

Il est une heure cinq.

Il est une heure et quart.

Il est une heure et demie.

Il est deux heures moins
vingt-cinq.

Il est deux heures moins
le quart.

Il est deux heures moins
cinq.

A. **du matin/de l'après-midi/du soir**

   À quelle heure est :

   La classe de français ?   Elle est à neuf heures **du matin**.

   La matinée au cinéma ?   Elle est à deux heures **de l'après-midi**.

   Le dîner ?   Il est à sept heures **du soir**.

B. Le système de vingt-quatre heures

   La matinée au cinéma ?   Elle est à **quatorze heures** (2 h.).

   Le dîner ?   Il est à **dix-neuf heures** (7 h.).

   Un bon programme à la
   télévision ?   Il est à **vingt-deux heures** (10 h.).

Le système de **vingt-quatre (24) heures** est très employé en France aujourd'hui. Avec le système de vingt-quatre heures, employez le nombre de minutes. Par exemple :

   Il est huit heures et demie du soir. = Il est vingt heures trente.

   Il est trois heures moins vingt-
   cinq de l'après-midi.   = Il est quatorze heures trente-cinq.

3. à la/à l'/au

Je suis **à l'**université.
Est-ce que M. Martin est **à la** maison ?
Non, il est **au** cinéma.

DEVANT UN NOM MASCULIN	DEVANT UN NOM FÉMININ	DEVANT UN NOM (MASC. OU FÉM.) AVEC VOYELLE OU **H** MUET
~~à le~~ au	à la	à l'
au bureau, **au** cinéma, etc.	**à la** maison, **à la** poste	**à l'**adresse, **à l'**école, **à l'**~~h~~omme, etc.

4. La préposition à devant le nom d'une ville

Le président est **à** Washington.
Le président de la République française est **à** Paris. (Sa résidence est à l'Élysée.)
Le Vatican est **à** Rome.
Je suis **à** New-York, **à** Chicago, **à** Rome, **à** Londres, **à** Madrid, etc.

Employez **à** devant le nom d'une ville.

5. Les expressions **être en avance**, **être à l'heure**, **être en retard**

La classe commence à neuf heures (9 h.). Le professeur arrive à neuf heures moins dix. **Il est en avance.**

Valérie arrive à neuf heures. Elle **est à l'heure.**

Bob arrive à neuf heures cinq. **Il est en retard.**

EXERCICES ORAUX

1. Quelle est la réponse (affirmative et négative) ?

Exemple : Êtes-vous grand(e) ?
Oui, je suis grand(e)./Non, je ne suis pas grand(e).

1. Êtes-vous français ?
2. Est-elle sympathique ?
3. Sommes-nous en classe ?
4. Est-ce mardi ?
5. Es-tu fatigué(e) ?
6. Sont-ils dans l'auto ?
7. Sont-elles étudiantes ?
8. Suis-je professeur ?
9. Est-elle blonde ?

2. Quelle est la forme interrogative (avec **inversion** et avec **est-ce que**) ?

Exemple : Il est américain.
Est-il américain ?/Est-ce qu'il est américain ?

1. Vous êtes en classe.
2. Nous sommes amis.
3. Je suis étourdi.
4. Elle est intelligente.
5. Il est de la Martinique.
6. C'est une aventure amusante.
7. Ils sont dans la voiture.
8. Elles sont avec trois étudiants.

3. **Quelle heure est-il ?**

> Exemple : *Il est une heure (ou : Il est treize heures.)*
> ou : *Il est vingt et une heures (ou : Il est neuf heures du soir.).*

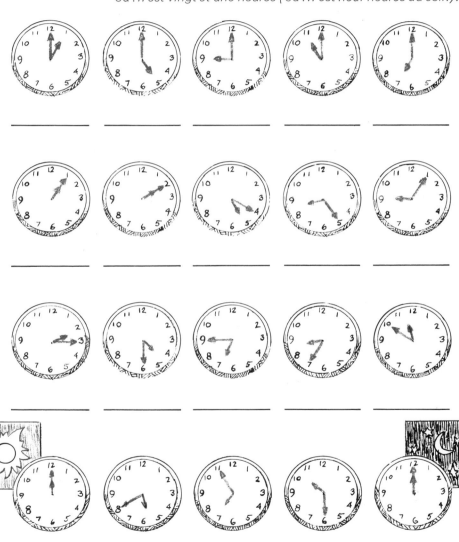

4. Où êtes-vous...?

Exemple : Où êtes-vous à huit heures ? (la maison)
À huit heures, je suis à la maison.

1. Où êtes-vous à midi ? (le restaurant)
2. Où êtes-vous à dix heures ? (la classe de math)
3. Où êtes-vous à minuit ? (le lit)
4. Où êtes-vous le samedi soir ? (le cinéma)
5. Où êtes-vous avant un examen ? (la bibliothèque)
6. Où êtes-vous une heure par semaine ? (le laboratoire)
7. Où est Bill maintenant ? (le tableau)
8. Où est la voiture ? (le garage)
9. Où est Mme Dubois ? (le supermarché)
10. Où est le petit Toto ? (l'école primaire)
11. Où est la famille ? (la maison)
12. Où est le visiteur ? (la porte)
13. Où est la personne curieuse ? (la fenêtre)
14. Où sont David, Bob, et Pierre ? (l'université)

CONVERSATION

Demandez à une autre personne de la classe :

1. quelle heure il est maintenant.
2. à quelle heure est la classe de français.
3. à quelle heure commence la journée pour lui/elle ?
4. à quelle heure il/elle est à la maison aujourd'hui.
5. de quelle heure à quelle heure il/elle est à l'université.
6. où il/elle est à midi.
7. où il/elle est à quinze heures.
8. où il/elle est à minuit.
9. où il/elle est à dix-huit heures.
10. où il/elle est le dimanche.

Quelle vie!

La vie d'un étudiant américain n'est pas très différente de la vie d'un étudiant français. Elle est toujours occupée, et elle n'est pas toujours idéale.

Voilà, par exemple, une journée dans la vie de Bill. Il est étudiant dans une grande université américaine. Le lundi,* le mercredi, et le vendredi, la première classe de Bill est à huit heures. C'est une heure barbare, surtout le lundi. Bill n'est pas toujours à l'heure. Il est quelquefois en retard : de cinq minutes, de dix minutes, et une fois, d'un quart d'heure ! Mais le professeur est toujours en avance, et à huit heures moins cinq, il est derrière le bureau. Il est indulgent... Pourquoi ? Parce qu'il est gentil, et parce qu'une classe à huit heures est probablement horrible pour lui aussi. C'est une classe de géographie, et la conférence est intéressante, mais Bill est souvent fatigué.

Le mardi et le jeudi, la première classe est à dix heures. C'est une heure civilisée. Mais c'est une classe de physique, et Bill n'est pas très bon. Il est faible en math, en physique, et en chimie.

Chaque jour, la classe de français est à onze heures. Ah, voilà un bon moment de la journée ! Naturellement, c'est la classe favorite de Bill. Elle est intéressante, parce qu'elle est entièrement en français. Le français est une jolie langue, utile et — c'est l'opinion du professeur ! — il est aussi simple, clair, et logique. Le professeur est une jeune femme française, moderne, intelligente, et sympathique. Bill adore la classe de français !

Le déjeuner est à midi, au restaurant universitaire (ou Resto-U pour un étudiant français), où le menu n'est pas cher et la cuisine est... eh bien, elle est acceptable.

L'après-midi, Bill est au travail. Il n'est pas riche, alors il est obligé d'être au travail à la bibliothèque, de quatorze à dix-huit heures. C'est la vie !

Après la dernière heure de travail, Bill est content, surtout le vendredi. Ah, le vendredi soir est un bon moment de la semaine ! Deux jours de congé avant l'horrible lundi matin... Le vendredi soir, Bill est généralement au cinéma avec un copain ou une amie, ou au restaurant avec un groupe sympathique.

---

* **le lundi** (le mardi, le mercredi, etc.) : chaque lundi (chaque mardi, chaque mercredi, etc.)

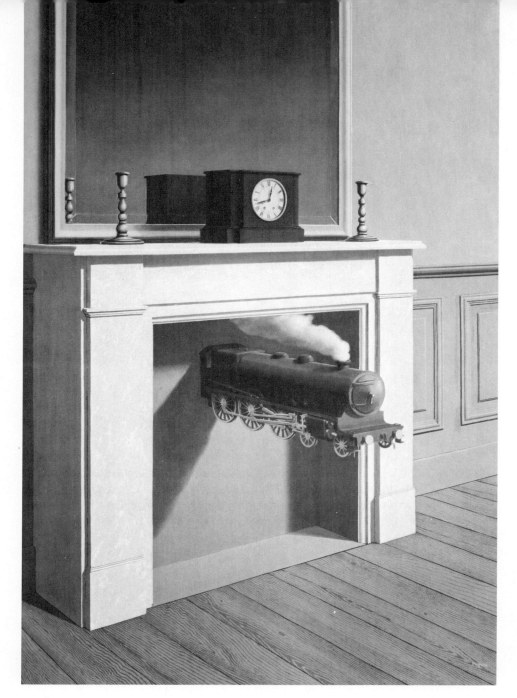

RENÉ MAGRITTE, *Time transfixed*   The Art Institute of Chicago

À une heure moins le quart, le train arrive dans la cheminée. Est-il en avance ou en retard, aujourd'hui ?

70   SIXIÈME LEÇON

RÉPONDEZ dans l'esprit de la lecture et avec imagination.

1. **Michel :** Comment est la vie d'un étudiant américain ?
   Roger : _____

2. **Robert :** À quelle heure es-tu dans la première classe le lundi ?
   Bill : _____

3. **Paméla :** Bill est-il toujours à l'heure pour une classe à huit heures ?
   Kim : _____

4. **Janice :** Est-ce que huit heures est une heure civilisée pour une classe ?
   Bill : _____

5. **Suzanne :** Est-ce que Bill est bon en math ?
   Valérie : _____

6. **Marie-Claude :** Le professeur de français de Bill, qui est-ce ?
   Michel : _____

7. **Michel :** En France, la cuisine du Resto-U (= restaurant universitaire) n'est pas très bonne. Comment est la cuisine de la cafétéria ?
   Bill : _____

8. **Debbie :** Comment est le français ?
   Pierre : _____

9. **Jackie :** Bill, où es-tu, généralement, le vendredi soir ?
   Bill : _____

10. **Lise :** Jean-Pierre, où es-tu, généralement, le dimanche matin ?
    Jean-Pierre : _____

11. **Michel :** De quelle heure à quelle heure Bill est-il généralement au travail ?
    Kim : _____

12. **Kim :** Bill, es-tu obligé d'être au travail l'après-midi ?
    Bill : _____

13. **Michel :** Où est le travail de Bill ?
    Paméla : _____

EXERCICES ÉCRITS

1. Mettez à la forme interrogative.

   Exemple :   David est étudiant.
   David est-il étudiant ?

1. Alain Delon est acteur.
2. Pierre et David sont au cinéma.
3. Jackie est mariée.
4. Paméla et Pierre sont amis.

5. Un étudiant est quelquefois fatigué.
6. Le blouson de Bob est en cuir.
7. Une robe blanche est pratique.
8. Je suis à l'heure.

9. Le professeur est en retard.
10. La classe est finie.
11. Mme Raynal est architecte.
12. Le copain de Roger est Martiniquais.

2. Mettez à la forme négative.

> Exemple : Je suis président.
> *Je ne suis pas président.*

1. La 2CV Citroën est grande.
2. Vous êtes en retard pour la classe.
3. Nous sommes à Rome.
4. C'est un exercice difficile.
5. Le docteur Raynal est étudiant.
6. Une Cadillac est pratique pour vous.
7. Le costume de Kim est compliqué.
8. C'est une robe longue.
9. La voiture de Michel est sur le campus aujourd'hui.
10. Je suis en retard pour un rendez-vous important.
11. Tiens! Le professeur est en avance aujourd'hui.
12. La vie d'un étudiant est idéale.

3. Complétez avec **à la/à l'/au**.

> Exemple : Non, Mme Raynal n'est pas *au* bureau.

1. La voiture est ___*au*___ garage. Elle n'est pas ___*à l'*___ université.
2. À 20 h. 30, je suis ___*à la*___ bibliothèque ou ___*à la*___ maison.
3. Le programme favori de Pat ___*à la*___ télévision est à 23 h.
4. À midi, nous sommes ___*à la*___ cafétéria ou ___*au*___ restaurant.
5. Allez ___*au*___ laboratoire de 13 h. à 14 h.
6. Nous sommes ___*au*___ commencement du livre de français.
7. M. et Mme Gilbert sont ___*à l'*___ adresse indiquée dans l'annuaire (*phone book*).
8. Allez ___*au*___ tableau. Maintenant, allez ___*à la*___ fenêtre.
9. Le petit Toto est ___*à l'*___ école primaire.
10. Allez ___*au*___ cinéma, ___*à la*___ matinée de 14 h.

4. **Où est...?**
Répondez par une phrase complète.

> Exemple : Où est le président?
> *Il est à Washington.*

1. la capitale du Canada?
2. le Pape?
3. la Cinquième Avenue?
4. le gouvernement américain?
5. la Tour Eiffel?
6. la reine d'Angleterre?

7. le bon champagne ?
8. la capitale de l'Espagne ?
9. la capitale de l'Israël ?
10. la Porte d'Or ?
11. le Palais Impérial ?
12. un mur célèbre ?

Berlin, Tokio, San Francisco, Jérusalem, Madrid, Reims, Ottawa, Londres, Paris, Washington, New-York, Rome

5. Quelle heure est-il, en français ?

> Exemple : *6:45 PM*
> Il est dix-huit heures quarante-cinq
> (*ou :* Il est sept heures moins le quart du soir.)

1. *6:15 AM*
2. *9:05 PM*
3. *4:35 AM*
4. *10:30 AM*
5. *11:40 PM*
6. *4:20 PM*
7. *10:45 PM*
8. *12:00 noon*
9. *3:15 PM*
10. *8:55 AM*

COMPOSITION ORALE, ÉCRITE, OU DISCUSSION

Une journée de votre vie d'étudiant. Où êtes-vous à sept heures ? à huit heures ? Pourquoi ? etc. Comment est votre première classe ? À quelle heure est-elle ? Comment est le professeur ? Êtes-vous obligé(e) d'être au travail ? Pourquoi ? Comment est votre travail ? Quel est un bon moment de la journée ? Une journée agréable ? Horrible ? Conclusion : Comment est la vie d'un étudiant comme vous ?

VOCABULAIRE DE LA LEÇON

NOMS

Noms masculins

l'acteur	le dîner	le programme
l'annuaire	le gouvernement	le quart
l'après-midi	l'infinitif	le soir
l'architecte	le laboratoire	le supermarché
le campus	le lit	le système
le champagne	le matin	le théâtre
le cinéma	le médecin	le travail
le commencement	le moment	le verbe
le congé	le Pape	le visiteur
le déjeuner	le présent	

Noms féminins

l'amie	la conjugaison	la poste
l'après-midi	la construction	la profession
l'architecte	la demie	la reine

l'avenue
la bibliothèque
la cafétéria
la capitale
la chimie
la conférence

l'école primaire
l'heure
la journée
la matinée
la physique

la République
la résidence
la tour
la vie
la visiteuse

ADJECTIFS

acceptable
affirmatif, affirmative
agréable
barbare
cher, chère
civilisé, civilisée
content, contente

curieux, curieuse
fatigué, fatiguée
favori, favorite
gentil, gentille
indiqué, indiquée
indulgent, indulgente

juste
moderne
obligé, obligée
occupé, occupée
quel, quelle... ?
utile

ADVERBES ET EXPRESSIONS ADVERBIALES

à l'heure
en avance

en retard
entièrement

toujours
une fois

VERBES (ORDRES)

n'employez pas...

DIVERS

midi

minuit

Ma maison et ma famille

- il y a et sa négation **il n'y a pas de**/la forme interrogative : **y a-t-il ?**/Qu'est-ce qu'il y a ?
- L'adjectif possessif singulier : **mon/ma, ton/ta, son/sa, notre, votre, leur**
- Le comparatif de l'adjectif : **plus... que/moins... que/aussi... que**
- Le superlatif de l'adjectif : **le plus... de, le moins... de**
- Le comparatif de **bon/bonne** : **meilleur/meilleure** ; et le superlatif : **le meilleur de.../la meilleure de...**

INTRODUCTION

DÉCLARATION ET QUESTION	RÉPONSE

il y a / il n'y a pas de / y a-t-il ? / qu'est-ce qu'il y a ?

Dans la classe, **il y a** un tableau sur le mur. **Il y a** une porte, et **il y a** une fenêtre.

Sur le bureau, **il y a** un livre. **Y a-t-il** un livre devant vous ? (*ou* : **Est-ce qu'il y a** un livre devant vous ?)

Oui, il y a un livre devant moi.

Y a-t-il une chaise ?

Oui, il y a une chaise.

Y a-t-il un téléphone dans la classe ?

Non, **il n'y a pas de** téléphone dans la classe.

Y a-t-il une télévision dans la classe ?

Non, il n'y a pas de télévision. Mais il y a une télévision à la maison.

Qu'est-ce qu'il y a sur le bureau ?

Il y a un livre, un vase, un stylo, et **autre chose**.

L'adjectif possessif : **mon/ma, ton/ta, son/sa, notre, votre, leur**

Je suis le professeur. Voilà **le** livre du professeur. C'est **mon** livre. Kim, montrez-moi **votre** livre.

Voilà **mon** livre.

Roger, de quelle couleur est **votre** chemise ?

Ma chemise est bleue.

Et **votre** pantalon ?

Mon pantalon est bleu aussi.

Où est **votre** maison ?

Ma maison est au coin de la rue.

Comment est **votre** rue ?

Ma rue est tranquille. Il n'y a pas beaucoup de circulation.

Où est **notre** classe ?

Notre classe est à l'université.

Voilà Bill et **son** copain Michel. Voilà Roger et **sa** sœur Cathy. Voilà Jackie et **son** mari. Où est Kim ?

Elle est avec **son** amie Paméla et **son** autre amie Janice.

Où est l'appartement de Michel ?

Son appartement est sur un grand boulevard. Il y a beaucoup de circulation sur **son** boulevard, et il n'y a pas de place pour **sa** voiture.

Et où est l'appartement de M. et Mme Martin ?

Leur appartement est dans la banlieue. Aujourd'hui, **leur** voiture est dans **leur** garage.

Le comparatif : **plus... que / moins... que / aussi... que** (plus de, moins de avec un nombre)

L'Amérique est grande. Elle est **plus** grande **que** l'Europe. L'Amérique est-elle plus grande que la France ?

Oui, l'Amérique est plus grande que la France. La France est **moins** grande **que** l'Amérique.

Êtes-vous plus jeune ou plus âgé que le professeur ?

Je suis **bien moins** âgé **que** le professeur. (Je suis **bien plus** jeune **que** lui !)

Pierre est grand, et David est **aussi** grand **que** Pierre. Êtes-vous aussi grand que votre père ?

Oui, je suis aussi grand que mon père. Mais ma mère est **bien plus** petite **que** moi.

La cuisine de votre mère est bonne. Est-elle **aussi bonne** ou **meilleure que** la cuisine de la cafétéria ?

La cuisine de ma mère est meilleure que la cuisine de la cafétéria. (Bien meilleure !)

Y a-t-il **plus de** dix étudiants dans la classe ?

Oui, il y a plus de dix étudiants. (Il y a bien plus de dix étudiants.) Mais il y a **moins de** cent étudiants.

Le superlatif : **le plus... de / le moins... de / le meilleur... de**

Ma maison est **la plus** grande **de** la rue. Votre maison est-elle la plus grande de votre rue ?

Non, au contraire, elle est **la plus** petite **de** ma rue. Et mon quartier est **le plus** tranquille **de** la ville.

Voilà une composition avec un « C ». C'est **la moins bonne** note de la classe. Quelle est **la meilleure** note ?

La meilleure note, c'est « A ».

Qui est votre meilleur ami, Bill ?

Mon meilleur ami s'appelle Michel. (Le nom de ma meilleure amie, c'est un secret.)

EXPLICATIONS

1. il y a

> Il y a un tableau sur le mur.
> Il y a deux téléphones sur la table.

il y a est invariable.

A. Forme interrogative : **Y a-t-il ?** ou **Est-ce qu'il y a ?**

> **Y a-t-il** une rose dans le vase ?
> **Est-ce qu'il y a** une rose dans le vase ?

B. Forme négative

> Il n'y a pas d'animal dans la classe.

REMARQUEZ : La négation de **il y a** (**un/une, mon/ma**, etc.) est **il n'y a pas de**...

C. **Qu'est-ce qu'il y a ?**

> **Qu'est-ce qu'il y a** dans votre sac ? Dans mon sac, **il y a** ma clé, mon carnet d'adresses, et mon argent. **Il n'y a pas d'**enveloppe.

2. L'adjectif possessif

> *Michel :* Voilà **ma** chemise, **ma** serviette, **mon** pantalon, **ma** cravate.
> *Kim :* Voilà **ma** robe, **mon** sac, **mon** pull-over, **mon** amie Jackie.
> *Bill et Kim :* Voilà **notre** classe, **notre** professeur, **notre** amie Jackie.
> Regardez M. et Mme Martin. Voilà **leur** voiture, **leur** appartement.

RÉCAPITULATION DE L'ADJECTIF POSSESSIF SINGULIER

DEVANT UN NOM MASCULIN	DEVANT UN NOM FÉMININ	DEVANT UN NOM (MASC. OU FÉM.) AVEC VOYELLE INITIALE
mon ton son notre votre leur } livre	ma ta sa notre votre leur } voiture	mon ton son notre votre leur } ami, amie

L'adjectif possessif est masculin avec un nom masculin. Il est féminin avec un nom féminin.

EXCEPTION : Employez **mon, ton,** et **son** devant un nom masculin ou féminin avec voyelle initiale (**mon** amie, **mon** ami, **ton** oncle, **son** adresse, etc.).

3. Le comparatif de l'adjectif : **plus... que/moins... que/aussi... que**

A. Le comparatif de l'adjectif (excepté de **bon/bonne**)

(Personnages : Moi, 20 ans. Ma sœur, 12 ans. Vous, 20 ans.)

Je suis **plus** âgé **que** ma sœur. (Bien plus âgé !)
Ma sœur est **moins** âgée **que** moi. (Bien moins âgée !)
Vous êtes **aussi** âgé **que** moi.

B. Le comparatif de **bon/bonne** : **meilleur/meilleure***

Le dessert est **meilleur que** la soupe.
La cuisine de ma mère est **meilleure que** la cuisine de la cafétéria.

C. Le comparatif avec un nombre : **plus de/moins de**

Il y a **plus de** dix étudiants dans la classe.
J'ai **moins de** vingt minutes pour mon déjeuner.

Quand le comparatif est suivi d'un nombre, employez **plus de/moins de**.

4. Le superlatif de l'adjectif : **le (la) plus... de.../le (la) moins... de...**

A. Le superlatif de l'adjectif (excepté **bon/bonne**)

(Personnages : Mon père, 45 ans. Ma mère, 39 ans. Moi, 20 ans. Ma sœur, 12 ans.)

Mon père est **le plus âgé de** la famille.
Ma sœur est **la plus jeune de** la famille.
Qui est **le plus intelligent de** votre famille ?

REMARQUEZ : La place du superlatif avec le nom

Bill est un **grand garçon**.
Bill est **le plus grand garçon de** la classe.

C'est une **leçon facile**.
C'est **la leçon la plus facile du** livre.

Quand l'adjectif est devant le nom, le superlatif est devant le nom : **la plus belle voiture, la plus petite fille**.
Quand l'adjectif est après le nom, le superlatif est après le nom : **la leçon la plus facile, le livre le moins intéressant**.

B. Le superlatif de **bon/bonne** : **le meilleur/la meilleure****

Dimanche est un **bon** jour. C'est **le meilleur** jour **de** la semaine !
Voilà **le meilleur** restaurant **du** quartier.
C'est **la meilleure** voiture **du** monde.

* Mais : aussi bon, moins bon que
** Mais : le moins bon de, la moins bonne de

5. le même/la même... que

Six est **la même chose qu'**une demi-douzaine.

Bill et Michel sont camarades de chambre. Ils ont **la même** adresse, **le même** appartement, et **le même** loyer.

EXERCICES ORAUX

1. Répondez à la question.

A. Affirmativement

Exemple : Y a-t-il un tableau sur le mur ?
Oui, il y a un tableau sur le mur.

1. Y a-t-il une classe à huit heures ?
2. Y a-t-il un animal féroce dans le zoo ?
3. Y a-t-il un bon film au cinéma ?
4. Y a-t-il une personne importante dans votre vie ?
5. Est-ce qu'il y a une bonne conférence aujourd'hui ? *notre*
6. Est-ce qu'il y a un monument historique dans votre ville ?
7. Y a-t-il une bonne bibliothèque dans votre université ?
8. Est-ce qu'il y a une voiture devant votre porte ?
9. Y a-t-il un groupe de copains dans la classe ?
10. Est-ce qu'il y a une variété de bons vins en France ?

B. Négativement

watch for this

Exemple : Y a-t-il un chat dans la classe ?
Non, il n'y a pas de chat dans la classe.

1. Y a-t-il un téléphone dans la classe ?
2. Est-ce qu'il y a un bon programme de télévision aujourd'hui ?
3. Y a-t-il un autre étudiant devant vous ?
4. Est-ce qu'il y a une rose dans le vase ?
5. Y a-t-il un grand problème dans votre vie ?
6. Est-ce qu'il y a un aquarium dans votre maison ?
7. Y a-t-il une enveloppe dans votre poche ?
8. Y a-t-il un mystère dans votre vie ?
9. Est-ce qu'il y a une classe à 21 h. ?
10. Y a-t-il un examen vendredi ?

2. L'adjectif possessif

A. Remplacez **le/la/l'** par l'adjectif possessif.

(MON/MA)	(TON/TA)	(SON/SA)
1. le chien	1. la chemise	1. le livre
2. la maison	2. l'imagination	2. le programme
3. la poche *(pocket)*	3. l'aventure	3. l'université
4. l'adresse	4. le bureau	4. la question

5. l'amie	5. la place	5. l'aquarium
6. la rue	6. la ville	6. l'ennemi
7. l'auto	7. l'ami	7. l'autorisation
8. l'enveloppe	8. le copain	8. la responsabilité
9. l'examen	9. la télévision	9. le problème
10. le costume	10. le téléphone	10. l'idée

B. Complétez par l'adjectif possessif.

(MON/MA)	(TON/TA)	(SON/SA)
1. ami	1. copain	1. affaire
2. appartement	2. amour	2. bâtiment *building*
3. classe	3. papier	3. frère *brother*
4. stylo	4. restaurant	4. pantalon
5. cahier	5. autre ami	5. veston
6. exercice	6. autre amie	SA 6. poche
7. bureau	7. château	SA 7. clé
8. table	8. sac	8. blouson
9. livre	9. auto	SA 9. robe
10. addition	10. impression	10. pull-over

3. Le comparatif

Composez une phrase comparative avec **plus... que, moins... que,** ou **aussi... que.**

Exemple : Mon père/moi   (grand)
Mon père est plus grand que moi.

1. notre ville/Paris	(grand)
2. un blouson/une cravate	(utile)
3. une voiture/une bicyclette	(rapide)
4. une fille blonde/une fille brune	(joli)
5. une chemise blanche/une chemise de sport	(pratique)
6. une bande dessinée *(comic strip)*/une leçon de science	(amusant)
7. une voiture américaine/une voiture française	(petit)
8. je/mon père	(jeune, moderne)
9. la politique/le sport	(intéressant et important)
10. mon copain/moi	(gentil)

4. meilleur/meilleure

Composez une phrase comparative avec **meilleur que, moins bon que,** ou **aussi bon que.**

Exemple : la soupe/le dessert   (bon)
La soupe est meilleure que le dessert.
ou : *La soupe est moins bonne que le dessert.*
ou : *La soupe est aussi bonne que le dessert.*

1. le chocolat/la craie (bon)
2. un bifteck/un hamburger (bon)
3. le climat de l'Alaska/le climat de la Californie (bon)
4. une attitude intelligente/une attitude obstinée (bon)
5. le vendredi soir/le lundi matin (bon)
6. un restaurant français/un restaurant d'étudiants (bon)
7. l'équipe (*team*) de football de notre université/l'équipe de l'université rivale (bon)

 5. Le superlatif

Composez une phrase superlative avec **le/la plus... de**, **le/la moins... de**, ou **le/la meilleur(e)... de**.

Exemple : C'est un étudiant intelligent (classe)
C'est l'étudiant le plus intelligent de la classe.

1. C'est une grande maison (rue)
2. C'est un acteur célèbre (monde)
3. Ce n'est pas un bon restaurant (quartier)
4. C'est une bonne note (classe)
5. Ma famille n'est pas riche (ville)
6. C'est une leçon facile (livre)
7. Samedi est un jour agréable (semaine)
8. Mon grand-père est âgé (famille)
9. C'est une imagination brillante (classe)
10. Paris est une belle ville (Europe)

CONVERSATION

Demandez à une autre personne de la classe :

1. s'il est plus grand ou plus petit que son père, ou si elle est plus grande ou plus petite que sa mère.
2. s'il y a une autre université dans notre ville.
3. de quelle couleur est sa chemise et son pantalon (ou sa blouse, sa jupe, sa robe).
4. comment est sa rue.
5. comment est sa maison.
6. comment est sa mère, son père.
7. où est notre classe.
8. comment s'appelle son meilleur ami ou sa meilleure amie.

Ma maison et ma famille

Je m'appelle Marie-Claude, et je suis française. Ma maison est dans la banlieue de Paris. Ma maison n'est pas la plus belle du monde, mais pour moi, c'est la plus confortable. Elle est au coin d'une petite rue tranquille et d'une grande avenue. Notre quartier est agréable, parce qu'il n'y a pas beaucoup de circulation. Ma ville s'appelle Marly-le-Roi, près de Versailles, à vingt kilomètres de Paris.

Devant ma maison, il y a un petit jardin. Il y a aussi un autre petit jardin derrière. Il y a un mur autour du jardin. À la porte d'entrée, il y a une petite plaque : *M. et Mme Lanier*. De chaque côté de la porte, il y a une grande fenêtre. C'est une maison ordinaire ? Certainement pas pour la famille Lanier ! Et regardez la collection de plantes de ma mère ! Ce n'est pas une collection ordinaire. Elle est amateur de fleurs et de plantes vertes. Il n'y a pas de piscine derrière ma maison — Une piscine est une chose plus rare en France qu'en Amérique.

Il y a deux voitures dans le garage : la petite Citroën de ma mère et la Peugeot de mon père. La Peugeot est plus grande que la Citroën, mais ce n'est pas une meilleure voiture. Aujourd'hui, il n'y a pas d'auto, parce que mon père et ma mère sont au travail. Mon père est employé dans une maison de commerce, et ma mère est pharmacienne. Ils sont toujours à la maison à dix-neuf heures trente.

Ma voiture ? Ah, ce n'est pas l'Amérique ! C'est la France. Mais regardez dans le jardin, sous un arbre : C'est mon vélomoteur. Il est bleu, brillant, et il s'appelle Arthur. C'est un très joli nom de vélomoteur. Je suis étudiante à l'université de Paris, et le vélomoteur, le train de banlieue, l'autobus ou le métro sont un excellent moyen de transport.

Ma famille n'est pas à la maison, maintenant, sauf ma sœur. Elle s'appelle Annick, elle est plus jeune que moi, et elle est dans sa chambre avec son amie Marie-Ange. Elle est élève au lycée. Mon petit frère s'appelle Jean-Victor (Toto pour la famille). Il est le plus jeune de la famille et il est élève à l'école primaire. Maintenant, il est dans le jardin avec le chat. Le chat s'appelle Ronron.

Mon chien (c'est une chienne) s'appelle Belle. Elle est gentille avec ma famille et moi, mais elle est féroce avec le reste de l'humanité. Elle est comme ma sœur : Annick est méchante avec moi, mais elle est gentille avec un garçon au téléphone. (Moi ? Eh bien, je suis parfaite, naturellement.)

RENÉ MAGRITTE, *Empire de la lumière II*   Museum of Modern Art, New York

Une maison paisible, dans une rue tranquille, le soir . . .

Mon père est au bureau de neuf heures à dix-huit heures, et, quand il est à la maison, il est souvent fatigué. Ma mère est toujours occupée, mais c'est la personne la plus gentille du monde, et c'est probablement ma meilleure amie.

Je suis célibataire (= je ne suis pas mariée). Mais mon frère aîné est marié et divorcé. Sa femme (son ex-femme) est ma belle-sœur (mon ex-belle-sœur, maintenant). Leur fils, trois ans, s'appelle Antoine. C'est mon neveu et il est mignon.

Le reste de ma famille? Il y a ma tante Élisabeth. C'est la sœur de mon père, et son mari est mon oncle Guy. Leur fille est ma cousine et leur fils est mon cousin. (Mon petit cousin, six ans, est insupportable! C'est l'enfant le plus insupportable du monde!)

Naturellement, il y a aussi mon grand-père et ma grand-mère, qui sont le père et la mère de ma mère. Mon grand-père maternel est le plus âgé de la famille. Leur maison est à la campagne, dans la région de Bordeaux. Mon autre grand-père est mort, et mon autre grand-mère est à Paris, dans un joli petit appartement.

Je suis curieuse... comment est votre famille ?

RÉPONDEZ dans l'esprit de la lecture et avec imagination

1. **La mère de Marie-Claude :** Où est ta sœur, Marie-Claude ?
   Marie-Claude : _____

2. **Le père de Marie-Claude :** Où est ton vélomoteur, Marie-Claude ?
   Marie-Claude : _____

3. **Une dame :** Où est la maison de la famille Lanier ?
   Une autre dame : _____

4. **André, copain de Marie-Claude :** Comment est ta maison ?
   Marie-Claude : _____

5. **Bill :** Y a-t-il une piscine derrière la maison de Marie-Claude ?
   Michel : _____

6. **Annick :** Où sont Papa et Maman ?
   Jean-Victor (Toto) : _____

7. **Jackie :** Je suis mariée. Es-tu mariée aussi ?
   Marie-Claude : _____

8. **Bob :** Est-ce que ton petit frère est étudiant à l'université ?
   Marie-Claude : _____

9. **Tante Élisabeth :** Mon fils est-il plus mignon qu'Antoine ?
   Annick : (*sincère*) _____

10. **Belle, la chienne :** Tiens ! Ronron n'est pas sur la fenêtre. Où est-il ?
    Azor (un autre chien, son copain) : _____

11. **Le père de Marie-Claude :** Tiens ! Il y a un visiteur à la porte.
    Belle, la chienne : _____

12. **Bill :** Est-ce que le frère aîné de Marie-Claude est marié ?
    Roger : _____

EXERCICES ÉCRITS

1. Complétez par l'adjectif possessif correct. (Chaque mot est présenté dans la lecture.)

(MON/MA)	(TON/TA)	(SON/SA)
1. rue	1. grand-mère	1. toit
2. banlieue	2. cousin	2. antenne

3. tante	3. jardin	3. avenue
4. oncle	4. pelouse	4. arbre
5. sœur	5. piscine	5. belle-sœur
6. cousine	6. élève	6. chienne
7. femme	7. mari	7. vélomoteur

2. Complétez par l'adjectif possessif correct.

A. **mon/ma, son/sa, leur**

Jean-Louis : Voilà _____ auto. Elle est devant _____ maison. C'est _____ motocyclette qui est à côté de _____ voiture. La bicyclette de _____ frère est dans le garage. _____ autre frère est marié, il est dans _____ appartement, avec _____ femme et _____ fils, qui est _____ neveu.

Marie-Claude La femme de _____ frère, c'est _____ belle-sœur, et le mari de _____ sœur, c'est _____ beau-frère.

Jackie : Voilà _____ mari. _____ sœur est fiancée. _____ fiancé s'appelle André. Il est ingénieur. C'est _____ occupation ou _____ profession.

B. **son/sa** et **leur**

Voilà M. Lanier avec _____ femme. Ils sont dans _____ voiture, devant _____ maison. Mme Lanier admire _____ collection de fleurs. Maintenant, voilà _____ fils Toto, et _____ fille Annick. Où est _____ autre fille Marie-Claude ? Marie-Claude est avec _____ amie Geneviève et _____ copain Armand.

La tante Élisabeth et _____ mari, l'oncle Guy, sont en visite à l'appartement de la grand-mère. Naturellement, _____ petit garçon est là aussi. Il est insupportable, et _____ grand-mère n'est pas contente. « Il n'est pas aussi mignon que _____ cousin Antoine » dit la grand-mère. « _____ cousin Antoine est un petit idiot », dit l'oncle Guy, furieux. Pour un monsieur et une dame, _____ enfant est le plus adorable du monde !

3. Répondez à la question par un adjectif possessif et une phrase complète.

Exemple : Comment est votre classe de français ?
Ma classe de français est intéressante (ou horrible, difficile, etc.)

1. Comment est votre maison ?
2. Comment est votre vie ?
3. Comment est votre dimanche, généralement ?
4. Y a-t-il une personne spéciale dans votre vie ?
5. Qu'est-ce qu'il y a à la télévision, à dix-neuf heures ?
6. Quel est votre moment favori de la semaine (jour et heure) ?
7. Comment est votre professeur de français ?

8. Qu'est-ce qu'il y a dans votre serviette ? (ou dans votre poche, ou votre sac ?)
9. Où est probablement votre père maintenant ? Et votre mère ?
10. Qui est une personne remarquable dans votre famille ?

4. Questions sur le vocabulaire de la lecture

Répondez à chaque question par une phrase complète, avec deux ou trois adjectifs possessifs.

> Exemple : Qui est votre oncle ?
> *Mon oncle est le frère de ma mère ou de mon père.*

1. Qui est votre cousin ? Votre cousine ?
2. Qui est votre belle-sœur ? Votre beau-frère ?
3. Comment s'appelle la mère de votre mère ?
4. Qui est votre nièce ?
5. Comment est votre rue ? Pourquoi ? Qu'est-ce qu'il y a devant votre maison ?
6. Où est votre père de neuf à cinq (= dix-sept) heures ?
7. Est-ce que votre mère est toujours à la maison ? Pourquoi ?
8. Où êtes-vous quand vous n'êtes pas à la maison ?

5. Le comparatif et le superlatif

Lisez le paragraphe suivant :

La maison de la famille Raynal est dans une petite rue tranquille, à côté d'un grand boulevard. Voilà la famille Raynal : M. Raynal, 40 ans ; Mme Raynal, 38 ans ; Georges, le fils, 19 ans. Mireille, 17 ans, est sa sœur, et Lili, 5 ans, son autre sœur. Dans la maison, il y a aussi un gros chien très méchant, et un petit chat gris très gentil.

Répondez à chaque question :

1. La rue de la famille Raynal est-elle plus grande ou plus petite que le boulevard ?
2. M. Raynal est-il plus jeune ou plus âgé que sa femme ?
3. Georges est-il plus jeune ou plus âgé que Mireille ?
4. La famille Raynal est-elle plus grande ou plus petite que votre famille ?
5. Êtes-vous plus jeune ou plus âgé que Georges Raynal ?
6. Qui est le plus âgé de la famille ? Le plus jeune ?
7. Quel est le plus petit animal ? L'animal le plus méchant ?
8. Qui est la plus petite personne de la famille ?

6. Relisez attentivement la lecture, et composez cinq (5) phrases imaginatives avec le comparatif et le superlatif.

> plus... que, bien plus... que, meilleur (meilleure) que, le/la plus... de, le/la moins... de, le/la meilleur (meilleure) de

> Exemple : *La rue de Jean-Louis est bien plus petite*
> *que le boulevard à côté.*

COMPOSITION ORALE, ÉCRITE, OU DISCUSSION

1. **Description de votre maison et de votre famille.** Employez **il y a, mon/ma, son/ sa**, et beaucoup de comparatifs et de superlatifs. (Qui est le plus gentil ? le moins gentil ? le plus ou le moins occupé ? le plus remarquable et pourquoi ? etc.)

2. **Votre meilleur ami ou votre meilleure amie.** Pourquoi est-ce votre meilleur ami ou meilleure amie ? Comparez son portrait avec votre portrait et employez beaucoup de comparatifs et de superlatifs.

3. **Y a-t-il une personne extraordinaire dans votre famille ?** Qui est-ce ? Expliquez pourquoi cette personne est extraordinaire avec des superlatifs et comparatifs.

VOCABULAIRE DE LA LEÇON

NOMS

Noms masculins

l'Alaska
l'amateur
l'amour
l'animal
l'aquarium
l'arbre
l'argent
l'autobus
le bâtiment
le beau-frère
le bifteck
le carnet (d'adresses)
le chocolat
le climat
le coin (de la rue)
le comparatif
le dessert
l'élève

l'employé
l'enfant
l'ennemi
l'examen
le fiancé
le film
le fils
le frère
le grand-père
le hamburger
l'ingénieur
le jardin
le kilomètre
le lycée
le mari
le métro
le monde
le monument

le moyen de transport
le mystère
le neveu
le nombre
l'oncle
le père
le portrait
le quartier
le reste
le secret
le sport
le superlatif
le toit
le train
le vélomoteur
le vin
le zoo

Noms féminins

l'affaire
l'Amérique
l'attitude
l'aventure
la bande dessinée
la banlieue
la belle-sœur
la Californie
la campagne
la chienne
la chose
la circulation
la collection

l'élève
l'employée
l'équipe
l'Europe
la famille
la femme
la fille
la fleur
la France
la grand-mère
l'humanité
l'impression
la maison de commerce

la pelouse
la pharmacienne
la piscine
la plante verte
la plaque
la poche
la politique
la porte d'entrée
la région
la responsabilité
la rue
la sœur
la soupe

la cousine	la mère	la tante
la cravate	la nièce	la variété
la douzaine	l'occupation	la visite (en visite)

ADJECTIFS

adorable	idiot, idiote	mort, morte
âgé, âgée	impartial(e)	obstiné, obstinée
célèbre	influencé, influencée	parfait, parfaite
célibataire	insupportable	possessif, possessive
divorcé, divorcée	jeune	primaire
féroce	maternel, maternelle	rare
fiancé, fiancée	méchant, méchante	rival(e)
furieux, furieuse	meilleur(e)	secondaire
historique	mignon, mignonne	tranquille

MOTS INVARIABLES

| parce que | quand ? | sauf |
| pourquoi ? | | |

HUITIÈME LEÇON

Le chien méchant, la police, et le bon champagne

- Le verbe **avoir**: Conjugaison au présent
- La forme affirmative, négative, et interrogative du verbe **avoir**
- Introduction aux verbes du premier groupe **(en -er)** comme **aimer, arriver**, etc.
- Construction de la phrase interrogative

INTRODUCTION AU PLURIEL:

- **beaucoup de** avec le singulier, et avec le pluriel d'un nom ou d'un adjectif en **-al**

INTRODUCTION

DÉCLARATION ET QUESTION	RÉPONSE
Le verbe **avoir**: Avez-vous un/une...?	Oui, j'ai un/une... Non, je n'ai pas de...

Voilà ma famille : mon père, ma mère, ma sœur, et moi. **J'ai une** sœur, mais **je n'ai pas de** frère.

Avez-vous un frère ? (*ou :* **Est-ce que vous avez un** frère ?)

Oui, **j'ai un** frère, mais **je n'ai pas de** sœur.

Voilà Jean-Louis. **A-t-il une** sœur ? (*ou :* **Est-ce qu'il a une** sœur ?)

Oui, **il a une** sœur. Elle s'appelle Marie-Claude.

Voilà Kim. **Elle a une** voiture, n'est-ce pas ?

A-t-elle un vélomoteur ?

Oui, **elle a une** voiture.

Non, **elle n'a pas de** vélomoteur.

Michel et moi, **nous avons une** classe à huit heures. **Avons-nous un** examen aujourd'hui ? (*ou :* **Est-ce que nous avons** un examen aujourd'hui ?)

Non, **nous n'avons pas d'**examen aujourd'hui.

Bill et Michel **ont un** appartement. **Ont-ils** aussi un numéro de téléphone ? (*ou :* **Est-ce qu'ils ont** aussi un numéro de téléphone ?)

Oui, **ils ont un** numéro de téléphone.

Avez-vous le/la… ?   Oui, j'ai le/la…
Non, je n'ai pas le/la…

Avez-vous la composition pour aujourd'hui ?

Non, **je n'ai pas la** composition pour aujourd'hui. (Elle est à la maison.)

Avez-vous votre voiture aujourd'hui ?

Non, **je n'ai pas ma** voiture. (Elle est au garage.)

Introduction aux verbes du premier groupe (en **-er**) : **aimer, arriver,** etc.

J'aime beaucoup la classe de français. **Aimez-vous** aussi la classe de français ? (*ou :* **Est-ce que vous aimez** la classe de français ?)

Oui, **j'aime** la classe de français. **Nous aimons** aussi la classe de gymnastique. **Nous n'aimons pas** beaucoup la classe de physique.

Marie-Claude **aime-t-elle** son chien ? (*ou :* **Est-ce que Marie-Claude aime** son chien ?)

Oui, **elle aime** son chien.

M. et Mme Lanier **aiment-ils** leur maison ?

Oui, **ils aiment** leur maison. Ils aiment la banlieue.

À quelle heure **arrivez-vous** à l'université ?

J'arrive à huit heures moins dix. Beaucoup d'étudiants **arrivent** plus tard.

Arrivez-vous quelquefois en retard ?

Oui. Si l'autobus **arrive** en retard, **j'arrive** en retard aussi. Alors le professeur dit : « **Arrivez** à l'heure une autre fois ! »

Introduction au pluriel : **beaucoup de travail, beaucoup d'amis gentils**

J'ai **beaucoup de travail** pour demain. Avez-vous aussi beaucoup de travail ?

Non, je n'ai pas **beaucoup de travail**, et j'ai **beaucoup de temps** * et de liberté.

Avez-vous **beaucoup d'amis** ?

Oui, j'ai **beaucoup d'amis** très **gentils** et **beaucoup d'amies** très **gentilles.**

Y a-t-il un **journal** dans votre ville ?

Oui, il y a trois **journaux**, parce que c'est une grande ville. Et à la bibliothèque, il y a **beaucoup de journaux.**

Avons-nous un examen **oral** dans la classe de français ?

Nous avons **beaucoup d'examens oraux.**

Avons-nous une composition **orale** ?

Oh, oui, nous avons **beaucoup de compositions orales.**

EXPLICATIONS

1. Le verbe **avoir**

L'infinitif du verbe est **avoir**. C'est un verbe qui exprime la possession :

> **J'ai** un frère et une sœur.
> **Il a** une voiture. **Elle a** un vélomoteur.
> **Nous avons** une maison.

> **Vous avez** un chien. (**Tu as** un chien.)
> **Ils ont** une maison dans la banlieue. **Elles ont** (ma sœur et mon autre sœur) beaucoup d'admirateurs.

A. Forme affirmative du verbe **avoir**

j'ai	nous avons
tu as	vous avez
il, elle a	ils, elles ont

* **temps** est singulier.

B. Forme interrogative du verbe **avoir**

Il y a deux formes possibles : avec l'inversion ou avec **est-ce que**.

AVEC L'INVERSION	AVEC **EST-CE QUE**
ai-je ?	est-ce que j'ai ?
as-tu ?	est-ce que tu as ?
a-t-il ? a-t-elle ?	est-ce qu'il a ? est-ce qu'elle a ?
avons-nous ?	est-ce que nous avons ?
avez-vous ?	est-ce que vous avez ?
ont-ils ? ont-elles ?	est-ce qu'ils ont ? est-ce qu'elles ont ?

[handwritten notes in margin:]
neg inversion
n'ai-je pas ?
n'as-tu pas ?
n'a-t-il pas ?
n'a-t-elle pas ?
n'avons-nous pas
n'avez-vous pas
n'ont-ils pas
n'ont-elles pas

C. Forme négative

Marie-Claude dit : « J'ai un vélomoteur, je n'ai pas de voiture. »

« Nous avons une maison, nous n'avons pas d'appartement. »

La négation de **j'ai un/j'ai une** est **je n'ai pas de**. (Comparez avec la négation de **il y a un/il y a une** : **il n'y a pas de**.

Mais la négation de **j'ai le/j'ai la** ou **j'ai mon/ma** (etc.) est **je n'ai pas le/la** ou **je n'ai pas mon/ma**. Par exemple :

Marie-Claude **a-t-elle une** voiture ? Non, **elle n'a pas de** voiture.

MAIS :

Bill **a-t-il sa** voiture aujourd'hui ? Non, **il n'a pas sa** voiture.
Avez-vous le numéro de Bill et de Michel ? Non, **je n'ai pas leur** numéro.

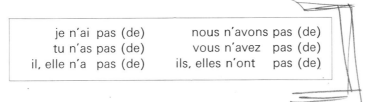

je n'ai pas (de)	nous n'avons pas (de)
tu n'as pas (de)	vous n'avez pas (de)
il, elle n'a pas (de)	ils, elles n'ont pas (de)

2. Introduction aux verbes du premier groupe ou verbes en **-er : aimer, arriver, accepter, inviter, jouer, sauter**, etc.

Un verbe avec la terminaison **-er** est régulier (il y a deux exceptions : **aller** et **envoyer**. *See Appendix B.*).

Voilà la conjugaison affirmative du verbe du premier groupe :

```
AFFIRMATIF
Exemples : aimer                    arriver
          j'aim e                    j'arriv e
          tu aim es                  tu arriv es
          il, elle aim e             il, elle arriv e
          nous aim ons               nous arriv ons
          vous aim ez                vous arriv ez
          ils, elles aim ent         ils, elles arriv ent
```

Voilà la conjugaison interrogative. Il y a deux formes possibles, l'inversion et avec **est-ce que** :

```
INTERROGATIF

est-ce que j'aime ? *        est-ce que j'aime ?
aimes-tu ?                   est-ce que tu aimes ?
aime-t-il ? aime-t-elle ?    est-ce qu'il/elle aime ?
aimons-nous ?                est-ce que nous aimons ?
aimez-vous ?                 est-ce que vous aimez ?
aiment-ils ?                 est-ce qu'ils/elles aiment
```

Voilà la conjugaison négative :

```
NÉGATIF
        je n'aime      pas (le/la)
        tu n'aimes     pas (le/la)
  il, elle n'aime      pas (le/la)
      nous n'aimons    pas (le/la)
      vous n'aimez     pas (le/la)
  ils, elles n'aiment  pas (le/la)
```

NOTE : J'aime **le** français, mais je n'aime pas **la** physique.
Aimez-vous **la** musique ? Oui, j'aime **la** musique contemporaine, mais je n'aime pas beaucoup **la** musique classique.

Avec le verbe **aimer**, employez généralement l'article défini.

Exemples de verbes du premier groupe :

arriver   J'arrive à l'université à neuf heures. À quelle heure **arrivez-vous** ?

accepter   J'accepte votre invitation avec plaisir.

* Pour la première personne, la forme avec inversion, **Aimé-je ?** n'est pas employée dans le français **moderne**.

inviter	Nous avons une réception, et **nous invitons** beaucoup d'amis.
jouer	Mon petit frère **joue** avec le chat dans le jardin.
sauter	Le chien est content et **il saute**.

3. Construction de la phrase interrogative

Voilà dix exemples de questions :

1. Avez-vous une voiture ?
2. Kim est-elle dans la classe ?
3. Y a-t-il un examen demain ?
4. Quand y a-t-il un examen ?
5. Aimez-vous la musique classique ?
6. Votre mère est-elle à la maison ?
7. Pourquoi votre mère n'est-elle pas à la maison ?
8. Où y a-t-il une autre classe de français ?
9. M. et Mme Lanier habitent-ils dans un appartement ?
10. Pourquoi Toto joue-t-il avec le chat ?

Maintenant, voilà la décomposition de la question. Remarquez l'ordre fixe de chaque élément.

PLACE DE CHAQUE ÉLÉMENT DANS LA PHRASE INTERROGATIVE

ADVERBE INTERROGATIF	NOM DE LA PERSONNE OU DE L'OBJET (SUJET)	VERBE À LA FORME INTERROGATIVE	LE RESTE DE LA PHRASE
1. ————	————	Avez-vous	une voiture ?
2. ————	Kim	est-elle	dans la classe ?
3. ————	————	Y a-t-il	un examen pour demain ?
4. Quand	————	y a-t-il	un examen ?
5. ————	————	Aimez-vous	la musique classique ?
6. ————	Votre mère	est-elle	à la maison ?
7. Pourquoi	votre mère	n'est-elle pas	à la maison ?
8. Où	————	y a-t-il	une autre classe de français ?
9. ————	M. et Mme Lanier	habitent-ils	dans un appartement ?
10. Pourquoi	Toto	joue-t-il	avec le chat ?

4. Introduction au pluriel : **beaucoup de...**

beaucoup de est une expression de quantité, employée avec le singulier et avec le pluriel.

A. avec le singulier (*much, a great deal, a lot*) :

> J'ai **beaucoup de travail.**
> Avez-vous **beaucoup d'imagination** ?

B. avec le pluriel (*many, lots of*) :

> J'ai **beaucoup d'amis gentils** et **d'amies gentilles.**
> Il y a **beaucoup d'étudiants brillants** dans la classe (et **beaucoup d'étudi-antes brillantes**) !

> Quand le nom est pluriel, il y a un **s** final. Quand il y a un adjectif avec le nom, il est pluriel aussi, et il y a généralement un **s**.)

C. Le pluriel d'un nom ou d'un adjectif en **-al** :

> Le chien est un animal.
> Dans un zoo, il y a **beaucoup d'animaux.**

> Demain est le jour de l'examen oral.
> Demain, nous avons deux examens oraux.

REMARQUEZ : Le pluriel d'un adjectif **féminin** en **-al** est **-ales** :

> C'est une composition orale.
> Ce sont des compositions orales.

EXERCICES ORAUX

1. La forme du verbe

A. Le verbe **avoir**

Répondez affirmativement et négativement.

> Exemple : A-t-il un petit frère ?
> *Oui, il a un petit frère./Non, il n'a pas de petit frère.*

1. A-t-il une voiture ?
2. Ai-je mon livre devant moi ?
3. Est-ce que vous avez la réponse ?
4. Avons-nous une classe de français ?
5. Est-ce que nous avons une bonne classe ?
6. Est-ce qu'elle a une sœur ?
7. Ont-elles beaucoup d'admirateurs ?
8. Est-ce que j'ai votre numéro de téléphone ?

9. As-tu dix francs ?
10. Est-ce qu'il a un camarade de chambre ?
11. Est-ce que tu as un bon copain ?
12. A-t-elle une robe verte ?

B. Le verbe **être** et le verbe **avoir**

Répondez affirmativement et négativement.

Exemple : Es-tu à l'heure ?
Oui, je suis à l'heure./Non, je ne suis pas à l'heure.

1. Avez-vous un grand-père ?
2. Êtes-vous marié ?
3. As-tu un vélomoteur ?
4. Es-tu français ?
5. Sommes-nous à Paris ?
6. Avons-nous beaucoup de travail ?
7. Est-ce que j'ai votre adresse ?
8. Sont-ils devant la maison ?
9. Ont-ils un appartement ?
10. Est-ce qu'il a la clé ?
11. Est-ce qu'il est en retard ?
12. Est-ce une leçon difficile ?

2. Répondez affirmativement ou négativement à la question.

Exemple : Avez-vous une sœur ?
Oui, j'ai une sœur.
ou : *Non, je n'ai pas de sœur.*

1. Avez-vous un chat ?
2. Avez-vous un chien ?
3. Avez-vous l'heure ?
4. Avons-nous un examen aujourd'hui ?
5. Votre famille a-t-elle une maison ?
6. Avez-vous le livre de français devant vous ?
7. Avez-vous une voiture ?
8. Bill a-t-il un camarade de chambre ?
9. Avez-vous un (*ou:* une) camarade de chambre ?
10. Avez-vous votre jaquette ?
11. Marie-Claude a-t-elle un vélomoteur ?
12. Sa mère a-t-elle une collection de plantes ?

3. Verbes du premier groupe

Répondez affirmativement et négativement à la question.

Exemple : Aimez-vous le travail ?
Oui, j'aime le travail./Non, je n'aime pas le travail.

1. Arrivez-vous à l'heure ?
2. Aimez-vous le chocolat ?
3. Le chat aime-t-il le chien ?
4. Habitez-vous dans la banlieue ?
5. Bill et Michel habitent-ils dans un appartement ?
6. Jouez-vous de la guitare ?
7. Toto joue-t-il avec le chat ?
8. Acceptez-vous une invitation pour une soirée sympathique ?
9. Invitez-vous quelquefois un ami au cinéma ?
10. Parlez-vous espagnol ?
11. Michel parle-t-il français ?
12. Préparez-vous un examen oral ?

4. Voilà la réponse. Quelle est la question probable ?

> Exemple : Non, je n'ai pas de belle-sœur.
> *Avez-vous une belle-sœur ?*

1. Non, je n'ai pas de voiture.
2. Non, je ne parle pas italien.
3. Kim est contente parce qu'elle a un « A ».
4. J'ai un problème parce que je n'ai pas d'imagination.
5. Nous n'avons pas d'appartement, nous avons une maison.
6. Il n'y a pas de bon restaurant dans mon quartier.
7. Oui, j'aime la cuisine française.
8. J'habite dans la banlieue.
9. Non, nous n'avons pas de chien.
10. Oui, j'adore le champagne !

CONVERSATION

Demandez à une autre personne de la classe :

1. s'il/si elle a un frère.
2. s'il/si elle a une sœur.
3. où il/elle habite : en ville ou dans la banlieue ?
4. si sa mère est occupée ; si elle a une profession.
5. s'il/si elle est marié (mariée) ; célibataire ; divorcé (divorcée).
6. une petite description de sa famille : « Dans ma famille, il y a mon père, ma mère, etc. »
7. s'il/si elle a beaucoup d'amis ; beaucoup de plantes vertes ; beaucoup de livres ; beaucoup de papiers.
8. s'il/si elle aime le champagne ; la bonne cuisine ; le vin français.
9. s'il/si elle adore le laboratoire.
10. s'il/si elle aime la classe de français, et pourquoi.

Le chien méchant, la police, et le bon champagne

La famille de mon ami Ronnie Johnson passe l'année en France, parce que sa mère est professeur dans une université française pour l'année. Son père est photo-illustrateur, et il prépare un livre sur le vin français. Ronnie est étudiant dans une école pour étudiants étrangers. Il y a aussi un autre membre dans la famille : C'est Truffles (ou Truffe, en français). Truffe est une petite chienne jaune, pas jolie, mais affectueuse et intelligente. Pas jolie ? Pardon ! Ce n'est pas l'avis (= l'opinion) de Scipion, un énorme chien mi-boxer, mi-bouledogue qui habite dans la petite rue derrière la maison de la famille Johnson. Il admire Truffe, il saute le mur, et voilà Scipion devant la maison avec Truffe. Il a l'air d'un animal féroce ! (En réalité, il est amoureux.)

« Qu'est-ce que c'est ? dit Mme Johnson. Est-ce un chien méchant ? Il a l'air dangereux ! » Scipion aboie, et il saute : « Ouâ, ouâ, jouez avec moi, s'il vous plaît. Je suis votre ami ! » Mais le message n'est pas clair pour Mme Johnson.

À vingt heures, M. et Mme Johnson ont une réception. Ils ont beaucoup d'invités, et Mme Johnson est très élégante dans une robe longue. Où est Scipion ? Devant la maison, naturellement. Il aboie, et une dame en robe rose qui arrive est terrifiée : « C'est sûrement un chien méchant, il est peut-être enragé ! » « Ouâ, ouâ, dit Scipion avec enthousiasme, je ne suis pas méchant, je suis votre ami. Jouez avec moi, s'il vous plaît ! » Et il saute sur la dame. La dame tombe. C'est une tragédie.

M. Johnson dit : « Nous avons un problème. C'est un chien impossible. Où est son maître ? Où habite-t-il ? » Et il appelle la police. La police arrive. Il y a quatre agents de police dans une petite Renault. « Ah, ah, dit le chef, un chien féroce, c'est une affaire grave... » Mais un autre agent dit : « Oh, c'est le chien de M. et Mme Rougier. Ils habitent dans la petite rue derrière. Ils sont probablement à la maison. »

Un moment plus tard, voilà M. et Mme Rougier en pyjama. « Mon dieu, dit Mme Rougier, où est mon bébé ? Où est mon adorable, mignon petit chien ? » Maintenant, Scipion est calme. Il est assis sur le pied de Mme Rougier. « Je suis gentil, dit Scipion silencieusement, mais la situation n'est pas claire pour moi... » Mme Johnson dit : « Votre chien n'est probablement pas méchant, il est simplement

Affiche de *MIRÓ*

Galerie Maeght, Paris

Le chien, c'est certainement Scipion. Mais la personne ? Est-ce la dame en rose ? un agent de police ? ou Ronnie avec un chapeau bizarre ?

stupide... » « Stupide, mon Scipion ? dit Mme Rougier, vexée. Ah non, Madame, mon chien n'est pas stupide ! »

La conclusion de l'affaire ? Eh bien, il y a une réception et une provision de champagne. M. Johnson invite tout le monde dans la maison, et il passe (et repasse...) le champagne. Il y a aussi une tasse de champagne, par terre, pour Scipion qui adore le champagne. Maintenant, Scipion est assis à côté de Truffe, très content de sa situation. Tout le monde est enchanté de la compagnie de quatre agents de police sympathiques, et de M. et Mme Rougier en pyjama.

La conclusion de la conclusion ? La famille Rougier et la famille Johnson sont amies. La police est enchantée, parce que le champagne de M. Johnson est bon. Scipion a une petite amie, et avec elle, il garde la maison Johnson.

C'est une histoire impossible en Amérique ? La police n'accepte pas de champagne ? Non, mais nous sommes en France, et c'est une histoire vraie. true

RÉPONDEZ dans l'esprit de la lecture et avec imagination

1. **Un monsieur français :** Ronnie, pourquoi es-tu en France ?
   Ronnie : _____

2. **Le chat de la maison en face :** Truffe n'est pas jolie...
   Scipion : _____

3. **Truffe :** Tiens ! Bonjour, Scipion. Tu es beau !
   Scipion : _____

4. **Mme Johnson :** Mon dieu ! Qu'est-ce que c'est ? Est-ce un animal dangereux ?
   Scipion : _____

5. **La dame en robe rose :** C'est sûrement un chien féroce. Il est peut-être enragé !
   Truffe : _____

6. **M. Johnson :** (au téléphone) Allô, allô ? La police ? Nous avons un problème. Il y a un chien dangereux devant notre maison.
   Le chef de police : _____

7. **Un agent de police :** Madame Rougier, voilà votre chien.
   Madame Rougier : _____

8. **Mme Johnson :** Votre chien n'est pas intelligent, Madame...
   Mme Rougier : _____

9. **M. Johnson :** J'invite tout le monde à la réception. Voilà une bouteille de champagne !
   Scipion : _____
   Mme Rougier : _____
   La police : _____

10. **Un monsieur américain :** C'est une histoire impossible en Amérique. La police n'accepte pas de champagne !

Ronnie Johnson : _____

EXERCICES ÉCRITS

1. Répondez à la question.

> Exemple : Avez-vous votre tricot ?
> *Oui, j'ai mon tricot.* (ou : *Non, je n'ai pas mon tricot.*)

1. Avez-vous un chien comme Scipion ?
2. Êtes-vous gentil (gentille) avec tout le monde ?
3. Passez-vous votre journée à l'université ?
4. Aimez-vous le champagne et le vin français ?
5. Sommes-nous contents de notre situation ?
6. M. et Mme Johnson invitent-ils beaucoup d'amis ?
7. M. et Mme Rougier sont-ils en pyjama ?
8. Y a-t-il un bon programme à la télévision le dimanche ?
9. Ronnie Johnson a-t-il un chat ? Avez-vous un chat ?
10. Êtes-vous toujours à l'heure ?

2. Voilà la réponse. Quelle est la question probable ?

> Exemple : Oui, j'ai un vélomoteur.
> *Avez-vous un vélomoteur ?*

1. L'appartement de Bill est confortable.
2. Le chien s'appelle Scipion.
3. Mon cousin Antoine est insupportable parce qu'il est gâté (*spoiled*).
4. Je suis fatigué parce que la classe est longue !
5. Nous habitons la banlieue parce que ma famille n'aime pas la ville.
6. Kim a beaucoup d'amis parce qu'elle est gentille.
7. Pierre est en retard quand il a une classe à huit heures.
8. Ronnie passe l'année en France parce que sa mère est professeur.
9. Mme Rougier est vexée parce que Mme Johnson dit que Scipion est stupide.

3. L'accord avec le pluriel **(beaucoup de...)**

Complétez par la terminaison correcte du mot.

> Exemple : Dans un zoo, il y a beaucoup d'anim^{aux} féroce^s.

1. Dans le jardin, il y a beaucoup de plante_____ vert_____.
2. Votre sœur a beaucoup d'amie_____ gentil_____ et joli_____.
3. Je n'ai pas de problèm_____ important_____ et grave_____.
4. Nous avons beaucoup d'idée_____ amusant_____ et origina_____.

5. Kim et Jackie sont intelligent*s* et sympathique*s*.
6. Y a-t-il beaucoup de (*journal*) journ*aux* intéressant*s* ?
7. Avez-vous beaucoup d'examens (*oral*) or*aux* et de composition*s* or*ales* ?
8. Dans le vase, il y a beaucoup de (*beau*) be*lles* rose*s* rouge*s*.
9. En France, il y a beaucoup de grand*s* monument*s* historique*s*.
10. Il y a beaucoup de voiture*s* français*es* qui sont joli*es*, pratique*s*, et économique*s*.
11. En France, il y a beaucoup de jeune*s* fille*s* blond*es* et châtain*es*. Il y a aussi beaucoup de jeune*s* fille*s* brun*es* !
12. Vous visitez une galerie, parce qu'il y a beaucoup de (*beau*) be*aux* tableau*x*.
13. Beaucoup de grand*es* ville*s* ne sont pas (*beau*) be*lles* mais beaucoup de petit*s* village*s* ne sont pas (*beau*) be*aux*.
14. Voilà deux drapeau*x*. Ils sont rouge*s*, bleu*s*, et blanc*s*. L'un est un drapeau français et l'autre est américain.

4. Exercice sur le vocabulaire de la leçon

   A. Quel est le contraire ?

   Exemple : un gros chien
   un petit chien

   1. un chien **intelligent**
   2. un **énorme** chien
   3. un animal **méchant**
   4. un bébé **mignon** *gentil*
   5. un **bon** vin *mauvais*
   6. une **petite** aventure
   7. une dame **vexée** *content*
   8. une personne **indifférente** *affecteus*
   9. une aventure **triste** *amusant* *sad*
   10. une histoire **imaginaire** *vraie*

   B. Complétez la phrase par un verbe de la lecture : **arriver, passer, inviter, sauter, tomber, habiter,** et **il aboie.**

   1. Quand la police *arrive*, le chef dit « C'est une affaire grave ! »
   2. M. Johnson _____ tout le monde dans la maison.
   3. « Ouâ, ouâ », dit Scipion. Il *aboie*.
   4. La dame *tombe* quand Scipion *saute* sur elle.
   5. La famille Johnson *passe* une année en France.
   6. Ronnie *habite* avec sa famille une grande maison dans une petite ville en France.

COMPOSITION ORALE, ÉCRITE, OU DISCUSSION

1. **Racontez une petite aventure où un animal joue un rôle important.** Est-ce un chien ? un chat ? Comment s'appelle-t-il ? Comment est-il ? Où habite-t-il ? Est-il gros ? petit ? gentil ? méchant ? intelligent ? affectueux ? stupide ?

Est-ce votre animal favori ? Pourquoi ? Avez-vous beaucoup d'animaux favoris ?
Pourquoi ?

2. **Votre personnalité.** Êtes-vous gentil ? méchant ? Pourquoi ? Expliquez avec
   beaucoup d'exemples.

3. **Vous avez certainement un objet intéressant et remarquable.** Qu'est-ce que
   c'est ? (Description de l'objet.) Pourquoi est-il remarquable ? (Explication.)

VOCABULAIRE DE LA LEÇON

NOMS

Noms masculins

l'admirateur	l'esprit	le message
l'agent de police	le franc	le pied
l'avis	l'illustrateur	le pluriel
le bébé	l'invité	le pyjama (*sing.*)
le bouledogue	l'italien	le rôle
le chef	le journal	le singulier
le contraire	le maître	le verre
l'élément	le membre	le village
l'espagnol		

Noms féminins

l'admiratrice	l'histoire	la robe longue
la bouteille	l'invitation	la soirée
la compagnie	l'invitée	la tasse
la décomposition	la provision	la tragédie
la galerie	la quantité	la truffe
la guitare	la réception	la ville
la gymnastique		

ADJECTIFS

adorable	élégant, élégante	italien, italienne
affectueux, affectueuse	enragé, enragée	négatif, négative
amoureux, amoureuse	espagnole	rose
assis, assise	fixe	stupide
calme	gâté, gâtée	terrifié, terrifiée
classique	imaginaire	triste
contemporain, contemporaine	indifférent, indifférente	vexé, vexée
dangereux, dangereuse	interrogatif, interrogative	vrai, vraie
défini, définie		

VERBES

aboyer	arriver	préparer
accepter	envoyer	raconter
admirer	garder	repasser
adorer	habiter	sauter

aimer	inviter	tomber
aller	jouer	visiter
appeler	passer	

| affirmativement | négativement | silencieusement |
| avec enthousiasme | peut-être ≠ sûrement | simplement |

| Allô, allô... | Mon dieu! | une autre fois... |

NEUVIÈME LEÇON

Joyeux anniversaire, Bill !

- Expressions avec **avoir**
- **Quel âge avez-vous ? J'ai dix-huit (18) ans.**
- **avoir faim, avoir soif, avoir chaud, avoir froid, avoir sommeil, avoir tort, avoir raison, avoir peur de..., avoir besoin de..., avoir mal à...**
- Le pronom relatif **qui** et **que (qu')**
- Les chiffres de trente (30) à l'infini
- Usage idiomatique de **au (à la/à l'), de, en**

INTRODUCTION

DÉCLARATION ET QUESTION	RÉPONSE
Quel âge avez-vous ? J'ai dix-huit ans.	
J'ai trente (30) ans. Quel âge avez-vous ?	J'ai dix-huit (18) ans.
Mon anniversaire est le premier mars. **Je suis né(e)** le premier mars. Quel jour êtes-vous né(e) ?	Je suis né(e) le 2 avril.

Je suis né(e) à Paris. Où êtes-vous né ?

Je suis né à Chicago. Ma mère est née à Los Angeles.

Expressions avec avoir

À midi, j'ai faim. Avez-vous faim aussi ?

Oui, j'ai faim à midi. J'ai faim aussi à six heures.

Avez-vous faim pendant la classe ?

Quelquefois, j'ai faim pendant une classe de onze heures à midi.

J'ai soif. Je voudrais bien un verre d'eau. Avez-vous soif aussi ?

Oui, j'ai soif. Je voudrais bien un verre d'eau ou une tasse de café.

À minuit, je n'ai pas faim, je n'ai pas soif. Je suis fatigué, dans mon lit, et j'ai sommeil. Et vous ?

Moi aussi. Et j'ai souvent sommeil pendant une classe monotone. Mais je n'ai pas sommeil maintenant.

Quand avez-vous froid ?

J'ai froid quand la fenêtre est ouverte. Quand la fenêtre est fermée, je n'ai pas froid.

Mettez votre chaise devant le radiateur. Avez-vous chaud maintenant ?

Oui, j'ai chaud maintenant.

Quand vous avez chaud, vous n'avez pas besoin de votre sweater (= tricot). Avez-vous besoin de votre sweater maintenant?

Non, je n'ai pas besoin de mon sweater. Mais j'ai besoin de mon stylo et de mon livre de français.

Je n'aime pas le jour de l'examen, parce que j'ai peur d'un examen difficile. Avez-vous peur de l'examen aussi ?

Oui, j'ai peur de l'examen dans une classe de physique. Mais je n'ai pas peur de l'examen de français. (Et je n'ai pas peur de vous parce que vous êtes gentil !)

Vous avez peur de l'examen de physique ? Vous avez tort ! Le professeur est charmant.

Non, je n'ai pas tort. Le professeur est charmant, mais l'examen est très difficile.

Vous avez raison, parce que vous n'aimez pas la physique.

Oui, j'ai raison. Mais je n'ai pas souvent raison. En fait, j'ai souvent tort.

Quand **avez-vous mal à** la tête ?

J'ai mal à la tête quand j'ai beaucoup de travail.

Quand avez-vous mal à la main ?

J'ai mal à la main quand il y a un examen très long, ou une composition très longue.

Quand avez-vous mal à l'estomac ?

J'ai mal à l'estomac quand j'ai une indigestion.

qui et que (qu')

L'étudiant **qui** est assis devant vous s'appelle Roger. Comment s'appelle l'étudiante **qui** est assise derrière vous ?

L'étudiante **qui** est assise derrière moi s'appelle Jackie.

La dame **qui** arrive, et **qui** a une robe rose, a peur du gros chien. Avez-vous peur d'un gros chien ?

Oui, j'ai peur d'un chien **qui** aboie et **qui** est méchant. Je n'ai pas peur d'un chien **qui** est calme et gentil.

La maison **que** Marie-Claude habite est à Marly-le Roi. Où est votre maison ?

La maison **que** j'habite est à la campagne. C'est la campagne **que** ma famille préfère.

EXPLICATIONS

1. Expressions avec **avoir**

   A. Quel âge avez-vous ? J'ai dix-huit ans.
       Quel âge a votre petit frère ? Il a neuf ans.
       Quel âge a votre frère aîné ? Il a vingt-quatre ans.

   Remarquez l'expression idiomatique en français. Le mot **ans** est nécessaire dans la réponse à la question **Quel âge avez-vous ?**

   B. Quel jour êtes-vous né(e) ? Où êtes-vous né(e) ?

       Je suis né **le 10 mai** : Mon anniversaire est **le 10 mai**.
       L'anniversaire de Michel est **au mois de juillet** : Il est né **au mois de juillet**.

Où êtes-vous né(e) ?
Je suis né **à** Paris, **en** France.

Votre mère est née en Italie, et votre père est né en Angleterre.

RÉVISION : Il y a douze (12) mois et voilà le nom de chaque mois : janvier, février, mars, avril, mai, juin, juillet, août, septembre, octobre, novembre, décembre.

Il y a deux formes pour la date (voir Leçon 2, p. 13) :

1. avec le jour de la semaine :

2. sans le jour de la semaine :

C'est mardi 14 juillet.
Noël est jeudi 25 décembre.

C'est le 14 juillet.
Noël est le 25 décembre.

C. Autres expressions avec **avoir**

Il y a beaucoup d'expressions importantes avec **avoir** :

avoir l'air, avoir l'air de (Leçon 8) (*to look, to look like*)
Scipion **a l'air** dangereux. Il **a l'air** d'un chien méchant.

avoir besoin de (*to need*)
Vous **avez besoin** d'imagination pour la composition.

avoir faim (*to be hungry*)
Vous avez besoin d'un sandwich quand **vous avez faim**.

avoir soif (*to be thirsty*)
Vous avez besoin d'un verre d'eau quand **vous avez soif**.

avoir chaud (*to be, to feel hot*)
Vous **avez chaud** quand vous êtes assis à côté du radiateur.

avoir froid (*to be, to feel cold*)

Vous avez froid quand la fenêtre est ouverte.

avoir raison (*to be right*)

« Cent dollars, c'est la moitié de deux cents dollars », dit Bill. **Il a raison.**

avoir tort (*to be wrong*)

La dame dit que Scipion est méchant, mais **elle a tort.**

avoir sommeil (*to be sleepy*)

J'ai sommeil dans une classe qui est de 18 heures à 20 heures.

avoir peur (de) (*to be afraid [of]*)

Avez-vous peur de moi ? Non, **je n'ai pas peur de** vous parce que vous êtes gentil.

avoir mal à . . . (*to hurt, to have a pain in ...*)

Si **vous avez mal à** la tête, vous avez besoin d'aspirine.

D. La négation de l'expression avec **avoir**

Avez-vous faim ? Non **je n'ai pas faim.**
Scipion a-t-il faim ? Non, **il n'a pas faim**, mais il a soif.
Avez-vous toujours raison ? Non, **je n'ai pas** toujours **raison**, mais **je n'ai pas** toujours **tort.**
Avez-vous peur de moi ? Non, **je n'ai pas peur de** vous.

2. Usage idiomatique de **je voudrais** ou **je voudrais bien** (*I would like*)

L'expression **je voudrais** (ou: **je voudrais bien**) est en réalité le conditionnel du verbe **vouloir**. Pour le moment, acceptez le terme au sens de *I would like.*

Ah, **je voudrais** avoir vingt ans et être riche et libre !
Je voudrais bien un verre de champagne !

3. Le pronom relatif **qui** et **que (qu')** *

A.   La dame **qui** arrive est une amie de Mme Johnson.
       J'admire la maison **qui** est au coin de la rue.
       Mon ami Ronnie, **qui** passe l'année en France, a dix-huit ans.

Le pronom relatif **qui** est le sujet du verbe. Il est généralement directement
devant le verbe.

B.   La maison **que** ma famille habite est à la campagne.
       L'animal **que** je préfère, c'est le chien.
       M. Johnson dit **qu'**il a un problème, et **qu'**il a besoin de la police. (**que**
       est **qu'** devant une voyelle.)

que est l'objet du verbe. Il n'est pas généralement directement devant le
verbe. (Le sujet est entre **que** et le verbe.)

4. Comptez de **30** à l'**infini**

(Les chiffres de **1** à **30** sont dans la Leçon 2.)

30	trente	40	quarante	50	cinquante
31	trente et un	41	quarante et un	51	cinquante et un
32	trente-deux	42	quarante-deux	52	cinquante-deux
33	trente-trois	43	quarante-trois	53	cinquante-trois
34	trente-quatre	44	quarante-quatre	54	cinquante-quatre
35	trente-cinq	45	quarante-cinq	55	cinquante-cinq
36	trente-six	46	quarante-six	56	cinquante-six
37	trente-sept	47	quarante-sept	57	cinquante-sept
38	trente-huit	48	quarante-huit	58	cinquante-huit
39	trente-neuf	49	quarante-neuf	59	cinquante-neuf
60	soixante	70	soixante-dix	80	quatre-vingts
61	soixante et un	71	soixante et onze	81	quatre-vingt-un
62	soixante-deux	72	soixante-douze	82	quatre-vingt-deux
63	soixante-trois	73	soixante-treize	83	quatre-vingt-trois
64	soixante-quatre	74	soixante-quatorze	84	quatre-vingt-quatre
65	soixante-cinq	75	soixante-quinze	85	quatre-vingt-cinq
66	soixante-six	76	soixante-seize	86	quatre-vingt-six
67	soixante-sept	77	soixante-dix-sept	87	quatre-vingt-sept
68	soixante-huit	78	soixante-dix-huit	88	quatre-vingt-huit
69	soixante-neuf	79	soixante-dix-neuf	89	quatre-vingt-neuf
		90	quatre-vingt-dix		
		91	quatre-vingt-onze		
		92	quatre-vingt-douze		
		93	quatre-vingt-treize		

* **que** est aussi une conjonction.

```
94   quatre-vingt-quatorze
95   quatre-vingt-quinze
96   quatre-vingt-seize
97   quatre-vingt-dix-sept
98   quatre-vingt-dix-huit
99   quatre-vingt-dix-neuf
```

100	cent	200	deux cents	1.000	mille*	2.000	deux mille
101	cent un		etc.				

5. **Usage idiomatique de de, en, au (à la, à l'),**

A.
une salade **de** tomates	une tente **de** nylon	(ou : *en* nylon)
une soupe **de** légumes	un sac **de** toile	(ou : en toile)
une purée **de** pommes de terre	un sweater **de** laine	(ou : en laine)
une salade **de** laitue	une chemise **de** coton	(ou : en coton)

de (*ou* en) indique la composition essentielle d'un objet ou la substance.**

B.
un sandwich **au** fromage	un gâteau **au** chocolat
une soupe **à la** tomate	une tarte **à la** crème
une salade **à l'**ail	un rôti **au** jus

au, à la, à l' indique un ingrédient important dans la préparation.

EXERCICES ORAUX

1. Répondez à la question.

    Exemple : Quand avez-vous faim ?   (vous êtes au restaurant)
        J'ai faim quand je suis au restaurant.

1. Quand avez-vous peur ?   (vous êtes en danger)
2. Quand avez-vous froid ?   (vous êtes devant une fenêtre ouverte)
3. Quand avez-vous soif ?   (vous avez fini [finished] un match de tennis)
4. Quand avez-vous chaud ?   (vous êtes à côté du radiateur)
5. Quand avez-vous besoin de   (vous êtes avec votre petit frère)
   patience ?
6. Quand avez-vous sommeil ?   (vous êtes dans une classe monotone)
7. Quand avez-vous tort ?   (vous êtes méchant avec tout le monde)
8. Pourquoi avez-vous souvent   (vous êtes très, très intelligent!)
   raison ?

---

* 1.000 (mille) est *invariable* : 2.000 — deux mille, 3.000 — trois mille, 4.000 — quatre mille, etc.
** en exprime la substance : une table de métal, ou une table en métal ; une blouse de nylon, ou une blouse en nylon ; un sac de toile, ou un sac en toile.

9. Pourquoi avez-vous peur d'un examen ? (vous n'êtes pas très bien préparé)
10. Qui a besoin d'imagination ? (un étudiant, pour sa composition de français)
11. Qui a souvent tort ? (une personne stupide)
12. Qui a toujours faim ? (votre frère qui a quatorze ans)

2. Complétez la phrase par **qui** ou par **que**.

   Exemple : Le monsieur *qui* passe, c'est un ami de mon père.

1. J'ai froid parce que la porte, _qui_ est derrière moi, est ouverte.
2. La dame _qui_ arrive, et _qui_ a une robe rose, dit _que_ Scipion est enragé.
3. La cuisine _que_ je préfère, ce n'est pas la cuisine de la cafétéria.
4. La famille Johnson, _qui_ passe l'année en France, habite dans une petite ville.
5. Scipion admire la petite chienne _qui_ habite la grande maison. Elle admire aussi Scipion, et elle dit _que_ il est très beau.
6. Antoine est le cousin _que_ Marie-Claude préfère. Elle n'aime pas son autre cousin _qui_ est insupportable.
7. La voiture _que_ j'ai, c'est une Renault. C'est une voiture _qu'_ on aime beaucoup en France.
8. L'appartement _que_ Michel habite avec Bill, et _qui_ est sur le boulevard Sommer, est très pratique.

3. Lisez le chiffre.

   Exemple : 814
   huit cent quatorze

1. 89, 76, 99
2. 101, 201, 516
3. 1.003, 1.789, 1.977
4. 5.072, 8.037, 9.275
5. 10.120, 15.430, 20.579

CONVERSATION

Demandez à une autre personne de la classe :

1. si vous avez l'air gentil (gentille) (« Est-ce que j'ai... ? »).
2. s'il/si elle a faim, et pourquoi.
3. où il est né (où elle est née), et quel âge il/elle a.
4. s'il/si elle a besoin d'argent.
5. s'il/si elle a souvent tort, et pourquoi.
6. s'il/si elle a froid maintenant, et pourquoi.
7. s'il/si elle a peur du professeur, et pourquoi.
8. s'il/si elle a sommeil dans la classe et pourquoi.

Joyeux anniversaire, Bill!

Il est midi et demie, c'est l'heure du déjeuner. Nous sommes au restaurant qui est à côté de l'université et qui s'appelle *La Bonne Auberge*. Kim, Michel, Marie-Claude, et Roger sont assis autour d'une grande table. Par terre, à côté de la chaise de Kim, il y a une boîte blanche.

Sur la table, il y a un plateau devant chaque personne, parce que c'est un restaurant style cafétéria ou self service. Sur le plateau, il y a une assiette, une serviette de papier, une fourchette, une cuillère, et un couteau.

Le déjeuner est simple, mais substantiel. Il y a le choix aujourd'hui entre une soupe de légumes avec un sandwich au fromage et au jambon, ou un morceau de poulet avec beaucoup de frites, ou une omelette et une salade de laitue. Il n'y a pas de bifteck, pas de cuisses de grenouilles, pas d'escargots, mais la cuisine n'est pas mauvaise.

Devant chaque assiette, il y a un verre d'eau, de lait, ou de jus de fruit. Il y a une corbeille à pain au milieu de la table.

Roger: Où est-il, notre Bill?

Marie-Claude: Il est en retard, naturellement. As-tu le gâteau, Kim?

Kim: Oui, oui, il est là par terre, à côté de moi. Attention! Voilà Bill. Il arrive. Bill! Nous sommes ici.

Bill: Bonjour, tout le monde. Bon appétit!

Tout le monde: Joyeux anniversaire! Joyeux anniversaire!

Bill: (*surpris*) C'est mon anniversaire? Oh, oui, vous avez raison. Je suis né le premier novembre, j'ai dix-neuf ans aujourd'hui. Quelle surprise! Y a-t-il une place pour moi entre Kim et Marie-Claude? J'ai une faim de loup. J'ai besoin de déjeuner...

* * * * * * *

Kim: Et maintenant, Bill, nous avons une surprise pour toi. Voilà! C'est un gâteau au chocolat pour ton anniversaire. C'est notre cadeau collectif. Il y a beaucoup de bougies: dix-neuf exactement.

ROGER CHAPELAIN-MIDY, *Le vin*

Ce n'est pas un restaurant d'étudiants. Mais c'est un repas très sympathique et un groupe d'amis.

Bill : Au chocolat ? Justement, c'est mon gâteau favori. Le premier morceau pour moi ?
Merci beaucoup. Maintenant, nous avons besoin de café avec le gâteau...
Et moi, j'ai besoin de crème et de sucre dans mon café.

Michel : Justement, voilà une tasse de café pour chaque personne, sauf pour
Marie-Claude qui n'aime pas le café américain. Attention, Marie-Claude,
ton thé est très chaud.

Kim : Pourquoi n'aimes-tu pas le café américain, Marie-Claude ?

Marie-Claude : Parce qu'il n'est pas aussi fort que le café français. Je préfère le café
très noir et très fort...

Michel : Marie-Claude a raison. Moi aussi, je voudrais une tasse de thé.

Kim : Un tout petit morceau de gâteau pour moi, s'il te plaît, Roger. Je suis au
régime, parce que j'ai peur d'être trop grosse.

Roger: Au régime ? Tu as tort ! Tu n'es pas grosse, tu es mince, et tu es très bien, à mon avis. Tu as besoin d'énergie pour notre match de tennis, aujourd'hui.

Bill: Le reste du gâteau est pour moi ? Parfait... C'est mon quatrième morceau. Maintenant, j'invite tout le monde pour une glace. À la vanille ? À la fraise ? Non, au chocolat, c'est ma glace favorite. Voilà, un cornet double pour moi. Mais... qu'est-ce que c'est ? J'ai mal à l'estomac soudain ! Pourquoi ?

Roger: Quatre morceaux de gâteau ? Un double cornet de glace au chocolat ? Et mal à l'estomac ? C'est bizarre... C'est une simple coïncidence, probablement.

Kim: Oh, sûrement... Mon vieux Bill, tu as une indigestion, et c'est bien fait. Mais... joyeux anniversaire !

RÉPONDEZ dans l'esprit de la lecture et avec imagination

1. **Roger:** Tout le monde est là. Mais... où est Bill ?
   Marie-Claude : _____

2. **Bill:** Mais... quel jour sommes-nous ?
   Michel : _____
   Kim : _____

3. **Marie-Claude:** Qu'est-ce qu'il y a sur ton plateau, Roger ?
   Roger : _____

4. **Un autre étudiant, à la table à côté:** Qu'est-ce que tu as dans la boîte, par terre ?
   Kim : _____

5. **Une autre étudiante, à la table à côté:** Quel âge as-tu, aujourd'hui, Bill ?
   Bill : _____

6. **Roger:** Aimes-tu le gâteau au chocolat, Bill ?
   Bill : _____

7. **Kim:** Pourquoi n'aimes-tu pas le café américain, Marie-Claude ?
   Marie-Claude : _____

8. **Roger:** Kim a-t-elle tort d'être au régime ?
   Michel : _____

9. **Bill:** Quelle est ta glace favorite, Kim ?
   Kim : _____

10. **Roger:** Pourquoi Bill a-t-il mal à l'estomac ?
    Marie-Claude : _____

11. **Un autre étudiant qui passe:** Hé ! Qu'est-ce que vous célébrez ? C'est une occasion spéciale ?
    Kim : _____

12. **Un autre étudiant qui arrive :** Y a-t-il une place pour moi à votre table ?
    Roger : _____

EXERCICES ÉCRITS

1. Les chiffres

   C'est une addition. Écrivez et lisez le résultat.

   Exemple : dix plus trente ?
   quarante

1. dix plus dix ?   7. quarante plus quatorze ?
2. vingt plus vingt ?   8. quatre-vingts plus vingt-quatre ?
3. quarante plus dix ?   9. cinquante-cinq plus quinze ?
4. trente plus trente ?   10. seize plus soixante ?
5. vingt-cinq plus vingt-cinq ?   11. treize plus cent trois ?
6. soixante-dix plus dix ?   12. deux cent dix plus trente-cinq ?

2. Quel âge a ... ?

   Exemple : Quel âge a Bill ?   (19)
   Il a dix-neuf ans.

   1. Quel âge a Kim ?   (18)
   2. Quel âge a M. Lanier ?   (42)
   3. Quel âge a Toto ?   (9)
   4. Quel âge a votre mère ?   (39)
   5. Quel âge a le Président ?   (63)
   6. Quel âge a votre copain ?   (20)
   7. Quel âge a l'université ?   (125)
   8. Quel âge a votre voiture ?   (5)
   9. Quel âge a votre maison ?   (17)
   10. Quel âge a la Tour Eiffel ?   (91)
   11. Quel âge a Paris ?   (2.050)
   12. Quel âge a la cathédrale Notre-
       Dame de Paris ?   (770)

3. Mettez la phrase au négatif.

   Exemple : J'ai peur parce que c'est le jour de l'examen.
   Je n'ai pas peur parce que ce n'est pas le jour de l'examen.

1. Bill a une indigestion. Il a mal à l'estomac.
2. J'ai faim parce qu'il y a une spécialité française.
3. Marie-Claude aime le café américain, parce qu'il est fort.
4. C'est mon anniversaire, parce que je suis né le 1er novembre.

5. J'ai un couteau et une fourchette.
6. Kim a une indigestion parce qu'elle aime la glace à la vanille.
7. Il y a une place à la table pour un autre étudiant.
8. J'ai besoin de vous et j'ai un problème.
9. Vous invitez votre groupe quand il y a une occasion spéciale.

4. Complétez chaque phrase avec imagination.

Exemple : À midi, nous...
À midi, nous avons faim, et nous avons besoin de déjeuner.

1. J'ai froid parce que...
2. Quand vous êtes à côté du radiateur, vous...
3. Vous n'avez pas besoin de régime parce que vous...
4. J'ai toujours chaud quand...
5. Mon père n'est pas au bureau aujourd'hui parce qu...
6. Vous avez besoin d'aspirine quand...
7. Ma mère a souvent peur...
8. Dans une classe monotone, j'ai...
9. Le professeur n'a pas toujours raison, mais...
10. Je ne suis pas satisfait de ma vie. Je voudrais...
11. Vous avez tort !...
12. Bill a mal à l'estomac parce qu...

5. qui et que

Complétez la phrase par **qui** ou **que**.

Exemple : Marie-Claude, *qui* est française, dit *que* le café américain n'est pas fort.

1. Marie-Claude aime le café *qui* est noir et fort. Elle dit *qui* elle n'aime pas le café américain.
2. Le groupe d'amis *qui* est autour de la table célèbre l'anniversaire de Bill *qui* est en retard.
3. Le gâteau *qui* est dans la boîte est au chocolat, parce que c'est le chocolat *que* Bill préfère.
4. J'ai un ami *qui* passe l'année en France et *qui* est étudiant dans une école pour étudiants étrangers.
5. Une jeune fille *qui* joue souvent au tennis et *qui* est mince n'a pas besoin de régime.
6. Une glace *que* j'adore, c'est un cornet *qui* est moitié fraise, moitié chocolat.

6. Répondez à la question par une ou deux phrases complètes.

Exemple : Quand avez-vous sommeil ?
J'ai toujours sommeil dans une classe l'après-midi.

1. Quand avez-vous sommeil ?
2. Quand avez-vous peur ?
3. Quand avez-vous soif ?
4. Quand avez-vous chaud ?
5. Êtes-vous au régime ? Pourquoi ?
6. De quoi avez-vous besoin maintenant ?
7. Est-ce que vous avez toujours raison ? Pourquoi ?
8. Qui a souvent tort ? Pourquoi ?

7. Exercice sur le vocabulaire de la leçon

Comment dit-on en français ?

> Exemple : *Bill, old pal*
> Mon vieux Bill

1. *Thank you very much.*
2. *Happy Birthday.* joyeux anniversaire
3. *Hi, everybody!*
4. *Watch out!* attention
5. *The food is good.* la cuisine est bon
6. *Precisely.* justement
7. *Serves (him, you, them, etc.) right.*
8. *What a surprise!* quel surprise
9. *There is a choice.*
10. *It's just a coincidence.* c'est une simple coïncidence

COMPOSITION ORALE, ÉCRITE, OU DISCUSSION

1. **Une journée dans la vie d'un étudiant.** Employez beaucoup d'expressions de la leçon. Où êtes-vous à six heures du matin ? Avez-vous sommeil ? À quelle heure est votre première classe ? Est-elle intéressante ? Aimez-vous le professeur ? le sujet ?
   À quelle heure avez-vous faim ? Pourquoi ? Où et comment est votre déjeuner ? Avec qui ?
   Comment est votre après-midi : long ? occupé ? Êtes-vous obligé d'être au travail ? Pourquoi ?
   Quand il y a une discussion dans votre famille, avez-vous généralement tort ? raison ? Pourquoi ?

2. **De quoi avez-vous besoin maintenant ?** Pas besoin ? Pourquoi ? Avez-vous besoin de votre dîner, parce que vous avez faim ? Avez-vous besoin d'argent, parce que vous n'aimez pas votre appartement et vous préférez un appartement plus grand et plus confortable ? Avez-vous besoin de liberté ? d'indépendance ? de temps ? de tranquillité ?

3. **Une soirée ou un bon moment avec un groupe sympathique.** Qui est là ? Où est le groupe ? Pourquoi ? Est-ce une occasion spéciale ? Y a-t-il du vin ? du champagne ? une conversation intéressante ? Avez-vous sommeil ? Avez-vous besoin d'un autre groupe d'amis ?

VOCABULAIRE DE LA LEÇON

NOMS

Noms masculins

l'âge	l'estomac	le nylon
l'ail	le froid	le pain
l'an	le fromage	le plateau
le besoin	l'infini	le poulet
le cadeau	l'ingrédient	le régime
le café	le jambon	le rôti
le cornet	le jus	le sommeil
le coton	le légume	le sucre
le couteau	le match	le temps
le danger	le milieu	le thé
l'escargot	le morceau	le tort

Noms féminins

l'aspirine	la fourchette	la peur
l'assiette	la fraise	la pomme de terre
l'auberge	la frite	la purée
la boîte	la glace	la salade
la bougie	la grenouille	la soif
la cathédrale	l'indépendance	la spécialité
la coïncidence	l'indigestion	la substance
la crème	la laine	la tarte
la cuillère	la laitue	la tente
la cuisse	la liberté	la toile
l'eau	la main	la tomate
l'énergie	l'occasion	la tranquillité
la faim	la patience	la vanille

ADJECTIFS

bizarre	fort, forte	né, née
charmant, charmante	froid, froide	préparé, préparée
chaud, chaude	gros, grosse	relatif, relative
collectif, collective	idiomatique	satisfait, satisfaite
double	joyeux, joyeuse	spécial(e)
essentiel, essentielle	libre	surpris, surprise
fermé, fermée ≠ ouvert, ouverte	monotone	

VERBES ET EXPRESSIONS VERBALES

avoir besoin (de)	avoir mal	avoir tort
avoir chaud	avoir peur	célébrer
avoir faim	avoir raison	préférer
avoir froid	avoir soif	je voudrais...
avoir l'air	avoir sommeil	

ADVERBES

directement	soudain	souvent
justement		

à mon avis
Bon appétit!
c'est bien fait

Joyeux anniversaire!
lisez
mon vieux, ma vieille

s'il te plaît
une faim de loup

Une maison idéale !

- Le pluriel de **un/une : des**
- L'expression de quantité avec le singulier et avec le pluriel : **beaucoup de, assez de, un peu de, trop de, tant de**
- Comparez **un peu de** (singulier) et **quelques** (pluriel)
- L'expression **ne... que** (= seulement)
- La préposition **chez** (chez moi, chez vous, chez lui, chez elle, etc.)
- Pluriel du mot en **-eau : -eaux**

INTRODUCTION

DÉCLARATION ET QUESTION	RÉPONSE

Le pluriel de **un/une** : **des**

Voilà une jeune fille et une autre jeune fille. Voilà **des** jeunes filles. Montrez-moi **des** jeunes filles.

Voilà **des** jeunes filles.

Voilà un jeune homme, et voilà un autre jeune homme. Voilà **des** jeunes gens.* Est-ce qu'il y a **des** jeunes gens dans la classe ?

Oui, il y a **des** jeunes gens dans la classe.

Regardez autour de vous. Qu'est-ce qu'il y a dans la classe ?

Il y a aussi **des** chaises, **des** livres, **des** portes, **des** tableaux.

Qu'est-ce qu'il y a dans un zoo ?

Il y a **des** animaux.

Qu'est-ce qu'il y a dans votre jardin ?

Il y a **des** arbres et **des** fleurs. Il n'y a pas de plantes exotiques, mais il y a d'autres plantes.

Qu'est-ce qu'il y a dans une maison ?

Il y a **des** pièces.

Expressions de quantité : **beaucoup de, assez de, un peu de, trop de, tant de**

De quoi avons-nous besoin dans notre maison ?

Nous avons besoin d'**assez de** pièces, d'**un peu de** confort, et d'**un peu de** luxe.

Avez-vous **assez de** place dans votre maison ?

Oui, nous avons **assez de** place parce que notre famille n'est pas grande.

De quoi avez-vous besoin pour être satisfait ?

J'ai simplement besoin d'**un peu d'** argent, d'**un peu de** liberté, de **quelques** occupations, et de **quelques** amis.

---

*Le pluriel de **un jeune homme** est **des jeunes gens**. **des jeunes gens** a aussi le sens de **des jeunes gens et des jeunes filles**. Ex. : Roger, Bill, Kim et Jackie, c'est un groupe de **jeunes gens**.

Pourquoi **beaucoup** d'immeubles ont-ils **tant d'**étages ?

Ils ont **tant d'**étages parce qu'il n'y a pas **beaucoup de** place dans une ville moderne.

ne... que (= seulement)

Combien d'étages a votre maison ?

Elle **n'**a **qu'**un étage. Beaucoup de maisons **n'**ont **qu'**un étage.

Avez-vous beaucoup d'amis ?

Non, je **n'**ai **que** quelques amis. (Mais j'ai beaucoup de copains.)

La préposition **chez**

Où habitez-vous ?

J'habite **chez** ma grand-mère. Quand je suis en vacances, je suis souvent **chez** un ami ou **chez** mon oncle.

EXPLICATIONS

1. Le pluriel de **un/une : des**

   A. Forme affirmative et interrogative

   > Y a-t-il **des** jeunes gens dans la classe ?
   > Oui, il y a **des** jeunes gens dans la classe.

   Le pluriel de **un/une** est **des**.

124 DIXIÈME LEÇON

B. **Forme négative**

> Il n'y a **pas de** fleurs dans la classe.
> Je n'ai **pas d'**auto et **pas de** téléphone.

La négation de **il y a un/une/des** et **j'ai un/une/des** (tu as, il a, etc.) est **il n'y a pas de**, **je n'ai pas de** (tu n'as pas de, il n'a pas de, etc.)

C. **Avec le verbe être**

> Ce ne **sont pas des** problèmes difficiles !
> Vous n'**êtes pas des** étudiants ordinaires !

Avec le verbe **être**, la négation de **un/une/des** est **pas des**.

2. **L'expression de quantité**

A. **Avec le singulier**

> Il y a **beaucoup de** place dans une grande maison.
> J'ai **trop de** travail.
> Vous avez **tant d'**imagination !
> J'ai soif. Je voudrais **un peu d'**eau, s'il vous plaît.
> Combien d'argent avez-vous ? J'ai **assez d'**argent pour la semaine.

B. **Avec le pluriel**

> Il y a **beaucoup de** pièces dans une grande maison.
> Nous avons **trop d'**examens et trop de compositions !
> J'ai **tant d'**amis !
> Avez-vous **assez de** livres ?

L'expression de quantité est employée avec le singulier et avec le pluriel.

C. Comparez **un peu de** (singulier) et **quelques** (pluriel).

> Je suis heureux avec **un peu d'**argent et **quelques** amis.
> C'est un petit restaurant : Il y a seulement **quelques** tables.

un peu de existe seulement au singulier. Au pluriel, employez **quelques**.

3. **L'accord de l'adjectif** (Voir aussi Leçon 8, page 96 et la table de l'adjectif, page 137.)

> Il y a **des** fleurs rouges et blanches avec **des** feuilles vertes.
> Elles ont **des** robes pas chères, mais jolies.
> J'ai **des** amis très gentils et très sympathiques.

Quand le nom est masculin, l'adjectif est masculin. Quand le nom est féminin, l'adjectif est féminin. Quand le nom est pluriel, l'adjectif est pluriel.

4. L'expression **ne... que** (= **seulement**)

> Notre maison **n'a qu'**un étage.
> Mon petit frère est jeune : Il **n'a que** six ans.

L'expression **ne... que** n'est pas une négation. C'est une expression de restriction qui a le sens de **seulement**.

5. La préposition **chez**

> Vous invitez un ami **chez vous**.
> Bill passe une semaine **chez sa tante**.
> Ma grand-mère est toujours **chez elle**.
> À 14 h. j'ai rendez-vous **chez le docteur**.
> Visitez ma maison. Entrez **chez moi** !

La préposition **chez** (invariable) a le sens de **à la maison de**. Elle est toujours suivie du nom d'une personne ou d'un pronom :

> chez **moi**   chez **nous**
> chez **toi**   chez **vous**
> chez **lui**, chez **elle**   chez **eux**, chez **elles**

6. Le pluriel d'un mot en **-eau** : **-eaux**

> un bateau, des bateaux   Il y a **des bateaux** sur la mer.
> un tableau, des tableaux   Nous avons **des tableaux** sur le mur.
> beau, beaux   J'ai des **beaux-frères** et des **belles-sœurs**.

7. L'expression **plein de** (**pleine de**) et **couvert de** (**couverte de**)

> Mon jardin est **plein de** fleurs.
> Ma chambre est **pleine de** livres.
> Bill et Michel sont **pleins d'**idées.
> J'ai des boîtes **pleines de** vieux vêtements.
> Mon bureau est **couvert de** papiers !
> Une mauvaise composition est **couverte de** corrections.

REMARQUEZ :   **plein** et **couvert** sont toujours employés avec **de**.

EXERCICES ORAUX

1. Mettez au pluriel.

> Exemple :   Voilà une dame charmante.
> *Voilà des dames charmantes.*

1. C'est un gâteau délicieux.

ils visitent des beaux châteaux   un d

2. Il visite un beau* château.
3. Voilà un animal curieux.
4. Tu as (*pl:* **Vous avez**) un ami spécial et une amie spéciale.
5. C'est un beau jeune homme.
6. J'ai une aventure curieuse.
7. Il y a un grand arbre devant une belle maison.
8. Une jolie jeune fille passe dans une voiture américaine grise. → *gray*
9. Un jeune homme (*pl. de* **jeune** ~~homme~~?) invite un bon copain. → *des jeunes gens*
10. Vous admirez un tableau ancien dans une maison ancienne.
11. Un chien méchant est dangereux.
12. Dans une cage, il y a une souris grise et un rat gris.

2. Mettez au négatif.

> Exemple : Il y a un bifteck parce que c'est un bon restaurant.
> *Il n'y a pas de bifteck parce que ce n'est pas un bon restaurant.*

1. Aujourd'hui, il y a une salade verte et des frites.
2. Nous avons une maison à la campagne.
3. J'ai faim, je suis fatigué, et j'ai sommeil. C'est une situation normale.
4. Nous invitons des amis pour un dîner en famille.
5. Le gâteau au chocolat est bon pour une personne au régime.
6. Il y a des fourchettes et des assiettes dans la classe.
7. Ce sont des restaurants chers et élégants.
8. Vous avez tort, et vous êtes stupide !
9. Nous avons besoin de travail, et nous avons assez de temps.
10. Il y a quelques objets d'art dans ma chambre.

3. Transformez la phrase avec une expression de quantité.

> Exemple : Ils ont une belle plante.   (beaucoup de)
> *Ils ont beaucoup de belles plantes.*

A. Avec **beaucoup de**

1. Elle a une amie.
2. Il n'y a pas de travail.
3. Kim a une nouvelle robe.
4. Vous avez des problèmes.
5. Nous avons un examen la semaine prochaine.
6. Ils invitent un copain pour l'anniversaire de Bill.
7. Dans le parking, il y a des voitures.
8. Vous avez besoin de livres à l'université.

---

* des beaux châteaux ou de beaux châteaux ? *Grammar books will state that* **des** *becomes* **de** *in front of an adjective. But* **des** *is now used more and more often in conversation, and the rule tends to be disregarded in the everyday use of the language. Writers will even disregard it occasionally :* « Il fit **des** rapides progrès » *writes Henri Troyat of the French Academy, in his novel* L'Assiette des autres. *In any case, when adjective-noun form an inseparable group as in* **des** *jeunes gens,* **des** *jeunes filles,* **des** *grands-parents, etc., the rule requires* **des**.

B. Avec **assez de**

1. Il y a des chaises dans la classe.
2. Vous avez des amis.
3. Il y a des mots difficiles dans la leçon.
4. Votre mère a-t-elle besoin de patience ?
5. Passez-vous des heures au laboratoire ?

C. Avec **trop de**

1. Il y a des voitures dans la rue.
2. Avez-vous des occupations ?
3. Une jeune fille a-t-elle des vêtements ?
4. Avez-vous des frères et sœurs ?
5. Il y a des animaux abandonnés.

4. Répondez à la question avec **un peu de** ou **quelques**.

> Exemple : Avez-vous beaucoup de bons copains ?
> *J'ai quelques bons copains.*

1. Avez-vous beaucoup d'argent ?
2. Avez-vous beaucoup d'énergie ?
3. Y a-t-il une autre université dans la région ?
4. Y a-t-il des personnes importantes dans votre vie ?
5. Avons-nous besoin de courage dans la vie ?
6. Avez-vous beaucoup de convictions fermes ?
7. Avez-vous besoin de temps pour une bonne réponse ?
8. Un étudiant a-t-il beaucoup de problèmes ?
9. Passez-vous beaucoup d'heures à la bibliothèque ?
10. Y a-t-il une bouteille de champagne pour la réception ?

5. Transformez la phrase avec **ne... que**.

> Exemple : C'est une petite maison.
> *Ce n'est qu'une petite maison.*

1. Dans mon garage, il y a une voiture.
2. Le loyer de Michel est cent dollars.
3. Ma sœur est jeune : Elle a six ans.
4. Aujourd'hui, il y a ma mère à la maison.
5. La famille Johnson passe une année en France.
6. Scipion n'est pas méchant. C'est un chien amoureux !
7. C'est un petit exercice facile.
8. Vous invitez quelques copains.

i.e. Il y a seulement deux livres

Ne .... que = seulement (only)

CONVERSATION

Demandez à une autre personne de la classe :

1. s'il/si elle aime le poulet ; la salade ; le dessert.
2. s'il/si elle préfère le café français ou le café américain ; pourquoi ?
3. s'il/si elle a des bons copains ; des amies ; des problèmes.
4. s'il/si elle a une maison ; un appartement ; un jardin.
5. ce qu'il y a dans un jardin ; dans une maison.
6. s'il/si elle a assez de temps ; assez d'argent ; assez d'occupations.
7. s'il/si elle a trop de travail ; trop d'occupations.
8. s'il/si elle habite chez ses parents.
9. s'il/si elle passe beaucoup de temps chez un ami ou chez une amie.

plein de   (full of)

couvert de   (covered with)

Prepositions

Je —	Chez moi
Tu —	chez toi
il —	chez lui
elle —	chez elle
nous —	chez nous
vous —	chez vous
ils —	chez eux
elles —	chez elles

Une maison idéale!

Un jour, je voudrais avoir une maison idéale, et ma maison idéale est au bord de la mer. J'ai des idées précises sur sa situation et sa description.

Dans la maison que je voudrais avoir, il y a des pièces qui sont grandes et avec une belle vue sur la mer. Pas de jardin, mais vous admirez une plage de sable doré, et des bateaux à l'horizon.

Entrez dans ma maison: Au rez-de-chaussée, à droite, voilà la salle de séjour ou living. * C'est la plus grande pièce de la maison. Le divan est en face de la grande cheminée de pierre, avec des fauteuils assortis. Sur la table basse, et partout dans la pièce, il y a des fleurs. Ce ne sont pas des fleurs en plastique, ce sont des fleurs fraîches. Il y a un grand meuble contre le mur, avec une place pour l'électrophone. J'ai tant de disques, de cassettes! Il y a des hauts-parleurs à chaque coin de la pièce, et la musique est merveilleuse, surtout le soir. La grande étagère, sur le meuble, est couverte de livres, et d'albums. Le mur en face est couvert de tableaux. C'est un rêve, n'est-ce pas, et dans mon rêve je suis millionnaire, alors ce sont des tableaux de maîtres, des Impressionnistes, probablement: une nature morte de Cézanne, un paysage de Monet, une baigneuse de Renoir, et beaucoup d'autres. Il y a aussi des gravures dans des beaux cadres. Il n'y a pas de bibelots, il n'y a que quelques objets d'art. Pas de moquette, mais un beau parquet.

La salle à manger est en réalité une alcôve du séjour, séparée de la cuisine par un bar qui est pratique pour le petit déjeuner. La cuisine est la pièce favorite des gens qui ont faim. Il y a un évier avec deux robinets, un d'eau froide et un d'eau chaude, et il y a toujours beaucoup de bonnes choses dans le réfrigérateur ou sur le fourneau.

À gauche, voilà un cabinet de travail, qui est la pièce la plus pratique. Il y a une télévision, un bureau, des étagères, des livres partout, des fauteuils confortables, et une machine à écrire. Il y a un peu de désordre quelquefois, quand je suis seul à la maison.

Voilà l'escalier. Pas d'ascenseur, naturellement, parce qu'il n'y a qu'un rez-de-chaussée et un étage. Maintenant, nous sommes au premier étage. C'est l'étage

---

* Le terme est **la salle de séjour** ou simplement le **séjour**. On dit aussi le **living room** ou **le living**.

ANDRÉ DUNOYER DE SEGONZAC, *Terrasse à Saint-Tropez avec fleurs et nature morte*
Hirschl and Adler Galleries, New York

La terrasse d'une maison idéale, avec une belle vue sur la mer.

des chambres. Comme c'est une maison idéale, il y a assez de chambres et assez
de salles de bain. Ma chambre n'est pas immense, mais c'est une pièce confortable.
Il y a assez de place pour deux grands placards qui ont aussi assez de place pour
beaucoup de vêtements. Mon lit est couvert d'un dessus de lit imprimé. J'ai deux
commodes avec des tiroirs qui sont pleins de vêtements et d'autres objets. Comme
c'est une chambre idéale, dans une maison idéale, elle est toujours en ordre. Il
n'y a pas de vêtements par terre, le lit est fait, mon bureau n'est pas couvert de
papiers, au contraire : Il est en ordre aussi. Et ma famille est enchantée parce que
je suis si ordonné. (Malheureusement, en réalité, ma chambre est souvent en
désordre : des papiers partout, le bureau est couvert de vêtements, de livres, le lit
est défait, le placard est ouvert...)

Dans la maison idéale, il y a une salle de bain pour chaque personne. Et dans
ma salle de bain, avec la baignoire et le lavabo, il y a aussi... Devinez ? Un télé-

phone! J'adore téléphoner dans mon bain. Pas vous? Un téléphone dans une salle de bain, c'est le paradis pour moi!

Comment est votre maison idéale? Avez-vous des idées?

RÉPONDEZ dans l'esprit de la lecture et avec imagination.

(Le jeune homme de la lecture s'appelle Jean-Pierre.)

1. **Vous:** Où est ta maison idéale?
   Jean-Pierre: _____

2. **Un autre étudiant:** Pourquoi ta maison est-elle au bord de la mer?
   Jean-Pierre: _____

3. **Un autre étudiant:** Qu'est-ce qu'il y a dans le séjour?
   Jean-Pierre: _____

4. **Un étudiant:** Y a-t-il des tableaux de maîtres dans l'appartement de Bill et de Michel? Pourquoi?
   Vous: _____

5. **Kim:** Marie-Claude, est-ce que ta chambre est en désordre?
   Marie-Claude: _____

6. **Roger:** Quelle pièce préfères-tu dans la maison, Bill? Pourquoi?
   Bill: _____

7. **Michel:** Qu'est-ce qu'il y a dans ta chambre, Jackie?
   Jackie: _____

8. **Un autre étudiant:** Moi, j'aime une maison avec un grand jardin. Et toi?
   Roger: _____

9. **Jean-Pierre:** Y a-t-il un ascenseur pour arriver à ton appartement, Bill?
   Bill: _____

10. **Michel:** Est-ce que ta chambre est au rez-de-chaussée, Roger?
    Roger: _____

EXERCICES ÉCRITS

1. Le pluriel

Mettez la phrase au pluriel.

> Exemple: Nous avons une maison idéale.
> *Nous avons des maisons idéales.*

1. Sur la mer, il y a un beau bateau.

des beaux bateaux

2. Dans ma chambre, il y a un grand placard, une petite commode, et un fauteuil confortable.

3. Je voudrais un nouveau disque par une nouvelle chanteuse.

4. Dans le réfrigérateur, il y a une chose délicieuse : C'est un merveilleux gâteau et une délicieuse glace à la fraise.

5. Sur la plage, il y a un jeune homme et une jeune fille.

6. Ce n'est pas un problème difficile, il a une solution évidente.

7. Jackie a une nouvelle robe et un nouveau chapeau.

8. J'ai une bonne idée pour une composition originale et intéressante.

9. Y a-t-il un examen oral ? Oui, et il y a aussi une composition orale.

10. Mme Lanier a un beau fauteuil rouge, vert, gris, et bleu.

2. La négation

Donnez la forme négative.

> Exemple : Vous invitez des amis.
> *Vous n'invitez pas d'amis.*

1. Il y a des bougies sur le gâteau, parce que c'est un gâteau d'anniversaire.
2. Nous avons un chien, un chat, et un canari.
3. Si vous êtes à l'heure, il y a une place pour vous au restaurant.
4. Nous habitons dans une maison et nous avons beaucoup de place.
5. Quand vous avez faim, vous avez besoin de déjeuner.
6. Vous arrivez à l'heure parce que vous avez une voiture.
7. Un monsieur qui aime la musique a besoin d'un électrophone, de disques, et de cassettes.

3. L'expression de quantité

A. Complétez la phrase avec imagination.

> Exemple : (beaucoup de) Dans la maison, il y a...
> *Dans la maison, il y a beaucoup de meubles et beaucoup de beaux objets.*

1. Vous êtes étudiant ? Alors vous avez probablement...	(beaucoup de)
2. Si vous n'êtes pas riche, vous n'avez sans doute pas...	(assez de)
3. Pour votre confort, vous avez besoin d(e)...	(un peu de)
4. Vous avez trois examens la semaine prochaine ? C'est...	(trop de)
5. Je suis occupée, parce que j'ai...	(tant de)
6. Dans la vie, vous avez besoin d(e)...	(un peu de)
7. Dans une maison idéale, il y a...	(assez de)
8. À l'horizon, il y a...	(quelques)
9. J'adore le gâteau ! Je voudrais...	(beaucoup de)
10. Sur le mur, je voudrais avoir...	(quelques)

4. Questions sur le vocabulaire de la leçon

   Complétez chaque phrase par un terme de la liste suivante :
   A. une vue, le sable, un fauteuil, une étagère, une nature morte, un placard, un bibelot, un rêve, un meuble, des vêtements

   1. Un _____ est bien plus confortable qu'une chaise.
   2. Une _____ représente des objets inanimés.
   3. Dans un _____, beaucoup de choses sont possibles !
   4. Dans une maison ancienne, vous avez sans doute des _____ anciens.
   5. Est-ce que des beaux _____ sont importants pour votre apparence ?
   6. Regardez par la fenêtre. Y a-t-il une belle _____ ?
   7. Sur la plage, le _____ est agréable, mais dans votre lit, c'est une horrible sensation.
   8. Dans la maison idéale, il n'y a pas de _____, il n'y a que des objets d'art.
   9. Quand vous avez beaucoup de livres, des _____ sont indispensables.
   10. Dans une maison moderne, chaque chambre a généralement quelques _____ pour beaucoup de vêtements.

   B. couvert de, plein de, doré, assorti, en ordre, en désordre, heureux, enchanté, ordonné, désordonné

   1. Je suis _____ d'avoir des amis comme vous !
   2. Le métal _____ est bien moins cher que l'or.
   3. Si vous êtes _____, vous avez toujours assez de place dans votre chambre.
   4. Il est agréable d'avoir une maison _____ de jolies choses.
   5. Si vous avez un costume beige et un sac beige, ils sont _____.
   6. Mon bureau est en désordre ! Il est _____ de papiers et d'objets bizarres.
   7. Un mariage _____ est important pour votre bonheur (*happiness*).
   8. La chambre de Mme Lanier est impeccable. Elle est toujours _____.
   9. Une personne _____ n'est probablement pas bien organisée.
   10. Votre mère dit que votre chambre est assortie à votre vie ! Elle est _____ comme votre serviette, votre bureau, et votre journée !

5. Comment dit-on en français ? (avec la préposition **chez**)

   Exemple : *He is* at the doctor's.
              Il est chez le docteur.

   1. *I am* at home.
   2. *You invite a friend* to your home.
   3. *Bill spends a year* at his aunt's.
   4. *Jackie and Paul Martin are* at home.
   5. *Marie-Claude is* at home *in France*.

6. *Scipion is* at the home *of his girl friend* (sa petite amie).
7. In our home, *we like music.*
8. *When Michel is in Martinique* (à la Martinique), *he is* at home.
9. Are you home *on Sundays?*
10. *I spend Saturdays* at my girl friend's home.

COMPOSITION ORALE, ÉCRITE, OU DISCUSSION

1. **Description de votre chambre.** Sa situation dans la maison. Avez-vous une belle vue ? Description des meubles. Y a-t-il des objets intéressants ? Est-elle en ordre ? Est-ce une chambre agréable ? Pourquoi ?

2. **Description de votre maison.** Sa situation. Est-elle en ville ? à la campagne ? au bord de la mer ? au bord d'un lac ? d'une rivière ? dans la banlieue ? Expliquez. Comment est-elle ? Y a-t-il un jardin ? une pelouse ? Comment est la salle de séjour ? la cuisine ? Y a-t-il une salle à manger ? N'y a-t-il qu'un rez-de-chaussée ? Y a-t-il un étage ? Où est votre chambre ?

3. **Avez-vous une maison idéale ?** Où est-elle ? Comment est-elle ? Description de l'extérieur et de l'intérieur.

4. **Vous n'avez probablement pas exactement le nécessaire pour être heureux.** (Vous avez sans doute trop de..., pas assez de..., tant de..., ou, au contraire, pas trop de..., assez de..., etc. Vous avez aussi sans doute un peu de..., quelques, et des...) Avec imagination, expliquez pourquoi votre vie n'est pas idéale.
   Exemple : Pour être heureux, je n'ai pas besoin de beaucoup d'argent, mais je voudrais un peu de temps. J'ai aussi besoin de beaucoup de liberté (etc.).

VOCABULAIRE DE LA LEÇON

NOMS

Noms masculins

l'ascenseur	l'évier	l'objet d'art
le bar	l'extérieur	l'or
le bateau	le fauteuil	le paradis
le bibelot	le fourneau	le parquet
le bonheur	les gens (*pl.*)	le paysage
le bord	le haut-parleur	le petit déjeuner
le cabinet	l'horizon	le placard
le cadre	l'immeuble	le plastique
le canari	un Impressionniste	le rat
le confort	l'intérieur	le réfrigérateur
le courage	le lac	le rêve
le désordre	le lavabo	le rez-de-chaussée
le dessus de lit	le luxe	le robinet
le disque	le mariage	le sable

le divan
l'électrophone
l'escalier
l'étage

le métal
le meuble
le nécessaire

le séjour
le tiroir *drawer*
le vêtement

Noms féminins

l'alcôve
la baigneuse
la baignoire
la cage
la cassette
la chanteuse
la cheminée
la commode

la conviction
l'étagère
la feuille
la gravure
la machine à écrire
la moquette
la nature morte
la petite amie

la pièce
la pierre
la plage
la restriction
la sensation
la souris
les vacances (*pl.*)
la vue

ADJECTIFS

abandonné, abandonnée
ancien, ancienne
assorti, assortie
bas, basse
chaque
couvert, couverte
délicieux, délicieuse
désordonné, désordonnée
doré, dorée

évident, évidente
fait, faite ≠ défait, défaite
ferme
frais, fraîche
heureux, heureuse
immense
impeccable
imprimé, imprimée
inanimé, inanimée

indispensable
merveilleux, merveilleuse
millionnaire
ordonné, ordonnée
organisé, organisée
plein, pleine
précis, précise
quelque
séparé, séparée

VERBES

représenter

ADVERBES ET EXPRESSIONS ADVERBIALES

à droite
à gauche
assez
au contraire
beaucoup
en désordre

en face
en ordre
en réalité
n'est-ce pas ?
partout

si
surtout
tant
trop
un peu

PRÉPOSITIONS

chez

contre

TABLE DE LA TERMINAISON DE L'ADJECTIF

TERMINAISON DE L'ADJECTIF	SINGULIER		PLURIEL	
	MASCULIN	FÉMININ	MASCULIN	FÉMININ
-e riche, rouge, pratique, historique	*même term.* riche, etc.	*même term.* riche, etc.	**-s** riches, etc.	**-s** riches, etc.
-t, -d, -é, **-s, -i, -in** petit, grand, français, voisin, américain	*même term.* petit, grand, français, voisin, etc.	**-e** petite, grande, française, voisine, etc.	**-s** petits, grands *adjectif en* -s *même term.* français, voisins, etc.	**-es** petites, grandes, françaises, voisines, etc.
-eux délicieux, furieux, heureux	*même term.* délicieux, etc.	**-euse** délicieuse, etc.	*même term.* délicieux	**-euses** délicieuses
-eau beau, nouveau	*même term.* bel, nouvel *devant voyelle*	**-elle** belle, nouvelle	**-eaux** beaux, nouveaux	**-elles** belles, nouvelles
-al oral, spécial	*même term.* oral, etc.	**-ale** orale, etc.	**-aux** oraux, etc.	**-ales** orales, etc.
-er fier, cher, premier, dernier	*même term.* fier, cher, etc.	**-ère** fière, chère, etc.	**-s** fiers, chers, etc.	**-ères** fières, chères, etc.
-el naturel, quel, artificiel	*même term.* naturel, etc.	**-elle** naturelle, etc.	**-els** naturels, etc.	**-elles** naturelles, etc.
-if sportif, attentif	*même term.* sportif, etc.	**-ive** sportive, etc.	**-ifs** sportifs, etc.	**-ives** sportives, etc.
-ien parisien, italien	*même term.* parisien, etc.	**-ienne** parisienne, etc.	**-iens** parisiens, etc.	**-iennes** parisiennes, etc.
adjectifs **irréguliers** bon blanc vieux fou	bon blanc vieux (vieil *devant voyelle*) fou (fol *devant voyelle*)	bonne blanche vieille folle	bons blancs vieux fous	bonnes blanches vieilles folles

ONZIÈME LEÇON

Au supermarché

- Le pluriel de **le/la** : **les**
- L'adjectif démonstratif : **ce (cet)/cette** : **ces**
- Le partitif : **du/de la/de l'** et **des**. Sa négation : **pas de**
- L'adjectif possessif pluriel : **mes/tes/ses/nos/vos/leurs**
- Le pluriel de **au/à la/à l'** : **aux**

INTRODUCTION

DÉCLARATION ET QUESTION

RÉPONSE

Le pluriel de le/la : les

Nous sommes au supermarché. La viande est à droite. Où sont **les** légumes frais ?

Les légumes frais sont à droite aussi, avec **les** fruits.

Où sont **les** produits surgelés ?

Les produits surgelés sont dans le bac à gauche. Voilà **les** fruits, **les** légumes, **les** plats préparés, et **les** autres produits.

Est-ce que **les** produits surgelés sont chers ?

Oui, ils sont un peu plus chers que **les** produits frais, mais si pratiques.

Aimez-vous **les** fruits ?

Oh, j'adore **les** fruits : **les** pommes, **les** poires, **les** raisins, **les** prunes, **les** pêches. **Les** fruits sont excellents pour la santé.

L'adjectif démonstratif **ce (cet)/cette** : **ces**

Regardez **ce** monsieur et **cette** dame avec **ces** provisions. Est-ce les Martin ?

Oui, ce sont les Martin. Ce sont Jackie et Paul Martin.

Il n'y a pas assez de place dans **cet** appartement parce que **ces** gens ont trop de meubles. Est-ce que **cet** autre appartement est plus grand ?

Il n'y a pas de plus grand appartement dans **cet** immeuble. **Ces** gens ont besoin d'une maison !

Le partitif : **du/de la/de l'** et **des** ; Sa négation : **pas de**

Qu'est-ce qu'il y a pour le déjeuner aujourd'hui ?

Il y a **de la** viande ou **du** poisson, **des** légumes, **de la** salade, et **des** œufs. Il y a **de l'**eau, **du** thé, ou **du** café. Comme dessert, il y a **de la** glace à la framboise.

Y a-t-il **des** escargots ?

Non, il n'y a **pas d'**escargots. Et il n'y a **pas de** vin, **pas de** champagne !

Avez-vous **de l'**argent ? Moi, je n'ai **pas d'**argent.

Oui, j'ai **de l'**argent. Je ne suis pas riche, mais j'ai un peu d'argent.

L'adjectif possessif pluriel : **mes/tes/ses/nos/vos/leurs**

Mon père et ma mère sont **mes** parents. Où sont **tes** parents, Michel ?

Mes parents sont à Fort-de-France.

Voilà Kim avec **ses** amis et **ses** amies. Où sont **vos** amis ?

Nos amis sont chez eux, et **nos** amies sont chez elles.

Voilà **vos** livres, **votre** serviette, **votre** sac, etc. Ce sont **vos** affaires. Où sont **vos** affaires et **mes** affaires ?

Nos affaires sont sur **nos** chaises, par terre, et autour de nous dans la classe.

Mes parents ont une voiture. C'est **leur** voiture. Est-ce que vos parents ont une voiture ?

Ils ont deux voitures. Ce sont **leurs** voitures.

Le pluriel de **au/à la/à l'** : **aux**

À quelle heure êtes-vous **au** laboratoire ? Et **à la** classe ?

Nous sommes **au** laboratoire à trois heures, et **à la** classe à neuf heures.

Quel film passe **au** cinéma de votre quartier ? Et **à l'**autre cinéma, sur le boulevard ?

Le film qui passe **au** cinéma de mon quartier est vieux. **Au** cinéma du boulevard, c'est un film d'horreur. Mais il y a des films excellents **aux** autres cinémas.

Qu'est-ce qu'il y a dans un sandwich **au** fromage ?

Il y a du pain, et le fromage est l'ingrédient principal.

Qu'est-ce qu'il y a dans une omelette **aux** champignons ?

Il y a des œufs, et les champignons sont l'ingrédient principal, ou le plus intéressant.

Et dans une sauce **à la** moutarde ?

Il y a sûrement de la moutarde !

EXPLICATIONS

1. Le pluriel de **le/la/l'** : **les**

> Le père et la mère, ce sont **les** parents.
> Le lit, la table, la chaise, ce sont **les** meubles.
> **Les** mathématiques et **les** sciences sont importantes.
> Aimez-vous **les** fruits ? Oui, je préfère **les** pommes (*fém.*) et **les** raisins (*masc.*).

REMARQUEZ : Dans une question et dans une négation, **les** ne change pas :
> Avez-vous **les** résultats de l'examen ? Non, je n'ai pas **les** résultats de l'examen.

RÉCAPITULATION

SINGULIER	PLURIEL	
le/la/l'	les	
un/une	des	(pas de)

2. L'adjectif démonstratif : **ce (cet)/cette : ces**

> Bonjour ! Comment allez-vous **ce** matin ?
> **Cet** animal n'est pas méchant.
> Je suis très occupé **cette** semaine.
> **Ces** légumes surgelés sont pratiques.

A. **ce** est masculin, employé avec un nom masculin :

> ce matin, ce soir (*tonight*), ce monsieur, ce jardin, ce chien

B. **cet** est masculin aussi, employé devant une voyelle (ou un **h** muet) :

> cet après-midi, cet appartement, cet escalier, cet immeuble, cet enfant, cet oncle, cet homme

C. **cette** est féminin, employé avec un nom féminin :

> cette dame, cette jeune fille, cette année, cette semaine

D. **ces** est pluriel, employé avec un nom pluriel, masculin, ou féminin :

> ces gens (*these people*), ces messieurs,* ces dames, ces jeunes filles,
> ces jeunes gens, ces produits, ces hommes, ces enfants, ces animaux

RÉCAPITULATION DE L'USAGE DE L'ADJECTIF DÉMONSTRATIF

MASCULIN		FÉMININ	PLURIEL
DEVANT UNE CONSONNE	DEVANT UNE VOYELLE (ET H MUET)		
ce	cet	cette	ces

3. Le partitif : **du/de la/de l'** et **des** ; Sa négation : **pas de**

A. Le partitif singulier et le partitif pluriel**

> Avez-vous **du** travail ? Oui, j'ai **du** travail.
> Pour le dîner, il y a **de la** viande.
> Avez-vous **de l'**argent ? Oui, j'ai **de l'**argent.

Le partitif indique une certaine quantité d'une substance (le travail, la viande, le pain, l'argent, la soupe, etc.).

> Avez-vous des amis ? Oui, j'ai **des** amis.
> Y a-t-il **des** meubles dans la maison ?
> Vous invitez **des** gens pour votre réception.

---

* The form of address : *The plural forms and abbreviation of the standard French forms of address are:* Monsieur (M.) ; Messieurs (MM.) ; Madame (Mme) ; Mesdames (Mmes) ; Mademoiselle (Mlle), Mesdemoiselles (Mlles). *These terms are capitalized when not followed by the name of the person :* Bonjour, Monsieur *but* Bonjour, monsieur Durand. *They are not capitalized when used with the adjective* cher/chère, *for instance at the beginning of a letter:* Chère madame.

The term of reference : *When referring to a person and not addressing that person directly, the French will say :* un monsieur, des messieurs ; une dame, des dames ; une jeune fille, des jeunes filles. (*Referring to a girl as* une demoiselle *sounds today old-fashioned and countrified, although it is customary to refer to an older, unmarried woman as* une vieille demoiselle.)

** *Note : The partitive has the meaning of* any *or* some *which may or may not be expressed in English. For instance :* Do you have (any) money ? *is* Avez-vous de l'argent ? ; I have (some) money *is* J'ai de l'argent. *In the plural, for instance :* Do you have (any) friends ? *is* Avez-vous des amis ? ; I have (some) friends *is* J'ai des amis.

Le partitif pluriel **des** indique un certain nombre, un nombre indéterminé. Le partitif pluriel est la même chose que le pluriel de **un/une : des**

Le partitif est composé de : ~~de~~ + ~~le~~   **du**

de la

de l'

~~de~~ + ~~les~~   **des**

B. Le partitif négatif

Avez-vous du travail, des amis ? Non, je n'ai **pas de** travail, **pas d'**amis.

(Je n'ai **pas de** chance !)

La négation du partitif est **pas de.** *

4. Les adjectifs possessifs pluriels

A. Le pluriel de **mon/ma : mes**

Mon père et ma mère sont **mes** parents.

B. Le pluriel de **ton/ta : tes**

Est-ce que **tes** frères et sœurs sont plus jeunes que toi ?

C. Le pluriel de **son/sa : ses**

Ce monsieur est dans sa voiture avec sa femme et **ses** enfants.

D. Le pluriel de **notre : nos**

Nous sommes contents avec **nos** parents et **nos** amis.

E. Le pluriel de **votre : vos**

Avez-vous **vos** affaires ?

F. Le pluriel de **leur : leurs**

Mes parents sont dans leur maison. **Leurs** deux voitures sont dans le garage.

RÉCAPITULATION DES ADJECTIFS POSSESSIFS

PRONOM SUJET	ADJECTIF POSSESSIF		
	MASCULIN	FÉMININ	PLURIEL
1. je	mon	ma	mes
2. tu	ton	ta	tes
3. il, elle	son	sa	ses
4. nous	notre		nos
5. vous	votre		vos
6. ils, elles	leur		leurs

* *You are already quite familiar with this as the negation of* un/une. *That is actually what the negative partitive is: no or none.*

5. L'expression verbale **il me faut** * (*I must have, I have to have, I need*)

> Avez-vous le livre qu'**il vous faut** ? Non, **il me faut** un livre avec les réponses !
>
> Voilà exactement l'appartement qu'**il me faut** !

REMARQUEZ : Le verbe **il faut** est impersonnel, et il n'a pas de conjugaison. Le sujet est toujours **il** : il **me** faut, il **te** faut, il **lui** faut, il **nous** faut, il **vous** faut, il **leur** faut.

6. Une autre expression avec **avoir** : **avoir envie de** (*to feel like*)

> Paul Martin **a envie de** bifteck pour son dîner ce soir.
>
> Vous avez soif. **Avez-vous envie d'**un verre d'eau ou d'une tasse de café ?
>
> J'ai besoin d'étudier parce que je n'**ai** pas **envie d'**avoir une mauvaise note dans cette classe !

7. Le pluriel de **au/à la/à l'** : **aux**

> Cette omelette **aux** champignons est délicieuse.
>
> Vous êtes **aux** États-Unis.
>
> Nous ne dînons pas souvent **aux** restaurants chers !
>
> J'adore le soufflé **aux** épinards et la tarte **aux** poires.
>
> Des bons films passent **aux** cinémas de mon quartier.

Le pluriel de **au/à la/à l'** est **aux**.

EXERCICES ORAUX

1. Mettez au pluriel avec **les** ou **des**.

> Exemple : le chien   *ou :* un chien
> *les chiens*   *des chiens*

1. le journal
2. un bateau
3. le fauteuil
4. un jardin
5. un monsieur
6. un jeune homme
7. une dame
8. une bonne idée
9. une personne (*pl. ?*)
10. le nouveau livre
11. une salade verte
12. un supermarché
13. la salle de bain
14. un œuf
15. une fleur fraîche
16. un enfant charmant
17. la pièce principale
18. une idée originale
19. un homme heureux
20. l'examen oral
21. une maison idéale

2. Quel est l'adjectif démonstratif ?

Complétez par l'adjectif démonstratif correct : **ce (cet)/cette : ces**

> Exemple : monsieur
> *ce monsieur*

---

* **il me faut** : *the meaning is a little different from* **j'ai besoin de** *and stronger.* **Il me faut** *means :* I must have, I cannot do without. *But in actual conversation, the two expressions are often used interchangeably. And remember that you also know how to say* I would like : **Je voudrais.**

cette 1. dame   *ce* 7. matin   *cet* 13. animal   *cet* 19. arbre

cet 2. enfant   *ce* 8. soir   *ces* 14. animaux   *ce* 20. supermarché

ce 3. jeune homme   *cette* 9. semaine   *cette* 15. aventure   *cet* 21. après-midi

cette 4. jeune fille   *cette* 10. année   *cet* 16. homme   *cette* 22. adresse

ces 5. gens   *cette* 11. date   *cette* 17. plage   *ce* 23. copain

6. pièces   *cette* 12. classe   *ces* 18. bateaux   *cet* 24. amour

3. **Quel est le partitif ?**

> Exemple : glace à la vanille
> *de la glace à la vanille*

1. crème (*f.*)
2. sucre (*m.*)
3. eau (*f.*)
4. argent (*m.*)
5. énergie (*f.*)
6. enthousiasme (*m.*)
7. amour (*m.*)
8. temps (*m.*)
9. liberté (*f.*)
10. café (*m.*)
11. pain (*m.*)
12. sauce (*f.*)
13. imagination (*f.*)
14. travail (*m.*)
15. fromage (*m.*)
16. beurre (*m.*)
17. soupe (*f.*)
18. jus de fruit (*m.*)

4. **Quel est l'adjectif possessif correct ?**

> Exemple : mère   (mon/ma : mes)
> *ma mère*

(MON/MA : MES)	(TON/TA : TES)	(NOTRE : NOS)	(VOTRE : VOS)
1. oncle	1. frère	1. université	1. aventures
2. appartement	2. sœur	2. parents	2. famille
3. amis	3. cousin	3. produits	3. menus
4. affaires	4. cousines	4. budget	4. préférences
5. idées	5. vêtements	5. meubles	5. affaires
6. histoire	6. provisions	6. copains	6. chambre

(SON/SA : SES ou LEUR : LEURS)

1. un animal dans _sa_ cage
2. des animaux dans _leur_ cage
3. des animaux dans _leurs_ cages
4. mes copains et _leurs_ parents
5. un monsieur et _sa_ femme
6. un monsieur, une dame, et _leurs_ enfants
7. M. et Mme Martin dans _leur_ appartement
8. Ma sœur aime _ses_ amies.
9. Mme Lanier et _son_ mari
10. Toto et _sa_ sœur aînée
11. Mes parents sont dans _leur_ voiture devant _leur_ maison.
12. Les poissons rouges (*goldfish*) sont dans _leur_ aquarium.
13. Chaque personne a _ses_ préférences et _ses_ problèmes.

14. Mes sœurs sont désordonnées. _leur_ chambre est en désordre, et _leur_ affaires aussi.
15. Bill et Michel sont dans _leur_ appartement avec _leur_ meubles.
16. Cette dame est dans _____ jardin avec _____ amies et _____ enfants.

CONVERSATION

Demandez à une autre personne de la classe :

1. s'il/si elle a de l'argent. A-t-il/elle beaucoup d'argent ?
2. s'il/elle aime le champagne ; les escargots ; les cuisses de grenouilles.
3. ce qu'il y a pour son déjeuner généralement.
4. ce qu'il y a pour son dîner.
5. s'il/si elle aime la cuisine française ; les hamburgers ; les frites ; le bifteck.
6. s'il/si elle préfère le thé ou le café ; s'il/si elle aime la crème et le sucre dans son café ou son thé. (Le citron ?)
7. s'il y a assez de place dans son appartement ou dans sa maison. Pourquoi ?
8. ce qu'il y a dans un sandwich ; dans un hamburger ; dans une salade de légumes.
9. ce qu'il y a dans un supermarché.
10. s'il/si elle a des problèmes ; des aventures amusantes dans sa vie ; des idées intéressantes.

Au supermarché

Jackie et Paul Martin sont un jeune ménage. Cet après-midi, ils sont dans leur voiture, dans le parking du nouveau supermarché géant de leur quartier.

Paul Martin : Qu'est-ce qu'il nous faut ? As-tu la liste ?

Jackie Martin : Oui, voilà. Il nous faut des quantités de choses : des légumes, des fruits, de la viande, du pain, de l'épicerie, et des produits laitiers.

(Dans le supermarché)

Paul : Oh, les belles pommes rouges ! Et ces pêches ! Et ces raisins ! Les fruits sont vraiment superbes dans ce marché.

Jackie : C'est le meilleur endroit du quartier pour les fruits et les légumes. Il nous faut aussi de la laitue pour la salade, des radis roses, des oignons, et des tomates. Pour les autres légumes, comme les petits pois, les haricots verts, et les épinards, les légumes surgelés sont si pratiques !

Paul : Tu as bien raison ! J'aime beaucoup ton soufflé aux épinards, et ta cuisine est aussi bonne que les plats de ma mère. Alors, voilà. Maintenant, de la viande. Justement, j'ai envie de bifteck pour ce soir...

Jackie : Un peu cher, mais pour une fois... Voilà le menu de ce soir : le bifteck, avec des frites et une salade de fruits. Et pour samedi ?

Paul : Ah, pour samedi... Nous avons nos parents à dîner. Un rôti de bœuf, peut-être ?

Jackie : Nous ne sommes pas millionnaires ! Oh, mais voilà un rôti de bœuf magnifique et pas trop cher. Alors, pour samedi, le rôti avec une purée de pommes de terre et mon soufflé aux épinards. Et comme dessert ?

Paul : Tu as une nouvelle recette, n'est-ce pas, pour un gâteau au chocolat et au Grand Marnier ?

Jackie : Oh, c'est une bonne idée, je voudrais impressionner ta mère. Tu prépares le rôti et la purée, et je prépare le reste. D'accord ?

Paul : D'accord. Et pour dimanche ? Nous avons nos amis de l'université. Il nous faut un repas substantiel. Ils ont toujours faim !

RENÉ MAGRITTE, *La légende dorée* Photo by G. D. Hackett

Du bon pain français.
Mais... pourquoi est-il dans le ciel ? Parce que Magritte est un peintre surréaliste !

Jackie : Oh, mon Dieu, tu as raison. Un gigot, peut-être ? Non, c'est trop cher... Un poulet ? Ce n'est pas très original... J'ai une idée : un grand plat de spaghetti...

Paul : (*enthousiasmé*) Chérie, tu as des idées formidables ! Un grand plat de spaghetti à l'italienne, avec de la sauce tomate, et du fromage de Gruyère, beaucoup de fromage. Mmmm !

Jackie : Avec une belle salade verte, à l'huile, au vinaigre, et à l'ail, du pain français, et une grande bouteille de vin rouge. Comme dessert ? Une tarte aux fruits, c'est ma spécialité !

Paul : Sensationnel ! Justement, voilà le rayon de l'épicerie. Alors il nous faut du sucre, des pâtes, de la sauce tomate, du café, et de la farine pour ton gâteau. Voilà !

Jackie : Et les produits laitiers ? Ah, voilà. Il nous faut du lait, n'est-ce pas ? et de la crème ? du beurre ? du fromage ? Tiens, voilà un camembert qui a l'air délicieux...

Paul : Des œufs aussi ? Avons-nous besoin d'une douzaine d'œufs ?

Jackie: Bien sûr. Ah, le rayon du pain. J'ai envie de petits pains bien croustillants.

Paul: Moi aussi. Nous avons de la chance, nous avons les mêmes goûts! Et tu es vraiment une bonne maîtresse de maison. C'est une double chance! Avons-nous tout, maintenant?

Jackie: Nous avons des provisions pour un régiment!... Enfin, pour trois jours. Vite à la maison, j'ai un nouveau livre de cuisine qui a l'air d'avoir des recettes formidables. Tu prépares le bifteck n'est-ce pas, Paul? Et moi je prépare le reste.

Paul: Absolument. Vite à la maison!

RÉPONDEZ dans l'esprit de la lecture et avec imagination.

1. **Jackie Martin:** Quel est le meilleur endroit pour les fruits et les légumes?
   Paul: _____

2. **Paul:** Qu'est-ce qu'il nous faut, au supermarché?
   Jackie: _____

3. **Mme Martin, mère:** Est-ce que tu aimes les légumes surgelés, Paul?
   Paul: _____

4. **Mme Martin, mère:** Sont-ils aussi bons que les légumes frais?
   Paul: _____

5. **Jackie:** Paul, de quoi as-tu envie pour ton dîner, ce soir?
   Paul: _____

6. **La mère de Jackie, au téléphone:** Jackie, quel est ton menu pour samedi?
   Jackie: _____

7. **Bill:** (*Il arrive chez les Martin, dimanche, pour dîner.*) Salut, Paul et Jackie. J'ai une faim de loup. Quel est le menu?
   Paul: _____

8. **Jackie:** Je n'ai pas beaucoup d'argent pour le reste de la semaine, Paul. As-tu une bonne idée pour le dîner de ce soir?
   Paul: _____

EXERCICES ÉCRITS

1. Complétez par **un/une: des, le/la/l': les, du/de la/de l', pas de,** ou **de.**

   Exemple: Il nous faut *du* pain et *des* légumes.

   1. Le réfrigérateur est plein _*des*_ provisions. Il y a _*du*_ lait, _*de la*_ crème, _*du*_ beurre, _*de la*_ laitue, _*du*_ tomates, et _*des*_ œufs. Il y a aussi

_du_ jambon, _de la_ viande, et _du_ fromage.

2. Pour le dîner, il y a _du_ salade, _de_ bifteck, _de_ frites, _de_ haricots verts, et comme dessert, _de la_ salade _de_ fruits. Ensuite, il y a _du_ café, et un verre _de_ cognac.

3. Sur la plage, il y a _____ sable. En fait, il y a beaucoup _____ sable. _____ sable est fin et doré, mais vous n'aimez pas _____ sable dans votre lit!

4. Pour le dîner _____ samedi, Jackie prépare: _____ rôti _____ bœuf, _____ purée _____ pommes _____ terre, et _____ soufflé aux épinards.

5. Roger adore _____ bon vin. Il aime en particulier _____ vins français et _____ champagne. Il ne déteste pas _____ liqueurs, comme _____ Grand Marnier.

6. Avez-vous _____ argent? Oui, j'ai _____ argent, j'ai un peu _____ argent. _____ argent est important si vous n'êtes pas riche.

7. _____ restaurants de mon quartier ne sont pas chers. J'aime _____ petit restaurant qui a _____ spécialités françaises: _____ escargots, _____ cuisses de grenouilles. Mais je n'aime pas _____ escargots, et je préfère _____ spaghetti avec _____ fromage, beaucoup _____ fromage.

2. Complétez par l'adjectif possessif correct: **mon/ma : mes, ton/ta : tes, son/sa : ses, notre : nos, votre : vos** et **leur : leurs.**

Exemple : Mon père et _ma_ mère sont gentils.

1. Mon oncle et _____ tante sont riches: _____ maison et _____ meubles sont magnifiques. Mais _____ fils, qui est _____ cousin, est gâté.

2. Voilà une maîtresse de maison dans _____ cuisine, avec _____ provisions et _____ livre de cuisine.

3. «Jackie, tu es formidable! _____ cuisine est délicieuse, et _____ mari est enchanté! _____ beaux-parents aussi aiment _____ plats et _____ desserts.»

4. J'ai _____ affaires: _____ clé, _____ serviette, _____ livres, _____ tricot. Ah, où est _____ autre clé?

5. _____ frère et moi, nous ne sommes pas ordonnés: _____ affaires sont par terre, _____ papiers sont partout dans _____ chambre. Mais _____ mère est différente: _____ affaires sont en ordre.

6. Vous invitez _____ amis dans _____ appartement, et ils admirent _____ bon goût et _____ bonne cuisine.

3. Mettez au pluriel.

Exemple : Ce monsieur est un gourmet!
Ces messieurs sont des gourmets!

1. Ce jeune homme a son appartement dans cet immeuble.
2. Cette dame a un invité. C'est un ami de son mari.
3. Cet homme n'aime pas les animaux.

4. Ce monsieur a un tableau qui est par un peintre célèbre.
5. Cette personne habite dans un petit appartement.
6. Ce fromage est un camembert. Cet autre fromage n'est pas un fromage français.
7. Ce chien aboie et il a l'air féroce, mais cet autre chien est plus gentil.
8. Vous admirez ce paysage ? C'est un tableau par un peintre impressionniste.
9. Ce produit surgelé est pratique pour cette dame qui est occupée.
10. Vous avez peur de cet animal ? Vous avez tort, c'est un animal dans une cage, et il n'est pas dangereux.

4. Complétez par **au/à la/à l' : aux**.

Exemple : C'est de la soupe _aux_ tomates.

1. Voilà un sandwich _____ fromage.
2. Elle prépare un bifteck _____ frites.
3. C'est une bonne salade _____ ail.
4. Il aime les spaghetti _____ Gruyère (*m.*).
5. C'est une omelette _____ champignons.
6. Voilà une salade _____ huile et _____ vinaigre.
7. J'adore la tarte _____ fruits.
8. Tu as envie de sauce _____ champagne.
9. C'est une recette de soufflé _____ épinards.
10. Nous aimons les hamburgers _____ moutarde et _____ catsup (*m.*).
11. Le samedi soir, je suis souvent _____ restaurant, _____ cinéma, ou _____ maison d'un ami.
12. Je demande : « Quelle heure est-il ? » _____ gens qui ont une montre.
13. Vous téléphonez _____ amie de Jackie et _____ copains de Paul.
14. Il y a du chocolat _____ lait, du café _____ lait, et des petits pains _____ chocolat.

5. Exercices sur le vocabulaire de la leçon

A. Complétez chaque phrase par un terme de la liste suivante :

jeune ménage, quartier, recette, gens, pâtes, légumes, épicerie, farine

1. Le thé, le sucre, et le café sont _____.
2. Dans un gâteau, il y a du sucre, des œufs, du beurre, et _____.
3. Dans votre régime, il y a de la viande et _____ verts.
4. Un jeune homme et sa femme, c'est _____.
5. M. et Mme Arnaud sont _____ âgés et très gentils.
6. La partie de la ville près de votre maison, c'est votre _____.
7. Le macaroni, le vermicelle, et les spaghetti, ce sont _____.
8. Une bonne cuisinière a toujours une _____ favorite pour un dessert spécial.

B. Qu'est-ce qu'il vous faut pour préparer...

1. une salade?
2. un gâteau au chocolat?
3. une glace à la fraise?
4. une omelette au jambon?

5. une soupe de légumes?
6. un hamburger avec des frites?
7. un plat de spaghetti à l'italienne?
8. une tasse de chocolat au lait? de café au lait?

(laitue, ail, huile, vinaigre, sel, farine, pain, fromage, bifteck haché (*ground beef*), œufs, jambon, fraises, cacao, sauce tomate, beurre, carottes, pommes de terre, tomates, sucre, lait, crème, café, etc.)

COMPOSITION ÉCRITE, ORALE, OU DISCUSSION

1. **Une description de votre supermarché favori.** Où est-il? Comment est-il? Quand est-il ouvert? fermé? Les prix sont-ils chers? Pas chers? Qu'est-ce qu'il y a? Pourquoi est-ce votre supermarché favori?

2. **De quoi avez-vous envie pour votre dîner de ce soir?** Avec quoi? Pourquoi? Qui prépare votre dîner? Comparez votre dîner *idéal* avec votre dîner *probable*. Est-il meilleur? moins bon? Pourquoi?

3. **Vous êtes responsable de la liste des provisions de la semaine.** Pour qui avez-vous besoin de provisions? pour combien de personnes? De quoi avez-vous besoin? envie? pas envie? Pourquoi?

4. **Vous avez un invité spécial (ou une invitée spéciale, ou des invités spéciaux).** Qui est-ce? Quel est votre menu? Quelle est la liste de vos provisions? Comment est votre dîner? Conclusions.

VOCABULAIRE DE LA LEÇON

NOMS

Noms masculins

le bac	le gourmet	le plat
le beurre	le goût	le poisson rouge
le bœuf	le Grand Marnier	le produit
le budget	les haricots verts (*pl.*)	le radis
le cacao	le lait	le raisin
le camembert	le macaroni	le rayon
le champignon	le ménage	le régiment
le cognac	l'œuf	le soufflé
l'enthousiasme	l'oignon	les spaghetti (*pl.*)
les épinards (*pl.*)	le partitif	le steak
le fruit	le peintre	le vermicelle
le gigot	les petits pois (*pl.*)	le vinaigre

la carotte
la chance
la cuisinière
l'épicerie
la farine
la framboise
l'huile

la liqueur
la maîtresse de maison
les mathématiques (*pl.*)
les pâtes
la pêche
la poire
la pomme

la préférence
la prune
la recette
la santé
la sauce
la science
la viande

ADJECTIFS

aîné, aînée
croustillant, croustillante
démonstratif, démonstrative
enthousiasmé, enthousiasmée
fin, fine

formidable
géant, géante
haché, hachée
impersonnel, impersonnelle
laitier, laitière

magnifique
principal, principale
sensationnel, sensationnelle
substantiel, substantielle
surgelé, surgelée

VERBES

avoir envie (de)
comparer

détester

impressionner

DIVERS

autour de
pour une fois

salut!
vite!

vraiment

Deux recettes de cuisine, qui peuvent constituer un excellent repas.

Salade niçoise

Pour quatre personnes:

    1 poivron doux, rouge ou vert (ou 1/2 rouge et 1/2 vert)
    1 ou 2 tomates
    1 oignon
    1 douzaine d'olives noires (grecques)
    1 ou 2 pommes de terre cuites à l'eau
    1 boîte de thon
    1 laitue*

    Vinaigrette: *3 cuillerées à soupe de vinaigre de vin,*
                  5 d'huile d'olive, sel et poivre à votre
                  goût.

Sur les feuilles de laitue, arrangez artistiquement: les pommes de terre coupées en petits cubes, le poivron coupé en petites tranches fines, les tomates coupées en quartiers, le thon, l'oignon coupé en rondelles fines séparées en cercles.

Arrosez généreusement de vinaigrette. Servez frais, avec du bon pain bien croustillant.

* *Boston, or butter lettuce, or Bibb lettuce, with soft leaves.*

Mousse au chocolat

Pour quatre personnes:

    4 œufs
    1 petit pot de crème à fouetter
    2 ou 3 carrés de chocolat à cuire

Séparez les œufs. Battez les blancs en neige très ferme. Battez la crème à consistance très ferme.

Mettez le chocolat avec un peu (très peu) d'eau dans une petite casserole, et faites fondre le chocolat à feu doux. Puis, ajoutez les jaunes d'œufs, et mélangez doucement chocolat fondu et jaunes d'œufs. Laissez refroidir un instant.

Puis mélangez très délicatement les trois préparations: d'abord, mélangez la crème fouettée au chocolat fondu et jaunes d'œufs. Puis, ajoutez les blancs d'œufs battus en neige. Mettez au réfrigérateur pendant quelques heures. Servez avec des petits gâteaux secs.

Exercice culturel

Préparez le repas composé de salade niçoise et de mousse au chocolat. Savourez-le avec une bouteille de vin rosé, servi bien frais. N'oubliez pas d'inviter vos amis, et BON APPÉTIT!

Un week-end à Isola 2000

- Sept verbes irréguliers : **faire, aller, dire, venir, écrire, lire, boire**
- **Quel temps fait-il ?** et autres expressions avec **faire**
- Le pronom indéfini **on** : **on fait, on va, on dit, on vient, on écrit, on lit, on boit**
- L'impératif des verbes de la leçon et l'impératif des verbes en **-er**
- L'adjectif **tout**

INTRODUCTION

DÉCLARATION ET QUESTION	RÉPONSE

faire, aller, dire, venir, écrire, lire, boire

to say to come *to drink* (handwritten annotations)

J'ai beaucoup d'occupations, c'est-à-dire que **je fais** beaucoup de choses. **Je fais** mon lit le matin, **je fais** le dîner le soir. Que **faites-vous ?**	**Je fais** la cuisine quelquefois, mais généralement ma mère **fait** de la meilleure cuisine. **Nous faisons** du sport. Mes copains **font** du tennis, du soccer, et du baseball.

Que **fait-on** quand on est en vacances ?

On fait des promenades, **on fait** des voyages, **on fait** du camping.

Je dis *Bonjour* le matin, et *Bonsoir* le soir. Que **dites-vous** ?

Je dis la même chose. **Nous disons** tous *Bonjour* et *Bonsoir*. Mes copains **disent** aussi *Salut, mon vieux !*

Comment **dit-on** *Good afternoon* en français ?

On ne dit pas *Good afternoon* en français. **On ne dit** que *Bonjour* et *Bonsoir*, ou *Salut* entre copains.

Le matin, **je vais** à l'école. **Je vais** à l'école à pied. Comment **allez-vous** à l'école ?

Ma famille et moi, **nous allons** en Europe pendant les vacances. Comment **va-t-on** en Europe, généralement ?

Je vais en voiture aussi. Mes copains **vont** quelquefois à motocyclette.

Si on est pressé, **on va** en Europe en avion. Sinon, par bateau.

Quand **venez-vous** à cette classe ?

Je viens à cette classe du lundi au jeudi à onze heures. **Nous venons** régulièrement. Les étudiants qui ne **viennent** pas régulièrement ont des mauvaises notes.

Qui ne **vient** pas régulièrement ?

Oh, tout le monde **vient**. **On vient** avec plaisir dans une classe de français !

Lisez-vous le journal tous les jours ?

Non, mais **je lis** une revue toutes les semaines. Ma mère **lit** des romans et des revues professionnelles. **Nous lisons**, et nous regardons aussi la télévision !

Quel journal **lit-on** dans votre ville ?

Ça dépend. **On lit** beaucoup le *Journal Indépendant*.

J'écris souvent des lettres à mes amis. Et vous, **écrivez-vous** souvent des lettres ?

Non, **je n'écris pas** souvent de lettres. **Nous n'écrivons que** quand il y a des nouvelles importantes. Mais nos parents **écrivent** régulièrement.

Quand **écrit-on** à ses amis ?

À Noël, **on écrit** une carte à ses amis.

Je bois du vin avec mon dîner. Que **buvez-vous** avec votre dîner ?

Nous buvons quelquefois du vin. Mes parents **boivent** du vin quand il y a une occasion spéciale.

Quand **boit-on** du champagne ?

On boit du champagne quand il y a une fête ou une célébration.

Faites votre travail ! **Allez** à l'école !
Dites toujours la vérité !

Oh, toujours des ordres ! Moi, je préfère : **Ne faites pas** votre travail ! **N'allez pas** à l'école ! **Écrivez** des chansons ! **Lisez** des romans policiers, et **buvez** du champagne !

L'impératif des verbes en **-er**

Je vous dis de rester : **Restez !** Quel est le contraire ?

Ne restez pas !

Je te dis de parler : **Parle !** Quel est le contraire ?

Ne parle pas !

EXPLICATIONS

1. L'action : sept verbes irréguliers

A. **faire**   (*to do, to make*)

je fais	nous faisons
tu fais	vous faites
il/elle/on fait	ils/elles font

Qu'est-ce que **vous faites** ? Je lis un livre.
Je fais mon lit tous les matins.

Le verbe **faire** est aussi employé dans beaucoup d'expressions idiomatiques :

Quel temps fait-il ?

Il **fait** beau.   Il **fait** chaud.   Il **fait** froid.

Il fait soleil.   Il fait gris.

Je fais attention aux explications du professeur.
Je fais un voyage. **Je vais à...** (On ne dit pas : J̶e̶ ̶f̶a̶i̶s̶ ̶u̶n̶ ̶v̶o̶y̶a̶g̶e̶ ̶à̶...)
Je fais une promenade.
Je fais du sport (de la natation, du camping, du ski, etc.).
Je fais de l'auto-stop.
Je fais des projets.
Je fais la cuisine, etc.

B. **aller**   (*to go*)

je vais	nous allons
tu vas	vous allez
il/elle/on va	ils/elles vont

Je vais à la maison (à la campagne, en ville, au bord de la mer, à la montagne).

ATTENTION : Dites **où** vous allez quand vous employez le verbe **aller**.

C. **dire**   (*to say*)

je dis	nous disons
tu dis	vous dites
il/elle/on dit	ils/elles disent

Qu'est-ce que **vous dites** au téléphone ? **Je dis** « Allô ».

REMARQUEZ : « Mon chien n'est pas stupide ! **dit Mme Rougier**. Il est beau et intelligent » **dit-elle**.

Après une citation (*quote*), placez le verbe avant le sujet : **dit Mme Rougier, dit-elle**. (Mais avant une citation, gardez l'ordre normal : **Mme Rougier dit :** « Mon chien n'est pas stupide ! »)

D. **venir** (*to come*)

je viens	nous venons
tu viens	vous venez
il/elle/on vient	ils/elles viennent

Je viens à cette classe tous les jours.
Mes amis viennent souvent chez moi.

E. **écrire** (*to write*)

j'écris	nous écrivons
tu écris	vous écrivez
il/elle/on écrit	ils/elles écrivent

Écrivez-vous souvent ? Non, **je n'écris pas** souvent, je préfère téléphoner.

F. **lire** (*to read*)

je lis	nous lisons
tu lis	vous lisez
il/elle/on lit	ils/elles lisent

Lisez-vous beaucoup ? Oui, je lis beaucoup de livres pour mes classes. Mais **je ne lis pas** beaucoup pour mon plaisir.

G. **boire** (*to drink*)

je bois	nous buvons
tu bois	vous buvez
il/elle/on boit	ils/elles boivent

Quand vous avez soif **vous buvez** de l'eau. Les Français **boivent** beaucoup d'eau minérale. (Et de vin, bien sûr !)

2. Le pronom indéfini **on : on fait, on va, on dit, on vient, on écrit, on lit, on boit**

Je suis étudiant : Je vais à l'université. Quand **on est** étudiant, **on va** à l'université. Quand **on est** enfant, **on va** à l'école élémentaire.

On ne dit pas *OK* en français. Qu'est-ce qu'**on dit** ? **On dit** *D'accord*.

Si **on ne fait pas** attention, **on fait** des fautes.

Quand il fait froid, **on a** besoin de vêtements chauds. **On a froid** si **on n'a que** des vêtements de coton.

Qu'est-ce qu'**on fait** quand **on est** en vacances ? **On fait** des promenades, **on écrit** des cartes postales, **on lit** des romans, **on fait** du sport.

Le pronom **on** est très employé en français. Employez **on** pour exprimer *we, you, they* (when used in the sense of people in general). *

3. L'impératif

L'impératif est la forme du verbe qui indique un ordre. Il y a trois personnes, et l'impératif est généralement la forme ordinaire du verbe, sans le pronom.

faire

> fais
> faisons
> faites

Faites votre travail.
Faisons un voyage ensemble.
Ne faites pas attention.

aller

> va**
> allons
> allez

Allez au tableau.
Allons à la plage.
N'allez pas dans la neige sans manteau.

dire

> dis
> disons
> dites

Dites bonjour à vos parents pour moi.

Ne dites pas *OK* en français, dites *D'accord*.

venir

> viens
> venons
> venez

«**Viens**, Bill, dit Michel. **Allons** au cinéma ce soir».

Ne venez pas s'il pleut.

écrire

> écris
> écrivons
> écrivez

Écrivez au tableau.

lire

> lis
> lisons
> lisez

Lisez attentivement les instructions.

---

* On fait, on dit, etc.: *This is literally "one does, one says, etc.," but while in English the "one . . ." construction is rather literary, the on... construction in French is of very general use.*
** va: *Notice that the s of the regular conjugation is dropped.*

N'écrivez pas vos compositions au crayon.

Ne lisez pas les lettres adressées aux autres.

boire

bois
buvons
buvez

Bois de l'eau, si tu as soif.
Buvons à la santé de nos amis!
Ne buvez pas trop de vin!

4. L'impératif des verbes en **-er**

Affirmatif

regarder	**parler**	**admirer**	**acheter**
regarde	parle	admire	achète
regardons	parlons	admirons	achetons
regardez	parlez	admirez	achetez

Négatif

ne regarde pas	ne parle pas	n'admire pas	n'achète pas
ne regardons pas	ne parlons pas	n'admirons pas	n'achetons pas
ne regardez pas	ne parlez pas	n'admirez pas	n'achetez pas

REMARQUEZ: La deuxième personne du singulier (**Regarde! Parle! Admire! Achète!**) n'a pas le **s**.

Regardons les bons films et **ne regardons pas** les autres.
Parlez français en classe et **ne parlez pas** anglais.
Achète du pain pour le déjeuner, mais **n'achète pas** de gâteaux.

5. L'adjectif **tout**

Tout le monde est présent (*masc. sing.*)
Toute l'année, il fait beau sur la Côte d'Azur. (*fém. sing.*)
Tous mes amis font du ski. (*masc. plur.*)
Toutes les saisons ont leurs charmes. (*fém. plur.*)

RÉCAPITULATION

SINGULIER		PLURIEL	
MASCULIN	FÉMININ	MASCULIN	FÉMININ
tout	**toute**	**tous**	**toutes**
(**tout** le temps)	(**toute** la journée)	(**tous** les jours)	(**toutes** les semaines)

ATTENTION: La forme ~~touts~~ n'existe pas.

EXERCICES ORAUX

1. Le verbe **faire**

A. Complétez.

Exemple : Vous *faites* du sport.

1. Nous _____ notre travail.
2. Je _____ mon lit.
3. Tu _____ du tennis.
4. Il _____ de l'auto-stop.
5. On _____ attention en classe.
6. Vous _____ la cuisine.
7. Elles _____ des mathématiques.
8. Il _____ un voyage.

B. Quelle est la réponse ?

Exemple : Fais-tu du sport, Bill ?
Oui, je fais du sport.

1. Faites-vous des promenades ?
2. Faisons-nous des exercices ?
3. Fait-on des progrès dans cette classe ?
4. Bill fait-il du sport ?
5. Faites-vous votre lit ?
6. Faites-vous des projets ?
7. Est-ce que je fais des fautes ?
8. Est-ce que nous faisons des compositions ?
9. Fait-on de l'auto-stop si on n'a pas de voiture ?
10. Bill et Michel font-ils la cuisine ?

C. Répondez affirmativement et négativement aux questions suivantes.

Exemple : Faites-vous des progrès ?
Oui, je fais des progrès. / Non, je ne fais pas de progrès.

1. Faites-vous des mathématiques ?
2. Faites-vous de la bonne cuisine ?
3. Faites-vous des fautes ?
4. Faites-vous des promenades à la campagne ?
5. Faites-vous de l'auto-stop ?
6. Faites-vous de l'espagnol ?
7. Faites-vous des projets de vacances ?
8. Faites-vous du tennis ?

2. Le verbe **aller**

A. Complétez.

1. Nous _____ au cinéma ce soir.
2. On _____ en vacances en juillet.
6. L'avion _____ à New-York.
7. Mes parents _____ au concert.

3. Je _____ à la cafétéria.
4. Vous _____ chez vous à 5 h.
5. Mme Martin mère _____ chez Paul et Jackie.

8. Tu _____ chez Bill et Michel.
9. _____-tu au laboratoire ?
10. _____-vous chez vos amis ?

B. Répondez aux questions suivantes.

1. Quand va-t-on au laboratoire ?
2. Quand allez-vous au cinéma ?
3. Pourquoi allez-vous au restaurant ?
4. Allez-vous à une autre classe après la classe de français ?
5. Comment va-t-on en Europe si on est pressé ?
6. Quand allez-vous au supermarché ?
7. À quelle heure votre père va-t-il au travail ?
8. Vos parents vont-ils en vacances avec vous ? sans vous ?
9. Avec qui allez-vous en vacances ?
10. À quelle heure allez-vous chez vous aujourd hui ?

3. Le verbe **dire**

A. Complétez.

1. Vous _____ *Bonjour.*
2. Je _____ la vérité.
3. On _____ *D'accord.*
4. Bill ne _____ pas ses projets.
5. Kim _____ qu'elle a faim.
6. Les gens _____ *Bonjour.*
7. Marie-Claude _____ qu'elle aime le café noir.
8. Nous ne _____ pas nos secrets.
9. Est-ce que vous _____ *OK* ?
10. On ne _____ pas *Good Afternoon* en français.

B. Répondez affirmativement ou négativement à la question.

1. Dites-vous *Bonjour, Monsieur* au professeur ?
2. Dit-on *Allô* au téléphone ?
3. Dites-vous *Chic* si vous êtes content ?
4. Est-ce que je dis mes secrets à tout le monde ?
5. Dit-on quelquefois que la vie est absurde ?
6. Bill dit-il que le français est difficile ?
7. Dites-vous toujours la vérité ?
8. Disons-nous que nous détestons le français ?
9. Les gens disent-ils que le gouvernement est parfait ?
10. Jackie dit-elle qu'elle a beaucoup d'argent ?

C. Répondez aux questions suivantes.

1. Quand dit-on *Bonsoir* en français ?
2. Dites-vous *Chic !* ou *Zut !* si vous avez une mauvaise note ?
3. Est-ce que les gens disent toujours leur âge ?
4. Que dit-on en France à la place de *Good afternoon* ?

5. Votre mère dit-elle « Mes enfants sont parfaits » ?
6. Que dites-vous le jour de l'anniversaire d'un ami ?
7. Que dit votre patron (*boss*) si vous êtes en retard ?
8. Les Français disent-ils *Hello* au téléphone ? Qu'est-ce qu'ils disent ?

reverser

D. Employez correctement le verbe **dire** avant et après une citation.

Exemple : (M. Lannier)   « Nous habitons Marly-le-Roi. »
M. Lannier dit : « Nous habitons Marly-le-Roi. »

1. « Nous n'avons pas beaucoup d'argent. »   (Jackie Martin)
2. (Paul Martin)   « J'adore le bifteck aux frites ! »
3. (Bill)   « Le loyer n'est que deux cents dollars par mois. »
4. (Kim et Marie-Claude)   « Nous n'allons pas en ville aujourd'hui. »
5. « Nous gardons la maison. »   (Truffe et Scipion)
6. « Viens avec moi au restaurant. »   (Michel)
7. (M. Johnson)   « Ce chien est dangereux. Vite, la police ! »
8. « Jackie est une bonne cuisinière ! »   (ses amis)

4. Le verbe **venir**   *to come*

A. Complétez.

1. Vous _____ souvent chez moi.
2. Je ne _____ pas le dimanche.
3. Qui _____ en retard ?
4. Les étudiants _____ à l'université en septembre.
5. On _viens_ de loin (*from far*) pour un bon restaurant.
6. Nous _venons_ en classe le lundi.
7. Marie-Claude _vient_ de France.
8. Michel _vient_ de la Martinique.

B. Répondez aux questions.

1. Comment venez-vous à l'école ?   *Je viens à l'école à l'auto*
2. Venez-vous seul ou avec un copain ?
3. Les gens viennent-ils au travail quand ils sont malades ?
4. Vient-on avec enthousiasme quand il y a un examen ?
5. Si le professeur (ou votre patron) dit « Venez à mon bureau », que faites-vous ?
6. Vient-on en classe pour le plaisir, ou parce qu'on est obligé ?
7. De quelle ville venez-vous ?

5. Les verbes **lire** *to read* et **écrire** *to write*

A. Complétez.

(LIRE)

1. _Lisez_-vous le journal ?
2. On _lit_ la lecture en classe.

3. Vous ne _lisez_ pas assez!
4. Marie-Claude _lit_ une lettre de sa famille.
5. Je _lis_ une revue toutes les semaines.
6. Les gens _lit_ la publicité sur l'autoroute.

(ÉCRIRE)

1. Vous n'_écrivez_ pas lisiblement.
2. J'_écris_ à ma famille.
3. On _écrit_ des cartes postales.
4. Vous _écrivez_ quand vous êtes en vacances.
5. Nous _écrivons_ des poèmes dans cette classe.
6. Jackie _écris_ dans son livre de cuisine.

B. Répondez aux questions.

1. Qu'est-ce qu'on écrit sur une carte d'anniversaire ? et sur une carte de Noël ?
2. Qui écrit aux journaux : les gens indifférents ou les autres ?
3. Qu'est-ce que vous lisez avec le plus de plaisir ?
4. À qui écrivez-vous des lettres ?
5. Si vous écrivez bien, vos notes de classe sont-elles lisibles ou illisibles ?
6. Lisez-vous des romans ? des romans policiers ? des revues ?
7. Est-ce que les gens lisent la préface des livres, généralement ?
8. Est-ce qu'on lit tous les articles d'un journal ?
9. Lisez-vous pour le plaisir ou seulement pour votre travail ?
10. Écrivez-vous des poèmes ? un roman ? des lettres d'amour ? Pourquoi ?

6. Le verbe **boire** _to drink_

A. Complétez.

1. _____-vous du vin ? Oui, je _____ du vin.
2. Les enfants _boivent_ du lait.
3. Une famille française _boit_ de l'eau minérale.
4. Nous _____ du champagne pour célébrer.
5. Si tu as soif, tu _bois_ de l'eau fraîche.
6. Un Américain _boit_ du coca-cola, des Français _boivent_ de la limonade (soda).
7. « Moi, dit Truffe, je ne _____ pas de champagne. »
8. « _Buvez_ un verre à la santé de nos amis », dit M. Johnson.

B. Répondez aux questions.

1. Que buvez-vous pour votre petit déjeuner ?
2. Est-ce que les Français boivent aussi du coca-cola ?
3. Qu'est-ce que les bébés boivent ?
4. Qu'est-ce qu'on boit quand on a soif ?
5. Buvons-nous du champagne dans la classe de français ?
6. Est-ce que Scipion boit une tasse d'eau ?

7. L'impératif

    A. Complétez.

        Exemple :   (aller)   « Bill, _____ au laboratoire. »
                    « *Bill, va au laboratoire !* »

    1. (aller)   « Roger, _Va_ chez Paul et Jackie. »
    2. (faire)   « Kim et Marie-Claude, ne _____ pas d'auto-stop. »
    3. (boire)   « _____ un verre, à la santé de nos amis ! »
    4. (lire)   « Tout le monde ! _Lisez_ attentivement les instructions ! »
    5. (écrire)   _____ la dictée, et n'_____ pas au crayon. »
    6. (venir)   « _____ à mon bureau, Michel. »
    7. (jouer)   « Ouâ, ouâ, _joue_ avec moi, s'il vous plaît. »
    8. (arriver) « Michel, _arrive_ à l'heure une autre fois », dit Bill.

    B. Quel est l'impératif ?

        Exemple :   Dites à votre copain de rester.
                    Reste !

                    Dites à M. Lebrun de rester.
                    Restez !

    1. Dites à votre sœur de parler français.
    2. Dites à votre copain de faire attention.
    3. Dites aux étudiants d'arriver de bonne heure.
    4. Dites au professeur d'écouter vos explications.
    5. Dites à votre amie de venir chez vous ce soir.
    6. Dites à vos copains d'aller dîner sans vous.
    7. Dites à votre frère de regarder votre nouvelle voiture.
    8. Dites à un autre étudiant de ne pas faire de fautes.
    9. Dites à une autre étudiante de ne pas parler anglais en classe.
    10. Dites aux autres étudiants de boire à votre santé.

CONVERSATION

Demandez à une autre personne de la classe :

1. s'il/si elle fait son lit tous les matins. Pourquoi ?
2. s'il/si elle fait la cuisine ; de la bonne cuisine. Pourquoi ?
3. s'il/si elle fait des projets de vacances, et quels projets.
4. s'il/si elle fait quelquefois de l'auto-stop, et pourquoi.
5. s'il/si elle fait des voyages ; où il/elle va.
6. s'il/si elle boit du vin ; pourquoi ; s'il/si elle préfère le vin français ou un autre vin.
7. s'il/si elle écrit des lettres.

8. s'il/si elle préfère téléphoner et pourquoi.
9. s'il/si elle va souvent au supermarché et pourquoi.
10. s'il/si elle va souvent au restaurant et pourquoi.
11. s'il/si elle lit beaucoup de livres et quels livres.
12. à quelle heure il/elle vient à l'université et comment il/elle vient : à pied, à bicyclette, en autobus, en voiture, à motocyclette.

Un week-end à Isola 2000

Chaque saison de l'année est différente des autres à Isola 2000, une station de sports d'hiver dans les Alpes, à cent kilomètres de Nice et de la Méditerranée. La famille Talmont, de Nice, a une résidence secondaire dans un grand immeuble moderne à Isola, et passe beaucoup de vacances dans la montagne. Au printemps, qui vient tard, il y a de l'herbe verte et des fleurs. Les arbres sont couverts de feuilles et les torrents pleins d'eau fraîche. Mais il pleut souvent. Les week-ends de pluie sont un désastre! En été, il fait très chaud, il fait un grand soleil, et on bronze vite sur le balcon de l'appartement. Il fait si beau en automne, avec les feuilles rouges et jaunes et... il pleut souvent aussi! L'hiver est la plus belle saison, parce qu'il y a beaucoup de neige, beaucoup de soleil, et une grande foule de jeunes qui viennent faire du ski. Les jours sont courts en hiver, trop courts.

Aujourd'hui, nous sommes le premier jour des vacances de Noël. Caroline et sa sœur Laure sont avec leur frère Étienne dans la voiture de ce dernier en route pour Isola. Elles sont étudiantes d'anglais à l'Université de Provence; Étienne est en troisième année de médecine.

Laure : Il fait vraiment beau, aujourd'hui! Et il fait chaud, pour la saison. Je suis sûre qu'il n'y a pas de neige.

Caroline : Eh bien, s'il n'y a pas de neige, faisons une promenade dans la montagne. Allons à Isola 2500 boire un verre, par exemple...

Étienne : Notre bande (= le groupe de nos copains) est probablement là. Organisons une surprise partie ce soir. Nous avons de la chance! Papa et Maman ne viennent pas, parce que Maman a des clients importants au magasin, et Papa fait un voyage d'affaires. Nous avons tout l'appartement. Profitons de la situation.

Laure : Bonne idée. Mais... regarde! Un garcon, là, au bord de la route, qui fait de l'auto-stop. Il a l'air américain. Oh, c'est sûrement un Américain!

Étienne : (*Il stoppe la voiture.*) Tu vas à Isola, mon vieux? Viens avec nous. Mets ton sac derrière. Tu parles français, oui? Et sinon, mes sœurs parlent anglais.

Le jeune Américain : C'est formidable. Oui, je parle un peu français. Salut, tout le monde. Je m'appelle Steve Carson.

HÉLÈNE DE BEAUVOIR, *Ski à Méribel-les-Allues*　　　French Cultural Services

Un week-end de ski dans une station de montagne.

Étienne : Tiens, nous avons le même nom. Je m'appelle Étienne, c'est la même chose que Steve, en français. Et voilà mes sœurs, Laure et Caroline. D'où viens-tu ?

Steve : Maintenant, j'arrive de Nice. Mais je viens des États-Unis, de Californie. Et je vais à Isola 2000. On dit que le ski est formidable là-bas. Mais il n'y a pas de neige !

Laure : En cette saison, il neige d'un jour à l'autre. Tiens ! Regarde.

La nuit tombe. Maintenant il fait froid, et il neige. D'abord, c'est une petite neige fine, mais bientôt des gros flocons tombent, tombent... Étienne arrête la voiture dans un village.

Étienne : Il nous faut des chaînes... Il y a sûrement un garage dans ce village.

Steve : Je viens avec toi. Allons explorer.

Laure : Nous aussi, si vous avez besoin de nous. Ah, voilà un garage et un garagiste !

Un moment plus tard, les chaînes sont sur les pneus, et la voiture est de nouveau en route pour Isola 2000. Maintenant, il y a beaucoup de neige, le paysage est blanc et très beau au clair de lune. Laure passe des sandwichs et une bouteille de bière. Steve a des tablettes de chocolat et des gâteaux secs dans son sac à dos.

Caroline : Ah, voilà les lumières d'Isola Village ! Isola 2000 n'est pas loin, juste un peu plus haut.

Steve : Pourquoi dit-on « Isola 2000 » ou « Isola 2500 » ? Pourquoi y a-t-il souvent un chiffre avec le nom des stations de ski, en France ?

Laure : Le chiffre indique l'altitude. Isola est à deux mille mètres d'altitude, alors on dit Isola 2000. Il y a une autre petite station, plus haut, à deux mille cinq cents mètres, c'est Isola 2500. Voilà !

Steve : Y a-t-il beaucoup de monde ?

Étienne : Une foule de jeunes. Ce sont surtout des jeunes qui viennent faire des sports d'hiver à Isola. Nous venons tous les hivers faire du ski. Nous venons aussi tous les étés : On fait des promenades, on fait de la natation dans la piscine, on fait des parties de camping dans la haute montagne. Même en août, il ne fait pas chaud, la nuit, à cette altitude !

Caroline : Voilà Isola. Oh, il y a une foule de voitures. Toute notre bande est là. Steve, as-tu des projets ? As-tu un hôtel ?

Steve : Euh... Non. Mais il y a sûrement un petit hôtel pas cher...

Étienne : Tu es fou ! C'est le premier jour des vacances de Noël ! Il n'y a pas de chambres. Passe le week-end avec nous, il y a un divan dans le séjour. Tu as un sac de couchage ?

Steve : Oui, avec mon sac à dos. Mais vraiment, j'ai peur de... Que disent tes sœurs ?

Laure : Elles disent que tu es un idiot si tu fais des façons. Allez, Steve, viens. L'ascenseur est à droite. Aide Étienne avec les skis et les sacs. Caroline et moi, nous avons les provisions. Nous faisons la cuisine, et vous, les garçons, vous faites la vaisselle.

Caroline : Organisons une petite soirée avec nos amis, buvons le vin de Papa, et demain, passons la journée sur les pentes. Faisons un pique-nique dans la neige, s'il ne fait pas trop froid.

Steve : Moi, je suis un type qui a de la chance !

RÉPONDEZ dans l'esprit de la lecture et avec imagination.

1. **Mme Talmont :** Que faites-vous pour les vacances de Noël, Laure et Caroline ?
   Laure : _____

2. **Mme Talmont :** Vas-tu aussi à Isola 2000, Maurice ?
   M. Talmont : _____

3. **Étienne:** (*à ses sœurs*) Nous avons de la chance. Papa et Maman ne viennent pas. Qui va à Isola avec moi?
   Caroline: _____

4. **Laure:** (*dans la voiture*) As-tu les provisions pour le week-end, Caroline? Qu'est-ce tu as?
   Caroline: _____

5. **Étienne:** Qu'est-ce qu'on fait, s'il n'y a pas de neige?
   Laure: _____

6. **Étienne:** (*à Steve*) Comment t'appelles-tu? Où vas-tu? Tu es américain, n'est-ce pas?
   Steve: _____

7. **Laure:** Voilà des sandwichs et de la bière... As-tu quelque chose dans ton sac, Steve?
   Steve: _____

8. **Étienne:** Tu fais des sports dans ton université, Steve? Quels sports fais-tu?
   Steve: _____

9. **Laure:** Qui fait la vaisselle?
   Steve: _____

10. **Un copain de Steve:** (*en Californie, après les vacances*) Comment est Isola 2000? Et comment sont les gens en France?
    Steve: _____

EXERCICES ÉCRITS

1. **Quel temps fait-il?**

   Répondez par une phrase complète.

   > Exemple: Quel temps fait-il aujourd'hui?
   > *Aujourd'hui, il fait gris et il pleut.*

   1. Quel temps fait-il en automne généralement?
   2. Quel temps fait-il aujourd'hui?
   3. Quel temps fait-il à Isola en hiver?
   4. Quel temps fait-il le plus souvent dans votre région?
   5. Quel est le temps idéal pour un pique-nique?
   6. Quel temps fait-il souvent à la montagne en automne?
   7. Quelles sont les saisons de l'année?
   8. Comment dit-on *in the fall*? *in the winter*? *in the spring*? *in the summer*?
   9. Quel temps fait-il en été?
   10. Quel temps fait-il en hiver dans votre région? Neige-t-il?

11. Quel est le temps idéal pour une journée de ski ?
12. Quel temps fait-il généralement au Sahara ? en Alaska en hiver ?

2. Les verbes **faire, aller, dire, venir, écrire, lire,** et **boire**

Répondez par une phrase complète.

> Exemple : Comment venez-vous à l'université ?
> *Je viens en voiture.*

1. À quelle heure allez-vous chez vous aujourd'hui ?
2. Que dit votre père si vous avez besoin d'argent ?
3. Quand faites-vous vos devoirs ?
4. Comment les touristes vont-ils en Europe ?
5. Écrivez-vous beaucoup de lettres ? Écrivez-vous un journal (*diary*) ?
6. Quels sports fait-on en automne ? en hiver ? en été ?
7. Quand fait-on des fautes ?
8. Que veut dire *faire des façons* ?
9. Comment dit-on *It's great!* en français ?
10. Qui fait la cuisine chez vous ? Et qui fait la vaisselle ?
11. Buvez-vous du café ou du thé ? Avec quoi buvez-vous votre café ou votre thé ?

3. L'impératif

Formulez un ordre.

> Exemple : Dites à Étienne d'aller au garage.
> *Va au garage.*

1. Dites à Steve et Étienne de faire la vaisselle.
2. Dites à Steve de mettre son sac de couchage sur le divan.
3. Dites à M. Talmont de faire un bon voyage.
4. Dites à Mme Talmont de passer une bonne journée.
5. Dites à vos copains de boire une tasse de café bien chaud.
6. Dites à Steve de faire attention sur les pentes.
7. Dites à Laure de ne pas tomber du remonte-pente (*ski-lift*).
8. Dites à Caroline de ne pas faire la cuisine.
9. Dites à Steve de ne pas faire de façons.
10. Dites à vos amis d'écrire une carte postale à leurs parents.

4. L'adjectif **tout**

Complétez chaque phrase par la forme appropriée.

> tous les jours, tout le temps, toute l'année, tout le monde, toute la vie,
> tous leurs amis, toute ma famille, tous les ans

1. Faites attention _____ (*all the time*), pas seulement la semaine de l'examen !
2. Je ne fais pas de voyages. Je suis ici _____ (*all year*), même en été.

3. Nous ne venons pas _____ (every day) : seulement quatre jours par semaine.
4. Ne faites pas de décision pour _____ (all your life) quand vous êtes très jeune.
5. Sur une haute montagne, il y a de la neige _____ (all year round).
6. Voilà mon père, ma mère, mes frères et sœurs. C'est _____ (all my family).
7. Les Talmont vont à Isola faire du ski _____ (every year) pour Noël.
8. Organisons une partie. Invitons _____ (everybody) !
9. Caroline, Laure, et Étienne sont contents parce que _____ (all their friends) sont là.

COMPOSITION ÉCRITE, ORALE, OU DISCUSSION

1. **Une année typique dans votre vie d'étudiant.** Chaque saison et ses occupations.

2. **Une aventure de vacances :** Où êtes-vous ? Que faites-vous ? Où allez-vous ? Avec qui êtes-vous ? Faites-vous du sport ? Avez-vous de la chance ? Racontez.

3. **Qu'est-ce que vous faites, en général, pendant les vacances :** Où allez-vous ? Comment ? Pourquoi ? Que faites-vous là ?

VOCABULAIRE DE LA LEÇON

NOMS

Noms masculins

l'article	le garagiste	le roman
l'automne	le gâteau sec	le sac à dos
l'auto-stop	le kilomètre	le sac de couchage
l'avion	le magasin	le Sahara
le balcon	le manteau	le ski
le baseball	le mètre	le soccer
le camping	le patron	le soleil
le charme	le pique-nique	les sports d'hiver (*pl.*)
le clair de lune	le plaisir	le tennis
le client	le pneu	le torrent
le coca-cola	le poème	le touriste
le désastre	le printemps	le type
le devoir	le progrès	le voyage
l'été	le projet	le week-end
le flocon	le remonte-pente	

Noms féminins

les Alpes (*pl.*)	la dictée	la patronne
l'altitude	l'eau minérale	la pente
l'autoroute	la faute	la pluie
la bande	la fête	la préface
la bière	la foule	la promenade
la campagne	l'herbe	la publicité
la carte d'anniversaire	l'instruction	la récapitulation
la carte de Noël	la limonade	la revue

la carte postale
la célébration
la chaîne
la chanson
la citation
la cliente
la Côte d'Azur
la décision

la lumière
la médecine
la Méditerranée
la montagne
la natation
la neige
la nouvelle

la saison
la station
la surprise-partie
la tablette de chocolat
la touriste
la vaisselle
la vérité

ADJECTIFS

absurde
adressé, adressée
court, courte
différent, différente
élémentaire
fou, folle

haut, haute
indéfini, indéfinie
indépendant, indépendante
irrégulier, irrégulière
lisible ≠ illisible
malade

policier, policière
pressé, pressée
professionnel, professionnelle
sûr, sûre
typique

VERBES

arrêter
boire
bronzer
dire
écrire

explorer
faire
faire attention (à)
indiquer
lire

organiser
profiter (de)
stopper
venir

Formes impersonnelles

il fait beau
il fait chaud

il fait du soleil
il fait froid

il fait gris
il pleut

ADVERBES ET EXPRESSIONS ADVERBIALES

attentivement
avec plaisir
de loin
de nouveau

en général
ensemble
juste
lisiblement

quand ?
régulièrement
tard

DIVERS

bien sûr !
ça dépend
chic !

en route (pour)
pendant

sans ≠ avec
zut !

Chevaliers
de la table ronde

knights

Chevaliers de la table ronde,
Goûtons voir si le vin est bon. } _bis_
to taste / let us taste
Goûtons voir, oui, oui, oui,
Goûtons voir, non, non, non, } _bis_
Goûtons voir si le vin est bon.

J'en boirais cinq à six bouteilles
Une femme sur les genoux. _knees_ } _bis_
Une femme, oui, oui, oui,
Une femme, non, non, non, } _bis_
Une femme sur les genoux.

if I die / I want to be buried
Si je meurs, je veux qu'on m'enterre
Dans une cave où il y a du bon vin. } _bis_
Dans une cave, oui, oui, oui,
Dans une cave, non, non, non, } _bis_
Dans une cave où il y a du bon vin.

two feet against the wall
Les deux pieds contre la muraille
Et la tête sous le robinet. } _bis_
Et la tête, oui, oui, oui,
Et la tête, non, non, non, } _bis_
Et la tête sous le robinet.

on my tomb I want them to write
Sur ma tombe, je veux qu'on écrive
Ici gît le roi des buveurs. } _bis_
Ici gît, oui, oui, oui,
Ici gît, non, non, non, } _bis_
Ici gît le roi des buveurs.

Exercice poétique, musical et... culturel

Composez une autre (ou plusieurs autres)
strophe(s) à la chanson _Chevaliers de la
table ronde_. Apprenez cette chanson, et
chantez-la avec beaucoup de vigueur.

Une vieille chanson à boire, favorite des étudiants.

Vif et avec entrain

1. Che - va - liers de la ta - ble ron - de, Goû-tons voir si le vin est

bon. Che-va - bon. Goû-tons voir, oui, oui, oui, Goû-tons voir, non, non,

non, Goû-tons voir si le vin est bon. Goû-tons voir, oui, oui,

oui, Goû-tons voir, non, non, non, Goû-tons voir si le vin est bon.

13

TREIZIÈME LEÇON

Un été de travail au Club Méditerranée

- Les verbes du premier groupe (en **-er**), *révision et suite*
- Construction de la phrase avec deux verbes : **J'aime rester à la maison. Je ne voudrais pas habiter en ville.**
- Le futur proche : **Je vais aller en vacances.**
- La place de l'adverbe : **J'aime beaucoup aller au cinéma. Vous ne lisez pas souvent de romans.**
- L'adverbe **mieux** et l'expression **j'aime mieux**
- La construction des verbes **regarder**, **écouter**, et **aimer**

INTRODUCTION

DÉCLARATION ET QUESTION	RÉPONSE
Les verbes du premier groupe (**en -er**), *révision et suite*	
J'habite en ville. Et vous ?	Moi, **j'habite** la campagne. Mes grands-parents **habitent** une vieille ferme.

176 TREIZIÈME LEÇON

À quelle heure **déjeunez-vous ?**

Nous déjeunons à midi.

Les Français **dînent** à huit heures. Et vous ?

Nous dînons vers six heures. Les Américains **dînent** plus tôt que les Français.

Parlez-vous français ?

Eh bien, oui. **Je parle** un peu français.

Donnez-vous votre numéro de téléphone ?

Oui, mais **je** ne **donne** mon numéro qu'à mes amis.

Je reste chez moi ce week-end. Et vous ?

Non, **je** ne **reste** pas chez moi. Mais mes parents **restent** chez eux.

Travaillez-vous pendant les vacances ?

Hélas, oui. **Je travaille** toujours pendant les vacances. J'ai besoin de **travailler**.

Construction de la phrase avec deux verbes

Aimez-vous aller au cinéma ?

Oui, **j'aime aller** au cinéma quand il y a un bon film. Et **j'adore aller** au théâtre ou à l'Opéra.

Aimez-vous rester à la maison ou **préférez-vous dîner** au restaurant ?

Je préfère dîner au restaurant. **Je n'aime pas manger** ma cuisine (excepté quand je suis obligé !)

Qu'est-ce que **vous préférez faire** le soir ?

Je préfère lire un bon livre ou **écouter** de la musique. Quelquefois, **j'aime** aussi **regarder** la télévision, et **j'aime écrire** des lettres à mes amis.

Je voudrais être célèbre un jour. Et vous ?

Je voudrais écrire un livre important, ou **je voudrais faire** un travail remarquable. Mais beaucoup de gens célèbres ne sont pas heureux, alors **je préfère** sans doute **rester** obscur.

La place de l'adverbe

Parlez-vous **bien** français ?

Je parle **un peu** français. Mais je ne parle pas **très bien**. Dans un an, j'espère **très bien** parler.

TREIZIÈME LEÇON **177**

Aimez-vous **mieux** parler ou écouter ?

J'aime **mieux** écouter si la personne est intéressante. Je n'aime pas **beaucoup** parler. J'aime **souvent** rester seul. D'autres fois, je voudrais **bien** être avec des gens.

Le futur proche

Qu'est-ce que **vous allez faire** après cette classe ?

Moi, **je vais aller** à une autre classe. À trois heures, **je vais aller** au travail.

Allez-vous **dîner** à la maison ce soir ?

Oui, **je vais faire** la cuisine, et nous **allons dîner** à la maison. Après dîner, **nous allons jouer** au bridge, **écouter** des disques, et **regarder** la télévision.

EXPLICATIONS

1. Les verbes du premier groupe (**en -er**), *révision et suite*

   A. Les verbes du premier groupe, qui ont leur infinitif terminé en **-er** (comme habit**er**, déjeun**er**, dîn**er**, donn**er**, parl**er**, rest**er**, trouv**er**, etc.) forment le plus grand groupe de verbes en français. (Pour la conjugaison des verbes du premier groupe, voir p. 94, Leçon 8.) Il y a environ 3400 verbes usuels. Environ 3000 sont du premier groupe et 400 sont irréguliers ou des autres groupes.
   Les verbes du premier groupe sont tous réguliers, à l'exception de **aller** et de **envoyer** (*to send*) : Le futur de **envoyer** est irrégulier.
   Les nouveaux verbes, comme **téléphoner**, **téléviser**, **radiodiffuser** (*to broadcast*), **radiographier**, etc. sont formés sur la conjugaison du premier groupe. (On dit aussi **parker** une voiture, mais c'est un américanisme, et le terme français est **stationner**.)

   B. Changement d'accent dans les verbes comme **préférer, espérer** (*to hope*), **exagérer**

   En français, il y a une règle générale pour la terminaison d'un mot :

-è + consonne + e muet ou son équivalent

   Exemple : p**è**re, pi**è**ce, él**è**ve, Thér**è**se, Hél**è**ne, premi**è**re, etc. (Voir p. 15, Leçon 2.)

   Quand la terminaison d'un mot est **-ère**, **-èse**, etc., il y a généralement un accent grave sur le **è** devant la consonne.* Donc, voilà la conjugaison des verbes avec la terminaison **-érer** à l'infinitif :

	préférer	**espérer**	**exagérer**
je	préf ère	esp ère	exag ère
tu	préf ères	esp ères	exag ères
il	préf ère	esp ère	exag ère
nous	préf érons	esp érons	exag érons
vous	préf érez	esp érez	exag érez
ils	préf èrent	esp èrent	exag èrent

Le -s de **tu préfères, tu espères, tu exagères** est muet et le -nt de **ils préfèrent, ils espèrent, ils exagèrent** est muet aussi. Il y a donc un accent grave à toutes les personnes, excepté à la forme **nous** et **vous** parce que leur terminaison n'est pas en **-e** muet.'

2. La construction de deux verbes ensemble : **j'aime aller, j'aime rester, je préfère lire, je voudrais avoir**

> **J'aime aller** au théâtre.
> **Nous n'aimons pas rester** chez nous le soir.
> **Jackie adore faire** la cuisine.
> **Je voudrais avoir** un chien, mais **je ne voudrais pas avoir** de chien méchant.

Quand deux verbes sont employés ensemble, le deuxième est toujours à l'infinitif.

3. Le futur proche (*near future*)

> Qu'est-ce que **nous allons faire** demain ?
> **Je vais préparer** un examen.
> **Vous allez rester** chez vous.
> Qui **va faire** la cuisine ?
> Où **allez-vous aller** en vacances ?

Le verbe **aller** + un autre verbe à l'infinitif indique le futur proche (*the near future, like the English construction "I am going to . . ."*)

4. La place de l'adverbe

A. Avec **un seul** verbe

> Je parle **bien** français, mais je ne parle pas **bien** espagnol.
> Michel aime **beaucoup** la musique, mais il n'aime pas beaucoup l'opéra.
> Nous allons **souvent** au cinéma, mais nous n'allons pas **souvent** au théâtre.

* *This is a very general rule. The only exceptions occur in cases where an etymological s has disappeared and been replaced by a circumflex as in* **tête, même, arrête,** *and in the specific case of an* **-exe** *ending as in* **sexe, complexe.** *The rule applies in all other cases.*

Faites-vous **toujours** des fautes ? Non, je ne fais pas **toujours** de fautes (seulement quand je ne fais pas attention !)

Avec un seul verbe, l'adverbe est généralement **après le verbe.**

B. Avec **deux** verbes

J'aime **beaucoup** aller au cinéma.
Il voudrait **bien** faire un voyage.
Vous n'aimez pas **beaucoup** faire la cuisine. Vous préférez **souvent** dîner en ville.

Quand il y a deux verbes, l'adverbe est placé après le verbe qu'il modifie. C'est souvent le premier verbe. L'adverbe est donc souvent placé **après le premier verbe.**

5. L'adverbe **mieux** et l'expression **j'aime mieux** (*I'd rather*)

Je parle bien français, mais vous parlez **mieux** que moi.
Michel danse-t-il **mieux** que Kim ?

mieux est le comparatif de **bien** (comme **meilleur(-e)** est le comparatif de **bon/bonne**). **mieux** est un adverbe, donc invariable.

Vous aimez passer une soirée à la maison, mais **vous aimez mieux** sortir pendant le week-end.

(**J'aime mieux** a le sens idiomatique de *I'd rather*)

6. La construction des verbes **regarder**, **écouter**, et **aimer** (et **adorer**, **détester**, **préférer**)

A. **regarder**, **écouter**

J'écoute la radio et **je regarde** la télévision.
Vous écoutez le professeur et **vous regardez** le tableau.

Ces deux verbes ont un objet direct en français (On ne dit pas : **je regarde à̶**... j'écoute à̶...)

B. **aimer** (et **adorer**, **détester**, **préférer**)

Aimez-vous les animaux ? Oui, **j'aime** surtout les chiens.
J'adore la musique, **je préfère** surtout l'opéra.
Aimez-vous la cuisine française ? Oui, mais **je déteste** les escargots.

Après le verbe **aimer** (et **adorer**, **détester**, **préférer**) on emploie généralement l'article **le/la : les** ou **un/une**. (*If you mean to say, not "I like dogs," but "I like some dogs," you must say in French something like* «**Il y a certains chiens que j'aime**». *If you said* «**J'aime des chiens**», *you would not make yourself clear*.)

EXERCICES ORAUX

1. Quelle est la réponse affirmative et négative ?

> Exemple : Restez-vous ?
> *Oui, je reste./Non, je ne reste pas.*

A. Avec les verbes du premier groupe

1. Déjeunez-vous à midi ?
2. Habitez-vous en ville ?
3. Trouvez-vous cette classe facile ?
4. Aimez-vous la musique ?
5. Donnez-vous votre numéro de téléphone ?
6. Parlez-vous espagnol ?
7. Dînez-vous souvent au restaurant ?
8. Dansez-vous bien ?
9. Travaillez-vous dans un bureau ?
10. Restez-vous chez vous ce soir ?
11. Écoutez-vous les nouvelles à la radio ?
12. Regardez-vous la télévision le soir ?
13. Invitez-vous vos amis chez vous ?
14. Adorez-vous la cuisine française ?
15. Nagez-vous dans la piscine ?

B. Avec les verbes du premier groupe, et les verbes **être, avoir, aller, faire, venir, lire, écrire**

1. Avez-vous toujours raison ?
2. Aimez-vous le sport ?
3. Faites-vous du sport ?
4. Habitez-vous avec vos parents ?
5. Venez-vous en voiture ?
6. Restez-vous à l'université pendant le week-end ?
7. Écrivez-vous beaucoup de lettres ?
8. Parlez-vous longtemps au téléphone ?
9. Lisez-vous des romans ?
10. Allez-vous souvent au cinéma ?
11. Avez-vous des frères et sœurs ?
12. Faites-vous votre lit le matin ?
13. Dînez-vous au restaurant ce soir ?
14. Arrivez-vous généralement à l'heure ?
15. Trouvez-vous le livre difficile ?

CONVERSATION

Demandez à une autre personne de la classe :

1. où il/elle habite et pourquoi.
2. où il/elle déjeune aujourd'hui et pourquoi.

3. où il/elle dîne aujourd'hui et pourquoi.
4. à quelle heure il/elle arrive à l'université aujourd'hui.
5. à quelle heure il/elle arrive à la maison ce soir.
6. quelles langues il/elle parle.
7. de quel instrument de musique il/elle joue.
8. à quels sports (tennis, baseball, football, handball, basketball, etc.) il/elle joue.
9. s'il/si elle joue aux cartes.
10. s'il/si elle reste à la maison ce week-end et pourquoi.
11. ce qu'il/elle va faire après cette classe.
12. ce qu'il/elle va faire ce soir.
13. ce qu'il/elle va faire quand il/elle est libre.
14. s'il/si elle aime dîner au restaurant.
15. s'il/elle préfère dîner en ville ou à la maison et pourquoi.
16. s'il/si elle voudrait faire un voyage.
17. s'il/si elle aime mieux être célèbre un jour ou rester obscur(e).
18. s'il/si elle a des projets d'avenir.
19. s'il/si elle voudrait écrire un livre un jour et pourquoi.

LECTURE

Un été de travail au Club Méditerranée

Le Club Méditerranée est une organisation française qui a des clubs de vacances dans beaucoup d'endroits : en France, bien sûr, sur la Méditerranée, mais aussi en Grèce, en Israël, en Tunisie, en Espagne, et au Maroc. Il y a des Clubs Méditerranée aux Antilles (à la Martinique et à la Guadeloupe), et un autre à Tahiti, où beaucoup d'Américains vont passer leurs vacances.

Notre copain Greg, un étudiant américain qui passe l'année à l'Université de Bordeaux, voudrait bien passer un mois ou deux au Club Méditerranée. Mais voilà le problème : Le club n'est pas très cher, mais il est trop cher pour Greg qui est fauché après une année d'études sans autre travail. Pourtant, Greg trouve une solution, et il passe, pas un mois, mais trois mois au Club Méditerranée. Voilà l'histoire de Greg, racontée par Greg. (Greg existe, et c'est une histoire vraie.)

« Un jour, un copain me donne un dépliant sur le Club Méditerranée, qui dit que le Club cherche des jeunes gens qualifiés pour travailler au Club Méditerranée : Il y a besoin d'hôtesses, de moniteurs, et de monitrices. Moi, je nage bien, et j'ai un certificat de qualification pour la plongée sous-marine. Alors, je fais une demande. Je dis que je suis américain, que je parle assez bien français, et que je suis qualifié comme moniteur de plongée sous-marine. Huit jours plus tard, la réponse arrive : « Venez à Paris pour une interview. » J'achète un billet pour Paris, et j'arrive au bureau du Club, rue de la Bourse, avec mon costume et ma cravate, parce que je voudrais impressionner favorablement les gens du Club.

L'interview est très décontractée, les organisateurs sont jeunes et sympa. Tout le monde dit *tu*. Après dix minutes de conversation, j'ai du travail : Je suis nommé comme moniteur de plongée sous-marine (et de quelques autres activités, à décider sur place) au Club d'Aghion, en Grèce. Mon emploi va du premier juin au premier septembre. Le Club paie mon voyage pour aller en Grèce, et mon voyage de retour aux États-Unis, à la fin de l'été. Il n'y a pas de salaire le premier mois, mais on gagne environ deux mille francs par mois pour le deuxième et le troisième mois. Et naturellement, on habite au Club, on a une chambre, et les repas sont gratis. C'est un rêve ? C'est aussi mon impression.

J'arrive au Club le premier juin. Il y a déjà beaucoup de monde, et il fait beau et chaud. Il y a quelques Américains, quelques Italiens, Anglais, et Scandinaves,

HENRI MATISSE, *Joie de vivre*   The Barnes Foundation

Mes chers amis,

Tout le monde est très occupé au Club Med. Il y a la musique, la danse, le sport, les activités folkloriques, etc... Une jeune fille un peu bizarre reste dans sa chambre et écrit des cartes postales.

Amitiés,

Greg

et beaucoup de Français. Tout le monde parle français, et moi aussi, bien sûr. Les participants sont des G.M. (Gentils Membres) et les employés comme moi sont des G.O. (Gentils Organisateurs). Tout le monde emploie le prénom et dit *tu*. Le Club offre trois superbes repas par jour: Chaque repas est servi en plein air, sur des longues tables, avec des spécialités françaises et grecques. Quelle cuisine, mes amis!

Chaque jour, le Club offre une quantité d'activités: leçons de natation et de plongée sous-marine (c'est ma responsabilité), promenade en mer en bateau (c'est aussi ma responsabilité), leçons de danses grecques, conférences sur l'archéologie, excursions dans la région, cours de peinture, de sculpture, classes de gymnastique, de musique folklorique, d'art dramatique. Mais personne n'est obligé d'assister à ces activités: Il y a des gens qui préfèrent bronzer au soleil, rester allongés sur le sable, d'autres qui aiment faire des promenades solitaires ou par couples (beaucoup d'amoureux, au Club Méditerranée!). Il y a même une jeune fille, jolie, mais bizarre, qui préfère écrire des cartes postales toute la journée. Mais c'est l'exception. Le soir, il y a un orchestre grec qui joue de neuf heures à minuit, et on danse. Après minuit, il y a une discothèque, et des gens dansent jusqu' à six heures du matin ! Mais pas moi : À huit heures du matin, je suis sur la plage, avec mon groupe de plongée.

Vous dites : « C'est du travail, Greg ? » Eh bien, oui, pour moi, et pour les autres G.O., tout n'est pas rose, il faut être certain que tout le monde est content, et il y a toujours quelques personnalités difficiles. Mais c'est un détail : La vie au grand soleil, en plein air, avec la mer et la nature, et beaucoup de gens sympathiques est formidable.

Alors voilà. Je suis de retour chez moi, après trois mois au Club. Est-ce que j'ai des projets pour l'été prochain ? Oui, bien sûr. J'espère passer l'été prochain au Club, dans un autre village, et je pense faire ma demande d'emploi le mois prochain. Si vous parlez français, et si vous avez des qualifications, écrivez, vous aussi, au Club Méditerranée ! * »

RÉPONDEZ   dans l'esprit de la lecture et avec imagination.

1. **Kim** : Qu'est-ce que c'est, le Club Méditerranée ?
   Greg : _____

2. **Jackie** : Où trouve-t-on des Clubs Méditerranée ?
   Greg : _____

3. **Michel** : Pourquoi Greg ne va-t-il pas au Club comme membre payant ?
   Marie-Claude : _____

4. **Bill** : Qu'est-ce que Greg voudrait faire pendant ses vacances ?
   Roger : _____

5. **Kim** : Comment trouve-t-on un emploi au Club ?
   Greg : _____

6. **Roger** : Quels emplois y a-t-il au Club ?
   Greg : _____

7. **Marie-Claude** : Comment est l'interview ? Et comment sont les organisateurs ?
   Greg : _____

8. **Bill** : Quelles sont les conditions de travail ? Et quel est le salaire ?
   Greg : _____

9. **Jackie** : Qui va passer ses vacances au Club ? Exclusivement des Français ? Quelle langue parle-t-on ?
   Greg : _____

* Club Méditerranée, Service de Recrutement, 8, place de la Bourse, 75002 Paris, France.

10. **Kim:** Quelles sont tes responsabilités au Club ?
    Greg: _____

11. **Bill:** Est-ce que le Club offre d'autres activités ?
    Greg: _____

12. **Roger:** Marie-Claude, suppose que tu es au Club Méditerranée. Qu'est-ce que tu préfères probablement faire ?
    Marie-Claude: _____

13. **Jackie:** Qu'est-ce qu'on fait le soir ?
    Greg: _____

14. **Bill:** Alors, Greg, la vie d'un G.O. est un rêve, n'est-ce pas ?
    Greg: _____

EXERCICES ÉCRITS

1. Complétez par le verbe à la forme correcte.

> Exemple : (exagérer) Greg n'_____ pas quand il dit que c'est un rêve !
> *Greg n'exagère pas quand il dit que c'est un rêve !*

1. (gagner)   Beaucoup d'étudiants _____ de l'argent.
2. (travailler) J'ai besoin de _____ quelques heures par jour.
3. (espérer)   Greg _____ retourner au Club l'année prochaine.
4. (préférer)   Moi, je _____ rester allongé au soleil.
5. (exagérer)   On _____ quelquefois ses problèmes.
6. (écouter)   Allez-vous _____ la radio ce soir ?
7. (jouer)   L'orchestre _____ de neuf heures à minuit.
8. (écrire)   _____ des cartes à vos amis pendant les vacances !
9. (faire)   Vous _____ des progrès en natation.
10. (être)   Vous _____ qualifié si vous avez des talents intéressants.
11. (dire)   Qu'est-ce vous _____ ? Je dis que Greg a de la chance.
12. (aller)   Beaucoup de gens _____ passer un mois au Club.
13. (penser)   Nous _____ faire une demande comme Greg.
14. (trouver)   Comment _____-on un emploi aussi agréable ?
15. (assister) _____-vous à ce cours tous les jours ?

2. Mettez les phrases suivantes au pluriel.

> Exemple : J'aime aller au cinéma avec un ami.
> *Nous aimons aller au cinéma avec des amis.*

1. Il aime le sport. Il va souvent nager avec un ami.
2. Je fais la cuisine, mais je préfère dîner au restaurant avec un ami.

3. Elle va rester à la maison, préparer son examen, et téléphoner à sa cousine.
4. La personne (*pl.*, **les gens**) qui organise bien sa vie fait du sport et a du temps pour son travail aussi.
5. Le jeune homme qui a une qualification spéciale et un talent spécial a une chance de trouver un emploi dans un Club Méditerranée.
6. J'espère (*pl.*, **nous**) que tu (*pl.*, **vous**) aimes ton emploi et que tu fais du bon travail.

3. Quelle est la question ?

Formulez la question sans **est-ce que**.

Exemple :   Michel aime les animaux.
Michel aime-t-il les animaux ?

1. Kim adore aller au concert.
2. Elle trouve le jazz difficile.
3. Jackie va inviter ses amis.
4. On trouve que vous exagérez la vérité.
5. On dîne toujours tard en France.
6. On a besoin de qualifications pour trouver un emploi.
7. L'orchestre joue de neuf heures à minuit.
8. On bronze sur la plage.
9. Vous allez faire des progrès.
10. Michel habite la Martinique.
11. Vos parents vont en vacances à la campagne.
12. On aime passer l'été au Club Méditerranée.
13. Bill et Kim vont faire des promenades.
14. Greg espère retourner au Club l'année prochaine.

4. Placez correctement l'adverbe.

Exemple :   (bien)   Je voudrais faire un voyage !
Je voudrais bien faire un voyage !

1. (beaucoup)   Vous aimez dîner chez vos amis.
2. (souvent)   Nous n'aimons pas aller à l'opéra.
3. (quelquefois)   Michel va écouter du jazz.
4. (toujours)   Je voudrais avoir beaucoup d'animaux chez moi.
5. (mieux)   Vous parlez français maintenant.
6. (généralement)   Les Talmont vont faire du ski pendant les vacances de Noël.
7. (vraiment)   Aimez-vous jouer au bridge ?
8. (mal)   Vous allez dîner, c'est moi qui fais la cuisine.
9. (bientôt)   Nous allons faire un voyage.
10. (très bien)   Vous parlez anglais.
11. (un peu)   Greg gagne de l'argent.
12. (bien)   J'espère trouver un emploi comme Greg !

5. Le futur proche

   A. Mettez la phrase au futur proche avec **aller**.

      Exemple :   Je reste à la maison.
                  Je vais rester à la maison.

      1. Vous faites une demande d'emploi.
      2. Nous parlons bien français dans six mois.
      3. Je vais en vacances.
      4. Tu as des difficultés dans la classe de physique.
      5. Nos parents passent l'été en Europe.
      6. Tu trouves un emploi pour les vacances.
      7. On assiste au cours de peinture.
      8. Greg et les autres G.O. assurent la satisfaction des membres du Club.
      9. Il y a beaucoup de jeunes Américains au Club Méditerranée.
      10. Le ski est formidable cette année, parce qu'il y a beaucoup de neige.

   B. Répondez à la question par une phrase complète.

      Exemple :   Allez-vous faire une promenade ?
                  Oui, je vais faire une promenade.

      1. Allons-nous avoir un examen ?
      2. Quand allez-vous aller au cinéma ?
      3. Quand va-t-il y avoir de la neige ?
      4. Pourquoi allez-vous chercher du travail ?
      5. Où allez-vous passer les vacances ?
      6. Comment allez-vous retourner chez vous ce soir ?
      7. Qui va préparer votre dîner ce soir ?
      8. Allez-vous toujours habiter cette ville ?

6. Complétez les phrases avec un autre verbe à l'infinitif.

   Exemple :   Quand on est aventureux, on aime _____.
               Quand on est aventureux, on aime faire des voyages.

1. Quand on n'est pas riche, on va _____.
2. J'aime la bonne cuisine. J'adore _____.
3. En hiver, on va souvent _____.
4. Je vous invite : Venez _____.
5. Aimez-vous mieux jouer aux cartes ou aller _____ ?
6. Pour trouver un emploi, on a besoin de _____.
7. Je cherche du travail. Je vais _____.
8. En vacances, j'aime _____ et je n'aime pas _____.
9. Allez-vous rester chez vous ce soir, ou allez-vous _____ ?
10. Aimez-vous faire des voyages, ou préférez-vous _____ ?

COMPOSITION ÉCRITE, ORALE, OU DISCUSSION

1. Qu'est-ce que vous aimez faire ? Qu'est-ce que vous n'aimez pas faire ? Qu'est-ce que vous adorez faire ? Qu'est-ce que vous détestez vraiment faire ? Pourquoi ?

2. **Quelle sorte de gens aimez-vous ?** adorez-vous ? détestez-vous ? (J'aime les gens qui... Je déteste les gens qui...)

3. **Quelles sont vos distractions** (entertainment) **favorites ?** Quand ? Pourquoi ?

4. Qu'est-ce que vous aimez faire pendant les vacances ?

5. Avec imagination, racontez une journée idéale (pour vous !) au Club Méditerranée : Qu'est-ce que vous faites ? ne faites pas ? Qu'est-ce que vous préférez faire ? Qu'est ce que vous détestez faire ?

VOCABULAIRE DE LA LEÇON

NOMS

Noms masculins

l'air	le détail	l'opéra
l'américanisme	le directeur	l'orchestre
l'amoureux	l'emploi	le participant
l'art dramatique	l'endroit	le prénom
le bridge	le futur	le repas
le certificat	l'instrument de musique	le retour
le changement	l'Italien	le salaire
le club	l'Israël	le Scandinave
le couple	le jazz	le talent
le cours	le Maroc	
le dépliant	le moniteur	

Noms féminins

les Antilles (*pl.*)	l'extravagance	l'organisation
l'archéologie	la Grèce	la peinture
la Bourse	la Guadeloupe	la plongée
la danse	l'hôtesse	la qualification
la demande (d'emploi)	l'impression	la règle
la discothèque	l'interview	la satisfaction
la distraction	l'Italienne	la Scandinave
l'Espagne	la langue	la sculpture
l'exception	la monitrice	la Tunisie
l'excursion		

ADJECTIFS

allongé, allongée	muet, muette	raconté, racontée
aventureux, aventureuse	nommé, nommée	régulier, régulière
certain, certaine	obscur, obscure	servi, servie
fauché, fauchée	payant, payante	seul, seule

folklorique	prochain, prochaine	solitaire
formé, formée	proche	sous-marin, sous-marine
grec, grecque	qualifié, qualifiée	usuel, usuelle

VERBES

acheter	espérer	radiodiffuser
assister (à)	exagérer	radiographier
assurer	exister	regarder
chercher	former	rester
danser	gagner	retourner
déjeuner	manger	stationner
dîner	nager	téléphoner
donner	parler	téléviser
écouter	payer	travailler
employer	penser	trouver

ADVERBES ET EXPRESSIONS ADVERBIALES

bien	gratis	plus tard
de retour	mieux	pourtant
exclusivement		

DIVERS

à l'exception de	donc	en plein air
au grand soleil		

Comprehension

les voisins the neighbors

des tas de gens ici (there are lots of people here)

d'idée

Paul Verlaine

Il pleure dans mon cœur

Il pleure dans mon cœur
Comme il pleut sur la ville.
Quelle est cette langueur
Qui pénètre mon cœur ?

O bruit doux de la pluie
Par terre et sur les toits !
Pour un cœur qui s'ennuie,
O le chant de la pluie !

Il pleure sans raison
Dans ce cœur qui s'écœure.
Quoi ! nulle trahison ?
Ce deuil est sans raison.

C'est bien la pire peine
De ne savoir pourquoi,
Sans amour et sans haine,
Mon cœur a tant de peine.

Romances sans paroles, Ariettes oubliées, III

Exercice poétique

Composez un petit poème basé en termes généraux sur
Il pleure dans mon cœur dans lequel vous parlez d'une
sensation ou émotion causée par le temps qu'il
fait : Il pleut, il fait chaud, il fait gris, il fait froid,
il neige, etc...

14 QUATORZIÈME LEÇON

Mieux que des vacances: une année en France!

- Le pronom d'objet direct : **le/la : les**
- Le pronom d'objet indirect : **lui/leur**
- Le pronom d'objet direct et indirect : **me, te, nous, vous**
- La place des pronoms d'objet. La construction de deux verbes avec le pronom d'objet : **Je vais le faire. Je vais lui parler.**
- Le verbe impersonnel **il faut** et **il ne faut pas**
- La conjugaison des verbes **emmener** et **acheter**
- Comparaison de **emmener** et **emporter**
- Constructions à remarquer : **J'ai le temps de... Il est préférable de...**
- **lent** et **rapide, lentement** et **vite**

INTRODUCTION

DÉCLARATION ET QUESTION	RÉPONSE

Le pronom d'objet direct : **le/la : les**

Je lis **le journal**. Je **le** lis. **Le** lisez-vous aussi ?

> Oui, je **le** lis aussi.

Je regarde **la télévision**. Je **la** regarde. **La** regardez-vous aussi ?

> Non, je ne **la** regarde pas souvent.

J'aime **les animaux**. Je **les** aime. **Les** aimez-vous aussi ?

> Oui, je **les** aime aussi. Quelquefois je **les** préfère aux gens.

Le pronom d'objet indirect : **lui/leur**

Je donne un chèque **à la vendeuse**. Je **lui** donne un chèque. Et vous, **lui** donnez-vous un chèque ?

> Non, je ne **lui** donne pas de chèque. Je **lui** donne de l'argent.

Écrivez-vous **à vos parents** ? **Leur** écrivez-vous souvent ?

> Non, je ne **leur** écris pas souvent, mais je **leur** téléphone. Je préfère **leur** téléphoner.

Le pronom d'objet direct et indirect : **me, te, nous, vous**

« Je **vous** aime » ou « Je **t'**aime », dit le jeune homme **à la jeune fille**. Qu'est-ce qu'elle **lui** dit ?

> Si elle l'aime aussi, elle **lui** dit : « Je **vous** aime aussi » ou « Je **t'**aime ».

Est-ce que vous **me** trouvez gentil ?

> Oh, je **vous** trouve charmant !

Est-ce que le professeur **nous** trouve intelligents ?

> Il **nous** trouve intelligents et il **nous** donne des bonnes notes.

La construction de deux verbes avec le pronom d'objet

Aimez-vous faire **la cuisine** ?

> Oui, j'aime **la** faire, mais je préfère **la** manger. Je préfère beaucoup **la** trouver préparée quand j'arrive à la maison !

Allez-vous téléphoner **à vos parents** ce soir ?

> Non, je ne vais pas **leur** téléphoner ce soir, mais je vais probablement **leur** téléphoner demain. Et je vais **leur** dire beaucoup de choses !

il faut et **il ne faut pas**

Qu'est-ce qu'**il faut** faire pour être un bon étudiant ?

Il faut être présent chaque jour. **Il faut** faire son travail, et **il faut** étudier ses leçons,

Qu'est-ce qu'**il ne faut pas** faire dans la classe de français ?

Il ne faut pas parler anglais, **il ne faut pas** chercher les mots de la composition dans le dictionnaire, et **il ne faut pas** être absent le jour de l'examen.

EXPLICATIONS

1. Le pronom d'objet

   A. Le pronom d'objet direct : **le/la : les**

      Je préfère **le café au lait**.   Je **le** préfère.
      Il regarde **la télévision**.   Il **la** regarde.
      Vous aimez **vos parents**.   Vous **les** aimez.

      le/la : les sont des pronoms d'objet direct, c'est-à-dire qui remplacent le complément d'objet direct.

   B. Le pronom d'objet indirect : **lui/leur**

      Je parle **à ma mère**.   Je **lui** parle.
      Le professeur explique la leçon   Le professeur **leur** explique
      aux étudiants.   la leçon.

      lui/leur sont des pronoms d'objet indirect. Ils remplacent :

      > **à** + *le nom d'une personne*

   C. Le pronom d'objet direct et indirect : **me, te, nous, vous**

      Le professeur **nous** trouve intelligents. (*direct*)
      Le professeur **nous** explique la leçon. (*indirect*)
      Le jeune homme dit à sa fiancée : « Je **t**'aime ». (*direct*)
      Je **vous** donne une bonne note. (*indirect*)
      Mon père **me** trouve impossible. (*direct*)
      Il refuse de **me** donner de l'argent. (*indirect*)

Les pronoms **me, te, nous, vous** sont compléments d'objet direct ou indirect.

RÉCAPITULATION DES PRONOMS D'OBJET

	OBJET DIRECT	OBJET INDIRECT
je	**me**	me
tu	**te**	te
il/elle	**le/la**	lui
nous	**nous**	nous
vous	**vous**	vous
ils/elles	**les**	leur

2. La place des pronoms d'objet

A. Avec un seul verbe

J'aime **les bons films**. **Les** aimez-vous aussi ?
Oui, je **les** aime bien.
Je n'ai pas **l'heure**. **L'**avez-vous ? Non, je ne **l'**ai pas.
Parlez-vous **à ces gens** ? Oui, je **leur** parle.

Dans une déclaration, une question, ou une négation, le pronom est directement devant le verbe.

B. Avec deux verbes

Aimez-vous regarder **la télévision** ? Oui, j'aime **la** regarder.
(Aimez-vous **la** regarder ?) Non, je n'aime pas **la** regarder.

Allez-vous écrire **à votre tante** ? Oui, je vais **lui** écrire.
(Allez-vous **lui** écrire ?) Non, je ne vais pas **lui** écrire.

Avec deux verbes, le pronom d'objet est directement devant le verbe dont (*of which*) il est l'objet. C'est souvent le deuxième verbe. Le pronom est donc souvent devant le deuxième verbe.

3. Le verbe impersonnel **il faut** et **il ne faut pas**

Il faut venir en classe tous les jours.
Il faut être gentil avec tout le monde.
Il faut travailler pour gagner sa vie.

Il faut a le sens de *one, you must* ou *one has to, you have to*.

Il ne faut pas être en retard.
Il ne faut pas faire de fautes.
Il ne faut pas dire de choses désagréables aux gens.

Il ne faut pas a seulement le sens de *one must not, you must not.* *

* *How do you say, then "You don't have to"? You say* «Je ne suis pas obligé de» : Je ne suis pas obligé d'être à la maison avant six heures (*I don't have to be home before six*).

On ne conjugue pas ce verbe. Il a seulement la forme **il...**, parce que c'est un verbe impersonnel.

4. La conjugaison des verbes **emmener** et **acheter**

emmener	acheter
j'emm`ène	j'ach ète
tu emm ènes	tu ach ètes
il emm ène	il ach ète
nous emm enons*	nous ach etons*
vous emm enez	vous ach etez
ils emm ènent	ils ach ètent

5. **emmener** et **emporter**

Cette dame **emmène** ses enfants et elle **emporte** des bagages.

Quand il pleut, **j'emporte** un parapluie, et **j'emmène** un ami qui n'a pas de voiture.

emmener (*to take along a person*) : J'emmène mon petit frère à l'école.
emporter (*to take along an object*) : J'emporte mes livres le matin.

6. Remarquez la construction : **il est préférable de..., j'ai le temps de..., j'ai l'intention de..., je suis content de...**

Il **est préférable** d'avoir des réservations.
Je suis content d'aller en Europe.
Ce jeune homme **a l'intention de** faire un voyage.
Avez-vous **le temps d'**étudier ?

En général, après un adjectif ou un nom, il y a **de** devant un verbe à l'infinitif :

adjectif ou nom + de +*verbe à l'infinitif*

7. Les adjectifs **lent** et **rapide** et les adverbes **lentement** et **vite**

L'avion est **rapide**, mais le bateau est **lent**.
Si j'ai dix minutes pour déjeuner, je déjeune **vite**. Mais si j'ai une heure, alors je déjeune **lentement**.

Un adjectif (**lent, rapide**) qualifie un nom.
Un adverbe (**lentement, vite**) modifie un verbe.

---

* Remember the rule we saw in Lesson 2, that a word ending in è + consonant + mute e (père, mère, Thérèse, pièce) *generally requires a grave accent. The same rule applies here :* j'achète *but* nous achetons, vous achetez.

EXERCICES ORAUX

1. Remplacez les mots en italique par un pronom.

> Exemple : Je regarde *la télévision*.
> *Je la regarde.* *je ne la regarde pas*

A. le/la : les

1. Je prépare *le dîner*.
2. Vous aimez *les enfants*.
3. Elle emmène *son mari*.
4. Il adore *cette jeune fille*.
5. Vous lisez *le dernier roman*.
6. Nous trouvons *ce film* intéressant.
7. Vous n'avez pas *l'heure*.
8. On étudie *le français* dans cette classe. *On l'étudie*
9. Écoutez-vous *la musique* ? *l'écoutez vous ne l'écoutez-vous pas*
10. Je préfère *les soirées* à la maison. *Je les préfère à la maison / Je ne les préfère pas à la maison.*

B. lui/leur

1. Je téléphone *à ma mère*. *Je lui téléphone (I telephone her)*
2. Vous écrivez *à cette dame*. *à le = au (the)*
3. Parlez-vous *à ces gens* ?
4. Vous donnez votre numéro *à un ami*. *Vous lui donnez votre numéro*
5. Vous répondez *à vos copains*. *Vous leur répondez* *lui (to her)(to him)*
6. Kim demande *à Michel* où est la Martinique. *Kim lui demande où est la Martinique* *leur (to them)*
7. Laure dit *à Steve* de rester avec eux pour le week-end. *Laure lui dit de etc.*
8. Je répète *aux étudiants* que le français est facile. *Je leur répète que le français est facile*
9. Vous adressez votre lettre *au directeur*.
10. Vous envoyez des nouvelles *aux membres de votre famille*. *Vous ne leur envoyez pas*

C. le/la : les et lui/leur

1. Elle aime *ce jeune homme*, et elle dit *à ce jeune homme* qu'il est formidable.
2. Vous donnez votre numéro *à un ami*, et il écrit *ce numéro* dans son carnet.
3. Je téléphone *à mes amies* et j'invite *mes amies* à déjeuner.
4. Vous adressez *cette demande* au directeur, et vous demandez *au directeur* s'il a un emploi pour vous.
5. Vous écrivez *à vos parents*, et vous dites *à vos parents* que vous aimez bien *vos parents*.

2. Répondez à la question avec un pronom d'objet.

> Exemple : Aimez-vous *la musique* ?
> *Oui, je l'aime.*
> ou : *Non, je ne l'aime pas.*

1. Aimez-vous *le gâteau au chocolat* ?

2. Préférez-vous *les escargots* ?
3. Faites-vous bien *la cuisine* ?
4. Aimez-vous mieux *les bons restaurants* ?
5. Dites-vous « Bonjour » *à cette dame* ?
6. Faites-vous des compliments *aux jeunes filles* ?
7. Donnez-vous un chèque *à votre propriétaire* (landlord) ?
8. Préparez-vous *le dîner* ce soir ?
9. Demandez-vous l'heure *à un autre étudiant* ?
10. Remerciez-vous *les gens aimables* ?

3. Quelle est la question ?

Formulez la question avec un pronom.

> Exemple :   J'ai *le journal d'aujourd'hui.*
> *L'avez-vous ?*

1. Nous lisons *les nouvelles.*   *les lison*
2. Vous avez *vos affaires.*   *Est-ce que ji les ai*
3. J'écris *ma composition.*
4. Il fait *son travail.*
5. Je parle *à Kim.*
6. Je donne *mon opinion* à tout le monde.
7. On préfère *les gens sympathiques.*
8. On parle *aux gens sympathiques.*   *les parce-t-on*
9. Vous faites toujours des compliments *à votre hôtesse.*   *est-ce que je lui fais des ...*
10. Je *vous* aime et je *vous* admire.
11. On *te* donne un emploi au Club Méditerranée.
12. Le professeur *nous* trouve formidables.

4. Le pronom d'objet employé avec deux verbes

Remplacez les mots en italique par un pronom.

> Exemple :   Elle va préparer *le déjeuner.*
> *Elle va le préparer.*

1. Nous allons écouter *ces cassettes.*
2. Vous aimez faire *la cuisine française.*
3. Je voudrais bien faire *ce voyage* !
4. Je voudrais donner ce cadeau *à ma mère.*
5. Tu vas remercier *cette dame* pour son aimable invitation.
6. Jackie va inviter *Bill et Michel.*
7. Je voudrais *la vérité.* Allez-vous dire *la vérité* ?
8. On va manger *ce dîner* avec plaisir.
9. Les Français aiment boire *le vin blanc* bien frais.
10. Je voudrais écrire ces bonnes nouvelles *à vos parents.*

5. Répondez à la question avec un pronom.

> Exemple : Allez-vous lire ce livre ?
> *Oui, je vais le lire.*
> ou : *Non, je ne vais pas le lire.*

1. Allez-vous regarder *ce programme à la télévision* ?
2. Allons-nous terminer *cette leçon* cette semaine ?
3. Préférez-vous donner *vos compositions* oralement en classe ?
4. Aimez-vous parler *aux gens désagréables* ?
5. Avez-vous besoin d'écrire *à vos grands-parents* ?
6. Allez-vous dire *au professeur* pourquoi vous êtes en retard ?
7. Voudriez-vous passer *les vacances* en France ?
8. Aimez-vous téléphoner *à une personne qui parle beaucoup* ?
9. Détestez-vous dire *la vérité* quand elle n'est pas agréable ?
10. Avez-vous peur de ne pas aimer *les plats français* ?
11. Avez-vous envie de parler *à cet auteur célèbre* ?
12. Avez-vous le temps de faire *tout votre travail* ?

6. Complétez vos réponses à l'exercice 5.

Relisez vos réponses à chaque question de l'exercice 5, et pour chaque question, répondez aussi à la question **Pourquoi ?**

> Exemple : (#1) *Je vais le regarder parce que je n'ai pas de travail ce soir.*

CONVERSATION

(Employez des pronoms d'objet dans votre réponse chaque fois que possible.)

Demandez à une autre personne de la classe :

1. s'il/si elle lit le journal tous les jours.
2. s'il/si elle écoute les nouvelles à la radio et quand il/elle les écoute : le matin ? le soir ? Les écoute-t-il/elle dans son lit ? dans sa voiture ?
3. s'il/si elle regarde la télévision et quand il/elle la regarde : le soir ? tous les jours ? de temps en temps ?
4. s'il/si elle aime les animaux et pourquoi ; demandez aussi quels animaux il/elle préfère.
5. s'il/si elle aime les fleurs et pourquoi.
6. s'il/si elle fait la cuisine.
7. s'il/si elle prépare toujours les exercices.
8. s'il/si elle aime les compositions orales.
9. s'il/si elle aime ou déteste le français, les math, la physique, un autre cours.
10. quel est son cours favori et pourquoi il/elle le préfère.
11. quelle est son occupation favorite.

12. s'il/si elle téléphone souvent à ses ami(e)s, et s'il/si elle leur parle longtemps au téléphone.
13. s'il/si elle écrit souvent à sa famille.

14. ce qu'il faut faire pour être bon en français.
15. ce qu'il ne faut pas faire dans la classe de français.
16. ce qu'il faut faire pour être gentil avec les gens.
17. ce qu'il ne faut pas manger pour être mince.
18. ce qu'il ne faut pas faire quand on a mal à la tête.
19. ce qu'il faut faire quand on est malade.

20. ce qu'il/elle emporte pour sa classe de français.
21. ce qu'il/elle emporte pour sa journée à l'université.
22. ce qu'il/elle emporte pour son déjeuner.
23. qui il/elle aime emmener au cinéma.
24. qui il/elle voudrait emmener dîner ce soir au restaurant.
25. qui il voudrait emmener passer les vacances en France.

Mieux que des vacances: une année en France!

Kim: Voilà. J'ai les renseignements sur le Programme International.* Les voilà. [handwritten: information] Pour qualifier, il faut avoir d'assez bonnes notes de français. Nous les avons. Il faut avoir complété deux ans de français. Nous allons les avoir complétés avant le départ. Il faut faire une demande. Je vais la faire. Et toi, Bill?

Bill: Tiens... Qu'est-ce que c'est, au juste, le Programme International?

Kim: C'est un programme organisé par notre université. Si tu qualifies, tu vas passer une année à l'Université de Provence. Le professeur dit que ce programme est excellent et pas cher, et il le recommande beaucoup. [handwritten: instead of]

Roger: C'est vrai. Il est préférable de passer une année en France, au lieu de quelques [handwritten: true] semaines de vacances. On a l'occasion de rencontrer des étudiants français, de faire des voyages dans toute l'Europe, et de visiter les endroits célèbres ou pittoresques. Pendant l'année scolaire, on est étudiant à l'université. J'ai un autre dépliant. Le voilà. [handwritten: School year.] [handwritten: folder]

Bill: Montre-le moi. Ah, c'est décidé. Je fais la demande. Je la fais tout de suite. Qui d'autre a l'intention de la faire?

Kim: Moi, je la fais aussi. Et je pense que Jackie et Paul Martin ont aussi l'intention de la faire. Paul n'est pas étudiant de français, mais ça ne fait rien, s'il accompagne sa femme. Il y a aussi des cours aux Beaux Arts, et comme Paul est étudiant de beaux-arts, il va sûrement trouver des cours qui l'intéressent.

Michel: Ah, ça, alors, c'est formidable, parce que justement, je vais être à l'université de Provence, moi aussi, l'année prochaine. Chic! On va être ensemble, comme ici. Moi, je vais habiter chez mon oncle. Où habitent les étudiants du programme?

Kim: Dans des résidences universitaires. On leur donne une chambre individuelle ou un petit appartement. On leur donne aussi des tickets de repas au restaurant universitaire.

---

* Le Programme International (*Junior Year Abroad*): Beaucoup d'universités américaines ont, en effet, un programme international qui permet à leurs étudiants — et aux étudiants qui transfèrent d'un *Junior College* — de passer une année dans une université en France. Si cette idée vous intéresse, demandez des renseignements à votre professeur.

Photo: WAYNE ROWE
Un groupe d'étudiants américains et français à la terrasse de *Chez Alain*, près de la Faculté
des Lettres de l'Université de Provence.

Roger: Oh, la cuisine française... Je vais l'adorer... même dans un restaurant
d'étudiants! Ronnie Johnson me dit qu'en France, un *hamburger à cheval**
ce n'est pas un *horsemeat burger* comme on pense souvent. C'est simplement un hamburger avec un œuf dessus. Et attention au civet de lapin
et aux calamars**: Ce sont les spécialitiés de ces restaurants, dit Ronnie.
J'ai peur de ne pas les aimer, mais je vais essayer de les goûter...

Kim: Le civet de lapin? Je vais le manger avec plaisir, si je suis en France. Oh, dis
donc, il y a aussi des voyages organisés: On nous emmène sur la Côte d'Azur,
et à Arles, la ville de Van Gogh, et aussi à Avignon... On va même nous
emmener au Festival du film, à Cannes.

Bill: Des voyages? Je vais tous les faire! Il faut aussi visiter les musées d'art
moderne de la région. Moi, je vais les visiter...

Roger: Faut-il emporter beaucoup de bagages?

* Ronnie a raison. Le **horsemeat burger** (qui existe) est un hamburger de cheval.
** **calmars** ou **calamars**? Le dictionnaire dit **calmars**, mais les gens de la Provence, qui les aiment beaucoup, disent
calamars.

202 QUATORZIÈME LEÇON

Kim : Non, il ne faut pas. Il faut emporter seulement vingt kilos. Ce n'est pas beaucoup, pour toute l'année. Il faut être bien organisé, et tu l'es, Roger. Moi, je vais faire mes bagages tout de suite. J'adore les faire.

Bill : Les bagages ? Alors, moi, je les déteste. Je ne vais pas emporter beaucoup de vêtements. Je vais les acheter en France. Si je suis fauché... ? Eh bien, il y a ce vieux Michel, qui a une garde-robe sensationnelle. Je lui demande un pantalon ou une chemise...

Kim : Voyons, Bill, il ne faut pas compter sur les autres. Emporte le nécessaire... Alors, nous allons tous faire une demande ? Roger, Bill, Jackie qui emmène son mari, et moi ? Formidable !

Roger : Comment fait-on le voyage ? Moi, je voudrais bien le faire par bateau.

Kim : On le fait par avion charter. Il y a un avion spécial pour les étudiants qui les emmène directement à Paris. Là, on leur montre la ville.

Roger : Alors, à Paris, moi, je vais faire un voyage en bateau-mouche sur la Seine. J'adore le bateau.

Bill : Voyons, Roger, c'est une idée fixe ? Nous ne sommes pas Christophe Colomb ! Kim, combien de temps faut-il pour le voyage ?

Kim : L'avion va vite. Il faut à peine quelques heures. On dîne dans l'avion, on nous sert même du vin ! Mais de Paris à l'Université de Provence, le voyage est plus lent, on va en autocar.

Roger : Tant mieux. Moi, j'aime voyager lentement, et quand il y a un beau paysage, j'aime avoir le temps de le regarder. Nous allons traverser presque toute la France !

Kim : Alors, faisons vite notre demande. Espérons que, si tout va bien, nous n'allons pas passer l'année prochaine ici, et que nous allons la passer en France !

RÉPONDEZ dans l'esprit de la lecture et avec imagination.

1. **Bill :** Kim, as-tu les renseignements sur le Programme International ?
   Kim : _____

2. **Michel :** Qu'est-ce que c'est, au juste, le Programme International ?
   Kim : _____

3. **Marie-Claude :** Est-ce que je qualifie, pour ce programme ?
   Bill : _____

4. **Roger :** Je fais la demande. Qui d'autre a l'intention de la faire ?
   Jackie : _____

5. **Roger :** Est-ce que Paul Martin qualifie ? Il n'est pas étudiant de français !
   Kim : _____

6. **Bill :** Faut-il emporter beaucoup de bagages ?
   Jackie : _____

7. **Bill :** Si j'ai besoin d'une chemise ou d'un pantalon, il y a ce vieux Michel qui a une garde-robe sensationnelle...
   Michel : _____

8. **Un autre étudiant :** Moi, je vais passer les vacances en France. Pourquoi passer une année entière là-bas ?
   Roger : _____

9. **Roger :** Comment fait-on le voyage ? Moi, je voudrais le faire par bateau.
   Kim : _____

10. **Michel :** Où est-ce que les étudiants du Programme International habitent ?
    Jackie : _____

11. **Bill :** Paul, tu parles français n'est-ce pas ? Qu'est-ce que tu vas faire en France ?
    Paul : _____

12. **Roger :** Explique-moi clairement la différence entre **emporter** et **emmener**.
    Marie-Claude : _____

EXERCICES ÉCRITS

1. Remplacez les compléments par un pronom objet : **le/la : les** ou **lui/leur**.

> Exemple :   Elle va faire *ses bagages*.
> *Elle va les faire.*

1. Vous n'allez pas dépenser *tout votre argent* !
2. Roger déteste *l'avion*, en général, mais il va aimer *l'avion* pour ce voyage.
3. Qui fait *les provisions* chez vous ? Aujourd'hui, c'est moi qui fais *les provisions*.
4. Jackie dit *à Paul* qu'elle a envie de visiter *la France*.
5. Vous allez acheter *cette voiture* ? Vous ne trouvez pas *cette voiture* chère ?
6. Les professeurs recommandent le programme *aux étudiants*.
7. Jackie va emporter *ses bagages* et emmener *son mari*.
8. Allez-vous aimer *les calamars* ? Allez-vous essayer de goûter *le civet* ?
9. Kim dit *à Roger* qu'elle aime faire *le voyage* par avion.
10. On va donner *aux jeunes gens* des chambres à la résidence universitaire.

2. Répondez aux questions avec un pronom.

> Exemple :   Est-ce que tu m'aimes ?
> *Oui, je t'aime.*
> ou :   *Non, je ne t'aime pas.*

1. Est-ce que tu me trouves gentil ?

2. Mademoiselle, me trouvez-vous sympathique ?
3. Monsieur, nous admirez-vous ? Nous trouvez-vous intelligents ?
4. Bob te téléphone-t-il souvent ? T'invite-t-il chez lui ?
5. Vas-tu me donner ton opinion ?
6. Me dites-vous toujours la vérité ?
7. Nous donnez-vous ces exercices pour notre plaisir ?
8. Allez-vous m'écrire pendant les vacances ?
9. Aimes-tu me faire des compliments ?
10. Espérez-vous me rencontrer, plus tard, dans la vie ?

3. Complétez les phrases suivantes avec **lent/lentement** ou **rapide/vite**.

1. Les avions à réaction (*jets*) sont plus _____ que les avions traditionnels.
2. Lisez le texte suivant _____ et faites attention à chaque mot.
3. Si on est pressé, on déjeune _____. Si on a le temps, on déjeune _____.
4. Quand vous parlez français trop _____, nous vous demandons de parler plus _____.
5. Le temps passe _____ pendant les vacances. Mais quand nous sommes à l'université, il passe plus _____.
6. Une bicyclette est plus _____ qu'une voiture.

4. Les verbes **emporter** et **emmener**

Complétez les phrases par le verbe approprié.

1. Cette dame fait un voyage. Elle _____ ses enfants, et elle _____ des bagages.
2. Vous allez avoir froid ! _____ votre sweater.
3. N'_____ pas les enfants regarder ce film d'horreur !
4. Je suis invité chez des amis : J'_____ un gâteau pour le dessert, et j'_____ un copain très sympa. Il _____ une bouteille de vin pour le dîner.
5. Ma sœur a de la chance ! Son fiancé l'_____ souvent au restaurant, et il _____ toujours sa carte de crédit.
6. Il fait beau. Je vous _____ faire un pique-nique. Et j'_____ des provisions.
7. Il va pleuvoir. _____ votre parapluie. Ou bien, préférez-vous que je vous _____ dans ma voiture ?

5. Exercice sur le vocabulaire de la leçon

A. Les exclamations **Tiens !** (surprise) et **Voyons !** (remontrance)

1. _____ ! Roger, tu as des idées fixes !
2. _____ ! Vous êtes complètement ridicule.
3. _____ ! C'est une idée intéressante.
4. _____ ! Sûrement pas à votre âge !
5. _____ ! Un peu de calme, s'il vous plaît !

6. _____! Voilà Bill, et il n'est pas en retard...
7. _____! Faites attention une autre fois.
8. _____! Nous allons tous être en France l'année prochaine!

B. Expliquez les termes suivants :

> un hamburger à cheval (et un hamburger de cheval?), une résidence universitaire, un dépliant, un restaurant universitaire, un débutant, les beaux-arts, une garde-robe, un bateau-mouche

> Exemple : *Un bateau-mouche est un des bateaux qui emmènent les touristes, à Paris, faire une promenade sur la Seine.*

6. **il faut** et **il ne faut pas**

> Exemple : Qu'est-ce qu'il faut faire pour être sympathique ?
> *Il faut être gentil avec tout le monde.*

> Qu'est-ce qu'il ne faut pas faire ?
> *Il ne faut pas dire de choses désagréables.*

1. Qu'est-ce qu'il faut faire pour qualifier pour le Programme International ? Qu'est-ce qu'il ne faut pas faire ?
2. Qu'est-ce qu'il faut emporter pour le voyage ? Qu'est-ce qu'il ne faut pas emporter ?
3. Qu'est-ce qu'il faut faire dans la classe de français ? Qu'est-ce qu'il ne faut pas faire ?
4. Qu'est-ce qu'il faut dire à un jeune homme ou à une jeune fille que vous aimez ? Qu'est-ce qu'il ne faut pas lui dire ?
5. Qu'est-ce qu'il faut faire pour préparer un bon dîner ? Qu'est-ce qu'il ne faut pas faire ?

COMPOSITION ORALE, ÉCRITE, OU DISCUSSION

1. **Comparez un voyage en France par avion avec un voyage par bateau.** Combien de temps faut-il ? Quel moyen de transport préférez-vous ?

2. **Une conversation entre vous et un ami :** Vous expliquez le Programme International, vous lui donnez des renseignements et vous répondez à ses objections et à ses questions.

3. **Une conversation dans l'avion** entre deux (ou plusieurs) étudiants qui vont en France pour le Programme International.

4. **Voudriez-vous aller passer une année en France ?** ou quelques semaines ? Pourquoi ? Expliquez les raisons de vos préférences. Avez-vous l'intention de faire ce voyage un jour ? Pourquoi ?

VOCABULAIRE DE LA LEÇON

NOMS

Noms masculins

l'auteur
l'autocar
l'avion à réaction
le bagage
le bateau-mouche
les beaux-arts
le café au lait

le calamar (*ou* calmar)
le chèque
le civet de lapin
le compliment
le débutant
le dictionnaire
le festival

le kilo
le musée
le parapluie
le propriétaire
le renseignement
le ticket

Noms féminins

la carte de crédit
la garde-robe
l'intention

l'objection
la propriétaire

la remontrance
la vendeuse

ADJECTIFS

aimable
approprié, appropriée
décidé, décidée
désagréable

direct, directe ≠ indirect,
   indirecte
individuel, individuelle
lent, lente ≠ rapide

pittoresque
préférable
traditionnel, traditionnelle
universitaire

VERBES

acheter
accompagner
compléter
compter
emmener
emporter
essayer

expliquer
goûter
habiter
intéresser
modifier
qualifier
recommander

remarquer
remercier
rencontrer
traverser
il faut
il va pleuvoir

ADVERBES

à peine
au juste

clairement
lentement ≠ vite

là-bas

DIVERS

au lieu de
ça alors !
ça ne fait rien

dessus
dis donc !

tant mieux !
voyons !

QUINZIÈME LEÇON

À la banque

- Le pronom indirect **en** : sa place, ses usages
- Le pronom indirect **y** : sa place, ses usages
- L'emploi de **y** et de **en** ensemble : y en a-t-il ?/il y en a/il n'y en a pas
- Les verbes irréguliers **partir, courir, dormir, servir, sortir**

INTRODUCTION

DÉCLARATION ET QUESTION	RÉPONSE
Le pronom indirect en	
J'ai **de l'argent**. **En** avez-vous aussi ?	Oui, j'**en** ai **un peu**, parce que j'ai un emploi.
Avez-vous **une voiture** ?	Non, je n'**en** ai pas. Mais mon père **en** a **une**.
Avez-vous **des frères** ?	Oui, j'**en** ai **deux**.
Avez-vous **des sœurs** ?	Oui, j'**en** ai **une**.
J'aime faire **des voyages**. J'**en** fais souvent. Aimez-vous aussi **en** faire ?	Oui, j'aime aussi **en** faire. J'**en** fais quelquefois.
Achetez-vous souvent **des vêtements ?**	Non, je n'**en** achète pas souvent. Je n'**en** ai pas besoin de beaucoup parce que j'ai des goûts simples.

Le pronom indirect **y**

Je vais **à la banque** le vendredi. J'**y** vais le vendredi. **Y** allez-vous aussi ?

Moi, j'**y** vais généralement le jeudi.

Déjeunez-vous **au restaurant** ?

Non, je n'**y** déjeune pas aujourd'hui.

Votre voiture est-elle **au garage** ?

Oui, elle **y** est.

Allez-vous aller **en France** ?

Je voudrais **y** aller cet été. Mais je ne suis pas certain d'**y** aller, parce que je n'ai pas beaucoup d'argent.

Il y a une porte dans cette pièce. Il y en a une. **Y** a-t-il aussi **des fenêtres** ?

Oui, **il y en a** quatre. **Il y en a** deux à droite et deux à gauche.

Y a-t-il **des fautes** dans votre composition ?

Non, **il n'y en a pas**. (Il y en a quand je ne fais pas attention, mais **il n'y en a pas** quand je fais attention.)

Les verbes irréguliers **partir, courir, dormir, servir, sortir**

Je pars de chez moi à 8 heures. À quelle heure **partez-vous** ?

Je pars à 8 heures aussi. **Nous partons** à la même heure.

Quand je suis pressé, **je cours. Courez-vous** quelquefois ?

Nous courons d'une classe à l'autre. **On court** quand on est en retard.

Je ne dors pas en classe ! **Dormez-vous** quelquefois en classe ?

Ça dépend. Si la classe est monotone, **nous dormons**.

En France, **on sert** du fromage à la fin du repas. Et en Amérique ?

Ça dépend. **Nous en servons** souvent avant le repas. **Sert-on** du vin aux jeunes en France ?

Oui, il n'y a pas de question d'âge. Les restaurants **servent** du vin à tout le monde.

Je ne sors pas souvent le soir. **Sortez-vous** souvent ?

Je ne sors pas souvent pendant la semaine. Mais **nous sortons** pendant le week-end.

EXPLICATIONS

1. Le pronom indirect **en**

   A. L'emploi de **en**

   Avez-vous **du travail** ?   Oui, j'**en** ai.
   Non, je n'**en** ai pas.
   Avez-vous **de l'argent** ?   Oui, j'**en** ai (un peu, beaucoup).
   Non, je n'**en** ai pas (du tout).
   Avez-vous **des frères** ?   Oui, j'**en** ai (un, deux, trois, etc.).
   Avez-vous **une voiture** ?   Oui, j'**en** ai une (deux, trois).
   Avez-vous **beaucoup de problèmes** ?   Non, je n'**en** ai pas beaucoup.
   Avez-vous **assez de temps** ?   Non, je n'**en** ai pas assez.
   Y a-t-il **des étudiants** dans la classe ?   Oui, il y **en** a beaucoup.

   en est un pronom d'objet indirect qui remplace un complément introduit par **de** (**du/de la/de l'** : **des**), ou une autre expression de quantité comme **un/une**, **deux**, etc., ou **un peu de**, **beaucoup de**, **assez de**, **plusieurs**, etc.

   B. L'usage de **en** n'est pas limité à l'expression de quantité ou de nombre.

   J'arrive **de Paris** ce matin.   J'**en** arrive par avion.
   Parlez-vous **des problèmes politiques** ?   Oui, nous **en** parlons.
   Êtes-vous fatigué **du menu** de ce restaurant ?   Oui, j'**en** suis fatigué.

   en remplace aussi un complément introduit par **de** (**du/de la/de l'** : **des**) quel que soit (*whatever may be*) le sens de ce **de**.

2. Le pronom indirect **y**

   A. L'emploi de **y**

   Allez-vous **à la banque** ?   Oui, j'**y** vais.
   Non, je n'**y** vais pas.
   Déjeunez-vous **au restaurant** ?   Oui, j'**y** déjeune.
   Non, je n'**y** déjeune pas.
   Votre voiture est-elle **au garage** ?   Oui, elle **y** est.
   Restez-vous **chez vous** ?   Oui, j'**y** reste.
   Le chien est-il **devant la porte** ?   Oui, il **y** est.
   Mon sac est-il **sur la table** ?   Non, il n'**y** est pas.

   y est un pronom d'objet indirect qui remplace un complément introduit par une préposition autre que (*other than*) **de**. Il remplace souvent la préposition **à** (**à la/au/à l'** : **aux**), mais il remplace aussi les autres prépositions : **sur, sous, entre, dans, devant, derrière, près de, à côté de, chez**, etc.

   y remplace donc souvent une préposition de situation.

   B. L'usage de **y** n'est pas limité à l'expression de situation. Par exemple :

   Je joue **au tennis**. Y jouez-vous ?   Non, je n'**y** joue pas.
   Nous pensons **aux vacances**.   Nous **y** pensons souvent !

y remplace aussi un complément d'objet introduit par une préposition autre que **de** (le plus souvent **à**), même si cette préposition n'indique pas la situation.

ATTENTION :

> J'écris **à mes parents.**   Je **leur** écris souvent.
> Vous téléphonez **à cette jeune fille.**   Vous **lui** téléphonez tous les jours.

N'employez pas **y** pour remplacer un nom de personne. Pour remplacer un nom de personne précédé par **à** (**à ce monsieur, à cette dame, à un ami, à votre copain, à mes parents,** etc.) employez **lui** ou **leur** (voir Leçon 14, p. 193).

3. La place de **y** et de **en**

   A. Avec un seul verbe

	QUESTION	RÉPONSE/DÉCLARATION	
Je vais **à la banque.**	**Y** allez-vous ?	J'**y** vais.	Je n'**y** vais pas.
J'ai **de l'argent.**	**En** avez-vous ?	J'**en** ai.	Je n'**en** ai pas.
Il arrive **de Paris.**	**En** arrive-t-il ?	Il **en** arrive.	Il n'**en** arrive pas.

   Les pronoms **en** et **y**, comme les autres pronoms d'objet, sont placés devant le verbe.

   B. Avec deux verbes

	QUESTION	RÉPONSE/DÉCLARATION	
Je vais rester **à la maison.**	Allez-vous **y** rester ?	Je vais **y** rester.	Je ne vais pas **y** rester.
Il aime écrire **des lettres.**	Aime-t-il **en** écrire ?	Il aime **en** écrire.	Il n'aime pas **en** écrire.

   Quand il y a deux verbes, **y** et **en** sont placés devant le verbe dont (*of which*) ils sont l'objet.

   C. L'emploi de **y** et de **en** ensemble dans l'expression **il y en a**

	QUESTION	RÉPONSE/DÉCLARATION	
Il y a des fautes.	**Y en** a-t-il ?	Il **y en** a.	Il n'**y en** a pas.
Il y a une télévision dans votre chambre.	**Y en** a-t-il une ?	Il **y en** a une.	Il n'**y en** a pas.

   Dans l'expression : **y en** a-t-il ?, il **y en** a, il n'**y en** a pas, remarquez l'ordre :

   > **y + en + *le verbe* ***

---

* *Would it help you remember if I told you that in French, the donkey goes "hi han" (which sounds just like **y en**) ? And that **y** and **en** should sound like the donkey, with **y** always before **en** ?*

2. Les verbes irréguliers **partir, courir, dormir, servir, sortir**

partir *to leave*	courir *to run*	dormir *to sleep*	servir *to serve*	sortir *to go out*
je par s	je cour s	je dor s	je ser s	je sor s
tu par s	tu cour s	tu dor s	tu ser s	tu sor s
il par t	il cour t	il dor t	il ser t	il sor t
nous par tons	nous cour ons	nous dor mons	nous ser vons	nous sor tons
vous par tez	vous cour ez	vous dor mez	vous ser vez	vous sor tez
ils par tent	ils cour ent	ils dor ment	ils ser vent	ils sor tent

partir   (*to leave*)   À quelle heure l'avion **part-il** ?

courir   (*to run*)   **Vous courez** quand vous êtes pressé.

dormir   (*to sleep*)   **On dort** bien si on est fatigué.

servir   (*to serve*)   **On sert** du fromage et des fruits comme dessert.
Vous **sert-on** du vin en France, si vous n'avez pas dix-huit ans ? Oui, **on sert** du vin à tout le monde.

sortir   (*to go out*)   **Je** ne **sors** pas quand j'ai du travail.

L'IMPÉRATIF DE CES VERBES

pars	cours	dors	sers	sors
partons	courons	dormons	servons	sortons
partez	courez	dormez	servez	sortez

Pars tout de suite ! Tu vas être en retard !
Ne partez pas. Restez un moment avec moi.

Cours vite ! La classe va commencer.
Ne courons pas. Nous avons le temps.

Dormez bien et faites de beaux rêves !
Ne dormez pas pendant la classe.

Servez le vin rouge à la température de la pièce.
Ne servez pas le vin blanc glacé, mais frais.

Sortons ensemble ce soir.
Ne sortez pas, il fait trop froid.

EXERCICES ORAUX

1. Répondez à la question en remplaçant les mots en italique par **y** ou par **en**.

   A. Remplacez par **en**.

      Exemple :   Avez-vous *des problèmes* ?
      J'en ai. ou : *Je n'en ai pas.*

1. Avez-vous beaucoup *d'amis* ? *J'en ai beaucoup - Je n'en ai pas beaucoup*
2. Gagnez-vous *de l'argent* ? *J'en gagne*
3. Faites-vous *des voyages* ?
4. Mangez-vous *des bonbons* ?
5. Avez-vous un peu *d'imagination* ?
6. Achetez-vous *un journal* ?
7. Avez-vous *des frères et sœurs* ?
8. Emportez-vous *des bagages* ?
9. Emmenez-vous *un bon copain* ?
10. Faites-vous *des projets* ?
11. Allez-vous acheter *des livres* aujourd'hui ? *Je vais en acheter*
12. Aimez-vous faire *du sport* ?
13. Espérez-vous faire *des voyages* ?
14. Faut-il réserver *des chambres d'hôtel* ?
15. Faut-il goûter *des escargots* en France ?
16. Détestez-vous faire *des exercices oraux* ?
17. Préférez-vous lire *un bon roman* ? *Je préfère en lire   Je ne préfère pas en lire*
18. Voudriez-vous faire *du ski* ?
19. Désirez-vous trouver *un emploi* ?
20. Faut-il avoir un peu *d'imagination* ?

B. Remplacez par **y**.

   Exemple : Allez-vous *à la banque* ?
   Oui, j'y vais. ou : *Non, je n'y vais pas.*

1. Déjeunez-vous *au restaurant* ? *J'y déjeune ,*
2. Étudiez-vous *à la bibliothèque* ? *J'y étudie   — Je n'y étudie pas*
3. Allez-vous *aux manifestations politiques* ? *j'y vais   je n'y vais pas*
4. Restez-vous *à la maison* demain ? *J'y reste demain*
5. Faites-vous du ski *à la montagne* ? *J'y fais du ski*
6. Mettez-vous du sucre *dans votre café* ? *J'y mets du sucre*
7. Passez-vous la soirée *dans votre chambre* ? *J'y passe la soirée*
8. Restez-vous des heures *devant la télévision* ?
9. Habitez-vous *près de l'université* ? *J'y habite   Je n'y habite pas*
10. Allez-vous quelquefois dîner *chez vos amis* ?
11. Placez-vous votre livre *sur la table* ?
12. Êtes-vous *devant le tableau* ? *J'y suis   Je n'y suis pas*
13. Votre garage est-il *derrière votre maison* ? *Il y est*
14. Aimez-vous rester *dans votre chambre* le dimanche ? *J'aime y rester le dimanche*
15. Allez-vous aller *au restaurant* ce week-end ?
16. Voudriez-vous passer le week-end *à Isola 2000* ?
17. Espérez-vous aller *en France* un jour ? *J'espère y aller   Je n'espère pas y aller*
18. Désirez-vous dîner *dans un restaurant trois étoiles* ?
19. Allez-vous emmener un copain *chez vous* ce soir ?
20. Détestez-vous arriver en retard *au cinéma* ?

C. Remplacez par **en** ou par **y**.

1. Déposez-vous votre argent *à la banque*? *y deposez-vous votre argent*
2. Faites-vous *des progrès*? *en faite-vous*
3. Allez-vous aller *au laboratoire*?
4. Faut-il faire attention *dans la classe*?
5. Allez-vous avoir assez *d'argent* pour un grand voyage?
6. Désirez-vous étudier *dans une université française*?
7. Y a-t-il *du désordre* dans votre chambre?
8. Avez-vous peur *de la circulation* sur l'autoroute? *en avez-vous peur*
9. Y a-t-il *des étudiants brillants* dans cette classe? *y en a-t-il*
10. Aimez-vous inviter vos amis *chez vous*?
11. Va-t-il y avoir *un examen* bientôt? *va-t-il y en avoir bientôt*
12. Va-t-il neiger bientôt *dans votre région*? *va-t-il y neiger*
13. Faut-il aller *au laboratoire*?
14. Voudriez-vous aller *au Club Méditerranée*?
15. Avez-vous besoin *de travailler*? *en avez-vous besoin.*

2. Les verbes **partir, courir, dormir, servir, sortir**

A. Répondez à la question avec la forme correcte du verbe et avec imagination.

1. À quelle heure partez-vous le matin? Pourquoi?
2. Partez-vous quelquefois en week-end? Quand partez-vous et où allez-vous?
3. Quand courez-vous et pourquoi?
4. Dormez-vous bien la nuit? Pourquoi? Dormez-vous quelquefois en classe? Expliquez pourquoi.
5. Quels plats sert-on dans votre famille? Au restaurant universitaire? Sert-on du vin aux jeunes en France? Pourquoi?
6. Sortez-vous souvent le soir? Avec qui sortez-vous? Pourquoi?
7. Si vous partez de la maison en retard, quelle est la conséquence?
8. Servez-vous du vin dans votre famille? Pourquoi? Quand sert-on du champagne?
9. Quand aimez-vous sortir? Et quand préférez-vous ne pas sortir?
10. Expliquez le proverbe français «Qui dort, dîne». Êtes-vous d'accord? Pourquoi?

CONVERSATION

(Employez **y** ou **en** dans votre réponse chaque fois que possible.)

Demandez à une autre personne de la classe:

1. s'il/si elle a des talents (et quels talents).
2. s'il/si elle va souvent au laboratoire.
3. s'il/si elle fait des progrès en français.

(en) de / du / de la / de l' / des / un / une / des

(y) à / au / à la / à l' / aux / dans / sur / pour / entre

4. s'il/si elle travaille dans un bureau, ou dans un magasin, ou...?

5. s'il/si elle a une voiture.
6. s'il/si elle a des bons copains.
7. s'il a une petite amie ou si elle a un petit ami.
8. s'il/si elle fait des voyages, et où il/elle va.

9. s'il/si elle aime aller au laboratoire.
10. s'il/si elle aime boire du vin.
11. s'il/si elle voudrait goûter des calamars.
12. s'il/si elle a envie de boire du champagne.
13. s'il/si elle a envie d'aller en France ou au Canada.
14. s'il/si elle aime rester à la maison pendant le week-end.
15. ce qu'il/elle aime bien faire le dimanche.

Demandez à une autre personne de la classe :

1. quand il/elle court.
2. quand il/elle dort bien.
3. quand il/elle dort mal.
4. à quelle heure il/elle part pour l'université aujourd'hui.
5. ce qu'on sert souvent pour le dîner chez lui/elle.
6. s'il/si elle sort souvent le soir et pourquoi.

À la banque

André Ancelin est étudiant à l'École des Beaux-Arts à l'Université de Caen. Il y étudie l'histoire de l'art, surtout de la peinture et de la sculpture. Il travaille aussi dans un bureau. Il n'y travaille que dix heures par semaine pendant l'année scolaire, mais il y passe trente heures par semaine pendant les vacances. Naturellement, il gagne de l'argent. Il n'en gagne pas des sommes folles, mais quand il touche son chèque, il est très fier. Il va à la banque. Il y va une fois par mois pour y déposer son chèque. Il inscrit son nom et le numéro de son compte courant sur une fiche. Il signe son chèque et il le donne avec la fiche à l'employé, qui est derrière le guichet.

Cet employé est un jeune homme du même âge,   et André le trouve sympathique. Aujourd'hui, il lui demande :

André : Êtes-vous étudiant pendant l'année, comme moi, ou travaillez-vous toujours dans cette banque ?

L'employé : J'y travaille seulement à mi-temps. Je suis étudiant de comptabilité le reste du temps. Et vous, où travaillez-vous ?

André : Je suis employé de bureau dans une grande maison d'importation qui s'appelle *Art International*. J'y travaille trente heures par semaine, et j'aime bien mon travail. Je l'aime parce que j'y rencontre des gens intéressants. Il y en a de tous les pays du monde, et souvent ils me parlent français, même si ce n'est pas leur langue maternelle.

L'employé : *Art International* ? Le directeur s'appelle M. Ancelin, n'est-ce pas ? C'est un excellent ami de papa...

André : Monsieur Ancelin, c'est mon oncle. Son meilleur ami, c'est Monsieur Rodier. Alors, tu es sûrement le fils de M. Rodier. Tu es Richard Rodier. Ça, pour une surprise, c'en est une ! Moi, je m'appelle André Ancelin.

Richard : Enchanté de faire ta connaissance, André. Dans une banque aussi, on rencontre des gens intéressants ! Déposes-tu ton chèque, ou as-tu besoin d'argent comptant ?

André : Non, je n'en ai pas besoin. J'ai un peu d'argent de poche, j'en ai assez pour le reste de la semaine.

JEAN DUBUFFET, *Les affaires vont bien* Museum of Modern Art, New York
Un autobus qui va de *Jean-Foutre* (*Sucker*) à l'*Opéra* traverse une ville pleine d'enseignes
de banques, de magasins, et de restaurants.

Lisez ces enseignes: *Banque La Grotesque, Banque La Désopilante* (Bank of the Belly Laugh),
Au Poids Truqué (Fraudulent Weights), *À la Foire d'Empoigne* (Thieves Market), *Effronté
Canaille* (Shameless Scoundrel), *Au Culot* (Gall and Co.), *Plein la Vue* (All for Show), *Crime
et Regret, À la Confiance* (Trust Is Our Motto), *La Bourse Plate* (Flat Broke), *L'Estomaqué*
(Flabbergasted), *Tord-Boyau* (Rotgut), *File-Doux* (Toe the Line), *Entôlage* (Con Artists, Inc.),
Ministère des Graisse-Pattes (Bureau of Pork Barrel Affairs).

Richard : Tu n'as pas besoin de carnet de chèques ? *[handwritten: Checkbook]*

André : Non, je te remercie. Si j'ai un carnet de chèques, ou de l'argent comptant, *[handwritten: count]*
la tentation est trop forte. Je cours acheter quelque chose, et je dépense
tout mon argent. Après, je le regrette, parce que je travaille pour faire des
économies. Avec un carnet de chèques, je n'en fais pas...

Richard : Tiens, je ne suis pas comme toi ! J'aime faire des économies, et j'en fais
pas mal. Si je n'en fais pas, je n'ai pas les moyens d'aller à l'université.

André : As-tu l'intention de rester dans une banque après tes études ?

Richard : Oui, j'ai l'intention d'y rester et d'y faire ma carrière. J'aime y travailler, et j'espère y faire une bonne situation. Il y en a d'excellentes, dans les banques, si on aime la comptabilité.

André : Tu as de la chance ! Moi, je n'ai pas de projets d'avenir. Mes parents me demandent souvent si j'en ai, mais je leur répète que je n'en ai pas. Je voudrais aller à Rome, peut-être à Florence ou à New York, y passer quelques années, y étudier l'art... Mais je n'ai pas les moyens de le faire. Je suis dépensier, et pas très réaliste.

Richard : Moi, je te trouve réaliste et économe, au contraire. Tu déposes ton chèque à la banque, et tu fais des économies. Les gens dépensiers n'en font pas.

André : Non, je suis plutôt rêveur. J'admire les gens qui ont des idées précises et déterminées. Moi, je n'en ai pas. Mais... il est midi. As-tu le temps de déjeuner avec moi ?

Richard : Oui, la banque ferme de midi à quatorze heures, et je sors toujours déjeuner. Allons au petit restaurant au coin de la rue, *Chez Jeannot*. On y sert un menu à dix-huit francs, service et vin compris, qui n'est pas mal. Comme nous sommes tous les deux pauvres et économes, c'est l'endroit idéal pour nous.

André : Allons-y. C'est vraiment de la chance de te rencontrer, Richard.

RÉPONDEZ dans l'esprit de la lecture et avec imagination.

(Et employez **y** et **en** dans votre réponse chaque fois que possible. Employez aussi les autres pronoms, **le/la/l' : les** et **lui/leur** chaque fois que possible.)

1. **Kim :** Travailles-tu pendant le semestre, Michel ?
   Michel : Oui, je _____

2. **Bill :** Tu gagnes beaucoup d'argent ?
   Michel : _____

3. **Jackie :** Paul, quand vas-tu à la banque ? Je n'ai plus d'argent.
   Paul : _____

4. **Jackie :** Paul, avons-nous beaucoup d'argent à la banque ?
   Paul : _____

5. **Roger :** Que fait André ? Travaille-t-il à la banque ?
   Marie-Claude : _____

6. **Paul :** Qu'est-ce qu 'André étudie à l'université ?
   Michel : _____

7. **Bill :** Richard a-t-il l'intention de rester à la banque après ses études ?
   Roger : _____

8. **Kim :** As-tu des projets d'avenir, Marie-Claude ?
   Marie-Claude : _____

9. **Jackie :** Voudrais-tu aller étudier l'art à Florence, Paul ?
   Paul : _____

10. **Kim :** *Chez Jeannot ?* Qu'est-ce qu'on y sert ?
    Bill : _____

EXERCICES ÉCRITS

1. Répondez aux questions en remplaçant le complément par **y** ou par **en**.

   Exemple : Moi, je viens *de Paris.* Et vous ?
   Je n'en viens pas. Je viens de Chicago.

   1. Qu'est-ce qu'on sert *dans ce petit restaurant ?*
   2. Je n'ai pas beaucoup *d'idées.* Et vous ?
   3. Déposez-vous votre argent *à la banque ?*
   4. Aimez-vous parler longtemps *au téléphone ?*
   5. La maison de vos rêves est-elle *au bord de la mer ?*
   6. Utilisez-vous *des légumes surgelés ?*
   7. A-t-on besoin *d'une voiture* dans votre ville ?
   8. Aimez-vous faire *des économies ?*
   9. Avez-vous *une sœur ?* Avez-vous *un frère ?*
   10. Y a-t-il *des examens* cette semaine ?
   11. Nous allons quelquefois *à la plage.* Et vous ?
   12. Y a-t-il *des photos en couleur* dans ce livre ?
   13. J'ai envie de déjeuner *dans ce petit restaurant.* Et vous ?
   14. À quelle heure sortez-vous *de cette classe ?*
   15. À quelle heure retournez-vous *chez vous* aujourd'hui ?

2. Les pronoms **y** et **en**, et **le/la/l' : les, lui/leur**

   Remplacez les termes en italique par le pronom approprié.

   1. Je vais *à la bibliothèque*, et je lis *le journal* avant la classe.
   2. Il y a *des gens* qui ont de la chance ! Il y en a qui ont beaucoup *de chance !*
   3. Vous écrivez *au directeur* pour demander un rendez-vous *au directeur.*
   4. Je vais *à la maison* tout de suite, et je reste *à la maison* ce soir.
   5. Vous téléphonez *à votre copain* quand vous avez *des nouvelles.*
   6. Je dépose *mon chèque* et je fais *des économies.*
   7. J'écoute *mes disques* et j'achète souvent *d'autres disques.*
   8. Je ne vais pas souvent *en ville*, parce que je n'aime pas beaucoup *la ville.*
   9. Vous écrivez votre nom *sur la fiche*, et vous donnez *la fiche* à l'employé.
   10. Je fais *mon lit* le matin, et je fais *les provisions* l'après-midi.

3. Quelle est la question ?

Formulez la question avec un pronom d'objet.

Exemple : Je vais en ville.
Y allez-vous ?

1. J'ai une voiture.
2. Nous allons souvent à la campagne.
3. Je fais beaucoup de sports.
4. J'aime faire des économies.
5. Il n'a pas de projets d'avenir.
6. Vous n'aimez pas écrire aux gens.
7. Je donne ma composition orale aujourd'hui.
8. Greg a du travail pour cet été.
9. Je joue de la guitare.
10. J'aime jouer de la guitare.
11. J'ai l'heure.
12. Tu ne parles pas à ces gens.

4. Les verbes partir, courir, dormir, servir, sortir

Complétez par la forme correcte du verbe.

1. *courir*   Nous sommes en retard : _____ !
   Si vous _____, vous allez être fatigué.
   Je ne _____ pas, j'ai peur de tomber.
   Bill et Michel _____ à leur appartement.

2. *dormir*   Ne _____ pas dans la classe, Kim et Jackie !
   Tu es fatigué. Tu _____ debout.
   La Belle au Bois Dormant _____ pendant cent ans.
   Il ne faut pas réveiller (*wake up*) le chat qui _____. (*proverbe français*)

3. *partir*   Je voudrais _____ pour un long voyage.
   Ne _____ pas, mon chéri. Reste avec moi !
   Les Français _____ en vacances le 1er août.

4. *servir*   _____-on du vin aux jeunes gens en France ?
   Mon Dieu ! Qu'est-ce qu'on _____ avec les escargots ?
   Tu _____ toujours un bon dîner !
   _____-toi, et passe le plat aux autres.

5. *sortir*   Le directeur ? Je regrette ! Il _____ à l'instant.
   _____ ensemble ce soir et allons au cinéma.
   Jackie et Paul ne _____ pas le dimanche soir.

5. La différence entre **partir** et **sortir**

Complétez chaque phrase par **partir** ou par **sortir**.

1. Excusez-moi, je _____ pour un instant.
2. Je regrette, Monsieur. Le directeur _____ à cinq heures, et il est six heures.
3. À quelle heure l'avion pour Paris _____ -il ?
4. Tous les matins, je _____ pour l'université à huit heures.
5. Le contraire de **entrer**, c'est _____. Le contraire de **arriver**, c'est _____.
6. Cette jeune fille _____ beaucoup. Elle n'est jamais chez elle !
7. Si vous _____ pour un long voyage, vos amis sont tristes.
8. Si quelqu'un fait du bruit à la bibliothèque, vous lui dites probablement : « _____ ! »
9. Je suis fatigué de cette ville. _____ ensemble pour un pays exotique !

6. *Révision* : Quel est le contraire et le féminin de...

1. fier	5. rêveur	9. vite
2. derrière	6. pauvre	10. bien
3. beaucoup	7. aimer	11. facile
4. économe	8. faire des économies	12. enchanté

COMPOSITION ORALE, ÉCRITE, OU DISCUSSION

1. **Travaillez-vous ?** Qu'est-ce que vous faites ? Gagnez-vous de l'argent ? Pourquoi ? Qu'est-ce que vous faites de votre argent ?

2. **Avez-vous des projets d'avenir ?** (Plus tard, je voudrais être...) Pourquoi ?

3. **Quelle est votre personnalité** : Êtes-vous rêveur, comme André, ou réaliste, comme Richard ? Expliquez vos goûts et vos préférences et l'influence de votre personnalité sur vos activités.

VOCABULAIRE DE LA LEÇON

NOMS

Noms masculins

l'argent comptant	le chèque	le petit ami
l'argent de poche	le compte courant	le proverbe
le bonbon	le guichet	le semestre
le bruit	le pays	le service
le carnet de chèques		

Noms féminins

la banque	l'économie	la manifestation
la Belle au Bois Dormant	l'étoile	la température
la carrière	la fiche	la tentation
la comptabilité	l'influence	

ADJECTIFS

compris, comprise	économe	pauvre ≠ riche
dépensier, dépensière	fier, fière	réaliste
déterminé, déterminée	glacé, glacée	rêveur, rêveuse

VERBES

1er groupe

dépenser	fermer	réveiller
déposer	regretter	signer
étudier	répéter	toucher

Verbes irréguliers

courir	inscrire	servir
dormir	partir (≠ arriver)	sortir (≠ entrer)

Expressions verbales

avoir les moyens (de)	faire des économies	faire du bruit
faire connaissance (de)		

DIVERS

à mi-temps	debout	mon chéri/ma chérie
avant		

Paul Verlaine

J'ai peur d'un baiser

J'ai peur d'un baiser
Comme d'une abeille.
Je souffre et je veille
Sans me reposer,
J'ai peur d'un baiser.

Pourtant, j'aime Kate,
Et ses yeux jolis.
Elle est délicate
Aux longs traits pâlis.
Oh, que j'aime Kate.

C'est Saint-Valentin
Je dois, mais je n'ose,
Lui dire au matin
La terrible chose
Que Saint-Valentin.

Elle m'est promise
Fort heureusement.
Mais quelle entreprise
Que d'être un amant
Près d'une promise !

J'ai peur d'un baiser
Comme d'une abeille.
Je souffre et je veille
Sans me reposer
J'ai peur d'un baiser.

Exercice poétique

Composez un petit poème de circonstance.

C'est peut-être pour célébrer l'anniversaire de naissance
de quelqu'un que vous aimez ; c'est peut-être pour
célébrer un anniversaire important pour vous ;
c'est peut-être pour une autre occasion, comme,
par exemple, pour exprimer vos sentiments pour
une autre personne.

Bâtissons un château de sable!

- Les verbes du deuxième groupe (**-ir**) comme **finir, réfléchir, fournir**
- Les verbes en **-ir** formés sur des adjectifs, comme (**brun**) **brunir**, (**rouge**) **rougir**, etc.
- La construction de deux verbes avec la préposition **à** ou **de** : **Je commence à parler français. Je finis d'étudier à huit heures.**
- La place du pronom d'objet avec une préposition : **Je commence à le parler. Je finis de l'étudier.**
- L'expression **venir de...** : **Il vient de partir.**

INTRODUCTION

DÉCLARATION ET QUESTION	RÉPONSE
Les verbes du deuxième groupe (**-ir**)	
Cette classe commence à neuf heures et **elle finit** à dix heures. À quelle heure **finit** votre classe précédente ?	**Elle finit** à neuf heures moins dix.

Finissez-vous toujours votre travail le soir ?

Malheureusement, non. Nous le **finissons** souvent le matin. Les étudiants qui le **finissent** le soir ont de la chance !

Quand **réfléchit-on** ?

On réfléchit quand on a un problème difficile. Les jeunes gens **réfléchissent** quand ils font des projets d'avenir.

Bâtit-on beaucoup de maisons dans votre ville ?

Oui, **on en bâtit** beaucoup. Il y a toujours des ouvriers qui **bâtissent** quelque chose.

Réussissez-vous dans les choses que vous faites ?

Je réussis quand je suis bien préparé : dans les sports, dans les études, dans la vie. Les gens qui **réussissent** sont les gens qui travaillent.

Fournissez-vous un grand effort dans cette classe ?

Bien sûr ! **Je fournis** un effort considérable pour apprendre le français !

Les verbes en **-ir** formés sur des adjectifs

Si vous êtes blond (blonde), **vous rougissez** à la plage. Mais si vous êtes brun (brune), **vous brunissez**. Mademoiselle, **rougissez-vous** au soleil ?

Oui, **je rougis**. Il est difficile de **brunir** pour une blonde. Mais **je brunis** un peu après plusieurs jours.

En automne, les feuilles changent de couleur : **Elles jaunissent**, d'autres **rougissent**. Y a-t-il un autre changement au printemps ?

Oui. Au printemps, les arbres changent de couleur aussi : **Ils verdissent**.

Vous êtes grand. **Grandissez-vous** maintenant ?

Non, **je ne grandis pas**. Mais quand on est enfant, **on grandit** vite.

La construction de deux verbes avec une préposition

Vous **commencez à parler** français. **Commencez-vous à aimer** cette classe ?

Oui, **je commence à aimer** cette classe, justement parce que **je commence à parler** français.

Allez-vous continuer à parler français ?

Oui, je vais **continuer à le parler**.

Vous travaillez dans un bureau. À quelle heure **finissez-vous d'y travailler** ?

Je **finis d'y travailler** à sept heures du soir.

Qu'est-ce que **vous oubliez** quelquefois **de faire** ?

J'**oublie** quelquefois **de remonter** ma montre. (Alors, je suis en retard !)

Qu'est-ce que **vous pensez** toujours **à faire** ?

Je **pense** toujours **à déjeuner**, parce que j'ai faim. **Je n'oublie** jamais **de déjeuner ou de dîner** !

venir de...

Qu'est-ce que **vous venez de faire** ?

Nous venons de commencer cette leçon.

EXPLICATIONS

1. Les verbes du deuxième groupe, ou verbes en **-ir**

   Cette leçon présente les verbes réguliers du deuxième groupe, ou verbes en **-ir**. Il y a deux catégories de ces verbes :

   > Les verbes réguliers comme **finir, réfléchir, brunir,** etc. qui ont l'infixe **-iss-**. *
   >
   > Les verbes irréguliers qui ont l'infinitif en **-ir** mais qui n'ont pas l'infixe. Les plus communs de ces verbes sont **dormir, courir, partir, servir, sortir** (Voir Leçon 15, p. 209).

   A. Les verbes réguliers du deuxième groupe avec l'infixe **-iss-**

Exemple : **finir**			
	TERMINAISONS		
AFFIRMATIVE		NÉGATIVE	
je fin **is**	-is	je ne fin **is**	pas
tu fin **is**	-is	tu ne fin **is**	pas
il fin **it**	-it	il ne fin **it**	pas
nous fin **iss** ons	-issons	nous ne fin **iss** ons pas	
vous fin **iss** ez	-issez	vous ne fin **iss** ez	pas
ils fin **iss** ent	-issent	ils ne fin **iss** ent pas	

* This -iss-, which appears in the plural persons of verbs of the second conjugation, is called the inchoative infix (l'infixe inchoatif). It derives etymologically from the -esc- infix found in some Latin verbs, which indicates passage of one state to another; for instance, senescere (to grow old), adulescere (to grow up, or to become adult), florescere (to bloom). This -esc- infix remains unchanged in many English and French words, for instance : adolescent, convalescent, obsolescent, the meaning of which always includes the idea of a process of transformation. Once this is clear, it is easy to understand why the French verbs formed on adjectives (and sometimes on nouns, like **fleurir**) will take this infix. To become red is **rougir**, to become tall is **grandir** for instance, and they are all conjugated like **finir**.

B. L'impératif des verbes en **-ir**

Finis.	Ne finis pas.
Finissons.	Ne finissons pas.
Finissez.	Ne finissez pas.

Finissez votre travail avant le week-end.
Réfléchissez bien, mais **ne réfléchissez pas** trop longtemps.
Ne bâtissez pas de châteaux en Espagne. (*proverbe*)

C. Les verbes en **-ir** formés sur des adjectifs

Beaucoup de verbes en **-ir** sont formés sur des adjectifs. Par exemple, **brun/brunir, rouge/rougir, pâle/pâlir.** Ces verbes sont conjugués comme **finir.**

Voilà quelques adjectifs et les verbes formés sur ces adjectifs :

ADJECTIFS DE COULEUR	VERBE	AUTRES ADJECTIFS	VERBE
blanc/blanche →	blanchir	beau/belle →	embellir
bleu →	bleuir	riche →	enrichir
blond →	blondir	grand * →	grandir
brun →	brunir	jeune →	rajeunir
jaune →	jaunir	pâle →	pâlir
noir →	noircir	sale *to get dirty* →	salir
rouge →	rougir	vieux/vieille →	vieillir *to get old*
vert →	verdir	pauvre →	appauvrir *to get poor*
		réussir to succeed	

* Although it would be very tempting to form a similar verb on **petit**, *the verb* to grow small, *or* to make small, *is* **rapetisser** :

La maison a l'air de **rapetisser** quand la famille **grandit.**

But even in the case of this exception to the rule, note the presence of the -ss- infix.

Les arbres **verdissent** au printemps.
Quand vous avez peur, vous **pâlissez.**
Cette personne a l'air de **rajeunir** et d'**embellir**!
Ne **salissez** pas ce beau livre!

2. **La construction de deux verbes avec une préposition (à ou de)**

La Leçon 14 explique la construction de deux verbes sans préposition:

> **J'aime aller** au cinéma.
> **Je préfère rester** chez moi.
> **Je voudrais** vous **parler.**
> **Je pense aller** en vacances.

Dans cette leçon, vous allez voir que certains verbes demandent une préposition
(**à** ou **de**) devant un autre verbe.

RÈGLE GÉNÉRALE: Quand deux verbes sont employés ensemble, le deuxième
est à l'infinitif.

Certains verbes ont besoin d'une préposition devant un autre verbe. (Pour la
liste de ces verbes, voir Appendice B.)

A. Avec **à**: **commencer à, continuer à, penser à, réussir à, hésiter à,
inviter à, aider à,** etc.

> **J'hésite à** vous **dire** cette mauvaise nouvelle.
> **Vous commencez à parler** français.
> **Pensez à préparer** votre composition pour demain!
> **Continuez à étudier** le français.

B. Avec **de**: **décider de, demander de, dire de, essayer de, finir de,
oublier de, refuser de, venir de,** etc.

> **Oubliez-vous** quelquefois **de fermer** votre porte à clé?
> **Je refuse de sortir** quand il fait très froid.
> **Essayez de goûter** tous les plats français, et **essayez de** les **aimer.**

3. **La place du pronom d'objet avec une préposition: Je commence à le parler.
Vous décidez d'y réfléchir.**

> Commencez-vous **à** aimer cette classe?
> Oui, je commence à l'aimer.
>
> Essayez-vous d'aller au théâtre de temps en temps?
> Oui, j'essaie **d'y** aller quand c'est possible.

Le pronom d'objet est toujours placé directement devant le verbe dont il est l'objet.

	AFFIRMATION	QUESTION	NÉGATION
J'oublie **ma montre**.	Je l'oublie.	L'oubliez-vous ?	Je ne l'oublie pas.
J'oublie de remonter **ma montre**.	J'oublie de **la** remonter.	Oubliez-vous de **la** remonter ?	Je n'oublie pas de **la** remonter.
Tu finis d'écrire **cette lettre**.	Tu finis de **l'**écrire.	Finis-tu de **l'**écrire ?	Tu ne finis pas de **l'**écrire.
Je réussis à faire **des économies**.	Je réussis à **en** faire.	Réussissez-vous à **en** faire ?	Je ne réussis pas à **en** faire.

4. L'expression **venir de** (*to have just*) exprime le passé récent.

> Le directeur ? Oh, je regrette, **il vient de** sortir !
> **Vous venez** juste **d'**étudier les verbes en **-ir**.
> Mes parents **viennent d'**acheter une nouvelle maison.

Le verbe **venir** + **de** + *un autre verbe infinitif* exprime le passé récent, l'action récemment terminée.

EXERCICES ORAUX

1. Quelle est la forme du verbe ?

1. (*finir*)
   Je _____ mon travail.
   Vous _____ vos vacances.
   Ils _____ leur soirée.

2. (*choisir*) to choose
   Il _____ sa couleur favorite.
   Vous _____ une question facile.
   On _____ son plat préféré.

3. (*réfléchir*) to reflect upon
   Vous _____ à la question.
   Nous _____ au problème.
   Elle _____ a son avenir.

4. (*bâtir*) to build
   Les ouvriers _____ des maisons. *workers*
   Tu _____ un château de cartes.
   _____-vous un château en Espagne ?

5. (*punir*) to punish
   Quand _____-on les enfants ?
   La société ~~punit~~ *punit* les criminels.
   Vos parents vous ~~punissent~~ *punissent*-ils ?

6. (*rougir*) to turn red

Kim _____ au soleil.

Ne _____ pas! (Vous êtes ti-mide!)

Les feuilles _____ en automne.
leaves

7. (*obéir*) to obey

Les enfants _____ à leurs pa-rents.

À qui _____ -vous?

On _____ aux lois.

8. (*fournir*)

Je _____ un effort.

Vous _____ les raisons de votre choix.

Nous _____ un effort pour ré-ussir.

9. (*pâlir*) turn pale

Avez-vous peur? Vous _____.

Je _____ quand je vois l'examen.

Ne _____ pas! Il n'est pas dif-ficile.

10. (*réussir*)

_____-vous les plats difficiles?

Je _____ toujours quand j'essaie.

Les gens qui travaillent _____.

2. Répondez à la question.

Exemple: Grandissez-vous?
Oui, je grandis. ou: *Non, je ne grandis pas.*

1. Rougissez-vous au soleil?
2. Pâlissez-vous quand vous avez peur?
3. Brunissez-vous en été?
4. À quelle heure finissez-vous vos classes?
5. Réfléchissez-vous à votre avenir?
6. Salissez-vous vos vêtements?
7. Choisissez-vous vos classes?
8. Obéissez-vous à vos parents?
9. Punissez-vous les enfants impossibles?
10. Bâtissez-vous des châteaux en Espagne?
11. Réussissez-vous les gâteaux compliqués?
12. Bleuissez-vous quand vous avez très froid?

3. Les verbes comme **partir** (Leçon 15) et les verbes comme **finir**

Répondez à la question.

Exemple: À quelle heure partez-vous de la maison le matin?
Je pars à sept heures et demie.

1. Courez-vous si le téléphone sonne?
2. Sortez-vous souvent le soir?
3. Obéissez-vous aux règlements?
4. Brunissez-vous si vous travaillez au soleil?
5. Partez-vous si vous n'aimez pas un film?
6. Réfléchissez-vous quand vous organisez votre journée?
7. Sortez-vous de préférence seul ou en groupe?
8. Finissez-vous vos études cette année?

9. Pâlissez-vous après un long hiver ?

10. Dormez-vous bien en ce moment ?

4. Voilà la réponse. Quelle est la question ?

> Exemple : Naturellement, j'obéis à un agent de la circulation.
> *Obéissez-vous à un agent de la circulation ?*

1. Oui, on bâtit beaucoup de maisons dans mon quartier.
2. Les enfants salissent leurs vêtements.
3. Non, je n'aime pas sortir le soir pendant la semaine.
4. Je vais sans doute très bien dormir ce soir.
5. Je cours aider un ami qui a des difficultés.
6. Les feuilles brunissent en automne.
7. Oui, mon nez rougit quand j'ai froid.
8. Je réfléchis beaucoup quand je prépare mon budget.
9. Il faut certainement punir les gens qui sont coupables.
10. Je pâlis parce que je suis fatigué de cet exercice.

5. La construction de deux verbes avec une préposition

> Exemple : (*finir de*) Je travaille à huit heures du soir.
> *Je finis de travailler à huit heures du soir.*

1. (*commencer à*)
   Il fait froid.
   Il y a de la neige.
   Vous faites des progrès.
   Nous allons faire nos bagages.

2. (*finir de*)
   Nous déjeunons à une heure et quart.
   Vous écrivez une composition.
   Bill répare sa voiture.

3. (*oublier de*) to forget
   Je remercie mon hôtesse.
   Vous partez à l'heure.
   Il vient pour l'examen.

4. (*réussir à*) to succeed
   Vous finissez le premier.
   Il gagne un million.
   Je vais en Europe cette année.
   L'équipe est victorieuse dans le match.

5. (*décider de*)
   Je fais une demande d'emploi.
   On transforme sa vie.
   Vous changez de maison.

6. (*refuser de*)
   Vous écoutez les conseils.
   Je reste ici jusqu'à demain.
   Nous faisons ce travail idiot.

6. Le passé récent (immediate past)

Transformez la phrase au présent en une phrase au passé récent avec **venir de**.

> Exemple : Le courrier arrive.
> *Le courrier vient d'arriver.*

1. J'arrive chez moi.
2. Je regrette. Michel part à l'instant.

3. L'avion arrive à l'aéroport.
4. J'explique les verbes du deuxième groupe.
5. Je réfléchis, et voilà ma décision.
6. On ferme les portes du musée.
7. On sert le dîner.
8. Nous commençons à déjeuner.
9. Vous oubliez de fermer la porte à clé.
10. Nous finissons cet exercice.

CONVERSATION

Demandez à une autre personne de la classe :

1. s'il/si elle finit toujours son travail le soir et pourquoi.
2. s'il/si elle finit un roman policier en un jour et pourquoi.
3. s'il/si elle finit toujours les choses qu'il/elle commence et pourquoi.

4. s'il/si elle réfléchit à son avenir.
5. s'il/si elle réfléchit quand il y a un exercice oral et pourquoi.
6. s'il/si elle réfléchit quand il/elle fait son budget et pourquoi.

7. s'il/si elle salit ses vêtements à l'université ; au travail ; pourquoi.
8. s'il y a de la poussière (*dust*) qui salit sa voiture.

9. s'il/si elle obéit à une autre personne, et à quelle personne (sa femme ? son mari ? ses parents ? son patron [*boss*] ?)
10. s'il/si elle obéit aux règlements de la circulation. Pourquoi ?
11. s'il faut obéir aux lois. Pourquoi ?

12. quand il/elle brunit.
13. quand il/elle pâlit.
14. quand il/elle rougit.

Demandez à une autre personne de la classe de faire une petite description (avec des verbes en **-ir**) :

1. d'une personne blonde au soleil.
2. de la campagne en automne
3. de la campagne au printemps.
4. de la pelouse quand il n'y a pas d'eau.
5. d'un enfant entre l'âge de quatre et de dix ans.

Bâtissons un château de sable!

Les classes finissent au mois de juin, et les vacances viennent de commencer. Pendant tout l'été, la plage est un endroit merveilleux: Il y fait si bon! Beaucoup de jeunes gens et de jeunes filles y viennent, et ils y passent l'après-midi, assis à l'ombre de leur ombrelle de plage, ou allongés au soleil sur une grande serviette de bain.

Naturellement, nos amis Bill, Michel, Kim, Marie-Claude, Roger, Jackie, et Paul y sont. Les voilà, là-bas, qui brunissent au soleil, sauf Kim qui est assise à l'ombre de son ombrelle. La pauvre Kim est blonde, et elle est obligée de faire attention, parce qu'elle rougit au soleil.

Kim: Tu as de la chance, Marie-Claude! Tu brunis au soleil. Moi, je rougis, c'est terrible.

Marie-Claude: C'est parce que tu es blonde. Les blondes et les rousses ne brunissent pas vite. Mais moi, je pâlis en hiver aussi vite que je bronze en été.

Bill: Avez-vous une lettre du Programme International? Moi, je viens de recevoir leur réponse: Le comité me choisit pour l'année en France.

Jackie: Le comité nous choisit aussi, Paul et moi. On demande simplement à Paul de fournir un programme pour les cours qu'il a l'intention de choisir, en France. Kim aussi est acceptée, et Roger aussi!

Bill: Sensas! Alors, nous y allons tous. Maintenant, nous avons besoin de travailler pour faire des économies. Je viens de faire une demande d'emploi comme vendeur dans un grand magasin, le soir et le week-end. Et toi, Paul?

Paul: Moi, je travaille tout l'été dans un camp de vacances. Je suis moniteur, et Jackie est monitrice de travaux manuels. Nous allons faire beaucoup d'économies.

Kim: Je vais être vendeuse dans le même magasin que Bill. Mais je ne vais pas travailler aux mêmes heures que lui. Et toi, Roger?

Roger: Eh bien moi... *(embarrassé)* J'ai une offre pour travailler comme attaché de direction... Oui, ... enfin... dans l'usine de Papa, n'est-ce pas...

Bill: Pauvre Roger! Lui, il commence en haut de l'échelle! Bonne chance, Roger!

MICHEL G. GILBERT, *Plage, près d'Arcachon*

Une plage parfaite pour la construction d'un château de sable.

Michel : J'en ai assez de rester allongé et d'écouter vos histoires. J'ai une idée :
Nous allons bâtir un château de sable.

Marie-Claude : Tiens, c'est une bonne idée. En France, on construit des châteaux
de sable formidables sur les plages. Allons-y.

Michel : Il faut choisir un endroit où le sable est humide. Mais si nous en choisissons
un qui est trop près de l'eau, la marée va démolir notre château. Elle
commence à monter...

Roger : Mais c'est très amusant : Bâtissons un château, et les vagues le démolissent.
C'est très symbolique de l'inutilité des efforts humains.

Bill : Bâtissons-nous notre château, ou écoutons-nous les vues de Roger sur la métaphysique ?

Michel : Silence ! Je suis l'architecte. Vous êtes les ouvriers. L'architecte donne les instructions, et les ouvriers y obéissent. Eh bien, Kim, où vas-tu ?

Kim : Je retourne sous l'ombrelle. J'ai peur du soleil...

Bill : Voyons, Kim, tu ne vas pas fondre au soleil !

Kim : Je n'ai pas peur d'y fondre, j'ai peur d'y attraper un coup de soleil !

Bill : Va à l'ombre, Kim ! Reste rose, blonde et fragile, belle comme une rose !

Kim : Laisse-moi tranquille, Bill ! Je te déteste. Si tu continues à me taquiner, je vais partir.

Roger : Et notre architecte, alors, qu'est-ce qu'il fait ? Oublie-t-il de faire les plans ?

Michel : Non, non, les voilà. Ici, nous bâtissons un mur circulaire, et à l'intérieur de ce mur, nous bâtissons notre château. Très bien, oui, voilà le mur qui grandit ! C'est parfait. Plus haut, plus haut, il faut beaucoup de sable humide.

Bill : Kim, nous avons besoin de toi. Oublie ta beauté pour un instant et viens nous aider à bâtir les tours.

Kim : Je commence à être fatiguée d'écouter tes plaisanteries idiotes, et je te dis zut, zut, et triple zut.

Roger : Attention ! Voilà une vague. Finissons vite ce mur.

Michel : Il faut du sable, beaucoup de sable. Si nous réussissons à finir ce mur, nous sommes victorieux. Vite, vite, les ouvriers !

Mais la deuxième vague arrive trop vite, et la troisième fait un trou dans les fortifications. À la cinquième, le beau château que les jeunes gens viennent de bâtir n'est qu'une masse de sable que la vague suivante emporte complètement. Les jeunes gens, pendant ce temps, sont comme des enfants : animés, les pieds dans l'eau, ils renforcent la construction... Mais c'est fini : La marée réussit toujours contre les châteaux de sable. Et voilà nos amis de nouveau assis sur la plage.

Roger : (*toujours philosophe*) Les hommes ne réfléchissent pas assez à l'inutilité de leurs efforts...

Michel : Oui, Roger, oui... Maintenant, j'ai faim. Avons-nous des sandwichs ?

Jackie : Oui, nous en avons. J'en emporte toujours quand nous allons à la plage. Il y en a pour tout le monde.

Bill : Mais... où est Kim ?

Jackie : Elle est au petit café sur la promenade... La voilà, avec des bouteilles de limonade,* parce que nous oublions toujours d'en emporter.

Bill : (*contrit*) Oh, je regrette ! Kim, ma petite Kim, je suis désolé. Je suis un type impossible ! Vas-tu me punir ? Ou me pardonner ?

Kim : Oh non, je ne vais pas te punir ! Je te pardonne... Bill, mon petit Bill, je regrette, je suis désolée ! Mais je n'ai que six bouteilles de limonade, et nous sommes sept !... Comme c'est dommage !

RÉPONDEZ dans l'esprit de la lecture et avec imagination.

1. **Michel :** Qui est accepté pour le Programme International ?
   Jackie : _____

2. **Marie-Claude :** Qu'est-ce que tu vas faire pour gagner de l'argent, Paul ?
   Paul : _____

3. **Marie-Claude :** Et toi, Jackie ?
   Jackie : _____

4. **Bill :** Moi, je vais travailler comme vendeur aux *Nouvelles Galeries*. Et toi, Kim ?
   Kim : _____

5. **Bill :** Et toi, Roger ?
   Roger : (*embarrassé*) Eh bien, moi, euh, _____

6. **Michel :** Qui voudrait bâtir un château de sable avec moi ?
   André : _____
   Bill : _____
   Kim : _____
   Jackie : _____
   Paul : _____

7. **Bill :** Pourquoi vas-tu sous l'ombrelle, Kim ?
   Kim : _____

8. **André :** Voilà ! Les vagues démolissent toujours les châteaux de sable.
   Paul : _____

9. **Michel :** J'ai faim. Y a-t-il quelque chose à manger ?
   Jackie : _____

10. **Bill :** Où est Kim ?
    Marie-Claude : _____

11. **Bill :** Ah, voilà Kim avec des bouteilles de limonade. Je te remercie Kim, tu es gentille de penser à moi !
    Kim : _____

---

* **des bouteilles de limonade :** la limonade est le terme équivalent à *soda pop*. (Lemonade *is* citronnade. *You may also order a* citron pressé *in which case the waiter brings you a lemon, a squeezer, sugar, and ice water.*)

EXERCICES ÉCRITS

1. Répondez à la question avec un verbe en **-ir**.

> Exemple :   Que faites-vous si vous avez le choix ?
> *Je choisis.*

1. Que faites-vous si vous avez un problème difficile ?
2. Que faites-vous si un enfant est vraiment impossible ?
3. Que faites-vous si un agent de police vous donne un ordre ?
4. Que faites-vous si vous avez sommeil, et vous êtes au lit ?
5. Que faites-vous si vous êtes en retard ?
6. Que faites-vous si vous êtes blond, et vous restez au soleil ?
7. Que font les architectes et les ouvriers ?
8. Que font les gens énergiques et déterminés ?
9. Que font les vagues au château de sable ?
10. Que faites-vous quand il y a deux alternatives possibles ?
11. Un jour, cette dame a l'air d'avoir quarante ans, un autre jour trente. Vieillit-elle ?

2. La construction de deux verbes avec ou sans préposition

A. Complétez la phrase par **à** ou **de**.

1. Il commence _____ faire froid. Je pense _____ aller faire du ski, et je ne vais pas oublier _____ emporter mes skis !
2. Je ne réussis pas _____ lire tous les livres intéressants ! J'essaie _____ en lire un par semaine, mais je refuse _____ passer toutes mes soirées de cette façon.
3. Le Club Méditerranée me demande _____ venir en France pour une interview. On me dit _____ être à Paris dans une semaine.
4. Oubliez-vous _____ emporter votre déjeuner ? Ou _____ fermer votre voiture à clé ? Je vais vous aider _____ y penser !
5. Nous allons continuer _____ étudier le français, et nous allons réussir _____ le parler couramment.

B. Complétez la phrase par **à**, **de**, ou ne mettez pas de préposition s'il n'en faut pas.

1. Je voudrais passer l'été à la plage, et j'espère _____ y aller en juin.
2. En septembre, on commence _____ penser aux classes. Moi, j'aime bien _____ retourner à l'université.
3. Je voudrais _____ rester chez moi ce soir, Je commence _____ lire un roman passionnant et je voudrais _____ le finir.
4. Vous aimez _____ danser, vous aimez _____ sortir le soir. Moi, j'hésite toujours _____ sortir les soirs de semaine.
5. Il faut _____ réfléchir avant de commencer _____ faire une chose difficile.

3. *Révision et incorporation:* Répondez aux questions suivantes avec un pronom **le/la: les, lui/leur, y,** ou **en**.

> Exemple: Les ouvriers bâtissent-ils des maisons?
> *Oui, ils en bâtissent.*

1. Oubliez-vous quelquefois d'emporter vos livres?
2. Réfléchissez-vous aux problèmes de la société?
3. Obéissez-vous aux autorités?
4. Démolit-on les maisons quand elles sont neuves, ou quand elles sont vieilles?
5. Bâtit-on beaucoup de monuments dans votre ville?
6. Brunit-on bien à la plage?
7. Aimez-vous rester allongé au soleil?
8. Espérez-vous faire des choses extraordinaires cet été?
9. Oubliez-vous quelquefois d'aller au marché?
10. Réussissez-vous à faire tout votre travail?
11. Espérez-vous téléphoner à une jeune fille ou à un jeune homme ce soir?
12. Commencez-vous à être fatigué de cet exercice?

4. Exercice sur le vocabulaire de la leçon

    A. La différence entre **allongé, assis,** et **debout***

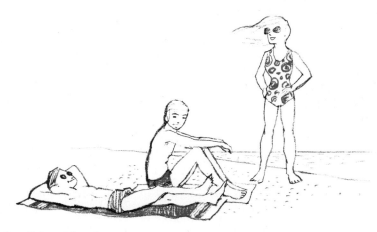

1. J'aime bien être _____ sur mon lit, avec un livre.
2. Détestez-vous rester _____ une heure devant un cinéma?
3. En classe, vous êtes _____ sur une chaise.
4. Restez _____! La classe n'est pas finie.
5. Ne restez pas _____! Voilà une chaise.
6. Les jeunes gens sont _____ sur la plage pour brunir.

---

* **allongé(e)** et **assis(e)** sont des adjectifs, et ils s'accordent avec le nom. **debout** est un adverbe, et invariable.

7. Quand vous êtes malade, la position _____ est plus confortable.
8. Donnez-vous votre place, quand il y a une vieille personne _____ dans l'autobus ?
9. L'autobus est en retard, il fait froid, et je suis _____ au coin de la rue.
10. Il y a trois positions fondamentales pour une personne : _____ (sur une chaise), _____ (sur ses pieds), et _____ (sur son lit, par exemple).

B. Répondez aux questions en employant un terme de la leçon.

1. De quoi la plage est-elle couverte ? Comment est le sable près de l'eau ?
2. Comment s'appelle le mouvement de la mer, deux fois par jour ?
3. Comment s'appelle l'objet qui permet de monter (sur un arbre, en haut d'un mur, par exemple) ? Qu'est-ce qu'on dit à une personne qui commence à travailler dans une situation importante comme Roger ?
4. Comment s'appelle l'endroit où on manufacture des objets (autos, instruments, etc.) ?
5. Qu'est-ce que Kim a peur d'attraper ? Qu'est-ce que c'est ? Expliquez les conséquences de ce petit accident.
6. Quelle est l'exclamation qu'on emploie quand on est furieux ? Et quand on est surpris(e) ?
7. Quel est le contraire d'un **type impossible ?**

5. Répondez aux questions par deux ou trois phrases imaginatives.

(Employez beaucoup de verbes et de pronoms d'objet : **le/la : les, lui/leur, y, en.**)

Exemple :   Qu'est-ce que vous oubliez souvent de faire ?
            J'oublie souvent d'emporter ma clé. Je l'oublie à la maison.

1. Qu'est-ce que vous oubliez souvent de faire ?
2. Qu'est-ce que vous espérez faire ce soir ?
3. Qu'est-ce que vous aimez faire en hiver ? En été ?
4. Préférez-vous déjeuner au restaurant, ou emporter votre déjeuner ?
5. Sortez-vous souvent le soir ? Avec qui ? Où allez-vous ? Pourquoi ?
6. Comment choisissez-vous vos amis ?
7. À quelle heure finissez-vous de travailler le soir ? Pourquoi ?
8. Réussissez-vous à faire tout votre travail ? Pourquoi ?

COMPOSITION ORALE, ÉCRITE, OU DISCUSSION

Une journée idéale, ou au contraire, une journée absolument désastreuse. Quel jour est-ce ? Où êtes-vous ? Quelles sont les personnages de l'histoire ? Quelles sont les aventures ? Quelle est la conclusion ?

(Employez beaucoup de verbes et de pronoms d'objet : **le/la : les, lui/leur, y, en.**)

VOCABULAIRE DE LA LEÇON

NOMS

Noms masculins

l'attaché de direction
le camp de vacances
le comité
le coup de soleil
le courrier
l'effort

le grand magasin
l'infixe
le million
le mouvement
le nez
l'ouvrier

le philosophe
le plan
le règlement
le trou
le vendeur

Noms féminins

l'échelle
la fortification
l'inutilité
la loi
la manufacture
la marée

la masse
la métaphysique
l'offre
l'ombre
l'ombrelle (de plage)
l'ouvrière

la plaisanterie
la poussière
la serviette de bain
l'usine
la vague

ADJECTIFS

accepté, acceptée
animé, animée
circulaire
contrit, contrite
coupable
désastreux, désastreuse
désolé, désolée

embarrassé, embarrassée
énergique
fragile
humain, humaine
humide
malade

neuf, neuve
passionnant, passionnante
précédent, précédente
sensas = sensationnel
symbolique
victorieux, victorieuse

VERBES

1er groupe

aider (à)
attraper
commencer (à)
continuer (à)
décider (de)
demander (de)
essayer (de)

fermer (à clé)
hésiter (à)
inviter (à)
laisser
manufacturer
monter
oublier (de)

pardonner
refuser (de)
remonter
renforcer
réparer
taquiner

2eme groupe

appauvrir ≠ enrichir
bâtir ≠ démolir
blanchir
bleuir
blondir
brunir
choisir
démolir ≠ bâtir
embellir

enrichir ≠ appauvrir
finir ≠ commencer
fleurir
fournir
grandir ≠ rapetisser
jaunir
noircir
obéir (à)
pâlir

punir
rajeunir ≠ vieillir
réfléchir
réussir (à)
rougir
salir
verdir
vieillir ≠ rajeunir

Autres

construire	permettre (de)	venir (de)
dire (de)	recevoir	j'en ai assez
fondre		

ADVERBES

couramment

EXPRESSIONS

comme c'est dommage !   zut !

Un joyeux départ!

- Verbes réguliers du troisième groupe (**-re**) comme **attendre, vendre, entendre, perdre**, etc.
- Verbes irréguliers du troisième groupe, comme **prendre (apprendre, comprendre)** et **mettre**
- Le verbe **savoir** et la construction **savoir faire quelque chose**
- **jouer à** (un sport) et **jouer de** (un instrument)
- **manquer** et **manquer de**

INTRODUCTION

DÉCLARATION ET QUESTION	RÉPONSE

Les verbes réguliers du troisième groupe (**-re**)

Si on est en avance, **on attend. Attendez-vous** souvent ?

J'**attends** quelquefois, mais **on m'attend** aussi souvent.

Écoutez attentivement. **Entendez-vous** un bruit ?

Oui, **j'entends** un bruit de moteur.

Dans un magasin, **on vend** des objets divers. Qui les **vend** ?

Les marchands (ou les vendeurs et les vendeuses) les **vendent**.

Répondez-vous toujours aux questions ?

J'y réponds quand elles ne sont pas difficiles.

L'ascenseur monte et **descend. Descendez-vous** à votre classe de français ?

Non. Elle est au deuxième étage, alors **nous** n'y **descendons** pas. Nous y montons.

Achetez un journal et donnez la monnaie. Le marchand vous **rend** la monnaie. Combien vous **rend-il** ?

Il me **rend** la monnaie d'un dollar (probablement *90 cents*). Mais si je lui donne un franc,* il me **rend** la monnaie d'un franc (environ 50 centimes).

Les verbes irréguliers du troisième groupe

Je prends un imperméable parce qu'il pleut. En **prenez-vous** un aussi ?

Non, **je** n'en **prends** pas. Je préfère **prendre** un parapluie.

Qu'est-ce que **vous apprenez** dans cette classe ?

J'y apprends le français. **Nous** y **apprenons à** parler, à lire, et à écrire le français.

Quelles langues étrangères **comprenez-vous** ?

Je comprends le français et l'espagnol. (Les Américains **comprennent** très bien l'anglais, parce que c'est leur langue maternelle.)

Je mets ma voiture dans le parking le matin, et je l'y laisse toute la journée. Où **mettez-vous** votre voiture ?

Je ne la **mets** pas dans le parking. Je la laisse dans la rue. Mais **je** la **mets** dans le garage le soir.

---

* The exchange rate varies, but the franc is usually worth between $.25 and $.20.

Où les étudiants **mettent-ils** leur livre dans la classe ?

Ils le **mettent** sur la table, devant eux.

Le verbe savoir et savoir faire quelque chose

Savez-vous la bonne nouvelle ?

Non, **je** ne la **sais** pas. La **savez-vous** ?

Oui, **tout le monde** la **sait** ! Nos copains sont acceptés pour le Programme International !

Le **savent-ils** ? S'ils ne le **savent** pas, je vais leur dire cette bonne nouvelle.

Savez-vous jouer de la guitare ?

Non, **je** ne **sais** pas **en** jouer. Mais **je sais jouer du** piano, **de la** flûte. **Je sais jouer au** baseball et **au** football, et **j'apprends à jouer au** tennis parce que **je voudrais savoir y** jouer.

EXPLICATIONS

1. **Les verbes réguliers du troisième groupe, les verbes en -re**

   A. Voilà quelques verbes du troisième groupe :

   > **attendre** (*to wait for*)   Si vous êtes en avance, **vous attendez.**
   > **entendre** (*to hear*)   Écoutez ! Qu'est-ce qu'**on entend** ?
   > **vendre** (*to sell*)   Bill voudrait **vendre** sa voiture.
   > **répondre** (*to answer*)   Le téléphone sonne. **Répondez** vite !
   > **descendre** (*to descend, to go down, to come down*)   **Vous descendez** du premier étage au rez-de-chaussée.
   > **rendre** (*to return, to give back*)   Il faut **rendre** les livres de la bibliothèque.
   > **interrompre** (*to interrupt*)   **Vous interrompez** le professeur quand vous avez une question à poser.
   > **perdre** (*to lose*)   Les gens distraits **perdent** souvent leurs affaires.

   B. La conjugaison de ces verbes

Exemple : **attendre**	
AFFIRMATIVE	NÉGATIVE
j' attend s	je n' attends pas
tu attend s	tu n' attends pas
il attend	il n' attend pas
nous attend ons	nous n' attendons pas
vous attend ez	vous n' attendez pas
ils attend ent	ils n' attendent pas

PETITE EXCEPTION : Le verbe **interrompre** a un **-t** à la troisième personne : **il interrompt**.

PRONONCIATION : Remarquez la prononciation de la troisième personne : **vend-il ? attend-il ? rend-il ? descend-il ?** etc. Le **d** final de la troisième personne est prononcé comme un **t** dans la liaison.

2. **Les verbes irréguliers du troisième groupe**

A. **prendre** (*to take*) **et ses composés : apprendre** (*to learn*) **et comprendre** (*to understand*)

prendre	apprendre	comprendre
je prends	j' apprends	je comprends
tu prends	tu apprends	tu comprends
il prend	il apprend	il comprend
nous prenons	nous apprenons	nous comprenons
vous prenez	vous apprenez	vous comprenez
ils prennent	ils apprennent	ils comprennent

REMARQUEZ : Il n'y a pas de **d** au pluriel.

prendre

On prend l'autobus, le train, l'avion, sa voiture.
Vous prenez un manteau quand vous avez froid.
On prend quelque chose (à boire ou à manger). **On prend** une tasse de café, **on prend** un verre de vin, **on prend** un apéritif, **on prend** un sandwich.
On prend un billet. (*You buy a ticket.*)

apprendre

> J'apprends le français.
> On regarde la télévision pour **apprendre** les nouvelles.
> **Un enfant apprend** à lire et à écrire.
> **Nous apprenons** à contrôler nos émotions.

comprendre

> **Comprenez-vous** le français ?
> **Les gens** ne **comprennent** pas les langues étrangères.
> **Mes parents** ne me **comprennent** pas !

B. Remarquez la construction de **apprendre** : **On apprend quelque chose** et **on apprend à faire quelque chose.**

> **Vous apprenez** les nouvelles le matin à la radio.
> **Nous apprenons** le français dans cette classe.

Et quand il y a deux verbes :

> **Nous apprenons à parler** français dans cette classe.
> **Vous apprenez à lire** à l'école primaire.

C. **mettre** (*to put, to place*) et ses composés : **permettre** (*to permit, to allow*) et **promettre** (*to promise*)

mettre	permettre	promettre
je mets	je permets	je promets
tu mets	tu permets	tu promets
il met	il permet	il promet
nous mettons	nous permettons	nous promettons
vous mettez	vous permettez	vous promettez
ils mettent	ils permettent	ils promettent

REMARQUEZ :   Il y a deux **t** au pluriel.

mettre

> **On met** ses affaires en ordre.
> Ne **mettez** pas votre parapluie dans le coin. Vous allez l'oublier !
> À Noël, **les enfants mettent** leurs souliers devant la cheminée.

permettre

> **Le travail** vous **permet** d'être indépendant.
> **Permettez !** Je passe devant vous.

promettre

> **Le Club Méditerranée** vous **promet** des bonnes vacances.
> **Vous promettez** d'écrire à vos amis. (Le faites-vous ?)

3. L'impératif des verbes du troisième groupe

A. Verbes réguliers : **attendre**

AFFIRMATIF	INTERROGATIF
Attends	N'attends pas
Attendons	N'attendons pas
Attendez	N'attendez pas

B. Verbes irréguliers : **prendre, mettre**

Prends	Mets
Prenons	Mettons
Prenez	Mettez

Attends un instant : J'arrive.
N'attendons pas, ils ne vont pas venir.
Prenons l'avion pour aller à New-York. Le train est trop lent, **ne** le **prenons pas**.

4. Le verbe **savoir** (*to know a fact ; to be aware ; to be informed ; to know how to do something*)

A. La conjugaison de **savoir**

AFFIRMATIVE	INTERROGATIVE
je sais *	est-ce que je sais ?
tu sais	sais-tu ?
il sait	sait-il ?
nous savons	savons-nous ?
vous savez	savez-vous ?
ils savent	savent-ils ?

B. Les usages de **savoir**

1. **On sait quelque chose.**

Vous savez le français, mais **vous savez** mieux l'anglais.
Savez-vous si notre avion est à l'heure ?
Savez-vous la réponse ?

---

* *The form* **Que sais-je ?** (*What do I know ?*) *has remained in the language since Montaigne, the sixteenth-century philosopher, had the motto engraved on the beam in his study to sum up his skepticism. Montaigne's motto has since become the title of an important collection of informative booklets published by* Les Presses Universitaires de France. *The collection* **Que sais-je ?** *contains more than a thousand titles.*

2. **On sait faire quelque chose.**

> **Savez-vous nager?** Oui, **je sais nager.**
> Qu'est-ce que **vous savez faire?** **Je sais lire, écrire, conduire, taper** à la machine.

3. **on sait jouer du (de la/de l')** (pour un instrument de musique)

> **Savez-vous jouer du** piano? Non, mais **je sais jouer de la** guitare et **de** l'accordéon.

4. **on sait jouer au (à la/à l')** (pour un jeu ou un sport)

> **Je sais jouer aux** cartes, mais **je ne sais pas jouer au** bridge. **Je sais** bien **jouer aux** échecs.
> **Savez-vous jouer au** tennis? **au** football? **au** rugby?

5. **Le verbe manquer** (*to miss, to lack*)

> A.　J'ai peur de **manquer** l'avion. (*to miss*)
> Si on est en retard, **on manque** le commencement du film.
> Il ne faut pas **manquer** la classe!
> Ne **manquez** pas ce programme à la télévision.

> B.　Cet acteur **manque de** talent. (*lacks*)
> Je **manque** d'argent pour faire un grand voyage.
> **Vous** ne **manquez** pas **de** bon sens!

REMARQUEZ:　Comment dit-on: *I miss you?* On dit: **Vous me manquez.** (Littéralement, *you are lacking to me.*)

EXERCICES ORAUX

1.　Quelle est la forme correcte du verbe?

　　1. (*attendre la fin de la classe*)

　　　J'_____.
　　　Elles *attend*.
　　　On _____.

　　2. (*entendre un bruit de moteur*)

　　　Tu _____.
　　　Nous *entendons*
　　　Ils _____.

　　3. (*vendre sa voiture*) [sell]

　　　Vous _____.
　　　Tu _____.
　　　Il _____.

　　4. (*rendre la monnaie*) [giveback change]

　　　On _____.
　　　Vous _____.
　　　Nous _____.

　　5. (*interrompre mon travail*)

　　　J'_____.
　　　Il _____.
　　　Ils _____.

　　6. (*descendre de sa chambre*)

　　　Je _____.
　　　Il _____.
　　　Vous _____.

7. (*prendre l'avion*)

Tu _____.
On _____.
Nous _____.

9. (*apprendre la musique*)

J'_____.
Nous _____.
Ils _____. *promise*

8. (*mettre ses affaires en ordre*)

Il _____.
Nous _____.
Vous _____.

10. (*pro~~mettre~~ des changements*) *promise*

Vous _____.
Ils _____.
Nous _____.

2. Répondez à la question par la forme correcte du verbe et le pronom approprié.

Exemple : Perdez-vous votre clé quelquefois ?
Oui, je la perds quelquefois.

1. Répondez-vous au téléphone ?
2. Attendez-vous la fin de l'année ?
3. Vendez-vous vos vieux livres ?
4. Descendez-vous l'escalier ?
5. Entendez-vous ce bruit ?
6. Rendez-vous les livres ? *Je les rend*
7. Interrompez-vous le professeur ?
8. Répondez-vous aux questions ?
9. Apprenez-vous la leçon ?
10. Prenez-vous l'avion ?
11. Comprenez-vous la question ?
12. Mettez-vous le livre devant vous ?
13. Promettez-vous la lune ?
14. Manquez-vous la classe ?
15. Vendez-vous des livres ?
16. Descendez-vous dans la rue ?
17. Entendez-vous des bruits bizarres ?
18. Prenez-vous une tasse de café ?
19. Apprenez-vous des choses difficiles ?
20. Répondez-vous à vos amis ?
21. Comprenez-vous les exercices ?
22. Perdez-vous quelquefois la tête ?
23. Attendez-vous de l'argent cette semaine ?
24. Interrompez-vous les remarques stupides ?

3. Répondez aux questions suivantes, qui sont formulées avec deux verbes. Donnez deux réponses : la première sans pronom d'objet, la deuxième avec un pronom d'objet.

Exemple : Apprenez-vous à jouer *d'un instrument* ?
Oui, j'apprends à jouer d'un instrument.
Oui, j'apprends à en jouer.

1. Apprenez-vous à écrire *des essais* ?
2. Savez-vous bien faire *la cuisine* ?
3. Commencez-vous à comprendre *les bandes* ?
4. Aimez-vous apprendre *le français* ?
5. Préférez-vous attendre *les gens* ou être en retard ?
6. Allez-vous vendre *vos vieux livres* ?
7. Savez-vous très bien jouer *au tennis* ?
8. Apprenez-vous à comprendre *les gens* ?
9. Voudriez-vous savoir beaucoup *de langues* ?
10. Aimez-vous apprendre *des choses nouvelles* ?
11. Allez-vous prendre *l'avion* ?
12. Oubliez-vous quelquefois de prendre *vos affaires* ?

4. Voilà la réponse. Quelle est la question ?

> Exemple : Je prends mon imperméable.
> *Qu'est-ce que vous prenez quand il pleut ?*

1. J'attends l'autobus.
2. Oui, je prends ma voiture aujourd'hui.
3. Non, merci, je n'ai pas envie de prendre un verre.
4. Non, je ne perds pas souvent mes affaires.
5. Non, je ne comprends pas ce que vous dites.
6. Oui, je vais vous rendre votre disque demain.
7. Non, je ne sais pas jouer de la guitare.
8. Non, je ne prends pas de crème dans mon café.
9. Pour mon déjeuner ? Je vais simplement prendre un sandwich et un café.
10. Oui, je mets toujours mon argent à la banque.

CONVERSATION

Demandez à une autre personne de la classe :

1. s'il/si elle entend un bruit.
2. s'il/si elle entend de la musique.
3. s'il/si elle entend des voix.
4. s'il/si elle entend un avion.
5. s'il/si elle entend des oiseaux.

6. s'il/si elle répond aux insultes. (Si oui, ce qu'il/elle fait.)
7. s'il/si elle répond aux compliments. (Si oui, ce qu'il/elle fait.)
8. s'il/elle aime répondre au téléphone et pourquoi.
9. s'il/si elle aime répondre aux questions du professeur.
10. s'il/si elle répond toujours en français.

11. s'il/si elle perd quelquefois ses affaires. (Si oui, quoi ?)
12. pourquoi il/elle perd ses affaires.

13. s'il/si elle perd du temps quelquefois.
14. s'il/si elle perd la tête. Quand ? Pourquoi ?

15. ce qu'on vend dans une librairie ?
16. ce qu'on vend dans un magasin d'alimentation.
17. ce qu'on vend dans un grand magasin.
18. s'il/si elle vend ses livres à la fin du semestre (ou du trimestre, ou de l'année).

19. ce qu'il/elle prend pour son petit déjeuner.
20. s'il/si elle prend du sucre et de la crème dans son café (ou dans son thé).
21. s'il/si elle prend un apéritif avant le dîner.
22. s'il/si elle prend un verre de vin avec son dîner.

23. ce qu'il/elle apprend à l'université cette année.
24. s'il/si elle comprend les bandes au laboratoire.
25. s'il/si elle met sa voiture dans le parking ou s'il/si elle la laisse dans la rue.
26. s'il/si elle promet de changer. (Si oui, à qui le promet-il/elle ? Comment va-t-il/elle changer ?)

27. ce qu'il/elle sait faire.
28. ce qu'il/elle ne sait pas faire.
29. ce qu'il/elle voudrait savoir faire.
30. ce qu'il/elle apprend à faire maintenant.

Un joyeux départ!

Nous sommes à l'aéroport Charles de Gaulle. C'est le nouvel aéroport, près de Paris, qui est l'endroit de départ et d'arrivée des avions à destination d'outre-mer et d'ailleurs.

C'est un énorme bâtiment circulaire. On laisse les voitures dans le parking en haut, et on descend, en ascenseur, jusqu'au niveau Départ. Là, chaque ligne aérienne a son comptoir. Si les voyageurs ont déjà leur billet, les employés le vérifient. Sinon, les voyageurs le prennent au comptoir. Les employés prennent aussi les bagages et les pèsent. On a droit à vingt kilos par personne.

Il y a toujours une foule pittoresque : des voyageurs qui arrivent de tous les pays du monde, ou qui attendent l'heure de leur départ, des pilotes ou des hôtesses de l'air dans l'uniforme de leur ligne.

Souvent, un signal musical interrompt les conversations, et on entend un haut-parleur qui donne un renseignement pour les passagers, souvent répété dans une ou deux langues étrangères : L'avion de Londres, vol 22, est en retard. On annonce son arrivée pour quinze heures au lieu de quatorze heures quarante-cinq. *Mais la voix du haut-parleur n'est pas claire, et les gens ne la comprennent pas toujours. Alors, ils demandent aux employés qui répondent toujours poliment, dans une langue ou une autre. Ils en savent généralement plusieurs.*

Voilà M. et Mme Lanier qui descendent de l'ascenseur avec leurs bagages. Ce sont les parents de Marie-Claude qui est étudiante aux États-Unis pour un an. Mme Lanier est enchantée, mais un peu nerveuse. M. Lanier voudrait avoir l'air calme, mais il est un peu nerveux aussi.

Mme Lanier : Mon dieu, c'est toujours la même chose ! Je perds toujours une valise... Et les billets ? Les as-tu, Albert ? Tu oublies toujours d'emporter quelque chose !

M. Lanier : Voyons, ma chérie, du calme. La valise est là, avec les autres. Et j'ai les billets dans mon portefeuille.

Mme Lanier : Sommes-nous en retard ? J'ai peur de manquer l'avion.

M. Lanier : Nous avons plus d'une heure devant nous, et nous n'allons pas le manquer. Tout va bien.

JACQUES VILLON, *Orly*   Galerie Louis Carré, Paris
Une suggestion d'avions, de lumières, de mouvement mécanique. C'est la vision d'un aéroport,
du peintre Jacques Villon.

Mme Lanier : Où est le comptoir d'Air France ? Ah, ce plan circulaire ! Le voilà !
(*à l'employé*) Monsieur, est-ce que le vol 215 pour New-York est à l'heure ?

L'employé : Oui, Madame, il est à l'heure. Le départ est à dix-sept heures trente.
Avez-vous vos billets ? Ah, vous les avez, Monsieur ? Et vos bagages ?
Bien. Mettez les valises là. Vous avez une bonne heure avant l'embarque-
ment. Si vous aimez mieux attendre dans la salle d'attente, elle est à gauche.
Mais si vous désirez prendre quelque chose, les bars, les cafés, et les
restaurants sont au sous-sol.

*À ce moment, on entend des voix joyeuses qui crient : « Papa ! Maman ! » Ce sont
les enfants des Lanier, Annick et Toto, accompagnés de leur oncle Guy et de leur
tante Élisabeth. (Le petit cousin est là aussi. Il est insupportable, mais on l'emmène
partout.) Annick et Toto vont rester chez leur oncle et leur tante pendant le voyage
de leurs parents, mais, surprise !, ils viennent dire au revoir à leurs parents avant
leur départ.*

Mme Lanier : Toto ! Annick ! Guy ! Élisabeth ! Quelle bonne surprise ! Pourquoi
venir ? C'est si compliqué !

L'oncle Guy : Au contraire. C'est une bonne occasion pour les enfants de visiter le nouvel aéroport. Il est fantastique ! C'est le vingt-et-unième siècle !

21ˢᵗ century

M. Lanier : Descendons au café prendre quelque chose. Tu prends un apéritif, Guy ? Et toi, Élisabeth ?

Mme Lanier : Un apéritif, aussi, pour nous, n'est-ce pas, Élisabeth ? Et les enfants prennent généralement une pâtisserie et un chocolat au lait, à cette heure... Mais j'ai peur de ne pas entendre le haut-parleur. (*à l'employé*) Monsieur, l'entend-on, dans le café ?

L'employé : On l'y entend très bien, Madame.

Les enfants : Voilà un ascenseur. Descendons vite !

Maintenant, la famille est installée dans les bons fauteuils du Café Air France. Tout le monde parle, fait des plaisanteries.

L'oncle Guy : Eh, dis donc, Albert, tu vas apprendre à parler américain. Tu vas le parler comme un cowboy de cinéma !

M. Lanier : (*piqué*) Oh, tu sais, Guy, je parle déjà pas mal...

Mme Lanier : Il parle très bien, seulement il y a deux petits problèmes : Il ne comprend pas les gens et les gens ne le comprennent pas. Autrement, c'est parfait.

La tante Élisabeth : Ne taquine pas ton mari, Geneviève. Tiens, nous avons un petit cadeau pour Marie-Claude. Ce n'est qu'un petit chèque, mais c'est toujours utile. Qu'est-ce qu'elle apprend, là-bas ?

M. Lanier : Oh, des tas de choses ! Elle apprend l'américain, l'informatique, la gestion des affaires... Elle apprend même à jouer au baseball.

L'oncle Guy : (*impressionné*) Une vraie Américaine, quoi !

Le petit cousin : Je trouve le temps long... Quand vont-ils partir, l'oncle et la tante ?

(*Justement, on entend le haut-parleur qui annonce :* Les voyageurs pour New-York, vol direct numéro 215, à bord, s'il vous plaît.)

L'oncle Guy : Ah, c'est votre avion. Laisse, je vais payer les consommations. Mademoiselle, avez-vous la monnaie de cinq cents francs ?

La serveuse : Voilà, Monsieur, je vous la rends tout de suite. Votre addition est quarante-deux francs, pourboire compris.

M. Lanier : Prends tes affaires, Geneviève. Allez, les enfants, il faut dire au revoir, maintenant.

La tante Élisabeth : Embrassez Marie-Claude pour nous. Elle nous manque beaucoup.

Annick : Elle me manque aussi. Et dis à Marie-Claude que je promets de ne pas la taquiner, à son retour.

Toto : Dis à Marie-Claude que je voudrais bien aller en Amérique, moi aussi.

Le petit cousin : Moi, elle ne me manque pas, Marie-Claude !

L'oncle Guy : Allez, il faut partir. Faites un bon voyage. Les enfants sont en bonnes mains. Embrassez bien la nièce. Eh, Albert, tu me rapportes un chapeau de cowboy ?

Mme Lanier : Au revoir, mes enfants, à bientôt !

RÉPONDEZ dans l'esprit de la lecture et avec imagination.

1. **La tante Élisabeth :** Annick et Toto, voudriez-vous aller à l'aéroport dire au revoir à Papa et à Maman ?
   Annick : _____

2. **Le petit cousin :** Moi, je n'ai pas envie d'y aller.
   L'oncle Guy : _____

3. **La tante Élisabeth :** À quelle heure part leur avion, Guy ?
   L'oncle Guy : _____

4. **Toto :** Pourquoi est-ce que Papa et Maman ne nous emmènent pas en Amérique ?
   Annick : _____

5. **Toto :** (*dans la voiture*) Où est l'aéroport ? Comment s'appelle-t-il ?
   L'oncle Guy : _____

6. **Annick :** (*dans l'aéroport*) Tiens, voilà Papa et Maman là-bas, devant un comptoir. Maman est très chic !
   La tante Élisabeth : _____

7. **M. Lanier :** Vous êtes gentils de venir nous dire au revoir. Mais quelle complication pour vous !
   L'oncle Guy : _____

8. **Mme Lanier :** Une pâtisserie et une tasse de chocolat au lait, les enfants ?
   Annick : _____
   Toto : _____
   Le petit cousin : _____

9. **Toto :** Est-ce que tu sais parler américain, Papa ?
   M. Lanier : _____

10. **Mme Lanier:** Allons-nous entendre le haut-parleur, dans le café ?
    M. Lanier: ⸺

11. **Mme Lanier:** Qu'est-ce qu'il faut dire à Marie-Claude de votre part ?
    La tante Élisabeth: ⸺
    L'oncle Guy: ⸺
    Annick: ⸺
    Toto: ⸺
    Le petit cousin: ⸺

EXERCICES ÉCRITS

1. Les verbes (*Récapitulation*)

   Répondez par la forme correcte du verbe. (Réponse négative ou affirmative, et employez un pronom d'objet quand il est approprié.)

   1. Comprenez-vous bien ?
   2. Savez-vous lire ?
   3. Apprenez-vous les sciences ?
   4. Attendez-vous des nouvelles ?
   5. Interrompez-vous la classe ?
   6. Vendez-vous vos vieux disques ?
   7. Mettez-vous des fleurs dans la maison ?
   8. Réussissez-vous vos desserts ?
   9. Choisissez-vous votre place ?
   10. Prenez-vous l'apéritif ?
   11. Perdez-vous vos bagages ?
   12. Descendez-vous l'escalier ?
   13. Rendez-vous la monnaie ?
   14. Répondez-vous aux lettres ?
   15. Allez-vous à New-York ?
   16. Faites-vous du sport ?
   17. Êtes-vous fatigué ?
   18. Avez-vous envie de café ?
   19. Venez-vous tous les jours ?
   20. Lisez-vous des romans ?
   21. Permettez-vous tout aux enfants ?

2. Formulez une question logique.

   Exemple :   Oui, j'apprends à jouer de la guitare.
   Apprenez-vous à jouer d'un instrument ?

   1. À l'université, j'apprends à comprendre la vie et les gens.
   2. De ma chambre, j'entends le bruit de la rue.
   3. Non, je ne réponds pas au téléphone si je suis occupé.
   4. Je descends de l'autobus au coin de la dixième rue.
   5. Non, merci. Je ne prends pas de beurre avec mon pain.
   6. Oh, non, je ne mets pas d'eau dans mon vin.
   7. Oh, c'est parce que je perds souvent mes parapluies.
   8. Non, je ne manque pas souvent la classe.
   9. Oui, vous me manquez quand vous êtes absent.
   10. Excellente idée. Je ne sais pas jouer au bridge.

3. Répondez aux questions suivantes par une ou deux phrases complètes et imaginatives.

> Exemple : Quand êtes-vous calme ?
> *Je suis calme quand mon travail est bien organisé et mes affaires sont en ordre.*

1. Quand êtes-vous nerveux(-se) ?
2. Quand manquez-vous une classe ?
3. Comprenez-vous des langues étrangères ?
4. Que fait un employé de ligne aérienne ?
5. Q'est-ce que vous savez faire ? Qu'est-ce que vous ne savez pas faire ?
6. Qu'est-ce qu'on apprend à l'école primaire ?
7. Savez-vous jouer à un jeu ou à un sport ?
8. Savez-vous jouer d'un instrument de musique ?
9. Qui vous manque en ce moment ?

4. Exercice sur le vocabulaire de la leçon

Comment s'appelle :

1. l'objet, dans votre poche ou votre sac, où vous mettez vos papiers ?
2. l'étage d'un bâtiment qui est sous le rez-de-chaussée ?
3. le total de vos dépenses, dans un café ou un restaurant ?
4. l'argent que vous rend la serveuse dans un café ?
5. l'argent que vous donnez à la serveuse, en supplément ?
6. ce que vous buvez (ou mangez) dans un café ?
7. les pays qui sont de l'autre côté de la mer ?
8. la machine qui amplifie la voix, la musique, etc. ?
9. la pièce où on attend (chez le docteur, dans un aéroport, etc.) ?
10. le contraire de *l'arrivée* ?
11. la science de l'organisation et de la direction des affaires commerciales ?
12. la science de la communication et de la transmission des informations ?
13. *to kiss* ?

5. Comment dit-on, en français :

1. *I miss you.*
2. *Do you miss me ?*
3. *He misses you.*
4. *We miss them.*
5. *I hope you are not going to miss me !*
6. *Do not miss your train.*
7. *When do you miss class ?*
8. *Do you lack money ?*
9. *Do you miss your friends ?*
10. *Kiss Jackie for me.*

COMPOSITION ORALE, ÉCRITE, OU DISCUSSION

1. **Vous faites un voyage** (seul(e), ou avec votre famille, ou avec des amis, ou un(e) ami(e)). Racontez les préparatifs et le départ. Quelle est l'attitude de

chaque personne? Est-ce que quelqu'un est nerveux ou oublie d'emporter quelque chose? Racontez le voyage.

2. **Une scène typique dans votre famille.** (Avez-vous un petit cousin insupportable ou gentil? une tante favorite? un oncle amusant? une grand-mère généreuse? Racontez.)

3. **Imaginez l'arrivée de M. et Mme Lanier aux États-Unis,** leur rencontre avec Marie-Claude, et leur conversation avec elle (et ses amis, peut-être).

VOCABULAIRE DE LA LEÇON

NOMS

Noms masculins

l'accordéon
l'aéroport
l'apéritif
le billet
le bon sens
le calme
le comptoir
le cowboy
le départ
les échecs (*pl.*)
l'embarquement

le football
l'imperméable
le jeu
le marchand
le moteur
le niveau
l'oiseau
le passager
le pilote
le portefeuille

le pourboire
le préparatif
le rugby
le siècle
le signal
le soulier
le sous-sol
le tas
l'uniforme
le voyageur

Noms féminins

l'arrivée
la consommation
la destination
la flûte
la gestion
l'informatique
l'insulte

la librairie
la ligne aérienne
la lune
la marchande
la monnaie
la passagère
la pâtisserie

la rencontre
la salle d'attente
la serveuse
la valise
la voix
la voyageuse

ADJECTIFS

accompagné, accompagnée
étranger, étrangère
fantastique
généreux, généreuse

impressionné, impressionnée
installé, installée
musical, musicale
nerveux, nerveuse

piqué, piquée
plusieurs (*pl.*)
répété, répétée

VERBES

1er groupe

amplifier
contrôler
crier

embrasser
manquer
peser

rapporter
taper
vérifier

3eme groupe

attendre	interrompre	répondre
descendre	perdre	vendre
entendre	rendre	

Irréguliers

apprendre	permettre	promettre
comprendre	prendre	savoir
mettre		

Expression

avoir droit à

ADVERBES

à bord	autrement	poliment
ailleurs	outre-mer	sinon (*conj.*)

Bienvenue dans la Belle Province

- Les verbes irréguliers **voir, croire, vouloir, pouvoir, conduire**
- La place de deux pronoms d'objet employés ensemble : **je le lui donne, il me le donne, je lui en parle,** etc.
- La négation de l'infinitif : **Je préfère ne pas y aller.**

INTRODUCTION

DÉCLARATION ET QUESTION	RÉPONSE

Les verbes voir, croire, vouloir, pouvoir, conduire

Je regarde par la fenêtre : **Je vois** des arbres, la pelouse, un autre bâtiment. Que **voyez-vous** par l'autre fenêtre ?	**Je vois** des gens, la rue, des voitures. Mais si notre place est loin de la fenêtre, **nous** ne **voyons** que le ciel.

J'entends souvent des nouvelles, mais **je** ne **crois** pas tout ce que j'entends. **Croyez-vous** tout ce que vous entendez ?

Non, **je** ne **crois** pas tout ce que j'entends. (Mais les étudiants **croient** ce que le professeur leur dit !)

Je suis étudiant. **Je veux** être médecin un jour. Que **voulez-vous** être ?

Je veux être artiste. **Mon frère veut** être avocat. **Nous voulons** tous être heureux et utiles.

Peut-on aller en France en voiture ?

Non, **on ne peut** pas. Mais **vous pouvez** acheter une voiture en France. **Les gens** qui ne **peuvent** pas acheter de voiture **peuvent** prendre le train.

Savez-vous **conduire** ?

Oui, je sais **conduire**, et **je conduis** bien. Presque tout le monde apprend à **conduire**. Les Européens et les Américains **conduisent** beaucoup : Ils vont au travail et en vacances en voiture.

La place de deux pronoms d'objet employés ensemble

Je donne ce livre à Roger. Je **le lui** donne. **Lui** donnez-vous votre livre aussi ? **Le lui** donnez-vous ?

Oui, je **le lui** donne. (*ou* : Non, je ne **le lui** donne pas, il n'en a pas besoin.)

Roger, est-ce que je **vous** donne ce livre ?

Oui, vous **me le** donnez (*ou* : Non, vous ne **me le** donnez pas.)

Vous demandez le numéro de téléphone de Kim. Elle **vous le** donne. **Vous le** donne-t-elle ?

Oui, elle **me le** donne. (*ou* : Non, elle ne **me le** donne pas.) Si elle me demande mon adresse, je **la lui** donne avec plaisir.

Je mets mes livres dans ma serviette. Je **les y** mets. **Les y** mettez-vous ?

Je **les y** mets aussi quand j'en ai une.

Vous demandez de l'argent à votre père. Vous **lui en** demandez. **Lui en** demandez-vous souvent ?

Non, je ne **lui en** demande pas souvent. Je ne **lui en** demande que dans les cas d'urgence.

Vous en donne-t-il ?	Oui, il **m'en** donne un peu. Mais il **me** donne aussi des conseils, il **m'en** donne beaucoup.
Dites-vous toujours la vérité à vos amis ?	Je **la leur** dis quand elle est agréable. Autrement, je n'aime pas beaucoup **la leur** dire. Si quelque chose est désagréable, je préfère ne pas **leur en** parler.

La négation du verbe infinitif

Préférez-vous aller au cinéma ce soir ?	Je préfère **ne pas y aller** ce soir parce que j'ai du travail.
Aimez-vous mettre vos livres dans une serviette ?	Je préfère **ne pas les y mettre**, parce que la serviette est plus lourde que les livres. (Je voudrais **ne pas avoir** de livres ! Peut-on **ne pas lire** et être un bon étudiant ?)

EXPLICATIONS

1. Le verbe **voir** (*to see*)

je vois	nous voyons
tu vois	vous voyez
il voit	ils voient

Voyez-vous cet oiseau, là-bas ?
Je cherche ma clé, mais **je** ne la **vois** pas.
Nous allons **voir** un film au cinéma.
J'aime aller **voir** mes amis.

REMARQUEZ : On dit : « **Je vais voir** mes amis » (*I am going to visit my friends*). Mais on dit : « Je visite une ville, un monument, un pays ». On ne dit pas : « ~~Je visite mes amis~~ ».

2. Le verbe **croire** (*to believe*)

je crois	nous croyons
tu crois	vous croyez
il croit	ils croient

Je crois qu'il va pleuvoir.
Croyez-vous tout ce que vous entendez?
Nous croyons que le français est important.
Je crois savoir le français. (*deux verbes*)
Je crois savoir parler français. (*trois verbes*)

REMARQUEZ: On emploie souvent le verbe **croire** au sens de *to think*:

Je crois que Bill est malade: Il est absent aujourd'hui.

3. Le verbe **vouloir** (*to want*)

Vous savez déjà employer les formes **je voudrais, voudriez-vous**? (*I would like, would you like?*). Ces formes sont, en réalité, le conditionnel du verbe **vouloir**. On les emploie pour exprimer un désir. Voilà la conjugaison du verbe **vouloir** au présent:

je veux	nous voulons
tu veux	vous voulez
il veut	ils veulent

Le professeur dit: «Je **veux** votre composition demain.»
Voulez-vous dîner avec moi?
Je voudrais prendre la voiture de mes parents, mais **ils** ne **veulent** pas.

REMARQUEZ: Il y a une différence entre **je veux** (*I want*) et **je voudrais** (*I would like*).

Je voudrais voir un bon film mais **je** ne **veux** pas voir de film triste.

4. Le verbe **pouvoir** (*can; to be able to; may*)

je peux (*ou*: je puis, *plus rare*)	nous pouvons
tu peux	vous pouvez
il peut	ils peuvent

Est-ce que **je peux** sortir ce soir?
Non, **vous** ne **pouvez** pas sortir ce soir, parce que vous avez un examen à préparer.
Peut-on prendre l'avion d'Air Canada pour aller au Canada? Oui, **on peut** le prendre de Paris à Montréal.

REMARQUEZ: La différence de sens, importante en français, entre:

Je peux faire quelque chose (= *I am able to, I physically can*)
Je peux jouer du piano, parce que j'ai un piano.

et :

Je sais faire quelque chose (= *I know how to, I have learned how*)
Je sais jouer du piano parce que je prends des leçons.

5. Le verbe **conduire**   *drive*

je conduis	nous conduisons
tu conduis	vous conduisez
il conduit	ils conduisent

Conduisez-vous beaucoup ? **Je conduis** deux heures par jour.
Qu'est-ce qu'il faut avoir pour avoir le droit de **conduire** ? Il faut avoir son
    permis de **conduire**.
Conduisez prudemment ! Ne **conduisez** pas trop vite !

REMARQUEZ :   **Conduire** est un verbe d'action, ce n'est pas un verbe de mouvement. **Vous conduisez une voiture, que vous conduisez bien ou mal.** Comment dit-on : « *I drive to San Francisco* » ? On dit : « **Je vais à San Francisco en voiture** ».

6. La place de deux pronoms d'objet employés ensemble

    A. Quand deux pronoms sont de la même personne, ils sont de la troisième personne (**le/la : les, lui/leur**). Placez ces pronoms par ordre alphabétique : **le/la/les** devant **lui/leur**.

        Je donne le livre à Roger.   Je **le lui** donne.
        Vous donnez la pomme à Kim.   Vous **la lui** donnez.
        On donne les notes aux étudiants.   On **les leur** donne.

    B. Quand deux pronoms sont de personnes différentes, vous les placez par ordre de personne (il y a trois personnes).

1ère personne	me, nous
2ème personne	te, vous
3ème personne	le/la : les, lui/leur

        Il me donne le livre. Il **me le** donne.   (*1ere, 3ème personnes*)
        Je **vous le** dis.   (*2ème, 3ème personnes*)
        Nous **te le** disons.   (*2ème, 3ème personnes*)
        Il **nous la** rend.   (*2ème, 3ème personnes*)

    C. Les pronoms indirects **y** et **en** sont toujours les derniers.

        Je **vous en** donne.   On m'**en** parle.
        Il **vous y** voit.   Elle **lui en** parle.
        Nous **t'en** donnons.   Venez **m'y** voir.

> Employez les pronoms dans l'ordre indiqué.
>
> | me le, | me la, | me les | le lui, | la lui, | les lui | y | en |
> |--------|--------|--------|---------|---------|---------|---|-----|
> | te le, | te la, | te les | le leur, | la leur, | les leur | | |
> | nous le, | nous la, | nous les | | | | | |
> | vous le, | vous la, | vous les | | | | | |

7. La négation de l'infinitif

Je voudrais **ne pas faire** de fautes.

Jackie et Paul décident de **ne pas dîner** au restaurant, pour **ne pas dépenser** trop d'argent.

Quand un verbe à l'infinitif est à la forme négative, les deux parties de la négation précèdent le verbe.

EXERCICES ORAUX

1. Quelle est la forme correcte du verbe ?

A. Répondez par la forme correcte du verbe.

Exemple : Apprenez-vous le français ?
Oui, j'apprends le français.

1. Voulez-vous sortir ?
2. Pouvez-vous rester ?
3. Savez-vous écrire ?
4. Voyez-vous le ciel ?
5. Croyez-vous tout ?
6. Comprenez-vous bien ?
7. Attendez-vous les vacances ?
8. Prenez-vous du thé ?
9. Mettez-vous du citron ?
10. Réussissez-vous souvent ?
11. Allez-vous au restaurant ?
12. Conduisez-vous bien ?

B. Quelle est la forme correcte ?

1. (*vouloir aller en ville*)

   Tu _____.
   Nous _____.
   Ils _____.

2. (*savoir taper à la machine*)

   Vous _____.
   Elles _____.
   On _____.

4. (*croire que c'est vrai*)

   Il _____.
   _____-tu _____ ?
   Je _____.

5. (*voir un film d'aventure*)

   Je _____.
   Il _____.
   Vous _____.

3. (*pouvoir faire des économies*)

Je _____.

_____-vous _____?

_____-on _____?

6. (*conduire prudemment*)

_____-tu _____?

_____-vous _____?

Il ne _____.

C. Quelle est la question?

1. Non, je ne conduis pas très bien.
2. Oui, je veux finir mon diplôme.
3. Oui, je crois les contes de fées (*fairy tales*).
4. Non, merci, je ne veux pas de vin.
5. Je regrette. Nous ne pouvons pas venir vous voir.
6. Mon père ne veut pas me donner d'argent.
7. Bill et Kim veulent aller en France.
8. Oui, Jackie veut y aller.
9. Non, je ne vois pas du tout de problème.
10. Ma sœur et moi, nous voulons faire du ski.

2. Répondez à la question par la forme correcte du verbe, affirmative et négative, et le ou les pronoms.

A. Avec un verbe

Exemple : Le voyez-vous?
Oui, je le vois. / Non, je ne le vois pas.

1. Le croyez-vous?
2. En mangez-vous?
3. En voulez-vous?
4. Le lui donnez-vous?
5. Me le dites-vous?
6. Leur en apportez-vous?
7. Lui en parlez-vous?
8. Nous les donnez-vous?
9. La lui racontez-vous?
10. Les y mettez-vous?
11. Le leur écrivez-vous?
12. L'y apprenez-vous?
13. Y en a-t-il?
14. Y en mettez-vous?

B. Avec deux verbes

Exemple : Aimez-vous y aller?
Oui, j'aime y aller. / Non, je n'aime pas y aller.

1. Voulez-vous y aller?
2. Croyez-vous les avoir?
3. Voulez-vous l'y mettre?
4. Pouvez-vous me le dire?
5. Savez-vous le faire?
6. Préférez-vous me le donner?
7. Voulez-vous m'y rencontrer?
8. Pouvez-vous m'en donner?
9. Peut-on les y acheter?
10. Voulez-vous aller l'y voir?
11. Allez-vous lui en demander?
12. Savez-vous les leur expliquer?
13. Pouvez-vous la leur faire?
14. Espérez-vous me les donner?
15. Croyez-vous l'y laisser?
16. Voulez-vous nous en apporter?
17. Voulez-vous aller le lui dire?
18. Allez-vous essayer d'en manger?
19. Voulez-vous m'y conduire?
20. Savez-vous nous l'expliquer?

3. Remplacez les *mots* en italique par un ou deux pronoms.

   A. Par un pronom

   > Exemple : Je voudrais parler *à ce monsieur.*
   > *Je voudrais lui parler.*

   1. Savez-vous *la grande nouvelle* ?
   2. Voulez-vous venir *au cinéma* ?
   3. Je ne crois pas *cette histoire.*
   4. Nous voulons *des précisions.*
   5. Il ne peut pas aller *en Europe.*
   6. Je ne vois pas *la différence.*
   7. Tu ne sais pas conduire *cette voiture.* la
   8. Vas-tu dépenser *de l'argent* ? en
   9. Elle sait jouer *de la guitare.* en
   10. Elle sait jouer *au tennis.* y
   11. Ce monsieur veut voir *le chef.* le
   12. Elle sait faire *la cuisine.* la

   B. Par deux pronoms (un de ces pronoms est peut-être donné)

   1. Entend-on *le français au Canada* ?
   2. Pouvez-vous *me* donner *votre clé* ? pouvez vous me la donner
   3. Je voudrais *vous* voir *à ma place* ! Je voudrais vous y voir
   4. Allez acheter *des fleurs au marché.*
   5. On peut mettre *des vêtements dans le placard.*
   6. Vous mettez *ces tableaux sur le mur.*
   7. Je vais donner *les réponses à Bob.*
   8. Il va *vous* expliquer *les problèmes.*
   9. Je veux donner *ces cadeaux à mes amis.* Je veux les leur donner
   10. Pouvez-vous *me* donner *de l'argent* ? Pouvez-vous m'en donner
   11. Voulez-vous *me* conduire *à l'aéroport* ?
   12. Peut-on *nous* donner *des explications* ?

4. La négation de l'infinitif

   Quelle est la phrase au négatif ?

   > Exemple : Je préfère sortir ce soir.
   > *Je préfère ne pas sortir ce soir.*

1. Quand vous êtes fatigué :

   > vous préférez sortir le soir ? Non, je...
   > vous préférez aller voir vos amis ? Non, ...
   > vous préférez boire du vin ? Non, ...

2. Quand vous faites des économies : *gifts* *expensive*

> vous aimez acheter des cadeaux chers ? Non, ...
> vous aimez dîner dans des grands restaurants ? Non, ...
> vous aimez faire des grandes dépenses ? Non, ...

CONVERSATION

Demandez à une autre personne :

1. ce qu'il/elle voit dans la classe.
2. ce qu'il/elle voit par la fenêtre.
3. ce qu'il/elle voit au tableau.
4. s'il/si elle croit ce que disent les journaux.
5. s'il/si elle croit qu'il va pleuvoir ; qu'il va neiger ; qu'il va faire beau.
6. s'il/si elle croit que la fin du monde va arriver bientôt.
7. de nommer deux choses qu'il/elle croit.
8. de nommer deux choses qu'il/elle ne croit pas.

9. ce qu'il/elle veut faire plus tard (sa profession future).
10. ce qu'il/elle veut faire ce soir.
11. ce que les étudiants de cette classe veulent surtout.

12. de nommer deux choses qu'il/elle **peut faire** et deux choses qu'il/elle **sait faire**.
13. de nommer deux choses qu'il/elle **ne peut pas faire** et deux choses qu'il/elle **ne sait pas faire**.
14. s'il/si elle sait les paroles (*lyrics*) d'une chanson ; de quelle chanson ? Peut-il/elle la chanter en classe ?
15. s'il/si elle conduit prudemment, et pourquoi.
16. si on conduit à droite ou à gauche en France. (Demandez la réponse au professeur si vous ne la savez pas.)
17. s'il/si elle vient à l'université en voiture ; à pied ; en autobus ; par un autre moyen.
18. s'il/si elle aime apprendre aux autres personnes à conduire, et pourquoi.

Bienvenue dans la Belle Province

Vous savez que Kim, Roger, Bill, et Jackie et Paul Martin vont partir au mois de sep-tembre pour aller passer une année en France. Ils travaillent tout l'été, ils font des économies, mais avant leur départ, ils veulent faire un petit voyage au Québec. C'est un pays plein de diversité, où on parle français. Les Canadiens du Québec gardent leur héritage français, et ils en sont fiers. Ils veulent le conserver dans leur langue et dans leur coutumes. Un jour, voilà nos amis sur une route du Maine, direction Canada.

Kim : Tu conduis bien, Bill. Ah, nous arrivons à la frontière. Regardez ! Les inscrip-tions sont en français : *Douane, Entrée, Sortie.* Et voilà le douanier. Croyez-vous qu'il parle anglais ?

Le douanier : Salut, Messieurs-dames. Bienvenue dans la Belle Province. Avez-vous quelque chose à déclarer ? Non ? Alors, passez.

Bill : Merci, Monsieur. Il est l'heure de déjeuner. Pouvez-vous nous recommander un bon petit restaurant, pas cher ?

Le douanier : Justement, si vous continuez quelques milles, il y en a un sur la rivière. Il s'appelle le Belle-Rive. On vous y sert des fèves au lard, et, en cette saison, du blé d'Inde, et de la tarte aux bleuets.* Allez-y, vous allez voir ! Je vous le recommande.

(Sur la route)

Jackie : Une tarte aux bleuets ? Mais, le bleuet, c'est une fleur... Où est mon diction-naire ? Voilà. Le bleuet, c'est *cornflower.* La font-ils vraiment avec des fleurs, leur tarte ? C'est très intéressant.

Paul : Avec des fruits, des fleurs, ou des feuilles, moi, je vais la dévorer.

(Au restaurant Belle-Rive, à la fin d'un bon déjeuner)

Roger : Eh, bien, ces fèves au lard ne sont pas mal du tout, surtout avec le vin de la région... Et tout le monde parle français ici. Tu sais, l'employé de la station

---

* Termes canadiens typiques : Les fèves ou haricots au lard (*pork and beans*) sont un des plats régionaux du Canada. Le blé d'Inde, c'est le maïs (*corn*). La tarte aux bleuets ? Continuez la lecture, et vous allez voir.

ANONYME, *L'esplanade à Québec*   La Galerie nationale du Canada, Ottawa
Le Canada d'un autre temps. Il est bien différent aujourd'hui!

d'essence, sur la route, il ne parle pas anglais du tout. C'est formidable! Si
près de notre pays, et si différent!

Kim: J'aime les panneaux de signalisation sur la route... Ils ont tous trois fleurs de
lys or sur fond bleu. *on blue background*

Bill: Les fleurs de lys sont l'emblème des rois de France et aussi du Québec. Il y en
a aussi sur la plaque des voitures.

Paul: J'ai l'impression que les Québécois ont un grand sens artistique.

Roger: Alors, et cette tarte aux bleuets? Je vais en commander une sans autre
question. Nous allons voir!

DES ÉTUDIANTS AMÉRICAINS EN FRANCE *(Voir Lecture, Leçon 14, p. 201)*

Beaucoup d'universités américaines ont un programme international *(Junior Year Abroad)* qui permet aux étudiants de passer un an en France—ou dans un autre pays. Nous vous présentons ici Judy et Chris, étudiants du California State University, dans quelques scènes de leur vie pendant leur année en France.

Dans la rue du Marché. «Bonjour, Monsieur, dit Chris. Ça va?» Le monsieur répond: «Ça va un peu fraîchement ce matin.»

Judy aime boire l'eau fraîche de la fontaine du Marché aux Fleurs.

Comme Cézanne! Debout à l'endroit exact où Cézanne travaillait, Chris dessine, lui aussi, la Montagne Sainte-Victoire.

Tous les matins, Chris achète son journal à un kiosque du boulevard.

Quand on est fatigué de la cuisine du Resto-U, on va faire des provisions au marché en plein air.

À la Cité Universitaire. Dans sa chambre, Chris partage une boîte de gateaux secs avec deux copains.

En route pour un pique-nique, Chris et Judy passent devant la fontaine des Quatre-Dauphins.

Judy, avec son filet à provisions, traverse la place des Trois-Ormeaux.

Chris cherche un livre. Cette librairie est installée sous des voûtes médiévales.

Chris passe une bonne soirée chez des amis français.

LA FRANCE,
LES FRANÇAIS,
ET QUELQUES
AMIS

Un petit verre de rosé!

Un regard d'admiration.

L'achat d'un moulin à café ancien au Marché aux
Puces.

Des touristes au Mont Saint-Michel.

Une artiste expose ses œuvres sur le port de Saint-Tropez.

D'autres artistes des rues.

Dans une rue du village d'artistes de Saint-Paul de Vence.

Au marché aux bestiaux: L'affaire est conclue!

Dans un magasin de disques sur les Champs-Elysées.

Un groupe près
de Notre-Dame,
à Paris.

La pizza! Jeannot fait
une excellente pizza
au feu de bois.

Surprise! Qui est-ce? (Réponse: C'est Max, et Jeannine le sait très bien.)

Scène d'automne à Albi.

Tout le monde achète des pots de chrysanthèmes pour la Toussaint, le 1er novembre.

Les vendanges ont lieu en octobre.

Une bougie allumée permet de
vérifier si le vin est assez clair.

Quelques bonnes bouteilles.

À Isola 2000, une station de ski
des Alpes-Maritîmes. (Voir
Lecture, Leçon 12, p. 167.)

Une vue d'Isola 2000.

Pas loin d'Isola 2000, un village
de Provence, au mois de janvier,
quand le mimosa est en fleur.

Le dressage des chevaux sauvages de la Camargue.

Camping et musique.

Au Château de Villandry, célèbre pour ses jardins, les jardiniers préparent la plantation des légumes.

Au printemps.

Le port de la Rochelle.

La cathédrale d'Angou-
lême. Les tentures noires
et la présence du fourgon
mortuaire indiquent un
service funéraire.

À Lourdes, site célèbre pour ses miracles. Des délégations religieuses viennent de
tous les pays.

Des appartements très originaux à Port-la-Galère, sur la Méditerranée.

La forteresse du roi René à Tarascon.

Le célèbre Pont Valentré (XIIe siècle) à Cahors.

Des pêcheurs à la ligne dans un décor de calme et de paix.

Une maison bien fleurie.

Le château de Bonaguil, dans le sud-ouest de la France. Ce château a été construit par Bérenger de Roquefeuille. On dit dans la région que la famille de Roquefeuille est passée aux États-Unis pendant la Révolution, et que le nom, transformé, est devenu *Rockefeller*.

Le Musée Fernand Léger à Biot, sur la Côte d'Azur.

Deux œuvres de Miro à la Fondation Maeght.

Un portrait de Fernand Léger
par Calder.

On mange bien en France! Les pâtisseries sont nombreuses.

La marchande de sandwichs et une cliente.

Au pied d'une vieille
tour: un simple pique-
nique composé de
pain, de vin, et de
fromage.

Une´belle salade
niçoise (voir recette,
p. 153) et des gens
qui ont faim.

Un déjeuner entre amis au bord de la piscine.

À votre santé!

UN JEUNE MÉNAGE: DOMINIQUE ET JEAN-FRANÇOIS

Au café du coin. Le petit déjeuner de Dominique et Jean-François se compose de café au lait et de croissants, bien sûr.

À la cuisine. Dominique prépare un gâteau «comme maman».

Au supermarché. Pour les gens pressés, il y a des produits tout préparés.

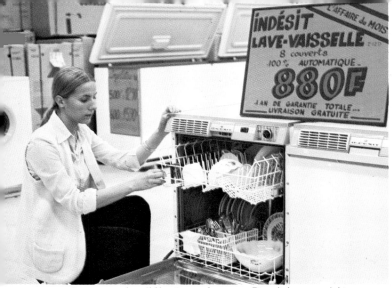

Au magasin d'électro-ménager. Dominique achète un lave-vaisselle.

À la station d'essence, Jean-François discute avec le pompiste. Remarquez que la pompe indique des litres et des francs. Voulez-vous calculer le prix du *gallon* en *dollars*?

Dominique fait des achats. Elle a besoin de vêtements d'été pour partir en vacances.

Dominique et Jean-François préparent leur voyage de vacances.

BIENVENUE
DANS LA BELLE PROVINCE

(Voir Lecture, Leçon 18, p. 269)

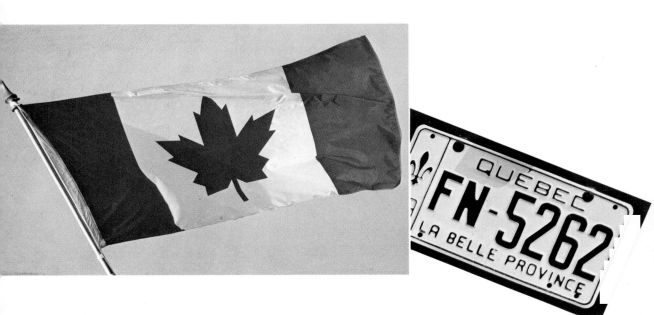

La calèche, son cocher, et le cheval.

Le Château-Frontenac domine le fleuve Saint-Laurent. C'est un immense hôtel.

Une église ultra-moderne à Québec.

Un artiste québecois examine attentivement son modèle.

La chèvre mascotte du régiment, accompagnée du sergent-major.

Le Canada produit des pommes en quantité.

Des troncs d'arbre flottent en masse sur une rivière près de Montréal.

Une affiche de publicité bilingue pour un produit consommé dans le monde entier.

La récompense de Bobby, le cheval de calèche, après la promenade.

Cette jeune fille vend des objets tissés à la main.

La tarte aux bleuets arrive. Non, elle n'est pas faite avec des fleurs. Au Canada, les bleuets ce sont les blueberries (myrtilles), et la tarte est délicieuse. «Ce sont des fruits de la région, dit la serveuse. Vous voyez les bois, le long de la rivière ? Nous y en récoltons une quantité.» Une tasse de café noir, et voilà le groupe qui roule de nouveau vers Québec.

Paul : Je commence déjà à aimer ce pays... La cuisine est bonne, et l'air ! Respirez cet air frais et pur ! Quand allons-nous arriver à Québec ?

Bill : Nous pouvons y être dans une petite heure.

Jackie : Tiens, je sais une vieille chanson canadienne. Je vais vous la chanter, et vous l'apprendre !

> Vive la Canadienne ! Vole, mon cœur, vole !
> Vive la Canadienne
> Et ses jolis yeux doux.
> Et ses jolis yeux doux, doux, doux⎫
> Et ses jolis yeux doux.　　　　　　⎬ (*bis*)

Tout le monde chante avec entrain la vieille chanson qui date de plus de quatre siècles. Bientôt, voilà la banlieue et la ville de Québec. C'est une grande ville moderne et animée. On peut voir les bâtiments qui forment l'Université Laval, la plus grande université de langue française en dehors de la France. Bill, qui conduit lentement, suit les panneaux qui indiquent : Direction : Vieille ville. Les voilà dans la vieille ville, pleine de charme avec ses petites rues étroites, ses hauts toits, ses enseignes en français, ses cafés, et ses pâtisseries. Sur une petite place, des calèches à cheval, avec leur cocher, attendent les touristes.

Roger : Voulez-vous faire une promenade en calèche ? Voilà un cocher qui a l'air jeune et sympathique... Son cheval aussi est sympa. Bonjour ! C'est combien pour la promenade ?

Le cocher : Salut, les gars ! C'est dix piastres d'habitude, mais pour les jeunes comme vous, c'est seulement huit piastres... La piastre ? C'est le nom canadien du dollar. * Laissez le char—pardon, la voiture—sur la place.

Roger : Où allez-vous nous emmener ?

Le cocher : Je vais vous montrer l'Hôtel de Ville et ses jardins, la Citadelle, le Château-Frontenac. C'est un grand hôtel qui a l'air d'un immense château et qui domine le Saint-Laurent. Montez. Dans ce parc, qui descend vers le Saint-Laurent, voyez ces hautes sculptures de bois. Ce sont des totems esquimaux. Le Canada est un grand pays, plein de diversité. Regardez, sur ce bâtiment, l'inscription «*Je me souviens*». C'est la devise de la ville de Québec.

Bill : Est-ce que vous pensez que vous êtes un peu français ?

---

* Du dollar canadien, bien sûr, qui est équivalent au dollar américain plus dix pour cent.

Le cocher : (*Il rit.*) Est-ce que vous pensez que vous êtes un peu anglais ? Non, bien sûr. Nous sommes complètement québécois, et vous êtes complètement américains ! Mais nous n'oublions pas nos origines.

Kim : Il a raison ! Ce soir, je vais chercher des renseignements sur l'histoire du Québec dans mon guide Michelin. (*au cocher*) Vous n'êtes pas toujours cocher ? Qu'est-ce que vous faites en hiver ?

Le cocher : C'est un travail saisonnier. Je le fais pour mettre de l'argent de côté. En hiver, je suis étudiant à Laval. Je voudrais être instituteur. Un de mes frères est ingénieur, et ma sœur est étudiante en médecine. Ma famille a une grande ferme dans l'île d'Orléans. C'est l'île que vous voyez, là, au milieu du Saint-Laurent. Bobby (c'est mon cheval) passe l'hiver à la ferme, où il travaille dur.

Bill : (*au cocher*) Comment t'appelles-tu ?

Le cocher : Je m'appelle Réal Labrie. Et toi ?

Les présentations et un verre de bière dans un petit café face au Saint-Laurent, sous des arbres, complètent la promenade. Maintenant, tout le monde remonte dans la calèche, et Bobby commence à trotter.

Jackie : Pourquoi Bobby est-il pressé, soudain ?

Réal : C'est parce que nous arrivons près de sa fontaine préférée. À chaque promenade, sa récompense, c'est de boire à cette fontaine, et il le sait. Vas-y, Bobby, bois un bon coup, mon vieux. Qu'est-ce que vous allez faire, ensuite ?

Paul : Je crois que nous allons explorer la ville, chercher son esprit, essayer de comprendre un peu mieux le Québec et les Québécois. Dans deux jours, nous allons reprendre la route, et continuer le long du Saint-Laurent. Nous voulons voir Trois-Rivières et Montréal.

Réal : J'ai un bon copain à Montréal. Si vous voulez voir la ville, il va vous la faire visiter en détail. Donnez-moi le nom de votre hôtel à Montréal. Je vais le lui téléphoner. Bon voyage, les gars !

RÉPONDEZ dans l'esprit de la lecture et avec imagination.

1. **Paul :** Où pouvons-nous aller pour parler français ?
   Kim : _____

2. **Roger :** Sommes-nous loin du Québec ? Combien de temps nous faut-il pour y aller ? *
   Jackie : _____

---

* Indiquez le temps **approximatif** qu'il faut pour aller de votre ville jusqu'à la frontière du Québec.

3. **Bill**: Quelles sont les grandes villes du Canada où on parle français ?
   Kim: _____

4. **Un autre étudiant**: Pourquoi voulez-vous aller au Québec ?
   Roger: _____

5. **Bill**: Qui voulons-nous emmener ?
   Roger: _____

6. **Kim**: Quand faut-il partir ? Combien de temps va durer le voyage ?
   Bill: _____

7. **Paul**: Y a-t-il une université de langue française, au Québec ?
   Un autre étudiant: _____

8. **Un autre étudiant**: Est-ce que le français du Québec est différent du français de France ?
   Kim: Mon guide dit que certains termes québécois sont originaux. Par exemple, on dit _____

9. **Un autre étudiant**: Qu'est-ce que vous savez sur le Québec ?
   Paul: _____
   Jackie: _____
   Kim: _____
   Roger: _____
   Bill: _____

(Chaque personne essaie de dire quelque chose d'intéressant sur le Canada. Cherchez de la documentation !)

EXERCICES ÉCRITS

1. Révision de quelques verbes et de la place d'un pronom

   A. Répondez aux questions suivantes avec les pronoms nécessaires.

   Exemple : Voulez-vous me donner votre numéro de téléphone ?
   Oui, je veux vous le donner. / Non, je ne veux pas vous le donner.

   1. Parle-t-on français au Québec ?
   2. Qu'est-ce qu'on vous sert au Restaurant Belle-Rive ?
   3. La serveuse apporte-t-elle une tarte aux jeunes gens ?
   4. Jackie chante-t-elle la chanson à ses amis ?
   5. Jackie apprend-elle la chanson *Vive la Canadienne* à ses amis ?
   6. Peut-on voir les bâtiments de l'université dans la banlieue de Québec ?
   7. Le cocher fait-il un prix spécial aux jeunes gens ?
   8. Le cocher donne-t-il des détails intéressants à nos amis ?
   9. Donne-t-il son nom à Bill et à ses copains ?

10. Laisse-t-il le cheval à la ferme en hiver ?
11. L'ami de Réal va-t-il faire visiter la ville de Montréal à nos amis ?
12. Réal va-t-il téléphoner le nom de l'hôtel à son copain de Montréal ?

B. Quelle est la question, avec les pronoms nécessaires ?

Exemple : Nous allons voir nos amis à Montréal.
Allons-nous les y voir ?

1. Mon père va me donner de l'argent.
2. Oui, nous allons manger une tarte aux bleuets au Québec !
3. Bobby va toujours boire de l'eau à cette fontaine.
4. Non, M. et Mme Lanier ne vont pas répéter à Marie-Claude les remarques du petit cousin.
5. Bien sûr ! M. Lanier va rapporter un chapeau de cowboy à l'oncle Guy !
6. Oui, les jeunes gens vont bâtir un château de sable sur la plage.
7. Oui, Kim rapporte des bouteilles de limonade à ses amis.
8. Non, je ne laisse pas ma voiture dans la rue la nuit.
9. Nous allons certainement trouver des renseignements sur le Québec dans le dictionnaire Larousse.
10. Naturellement, nous allons chercher d'autres renseignements à la bibliothèque !

2. Exercice sur le vocabulaire de la leçon

Répondez aux questions suivantes par une phrase complète.

Exemple : Comment appelle-t-on la porte qui permet de sortir d'un bâtiment ?
On l'appelle la sortie.

1. Comment appelle-t-on la porte qui permet d'entrer dans un bâtiment ?
2. Comment appelle-t-on la ligne qui sépare deux pays ?
3. Comment s'appelle l'employé qui demande une taxe sur certains objets quand on entre dans un autre pays ?
4. Comment appelle-t-on la province de Québec ?
5. Comment dit-on *Welcome* en français ?
6. Quel est le terme français qui correspond au terme-québécois *du blé d'Inde ?*
7. Il y a un petit fruit bleu qui correspond aux *blueberries*. Qu'est-ce que c'est ?
8. L'arbre sur lequel on trouve des pommes, c'est un pommier ? Imaginez aussi le nom de l'arbre qui donne les poires ? les prunes ? les abricots ? les groseilles (*currants*) ? les figues ? les bananes ? les citrons ?
9. Comment les Québécois appellent-ils une voiture ?
10. Comment s'appelle le panneau placé devant une boutique qui indique le nom de la boutique et les produits qu'elle vend ?
11. Réal Labrie ne dit pas : « Bonjour, Messieurs ». Qu'est-ce qu'il dit ?
12. Quel est l'emblème de la Province de Québec ? Et quel est l'emblème de la ville de Québec ?

13. Comment dit-on en français : *Go ahead, have a drink!*
14. Le contraire d'une punition, qu'est-ce que c'est ?
15. Dans quelle sorte d'école trouve-t-on un instituteur ? Qu'est-ce qu'il fait ?

COMPOSITION ORALE, ÉCRITE, OU DISCUSSION

1. **Qu'est-ce que vous voulez faire** (ne voulez pas faire) **plus tard dans la vie ?** Qu'est-ce que vous savez faire ? Qu'est-ce que vous pouvez faire ? Comment espérez-vous changer votre vie, plus tard ? (Si vous espérez ne pas la changer, expliquez pourquoi.)

2. **Est-ce que le français est une langue utile et importante ?** Pourquoi voulez-vous savoir le parler ? Qu'est-ce que vous voulez en faire ? Imaginez quelques situations où vous pouvez avoir besoin de parler français.

3. **Pourquoi parle-t-on français au Québec ?**

VOCABULAIRE DE LA LEÇON

NOMS

Noms masculins

l'abricot	le citron	le groseillier
l'abricotier	le citronnier	l'Hôtel de Ville
l'artiste	le cocher	l'instituteur
l'avocat	le cœur	le lard
le bananier	le colon	le maïs
le blé (d'Inde)	le conte de fées	le marché
le bleuet	le diplôme	le panneau de signalisation
le bois	le douanier	le permis de conduire
le Canada	le droit	le poirier
le Canadien	l'emblème	le pommier
le cas d'urgence	l'entrain	le prunier
le char	le figuier	le Québec
le cheval	le fond	le Québécois
	le gars	le Saint-Laurent

Noms féminins

l'action	l'enseigne	les paroles (*pl.*)
la banane	l'entrée	la piastre
la bataille	la ferme	la plaine
la bienvenue	la fève	la précision
la calèche	la figue	la province
la Canadienne	la fleur de lys	la punition
la citadelle	la fontaine	la Québécoise
la coutume	la frontière	la récompense
la dépense	la groseille	la rive
la domination	l'institutrice	la route
la douane	la myrtille	la sortie
		la station d'essence

ADJECTIFS

alphabétique	pur, pure	saisonnier, saisonnière
étroit, étroite	régional, régionale	vaste

VERBES

chanter	dévorer	respirer
conduire —	mettre de côté	rouler
croire	pouvoir	trotter
dater (de)	promener	voir
déclarer	récolter	vouloir

ADVERBES

près	prudemment

EXPRESSIONS

bois un bon coup	je me souviens	pas du tout
bon voyage		

PRÉPOSITIONS

en dehors de

Vive la Canadienne!

Vive la Canadienne!
Vole, mon cœur, vole!
Vive la Canadienne
Et ses jolis yeux doux!
Et ses jolis yeux doux, doux, doux, ⎤
Et ses jolis yeux doux.   ⎦ bis

Refrain

Vive la Canadienne!
Vole, mon cœur, vole!
Vive la Canadienne
Et ses jolis yeux doux!

Nous la menons aux noces,
Vole, mon cœur, vole!
Nous la menons aux noces,
Dans tous ses beaux atours.
Dans tous ses beaux atours, ⎤
    tours, tours,   ⎥ bis
Dans tous ses beaux atours. ⎦

Là, nous jasons sans gêne,
Vole, mon cœur, vole!
Là, nous jasons sans gêne,
Nous nous amusons tous.
Nous nous amusons tous, tous, ⎤
    tous,   ⎥ bis
Nous nous amusons tous.   ⎦

Ainsi le temps se passe,
Vole, mon cœur, vole!
Ainsi le temps se passe,
Il est vraiment bien doux.
Il est vraiment bien doux, ⎤
    doux, doux,   ⎥ bis
Il est vraiment bien doux. ⎦

Une vieille chanson canadienne. C'est le célèbre jeune folkloriste francais, Jacques Yvart, qui chante cette chanson sur les bandes qui accompagent ce livre.

Refrain

Vi - ve la Ca - na - dien — ne ! Vo — le, mon cœur, vo — le !

Vi - ve la Ca - na - dien — ne Et ses jo - lis yeux doux !

Une lune de miel à Paris

LE PASSÉ: IMPARFAIT ET PASSÉ COMPOSÉ

- L'imparfait de **être** et de **avoir**
- L'imparfait en général
- Le passé composé des verbes réguliers des trois groupes
- Le passé composé des verbes irréguliers
- L'accord du participe passé avec l'auxiliaire **avoir**

INTRODUCTION

PRÉSENT	PASSÉ

L'imparfait du verbe être

Aujourd'hui :

C'est mardi.

Je suis à l'école.

Êtes-vous à la maison ? Moi, je ne suis pas à la maison.

Sommes-nous dans la classe ?

Le professeur est-il en retard ?

Les étudiants sont-ils présents ? Oui, ils sont présents.

L'imparfait du verbe avoir

Il y a du soleil.

J'ai un examen à onze heures. Il est difficile.

Avons-nous une classe de français ? Oui, nous en avons une.

Avez-vous besoin de votre manteau ? Non, je n'en ai pas besoin.

Les étudiants ont-ils leurs livres ? Oui, ils les ont.

Le passé composé des verbes réguliers

Je parle français en classe. C'est une classe intéressante.

À midi, j'ai faim. J'achète un sandwich et je le mange. Il est bon.

Je téléphone à Jackie. Elle est chez elle et nous parlons longtemps. Son mari n'est pas à la maison.

J'étudie de dix heures à onze heures, parce que j'ai un examen à onze heures.

Ma journée de travail commence à neuf heures et finit à six heures.

Hier :

C'était lundi.

J'étais à l'école.

Étiez-vous à la maison ? Moi, je n'étais pas à la maison.

Étions-nous dans la classe ?

Le professeur était-il en retard ?

Les étudiants étaient-ils présents ? Oui, ils étaient présents.

Il y avait du soleil.

J'avais un examen à onze heures. Il était difficile.

Avions-nous une classe de français ? Oui, nous en avions une.

Aviez-vous besoin de votre manteau ? Non, je n'en avais pas besoin.

Les étudiants avaient-ils leurs livres ? Oui, ils les avaient.

J'ai parlé français en classe. C'était une classe intéressante.

À midi, j'avais faim. J'ai acheté un sandwich et je l'ai mangé. Il était bon.

J'ai téléphoné à Jackie. Elle était chez elle, et nous avons parlé longtemps. Son mari n'était pas à la maison.

J'ai étudié de dix heures à onze heures, parce que j'avais un examen à onze heures.

Ma journée de travail a commencé à neuf heures et a fini à six heures.

Les jeunes gens **bâtissent** un château de sable et la mer le **démolit**.

Les jeunes gens **ont bâti** un château de sable et la mer l'**a démoli**.

Réfléchissez-vous à ma question ? Pourquoi **rougissez-vous** ? Êtes-vous intimidé ?

Avez-vous réfléchi à ma question ? Pourquoi **avez-vous rougi** ? Étiez-vous intimidé ?

Je réponds aux cartes de Noël. Y **répondez-vous** ?

J'ai répondu aux cartes de Noël. Y **avez-vous répondu** ?

Attendez-vous un copain qui est en retard ? Moi, **je l'attends**.

Avez-vous attendu un copain qui était en retard ? Moi, **je l'ai attendu**.

Entendez-vous des nouvelles chansons ? Oui, **j'en entends** une jolie.

Avez-vous entendu des nouvelles chansons ? Oui, **j'en ai entendu** une jolie.

L'accord du participe passé avec l'auxiliaire avoir

DÉCLARATION ET QUESTION	RÉPONSE
Vous avez **entendu** une jolie chanson ?	Oui, j'en ai **entendu** une. La chanson que j'ai **entendue** s'appelle *Vive la Canadienne!*
Où l'avez-vous **entendue** ?	Je l'ai **entendue** à la radio.
Avez-vous **écouté** la radio ?	Oui, je l'ai **écoutée** ce matin.
Avez-vous **attendu** vos amis longtemps ?	Je les ai **attendus** une heure.

EXPLICATIONS

Il y a deux temps pour le passé ordinaire : **l'imparfait*** et **le passé composé**.

1. L'imparfait est le temps de la description.

    Employez l'imparfait pour une description au passé, pour dire comment étaient les choses (*how things were, what was going on*).

    Les verbes **être** et **avoir** sont généralement à l'imparfait.

    A. L'imparfait de **c'est : c'était**

        Le passé de **c'est** est généralement **c'était**.

        Hier, **c'était** lundi. Ce n'**était** pas une bonne journée.
        C'était le jour de l'examen, et il y avait des questions difficiles.

---

* *You will see a little later that all verbs have both a* **passé composé** *and an* **imparfait**. *But in order to establish a firm base, and to prevent any possibility of error, use* **être** *and* **avoir** *only in the* **imparfait** *for the time being.*

The reason why **être** *and* **avoir** *are most often in the* **imparfait**, *is that by their very meaning they denote a description: "you are something" or "you have something" reflects a description and not an action. On the other hand, verbs like* to go, to speak, *etc., denote an action and will tend to be most often in the* **passé composé**.

B. L'imparfait de **il y a** : **il y avait** *

Quand l'expression **il y a** est au passé, elle est généralement à l'imparfait.

> Hier, **il y avait** du soleil. **Il n'y avait** pas de nuages.
> **Y avait-il** beaucoup de neige à la montagne ? Oui, **il y en avait** beaucoup.

C. Conjugaison de l'imparfait

La terminaison de l'imparfait est la même pour tous les verbes :

-ais, -ais, -ait, -ions, -iez, -aient

L'IMPARFAIT DE **ÊTRE** ET DE **AVOIR**		TERMINAISONS DE L'IMPARFAIT POUR TOUS LES VERBES
être	avoir	
j'ét **ais**	j'av **ais**	-ais
tu ét **ais**	tu av **ais**	-ais
il ét **ait**	il av **ait**	-ait
nous ét **ions**	nous av **ions**	-ions
vous ét **iez**	vous av **iez**	-iez
ils ét **aient**	ils av **aient**	-aient

> **Étiez-vous** à l'heure ce matin ? Oui, **j'étais** à l'heure.
> **Aviez-vous** des classes hier ? Oui, **j'avais** des classes. (Oui, j'en **avais**.)
> Où **étaient** Paul et Jackie pendant le week-end ? **Ils étaient** chez eux parce qu'**ils n'avaient** pas besoin d'être au travail.

2. Le passé composé est le temps de l'action.

A. Sa formation

Le passé composé est formé du verbe **avoir** et du participe passé du verbe.

Voilà le participe passé des verbes réguliers des trois groupes :

VERBES EN -ER (PREMIER GROUPE)	VERBES EN -IR (DEUXIÈME GROUPE)	VERBES EN -RE (TROISIÈME GROUPE)
-é	-i	-u
parler : **parlé**	finir : **fini**	entendre : **entendu**
regarder : **regardé**	réfléchir : **réfléchi**	attendre : **attendu**
écouter : **écouté**	bâtir : **bâti**	rendre : **rendu**
acheter : **acheté**	démolir : **démoli**	interrompre : **interrompu**
etc.	etc.	etc.

---

* *When* il y a *is in the* **passé composé**, *its meaning is different. It usually means* ago, *as in* il y a eu dix ans hier (ten years ago yesterday). *But you can safely assume that* there was/there were *will be* il y avait.

B. Sa conjugaison

Exemples : **regarder**		**finir**		**attendre**	
j'ai	regardé	j'ai	fini	j'ai	attendu
tu as	regardé	tu as	fini	tu as	attendu
il a	regardé	il a	fini	il a	attendu
nous avons	regardé	nous avons	fini	nous avons	attendu
vous avez	regardé	vous avez	fini	vous avez	attendu
ils ont	regardé	ils ont	fini	ils ont	attendu

INTERROGATIVE

Il y a deux formes { avec **est-ce que**.
{ avec l'inversion.

AVEC **EST-CE QUE**		AVEC L'INVERSION	
Est-ce que j'ai	regardé ?	Ai-je	regardé ?
Est-ce que tu as	regardé ?	As-tu	regardé ?
Est-ce qu' il a	regardé ?	A-t-il	regardé ?
Est-ce que nous avons	regardé ?	Avons-nous	regardé ?
Est-ce que vous avez	regardé ?	Avez-vous	regardé ?
Est-ce qu' ils ont	regardé ?	Ont-ils	regardé ?

REMARQUE IMPORTANTE :

Au passé composé, le vrai verbe, c'est l'auxiliaire parce qu'il est conjugué. Dans la forme **j'ai déjeuné**, **ai** est le verbe. L'ordre des mots est organisé autour de l'auxiliaire (le verbe **avoir**).

> **J'ai** déjeuné à midi. **Avez-vous** déjeuné ?
> Non, **je n'ai pas** déjeuné.
>
> **Avez-vous** déjeuné au restaurant ?
> Non, **je n'y ai pas** déjeuné.
>
> **Avez-vous** parlé à Bob ?
> Oui, **je lui ai** parlé. (*ou :* Non, **je ne lui ai pas** parlé.)

Remarquez que le **ne** de la négation et les pronoms d'objet sont devant **avoir**, qui est le verbe quand vous employez le passé composé.

C. Son usage

Employez le passé composé pour exprimer une action, ce que quelqu'un a fait (*what someone did*) ou ce qui est arrivé (*what happened*).

> **J'ai parlé** au téléphone, **j'ai regardé** la télévision, et **j'ai écouté** la radio.
> **Avez-vous entendu** une nouvelle chanson ?
> **Avez-vous fini** votre examen à midi ? Oui, **je l'ai fini**.
> **Avez-vous déjeuné** au restaurant ? Non, **j'ai mangé** un sandwich, assis sur la pelouse.

3. L'usage du passé composé et de l'imparfait

On emploie le passé composé et l'imparfait dans la même phrase, ou dans des phrases consécutives :

Hier, à midi, **j'avais** faim. **J'ai acheté** un sandwich et **je l'ai mangé**. **C'était** un sandwich au fromage. **Il était** très bon.

J'ai cherché un livre à la bibliothèque, mais **je** ne **l'ai pas trouvé** parce qu'**il** n'y **était** pas.

Kim **a téléphoné** à Marie-Claude, mais Marie-Claude n'**a** pas **répondu** au téléphone parce qu'**elle** n'**était** pas chez elle.

4. L'accord du participe passé avec l'auxiliaire **avoir**

J'ai entendu une nouvelle chanson.
La chanson que j'ai entendue était nouvelle.

Avez-vous mangé vos bonbons ? **Les avez-vous mangés ?**

Le participe passé s'accorde avec le complément d'objet direct si ce complément est placé avant.

La chanson que j'ai entendue. (J'ai entendu quoi ? **La chanson.**)
Les avez-vous mangés ? (Vous avez mangé quoi ? **Les bonbons.**)

S'il n'y a pas de complément, ou s'il est placé après, le participe reste invariable :

J'ai acheté des bonbons.   (*Le complément est après.*)
Elle a parlé.   (*Il n'y a pas de complément.*)
Où avez-vous laissé votre voiture ?   (*Le complément est après.*)
Des bonbons ? J'en ai mangé.   (*Le participe passé ne s'accorde pas avec* **en.**)

EXERCICES ORAUX

1. Mettez au passé.

Remplacez **Aujourd'hui** par **L'autre jour**.

Exemple : Aujourd'hui, j'ai faim à midi.
L'autre jour, j'avais faim à midi.

Aujourd'hui :

1. C'est dimanche.
2. Il y a une classe.
3. Je suis en retard.
4. J'ai froid.

12. Ils sont contents.
13. Tu es à l'heure.
14. On a besoin de vous.
15. Ce n'est pas lundi.

5. Nous avons peur.
6. Il est fatigué.
7. Tu as faim.
8. Ils ont soif.
9. Elle a l'air triste.
10. Tu as un examen.
11. Vous êtes malade.

16. Tu n'es pas gentil.
17. Il n'a pas d'argent.
18. Vous avez mal à la tête.
19. Je n'ai pas sommeil.
20. Vous n'êtes pas là.
21. On n'est pas satisfait de moi.

2. Quelle est la réponse ? (Affirmative et négative)

> Exemple : Étiez-vous à Paris ?
> *Oui, j'étais à Paris. | Non, je n'étais pas à Paris.*

1. Y avait-il de la neige cet hiver ?
2. Aviez-vous froid en classe ?
3. Étiez-vous en retard ce matin ?
4. Avions-nous une nouvelle leçon ?
5. La leçon était-elle sur le passé ?
6. Hier, était-ce lundi ?
7. Étions-nous en classe hier ?
8. Les gens étaient-ils dans la rue ?
9. Vos parents avaient-ils une réception ?
10. Paul et Jackie étaient-ils chez eux ?
11. Avais-tu un examen hier ?
12. Étais-tu bien préparé ?
13. Était-ce un examen difficile ?
14. Y avait-il des questions impossibles ?

3. Quelle est la question ?

Formulez la question probable.

> Exemple : Oui, j'étais à la fenêtre.
> *Étiez-vous* (ou *Étais-tu*) *à la fenêtre ?*

1. Non, je n'étais pas chez moi.
2. Bien sûr ! J'avais très faim.
3. Non, je n'avais pas d'argent.
4. Non, nous n'étions pas absents.
5. Oui, on était en vacances.
6. Oui, j'ai des économies.
7. Non, nous n'avions pas nos livres.
8. Oui, les Lanier étaient à l'aéroport.
9. Non, l'oncle Guy n'avait pas l'air américain.
10. Bien sûr ! Marie-Claude était contente de voir ses parents.
11. Bobby avait beaucoup de travail en hiver.
12. Oui, il y avait de la neige au Canada en janvier.

13. Les parents de Réal avaient une ferme.
14. Non, il n'y avait pas de panneaux en anglais à Québec.
15. Oui, les Québécois étaient très sympathiques!

4. Le passé composé

Quel est le passé composé de ces verbes?

Exemple: je déjeune
j'ai déjeuné

1. je mange
2. je regarde
3. je parle
4. je finis
5. je réfléchis
6. je bâtis
7. j'obéis
8. je réponds
9. je rends
10. j'entends
11. j'attends
12. nous déjeunons
13. vous emportez
14. ils demandent
15. vous punissez
16. elle rougit
17. vous pâlissez
18. on grandit
19. nous répondons
20. ils réfléchissent
21. nous dînons

5. Mettez les phrases suivantes au passé.

A. À l'imparfait

Exemple: J'ai faim parce qu'il est midi.
J'avais faim parce qu'il était midi.

1. Vous êtes fatigué parce qu'il y a un examen.
2. Tu es content parce que tu as une bonne voiture.
3. Il a tort, et moi, j'ai raison.
4. Vous avez chaud quand il y a du soleil.
5. J'ai froid et je n'ai pas mon tricot.
6. Ils sont assis près du radiateur: C'est une bonne place.
7. L'avion n'a pas de difficulté, et il n'est pas en panne.
8. Vous êtes tristes parce que vos amis ne sont pas là.
9. Kim a une blouse bleue, et elle est très jolie.
10. Il n'y a pas de neige, et les skieurs sont désolés.

B. À l'imparfait et au passé composé

Exemple: Je cherche un mot qui n'est pas dans le dictionnaire.
J'ai cherché un mot qui n'était pas dans le dictionnaire.

1. Nous mangeons un bifteck qui est excellent.
2. Vous avez l'adresse, mais vous ne trouvez pas la maison.
3. Le téléphone sonne, mais vous ne répondez pas.
4. Je réfléchis, mais la solution n'est pas facile.
5. Nous écoutons cet air, nous le trouvons joli, mais il n'est pas nouveau.
6. Elle parle à ces gens qui sont très aimables.
7. Il rougit au soleil. Après, il brunit. Mais en hiver, il pâlit.

8. Où êtes-vous quand je sonne à votre porte ?
9. Le monsieur est pressé et la serveuse lui rend la monnaie.
10. Ma voiture a besoin de réparations, je l'emmène au garage.

CONVERSATION

Demandez à une autre personne :

1. où il/elle était à six heures ce matin ; à cinq heures hier soir.
2. qui était avec lui/elle hier soir.
3. s'il/si elle était fatigué(e) ce matin.
4. si hier était dimanche.
5. quelle était la date hier.
6. à quelle heure était sa première classe aujourd'hui.

7. s'il/si elle avait froid ou chaud ce matin.
8. s'il y avait du soleil ; de la neige ; des nuages dans le ciel.
9. s'il y avait un examen aujourd'hui.
10. s'il/si elle avait un chien quand il/elle était petit(e). Si oui, demandez comment était ce chien.

11. à quelle heure il/elle a dîné hier soir.
12. avec qui il/elle a dîné.
13. s'il/si elle a téléphoné à un ami (ou à une amie) hier soir. Si oui, a-t-il/elle parlé longtemps ?
14. s'il/si elle a gagné de l'argent cette semaine ; s'il/si elle en a dépensé.
15. s'il/si elle a répondu à toutes ses cartes de Noël.
16. s'il/si elle a entendu des nouvelles intéressantes.
17. s'il/si elle a rendu les livres à la bibliothèque.
18. s'il/si elle a réfléchi pour répondre à ces questions.

Une lune de miel à Paris

Steve et Karen sont un jeune ménage américain. Ils ont fait connaissance dans une classe de français, et ils ont décidé de passer leur lune de miel à Paris. Sont-ils riches ? Non. Mais ils ont fait des économies, leurs amis leur ont donné quelques chèques comme cadeaux de mariage. Ils ont pris leurs billets d'avion aller et retour, et il leur restait juste assez d'argent pour passer trois jours à Paris. C'était court, mais c'était le voyage de leurs rêves, alors il a fallu profiter au maximum de ce temps précieux. Voilà le récit de leur voyage.

PREMIER JOUR: Hier soir, arrivée à Paris. Steve et Karen avaient des réservations à l'Hôtel Henri-Quatre, modeste et pas cher, mais plein de couleur locale, et admirablement situé place Dauphine, dans l'Île de la Cité. Ce matin, première surprise : Le petit déjeuner était inclus dans le prix de la chambre. La femme de chambre leur a apporté un grand plateau, avec deux cafés au lait complets, c'est-à-dire accompagnés de croissants, de beurre, et de confiture. Les croissants étaient chauds, et ils les ont savourés, assis sur leur petit balcon fleuri de pots de géraniums. Devant eux, la charmante place Dauphine, qui n'a pas beaucoup changé depuis trois siècles.

Puis, ils ont mis des chaussures confortables, et ils ont décidé de marcher à l'aventure. Ils ont traversé la Seine, admiré le panorama de la ville, et compté les ponts. Ils ont suivi le Boulevard Saint-Michel, et vu la Sorbonne. Il y avait une foule d'étudiants : des Français, bien sûr, et d'autres de tous les pays du monde. « Les choses n'ont pas changé, a dit Karen, depuis le temps où on a nommé ce quartier *Quartier Latin* parce que les étudiants de tous les pays y conversaient en latin, qui était la langue commune à tous. » « Si, a répondu Steve, elles ont changé : Maintenant, ces étudiants n'ont pas de langue commune ! »

Le long de la Seine, ils ont remarqué les célèbres bouquinistes qui vendent des livres anciens et toutes sortes de gravures. Il y en a de vraiment anciennes, et d'autres... fabriquées en série. Ils ont cherché un souvenir pour leur appartement, et ils en ont trouvé un : un vieux plan de Paris, qui montrait le Paris du dix-huitième siècle. Le marchand a demandé un prix, mais ils ont marchandé. Karen était très fière quand ils ont payé exactement la moitié du prix demandé !

Soudain, la Tour Eiffel était devant eux, immense, et exactement comme sur les cartes postales. « Oh, Steve, prenons l'ascenseur, et montons en haut, au troisième

Photo : CLAUDE GASPARI   Galerie Maeght, Paris
*Deux amoureux dans le ciel de Paris. N'est-ce pas une illustration parfaite
pour la lune de miel de Steve et Karen ?*

étage ! » a dit Karen. Mais au deuxième étage, elle a regardé le panorama, et elle a trouvé que c'était assez haut, et qu'elle avait peur de monter plus haut. Steve a ri. « Ah, les femmes ! » a-t-il dit, mais au fond, il était très content, parce qu'il avait un peu le vertige.

La journée a passé beaucoup trop vite, et bientôt, c'était l'heure de penser au dîner. De retour à l'hôtel, Steve a mis un costume bleu marine, et Karen a mis une jolie robe. Ils avaient tous les deux une faim de loup.

Karen avait l'adresse d'un restaurant très original, le Totem, situé en plein air sur une terrasse qui domine les fontaines du Musée de l'Homme. Là, assis juste en face des immenses fontaines et de la Tour Eiffel illuminée, Steve et Karen ont dîné comme des millionnaires, avec Paris à leurs pieds. Steve a réfléchi, fait un bref calcul mental, et il a commandé une bouteille de champagne. Ils l'ont bue, à la longue vie de la Tour Eiffel. (Karen refuse de raconter le reste de leur soirée qui était, a-t-elle dit, beaucoup trop romantique.)

DEUXIÈME JOUR : Karen avait envie de voir le Marché aux Fleurs et le Marché aux Oiseaux, qui étaient à deux pas de leur hôtel. Là, Steve a pris exactement quarante-sept photos de Karen au milieu des fleurs et des cages d'oiseaux multicolores. Puis ils ont écrit des cartes postales et ils les ont mises à la boîte.

Une visite au Louvre était indispensable, mais ils n'ont donné qu'un coup d'œil rapide aux collections de l'antiquité égyptienne et romaine. Par contre, ils ont passé plusieurs heures devant les tableaux des Impressionnistes.

Après un croque-monsieur et un verre de vin rosé à la terrasse d'un café de la rue de Rivoli, un taxi les a emmenés à Montmartre. Là, sur la Place du Tertre, des artistes de la rue étaient entourés d'une foule de touristes. Leurs peintures ne sont pas de l'art, bien sûr, mais c'était un spectacle amusant et coloré. Quand un artiste à barbe blanche a dit à Karen : « Madame, vous avez l'air d'une vraie Parisienne ! », elle a rougi. L'artiste a fait un portrait rapide de Karen, et le lui a donné. Il a dit que c'était un cadeau porte-bonheur, parce qu'elle et Steve avaient l'air d'un couple d'amoureux. Karen, très touchée, a embrassé le peintre, et Steve lui a serré la main.

Ils ont dîné à Montmartre, dans un cabaret folklorique. Après le dîner, un groupe de chanteurs a chanté des vieilles chansons populaires et tout le monde les a répétées avec eux.

TROISIÈME ET... DERNIER JOUR : Devant le Jardin des Tuileries, Steve et Karen ont lu, sur des affiches tricolores : **Représentation en plein air des Ballets de l'Opéra, ce soir, dans le Jardin des Tuileries.** Ils ont vite acheté des billets. C'était leur dernier jour à Paris.

Puis ils ont pris la rue Royale et la rue Saint-Honoré. Là, ils ont longuement regardé les magnifiques boutiques. C'était le Paris des objets de luxe et de la mode. Chaque vitrine était plus belle que la précédente. Il y avait des bijoutiers, des chemisiers pour hommes, des couturiers, des parfumeurs, des fleuristes... Dans une boutique, ils ont vu des jeans... irrésistibles ! Ils n'ont pas essayé de résister, et ils ont fait leur dernière folie du voyage : un pantalon de style français pour chacun. Chers, mais quel chic !

Un peu fatigués, ils ont passé une partie de l'après-midi dans le Jardin des Tuileries : Ils ont vu des enfants jouer avec leurs bateaux à voile sur le grand bassin, et ils les ont regardés un moment. Ils ont bavardé avec un jeune couple français qui les a invités à aller manger un hamburger ensemble. Puis tous les quatre ont attendu le commencement de la représentation du ballet, *La Belle au Bois Dormant*. Soudain, ils ont entendu l'orchestre, la lumière a inondé la scène, et le spectacle a commencé. C'était inoubliable : les grands arbres, les colonnes du Louvre, le ciel sombre, la magie de la musique, de la danse, de la lumière, et des costumes. Après la représentation, Steve et Karen et leurs nouveaux amis ont échangé leurs adresses.

Puis Steve et Karen ont marché lentement le long de la Seine. Pendant long-temps, ils n'ont pas parlé. Enfin, Steve a serré sa femme contre lui, et il a dit : « Karen, nous avons réalisé notre premier rêve. Bonne chance pour tous les autres ! » Karen n'a pas répondu, mais elle a embrassé son mari, et elle lui a souri. C'était un moment de bonheur parfait.

LE PARTICIPE PASSÉ DES VERBES IRRÉGULIERS DE LA LEÇON

boire	(j'ai) **bu**	prendre	(j'ai) **pris**	
dire	(j'ai) **dit**	rire	(j'ai) **ri**	
écrire	(j'ai) **écrit**	sourire	(j'ai) **souri**	
faire	(j'ai) **fait**	suivre	(j'ai) **suivi**	
lire	(j'ai) **lu**	falloir	(il a) **fallu**	
mettre	(j'ai) **mis**	voir	(j'ai) **vu**	

RÉPONDEZ dans l'esprit de la lecture et avec imagination.

1. Steve : Karen, où allons-nous passer notre lune de miel ?
   Karen : _____

2. **Le père de Steve :** Steve, as-tu assez d'argent pour ce voyage ?
   Steve : _____

3. **La mère de Karen :** Est-ce que vous avez fait des réservations dans un hôtel ?
   Karen : _____

4. **Un copain de Steve :** Qu'est-ce que tu voudrais, comme cadeau de mariage ?
   Steve : _____

5. (*De retour du voyage à Paris*)
   Une amie de Karen : Oh, raconte. Comment était votre hôtel ? Où était-il ?
   Karen : _____

6. **Un copain de Steve :** Qu'est-ce que vous avez fait, le premier matin, à Paris ?
   Steve : _____

7. **Un copain, un peu jaloux:** Vous n'avez pas vu les choses importantes à Paris! Avez-vous seulement visité des choses historiques ou artistiques?
Karen: _____

8. **Une amie, qui voudrait faire la même chose:** Quelle est la chose la plus inoubliable que vous avez vue?
Steve: _____
Karen: _____

9. **Une autre amie de Karen:** On dit que les Français ne sont pas gentils avec les Américains. Est-ce vrai?
Karen: _____

10. **Le grand-père de Steve:** Je t'ai dit de commander une bouteille de champagne, le premier soir à Paris. L'as-tu fait? Raconte.
Steve: _____

11. **Une tante de Karen:** Steve et toi, vous avez des pantalons d'un chic! Les avez-vous achetés à Paris?
Karen: _____

12. **L'oncle de Steve:** J'aime beaucoup ce plan de Paris. Où l'avez-vous acheté? Était-il cher?
Steve: _____

13. **Steve:** Karen, où allons-nous aller pour célébrer notre anniversaire de mariage? Et qu'est-ce nous allons faire?
Karen: _____

EXERCICES ÉCRITS

1. Le passé composé des verbes réguliers et irréguliers

   Quel est le passé composé?

   > Exemple: Steve met un costume bleu marine.
   > _Steve a mis un costume bleu marine._

   1. Karen écrit des cartes postales.
   2. Steve prend des photos de Karen.
   3. Il rit quand il entend cette vieille chanson.
   4. Nous lisons l'affiche et nous voyons le spectacle.
   5. On leur fait des cadeaux et ils font des économies.
   6. Nous déjeunons sur le balcon et nous savourons les croissants.
   7. Steve embrasse sa femme et elle lui sourit.
   8. Nous suivons le Boulevard Saint-Michel et nous rencontrons des am s.
   10. Karen met une robe pour dîner et Steve réfléchit à ses finances.
   11. Nous marchons longtemps et nous buvons un verre de bière.
   12. Vous brunissez pendant les vacances parce que vous passez du temps au soleil.

2. L'accord du participe passé

Faites l'accord du participe passé employé avec **avoir**.

> Exemple : Ces vieilles chansons étaient jolies. Nous les avons répété *es* avec les chanteurs.

1. Karen a emporté ____ une robe, et elle l'a mis ____ pour aller dîner.
2. Voilà les journaux. Je les ai acheté ____ en ville. Les avez-vous lu ____ ?
3. Karen et Steve ont acheté ____ des sandwichs et ils les ont mangé ____.
4. As-tu fait ____ les réservations à l'hôtel ? Oui, je les ai fait ____.
5. J'ai compris ____ votre explication, mais il y a des phrases que je n'ai pas compris ____.
6. Les fleurs que vous avez apporté ____ sont si belles ! Je les ai mis ____ dans un vase que j'ai mis ____ sur ma table de travail.
7. Où sont mes clés ? Je les ai pris ____ mais je ne sais pas où je les ai mis ____. Les avez-vous vu ____ ? Est-ce que je les ai laissé ____ chez vous ?
8. Les ballets que nous avons vu ____ étaient merveilleux. En particulier, nous avons vu ____ *La Belle au Bois Dormant*.
9. Ils ont visité ____ des monuments, ils ont rencontré ____ un artiste sympathique, et ils ont dîné ____ avec un autre jeune couple.
10. La table qu'on leur a donné ____ au restaurant était en face des fontaines. Ils les ont regardé ____ pendant le dîner, et ils ont écouté ____ la musique.
11. Karen a téléphoné ____. Elle lui a raconté ____ son voyage, et elles ont parlé ____ longtemps. Mais les choses qu'elles ont dit ____ sont un secret.

3. Mettez les paragraphes suivants au passé (passé composé et imparfait).

(Attention à l'accord du participe passé !)

A. Quand je (*suis*) petit, j'(*ai*) un chien. Il (*est*) gentil avec moi, mais il (*est*) féroce avec le reste de l'humanité. Un jour, je (*regarde*) par la fenêtre et je (*vois*) une foule, avec le chien au milieu. Mon dieu ! (*mange-t-il*) le chat de la dame d'en face ? Impossible, il (*déjeune*) ce matin ! Un agent (*sonne*) à la porte, ma mère lui (*demande*) ce qu'il y (*a*). Le chien (*trouve simplement*) le portefeuille d'un monsieur, et il (*est*) assis dessus, et tout le monde (*a*) peur de lui. C'(*est*) amusant pour moi, mais on (*punit*) le pauvre chien.

B. Nous (*faisons*) un voyage, et je vais vous raconter les choses que nous (*voyons*) et que nous (*faisons*). D'abord, nous (*prenons*) une chambre dans un petit hôtel. Nous (*dormons bien*) parce que nous (*sommes*) fatigués. Le matin, nous (*commandons*) notre petit déjeuner, et les croissants que la femme de chambre (*apporte*) (*sont*) délicieux. Puis, nous (*marchons*) dans les rues de Paris, nous (*achetons*) des souvenirs, et nous (*écrivons*) des cartes, que nous (*mettons*) ensuite à la boîte. Nous (*prenons*) l'autobus et il nous (*emmène*) à Versailles. Là, nous (*visitons*) le château et nous (*admirons*) les merveilles que le roi Louis XIV (*choisit*).

4. Répondez aux questions suivantes.

1. Qu'est-ce que Steve et Karen ont fait le premier jour à Paris ?
2. Ont-ils visité le Louvre le deuxième jour ? Qu'est-ce qu'ils ont vu ?
3. Ont-ils acheté des vêtements ? Où ? Pourquoi ?
4. Ont-ils trouvé un souvenir pour leur appartement ? Qu'est-ce que c'était ? Expliquez les circonstances.
5. Racontez leur dîner du premier soir.
6. Qu'est-ce qu'ils ont fait le dernier soir ?
7. Comment était leur voyage de lune de miel ?

COMPOSITION ORALE, ÉCRITE, OU DISCUSSION

1. **Imaginez un autre voyage pour la lune de miel de Steve et Karen.** Qu'est-ce qu'ils ont fait ? Mangé ? Acheté ? Qu'est-ce qu'ils ont vu ? Qui ont-ils rencontré ?

2. **Racontez votre soirée d'hier.** Qu'est-ce que vous avez fait ? Qui avez-vous vu ? À qui avez-vous parlé ? Téléphoné ? Avec qui avez-vous dîné ? Qu'est-ce que vous avez mangé ? Était-ce une bonne soirée ? Y avait-il un événement spécial (petit ou grand) ?

3. **Racontez un souvenir d'enfance.** Quel âge aviez-vous ? Où étiez-vous ? Qui était avec vous ? Qu'est-ce que vous avez fait ? Qu'est-ce que les grandes personnes ont fait ? Dit ? Qu'est-ce que vous avez dit ? Fait ? Quelles étaient les conséquences ?

(**ATTENTION** : Employez les verbes réguliers des trois groupes que vous connaissez, et employez aussi les verbes irréguliers de la lecture. N'employez pas les verbes **aller, arriver, partir, sortir, entrer.**)

VOCABULAIRE DE LA LEÇON

NOMS

Noms masculins

l'aller	le coup d'œil	le panorama
le ballet	le couturier	le parfumeur
le bassin	le croissant	le pont
le bateau à voile	le croque-monsieur	le pot de géraniums
le bijoutier	le fleuriste	le récit
le bouquiniste	le latin	le tertre
le calcul	le miel	le totem
le chemisier	le millionnaire	le vertige

Noms féminins

l'affiche	la fleuriste	la panne
l'antiquité	la folie	la représentation
la barbe	la larme	la scène

la boutique
la chaussure
la couleur locale
la femme de chambre
la finance

la lune de miel
la magie
la millionnaire
la mode

la Sorbonne
la terrasse
la Tour Eiffel
la vitrine

ADJECTIFS

bref, brève
coloré, colorée
consécutif, consécutive
égyptien, égyptienne
entouré, entourée
fabriqué, fabriquée
fleuri, fleurie
gêné, gênée

illuminé, illuminée
inclus, incluse
inoubliable
intimidé, intimidée
irrésistible
modeste
multicolore
porte-bonheur

romain, romaine
romantique
rosé, rosée
royal, royale
situé, située
touché, touchée
tricolore
volant, volante

VERBES

bavarder
commander
converser
échanger
inonder

marchander
réaliser
résister
rire

savourer
serrer
sonner
sourire

ADVERBES

admirablement

hier

longuement

EXPRESSIONS

à deux pas (de)
à l'aventure

au fond
bonne chance

en série
par contre

Guillaume Apollinaire

Le pont Mirabeau

Sous le pont Mirabeau coule la Seine
    Et nos amours
    Faut-il qu'il m'en souvienne
La joie venait toujours après la peine

    Vienne la nuit sonne l'heure
    Les jours s'en vont je demeure

Les mains dans les mains restons face à face
    Tandis que sous
    Le pont de nos bras passe
Des éternels regards l'ombre si lasse

    Vienne la nuit sonne l'heure
    Les jours s'en vont je demeure

L'amour s'en va comme cette eau courante
    L'amour s'en va
    Comme la vie est lente
Et comme l'espérance est violente

    Vienne la nuit sonne l'heure
    Les jours s'en vont je demeure

Passent les jours et passent les semaines
    Ni temps passé
    Ni les amours reviennent
Sous le pont Mirabeau coule la Seine

    Vienne la nuit sonne l'heure
    Les jours s'en vont je demeure

Alcools © Éditions Gallimard

Exercice poétique

Composez un poème avec un refrain, comme dans *Le pont Mirabeau*. Ce refrain reviendra après chaque strophe. Comme sujet ? Il y en a beaucoup de possibles : un souvenir, une émotion, un désir, un paysage, etc. Il y en a bien d'autres. Choisissez.

20

Les nouvelles d'Antenne II

LE PASSÉ (suite) :

- L'imparfait des verbes d'état d'esprit : **je croyais, je voulais, je savais,** etc.
- Le passé composé des verbes de mouvement : **je suis allé(e), je suis arrivé(e), je suis parti(e),** etc.
- Le passé (imparfait) du futur proche **(j'allais sortir)** et du passé récent **(je venais d'arriver)**
- Les verbes de communication : **On dit à quelqu'un de ou que = on lui dit de ou que**
- Le passé et la construction de deux verbes

INTRODUCTION

AUJOURD'HUI	HIER
L'imparfait des verbes d'état d'esprit	
Je sais la réponse.	**Je savais** la réponse.
Je veux vous parler.	**Je voulais** vous parler.
Je pense que vous êtes dans votre bureau.	**Je pensais** que vous étiez dans votre bureau.

J'aime beaucoup le costume que vous avez.

J'aimais beaucoup le costume que vous aviez.

J'espère avoir une bonne note.

J'espérais avoir une bonne note.

DÉCLARATION ET QUESTION

RÉPONSE

Saviez-vous parler français l'année dernière ?

Non, **je** ne **savais** pas le parler.

Vouliez-vous aller dîner au restaurant, dimanche ?

Oui, **je voulais** y aller, mais pas seul.

Pensiez-vous arriver à l'heure ce matin ?

Oui, **je pensais** arriver à l'heure. **Je** ne **croyais** pas être en retard.

Aimiez-vous jouer avec les autres enfants quand vous étiez petit ?

Non, **je** n'**aimais** pas beaucoup jouer avec eux. **Je préférais** lire ou jouer seul.

Espériez-vous être célèbre un jour ?

Oh, non ! Quand j'avais six ans, **j'espérais** être cow-boy ou pompier (*fireman*). Ma sœur **espérait** être infirmière (*nurse*). Plus tard, elle voulait être médecin.

Le passé composé des verbes de mouvement

AUJOURD'HUI

HIER

Je vais à l'université.

Je suis allé(e) à l'université.

J'arrive à neuf heures.

Je suis arrivé(e) à neuf heures.

J'entre en classe.

Je suis entré(e) en classe.

Je sors une heure plus tard.

Je suis sorti(e) une heure plus tard.

Je monte au deuxième étage.

Je suis monté(e) au deuxième étage.

Je descends au rez-de-chaussée.

Je suis descendu(e) au rez-de-chaussée.

Je pars à trois heures.

Je suis parti(e) à trois heures.

Je rentre chez moi (*ou* : Je retourne à la maison.)

Je suis rentré(e) chez moi (*ou* : **Je suis retourné(e)** chez moi.)

MAIS, UN AUTRE JOUR

MAIS, UN AUTRE JOUR

Je tombe malade.

Je suis tombé(e) malade.

Je reste à la maison.

Je suis resté(e) à la maison.

Je ne viens pas à l'université.

Je ne suis pas venu(e) à l'université.

DÉCLARATION ET QUESTION	RÉPONSE
Êtes-vous allé au restaurant hier, Monsieur ?	Oui, ma femme et moi **nous** y **sommes allés.**
À quelle heure **êtes-vous arrivée**, Mademoiselle ?	**Je suis arrivée** en avance. Mais **les autres étudiants sont arrivés** à neuf heures.
Steve et Karen **sont-ils restés** longtemps à Paris ?	Non, **ils** n'y **sont restés** que trois jours. **Mes sœurs** y **sont restées** une semaine.

Le passé (imparfait) du futur proche et du passé récent

AUJOURD'HUI	L'AUTRE JOUR
Je vais prendre ma voiture, mais elle n'est pas au garage : Mon frère **vient de** partir avec.	**J'allais** prendre ma voiture, mais elle n'était pas au garage : Mon frère **venait de** partir avec.
Je viens de rentrer chez moi, quand le téléphone sonne. C'est un copain qui me dit qu'**il va** arriver chez moi dans dix minutes.	**Je venais de** rentrer chez moi quand le téléphone a sonné. C'était un copain qui m'a dit qu'**il allait** arriver chez moi dans dix minutes.

Les verbes de communication

« Entrez, **dit** le directeur **au** jeune homme, et prenez une chaise. »	Le directeur **lui a dit d'**entrer et de prendre une chaise.
« Je suis heureux de vous voir, Monsieur », **a dit** le jeune homme.	Le jeune homme **lui a dit qu'**il était heureux de le voir.
Vous écrivez à vos parents : « J'ai besoin d'argent. »	Vous **leur écrivez que** vous avez besoin d'argent.
Ils ne répondent pas. Alors, **vous leur téléphonez** : « Envoyez un chèque ! »	Ils ne répondent pas. Alors vous **leur téléphonez d'**envoyer un chèque.

EXPLICATIONS

1. L'imparfait et l'imparfait des verbes d'état d'esprit

   A. L'imparfait

   L'imparfait est le temps de la description (voir pp. 282–283). La terminaison de l'imparfait est toujours la même. Par exemple :

savoir	croire	vouloir	TERMINAISONS DE L'IMPARFAIT
je sav**ais**	je croy**ais**	je voul**ais**	-ais
tu sav**ais**	tu croy**ais**	tu voul**ais**	-ais
il sav**ait**	il croy**ait**	il voul**ait**	-ait
nous sav**ions**	nous croy**ions**	nous voul**ions**	-ions
vous sav**iez**	vous croy**iez**	vous voul**iez**	-iez
ils sav**aient**	ils croy**aient**	ils voul**aient**	-aient

B. **Les verbes d'état d'esprit** (*state of mind*) **sont à l'imparfait.**

Certains verbes expriment généralement un état d'esprit. Un état d'esprit c'est, comme un état de choses, une description. Les verbes d'état d'esprit sont donc généralement à l'imparfait. Les principaux verbes d'état d'esprit sont :

aimer :	**j'aimais**	préférer :	**je préférais**
croire :	**je croyais**	pouvoir :	**je pouvais**
détester :	**je détestais**	savoir :	**je savais**
espérer :	**j'espérais**	trouver :*	**je trouvais**
penser :	**je pensais**	vouloir :	**je voulais**

Je voulais vous voir, mais **je ne savais pas** que vous n'étiez pas là le mardi.

Je vous ai écrit parce que **j'espérais** que **vous saviez** des nouvelles intéressantes.

Steve et Karen **voulaient** rester plus longtemps à Paris, mais **ils** ne **pouvaient** pas.

2. **Le passé composé des verbes de mouvement**

A. **Les verbes de mouvement**

Quelques verbes sont, en français, des verbes de mouvement. Ils forment leur passé composé avec **être.****

Voilà les verbes de mouvement les plus employés :

aller (*to go*)	**venir** (*to come*), **devenir** (*to become*)	
arriver (*to arrive*)	**partir** (*to leave*)	

---

* *When used to mean "I thought." Exemple :* Quand j'étais petit, je trouvais que mon chien était énorme.

** *Remember that these verbs mean : to come and to go, to arrive and to leave, to go in and to go out, to go up and to go down (and to fall), to return and to go back. Also, the verb* **rester** *(perhaps because it indicates negative movement?) takes* **être.**

To this list, grammar books usually add **naître** *(to be born) and* **mourir** *(to die), but you already know the forms* **je suis né** *(Leçon 9, page 106) and* **il est mort** *(Leçon 7, page 85) and you will not need other forms for now.*

Note that verbs like **marcher** *(to walk),* **voler** *(to fly), and* **conduire** *(to drive), are not, in French, verbs of movement. They indicate only action, not movement, from the point of view of the French language.*

entrer	*(to go in)*	**sortir**	*(to go out)*
monter	*(to go up)*	**descendre**	*(to go down)*
rentrer	*(to return home)*	**tomber**	*(to fall)*
rester	*(to stay)*	**retourner**	*(to go back)*

B. Conjugaison des verbes de mouvement avec **être**

Exemple : aller

AFFIRMATIVE   NÉGATIVE

je suis   allé(e)   je ne suis   pas allé(e)
tu es   allé(e)   tu n'es   pas allé(e)
il (elle) est allé(e)   il (elle) n'est pas allé(e)
nous sommes allés(es)   nous ne sommes pas allés(es)
vous êtes   allé(s), (e),   vous n'êtes   pas allé(s), (e),
               (es)   (es)
ils (elles) sont allés(es)   ils (elles) ne sont pas allés(es)

INTERROGATIVE

Il y a deux formes : { avec **est-ce que**.
                     { avec l'inversion.

AVEC **EST-CE QUE**   AVEC L'INVERSION

est-ce que je   suis   allé(e) ?   suis-je allé(e) ?
est-ce que tu   es   allé(e) ?   es-tu allé(e) ?
est-ce qu'il (elle) est   allé(e) ?   est-il (elle) allé(e) ?
est-ce que nous   sommes allés(es) ?   sommes-nous allés(es) ?
est-ce que vous   êtes   allé(s), (e),   êtes-vous allé(s), (e),
                            (es) ?   (es) ?
est-ce qu'ils (elles) sont allés(es ?)   sont-ils (elles) allés(es) ?

C. Le passé composé de ces verbes

(Vous savez déjà que le participe passé de tous les verbes en **-er** est en **-é**.
Il n'y a pas d'exception.)

aller :	je suis allé(e)	rentrer :	je suis rentré(e)
arriver :	je suis arrivé(e)	retourner :	je suis retourné(e)
descendre :	je suis descendu(e)	rester :	je suis resté(e)
entrer :	je suis entré(e)	sortir :	je suis sorti(e)
monter :	je suis monté(e)	tomber :	je suis tombé(e)
partir :	je suis parti(e)	venir, devenir :	je suis venu(e), devenu(e)

D. L'accord du participe passé avec l'auxiliaire **être**

> Le monsieur est **arrivé**.
> La dame est **arrivée**.
> Le monsieur et la dame sont **arrivés**.
> Les deux dames sont **arrivées**.

Quand le verbe forme son passé composé avec **être**, le participe passé s'accorde avec le sujet, comme un adjectif.

> Steve et Karen **sont allés** à Paris. Ils ont visité des monuments et ils ont rencontré des gens. Les gens qu'ils ont rencontrés étaient sympathiques. Après trois jours, **ils sont rentrés** aux États-Unis.

> Où **êtes-vous allée** hier soir, Mademoiselle ? **Je ne suis pas sortie. Je suis restée** chez moi ; j'ai lu et j'ai écouté de la musique.

E. L'emploi des verbes de mouvement

> Le président des E.U. **est venu** à Paris. (*The president of the U.S. came to Paris.*)
> **Il est venu** à Paris **par avion**. (*He flew to Paris.*)

> **Je vais** à l'université. (*I go to the university.*)
> **Je vais** à l'université **à pied**. (*I walk to the university.*)
> **Je vais** à l'université **en voiture**. (*I drive to the university.*)

Quand il est nécessaire d'indiquer **comment** on va à un endroit, employez une des expressions :

à pied	Je suis venu **à pied**, c'est un excellent exercice.
en voiture	Mon père est parti pour le bureau **en voiture**.
par avion	Le président est arrivé en Chine **par avion**.
par bateau	Cette dame est allée en Europe **par bateau**.
en autobus	L'autre jour, je suis allé en ville **en autobus**.
à motocyclette	Nous allons souvent en week-end **à motocyclette**.
à bicyclette	J'aime bien aller à l'université **à bicyclette**.

Quand il n'y a pas de doute, ou quand le moyen de transport n'est pas important, il n'est pas désirable d'indiquer **comment**. Par exemple : *I walked out of the room* est **Je suis sorti de la pièce**.

3. Le passé (imparfait) du futur proche et du passé récent

A. Le futur proche : **J'allais faire quelque chose.**

> **Je vais sortir** dans cinq minutes.
> **J'allais sortir** dans cinq minutes (quand le téléphone a sonné.)
> Je savais que **j'allais rester** chez moi hier soir, parce que **j'allais préparer** un examen.

Quand l'expression **aller** + infinitif (*to be going to do something*) est au passé, le verbe **aller** est à l'imparfait.

B. Le passé récent: **Je venais de faire quelque chose.**

> **Je viens de rentrer** chez moi.
> **Je venais de rentrer** chez moi, quand vous êtes arrivé.
> Steve et Karen **venaient d'arriver** à Paris, et tout était nouveau pour eux.

Quand l'expression **venir de** + l'infinitif (*to have just done something*) est au passé, le verbe **venir** est à l'imparfait.

4. Les verbes de communication

Les verbes comme **dire, demander, répondre, écrire, téléphoner**, et **répéter** sont des verbes de communication.

Ils expriment une communication entre deux, ou plus de deux, personnes. Quand on communique avec une personne, on désire communiquer:

1. une information

> Vous avez dit **à vos parents que** vous aviez besoin d'argent.
> Vous **leur** avez dit **que** vous aviez besoin d'argent.

L'information s'exprime par **que**.

2. un ordre (ou un désir, une requête)

> Vous avez demandé **à vos parents de** vous envoyer de l'argent.
> Vous **leur** avez demandé **de** vous envoyer de l'argent.

L'ordre (désir, requête) s'exprime par **de**.

REMARQUEZ: Pour tous les verbes de communication, la construction avec le nom de la personne est la même: **à quelqu'un**. Le pronom qui remplace cette personne est **lui/leur**.

> je **lui** dis, je **lui** demande
> je **leur** écris, je **leur** répète

5. Le passé et la construction de deux verbes

A. Révision de la construction de deux verbes (voir Leçon 14, p. 193)

> Il aime étudier dans sa chambre.
> J'espère ne pas faire de fautes.
> Je veux aller voir ma famille à New-York.

Révision de la place des pronoms avec deux verbes:

> Aime-t-il étudier dans sa chambre? Il aime **y** étudier.
> J'espère ne pas faire de fautes. J'espère ne pas **en** faire.
> Voulez-vous aller voir votre famille à New-York? Oui, je veux aller **l'y** voir.

B. La même construction avec le premier verbe au passé

À l'imparfait :

Il aimait étudier dans sa chambre. Il aimait **y** étudier.
J'espérais ne pas faire de fautes. J'espérais ne pas **en** faire.
Je voulais aller voir ma famille à New-York. Je voulais aller **l'y** voir.

Au passé composé :

J'ai acheté le journal et je l'ai lu, mais je ne l'ai pas lu entièrement. Je n'**en** ai lu qu'une partie.
Nous sommes allés à New-York et nous **y** sommes restés deux jours. Nous **y** avons rencontré nos cousins, et ils **nous** ont invités chez eux.

C. Quand le premier verbe demande une préposition, comme **oublier de, commencer à, finir de, réussir à, inviter à**, etc. :

J'ai oublié de prendre mon billet. J'ai oublié de **le** prendre.
Vous avez commencé à étudier le passé, mais vous n'avez pas fini de l'étudier.

REMARQUEZ : La construction de deux verbes ensemble, avec ou sans préposition, est la même au passé et au présent.

REMARQUEZ AUSSI : Quand le premier verbe est au passé composé, construisez toujours la négation autour de l'auxiliaire.

Je n'ai **pas** commencé à étudier pour l'examen.
Nous n'avons **pas** réussi à partir en vacances.
Elle n'est **pas** allée voir sa famille à New-York.

EXERCICES ORAUX

1. L'imparfait des verbes d'état d'esprit

A. Mettez au passé.

Exemple : Je sais la réponse.
Je savais la réponse.

1. Je crois que vous êtes malade.
2. Il trouve qu'elle est gentille.
3. Nous voulons rester en France.
4. J'espère que vous êtes chez vous.
5. J'aime beaucoup les cow-boys.
6. Tu détestes les gros chiens.
7. Vous ne pouvez pas sortir.
8. On pense que la Terre est plate.

9. Je préfère les blue jeans.
10. Elles détestent taquiner les enfants.
11. Tu n'aimes pas la musique de rock.
12. Je ne sais pas où vous êtes.
13. Tu peux faire des économies.
14. Nous ne savons pas la réponse.
15. Nous croyons que l'examen est aujourd'hui.
16. Ils peuvent passer trois jours à Paris.

B. Répondez à la question.

Exemple : Saviez-vous la réponse ?
Oui, je savais la réponse. ou : *Non, je ne savais pas la réponse.*

1. Vouliez-vous venir aujourd'hui ?
2. Saviez-vous la date ?
3. Pouviez-vous arriver à l'heure ?
4. Croyiez-vous que le français était difficile ?
5. Trouviez-vous ce livre intéressant ?
6. Préfériez-vous les classes de sciences ?
7. Détestiez-vous les classes à huit heures du matin ?
8. Espériez-vous avoir des bonnes notes ?
9. Aimiez-vous les professeurs indulgents ?
10. Pensiez-vous faire autant de progrès ?

2. Le passé composé des verbes de mouvement

Mettez les phrases suivantes au passé.

Exemple : J'arrive de bonne heure.
Je suis arrivé de bonne heure.

1. Nous partons à six heures.
2. Vous sortez dimanche.
3. Tu descends au rez-de-chaussée.
4. On monte dans l'avion.
5. Il tombe dans la rue.
6. Elle reste chez elle.
7. On retourne aux bons endroits.
8. Vous venez me voir.
9. À quelle heure rentrez-vous ?
10. Ils vont à Paris.
11. J'arrive à New York, et je descends à l'hôtel.
12. Nous restons deux jours, et nous partons. Nous rentrons chez nous.
13. Vous venez en classe, et vous y restez une heure.

14. Les Lanier partent de Paris, et ils arrivent aux États-Unis.
15. Vous sortez dîner, et vous retournez à ce petit restaurant.
16. Vous allez en ville. Vous montez dans l'autobus et vous descendez à votre destination.

3. L'imparfait et le passé composé en général (*Révision*)

Mettez les phrases suivantes au passé (passé composé et imparfait).

Exemple : Je ne sais pas où vous êtes.
Je ne savais pas où vous étiez.

1. Êtes-vous content quand j'arrive ?
2. Vous achetez un livre et vous le mettez sur votre bureau.
3. Nous prenons nos billets et nous partons.
4. Ils marchent longtemps et ils voient tout Paris.
5. Karen a peur. Elle ne veut pas monter au dernier étage de la Tour Eiffel.
6. Ils commandent du champagne et ils boivent un toast.
7. Nous ne restons que quelques minutes, parce que nous sommes pressés.
8. Vous laissez votre voiture au garage et vous venez à pied.
9. Vous savez que l'examen est facile et vous répondez aux questions.
10. Je ne veux pas sortir dimanche. Je préfère rester chez moi.
11. Bill ne va pas au cinéma, parce qu'il n'aime pas ce film d'horreur.
12. Kim veut lui téléphoner, mais n'a pas de monnaie. Alors elle va chez lui.

4. Les verbes de communication

Transformez la phrase en remplaçant le nom de la personne par un pronom.

Exemple : Bill demande à Michel de payer la moitié du loyer.
Bill lui demande de payer la moitié du loyer.

1. Je répète aux étudiants de faire attention.
2. Vous demandez à votre père de vous envoyer un chèque.
3. Kim dit à Bill qu'elle n'a pas de monnaie.
4. L'oncle Guy dit à Albert Lanier de lui rapporter un chapeau de cow-boy.
5. Vous écrivez à vos amis qu'ils vous manquent beaucoup.
6. Le jeune homme demande un emploi au directeur.
7. Le directeur répond au jeune homme de remplir une demande d'emploi.
8. Roger dit aux autres que la mer va démolir le château de sable.

CONVERSATION

Demandez à une autre personne :

1. s'il/si elle voulait venir en classe ce matin.
2. s'il/si elle préférait rester dans son lit ce matin.

3. s'il/si elle croyait que sa vie était injuste ou malheureuse.
4. s'il/si elle savait qu'il y avait un exercice oral en classe.

5. s'il/si elle est arrivé(e) à l'heure aujourd'hui.
6. à quelle heure il/elle est arrivé(e).
7. à quelle heure il/elle est parti(e) de la maison.
8. comment il/elle est venu(e).
9. s'il/si elle est sorti(e) hier soir.
10. où il/elle est allé(e) dimanche dernier.
11. s'il/si elle est resté(e) à la maison hier soir.

Les nouvelles d'Antenne II

Mesdames, Mesdemoiselles, Messieurs,

La grande nouvelle de ce soir, c'est la visite du président des États-Unis dans notre capitale. Il est arrivé à l'aéroport Charles de Gaulle à onze heures du matin, accompagné de sa femme. Le président de la République était à l'aéroport, accompagné du chef du protocole et de nombreux membres du gouvernement, car il désirait souhaiter en personne la bienvenue au président Smith.

Quand le président Smith est descendu de l'avion, la musique de la garde d'honneur a joué les hymnes nationaux des deux pays: *La Marseillaise* et *La Bannière étoilée*. C'était un moment solennel. Puis, les deux présidents ont accordé une brève interview à la presse. En français, le président Smith a déclaré : « Je suis heureux d'être de nouveau dans ce beau pays, ancien ami et allié des États-Unis. » Le président de la République a répondu : « Cette visite marque l'apogée de rapports d'amitié entre nos pays et inaugure une ère nouvelle de coopération. » Puis, tout le monde est monté en voiture, et le cortège officiel est parti pour l'Élysée, où on a servi un banquet.

Sur le plan international, toutes les nouvelles ne sont pas aussi bonnes. La tension dans le Moyen-Orient continue à monter, et les attentats de terrorisme redoublent. Des bombes placées dans les quartiers résidentiels ont fait explosion, et on compte de nombreux blessés et plusieurs morts. Les Nations-Unies ont demandé une séance extraordinaire.

On annonce ce soir l'arrestation de l'escroc qu'Interpol a cherché sans succès pendant un mois. Il était simplement en vacances, à la station de ski de Courchevel 1850. Avec lui, la police a arrêté sa maîtresse, qui, dit-elle, ne savait absolument pas que son amant était coupable d'un vol de plus de deux milliards. Elle a déclaré qu'elle ne pouvait pas croire à la culpabilité d'un homme aussi charmant, et a montré une grande indignation quand Interpol a confisqué ses bijoux et leurs bagages. La banque a ainsi récupéré la plus grande partie de la somme volée, et a annoncé que l'enquête allait commencer.

On a découvert une cachette d'armes clandestines, probablement en provenance de l'Extrême-Orient. Il y avait des mitrailleuses, des fusils, des grenades, et des

MADY GIRAUDIÈRE, *Défilé du 14 Juillet*   French Cultural Services

C'est le 14 Juillet sur les Champs-Elysées. Le président de la
République, et d'autres chefs d'état en visite, sont dans les
stands. Il y a peut-être le président des États-Unis.

lance-roquettes. Quand la police est arrivée, les trafiquants, sans doute alertés,
venaient de partir. Mais on a réussi à arrêter deux suspects.

Plusieurs cambriolages dans des résidences parisiennes. M. et Mme Lebrun
venaient de rentrer du théâtre quand ils ont trouvé leur coffre-fort grand ouvert et

vide. M. Lebrun blâme sa négligence, car il a, dit-il, oublié de fermer une des fenêtres de l'appartement. La police recommande la plus grande prudence aux habitants de Paris et de la banlieue.

La grève a fini, et le travail a recommencé ce matin dans les mines de charbon de la Compagnie France-Mines. Les représentants du syndicat minier ont déclaré que les ouvriers étaient satisfaits du résultat des négociations avec le patronat: amélioration des conditions de travail et augmentation des salaires. Par contre, la grève postale continue.

Importante manifestation cet après-midi sur les Champs-Élysées. Le M.L.F. (Mouvement de Libération de la Femme) a ordonné un grand rassemblement. Des milliers de femmes de tous les âges et de tous les milieux sociaux ont défilé et causé un embouteillage dans tout le quartier. Leurs représentantes sont allées au palais de l'Élysée, remettre une pétition au président du Conseil des Ministres. Ce dernier voulait ainsi montrer son intérêt pour ce mouvement, et il a répété qu'il espérait le passage de lois plus justes pour les femmes.

La première fusée touristique à destination de la lune est arrivée ce soir! Elle a atterri (ou plutôt «aluni»*) sans encombres. Les touristes sont montés dans des véhicules spéciaux qui les ont conduits à la base Luna-Ouest. Nous avons appris que les Américains ont pris de nombreuses photos et acheté des quantités de souvenirs, mais que les Français ont protesté parce qu'il n'y avait pas de cuisine française sur la lune.

Et maintenant, mes chers auditeurs, nous terminons par les prédictions météorologiques pour la journée de demain: Température plus chaude, maximum vingt-quatre degrés centigrades à Paris, trente degrés centigrades à Marseille. Temps beau et clair.

Bonsoir Mesdames, bonsoir Mesdemoiselles, bonsoir Messieurs. Rendez-vous demain, à la même heure sur Antenne II.

RÉPONDEZ dans l'esprit de la lecture et avec imagination.

Au lieu de répondre à des questions, vous allez imaginer ce que les différents personnages de la lecture ont probablement dit (ou pensé).

1. **Le président de la République française** (*qui a attendu pendant une heure l'avion du président Smith*) : _____

2. **Le président Smith** (*dans l'avion, à sa femme*) : _____
_____

   Mme Smith : _____

* aluni (*reg., 2ème gr., comme* finir) du verbe **alunir**, récemment formé sur le modèle du verbe **atterrir** (*toland* [*on land*]). Le verbe **amerrir** (*to land on water*) est aussi formé sur le même modèle.
   Ces trois verbes représentent l'exception à la règle que les verbes récemment formés sont du premier groupe: **téléphoner, téléviser, radiodiffuser, atomiser, radiographier,** etc.

3. Un terroriste (*à un autre terroriste*) : _____

4. Un agent d'Interpol (*à un autre agent*) : _____
   L'escroc (*à sa maîtresse*) : _____
   La maîtresse (*à l'agent d'Interpol*) : _____

5. La police qui a découvert les armes clandestines (*au téléphone, parle à la presse*) :
   _____

6. Mme Lebrun (*à son mari*) : _____

7. Le représentant du Syndicat minier (*aux ouvriers mineurs*) : _____
   _____

8. Une représentante du M.L.F. (*au président du Conseil des Ministres*) : _____
   _____

9. Un touriste américain (*qui est arrivé sur la lune*) : _____
   _____

   Un touriste français : _____

EXERCICES ÉCRITS

1. Mettez les phrases suivantes au passé (passé composé et imparfait).

   > Exemple : J'espère que vous êtes libre samedi.
   > *J'espérais que vous étiez libre samedi.*

   1. Il achète une voiture, parce qu'il sait qu'il en a besoin dans cette ville.
   2. Nous prenons des billets, parce que nous voulons faire un voyage.
   3. J'espère être à l'heure, mais je suis en retard. Ce n'est pas ma faute !
   4. Je réponds au téléphone et j'entends la voix de Steve. Je ne sais pas qu'il est de retour !
   5. Je veux vous inviter à dîner, et je pense que vous êtes libre dimanche.
   6. Quand nous sommes à Paris, j'aime surtout marcher le long de la Seine.
   7. Vous commandez un hamburger ? Vous ne préférez pas un croque-monsieur ?
   8. Bill et Kim font une demande, ils veulent participer au Programme International.
   9. Je crois que vous êtes malade. Je ne vous vois pas pendant trois jours.
   10. Les voyageurs demandent des renseignements à l'employé. Il sait la réponse, et il répond dans trois langues parce qu'il sait parler français, anglais, et allemand.

2. Mettez les paragraphes suivants au passé (passé composé et imparfait).

   A. Le président des États-Unis rencontre le président de la République dans son cabinet. Ils parlent, ils discutent des problèmes politiques et économiques, et ils prennent quelques décisions.

B. Quand la conférence finit, les photographes entrent et prennent de nombreuses photos. Ils demandent aux présidents de poser dans une attitude cordiale, et ces derniers sourient et posent. Puis, la presse arrive. Les reporters répètent leurs questions, montent sur des chaises, veulent savoir si les présidents peuvent donner des nouvelles sensationnelles. Mais ces derniers sont diplomates, ils répondent aux questions avec bonne grâce, font quelques plaisanteries, mais ne disent pas de choses importantes. Ils savent que ce n'est pas le moment des grandes révélations. Quand les présidents sortent, les journalistes téléphonent leurs nouvelles, et les journaux écrivent des articles sensationnels. Les gens voient les manchettes (*headlines*), ils croient qu'il y a des grandes nouvelles, et ils achètent les journaux.

3. **L'accord du participe passé avec être et avec avoir**

   Faites l'accord du participe passé quand il est nécessaire.

   Exemple : Elle est sorti<u>e</u> à cinq heures.

   A. Avec être

   1. Jacqueline est arrivé＿＿ ce matin, et son frère est arrivé＿＿ avec elle.
   2. M. et Mme Lebrun ne sont pas parti＿＿ en vacances cette année.
   3. Nous sommes entré＿＿ et puis nous sommes sorti＿＿.
   4. Bill est resté＿＿ chez lui, mais ses amis sont venu＿＿ le voir.
   5. Karen et Steve sont monté＿＿ sur la Tour Eiffel. Mais ils sont resté＿＿ au deuxième étage. Quand l'ascenseur est descendu＿＿, ils y sont monté＿＿, et ils sont redescendu＿＿.

   B. Avec être et avoir

   1. Mme Duval est sorti＿＿. Elle a pris＿＿ un taxi qui l'a emmené＿＿ en ville.
   2. Vous avez acheté＿＿ cette voiture, et vous l'avez mis＿＿ dans votre garage.
   3. Mes invités sont arrivé＿＿. Ils ont apporté＿＿ des fleurs. Je les ai mis＿＿ dans un vase.
   4. Sa clé? Elle l'a perdu＿＿? Où l'a-t-elle laissé＿＿ quand elle est allé＿＿ téléphoner?
   5. La demande que vous avez écrit＿＿ est arrivé＿＿. Le directeur l'a pris＿＿ et il l'a lu＿＿.
   6. J'ai entendu＿＿ cette conférence, mais je ne l'ai pas bien compris＿＿. Je n'ai pas compris＿＿ les détails techniques que le conférencier a donné＿＿.
   7. Paul a pris＿＿ ses affaires, il les a mis＿＿ dans sa voiture. Puis, lui et sa femme sont monté＿＿ dans la voiture. Je crois qu'ils sont allé＿＿ en ville.

4. **Questions sur le vocabulaire de la lecture**

   Répondez aux questions.

   1. Qu'est-ce que c'est que *La Marseillaise*? Et *La Bannière étoilée*?
   2. Que font des ouvriers qui ne sont pas satisfaits?

3. Comment s'appelle une réunion d'un groupe comme les Nations-Unies ?
4. Quel est un autre terme pour *une période*, ou *un temps*, ou *une phase* ?
5. L'action de prendre quelque chose illégalement, qu'est-ce que c'est ?
6. Comment s'appelle le monsieur qui fait des manœuvres illégales pour voler ?
7. Comment s'appelle le vol commis dans un appartement ?
8. Donnez le nom de certaines armes modernes ?
9. Une bombe fait explosion. On emmène les morts au cimetière. Qui emmène-t-on à l'hôpital ?
10. Comment dit-on *mille millions* ?
11. Comment s'appelle le meuble où on garde les objets précieux ?
12. Comment s'appellent les prédictions qui concernent le temps et la température ?

COMPOSITION ORALE, ÉCRITE, OU DISCUSSION

1. **Racontez ce que vous avez fait, où vous êtes allé(e) hier, ou le week-end dernier, ou l'été dernier.** Expliquez vos actions. (Exemple : « Quand je suis rentré(e) du travail, je suis allé(e) à la bibliothèque, et j'y ai cherché un livre. J'y suis resté(e) longtemps, parce que je ne l'ai pas trouvé, etc. »)

2. **Racontez un voyage que vous avez fait,** avec beaucoup d'explications et de détails.

3. **Le journal de votre famille, ou votre journal personnel, ou le journal en général,** avec les nouvelles de la semaine.

Employez tous les verbes que vous avez étudiés au passé : les verbes réguliers et irréguliers, les verbes d'état d'esprit (**je voulais, je savais, je croyais, je pouvais,** etc.) et les verbes de mouvement (**aller, venir, arriver, partir, entrer, sortir, monter, descendre,** etc.)

VOCABULAIRE DE LA LEÇON

NOMS

Noms masculins

l'allié	le cimetière	le fusil
l'amant	le coffre-fort	l'hôpital
l'apogée	le conférencier	l'hymne national
l'attentat	le conseil	le lance-roquettes
l'auditeur	le cortège	le médecin
l'auxiliaire	le degré	le milliard
le banquet	le désir	le mineur
le bijou (*pl.,* les bijoux)	l'embouteillage	le ministre
le blessé	l'escroc (*prononcez :* escro¢)	le mort
le cambriolage	l'état d'esprit	le Moyen-Orient
le charbon	l'Extrême-Orient	le passé

le patronat
le pompier
le protocole
le rapport
le rassemblement

le reporter
le succès
le suspect
le syndicat
le terrorisme

le terroriste
le toast
le trafiquant
le véhicule
le vol

Noms féminins

l'alliée
l'amélioration
l'arme
l'arrestation
l'auditrice
l'augmentation
l'auxiliaire
la bannière
la base
la blessée
la bombe
la cachette
la communication
la conférencière

la culpabilité
l'enquête
l'ère
l'explosion
la garde d'honneur
la grenade
la grève
l'indignation
l'infirmière
la maîtresse
la manchette
la mine
la mitrailleuse
les Nations-Unies (*pl.*)

la négligence
la négociation
la pétition
la prédiction
la presse
la prudence
la requête
la révélation
la séance
la suspecte
la tension
la terre
la terroriste

ADJECTIFS

clandestin, clandestine
cordial, cordiale
diplomate
étoilé, étoilée
grand ouvert, grande ouverte
météorologique
minier, minière

officiel, officielle
parisien, parisienne
placé, placée
plat, plate
politique
postal, postale
récent, récente

résidentiel, résidentielle
solennel, solennelle
technique
touristique
vide
volé, volée

VERBES

accorder
alunir
annoncer
atterrir
blâmer
communiquer

confisquer
défiler
devenir
discuter (de)
inaugurer
poser

protester
récupérer
redoubler
rentrer
souhaiter

ADVERBES

de nouveau

illégalement

EXPRESSIONS ADVERBIALES

avec bonne grâce

sans encombre

PRÉPOSITIONS

en provenance de ≠ à destination de

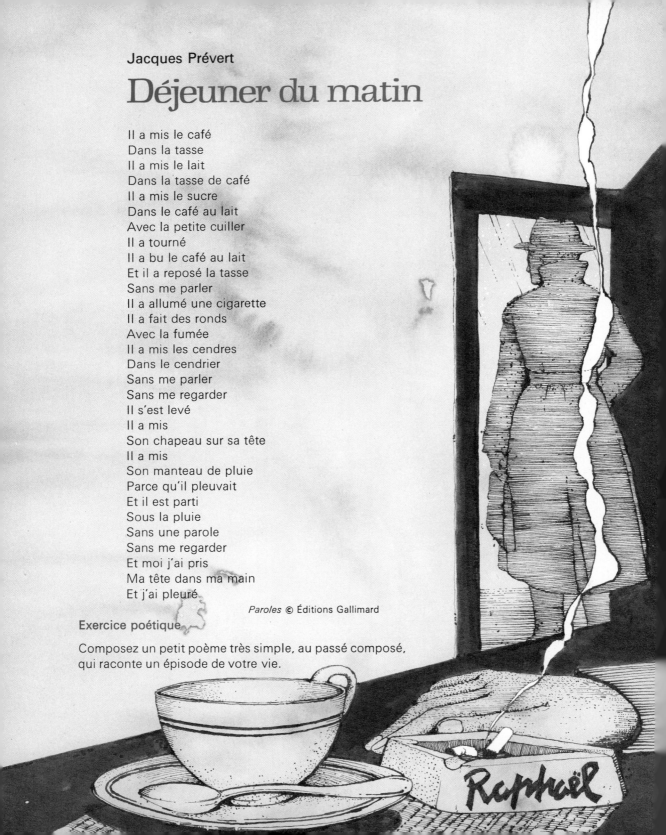

Jacques Prévert

Déjeuner du matin

Il a mis le café
Dans la tasse
Il a mis le lait
Dans la tasse de café
Il a mis le sucre
Dans le café au lait
Avec la petite cuiller
Il a tourné
Il a bu le café au lait
Et il a reposé la tasse
Sans me parler
Il a allumé une cigarette
Il a fait des ronds
Avec la fumée
Il a mis les cendres
Dans le cendrier
Sans me parler
Sans me regarder
Il s'est levé
Il a mis
Son chapeau sur sa tête
Il a mis
Son manteau de pluie
Parce qu'il pleuvait
Et il est parti
Sous la pluie
Sans une parole
Sans me regarder
Et moi j'ai pris
Ma tête dans ma main
Et j'ai pleuré

Paroles © Éditions Gallimard

Exercice poétique

Composez un petit poème très simple, au passé composé,
qui raconte un épisode de votre vie.

21

VINGT-ET-UNIÈME LEÇON

Des projets d'avenir

LE FUTUR:

- Futur des verbes à racine irrégulière
- Futur régulier
- Syntaxe de la phrase au futur : le futur après **quand** ; pas de futur après **si**

- Construction de la phrase avec **avant de** et **après avoir/après être**
- Formation de l'infinitif passé

INTRODUCTION

PRÉSENT	FUTUR

Verbes à racine irrégulière

MAINTENANT	MAIS PLUS TARD
C'est la dernière semaine du trimestre. **Je suis** occupé.	**Ce sera** la fin du trimestre. **Je serai** libre. **Ma famille sera** à la campagne. **Nous serons** en vacances. **Vous serez** en voyage. Beaucoup de mes amis **seront** en Europe.

Il y a des examens.

J'ai du travail.

Il n'y **aura** pas d'examens.

J'aurai moins de travail. **Mon père aura** sa nouvelle voiture. **Nous aurons** des amis chez nous. **Aurez-vous** beaucoup d'occupations ? Non, mais **beaucoup d'étudiants auront** un emploi pour l'été.

Je **fais** mon travail.

Je **vais** aux cours.

Je **vois** tous les jours la même chose.

Je **ferai** un voyage.

J'irai en Europe.

Je **verrai** des quantités de nouvelles choses.

Je **sais** un peu parler français.

Je **viens** à huit heures tous les jours.

Je **saurai** mieux parler français.

Je ne **viendrai** pas ici avant le mois de septembre.

Je **peux** faire des économies.

Je **pourrai** dépenser mes économies.

Verbes réguliers des trois groupes

L'avion **arrive** à huit heures.

Je **finis** mon travail le soir.

Je vous **attends** au coin de la rue.

L'avion **arrivera** à huit heures.

Je ne **finirai** pas mon travail ce soir.

Je vous **attendrai** si vous êtes en retard.

EXPLICATIONS

1. Le futur

On emploie le futur pour une action future, c'est-à-dire dans l'avenir. *
    Fera-t-il beau temps demain ? Oui, **il fera** sans doute beau.
    Rencontrerez-vous la femme idéale (ou l'homme idéal) ?
    Serez-vous riche ? Non, mais **je serai** heureux.

A. Les verbes qui ont une racine irrégulière au futur

Quelques verbes ont une racine irrégulière au futur :

aller	j'ir ai	savoir	je saur ai
avoir	j'aur ai	tenir	je tiendr ai
être	je ser ai	venir	je viendr ai
faire	je fer ai	revenir	je reviendr ai

* You already know one way to express the future (Leçon 13, page 179). It is the **futur proche**, or near future, which is formed in French as in English, by using the verb to go (aller) : Je vais partir. (I am going to leave) ; Il va faire un voyage.. (He is going to take a trip.)

falloir	il faudr a	devenir	je deviendr ai
pouvoir	je pourr ai	voir	je verr ai
		vouloir	je voudr ai

REMARQUEZ : Seulement la racine est irrégulière. La terminaison de tous les verbes, réguliers ou irréguliers, est la même au futur.

B. Les verbes qui ont un futur régulier

La grande majorité des verbes a un futur régulier.

Le futur de ces verbes est formé sur :

---

l'infinitif + les terminaisons du verbe avoir *au présent*

LE FUTUR

LE VERBE **AVOIR** AU PRÉSENT ET LES TERMINAISONS DU FUTUR		PREMIER GROUPE : -ER	DEUXIÈME GROUPE : -IR	TROISIÈME GROUPE : -RE
		arriver	finir	attendre
j'ai	-ai	j'arriverai	je finirai	j'attendrai
tu as	-as	tu arriveras	tu finiras	tu attendras
il a	-a	il arrivera	il finira	il attendra
nous avons	-ons	nous arriverons	nous finirons	nous attendrons
vous avez	-ez	vous arriverez	vous finirez	vous attendrez
ils ont	-ont	ils arriveront	ils finiront	ils attendront

2. La syntaxe de la phrase avec le futur

A. On emploie le futur après **quand.** *

Quand **je serai** en Europe, **je visiterai** des monuments.
Où **serez-vous** quand **vous aurez** trente ans ?

B. On n'emploie pas le futur après **si.**

Si vous allez à Paris, qu'est-ce que vous verrez ?
Je resterai à Paris **si je ne fais pas** d'économies.

---

* It is actually quite normal and logical, since the meaning of the entire sentence is clearly future. But you might be tempted to make an error, since in English the present is used after when (and after as soon as) :

I'll see you *when you arrive.*
I'll call you *as soon as I get* there.

The rule in English is that when the main clause is in the future, and the subordinate clause is introduced by when (or as soon as) the verb in the subordinate clause will be in the present. In French, however, there is no such rule, and if the sentence calls for a future, the verb will be in the future :

Je vous verrai *quand j'arriverai.*
Je vous téléphonerai *dès que je serai là-bas.*

3. La construction de la phrase avec **avant de** et **après avoir/après être**

A. **avant de**

> Avant de répondre, il faut réfléchir.
> Je préfère lire le livre **avant de voir** le film.

> avant de + *l'infinitif*   (*before doing something*)

B. **après avoir**

> Après avoir déjeuné, il est parti pour son bureau.
> Je lui ai téléphoné **après avoir trouvé** son numéro.
> **Après être arrivés**, nous sommes allés à notre hôtel.

> après + *l'infinitif passé*   (*after having done something*)

REMARQUEZ :   La formation de l'infinitif passé

L'infinitif passé est formé du verbe **avoir** ou **être** et du participe passé :

avoir (pour tous les verbes, excepté les verbes de mouvement)

> avoir parlé, avoir fini, avoir attendu, avoir pris, avoir dit, avoir mis, etc.

être (pour les verbes de mouvement)

> être arrivé, être sorti, être entré, être parti, être monté, être descendu, etc.

EXERCICES ORAUX

1. Dites au futur.

> Exemple :   Je suis fatigué.
> *Je serai fatigué.*

A. Verbes à racine irrégulière

1. Je suis content.
2. J'ai un mois de vacances.
3. Je fais des projets.
4. Je viens chez vous.
5. Je peux prendre l'avion.
6. Je sais le français.
7. Je reviens en septembre.
8. Je ne veux pas rester ici.
9. Je vois des choses intéressantes.
10. Je deviens cosmopolite !
11. Je vais en Europe.
12. Il faut faire des économies.
13. Il va avec vous.
14. Nous faisons nos bagages.

15. Vous êtes dans l'avion.
16. Ils ont assez d'argent.
17. Nous sommes enchantés.
18. Vous voyez des pays étrangers.
19. On vient vous attendre.
20. Ils peuvent rester un mois.
21. Elle fait un voyage idéal.
22. Ils vont en Italie.
23. Tu sais bien voyager.
24. Elles font de l'auto-stop.
25. Il y a beaucoup de monde.
26. C'est le moment des vacances.
27. Vous revenez en septembre.
28. Ils tiennent leur valise à la main.
29. Vous voulez un peu de repos.
30. Vos idées deviennent différentes.
31. Vous allez dans cinq capitales.
32. On va d'abord à Florence.

B. Verbes qui sont réguliers au futur

1. Je prends le train.
2. Je parle avec mes voisins.
3. Je choisis une bonne place.
4. Je réussis à tout comprendre.
5. Je pâlis quand j'ai peur.
6. Je retourne aux bons endroits.
7. Je comprends l'accent du Midi.
8. Je mets mes affaires en ordre.
9. J'écris des cartes postales.
10. Je lis *Le Monde*.
11. Je dors dans le train.
12. J'obéis aux coutumes locales.
13. Je pars de bonne heure.
14. Je sors souvent le soir.
15. Vous arrivez le premier août.
16. Il rencontre une jeune fille.
17. Nous déjeunons sur l'herbe.
18. On donne du pain aux oiseaux.
19. Vous prenez l'apéritif.
20. Il dit *Salut!* comme un Français.
21. Il annonce son arrivée pour le premier avril.
22. On demande de vos nouvelles.
23. Vous rendez l'argent à votre père.
24. Elle ne perd pas son passeport.

2. Mettez les phrases suivantes au futur.

Exemple : Je vais au restaurant et je déjeune à midi.
J'irai au restaurant et je déjeunerai à midi.

1. Vous travaillez et vous faites des progrès.
2. Ces gens ont des difficultés parce que leur voiture est en panne.
3. Les arbres verdissent au printemps et jaunissent en automne.
4. « Rit bien qui rit le dernier. » (*proverbe français*)
5. Je reste à la maison demain parce que j'ai des invités.
6. Il apporte des fleurs à cette dame et il la remercie de son hospitalité.
7. Allez-vous au concert qui a lieu demain ?
8. Vous faites un petit voyage et vous emmenez un copain.
9. Pendant votre voyage, il fait beau temps et il y a du soleil.
10. Vous avez des aventures et vous rencontrez un homme célèbre.
11. Bill entre à la Faculté de Médecine et un jour il est médecin.
12. Vous êtes fatigué parce que vous marchez beaucoup.
13. Savez-vous les réponses à l'examen ? Faites-vous des fautes ?
14. Nous trouvons un bon petit restaurant, et nous y revenons.
15. Où êtes-vous quand vous avez vingt-cinq ans ?

3. Le futur avec **quand** et avec **si**

Mettez au futur.

A. Avec **quand**

Exemple :   Quand il arrive, vous dites « Bonjour ».
Quand il arrivera, vous direz « Bonjour ».

1. Je suis content quand nous arrivons à destination.
2. Quand l'avion part, vous y êtes, et vous regardez par le hublot (= la fenêtre).
3. Elle est furieuse quand vous lui dites que vous ne venez pas !
4. Quand je vais à la bibliothèque, je cherche ce livre pour vous.
5. Que faites-vous quand vous avez trente ans ?
6. Quand vous arrivez, vos amis sont à l'aéroport. Ils vous attendent.
7. Vous revenez chez vous quand l'automne commence.
8. On est surpris quand on voit que vous parlez si bien français.

B. Avec **si**

Exemple :   Si je bois du café, j'ai mal à la tête.
Si je bois du café, j'aurai mal à la tête.

1. Si vous travaillez trop, vous avez mal aux yeux.
2. Je fais des fautes si je ne fais pas attention.
3. Que répondez-vous si on vous dit que vous êtes sensationnel ?
4. Où mettez-vous votre voiture s'il n'y a pas de place dans le parking ?
5. Si les choses continuent, le monde finit sans doute bientôt !
6. Si vous voulez, je viens vous voir dimanche.
7. La fusée atterrit sur la lune, s'il n'y a pas d'accident.
8. Si le temps ne change pas, la température de demain est chaude et il fait beau.

CONVERSATION

Demandez à une autre personne :

1. ce qu'il/elle fera après cette classe.
2. où il/elle ira après sa dernière classe.
3. où il/elle déjeunera (ou dînera) aujourd'hui.
4. ce qu'il/elle fera ce soir.
5. s'il/si elle regardera la télévision.
6. s'il/si elle sortira ce soir, ou s'il/si elle restera à la maison.
7. s'il/si elle étudiera ce soir.
8. s'il/si elle ira au cinéma ce week-end.
9. s'il/si elle viendra à l'université demain. (Sinon, qu'est-ce qu'il/elle fera ?)
10. s'il/si elle ira en vacances cet été. Si oui, où ira-t-il/elle ?
11. s'il/si elle prendra l'autobus aujourd'hui.

12. s'il/si elle parlera français à la fin de ce cours.
13. s'il/si elle aura beaucoup d'enfants.
14. s'il/si elle sera riche ou célèbre un jour.
15. s'il/si elle fera beaucoup de grands voyages.
16. s'il/si elle restera célibataire.

Des projets d'avenir

Kim, Bill, Roger, Jackie, et Paul sont arrivés en France. Ils commenceront leurs cours à la Faculté des Lettres à Aix-en-Provence le premier novembre. Pour le moment, ils passent quelques jours de repos et de découverte. Ils ont déjà fait la connaissance de Jean-Yves, qui a une voiture, et qui leur montre la ville. Aujourd'hui, ils sont assis à la terrasse du café Les Deux Garçons, sous les platanes du Cours Mirabeau. Il fait un beau soleil d'automne. Ils discutent de leur projets d'avenir.

Jean-Yves : Moi, j'ai surtout envie de savoir ce que l'avenir me réserve. Mais comment le savoir ?

Kim : Ce n'est pas malin ! Tu entreras à la Faculté de Droit en novembre. Dans quelques années, après avoir fini tes études, tu auras ta licence en droit, et tu seras avocat. C'est bien simple.

Jean-Yves : Oui, oui, bien sûr. Mais est-ce que je gagnerai beaucoup d'argent ? Est-ce que j'aurai du succès ? Est-ce que je serai heureux ? Je voudrais savoir quelle sorte de femme je rencontrerai et j'épouserai. Aurons-nous des enfants ? Bref, comment sera ma vie ?

Paul : Pour moi, pas de problème. Avant de finir mes études, j'ai déjà rencontré la femme de ma vie... n'est-ce pas, Jackie ? Mais quand j'avais dix-huit ans, je pensais que j'aimais exclusivement les blondes ! Je disais toujours : « Si je ne rencontre pas une grande blonde genre suédois, alors je resterai vieux garçon... » Et puis, un jour, j'ai rencontré Jackie, qui est petite et châtaine, et je suis tombé amoureux fou.

Jackie : (*Elle rit.*) Si tu continues à dire des choses gentilles comme ça, je resterai toujours avec toi ! Mais on ne vit pas d'amour et d'eau fraîche ! Bientôt, quand nous aurons notre diplôme, il faudra penser à l'avenir. Moi, j'ai l'intention de faire une demande d'admission dans un institut de sciences politiques. Je voudrais passer le concours du gouvernement pour les services consulaires. Si je suis reçue, je travaillerai dans les consulats américains à l'étranger. Pour ça, il faut parler au moins une langue étrangère.

Kim : Et Paul, qu'est-ce qu'il fera ?

ALEX COLVILLE, À l'île du Prince-Édouard   La Galerie nationale du Canada, Ottawa

Comment sera votre avenir ?

Paul : Justement, moi, je serai artiste. Je voyagerai quand il faudra pour accompagner
ma femme. Ce sera très pratique. Je verrai des paysages nouveaux, des
lumières, et des couleurs différentes dans chaque pays. Je peindrai, et je
vendrai mes toiles. Quand j'aurai une exposition, je vous inviterai tous.

Bill : Moi, je suis un peu comme Paul quand il avait dix-huit ans. Je crois que je
chercherai une grande blonde... Quelqu'un qui ressemblera à Kim. (*Tout
le monde rit, et Kim rougit.*) Plus tard ? Je crois que je voudrais être professeur. Je ferai des études avancées, la maîtrise et le doctorat, et je serai
professeur dans une université. J'enseignerai l'anglais et la littérature, et
j'écrirai. Je crois que j'aurai beaucoup d'idées, et si j'ai aussi du talent, je
réussirai. Mais aurai-je le courage de travailler assez dur ? On verra.

Kim : Qu'est-ce que tu écriras ?

Bill : (*assez vague*) Oh, des tas de choses... Il y aura des nouvelles, des romans, des pièces de théâtre, de la poésie... Un peu de tout. Ce sera excellent, tu verras. Et toi, qu'est-ce que tu feras ?

Kim : Je ne sais pas exactement. Si je me marie et si j'ai des enfants, je n'aurai peut-être pas de profession, au moins pendant quelques années. Je resterai chez moi, et j'élèverai les gosses. Mais il faut préparer une profession, parce qu'on ne sait jamais. J'en aurai besoin, si je reste vieille fille, * ou après avoir élevé mes gosses. Alors, je pense que j'irai à l'école d'infirmières.

Jackie : Pourquoi ne pas faire la médecine ?

Kim : Non, ce n'est pas mon rêve. Je voudrais simplement avoir une profession utile, que j'exercerai quand ce sera nécessaire. En attendant, quand j'aurai des enfants, ce sera très utile : Je les soignerai bien mieux... Mais Roger est là, qui ne dit pas mot. Qu'est-ce que tu feras, plus tard, dans la vie, Roger ?

Roger : Après avoir obtenu mon diplôme, je pense que je ferai des études commerciales. Mon père dit que si je réussis, il me prendra dans les affaires avec lui, et que j'aurai une bonne situation. Mais voilà, je ne sais pas si je serai content de travailler avec mon père. Il est très autoritaire. Alors, j'essaierai peut-être autre chose : Une école d'ingénieurs me tente. Mais dans ce cas, il faudra financer mes propres études.

Jean-Yves : Roger est un fils à papa ! Tu as de la veine, mon vieux. Moi, après avoir fini mes études de droit, je crois que je ferai de la politique. C'est passionnant, la politique ! Je ferai des campagnes électorales du tonnerre de dieu !

Jackie : Seras-tu malhonnête comme tant de politiciens ?

Jean-Yves : Penses-tu ! Au contraire, je brillerai par mon honnêteté. Mais... nous avons une décision bien plus urgente à prendre ! Il est six heures. Qu'est-ce que nous ferons ce soir ?

Roger : Tiens ! Voilà les deux filles que nous avons rencontrées ce matin quand nous sommes allés chercher nos papiers à la fac.

Jean-Yves : Mais c'est Monique et Valérie ! Elles sont étudiantes en droit. Ça, c'est une surprise ! (*Il appelle.*) Monique ! Valérie !

Monique : Oh, salut, Jean-Yves. Tu as déjà rencontré nos copains américains ? Salut tout le monde. Qu'est-ce que vous allez faire, ce soir ?

Roger : Avant de dîner, nous allons rester ici un moment. Après avoir dîné, je ne sais pas. Et vous deux ?

---

* **vieille fille** *and, earlier in the reading,* **vieux garçon** *: A woman or a man who remains unmarried. These terms have a slightly disparaging connotation, and the term* **rester célibataire** *is more neutral. But we must remain faithful to the French language, and its current usage. Besides, it is helpful to learn the expressions, since you are likely to hear them used.*

Valérie : Justement, il y aura une petite soirée chez moi pour célébrer la rentrée. Venez tous, je vous invite. Il y aura de la musique, une petite bande de gens sympa. On dansera. Tu viendras, Jean-Yves ?

Roger : Dans ce cas, je déciderai de mon avenir un autre jour, mais ce soir, je danserai (mal, mais je danserai...) Et je boirai même peut-être un petit verre de quelque chose. Allons-y tous. Rendez-vous ce soir chez toi, Valérie.

RÉPONDEZ avec imagination et dans l'esprit de la lecture.

1. **Kim :** Quelles études vas-tu faire, Jean-Yves ?
   Jean-Yves : _____

2. **Bill :** Tu veux être avocat ?
   Jean-Yves : _____

3. **Paul :** Quelle sorte de femme épouseras-tu, Bill ?
   Bill : _____

4. **Roger :** Qu'est-ce que ta femme veut faire plus tard, Paul ?
   Paul : _____

5. **Jean-Yves :** Paul, tu n'as pas peur que les gens t'appellent « Monsieur Jackie » ?
   Paul : _____

6. **Jackie :** Et toi. Kim, qu'est-ce que tu feras, plus tard ?
   Kim : _____

7. **Roger :** Quels diplômes vas-tu préparer, pour être professeur d'université, Bill ?
   Bill : _____

8. **Paul :** Oh, mais Bill ne veut pas seulement être professeur. Il fera autre chose, n'est-ce pas ?
   Jackie : _____

9. **Kim :** Qu'est-ce qu'on enseigne à la Faculté des Lettres ?
   Bill : _____

10. **Monique :** Je vous invite tous chez moi ce soir.
    Roger : _____

EXERCICES ÉCRITS

1. Mettez le paragraphe suivant au futur.

   VOTRE HOROSCOPE: Signe du **Bélier** (*ram, Aries*) du 21 mars au 19 avril
   Si vous êtes né(e) sous le signe du Bélier, vous êtes toujours sous l'influence de la planète Mars qui guide votre destinée. Quand vous faites des projets,

vous réussissez, parce que votre intelligence prend toujours la première place. Vous choisissez probablement une carrière dans les arts ou les lettres, vous avez du succès quand vous faites un travail créateur, parce que l'imagination domine votre vie. Si vous rencontrez le partenaire idéal, qui est sans doute un Scorpion, vous avez tendance à le dominer. Vous prenez vos décisions rapidement, mais vous ne les regrettez pas souvent. Vous restez jeune longtemps, et vous vivez vieux, mais il faut faire attention aux maladies de foie (*liver*) et d'estomac.

2. Composez votre propre horoscope ou celui d'une autre personne.

Le signe :

du **Bélier** (21 mars)   de la **Balance** (23 septembre)
du **Taureau** (20 avril)   du **Scorpion** (24 octobre)
des **Gémeaux** (21 mai)   du **Sagittaire** (22 novembre)
du **Cancer** (22 juin)   du **Capricorne** (22 décembre)
du **Lion** (23 juillet)   du **Verseau** (20 janvier)
de la **Vierge** (23 août)   des **Poissons** (19 février)

Choisissez parmi les éléments suivants (et si vous avez beaucoup d'imagination, employez d'autres termes !) :

On est : heureux/malheureux   On a : de la chance/pas de chance
  célèbre/inconnu   du succès
  riche/pauvre   des malheurs
  aimé/détesté   des aventures
  etc.   des maladies
                       des accidents
                       etc.

On fait : fortune   On commet : un vol
  des voyages   un crime
  le tour du monde

Qui cette personne épousera-t-elle ? Pourquoi ?
Cette personne reste-t-elle célibataire ? Pourquoi ?
Aura-t-elle enfants ? Comment seront-ils ?
À quoi faudra-t-il faire attention ? (aux accidents ? aux maladies ? aux animaux féroces ? aux hommes blonds ? aux femmes brunes ?)

Maintenant, composez un horoscope qui n'a pas besoin d'être astrologiquement authentique, mais qui correspond au caractère de la personne que vous choisissez. (Par exemple : **Vierge** : Bill est né sous le signe de la Vierge. Il ne sera pas célèbre, mais il sera très aimé de tous ses amis. Il fera des voyages. En fait, il passera une année en France. Là, il aura des aventures. Il épousera une femme blonde, et ils auront deux enfants qui ressembleront à leur mère. Il faudra faire attention aux chiens méchants, aux femmes jalouses, et il ne faudra pas être en retard à sa classe de français.)

3. Transformez la phrase.

    A. Avec **avant de**

        Exemple :   Je déjeune et je sors.
                    Je déjeune avant de sortir.

1. Écrivez cette lettre et partez pour le week-end.
2. J'irai vous voir et je partirai.
3. Réfléchissez. Prenez une décision.
4. Organisez votre journée. Commencez votre travail.
5. Vous rencontrerez plusieurs personnes et vous en aimerez une.
6. J'ai cherché partout. Enfin, j'ai trouvé le livre que je voulais.
7. Vous avez fait des fautes. Enfin, vous avez compris !
8. Beaucoup de jeunes gens hésitent. Ils trouvent leur carrière.

    B. Avec **après avoir/après être**

        Exemple :   Il a lu le livre. Il voulait voir le film.
                    Après avoir lu le livre, il voulait voir le film.

1. Je ferai mes bagages. Je partirai.
2. Vous déjeunez à sept heures, et vous sortez.
3. Je finirai ma semaine, et je toucherai mon chèque.
4. On comprend un point difficile et on peut l'expliquer aux autres.
5. On est allé en Europe. On comprend mieux l'histoire de France.
6. On reste debout pendant longtemps. On est fatigué.
7. Il l'a vue avec un autre homme. Il a compris qu'il l'aimait !
8. Je resterai chez moi pendant le week-end. J'aurai envie de sortir !

4. Complétez les phrases avec imagination.

        Exemple :   Après avoir fini cette classe...
                    Après avoir fini cette classe, je parlerai beaucoup mieux
                    français.

  1. Après avoir fini ce trimestre...
  2. Avant de finir ma journée...
  3. Il faudra faire attention quand...
  4. Je serai heureux (heureuse) si...
  5. Vous serez un ange si...
  6. Après être sorti(e) de chez moi le matin...
  7. Avant de préparer le dîner...
  8. Vous serez sûrement célèbre si...
  9. Quand j'aurai trente ans...
10. J'écrirai un roman quand...

5. Exercice sur le vocabulaire de la leçon

D'abord, donnez le terme demandé. Ensuite, composez une phrase où vous emploierez ce terme pour montrer que vous savez l'utiliser.

> Exemple : Comment s'appellent les études que fait un futur avocat ?
> *Les études de droit. Les études de droit sont utiles si on veut faire de la politique.*

A. Termes de français standard

1. Comment s'appelle la division de l'université française où on fait des études de langues, de littérature, etc. ?
2. Comment s'appelle l'école où vont les jeunes gens qui veulent être avocats (ou avocates) ? Comment s'appelle le diplôme qu'on y obtient ?
3. Comment appelle-t-on un homme qui reste célibataire ? Et une femme ?
4. Quelle est l'expression qui veut dire *to fall in love* ?
5. Comment s'appelle le genre d'examen où on prend seulement un certain nombre de personnes ?
6. Donnez un autre nom pour une peinture ou un tableau ?
7. Comment appelle-t-on, par un terme général, les pays autres que son propre pays ?
8. Comment dit-on (en français correct) *after graduation* ?
9. Comment s'appelle le retour à l'école ou à l'université en automne ?
10. Comment s'appelle une composition littéraire en prose qui ressemble à un roman, mais qui est beaucoup plus courte ?

B. Termes de français quotidien* (*everyday language*)

1. Comment dit-on aussi *bonjour* ?
2. Comment dit-on *Ce n'est pas difficile* ou *Ce n'est pas compliqué* ?
3. Comment dit-on *beaucoup de choses* ?
4. Comment dit-on *un enfant* ?
5. Comment dit-on aussi *sensationnel* ou *formidable* ?
6. Comment dit-on aussi *Tu as de la chance !*
7. Quelle est l'abbréviation pour *la faculté* ?
8. Comment appelle-t-on un jeune homme qui a l'avantage d'avoir un père riche ou important et qui en dérive des bénéfices ?

COMPOSITION ORALE, ÉCRITE, OU DISCUSSION

1. **L'avenir d'un de vos amis, ou du professeur, ou votre avenir.** Imaginez que vous êtes astrologue ou tireuse de cartes (*fortune teller*), et devinez l'avenir d'une personne. Où sera-t-elle ? Que fera-t-elle ? Qui rencontrera-t-elle ? Où ? Pourquoi ? Quelles seront les conséquences ?

---

* These terms are certainly not to be classified as slang. They are merely those which everyone uses in everyday language, and carry no connotation of vulgarity. They are simply **sans façon**, informal. (Corresponding terms, in English, might be : a kid, *instead of* a child, to be broke, *instead of* having no money, or Hi !, *instead of* Hello *or* Good Morning.)

2. **Vos projets d'avenir.** Que ferez-vous plus tard ? Quelle sera votre profession ?
   Pourquoi la choisirez-vous ? Serez-vous riche ? Heureux (heureuse) ? Célèbre ?
   Comment et pourquoi ?

3. **Et si vous n'avez pas beaucoup d'imagination aujourd'hui :** votre journée de
   demain. Expliquez ce que vous ferez, quand, et pourquoi vous le ferez. Employez
   aussi plusieurs fois **avant de** et **après avoir.**

VOCABULAIRE DE LA LEÇON

NOMS

Noms masculins

l'astrologue	le foie	les Poissons
l'avenir	les Gémeaux	le politicien
le Bélier	le gosse	le repos
le Cancer	l'horoscope	le Sagittaire
le Capricorne	le hublot	le Scorpion
le concours	le Lion	le Taureau
le consulat	le partenaire	le trimestre
le doctorat	le passeport	le Verseau
le fils à papa	le platane	le vieux garçon

Noms féminins

l'avocate	la littérature	la racine
la Balance	la maîtrise	la rentrée
la découverte	la majorité	la tireuse de cartes
la destinée	la maladie	la syntaxe
la faculté	la partenaire	la tendance
la fusée	la pièce de théâtre	la veine
la gosse	la planète	la vieille fille
l'hospitalité	la poésie	la Vierge
la licence		

ADJECTIFS

autoritaire	créatif, créative	malhonnête
astrologique	électoral, électorale	passionnant, passionnante
commercial, commerciale	inconnu, inconnue	quotidien, quotidienne
consulaire	jaloux, jalouse	sans façon
cosmopolite	malheureux, malheureuse	vague

VERBES

avoir de la veine	épouser	réserver
avoir tendance (à)	exercer	ressembler (à)
briller	faire attention (à)	soigner
dominer	financer	voyager
enseigner	peindre	

ADVERBES

exclusivement	longtemps	rapidement

VINGT ET UNIÈME LEÇON **331**

22

VINGT-DEUXIÈME LEÇON

Les événements de la vie

- Le pronom interrogatif **lequel**, formes et usage
- Le pronom démonstratif **celui/ceux, celle/celles**, formes et usage
- Le pronom démonstratif **celui-ci(là)**, formes et usage
  Le pronom possessif **le mien/les miens, la mienne/les miennes**, formes et usage
- Le verbe **connaître**
- L'expression **avoir lieu**

INTRODUCTION

DÉCLARATION ET QUESTION	RÉPONSE

Le pronom interrogatif **lequel** et le pronom démonstratif **celui** et **celui-ci/celui-là**

Vous lisez un livre. Quel livre lisez-vous ? **Lequel** lisez-vous ?	Je lis **celui** qui a tant de succès.
Quel autobus prenez-vous ? **Lequel** prenez-vous ?	Je ne prends pas **celui qui** passe. C'est **celui qui** va en ville. Je prends **celui de** l'université.

Vous admirez une de ces maisons. Mais **laquelle** ?

J'admire **celle-ci**. C'est **celle qui** est juste en face. C'est **celle de** gens qui ont bon goût.

Vous avez acheté une voiture ? **Laquelle** avez-vous achetée ?

Celle que nous avons admirée ensemble. Non, ce n'est pas **celle que** vous regardez. C'est **celle-ci**, **celle qui** est juste devant vous.

Laquelle est-ce ? Est-ce **celle qui** est bleue ?

Oui, c'est **celle-là**. J'étais fatigué de toujours demander **celle de** ma mère ou **celles de** mes copains.

Le pronom possessif **le mien** et ses formes

Elle est jolie, cette voiture bleue. C'est **la vôtre** ?

Oui, c'est **la mienne**. Ce n'est pas celle de mon père. **La sienne** est noire.

J'aime beaucoup ce disque. Est-ce **le vôtre** ?

Non, ce n'est pas **le mien** ; c'est celui de ma sœur. Mais les autres sont **les miens**. Je prends souvent ses affaires et elle prend **les miennes**.

Montrez-moi la maison de vos parents. Laquelle est-ce ?

Voilà **la leur**, et celle de mon oncle est à côté. Ces fleurs sont **les siennes**. Son jardin est plus grand que **le nôtre**.

Le verbe **connaître**

Connaissez-vous ce monsieur qui passe ?

Oui, **je le connais**. C'est un professeur. Je sais qu'il est professeur de sciences.

Est-ce le vôtre ?

Non, ce n'est pas le nôtre, mais **nous connaissons** un de ses élèves et nous savons qu'il est très bien.

Connaissez-vous l'Europe ?

Je la connais un peu. J'y suis allé une fois. Mais **je ne connais** pas tous les pays. Je sais qu'il y a beaucoup d'autres endroits que je voudrais voir.

Quels sujets **connaissez-vous** le mieux ?

Je connais un peu l'art, la musique, la littérature, et la poésie. Mais je ne sais pas tout ce que je voudrais savoir !

EXPLICATIONS

1. Le pronom interrogatif **lequel/lesquels, laquelle/lesquelles**

   A. Sa nature et son usage

   lequel est le pronom interrogatif qui correspond à l'adjectif interrogatif **quel** (**quel/quels, quelle/quelles**).

   > Je lis un livre. **Lequel** (= Quel livre) lisez-vous ?

   lequel remplace **quel** + *le nom*. Il est composé de l'article **le/la : les** et de **quel/quels, quelle/quelles**.

   B. Ses formes

MASCULIN SINGULIER	(*ex. :* **le** livre)	**le** + quel	**Lequel ?**
MASCULIN PLURIEL	(*ex. :* **les** livres)	**les** + quels	**Lesquels ?**
FÉMININ SINGULIER	(*ex. :* **la** maison)	**la** + quelle	**Laquelle ?**
FÉMININ PLURIEL	(*ex. :* **les** maisons)	**les** + quelles	**Lesquelles ?**

   > Je lis un livre. **Lequel** lisez-vous ?
   > Je lis des livres. **Lesquels** lisez-vous ?
   > J'habite une maison. **Laquelle** habitez-vous ?
   > Vous habitez des maisons. **Lesquelles** habitez-vous ?

2. Le pronom démonstratif **celui/ceux, celle/celles** (suivi de **de** ou de **qui/que**)

   A. Sa nature et son usage

   celui est un pronom démonstratif qui correspond à l'adjectif démonstratif **ce**.

   > Dans quel laboratoire allez-vous ? Dans **celui de** sciences ou dans **celui de** langues ?
   > Ce livre, c'est **celui que** j'ai pris à la bibliothèque.
   > **Celui qui** (= l'homme qui) a des idées avant-garde n'est pas souvent compris.

   REMARQUEZ : **celui/ceux, celle/celles** est suivi de **de** (ou **de la/de l'/du : des**) ou de **qui/que**. Dans les autres cas, employez **celui-ci/celui-là** (voir le paragraphe suivant).

   B. Ses formes

MASCULIN SINGULIER	(*ex. :* **ce** monsieur)	**celui**
MASCULIN PLURIEL	(*ex. :* **ces** messieurs)	**ceux**
FÉMININ SINGULIER	(*ex. :* **cette** dame)	**celle**
FÉMININ PLURIEL	(*ex. :* **ces** dames)	**celles**

Ce monsieur est **celui que** j'ai rencontré à Paris.
Ces messieurs sont **ceux que** j'ai rencontrés à Paris.

Cette dame est **celle que** j'ai rencontrée à Paris.
Ces dames sont **celles que** j'ai rencontrées à Paris.

3. Le pronom **celui-ci** ou **celui-là**

celui-ci/celui-là est une autre forme du pronom démonstratif.

A. Sa formation et son usage

Il est formé de **celui** + (i)**ci** ou de **cela** + **là**.
On emploie **celui-ci/celui-là** * quand le pronom n'est pas suivi de **de** ou de **qui/que**.

B. Ses formes

Ses formes sont les mêmes que celles de **celui**.

MASCULIN SINGULIER	celui-ci, celui-là
MASCULIN PLURIEL	ceux-ci, ceux-là
FÉMININ SINGULIER	celle-ci, celle-là
FÉMININ PLURIEL	celles-ci, celles-là

Vous cherchez un livre ? Lequel voulez-vous ? **Celui-là.**
Vous cherchez des livres ? Lesquels voulez-vous ? **Ceux-là**
Vous habitez une maison ? Laquelle habitez-vous ? **Celle-là.**
Vous achetez des fleurs. Lesquelles achetez-vous ? **Celles-là.**

C. L'usage stylistique de **celui-ci/ceux-ci, celle-ci/celles-ci**

On annonce le mariage de Jacqueline et Jean-Yves. **Celui-ci** est avocat à Marseille.
Voilà mon oncle et ma tante. **Celle-ci** est la sœur de mon père.
J'ai passé l'été chez des amis. **Ceux-ci** ont une maison en Provence.

Pour remplacer le complément d'objet de la phrase précédente, employez **celui-ci** comme sujet de la phrase suivante. Votre expression sera claire et élégante.

4. Le pronom possessif : **le mien/les miens, la mienne/les miennes**

A. Sa formation et son usage

Le pronom possessif (**le mien, le tien**, etc.) correspond à l'adjectif possessif **mon, ton**, etc.

* In theory, **celui-ci** indicates the object or the person closer to you, and **celui-là** the object or person which is farther from you (this one, that one). However, the French do not always observe this distinction and tend to say **celui-là** in both cases.

C'est **mon** livre. C'est **le mien**.
C'est **ton** appartement. C'est **le tien**.

Il remplace **l'adjectif possessif** + **le nom**. Il a le genre et le nombre du pronom qu'il remplace.

B. Ses formes

	MASCULIN		FÉMININ	
SINGULIER	(mon)	**le mien**	(ma)	**la mienne**
PLURIEL	(mes)	**les miens**	(mes)	**les miennes**
SINGULIER	(ton)	**le tien**	(ta)	**la tienne**
PLURIEL	(tes)	**les tiens**	(tes)	**les tiennes**
SINGULIER	(son)	**le sien**	(sa)	**la sienne**
PLURIEL	(ses)	**les siens**	(ses)	**les siennes**
SINGULIER	(notre)	**le nôtre**	(notre)	**la nôtre**
PLURIEL	(nos)	**les nôtres**		
SINGULIER	(votre)	**le vôtre**	(votre)	**la vôtre**
PLURIEL	(vos)	**les vôtres**		
SINGULIER	(leur)	**le leur**	(leur)	**la leur**
PLURIEL	(leur)	**les leurs**		

Votre voiture est dans la rue. **La mienne** est au garage.
Je voudrais savoir mon avenir. Voudriez-vous savoir **le vôtre** ?
Nous avons une grande maison : J'ai ma chambre, mon frère a **la sienne**, mes parents ont **la leur**, mes sœurs ont **les leurs**.

5. Le verbe **connaître**

Vous avez déjà vu le verbe **savoir** (Leçon 20, page 298). On l'emploie généralement pour parler d'un fait, d'une idée (**savoir** = *to know a fact, to be informed, to be aware of something*).

Le verbe **connaître** (*to know a person or a place, to be acquainted with*) est généralement employé pour parler d'une personne (ou d'un endroit ou d'un objet.)

Connaissez-vous ce monsieur ? Oui, **je le connais** très bien.
Connaissez-vous Paris ? Non, **je ne le connais** pas (mais je sais que c'est la capitale de la France).
Connaissez-vous un bon fromage français ?

6. L'expression verbale **avoir lieu** (*to take place*)

Cette classe **a lieu** tous les jours à neuf heures.
Le mariage de Valérie et Jean-Yves **aura lieu** samedi.

REMARQUEZ: Quand vous écrivez (ou quand vous parlez) il est important de dire où l'action **a lieu** si votre histoire est au présent, où elle **avait lieu** si votre histoire est au passé, et où elle **aura lieu** si celle-ci est au futur.

CONVERSATION

Demandez à une autre personne:

(Il faut répondre par une phrase complète et employer **celui/ceux, celle/celles,** ou **celui-là/ceux-là, celles-ci/celles-là.**

Exemple: «Quel tableau regardez-vous? Je regarde celui-là.» (*ou:* «Je regarde celui qui est devant moi.»)

1. quel tableau il/elle regarde.
2. sur quelle chaise il/elle est assis(e).
3. quelle classe il/elle aime le mieux.
4. dans quel livre il/elle étudie le français.
5. quelle leçon nous étudions cette semaine.
6. avec quel crayon il/elle écrit.
7. dans quelle classe il/elle apprend le français.
8. quelle est la meilleure place dans la classe.
9. à côté de quelle personne il/elle est assis(e).

Demandez à une autre personne de la classe de montrer trois objets et de les identifier par **C'est le mien/la mienne,** etc., **C'est le sien/la sienne,** etc., ou par un autre pronom possessif.

Exemple: «Voilà un livre, c'est le mien.»
«Voilà la chemise de Keith, c'est la sienne.»
«Voilà une classe de français, c'est la nôtre.»
«Voilà les chaises des étudiants. Ce sont les leurs.»

EXERCICES ORAUX

1. Répondez par la forme correcte du pronom interrogatif (**lequel/lesquels, laquelle/lesquelles**).

Exemple: Je lis un journal.
Lequel?

1. J'ai acheté une voiture.
2. Nous avons vu un film.
3. Donnez-moi des détails.
4. J'habite une de ces maisons.
5. Connaissez-vous ce monsieur?
6. Il y a deux solutions à ce problème.

7. Je vous attends au coin de la rue.
8. Avez-vous entendu la nouvelle ?
9. Le professeur a des idées bizarres.
10. Achetez-moi quelques revues.
11. Vous avez des qualités que j'admire.
12. J'ai perdu un de mes livres.
13. Ils sont partis pour une autre ville.
14. Oh, regardez : une jolie voiture !
15. J'adore un certain programme à la télévision.
16. J'aime beaucoup les théories philosophiques.

2. Répondez par la forme correcte : **celui-ci/ceux-ci**, **celle-ci/celles-ci** et la pré-position quand elle est nécessaire.

Exemple :   À quel étage habitez-vous ?
   J'habite à celui-ci.

1. Dans quel quartier habitez-vous ?
2. À quelle université allez-vous ?
3. Dans quel livre étudiez-vous le français ?
4. Dans quelle ville passez-vous vos vacances ?
5. Dans quelle voiture venez-vous ?
6. Quel avion prenez-vous ?
7. Quelle profession choisirez-vous ?
8. Quelle classe préférez-vous ?
9. Quelle leçon étudiez-vous ?
10. Sur quelle chaise êtes-vous assis ?
11. Avec quel stylo écrivez-vous ?
12. Chez quel dentiste avez-vous rendez-vous ?
13. À quel coin de la rue m'attendez-vous ?
14. Derrière quel étudiant est votre place ?
15. Entre quels étudiants êtes-vous assis ?

3. Remplacez le terme indiqué par le pronom démonstratif (**celui/ceux**, **celle/celles**).

Exemple :   Ce n'est pas ma voiture. C'est *la voiture* de mon père.
   Ce n'est pas ma voiture. C'est celle de mon père.

1. Ce disque ? C'est *le disque* de ma sœur.
2. Je prends souvent mes affaires et *les affaires* de mon frère.
3. Préférez-vous ce film ou *le film* de l'autre cinéma ?
4. J'aime mieux ce dîner que *le dîner* de hier soir.
5. J'admire les gens énergiques et *les gens* qui ont du courage.
6. Donnez-moi des nouvelles de Bill et de tous *les étudiants* qui sont en France.
7. Achetez-moi des revues, toutes *les revues* que vous trouverez.
8. Jackie a de la chance : Elle peut mettre ses robes et *les robes* de sa mère !

9. Prenons-nous ma voiture ou *la voiture* de votre copain ?
10. La meilleure place en hiver est *la place* qui est près du radiateur.
11. Donnez-moi des renseignements, *les renseignements* qui seront utiles pour mon voyage en Europe.
12. Avez-vous vu ce film, *le film* qui passe au Ciné Royal ?

4. Quelle est la forme du pronom possessif ?

A.   Exemple :   ma sœur
                    la mienne

1. mes parents	9. vos problèmes	17. leurs difficultés
2. mes affaires	10. vos idées	18. ton amour
3. ton copain	11. leur maison	19. sa robe
4. ta belle-sœur	12. leurs appartements	20. mes distractions
5. sa chambre	13. mon voyage	21. sa femme
6. ses amis	14. mon adresse	22. votre mari
7. notre ville	15. votre enveloppe	23. son oncle
8. nos amis	16. son numéro	24. son amie

B.   Exemple :   mon frère et *ton frère*
                    mon frère et le tien

1. ma voiture et *ta voiture*	8. votre argent et *mon argent*
2. sa sœur et *ma sœur*	9. mes économies et *tes économies*
3. votre ville et *notre ville*	10. mes affaires et *ses affaires*
4. mon livre et *vos livres*	11. ma mère et *leur mère*
5. mes parents et *ses parents*	12. mon mariage et *votre mariage*
6. ton voyage et *leur voyage*	13. mes amies et *ses amies*
7. mes idées et *tes idées*	14. mes problèmes et *vos problèmes*

5. **connaître** et **savoir**

Emploierez-vous **je sais** ou **je connais** ?

Exemple :   _____ la réponse.
             Je sais la réponse.

             _____ ce monsieur.
             Je connais ce monsieur.

1. _____ cette dame.
2. _____ la France.
3. _____ ma leçon.
4. _____ votre adresse.
5. _____ la région.
6. _____ jouer du piano.
7. _____ faire une addition.
8. _____ des gens intéressants.

9. ———— New-York.
10. ———— faire du ski.
11. ———— l'université de Provence.
12. ———— le Louvre.
13. ———— ton numéro de téléphone.
14. ———— l'aéroport Charles de Gaulle.
15. ———— trouver la solution du problème.
16. ———— ce journal.
17. ———— la date de demain.
18. ———— des bons vins de France.
19. ———— la Nouvelle-Orléans.
20. ———— un endroit idéal pour un pique-nique.
21. ———— faire la cuisine.
22. ———— votre famille.
23. ———— que deux et deux font quatre.
24. ———— Québec et Montréal.

Les événements de la vie

Chaque semaine vous lisez dans les journaux une chronique qui concerne les gens, leurs activités sociales, les naissances, les fiançailles, les mariages, et les décès. On annonce aussi les banquets des diverses associations, les expositions de tableaux, les concerts, et les représentations de pièces de théâtre. On trouve souvent aussi une autre chronique qui concerne le courrier des lecteurs et qui publie les lettres envoyées par ceux-ci, avec une réponse à leurs questions.

NAISSANCE À RENNES   Nous sommes heureux d'apprendre la naissance des enfants jumeaux de M. et Mme Le Pallec. Luc et Lucette sont nés le 1er mai, et sont en excellente santé, ainsi que leur maman. Nous adressons nos meilleurs souhaits aux bébés et nos compliments aux heureux parents.

FIANÇAILLES À ORLÉANS   On annonce les fiançailles de Mlle Jacqueline Dubord avec M. Robert Mercier. Celui-ci est à présent ingénieur pour la compagnie Europétrole. Le mariage aura lieu avant son départ pour le Sahara où il ira bientôt en mission de prospection. « Je connais Robert, mon fiancé, depuis notre enfance, a déclaré Mlle Dubord. Je serai heureuse de connaître les pays où son métier l'emmènera. » La bague de fiançailles offerte par M. Mercier à sa fiancée est un bijou de famille qui appartenait autrefois à sa grand-mère.

MARIAGE À MARSEILLE   Le 15 mai, a eu lieu le mariage de Mlle Valérie Dacier, fille du Docteur et de Mme Dacier, avec M. Jean-Yves Dubosc. « Je ne veux pas de cérémonie comme celle du mariage de mes parents, a déclaré la mariée. La mienne sera très simple. Je suis étudiante, et mon fiancé termine à présent ses études de droit. Nos goûts ne sont pas ceux de la génération précédente. » En effet, la nouvelle Mme Dubosc a refusé la traditionnelle toilette blanche de satin et de dentelles, le cortège, les demoiselles d'honneur. Les mariés, accompagnés de leurs parents et de leurs témoins, sont allés à la mairie de leur quartier pour une brève cérémonie civile.* Après une réception intime chez les parents de la mariée, le jeune ménage est parti passer sa lune de miel dans un pays étranger. Lequel? C'est un secret. Mais M. Dubosc a révélé que lui et sa femme allaient partir faire

---

* In France, marriages are compulsorily performed in the city hall of your residence. You cannot elope or have a home wedding, or any other kind of self-designed ceremony. After the civil ceremony (but never instead), you may, if you wish—and many people do—have a religious ceremony. But the state recognizes only the legal validity of the civil marriage.

HENRI ROUSSEAU, *La noce*   Collection particulière, Paris

Dans tous les pays, et de tous temps, le mariage est un des événements de la vie.

Cette *noce* (wedding party) par le peintre primitif Henri Rousseau ressemble un peu à une vieille photo de famille trouvée dans un album, n'est-ce pas?

un voyage de noces style camping. Original? Certainement! Et certainement plus amusant que ceux d'un autre temps.

DÉCÈS À BORDEAUX   Nous avons la douleur d'apprendre le décès de M. Adolphe-François-Gustave Crouse, chevalier de la Légion d'Honneur, ancien président de l'Association des Producteurs de Vin, survenu à son domicile, dans sa quatre-vingtième année. Ses obsèques auront lieu mardi, et son enterrement suivra, au cimetière Saint-Médard. Nous offrons nos condoléances à la famille.

BANQUET DE L'ASSOCIATION DE LA PRESSE À LYON   Celui-ci a eu lieu dimanche dernier, au célèbre restaurant de la Mère Brazier. Il était donné en l'honneur des représentants de la presse internationale, et chaque grand journal avait le sien. Le président a prononcé un discours — «Notre association a un but. Lequel? Celui d'assurer la coopération et l'amitié entre la presse des divers pays. Nous voulons connaître nos collègues de l'étranger pour mieux les comprendre et pour améliorer le reportage impartial des nouvelles.» On a beaucoup applaudi ces paroles.

EXPOSITION DE TABLEAUX À PARIS   L'exposition du nouveau groupe appelé *Peintres de la Réalité* a commencé samedi, à la Galerie Beaux-Arts, après un vernissage qui a réuni beaucoup d'amateurs de peinture. Dix jeunes peintres forment ce groupe, et... quelle surprise! Chaque toile représente un objet bien déterminé. Il y a des paysages qui représentent des arbres et des champs. On y voit des natures-mortes, qui représentent des fruits, des fleurs, et des légumes! On y voit même des portraits, parfaitement reconnaissables, qui ont un seul nez et deux yeux! Les critiques réservent leur opinion. Pourtant, l'un d'eux, qui préfère rester anonyme, a donné la sienne — «Le public a accepté beaucoup de plaisanteries de la part des artistes, mais celle-ci n'a pas d'avenir. Cette école est beaucoup trop avant-garde, et il n'y a pas assez de gens qui la comprennent.»

COURRIER DES LECTEURS   Nous recevons toujours beaucoup de lettres de nos lecteurs et lectrices. Parmi celles de cette semaine, citons celle-ci, qui vient de Mme A., à Sarcelles, près de Paris.

Nous habitons depuis un an dans un de ces grands ensembles résidentiels ultra-modernes. Nous avons tous les appareils électro-ménagers possibles, et nous pensions trouver là, avec le confort total, le bonheur complet. Eh bien, c'est un désastre! Comment peut-on identifier sa résidence, et dire à ses amis «Venez nous voir, bloc sept, ascenseur douze, quinzième étage, porte dix-huit?» Nous sommes perdus, anonymes, et misérables. Mon mari veut retourner à notre ancienne maison, trop petite, et sans confort. «C'est la nôtre, dit-il, c'est celle où nous sommes heureux.» Que faire?

Hélas, Madame A., votre lettre n'est pas différente de celles d'autres lecteurs et lectrices dans la même situation. Les urbanistes commencent juste à réaliser qu'il y a d'autres facteurs dans le bonheur humain que l'eau courante chaude et froide, les appareils électro-ménagers perfectionnés, et le chauffage central!

RÉPONDEZ dans l'esprit de la lecture et avec imagination.

1. **M. Durand :** Est-ce que le bébé des Le Pallec est né ?
   Vous : _____

2. **Un reporter :** Où allez-vous aller avec votre mari, Mademoiselle ?
   Mlle Dubord : _____

3. **Mme Dubord :** C'est une jolie bague. Est-ce que Robert l'a achetée ?
   Mlle Dubord : _____

4. **Un reporter :** Où habiterez-vous après votre mariage, Mademoiselle ?
   Mlle Dubord : _____

5. **Mme Dacier :** Moi, j'avais une grande cérémonie de mariage, avec une toilette blanche et des demoiselles d'honneur...
   Valérie Dacier : _____

6. **La mère de Jean-Yves Dubosc :** Où allez-vous aller passer votre lune de miel ?
   Jean-Yves Dubosc : _____

7. **Le nouveau président de l'Association des Producteurs de Vin :** Est-ce que M. Crouse est toujours vivant ? Il doit être âgé !
   Son secrétaire : _____

8. **Un reporter :** Pourquoi le banquet de l'Association de la Presse était-il au restaurant de la Mère Brazier ?
   Un membre de l'Association : _____

9. **Un reporter :** Qui était au banquet ? Et quel est le but de votre association ?
   Le président de l'Association de la Presse : _____

10. **Un critique :** Cette peinture est trop bizarre ! Le public ne va pas l'accepter.
    Vous : _____

11. Donnez un conseil à Mme A., la dame qui n'est pas heureuse dans un grand ensemble résidentiel.

EXERCICES ÉCRITS

1. Quelle est la question ?

   Formulez la question en employant **lequel/lesquels**, **laquelle/lesquelles** dans une phrase complète.

   > Exemple : Un de vos amis m'a parlé de vous.
   > _Lequel vous a parlé de moi ?_

   1. Il y a des choses que je veux vous dire.
   2. Elle n'aime pas toutes les fleurs, seulement certaines.
   3. Un étudiant de cette université a gagné un million.

4. J'ai des problèmes que j'ai besoin de discuter avec vous.
5. Nous avons entendu la grande nouvelle.
6. Je trouve certaines choses difficiles à accepter.
7. Ils ont dîné dans un excellent petit restaurant.
8. Cette classe a une distinction spéciale.
9. Nous allons lire quelques poèmes.
10. J'ai fait un gâteau avec des ingrédients très spéciaux.
11. J'ai acheté une des voitures que nous avons vues ensemble.
12. Une étudiante de cette classe sera célèbre un jour.

2. Complétez la phrase par **celui/ceux, celle/celles qui, que,** ou par **de** ou par **celui-là/ ceux-là, celle-là/celles-là.**

Exemple : Cette voiture, c'est *celle de* mon père.

1. Il y a des restaurants chers. Mais nous ne dînons pas dans _____. Nous dînons dans _____ sont raisonnables.
2. J'ai vu un film hier. C'est _____ tout le monde trouve formidable. Mais je l'aime moins que _____ passe au petit cinéma du coin.
3. Il y avait deux discours au banquet. _____ président était bref, mais _____ l'invité d'honneur a prononcé était interminable.
4. Regardez ces tableaux. Préférez-vous _____ ou l'autre ? Non ? Vous aimez mieux _____ sont sur l'autre mur ?
5. Ma maison est dans une rue parallèle à _____. Mais ma rue est très différente de _____ vous habitez. Je n'aime pas _____, parce qu'il y a trop de circulation.
6. Vos idées et _____ vos parents sont souvent opposées. Et un jour, votre point de vue sera différent de _____ vos enfants.
7. Regardez votre exercice écrit. Vous avez fait quelques erreurs : _____, par exemple, est une erreur d'inattention. Et j'ai indiqué en rouge _____ montrent que vous avez besoin d'étudier.
8. Nous avons des voisins gentils. _____ habitent à gauche sont très calmes, mais _____ je préfère sont les artistes qui habitent en face. Je vais souvent chez _____.
9. Non, ce n'est pas mon disque, c'est _____ d'un copain. Mais _____, sur l'étagère, sont à moi.

3. L'usage stylistique de **celui-ci/ceux-ci, celle-ci/celles-ci**

Remplacez le nom de la personne ou de l'objet en italiques par **celui-ci,** etc.

1. L'employé a parlé au directeur. *Le directeur* a dit qu'il était content de son travail.
2. Interpol cherchait la solution du crime. *Ce crime* était le travail d'un habile escroc. Finalement, on a arrêté *cet escroc* à Courchevel 1850.

3. Sartre et Camus n'étaient pas d'accord sur la nature de la liberté humaine. *La liberté*, pour Sartre, est la cause de la responsabilité. *La responsabilité*, pour Camus, est remplacée par la notion de l'absurde. *L'absurde* domine la vie et rend inutile le concept de responsabilité, dit Camus. En fait, *Camus* voit l'action comme le seul but de la vie.

4. En 1969, on a célébré le deux centième anniversaire de Napoléon. *Napoléon* est né dans une île, la Corse. *La Corse* est devenue française un an avant la naissance du futur empereur. *L'empereur* est donc techniquement né français.

5. Tout le monde connaît Ionesco. *Ionesco* est surtout célèbre pour ses pièces de théâtre. Dans *ces pièces*, la satire prend le visage de l'absurde.

4. Complétez en employant le pronom possessif **le mien/les miens, la mienne/les miennes**, etc.

Exemple : J'ai mes idées et vous avez *les vôtres*.

1. J'ai ma clé. Avez-vous _____ ?
2. J'ai mes responsabilités. Mes parents ont _____ .
3. Nous n'avons qu'une voiture, mais ma mère voudrait avoir _____ .
4. Nous avons pris nos billets. Avez-vous pris _____ ?
5. Tout le monde a ses problèmes. Les jeunes ont _____ .
6. J'ai mis ma voiture dans le parking. Où as-tu mis _____ ?
7. La mère de la mariée voulait, pour sa fille, une cérémonie comme _____ .
8. Merci de me donner votre adresse. Je vais vous donner _____ .
9. Le directeur a expliqué son point de vue aux ouvriers. Ils ont accepté _____ , mais ils ont aussi exposé _____ .
10. Chaque personne a ses opinions. J'ai _____ , vous avez _____ , une autre personne aura _____ , et d'autres auront _____ .

5. Exercice sur le vocabulaire de la leçon

Répondez à chaque question par une phrase complète.

Exemple : Comment s'appellent des frères (ou sœurs) nés ensemble ?
Ce sont des frères jumeaux (ou des sœurs jumelles).

1. Comment s'appelle un pays autre que celui où vous habitez ?
2. Comment s'appelle la période qui suit le mariage ?
3. Comment s'appelle la promesse de mariage entre un jeune homme et une jeune fille ? Quel nom donne-t-on alors à chacun ? Et quel est le bijou qui symbolise cet événement ?
4. Comment s'appelle un tableau qui montre des fruits, des fleurs, des objets inanimés ?
5. Quel est le terme qui est synonyme de *la mort* d'une personne ?
6. Comment s'appelle la personne qui est présente à un événement, et qui vérifie cet événement (un mariage, par exemple) ?
7. Comment appelle-t-on les machines électriques qui servent à faire le travail de maison : laver la vaisselle, préparer les aliments, etc., etc. ?

8. Comment s'appelle un groupe d'immeubles d'appartements ?
9. Quand il y a un événement heureux dans une famille, qu'est-ce qu'on adresse à cette famille ? Et qu'est-ce qu'on adresse à la famille qui est victime d'un décès, par exemple ?

COMPOSITION ORALE, ÉCRITE, OU DISCUSSION

1. **Êtes-vous membre d'une association, d'un groupe, ou d'un parti ?** Quelles sont ses activités ? Quel est son but ?

2. **Vous avez sans doute assisté à un mariage ou à une réunion sociale, politique, ou civique.** Racontez qui était là, pourquoi, et dites ce qu'on a fait.

3. **Les événements de la vie de votre famille.** Il y avait sans doute des événements heureux, amusants, ou tristes dans votre famille. (Ce sont peut-être une naissance, des fiançailles, un mariage, un décès... ou autre chose ?) Racontez.

VOCABULAIRE DE LA LEÇON

NOMS

Noms masculins

le bloc	le domicile	le producteur
le but	l'empereur	le reportage
le champ	l'ensemble	le satin
le chauffage (central)	l'enterrement	le souhait
le chevalier	l'événement	le témoin
le collègue	l'honneur	l'urbaniste
le critique	le lecteur	le vernissage
le décès	le métier	le voyage de noces
le dentiste	le paragraphe	

Noms féminins

l'amitié	la demoiselle d'honneur	la Légion d'Honneur
la bague	la dentelle	la mairie
la cérémonie	la distinction	la mission
la chronique	la douleur	la naissance
la collègue	l'exposition	les obsèques
la condoléance	les fiançailles (*pl.*)	la prospection
la coopération	la génération	la théorie
la Corse	l'inattention	la toilette

ADJECTIFS

anonyme	jumeau, jumelle	reconnaissable
avant-garde	misérable	stylistique
civil, civile	offert, offerte	survenu, survenue
courant, courante	parallèle	ultra-moderne
électro-ménager, -ménagère	perfectionné, perfectionnée	vivant, vivante
intime	philosophique	

VERBES

améliorer	citer	révéler
appartenir	connaître	suivre
applaudir	identifier	terminer
avoir lieu		

ADVERBES

autrefois	même	techniquement

EXPRESSION

en l'honneur de

C'est une vieille chanson qui date du temps des guerres de Louis XIV.
Elle est très populaire dans le sud-ouest de la France, qui est la
région d'origine de l'auteur de votre livre. C'est le célèbre
jeune folkloriste français, Jacques Yvart, qui chante
cette chanson sur les bandes qui accompagnent
ce livre.

Le retour du marin

1

Quand le marin revient de guerre,
    Tout doux! (*bis*)
Tout mal chaussé, tout mal vêtu,
Pauvre marin, d'où reviens-tu? Tout
    doux!

2

« Madame, je reviens de guerre, Tout
    doux!» (*bis*)
« Qu'on apporte ici du vin blanc;
Que le marin boive en passant! Tout
    doux!»

3

Brave marin se mit à boire, Tout
    doux! (*bis*)
Se mit à boire et à chanter...
La belle hôtesse a bien pleuré. Tout
    doux!

4

« Qu'avez-vous donc, la belle
    hôtesse? Tout doux! (*bis*)
Regrettez-vous votre vin blanc
Que le marin boit en chantant?»
    Tout doux!

5

« C'est pas mon vin que je regrette,
    Tout doux! (*bis*)
Mais c'est la mort de mon mari:
Monsieur, vous ressemblez à lui!»
    Tout doux!

6

« Ah! dites-moi, la belle hôtesse,
    Tout doux! (*bis*)
Vous aviez de lui trois enfants,
En voilà quatre à présent! » Tout
    doux!

7

« J'ai tant reçu de fausses lettres,
    Tout doux! (*bis*)
Qu'il était mort et enterré,
Que je me suis remariée. » Tout doux!

8

Brave marin vida son verre; Tout
    doux! (*bis*)
Sans remercier, tout en pleurant,
S'en retourna au régiment. Tout
    doux!

1. Quand le ma - rin re-vient de guer - re,— Tout doux! Quand le ma-rin re-vient de guer - re,—Tout doux! Tout mal chaus-sé, tout mal vê-tu, Pau-vre ma-rin, d'où re - viens-tu?——Tout doux!

Exercice poétique et musical

Cette chanson raconte une histoire triste. Voulez-vous changer la fin ? Supprimez le dernier couplet, et remplacez-le par un autre plus gai, peut-être aussi triste — ou même plus triste, si c'est possible — mais en tout cas, différent.

23

VINGT-TROISIÈME LEÇON

Pendant une représentation

LE PASSÉ : Imparfait et passé composé

- Révision
- Élaboration du concept initial d'action et de description
- Passé composé de **être, avoir**, et des verbes d'état d'esprit

- Les expressions de temps : **passer** et **durer, temps** et **fois, pendant** et **pendant que**, **depuis, il y a, un an/une année, un jour/une journée**
- Les termes de cohérence : **d'abord, ensuite, et puis, alors, enfin, commencer par** et **finir par, grâce à** et **malgré, parce que** et **à cause de, d'ailleurs**
- L'expression verbale **être en train de**

DÉCLARATION ET QUESTION	RÉPONSE

L'imparfait et le passé composé (*suite*)

Qu'est-ce que **vous avez fait** pendant vos vacances ?

J'avais besoin de travailler, parce que **je voulais** gagner un peu d'argent. Alors **j'ai cherché** du travail et **j'ai travaillé** pendant un mois.

Comment **était** votre travail ?

Eh bien, **je travaillais** de neuf à cinq dans une pharmacie. **Je servais** les clients. **Ils payaient** et je leur **rendais** la monnaie. **Ce n'était** pas difficile, mais **je** ne **gagnais** pas beaucoup.

Qu'est-ce que **vous avez fait**, après avoir travaillé un mois ?

Un jour, **j'ai eu** un coup de téléphone d'un copain français. **J'ai été** surpris, parce que **je** ne **savais** pas qu'**il était** aux Etats-Unis.

Qu'est-ce qu'**il vous a dit** ?

Il voulait me voir. Après avoir passé quelques jours avec moi, **il a voulu** faire un voyage. **J'ai pensé** que **c'était** une bonne idée, et comme **j'avais** des économies, **j'ai pu** partir avec lui.

Les expressions de temps

Combien de temps **dure** la classe de français ?

Elle dure une heure. Elle est intéressante et **le temps passe** vite. (Mais **le temps** me **dure** dans d'autres classes !)

Je n'ai pas beaucoup de **temps** libre pendant ce trimestre. Et vous ?

Moi, aussi, j'ai très peu de **temps**. Je suis occupé tous les jours.

Quand j'ai le temps, je vais au cinéma **une fois** par semaine. Et vous ?

Ça dépend. J'y vais **deux** ou **trois fois** quand j'ai le temps.

Pourtant, je n'aime pas rester assis **pendant** trois heures. Et vous ?

Si je reste assis **pendant** une heure, c'est assez pour moi.

À quoi pensez-vous **pendant que** le professeur parle ?

Pendant qu'il parle ? Eh bien, j'essaie de comprendre ses explications.

Depuis combien de temps habitez-vous cette ville ?

J'y habite **depuis** cinq ans.

Il y a un an que je suis entré dans cette université. Et vous ?

Il y a eu un an le trimestre dernier.

Quand dit-on **un an** et **une année** ?

En général, on emploie **un an** avec un nombre : **un an, deux ans, dix ans, vingt ans**. Dans les autres cas, on dit **une année : Bonne année !** C'est ma **première année** d'université, mais c'est une **excellente année**, etc.

Quand dit-on **un jour** et **une journée** ?

En général, on emploie aussi **un jour** avec un nombre : J'ai passé **trois jours** à New-York. On emploie aussi **jour** si on parle d'une division du calendrier : Lundi est **le premier jour** de la semaine. Le terme **une journée** est employé pour parler des activités : J'ai passé **la journée** chez des amis. Il a neigé **toute la journée**.

Les termes de cohérence

Examinez le texte suivant et remarquez les termes de cohérence :

D'abord, pendant les premiers jours de ce cours, **j'ai commencé par** penser que le français était difficile. **Ensuite**, j'ai pensé qu'il était facile. **Alors**, j'ai trouvé la classe intéressante, **et puis** j'ai répondu à quelques questions, **et puis** à toutes les questions, **et puis** j'ai ri quand le professeur faisait une plaisanterie. **Bientôt**, j'attendais chaque classe avec impatience. **Enfin**, une nuit, j'ai fait un rêve, et dans ce rêve, je parlais français.

Pourtant, ce n'était pas la fin de mes difficultés. Je faisais des fautes, **alors** j'étais horriblement gêné. Mais **malgré** ces fautes, et **grâce à** mes efforts, je voyais que je faisais des progrès. **D'ailleurs**, mes notes étaient bonnes. Le professeur était satisfait, **car** il voyait mes résultats. C'est **à cause de** ces bons résultats, et **parce que** je voulais vraiment savoir le français, que j'ai décidé d'aller passer un an en France. Maintenant, je sais qu'un jour, **je finirai par** parler français comme les Français !

EXPLICATIONS

1. Le passé : imparfait et passé composé

Vous avez déjà étudié la forme et les principes essentiels de l'usage du passé composé et de l'imparfait. Dans cette leçon, nous allons compléter ces principes. (Revisez la Leçon 19, p. 280 et la Leçon 20, p. 298.)

A. L'imparfait

1. L'imparfait est le temps de la description. Le verbe **être**, le verbe **avoir**, et les verbes d'état d'esprit (comme **aimer, croire, détester, espérer, penser, préférer, savoir, vouloir, pouvoir**) sont généralement employés à l'imparfait (voir Leçon 20, p. 298).

   Ces verbes sont à l'imparfait parce qu'ils expriment souvent une description, un état de choses, ou un état d'esprit :

   Il **était** à la porte.
   Il **avait** une chemise bleue.
   Je savais qu'il m'attendait.
   Il a dit qu'**il voulait** me voir et qu'**il croyait** que **je pouvais** l'aider.

2. Tous les verbes ont un imparfait. On emploie aussi l'imparfait pour exprimer une action habituelle ou répétée dans le passé.

   Pendant les vacances, **je travaillais** de neuf à cinq. **J'allais** au travail tous les jours. Toute la journée, **je restais** à la caisse. Les clients **payaient**, et **je** leur **rendais** la monnaie.

   Quand **j'étais** enfant, **nous passions** toujours l'été chez ma grand-mère. **Nous arrivions** en juillet et **nous repartions** en septembre. **Je jouais** dans le jardin, et **je faisais** des promenades dans les bois.

B. Le passé composé

1. Le passé composé est le temps de l'action. Il exprime ce qu'on a fait ou ce qui est arrivé.

   Qu'est-ce que **vous avez fait** pendant les vacances ? **J'ai travaillé. J'ai gagné** de l'argent. **J'ai** aussi **fait** un petit voyage.

2. Tous les verbes ont un passé composé. Des verbes comme **être**, **avoir**, et les verbes d'état d'esprit sont employés au passé composé quand ils expriment une action, et non pas une description. Il y a toujours, dans ce cas, l'idée d'une action soudaine, qui a lieu à un moment précis :

   Hier, **j'ai eu** un coup de téléphone d'un copain français. **J'ai été** très surpris !
   Mardi dernier, **j'ai eu** dix-neuf ans.
   Quand j'ai vu l'examen, **j'ai été** malade de peur !
   Je n'**ai** pas **pu** venir hier : Ma voiture était au garage.
   Nous étions à New-York. Soudain, Bill **a voulu** aller à Chicago !
   Quand **on** m'**a dit** que le président était mort, **je** ne l'**ai** pas **cru**.

3. Le passé composé de **être, avoir, croire, pouvoir, savoir, vouloir**

être :	j'ai été	pouvoir :	j'ai pu
avoir :	j'ai eu	savoir :	j'ai su
croire :	j'ai cru	vouloir :	j'ai voulu

2. Les expressions de temps

   A. **le temps** et **une fois** (*cf.* aussi : **quelquefois, parfois**)

   Quand j'aime un film, je vais le voir deux **fois**.
   La dernière **fois** que je suis allé à Paris, c'était en 1977.

   Le temps passe trop vite ! Je n'ai pas **le temps** de faire tout mon travail.

   REMARQUEZ : **Le temps** est singulier.

   B. **pendant** (*during, for*) et **pendant que** (*while*)

   Nous ferons un voyage **pendant** le week-end.   (*during*)
   On reste à l'université **pendant** quatre ans.   (*for*)
   Pendant que vous regardez un bon film le temps passe vite.   (*while*)

   C. **depuis** (*since*) indique une situation qui a commencé et qui continue. Employez **depuis** avec le présent si la situation existe maintenant. Si elle existe maintenant, elle est logiquement au présent, du point de vue du français.

   J'ai dix-neuf ans **depuis** le 15 mars.
   Il pleut **depuis** hier, et il va pleuvoir toute la journée.
   Depuis combien de temps étudiez-vous le français ? Je l'étudie **depuis** un an.

   D. **il y a** + une expression de temps (*ago*)

   Le directeur ? Je regrette, il est parti **il y a** cinq minutes.
   Il y a trente ans, peu de gens avaient la télévision.
   Il y a eu un an hier que je suis entré à l'université.

   Au passé, **il y a**, au sens de *ago*, est généralement au passé composé.

3. Les termes de cohérence

   Quand vous écrivez plus d'une phrase ou un paragraphe, vous avez besoin de termes qui donnent de la cohérence à votre style. C'est, naturellement, la même chose quand vous parlez. Regardez l'exemple suivant :

   J'aime voyager. Je reste souvent à la maison.

   Ces deux phrases sont incohérentes. Mais si vous dites :

   J'aime voyager. **Pourtant**, je reste souvent à la maison.

   vos phrases ont un sens et elles sont cohérentes parce que vous avez employé **pourtant** (*yet, however*). Voilà quelques termes employés pour communiquer de la cohérence à votre style.

   A. Actions successives

      1. **d'abord** (*first, at first*)

      D'abord on réfléchit, et ensuite on parle.

2. **ensuite, puis, et puis** (*then, next*)

> Nous avons dîné, **et puis** nous sommes sortis.
> *ou :* Nous avons dîné, **ensuite** nous sommes sortis.

3. **commencer par** (*to first do something, to begin by*) et **finir par** (*to finally do something, to end up doing something*)

> **J'ai commencé par** trouver le français difficile, mais **j'ai fini par** le trouver facile.

B. Cause et conséquence

1. **alors** (*then [therefore]*)

> J'ai mal dormi, **alors** j'ai mal à la tête.

2. **parce que** (*because*) et **car** (*for, because*)

> Nous sommes tristes **parce que** vous partez.
> Le peuple était triste à la mort d' Henri IV, **car** c'était un bon roi.

(**car** est plus littéraire que **parce que**.)

3. **à cause de** (*because of, on account of*) est suivi d'un nom. (**parce que** est suivi d'une proposition avec un verbe.)

> Je ne sors pas **à cause de** la pluie (*Comparez avec* : Je ne sors pas **parce qu'**il pleut.)

4. **grâce à** (*thanks to*) et son contraire : **malgré** (*in spite of*)

> **Grâce à** vos efforts, et **malgré** l'adversité, vous avez réussi.

C. Restriction, corrélation

1. **pourtant** (*yet, however*)

> Ce film a beaucoup de succès. **Pourtant** les critiques sont mauvaises.

2. **d'ailleurs** (*besides, anyway, at any rate*)

> Il fait chaud aujourd'hui. **D'ailleurs**, il fait souvent chaud en cette saison.

4. **un an/une année** et **un jour/une journée**

A. Employez **an** avec un nombre (un, deux, trois, quatre, etc.)

> J'ai passé **un an** en France et **trois ans** en Afrique.
> Vous avez étudié le français pendant **cinq ans**.
> *Vingt ans après* est le titre d'un roman de Dumas.

B. Employez **une année** dans tous les autres cas où il n'y a pas de chiffre comme un, deux, trois (premier, deuxième, troisième ne sont pas des chiffres).

> J'ai passé une excellente **année** en France.
>
> La première **année** d'université est-elle plus difficile que la deuxième **année** ?
> Quelles sont les meilleures **années** de votre vie ?

EXCEPTION : On dit **tous les ans** (*every year*) mais **toute l'année** (*all year long*).

C. Employez **un jour** avec un nombre (un, deux, trois, quatre, etc.) ou quand vous parlez d'un jour comme division du calendrier.

> En français, **quinze jours** veut dire deux semaines, et **huit jours** veut dire une semaine.
> **Quel jour** est votre anniversaire ?
> Lundi est **un jour** de la semaine.
> Venez passer **quelques jours** de vacances avec moi.
> Je vais à l'université **tous les jours**, sauf le samedi et le dimanche.

D. Employez **une journée** quand vous parlez des activités, des émotions, des événements contenus dans la durée qui va du matin au soir.

> Le jour de Noël, je passe toujours **une bonne journée**.
> Je travaille quatre jours par semaine. **Ma journée** de travail dure huit heures.
> Passez **une bonne journée** !
> Êtes-vous payé au mois, à la semaine, ou **à la journée** ? Je suis payé **à la journée**.
> Partons de bonne heure et allons passer **la journée** à la plage.
> Ne passez pas **toute la journée** dans les magasins !

REMARQUEZ : **Un jour**, c'est une durée de vingt-quatre heures, mais **une journée**, ce n'est pas vingt-quatre heures. C'est le nombre d'heures nécessaires aux activités dont on parle.

5. L'expression verbale **être en train de***

> Allô ! Excusez-moi. **Étiez-vous en train de** dîner ?
> Il ne faut pas interrompre quelqu'un **qui est en train de** parler.

Au passé, **être en train de** est à l'imparfait :

> Le téléphone a sonné pendant que **nous étions en train de** dîner.

---

* to be doing something, to be in the process of . . ., to be engaged in . . . : *In English, there is a tense to indicate the action in progress ; it is the progressive form :* I am having dinner. I was having dinner. *But as you know, that tense does not exist in French. The expression* **être en train de** *is used when there is emphasis on the fact that an action is in progress.*

EXERCICES ORAUX

1. Quelle est la forme du verbe ?

  A. À l'imparfait

1. Je travaille beaucoup.
2. Je gagne de l'argent.
3. Je veux faire un voyage.
4. Je pense à vous.
5. Je sais ma leçon.
6. Je peux vous comprendre.
7. Il prépare des médicaments.
8. Il vend de l'aspirine.

9. Elle paie l'addition.
10. Il rend la monnaie.
11. Tu mets tes économies à la banque.
12. Vous comprenez l'espagnol.
13. Je dors à minuit.
14. Elles font des progrès.
15. On voit bien la différence.
16. Ils vont en vacances.

  B. Au passé composé

1. Je vais en ville.
2. Je gagne mille francs.
3. Je crois cette nouvelle.
4. Je suis malade soudain.
5. J'ai très peur !
6. Vous entrez dans la pièce.
7. Je ne veux pas sortir ce soir.
8. Nous sortons dîner.

9. Il part pour toujours.
10. Elle arrive de New-York.
11. Elle met sa nouvelle robe.
12. Nous faisons des projets.
13. Tu emportes tes bagages.
14. Elle voit un bon film.
15. Vous dites la vérité.
16. Je passe un mois en Europe.

2. Employez l'imparfait ou le passé composé.

> Exemple : J'_étais_ (être) dans ma voiture, quand soudain j'_ai vu_ (voir) un accident.

1. Hier, j'_____ (rencontrer) Jacqueline qui _____ (aller) en ville.
2. Quand nous vous _____ (voir) si pâle, nous _____ (croire) que vous _____ (être) malade !
3. Quand j'_____ (être) petit, je _____ (croire) qu'on _____ (trouver) les enfants dans les choux (*cabbages*). *
4. Hier, c'_____ (être) mon anniversaire. Je _____ (avoir) dix-neuf ans.
5. Bob _____ (travailler) pendant les vacances. Il _____ (travailler) de neuf à cinq.
6. Il _____ (gagner) assez d'argent pour faire un voyage. Il _____ (gagner) deux dollars de l'heure.
7. Nous _____ (être) à New-York. Soudain, Bob _____ (avoir) une idée. Il _____ (vouloir) visiter la statue de la Liberté !

---

* *This is indeed where French babies are found. They are not brought by the stork (**la cigogne** is quite innocent of such activities). Some purists will insist that only boys are really found in cabbages and that girls come in **choux-fleurs** (cauliflowers). Some dissidents even affirm that girls are found **dans les roses**.*

8. Alors, nous _____ (monter) au sommet de la statue. Il y _____ (avoir) une belle vue, et on _____ (voir) tout New-York.

9. Oh, je regrette! Je _____ (pouvoir, *négatif*) venir chez vous. Ma voiture _____ (tomber) en panne.

10. Ma sœur _____ (parler) au téléphone pendant une heure hier! Elle _____ (parler) quand je _____ (sortir) et elle _____ (parler) encore quand je _____ (revenir).

3. Répondez aux questions suivantes.

> Exemple : Où passez-vous beaucoup de temps ?
> *Je passe beaucoup de temps à la bibliothèque.*

1. Combien de temps dure cette classe ? Et combien de temps dure le trimestre (ou le semestre) ?
2. Comment passez-vous vos soirées ?
3. Quel âge avez-vous ? Depuis quelle date ?
4. Depuis combien de temps êtes-vous étudiant à l'université ?
5. Depuis combien de temps habitez-vous cette ville ?
6. Depuis combien de temps étudiez-vous le français ?
7. Combien de fois par semaine venez-vous à cette classe ?
8. Que faites-vous pendant la classe ?
9. Que faites-vous pendant que le professeur parle ?
10. Qu'est-ce que vous faites cette année pour la première fois ?
11. Est-ce que, pour vous, le temps passe vite ou lentement ?
12. Depuis quel âge savez-vous lire et écrire ?

CONVERSATION

Demandez à une autre personne :

1. combien de fois par mois il/elle va au cinéma.
2. combien de fois par jour il/elle mange.
3. combien de temps par jour il/elle passe à étudier.
4. combien de temps par semaine il/elle passe à travailler.
5. combien d'années il y a dans une décade ; dans un siècle.
6. combien de temps dure cette classe.
7. si le temps passe vite pendant un examen.
8. quand le temps passe lentement pour lui/elle.
9. où il/elle aime passer ses vacances.
10. comment il/elle aime passer ses soirées.
11. ce qu'il/elle fait pendant que le professeur parle.
12. depuis combien de temps il/elle a la même voiture, ou la même maison, ou le même appartement.

Pendant une représentation

Quand je suis en France, j'aime bien aller au cinéma environ une fois par semaine. Je choisis de préférence une représentation à film unique, parce que je n'aime pas rester assis pendant longtemps. Deux heures me suffisent! L'autre jour, par exception, j'ai voulu voir un film qui durait quatre heures. J'ai cru ne pas en voir la fin, et j'ai eu mal à la tête toute la journée du lendemain. J'ai été dégoûté de ces représentations interminables.

Pendant la représentation, je mange souvent des bonbons ou une glace. Mais je ne mets pas les pieds sur le dossier de la chaise qui est devant moi. (Ou, en tout cas, très rarement... Une fois de temps en temps, peut-être!)

D'abord, on commence par montrer les actualités. Celles-ci ne durent pas longtemps, et depuis que tout le monde a la télévision, elles sont bien moins importantes qu'avant. Elles commencent par les nouvelles politiques, ensuite il y a les sports, et elles finissent par les faits divers. Mais grâce à la télévision, nous connaissons toutes ces nouvelles depuis plusieurs jours.

Ensuite, vient le dessin animé. Ceux de Walt Disney sont les plus célèbres. Ce sont des caricatures d'animaux qui sont drôles parce qu'ils ressemblent à des humains. D'ailleurs, les animaux ne sont drôles que quand ils ressemblent à des humains. On y voit des courses folles, des poursuites, et des accidents terrifiants. Pendant ce temps, l'auditoire rit et applaudit. Est-ce parce que nous avons le goût de la cruauté, et que, malgré notre civilisation, nous aimons la violence? Mais tout finit bien, et la ruse finit toujours par triompher de la force.

Après, il y a parfois un documentaire: vie de peuples exotiques, voyages dans des pays lointains, science, aventure. J'aime bien les documentaires, et le temps passe vite pendant cette partie de la représentation.

L'entr'acte dure environ un quart d'heure. Pendant l'entr'acte, on sort un moment, et on rencontre dans le foyer des gens qu'on connaît. En France, on peut rester assis et regarder les films publicitaires qui passent pendant l'entr'acte, ou acheter des esquimaux et des chocolats à l'ouvreuse qui passe les vendre dans la salle.

Enfin, le film principal commence. D'abord, on commence par le générique, qui donne le nom des vedettes, puis ceux des autres acteurs. Ensuite, vient le nom

HENRI DE TOULOUSE-LAUTREC, *P. Sescau, photographe, 1894*   Lauros-Giraudon, Paris

Un photographe au travail n'est pas très différent d'un cinématographe. Vous êtes d'accord ?

Mais pouvez-vous m'expliquer la dame à droite ? Quel est son rôle dans le tableau ? (Moi, je ne sais pas). Et expliquez-moi aussi son costume si vous avez de l'imagination.

du metteur en scène et de ses assistants, celui du compositeur s'il y a une partition musicale, et celui de l'auteur du livre si le film est l'adaptation cinématographique d'un roman.

Il y a dix ans, beaucoup de films méritaient le nom de *navet* que les Français donnent à une mauvaise production. J'ai eu l'occasion de voir des films d'amour idiots, qui commencent par des querelles entre les deux vedettes et finissent par un baiser photogénique. J'ai été quelquefois furieux d'être obligé de recevoir une leçon de morale pour le prix de mon billet : Le crime est toujours puni et la vertu toujours récompensée. J'ai passé des heures devant ceux où le détective privé trouve la solution du crime (commis par le juge ou l'avocat...) et la donne avec condescendance à la police...

Mais depuis quelques années, on voit d'excellents films. Le cinéma est en train de subir une révolution qui a commencé avec la Nouvelle Vague de films européens, il y a quelques années. Depuis qu'on reconnaît les possibilités de l'écran, le cinéma est en train de devenir un moyen d'expression original, et il est probable qu'il est même en train de devenir une forme d'art majeure.

RÉPONDEZ avec imagination et dans l'esprit de la lecture.

1. **Bill :** Combien de fois par semaine ce garçon va-t-il au cinéma ? Y vas-tu plus souvent ou moins souvent que lui ?
   Kim : _____

2. **Jackie :** Préfère-t-il voir une représentation à un ou à deux films ? Et toi, qu'est-ce que tu préfères ?
   Marie-Claude : _____

3. **Michel :** Mets-tu les pieds sur le dossier de la chaise qui est devant toi ? Pourquoi ?
   Bill : _____

4. **Roger :** Qu'est-ce qu'on appelle le générique ?
   Michel : _____

5. **Paul :** As-tu vu un bon film récemment ?
   Jean-Yves : _____

6. **Valérie :** En Amérique, passe-t-on des films publicitaires pendant l'entr'acte ?
   Bill : _____

7. **Jacqueline :** Pourquoi rit-on pendant les dessins animés ? En fait, ils sont plutôt tragiques !
   Roger : _____

8. **Michel :** Le cinéma n'a pas beaucoup changé depuis vingt ans. Es-tu d'accord avec moi ?
   Paul : _____

9. **Kim :** Je ne suis pas allée au cinéma en France. Qu'est-ce qu'on y fait pendant l'entr'acte ?
   Valérie : _____

10. **Jackie :** Aimes-tu mieux voir le film avant de lire le livre, ou lire le livre avant de voir le film ?
    Michel : _____

EXERCICES ÉCRITS

1. Mettez les passages suivants au passé.

   A. Ce passage est une description.

   Le palais de Versailles *est* la résidence de Louis XIV, Louis XV, et Louis XVI. *C'est* aussi celle de la cour de France, et plus de trois mille personnes y *habitent*. Le roi *mange* en public et *va* aux offices religieux entouré de nobles qui l'*accompagnent* constamment. Il *donne* des fêtes somptueuses où on *danse*, *joue* la comédie, et *dépense* des fortunes. Dans le parc, les jardiniers *travaillent* sans cesse, et les fontaines *offrent* un spectacle extraordinaire. Pendant ce temps, la situation financière du pays *devient* désespérée, le peuple *souffre* et *proteste*, et les impôts *augmentent*. Il *est* clair que cette situation ne *peut* pas durer indéfiniment.

   B. Ce passage raconte des actions.

   Quand la Révolution *commence*, le peuple de Paris *marche* sur la Bastille et la *prend*. Le roi Louis XVI ne *comprend* pas ce qui *arrive*. Il *dit* que les Parisiens *perdent* la tête. Mais on lui *répond* que non, que ceux-ci *commencent* une révolution ! Le roi ne l'*accepte* pas, et *continue* à suivre les conseils des courtisans. Bientôt, le peuple *marche* sur Versailles, *arrive* au palais, *entre* dans la cour de Marbre, et *menace* la vie de la famille royale. Alors le roi *comprend* que le pouvoir *change* de mains, et il *accepte* de retourner à Paris. Cette journée *marque* la fin de la résidence royale à Versailles.

   C. Ce passage contient des actions et des descriptions.

   Si vous *lisez* l'histoire de la Révolution, vous *voyez* que la cause réelle en *est* l'existence d'institutions périmées (*obsolete*). En effet, le système féodal *continue*, mais les nobles ne *résident* pas dans leurs châteaux, et les paysans *sont* chargés d'impôts énormes. Quand le peuple de Paris *commence* sa révolte, les paysans des campagnes le *suivent*, *brûlent* les châteaux, et *tuent* (*kill*) les nobles quand ils les *trouvent*. Naturellement, beaucoup de ceux-ci *partent* et *vont* en Angleterre et en Allemagne. Là, ils *font* des complots (*plots*) contre le nouveau gouvernement, et ils *entrent* dans l'armée qui *déclare* la guerre à la France. La situation en France *est* grave, et le gouvernement *déclare* une mobilisation générale.

2. Les verbes **être, avoir, croire, pouvoir, savoir,** et **vouloir** au passé composé

   Mettez ces phrases au passé.

   > Exemple : Je vois un accident.   (Hier...)
   > *Hier, j'ai vu un accident.*

   1. Après le dîner, j'*ai* mal à l'estomac.   (Hier soir...)
   2. Grâce à mes économies, je *peux* faire un voyage.   (L'été dernier...)
   3. Jackie *veut* aller au cinéma voir le nouveau film.   (La semaine dernière...)

4. Avec ce visage bronzé, je *crois* que vous êtes un Indien ! (Quand vous êtes entré...)
5. Un excellent dîner, mais je *suis* malade à la vue de l'addition ! (C'était...)
6. Nous ne *pouvons* pas venir vous voir. (Dimanche dernier...)
7. Le mariage de Jean-Yves et de Valérie ? Je le *sais* par l'article dans le journal. (Avez-vous appris...)
8. Michel *a* un accident sur la route de Chartres avec sa petite Renault. (L'autre soir...)
9. Nous *sommes* surpris par un coup de téléphone de notre copain français ! (À six heures du matin...)
10. *Croyez-vous* cette histoire absurde ? (Quand vous l'avez entendue...)

3. Complétez la phrase avec **pendant** ou **pendant que**.

Exemple : Où étiez-vous *pendant que* le téléphone sonnait ?
Où étiez-vous *pendant* le week-end ?

1. _____ les vacances et _____ vous étiez en voyage, j'ai travaillé.
2. _____ vous êtes debout, donnez-moi un verre d'eau.
3. _____ la guerre, les gens étaient dans des abris (*shelters*) _____ les bombes tombaient.
4. Les touristes pensent à leur voyage _____ longtemps, mais ils sont très occupés à écrire des cartes postales _____ leur voyage !
5. _____ Louis XVI était à Versailles, le peuple avait souvent faim _____ les périodes de famine.
6. _____ il prononçait son discours, nous sommes restés assis _____ deux heures. Et _____ ce monsieur parlait, je pensais : « _____ combien de temps va-t-il continuer ? »

4. Complétez la phrase avec **temps** ou **fois**.

Exemple : Combien de *fois* par semaine allez-vous à la bibliothèque ?

1. Combien de _____ par jour mangez-vous, et combien de _____ passez-vous à chaque repas ?
2. Je n'ai pas (le) (la) _____ de sortir ce soir. Un(e) autre _____, peut-être.
3. Combien de _____ vous faut-il pour aller d'une classe à l'autre ? Et combien de _____ par jour changez-vous de classe ?
4. Vous n'avez pas souvent (le) (la) _____ de prendre des vacances. Mais (ce) (cette) _____ j'espère que vous allez faire un petit voyage.
5. Les contes de fées (*fairy tales*) commencent toujours par : « Il était un(e) _____ ... » Mais peu de parents ont (le) (la) _____ d'en raconter à leurs enfants.
6. (Le) (la) prochain(e) _____, je prendrai plus de _____ pour mes exercices.

5. Complétez la phrase par **an** ou **année**.

> Exemple : C'est (le) (la) premier (-ère) _année_ que je suis ici.
> Je suis ici depuis deux _ans_.

1. J'ai étudié l'espagnol pendant quatre _____.
2. Joyeux Noël et Bon(ne) _____!
3. C'est (mon) (ma) dernier (-ère) _____ ici. J'y suis depuis trois _____.
4. Depuis quelques _____, les films sont meilleurs qu'il y a dix _____.
5. Habitez-vous tout(e) l'_____ au bord de la mer? Non, seulement une partie de l'_____, depuis cinq _____.
6. Quelles sont les meilleurs (-es) _____ de votre vie? Probablement les _____ où j'avais de douze à seize _____.

6. Complétez la phrase par **jour** ou **journée**.

> Exemple : Nous partons dans huit _jours_.
> Je passe (le) (la) _journée_ chez des amis.

1. Quand je travaille, je gagne cent francs par _____.
2. (Le) (La) _____ de mon anniversaire est toujours (un) (une) bon(ne) _____ pour moi.
3. Vous êtes content quand vous avez fait (un) (une) _____ de bon travail.
4. Tout le monde déteste (un) (une) _____ de pluie continuelle!
5. (Le premier) (La première) _____ de classe est difficile pour les enfants. Mais après quelques _____, ils sont enchantés d'être à l'école.
6. Dans quinze _____, nous irons passer (le) (la) _____ à la plage.

7. Complétez les phrases suivantes par des termes de cohérence.

> **A.** Par des termes qui indiquent des actions successives : **d'abord, ensuite ou et puis, commencer par, finir par**

1. Ma mère _____ toujours _____ dire : «Non», mais elle _____ dire : «Oui».
2. Le secret de la fortune? Eh bien, _____, il faut gagner de l'argent. _____, il faut faire des économies. (C'est le secret d'une petite fortune. Je ne sais pas celui des grandes.)
3. Le problème de la pollution des rivières _____ l'indifférence des autorités et _____ souvent _____ une épidémie générale.
4. Que faites-vous chaque matin? Eh bien, _____, je déjeune, _____ je pars, _____ j'arrive à ma première classe.
5. _____, vous resterez à l'université pendant quatre ans, et un jour, vous _____ avoir votre diplôme.

> **B.** Par des termes qui indiquent la cause et la conséquence : **alors, parce que, à cause de, grâce à, malgré, car**

1. Vous êtes prêt ? Eh bien, _____, partons.
2. Je vous raconte cette histoire _____ vous êtes mon meilleur ami.
3. Vous êtes gentil. _____ vous et à votre aide, mon travail est fini.
4. Je suis souvent en retard _____ du mauvais temps, et _____ ma voiture ne marche pas bien.
5. Vous êtes courageux de venir _____ la pluie et la neige.
6. La prise de la Bastille est la fête nationale de la France, _____ on considère qu'elle marque la fin de l'Ancien Régime. (*phrase historique*)
7. Pourquoi aime-t-on les dessins animés ? Sans doute _____ la ressemblance des animaux avec les humains, et _____ on aime la violence.
8. Vous comprenez bien l'emploi de ces termes ? _____ je finis l'exercice.

COMPOSITION ORALE, ÉCRITE, OU DISCUSSION

1. **Racontez l'histoire de votre vie.** Employez le passé composé et l'imparfait. Employez aussi les termes de cohérence et les expressions de temps comme **fois, temps, pendant, il y a, depuis,** etc.

2. **Une représentation au cinéma.** Racontez un film que vous avez vu. Employez le passé composé et l'imparfait. Employez aussi les termes de cohérence et les expressions de temps comme **fois, temps, passer, durer, pendant, il y a, depuis,** etc.

VOCABULAIRE DE LA LEÇON

NOMS

Noms masculins

l'abri	le documentaire	le médicament
l'article	le dossier	le metteur en scène
l'assistant	l'écran	le moyen d'expression
l'auditoire	l'entr'acte	le navet
le baiser	l'esquimau	le noble
le bronze	le fait divers	l'office
le chou	le foyer	le paysan
le complet	le générique	le peuple
le compositeur	l'humain	le pouvoir
le concept	l'impôt	le principe
le crime	le jardinier	le titre
le dessin animé	le juge	le trimestre
le détective (privé)	le marbre	

Noms féminins

l'actualité	la cour	la Nouvelle Vague
l'adaptation	la course	l'ouvreuse
l'adversité	la critique	la partition
l'Allemagne	la cruauté	la pharmacie

l'Angleterre
la Bastille
la caisse
la caricature
la cause
la civilisation
la cohérence
la comédie
la condescendance
la corrélation

l'épidémie
la famine
la fois
la force
la fortune
la guerre
l'institution
la mobilisation
la monnaie
la morale

la pollution
la poursuite
la prise
la production
la querelle
la révolte
la ruse
la vedette
la vertu
la violence

ADJECTIFS

cinématographique
commis, commise
courageux, courageuse
dégoûté, dégoûtée
désespéré, désespérée
drôle
féodal, féodale
financier, financière

habituel, habituelle
interminable
lointain, lointaine
majeur, majeure
pâle
périmé, périmée
photogénique
prêt, prête

probable
publicitaire
religieux, religieuse
somptueux, somptueuse
soudain, soudaine
terrifiant, terrifiante
tragique

VERBES

augmenter
brûler
changer de
durer
marquer

menacer
offrir
prononcer
reconnaître
résider

souffrir
subir
suffire
triompher de
tuer

ADVERBES

alors
bientôt
constamment
d'abord
d'ailleurs

de préférence
enfin
ensuite
environ
indéfiniment

par exception
parfois
puis
récemment

PRÉPOSITIONS

à cause de
depuis

grâce à
malgré

pendant

CONJONCTIONS

car
depuis que

parce que

pendant que

EXPRESSIONS DIVERSES

Bonne année!
commencer par ≠ finir par

dans ce cas
depuis combien de temps... ?

de temps en temps
être en train de

24 VINGT-QUATRIÈME LEÇON

Une aventure au Festival de Cannes

- Les négations autres que **ne... pas** : **ne... ni/jamais/rien/personne/plus/pas encore/ pas non plus**
- **quelque chose de** et **quelque chose à**
- **oui** ou **si** ?
- Les pronoms disjoints : **moi, toi, lui/elle, nous, vous, eux/elles** et **soi**
- Le pronom indéfini **ça** (**ceci** et **cela**)

INTRODUCTION

DÉCLARATION ET QUESTION	RÉPONSE
Les négations autres que ne... pas	
J'aime la musique **et** la peinture.	Moi, je **n'**aime **ni** la musique, **ni** la peinture.
Je fume des cigarettes **et** je bois du vin. Et vous ?	Je **ne** fume, **ni ne** bois de vin.
Je vais **toujours** (*ou* : souvent) aux concerts.	Je **ne** vais **jamais** aux concerts (*ou* : Je **ne** vais **pas souvent** aux concerts.)
Avez-vous **quelque chose** dans votre poche ?	Non, je **n'**ai **rien** dans ma poche.
Est-ce que **quelque chose** est tombé ?	Non, **rien n'**est tombé.

Est-ce que **quelqu'un** a sonné?	Non, **personne n'**a sonné.
Allez-vous **encore** à l'école secondaire?	Non, je **n'**y vais **plus**.
Avez-vous **(déjà)** fini vos études?	Non, je **n'**ai **pas encore** fini mes études (*ou*: Non, je **ne** les ai **pas encore** finies.)
Je parle anglais et espagnol. Je sais **aussi** lire le russe. Et vous?	Je ne parle **ni** anglais, **ni** espagnol. Je **ne** sais **pas non plus** lire le russe.
Je **ne** sais **pas** le chinois. Et vous?	Je **ne** le sais **pas non plus**.

quelque chose de/quelque chose à

Y a-t-il **quelque chose de nouveau**?	Non, il **n'**y a **rien de nouveau** (*ou* Il n'y a **pas grand-chose de nouveau**.)
Avez-vous **quelque chose à faire** ce soir?	Non, je **n'**ai **rien à faire** (*ou*: Je n'ai **pas grand-chose à faire**.)
Connaissez-vous **quelqu'un d'important**?	Non, je ne connais **personne d'important** mais je connais **quelqu'un de très amusant**!
Avez-vous **quelqu'un à voir** ce soir?	Non, je **n'**ai **personne à voir** ce soir et je **n'**ai **personne à qui parler ni à qui téléphoner** non plus.
Y a-t-il **quelque chose d'intéressant** et **d'amusant à faire** dans cette ville?	Hélas, il **n'**y a **rien d'intéressant, ni d'amusant à y faire**.

oui ou **si**?

Vous n'aimez pas cette classe, n'est-ce pas?	**Si**, nous l'aimons beaucoup!
Vous n'avez pas l'air content, aujourd'hui.	**Si**, je suis très content, mais je suis un peu fatigué.
Vous n'êtes jamais allé en Europe, n'est-ce pas?	**Mais si**, j'y suis allé l'année dernière!

Les pronoms disjoints: moi, toi, lui/elle, nous, vous, eux/elles, et soi

Jean-Yves est français. Et vous, Bill, êtes-vous français?	Non. **Moi**, je suis américain.

Voulez-vous dîner avec **moi** ?

Oui, je serai enchanté de dîner avec **vous**. Qui d'autre viendra avec **nous** ?

Voilà Paul. J'ai besoin de **lui**. Avez-vous aussi besoin de **lui** ?

Non, je cherche Jackie, parce que j'ai besoin d'**elle**. Je crois que je vais aller chez **eux** pour lui parler. **Lui** et **elle** sont très sympathiques.

Jean-Yves, **lui**, il aime les escargots. Et **vous**, les aimez-vous ?

Nous autres, Américains, nous ne mangeons pas d'escargots. **Vous autres**, Français, vous avez des goûts différents des nôtres !

À qui pense-t-on quand on est égoïste ?

Quand on est égoïste, on pense toujours à **soi**.

Un pronom très commun : **ça**

Ça, c'est une histoire fantastique ! Où avez-vous entendu raconter **ça** ?

Oh, j'ai entendu **ça** chez des amis.

Ça va bien ?

Merci, **ça** va. Enfin, **ça** ne va pas trop mal.

Encore un peu de dessert ?

Non, merci, **ça** suffit comme **ça**.

(*Une vendeuse, dans un magasin*) Et avec **ça**, Madame ?

(*La cliente*) Donnez-moi **ça** et **ça** aussi. Merci. **Ça** ira comme **ça**.

EXPLICATIONS

1. Les négations autres que **ne... pas**

Vous connaissez la négation **ne... pas**, qui est la forme générale de la négation. **ne... pas** exprime une négation pure et simple. Il y a beaucoup d'autres formes de négation.

Dans les autres négations, **pas** peut être remplacé par un autre terme (**ni, jamais, rien, personne, pas encore**, etc.), mais il y a toujours **ne** devant le verbe.

A. La négation de **et** : **ne... ni... ni** (*neither . . . nor*)

Je **n'**aime **ni** la musique, **ni** la peinture.

L'ordre peut être différent si la négation est sur le sujet :

Ni la musique, **ni** l'art **ne** m'intéressent.

S'il y a deux (ou plusieurs) verbes, il y a un **ne** devant chaque verbe :

Je **ne** chante, **ni ne** joue d'un instrument.

ne... ni... ni est aussi la négation de :

1. **soit... soit** (*either . . . or*)

> On prend **soit** le bateau, **soit** l'avion.
> On **ne** prend **ni** le bateau, **ni** l'avion.

2. **ou... ou** (*or . . . or*)

> Allez-vous au restaurant **ou** au cinéma ?
> Je **ne** vais **ni** au restaurant, **ni** au cinéma.

B. La négation de **toujours** (ou **souvent, quelquefois, parfois**) : **ne... jamais**

> Je parle **toujours** français.
> Je **ne** parle **jamais** français. (*Attention ! Le sens demande peut-être* : Je **ne** parle **pas toujours** français.)

> Nous allons **quelquefois** à la plage.
> Nous **n'**allons **jamais** à la plage. (*ou* : Nous **n'**allons **pas souvent** à la plage.)

> Il vient **souvent** me voir.
> Il **ne** vient **jamais** me voir. (*ou* : Il **ne** vient **pas souvent** me voir.)

C. La négation de **quelque chose** : **ne... rien**

> Avez-vous besoin de **quelque chose** ? Non, je **n'**ai besoin de **rien**.

L'ordre peut être différent si la négation est sur le sujet :

> Est-ce que **quelque chose** vous intéresse ? Non, **rien ne** m'intéresse.

D. La négation de **quelqu'un** : **ne... personne**

> Connaissez-vous **quelqu'un** à Tahiti ? Non, je **n'**y connais **personne**.

L'ordre des mots peut être différent si la négation est sur le sujet :

> Est-ce que **quelqu'un** a téléphoné ? Non, **personne n'**a téléphoné.

E. La négation de **encore** (*still*) : **ne... plus** (*no longer*)

> Allez-vous **encore** à l'école secondaire ? Non, je **n'**y vais **plus**.
> Cette vieille dame a **encore** toutes ses facultés, mais elle **n'**a **plus** sa beauté.

F. La négation de **déjà** (exprimé ou sous-entendu) [*implied*] : **ne... pas encore**

> Connaissez-vous **déjà** cette jeune fille ? Non, je **ne** la connais **pas encore**.

déjà n'est pas toujours exprimé, mais il faut employer **pas encore** quand **déjà** est sous-entendu dans la question.

> Est-ce que le courrier (*mail*) est arrivé ? Non, il **n'**est **pas encore** arrivé.
> Avez-vous lu le journal d'aujourd'hui ? Non, **pas encore**.

G. **La négation de aussi : ne... pas non plus** (*not either*)

Je parle anglais **et** espagnol. Je lis **aussi** l'allemand. Et vous ? Je ne parle ni anglais, ni espagnol. Je **ne** sais **pas non plus** lire l'allemand.
Je ne suis jamais allé en Chine. **Et vous ?** Je n'y suis jamais allé **non plus.** (*ou* : Moi **non plus.**)

REMARQUEZ : jamais, rien, personne, plus, pas encore, pas non plus sont des adverbes. Il faut les placer comme on place les adverbes, après le verbe :

Je **ne** comprends **pas encore.** Je n'ai **pas encore** compris.
Nous n'y allons **jamais.** Nous n'y sommes **jamais** allés.
Je n'ai **rien** dit.

Mais : Je ne vois personne. Je n'ai vu **personne.** (C'est l'exception inévitable !)

2. La combinaison de plusieurs négations : **plus jamais, plus rien, plus personne, plus jamais rien,** etc.

Voilà quelques exemples de ces négations combinées :

Allez-vous encore quelquefois au zoo ? Non, je n'y vais **plus jamais.** Je **ne** vais **plus jamais** au cirque **non plus.**
Y a-t-il encore quelque chose à manger ? Non, il n'y a **plus rien** à manger. D'ailleurs, il n'y a **plus jamais rien** à manger à trois heures de l'après-midi.
Est-ce que quelqu'un est arrivé ? Non, **personne n'**est (encore) arrivé.
Avez-vous des nouvelles de votre mère ? Non, **encore rien.**
Il est idiot ! Je **ne** discute **plus jamais** avec lui. Et vous ? **Moi non plus.**
Je **ne** lui dis **plus jamais rien.** Et vous savez, il **ne** parle **plus** à personne !

3. La construction de **quelque chose/rien, quelqu'un/personne,** etc. avec un adjectif ou un verbe

A. **Avec un adjectif**

Je sais **quelque chose d'important.**
Il n'y a **rien de sensationnel** dans le journal aujourd'hui.
Cette dame ? C'est **quelqu'un de spécial** et **de très important.**
Il n'y a **personne de célèbre** dans la classe.
Avez-vous **quelque chose de bon** ? Non, je n'ai **pas grand-chose de bon.**
Notre ville est moderne. Il n'y a **rien d'historique,** et **pas grand-chose d'ancien.**

quelque chose/rien quelqu'un/personne pas grand-chose/pas grand-monde	+ de +*adjectif*

REMARQUEZ : L'adjectif est masculin et singulier.

Une voiture, c'est **quelque chose d'important** pour les étudiants.
Les vrais amis sont **quelque chose de rare** et **de beau**.

B. Avec un verbe à l'infinitif

J'ai **quelque chose à faire.**
Il n'y a **rien à lire** dans le journal !
Avez-vous **quelqu'un à voir** ? Non, je n'ai **personne à voir.**
Il n'y a **pas grand-chose à visiter** dans cette ville.

> quelque chose/rien
> quelqu'un/personne $\Big\}$ + à + *le verbe à l'infinitif*
> pas grand-chose/pas grand-monde

REMARQUEZ : J'ai du **travail à faire.**
Tu as des **amis à voir.**
Y a-t-il des **monuments à visiter** ?

L'emploi de **à + le verbe à l'infinitif** n'est pas limité à **quelque chose/rien, quelqu'un/personne**, etc. On emploie cette construction avec un nom en général.

J'ai une **voiture à vendre,**
Tu cherches un **appartement à louer.**

C. Avec un adjectif et un verbe

Y a-t-il **quelque chose de bon à manger** à la cafétéria ? Non, il **n'y a rien de bon à manger.**
As-tu **quelque chose d'intéressant à faire** ce soir ? Non, depuis que je n'ai plus ma voiture, je n'ai plus jamais **rien d'intéressant à faire.**

REMARQUEZ : N'oubliez pas les expressions que vous avez apprises :

Je n'ai pas **le temps de faire** grand-chose.
Nous avons **l'intention de dire** la vérité.
J'ai **la place de mettre** mes affaires dans le placard.

4. **oui** ou **si** ?

Quand dit-on **si** à la place de **oui** ?

Beaucoup de gens sont surpris d'entendre les Français dire «Si» ou plus souvent «Mais si», car ils croient que le mot **si** est réservé à l'espagnol et à l'italien.

si existe en français aussi bien que **oui**, et on emploie **si** pour répondre à une question négative.

> Vous **n'**aimez **pas** la musique ?   **Si** (**mais si** !), je l'aime.
> Tu **ne** m'aimes **plus** ?... **Mais si**, je t'aime encore !
> Tu **ne** me dis **jamais rien**. Pourquoi ? **Mais si**, voyons, je te raconte tout ce qui est intéressant.
> Il **n'**est **jamais** allé en Europe ? **Si**, il y est allé deux fois.

5. Les pronoms disjoints

   A. Leur forme

   Vous employez déjà ces pronoms. Par exemple :

   > Je rentre chez moi à cinq heures.
   > Voulez-vous sortir avec lui ?

   PRONOMS DISJOINTS

(PRONOMS SUJET)		(PRONOMS SUJET)	
(je)	**moi**	(nous)	**nous (nous autres)**
(tu)	**toi**	(vous)	**vous (vous autres)**
(il)	**lui**	(ils)	**eux**
(elle)	**elle**	(elles)	**elles**
(on)	**soi**		

   B. Leur usage

   Les pronoms disjoints, qu'on appelle aussi quelquefois pronoms accentués, ont quatre usages principaux :

   1. Comme pronoms d'accentuation

      C'est la forme accentuée du sujet, qui renforce, insiste par répétition.

      > Les escargots ? Vous aimez ça, **vous** ? **Moi**, je n'aime pas ça.
      > Vous ne voulez pas venir, **vous** ? Eh bien, je vais téléphoner à Kim. **Elle**, elle est toujours prête ! (*ou* : Elle est toujours prête, **elle** !)

   2. Comme accentuation du possessif

      > C'est notre maison **à nous**.
      > Ce sont vos idées **à vous**.

      On emploie **à** + *le pronom disjoint* pour insister sur l'idée de possession.

   3. Comme objet de préposition

      > Venez **avec moi**. N'allez pas **avec eux**.
      > Nous comptons **sur vous**.
      > J'ai besoin **de toi**.
      > Il pense **à elle**. Mais elle ne pense pas **à lui**.

4. Comme sujet ou objet multiple

> Mon mari et **moi**, nous sommes heureux ensemble.
> Nous voyons souvent les Bertrand : **Lui**, **elle**, ma femme, et **moi**, nous jouons au bridge ensemble.
> Jackie et Paul ? Je les aime beaucoup, **elle** et **lui**.

REMARQUEZ : Il est habituel de placer **moi** le dernier. On dit : Mes amis et **moi**, nous faisons beaucoup de sport.

C. L'emploi de **nous autres** et de **vous autres**

Employez **nous autres** et **vous autres** au lieu de **nous** et de **vous** pour bien marquer l'opposition entre un groupe et l'autre.

> **Nous autres**, étudiants, nous avons des problèmes que **vous autres**, professeurs, vous ne comprenez pas du tout.

REMARQUEZ : **vous autres** indique toujours un pluriel (*you people*).

6. **ça**

Le pronom **ça** n'a pas d'existence théorique en français. Grammaticalement, c'est **ceci** ou **cela**. Pourtant, le mot **ça** est employé si libéralement dans la langue parlée et même écrite qu'il faut connaître ses usages.

A. Sujet indéfini de tous les verbes, excepté **être** (*it or that*)

> **Ça va** ? Oui, merci **ça va** mieux.
> C'est une histoire triste : **Ça commence** bien, mais **ça finit** mal.
> Avez-vous assez de dessert ? Oui, **ça suffit** comme **ça**.

REMARQUEZ : Le sujet correspondant pour le verbe **être** est **ce**, comme vous le savez depuis votre première leçon de français. On dit :

> **C'est** assez.   *Mais on dit* : **Ça** suffit.
> **C'est** bien.   *Mais on dit* : **Ça** va.

B. Pronom d'accentuation (*emphasis*)

ça est aussi la forme accentuée de **ce** :

> **Ça**, c'est un bon film !
> C'est bon, **ça** !
> C'est vrai, **ça** ?

Remarquez que **ça** employé pour renforcer, pour insister sur **c'est**, peut être placé avant :

> **Ça**, c'est vrai !

ou après :

> C'est vrai, **ça** !

C. Objet indéfini de tous les verbes et de toutes les prépositions

1. *Objet direct*

Je prendrai **ça**, **ça**, et **ça**.
Vous comprenez **ça**? Oui, je comprends **ça**.
Le rock-n-roll? Mais ce n'est plus à la mode! Vous écoutez **ça**? Et vous dansez **ça**?

2. *Après une préposition*

Ce n'est pas difficile. Regardez! On fait comme **ça**.
« Et avec **ça**, Madame? » dit la vendeuse.
J'ai étudié tard, c'est pour **ça** que je suis fatigué.
J'ai besoin de **ça**.

ça a un usage très général : On l'emploie comme objet de tous les verbes, direct (sans préposition) ou indirect (après une préposition).

D. **Qu'est-ce que c'est que ça ?**

Qu'est-ce que c'est que ça ? Ça, c'est un ornithorynque.
Une fusée gigogne?* **Qu'est-ce que c'est que ça ?**

On emploie la forme **Qu'est-ce que c'est que ça ?** (*What in the world is that?*) quand on ne sait absolument pas ce que c'est. Si vous voyez un objet étrange, si on vous parle de quelque chose de bizarre, vous dites : **Qu'est-ce que c'est que ça ?** Le reste du temps, naturellement, vous continuez à employer **Qu'est-ce que c'est ?** que vous avez appris dans votre première leçon de français.

E. **Quand faut-il employer ceci ou cela et non pas ça ?**

ça est la forme familière, employée dans la conversation et dans le style écrit sans prétention littéraire. Vous pouvez employer **ça** dans beaucoup de cas, mais pas dans le cas d'une phrase littéraire ou formelle.

Voilà quelques exemples de l'emploi de **ceci** et de **cela** :

Napoléon n'avait pas compris que l'expansion industrielle, et non pas la conquête territoriale, allait marquer le dix-neuvième siècle. Dans une certaine mesure, **cela** explique sa défaite. (*formalité de la phrase historique*)

Madame Bovary, l'héroïne du roman de Flaubert, lisait des romans, rêvait d'aventures, tandis que son mari jouait aux cartes au café avec ses amis. **Ceci**, ajouté à **cela**, la rendait mécontente de son sort, avide d'autre chose. (*formalité de la phrase littéraire*)

* **Une fusée gigogne** : *a multiple-stage rocket.*

EXERCICES ORAUX

1. Mettez les phrases suivantes à la forme négative avec **ne... ni... ni** (ou **ni... ni... ne**).

> Exemple : Parlez-vous espagnol ou russe ?
> *Je ne parle ni espagnol, ni russe.*
>
> Chantez-vous et jouez-vous d'un instrument ?
> *Je ne chante, ni ne joue d'un instrument.*

1. Nous avons soif, faim, et chaud.
2. Vous êtes monté en ballon, en hélicoptère, et en soucoupe volante (*flying saucer*).
3. Les horoscopes, le zodiaque, et la magie m'intéressent.
4. Je parle et je lis le chinois.
5. Vous êtes allé à Londres et à Madrid.
6. Elle a voyagé et elle a vu le monde.
7. La France et le Québec sont les seuls pays de langue française.
8. Les escargots et les grenouilles sont mes plats préférés.
9. Mon père et ma mère aiment le décor de ma chambre.
10. Vous écrivez des vers et des romans.

2. Mettez à la forme négative avec **ne... jamais, personne, rien.**

> Exemple : Vous comprenez tout.
> *Vous ne comprenez rien.*

1. Il pleut toujours en cette saison.
2. Tout le monde est malade aujourd'hui.
3. Des ouvriers satisfaits font quelquefois la grève.
4. Vous avez quelque chose dans votre poche.
5. Vous mangez quelque chose à midi.
6. Tout intéresse une personne stupide.
7. Quelqu'un a besoin de moi.
8. Je suis souvent allé à Madrid.
9. Tout le monde aime un homme stupide et cruel.
10. Il neige parfois en été, et tout le monde a froid.

3. Mettez au négatif avec **ne... plus, pas encore, pas non plus.**

> Exemple : J'ai déjà lu le journal d'aujourd'hui.
> *Je n'ai pas encore lu le journal d'aujourd'hui.*

1. Nous sommes encore en 1900 !
2. Votre sœur est mariée. Vous avez un beau-frère.
3. À trois heures, notre journée est déjà finie.

4. Il joue du piano, et il joue aussi du violon.
5. Vous êtes encore des enfants !
6. Les négociations sont finies, et les ouvriers sont retournés au travail.
7. Je connais votre mari, et j'ai aussi rencontré votre sœur.
8. Il a déjà lu tout le théâtre de Shakespeare.
9. Vous serez encore à l'université dans cinq ans.
10. Je suis (déjà) allé à Hong Kong, et je suis allé à Tokyo aussi.

4. Complétez les phrases suivantes par **quelque chose/rien, quelqu'un/personne, pas grand-chose** et **à** ou **de**.

1. Vous voyez ce monsieur qui passe ? C'est _____ brillant, et aussi _____ célèbre. Il a écrit _____ important, _____ lire, et _____ connaître.
2. Avez-vous lu _____ intéressant ? Oui, j'ai lu _____ sensationnel. C'est un nouveau roman. Et vous, avez-vous _____ bon _____ lire ? Non, je n'ai _____ autre _____ bon _____ lire, ni _____ vous recommander.
3. Avez-vous _____ utile _____ emporter en voyage ? Non, je n'ai _____ utile _____ emporter, mais j'ai _____ sympathique _____ emmener.

5. Répondez par **oui** ou par **si**.

> Exemple : Vous n'aimez pas les animaux ?
> *Si, je les aime.*

1. Vous n'avez rien à faire ce soir ?
2. Vous ne faites jamais de fautes ?
3. Pleut-il quelquefois en novembre ?
4. Greg n'a pas travaillé au Club Méditerranée, n'est-ce pas ?
5. Vous n'êtes jamais allé à New-York ?
6. Vous n'avez rien compris à cette leçon, n'est-ce pas ?
7. Tu connais quelqu'un de sympa, n'est-ce pas ?
8. Vos parents n'ont pas de voiture, n'est-ce pas ?
9. La politique ne vous intéresse pas ?
10. Tu n'aimes pas le vin français ?

6. Les pronoms disjoints et **ça**

Complétez par le pronom disjoint approprié ou par **ça**.

1. _____, je ne sors jamais pendant la semaine. Et _____, sortez-vous ? Non, _____ non plus.
2. _____, elle est toujours prête en cinq minutes. Mais son mari, _____, il met une heure. Alors, je ne les attends pas, _____ !
3. _____, Michel, tu es français. _____, Bill, Kim, et _____, nous sommes américains.
4. Je vous aime bien. Venez avec _____, ne restez pas avec _____, il n'est pas gentil.

5. La valse ? Le tango ? _____ , je ne sais pas danser _____ !
6. Qu'est-ce que c'est que _____ ? Des grenouilles provencale ? * Vous mangez _____ , _____ ?
7. On est toujours un peu égoïste, et on pense à _____ avant de penser aux autres.
8. Les Français ont une longue histoire. Mais _____ , Américains, nous en avons une plus courte. C'est pour _____ que, _____ , Français, vous pensez plus au passé, et que _____ , Américains, nous pensons plus à l'avenir.

CONVERSATION

Demandez à une autre personne : (Réponses négatives)

1. s'il/si elle fume et boit en classe.
2. s'il/si elle danse et parle avec ses amis en classe.
3. s'il/si elle aime les serpents et les rats.
4. s'il/si elle mange du cheval et du lapin.
5. s'il/si elle parle turc ou russe.
6. s'il/si elle va à Lisbonne ou à Madrid demain.
7. s'il/si elle lit soit l'arabe, soit le grec.

8. s'il/si elle vient quelquefois en hélicoptère.
9. s'il/si elle va souvent au cirque.
10. s'il/si elle passe quelquefois la nuit dans la classe.
11. s'il/si elle mange toujours des escargots pour son déjeuner.

12. s'il/si elle a quelque chose dans sa poche.
13. s'il/si elle mange quelque chose pendant la classe.
14. s'il/si elle voit quelque chose de bizarre maintenant.
15. s'il/si elle attend quelque chose d'important comme une lettre ou un chèque aujourd'hui.

16. si le trimestre est déjà fini.
17. si la semaine est finie.
18. s'il/si elle sait déjà très bien le français.

19. s'il/si elle a quelque chose à faire ce soir. Est-ce quelque chose d'amusant ou d'intéressant ? Qu'est-ce que c'est ?
20. s'il/si elle connaît quelqu'un de gentil dans la classe ; dans l'université.
21. s'il/si elle connaît quelqu'un de célèbre. Demandez-lui d'expliquer.

22. s'il/si elle sait faire quelque chose de difficile.
23. s'il y a quelque chose d'intéressant ou de pittoresque à voir dans sa ville. (Demandez-lui d'expliquer.)

* Des grenouilles provençale : Il n'y a pas de s, parce que c'est la contraction de à la mode provençale (*provençal style*). Pour la même raison, on dit : un sauté de veau provençale, des œufs florentine, un chateaubriant béarnaise. des escalopes normande.

Une aventure au Festival de Cannes

Chaque année, le Festival du Film a lieu à Cannes. Pendant une semaine, on montre les films de nombreux pays du monde, choisis pour cette compétition internationale. On ne montre ni les films très commerciaux, ni les films traditionnels. Vous n'y verrez jamais les grands films qui attirent les foules, mais au contraire, ceux qui représentent une initiative individuelle et une conception nouvelle du cinéma.

Pendant cette semaine, Cannes est en fête. Personne ne dort plus dans la ville ! Toutes sortes de gens du cinéma sont là : Ceux et celles qui sont déjà célèbres, et aussi ceux et celles qui ne le sont pas encore. Les premiers attirent des groupes d'admirateurs. Les autres attirent l'attention par des costumes bizarres, souvent minimes.

La presse est là. Il y a des centaines de photographes : Ils suivent les célébrités et les autres, et les photographient constamment, car ils savent qu'il y a toujours quelque photo à vendre à une revue ou à un journal. Ils exposent aussi leurs photos sur la Croisette, l'avenue principale, le long de la mer. Les curieux examinent ces photos, qui sont à vendre au public pour vingt francs ou quelque chose comme ça.

Les étudiants américains de plusieurs programmes internationaux sont là en grand nombre, mêlés à la foule sur la Croisette, au soleil, devant la Méditerranée. Ni Kim, ni Roger, ni Jackie et Paul ne sont absents, bien sûr !

Rien ne commence avant midi. Alors, tout le monde passe la matinée à la terrasse des cafés de la Croisette. Il y a toujours quelqu'un d'extraordinaire à voir passer. L'après-midi et le soir, on montre les films. La représentation de l'après-midi est simple, tout le monde peut y aller, si on a un billet. La représentation du soir n'a rien de simple, il faut être habillé, et les places sont, en principe, réservées aux vedettes et aux gens du cinéma.

Après avoir vu le film de l'après-midi, les étudiants en parlent : Ils sont d'accord qu'ils n'y ont pas compris grand-chose, et qu'il n'y a probablement pas grand-chose à comprendre. Mais ils sont enchantés de l'avoir vu.

Des ouvriers installent maintenant un grand tapis rouge et une marquise sur l'escalier de marbre du Palais des Festivals. D'autres apportent des masses de

* C'est une histoire vraie. Seuls, les noms sont changés pour protéger les... coupables !

MICHEL PLAISIR, *B. B.*

Le Festival de Cannes est le rendez-vous des vedettes comme « B. B. ». C'est un festival du film. C'est aussi un festival pour les rêves de ceux qui cherchent la célébrité et la fortune.

fleurs. La représentation de la soirée va commencer. Beaucoup de gens commencent à former une foule pour voir l'arrivée des vedettes.

Des dizaines de photographes de presse sont là, sur l'escalier, sur le toit des voitures, perchés sur la marquise de toile rouge. Eux aussi, ils attendent l'arrivée des célébrités. Ah, voilà les premières. Ce ne sont ni des acteurs très fameux, ni des metteurs en scène connus, mais la foule les applaudit poliment. Les photographes prennent quelques photos.

Puis, on entend un grand cri dans la foule : Voilà les deux vedettes du film français présenté au festival. « Bravo, Bravo ! » disent les gens, et les flashs font des éclairs. Grand enthousiasme aussi pour deux vedettes suédoises, très remarquées dans un film interdit par la censure. Encore beaucoup de photos.

Soudain, Bill a une idée : « Nous sommes un groupe de cinquante, et il y a d'autres groupes américains. Faisons une célébrité instantanée ! » Les autres ne comprennent ni ce qu'il veut dire, ni ce qu'il veut faire. « Quoi ? Une célébrité instantanée ? Qu'est-ce que c'est que ça ? » Alors, Bill explique : « Voilà. Nous formons un groupe important. Passons le mot aux autres Américains. Kim, tu vas monter l'escalier comme une vedette. Nous allons tous applaudir et crier. Personne ne sait que tu es étudiante, et que tu n'es ni actrice, ni quelqu'un du cinéma. Vas-y, Kim. »

Kim rit. C'est une grande fille blonde, pleine d'humour. « D'accord, dit-elle. Ça, c'est une idée formidable. Mais il me faut un cavalier. Personne n'a l'air d'arriver seul... »

« Qui veut la célébrité instantanée ? demande Bill. Ou plutôt, vous les gars, qui a un veston et une cravate ? »

Personne n'a un veston *et* une cravate, mais un des étudiants a un blazer bleu très présentable. Un autre trouve une cravate oubliée dans sa poche. (Il ne sait ni quand, ni comment.) Qui va accompagner Kim ?

« Vas-y, Bill, dit Roger. C'est ton idée à toi, c'est toi qui vas y aller. » « D'accord, dit Bill. Si personne d'autre ne veut y aller, il n'y a rien d'autre à faire ! »

Il boutonne sa chemise, met la cravate et le blazer, ajuste son pantalon blanc, donne un coup de peigne à ses cheveux, prend le bras de Kim.

Bravement, les voilà qui traversent la foule. Ils arrivent devant le tapis rouge. À ce moment, deux cents voix américaines hurlent : « Les voilà ! Les voilà ! Bravo ! C'est eux ! Hurrah pour Hollywood ! Yeeeeeeeeeee ! », et les applaudissements éclatent. Le reste de la foule, d'abord surpris, hurle aussi, et applaudit plus fort encore. Personne ne demande l'identité de ce couple, ni pourquoi on applaudit si fort. Devant cet enthousiasme délirant, les photographes ne savent plus où donner de la tête, et les flashs font éclair sur éclair. Bill et Kim sourient gracieusement à leurs admirateurs, saluent de la main, voient un photographe allongé à leurs pieds, son appareil braqué sur eux. L'enthousiasme de la foule redouble.

Quelques personnes demandent timidement : « Mais... qui est-ce, ça ? » On leur répond d'un air supérieur : « Vous ne connaissez donc rien, ni personne ? Vous n'allez jamais au cinéma ? Vous ne sortez plus jamais ? » Naturellement, les questionneurs ne continuent, ni n'insistent. C'est vraiment un moment de gloire. Arrivée en haut de l'escalier, Kim fait face à la foule et envoie un baiser. La foule est en délire !

Deux heures plus tard, le film est fini. Kim et Bill sortent et trouvent les photographes qui attendent. Ni la presse, ni les curieux ne posent de questions. « Votre autographe, Mademoiselle ? » disent des gens. Kim signe « Kim Pastor », et elle pense : « Personne ne peut penser que je suis une vedette ! » Eh bien, si ! Tout le monde a l'air de le penser. On dit : « Kim Pastor ? Kim Pastor ? Ah oui, j'ai vu ses films. Risqués, mais sincères. Beaucoup de promesse. »

À ce moment des copains du groupe arrivent. « Kim, Bill, vos photos sont déjà exposées sur la Croisette. Vous ne les avez pas encore vues ? Venez voir ! » Et un monsieur très distingué, en smoking, dit à Kim : « Mademoiselle, je sais qui vous êtes, permettez-moi de me présenter... » Kim répond : « Je regrette, mais je ne suis pas vedette. Je suis étudiante. » Le monsieur sourit : « Bien sûr, vous préférez garder l'incognito... Voulez-vous m'accompagner à la réception à l'hôtel Carlton ? » Kim répond : « Oh, je regrette... Mais j'ai un rendez-vous important dans dix minutes... Je n'ai ni le temps, ni le désir de passer la soirée dans cette foule... »

Dix minutes plus tard, Kim, Bill, et le reste du groupe sont dans l'autocar qui les ramène à Aix-en-Provence. On ne parle que de l'aventure des nouvelles célébrités et les photos circulent de mains en mains. Ce n'est ni la gloire, ni la fortune, mais c'est sûrement la célébrité à l'intérieur du groupe !

RÉPONDEZ dans l'esprit de la lecture et avec imagination.

(Employez une des négations de la leçon chaque fois que c'est possible.)

1. **Roger :** Qu'est-ce que c'est, le Festival de Cannes ? Je connais le nom, mais je ne sais pas exactement ce que c'est.
   Jean-Yves : _____

2. **Kim :** Qu'est-ce qu'on va faire, toute la journée, à Cannes ?
   Jackie : _____

3. **Greg :** Qui va-t-on voir ?
   Monique : _____

4. **Bill :** (_sur la Croisette_) Oh, regarde cette fille. Pourquoi a-t-elle ce costume bizarre ?
   Un autre étudiant : _____

5. **Une étudiante :** (_après le film_) Moi, je n'ai pas compris le film. Et vous autres ?
   Un autre étudiant : _____

6. **Roger :** Regardez ce tapis rouge... Et cette foule ! Qu'est-ce que ces gens attendent ?
   Jean-Yves : _____

7. **Une dame :** Qui sont ces deux grandes filles qui arrivent ? Elles ont l'air scandinave.
   Paul : _____

8. **Bill :** Kim, es-tu déjà célèbre ?
   Kim : _____

9. **Un garçon,** _dans la foule_ : Eh, qui est ce couple d'acteurs américains ? Je ne les connais pas !
   Un autre garçon : (_supérieur_) _____

10. **Un monsieur distingué :** Mademoiselle, je voudrais vous donner un rôle dans mon prochain film.
    Kim : _____

11. **Kim :** (_dans l'autocar_) Est-ce que quelqu'un voudrait mon autographe pour cinquante francs ?
    Les autres : _____
    Kim : Pour dix francs, peut-être ?
    Les autres : _____

EXERCICES ÉCRITS

1. Mettez les phrases suivantes au négatif.

> Exemple : Je vais à Paris et à New-York.
> *Je ne vais ni à Paris, ni à New-York.*

1. Kim est actrice et danseuse.
2. Il y a toujours des concerts dans cette ville.
3. Nous parlons toujours anglais en classe.
4. Ce monsieur a quelque chose à vous dire.
5. Tu as entendu quelque chose.
6. Nous avons rencontré quelqu'un.
7. Roger pense que Bill est un acteur, et les autres le pensent aussi.
8. Je vais souvent au Festival de Cannes, et vous y allez aussi.
9. Ce monsieur ? C'est soit un metteur en scène, soit un acteur célèbre.
10. Vous connaissez tout le monde à Cannes, et vos copains aussi.
11. Il pleut encore, et il fait encore froid.
12. Je fais encore souvent des fautes de français.
13. Il y a encore quelque chose à manger au Resto-U à trois heures.
14. Le courrier est déjà arrivé.

2. Répondez négativement aux questions suivantes.

> Exemple : Jackie, es-tu encore fatiguée ?
> *Non, je ne suis plus fatiguée.*

1. Avez-vous encore faim ?
2. Est-ce votre voiture (= la vôtre) ou celle d'un copain ?
3. Est-ce que quelqu'un a besoin de moi ?
4. Allez-vous souvent à un festival du film ?
5. Avez-vous déjeuné ou dîné dans un bon restaurant hier ?
6. Êtes-vous allé à Cannes ou à Aix-en-Provence ?
7. Est-ce que quelqu'un de cette classe y est allé ?
8. Je n'ai pas de voiture de sport. En avez-vous une ?
9. Va-t-on souvent à la plage en hiver ?
10. Est-ce que vous êtes encore des enfants ?
11. Avez-vous le mal de l'air ou le mal de mer ?
12. Est-ce que tout le monde a fini ?
13. Y a-t-il encore quelqu'un dans la classe à onze heures du soir ?
14. Parlez-vous et comprenez-vous le turc ?
15. Avez-vous quelque chose d'autre à faire ?

3. Transformez le paragraphe suivant, en mettant les verbes au négatif et en employant les négations de la leçon.

Tout le monde m'aime! *Quelqu'un* a téléphoné ce soir. Ma mère *est* contente de moi, et mon père *aussi*. Il y a *quelque chose* d'intéressant à la télévision. Mon copain Bill est *déjà* de retour de France. Mon autre copain Bob me parle *encore*. Il dit qu'il me parlera *toujours*, parce qu'il veut *encore toujours* être mon ami. *Tout* est en ordre dans ma chambre, et je trouve *tout*. Je suis systématique *et* bien organisé. *Tout le monde* me comprend, et *tout le monde* m'approuve. J'ai *déjà* préparé mon examen pour demain. J'ai *aussi* étudié mes math et mon anglais. Ma vie est heureuse *et* agréable ce soir!

COMPOSITION ORALE OU ÉCRITE, OU DISCUSSION

1. **Vous avez certainement parfois le** *cafard* (to feel low, depressed, blue). Faites une description d'un de ces jours, et de la vue que vous avez des choses et des gens.

   (Par exemple : « Je ne suis ni beau, ni intelligent. Personne ne me téléphone parce que personne ne m'aime. D'ailleurs, je n'aime personne non plus... »)

2. **Une lettre de Kim ou de Bill.** Kim ou Bill écrit à sa famille ou à des amis pour raconter son aventure au Festival de Cannes. Naturellement, il/elle ne copie pas la lecture, mais raconte l'histoire de façon personnelle, et parle de ses sentiments et de ses émotions.

3. **L'autre jour un de vos amis avait le cafard** (voir 1). Vous avez fait beaucoup d'efforts pour lui remonter le moral (to cheer him/her up). Racontez votre conversation.

(Il n'y a sûrement pas besoin de vous rappeler qu'il faut employer les négations de la leçon et les pronoms disjoints. Employez aussi **ça** et **si**.)

VOCABULAIRE DE LA LEÇON

NOMS

Noms masculins

l'arabe	le concert	le lapin
l'art	le coup de peigne	le peigne
l'autographe	le cri	le photographe
le ballon	le curieux	le questionneur
le blazer	le décor	le russe
le bridge	l'éclair	le serpent
le cavalier	le flash	le tango
le cheveu, les cheveux	l'hélicoptère	le tapis
le chinois	l'humour	le turc
le cirque	l'incognito	le zodiaque

Noms féminins

l'actrice	la conquête	la marquise
la célébrité	la danseuse	la musique
la censure	la défaite	la poche
la Chine	l'Europe	la prétention
la cigarette	l'expansion	la questionneuse
la compétition	la foule	la soucoupe (volante)
la conception	la gloire	la valse

ADJECTIFS

accentué, accentuée	égoïste	oublié, oubliée
ajouté, ajoutée	exposé, exposée	remarqué, remarquée
arabe	habillé, habillée	réservé, réservée
braqué, braquée	industriel, industrielle	risqué, risquée
combiné, combinée	inévitable	sincère
débrouillard, débrouillarde	instantané, instantanée	suédois, suédoise
délirant, délirante	mécontent, mécontente	systématique
disjoint, disjointe	mêlé, mêlée	territorial, territoriale
distingué, distinguée	nombreux, nombreuse	

VERBES

ajuster	éclater	louer
approuver	fumer	photographier
attirer	hurler	rêver
boutonner	insister	saluer

ADVERBES

bravement	gracieusement	timidement
fort	libéralement	

EXPRESSIONS DIVERSES

avoir le cafard	en principe	remonter le moral
bravo	faire face (à)	

Guillaume Apollinaire

C'est un calligramme, nouvelle interprétation d'une forme ancienne.
La disposition des mots suggère l'image de l'objet évoqué.

Le vase

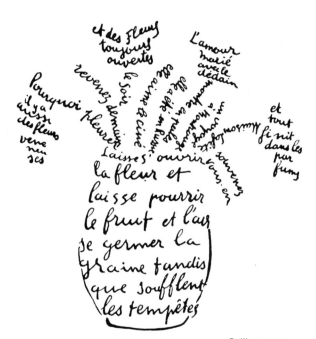

Calligrammes

Exercice poétique

Composez vous aussi un calligramme sur, par exemple :

un oiseau	un téléphone
une maison	un arbre
un bateau	une voiture
une guitare	un livre
une fleur	un autre objet familier ou bizarre de votre vie

Deux choses que je déteste: Me lever et me coucher!

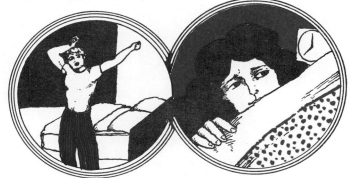

LES VERBES PRONOMINAUX:

- Le verbe pronominal réfléchi, présent et impératif
- Construction de la phrase avec un verbe pronominal
- Le passé des verbes pronominaux: passé composé et imparfait
- Usage du passé composé et de l'imparfait avec un verbe pronominal

INTRODUCTION *

DÉCLARATION ET QUESTION	RÉPONSE

Le matin

Le matin, **je me réveille** de bonne heure.
À quelle heure **vous réveillez-vous**? **Je me réveille** à sept heures.

---

* Since the reflexive verbs constitute both the new structure and the new vocabulary, the pattern of this lesson will be slightly different from that of the others. In this lesson, the **Introduction** will also serve as the **Lecture**, and therefore there will be no reading.

Je me lève tout de suite. Vous levez-vous tout de suite ?

Non, je ne me lève pas tout de suite. Je n'aime pas me lever tout de suite.

Ensuite, je fais ma toilette : Je me lave (avec de l'eau et du savon), je me brosse les dents (avec une brosse à dents), et je me brosse les cheveux (avec une brosse à cheveux). Et puis, je me peigne. Vous peignez-vous ?

Oui, je me peigne.

Un homme se rase le matin, probablement avec un rasoir électrique. Vous rasez-vous, Monsieur ?

Oui, je me rase, mais je me laisse pousser des pattes et la moustache.

Vous coupez-vous souvent les cheveux ?

Je me les coupe une fois par mois. Mais quelquefois, je me les laisse pousser.

Une femme se maquille avec des produits de beauté. Elle se met du fond de teint, du rouge, du rouge à lèvres, de l'ombre à paupières. Vous maquillez-vous tous les matins ?

Moi ? Oh non. Je ne me maquille presque jamais. Je me mets juste un peu de rouge à lèvres.

Ensuite, on se met ses vêtements : On s'habille. Vous habillez-vous vite ?

Oui, je m'habille en cinq minutes. Pour une occasion spéciale, il me faut dix minutes.

Si vous êtes en retard, vous vous dépêchez. Quand se dépêche-t-on ?

On se dépêche quand on a une classe à huit heures.

Quand on est prêt, on se met en route. Moi, je me mets en route à sept heures. À quelle heure vous mettez-vous en route ?

Nous ne nous mettons jamais en route avant sept heures et demie.

Si je rencontre un copain, je m'arrête, et je lui dis « Bonjour » ou « Salut, mon vieux ». Vous arrêtez-vous ?

Non, je ne m'arrête pas si je me dépêche.

Pendant la journée

Quand j'arrive dans la classe, je prends une chaise. Je mets mes affaires autour de moi : **Je m'installe**. Comment **s'installe-t-on** dans une ville ?

Pour **s'installer**, on cherche un appartement, des meubles, etc.

Au commencement du semestre, **je me demande** si le cours sera intéressant. **Vous demandez-vous** la même chose ?

Moi, **je me demande** plutôt si je réussirai bien dans ce cours.

Il y a des classes où **on s'ennuie**, et des classes où **on ne s'ennuie pas**. Comment est une classe où **vous vous ennuyez** ?

Dans une classe où **je m'ennuie**, le professeur parle d'une voix monotone d'un sujet qui ne m'intéresse pas. (**Je m'ennuie** à mourir dans certaines classes !)

Je m'amuse quand je passe une bonne soirée chez des amis. Quand **vous amusez-vous** ?

Je m'amuse quand je lis les bandes dessinées, ou quand je suis avec des gens drôles.

Si on fait des remarques ironiques et drôles sur une autre personne, **on se moque de** cette personne. Est-ce gentil de **se moquer des** gens ?

Évidemment, non. Moi, **je ne me moque** jamais **de** vous, même quand vous le méritez.

Si vous me dites que 2 + 2 font 4, vous avez raison, c'est vrai. Mais si vous me dites que 2 + 2 font 5, **vous vous trompez**. Le professeur **se trompe-t-il** quelquefois ?

Il ne **se trompe** jamais. Mais quand **je me trompe**, il est sans pitié.

« On se trompe de... » a aussi un autre sens. Si vous avez la leçon 25 pour aujourd'hui, et vous étudiez la leçon 24, **vous vous trompez de** leçon. Quand **se trompe-t-on de** livre ?

On **se trompe de** livre quand on en a deux qui ont presque la même couverture.

BERTHE MORISOT, *Le lever*

Durand-Ruel & Cie, Paris

Tous les jours, je fais deux choses que je déteste : Je me lève et je me couche.

VINGT-CINQUIÈME LEÇON **391**

Si vous ne comprenez pas une explication, et que l'examen approche, vous avez un problème. Alors **vous vous inquiétez**. Quand **vous inquiétez-vous** ?

Je m'inquiète quand je pense que vous ne me comprenez pas bien. **Je m'inquiète** aussi quand les gens que j'aime ne vont pas bien.

Le soir

Après une longue journée, **je me mets en route** pour rentrer chez moi. Après être rentré, **je me mets au travail** dans ma chambre. **Nous nous mettons à table** à sept heures. À quelle heure **se met-on** à table chez vous ?

Ça dépend. En France, **on** ne **se met pas à table** avant huit heures.

Le soir, je suis mort de fatigue. J'ai besoin de **me reposer**. Quand **vous reposez-vous** ?

Je me repose le dimanche et parfois (mais c'est un secret !) pendant la classe de philosophie.

Quand ma journée est finie, **je me déshabille**, **je me couche**, et **je m'endors**. Si **je me réveille** pendant la nuit, **je me rendors** très vite. **Vous réveillez-vous** souvent pendant la nuit ?

Non, **je** ne **me réveille** que rarement.

Je dors si profondément que je n'entends pas mon réveil qui sonne le matin. Après, **je me réveille**, parce qu'il y a toujours quelqu'un qui crie : « **Réveille-toi ! Lève-toi ! Dépêche-toi !** »

C'est comme dans la classe. Vous ne nous dites pas de **nous lever**, mais vous nous dites souvent : « **Réveillez-vous ! Ne** vous **endormez pas !** » Mais, moi, j'entends une petite voix intérieure qui me dit : « **Ne t'inquiète pas.** Tout ira bien. »

Le passé des verbes pronominaux

PRÉSENT	PASSÉ
Le matin, **je me lève**. Le matin, **on se réveille**.	Ce matin, **je me suis levé(e)**. Ce matin, Bill **s'est réveillé**, et Kim **s'est réveillée**.

Nous allons dans la salle de bain et **nous nous lavons.**

Nous sommes allé(e)s dans la salle de bain et **nous nous sommes lavé(e)s.**

Vous vous demandez si cette classe va être intéressante.

Vous vous êtes demandé si cette classe allait être intéressante.

Jackie et Paul Martin **s'installent** dans leur nouvel appartement.

Les voyageurs **se sont installés** dans l'avion.

DÉCLARATION ET QUESTION	RÉPONSE
Vous êtes-vous levé(e) tard ce matin ?	Oui, **je me suis levé(e)** tard ce matin. Non, **je ne me suis pas levé(e)** tard.
Vous êtes-vous mis(e) à table pour votre petit déjeuner ?	Oui, **je me suis mis(e)** à table. Non, **je ne me suis pas mis(e)** à table. (J'ai bu une tasse de café debout.)
Vos parents **se sont-ils installés** dans leur nouvelle maison ?	Oui, **ils s'y sont installés.** Non, **ils ne s'y sont pas encore installés.**
Vous êtes-vous endormi(e) pendant la classe ?	Non, **je ne me suis pas endormi(e).** **Personne ne s'est endormi** parce que **personne ne s'ennuyait.**
Qu'est-ce que le professeur **se demandait** quand il a vu votre examen ?	**Il se demandait** pourquoi j'avais fait tant de fautes.

EXPLICATIONS

1. **Le verbe pronominal au présent et à l'impératif**

   Je me réveille.   Je me lave.
   Je me lève.   Je m'habille.

   Pour un verbe pronominal, le sujet et l'objet (indiqué par un pronom) sont la même personne. Le sujet des verbes ci-dessus est **je**, l'objet est **me**.
   Ces verbes (et les autres verbes de la leçon) sont des verbes pronominaux. Ce sont, très exactement, des verbes pronominaux réfléchis (*purely reflexive verbs*). L'action est réfléchie sur le sujet. Il y a d'autres groupes de verbes pronominaux que vous verrez dans les leçons suivantes. *

---

* There are four groups of **verbes pronominaux**: *purely reflexive, which are studied in this lesson, reciprocal (Lesson 26, p. 408), those with a passive meaning, and those with an idiomatic meaning (Lesson 26, p. 408).*

A. La conjugaison du verbe pronominal

LE VERBE PRONOMINAL

Exemple : **se demander** (*to wonder*)

AFFIRMATIVE	NÉGATIVE
je me demande	je ne me demande pas
tu te demandes	tu ne te demandes pas
il se demande	il ne se demande pas
nous nous demandons	nous ne nous demandons pas
vous vous demandez	vous ne vous demandez pas
ils se demandent	ils ne se demandent pas

INTERROGATIVE

Il y a deux formes : { avec **est-ce que**.
{ avec l'inversion (excepté pour la 1ère personne du singulier).

AVEC **EST-CE QUE**	AVEC L'INVERSION
est-ce que je me demande ?	
est-ce que tu te demandes ?	te demandes-tu ?
est-ce qu' il se demande ?	se demande-t-il ?
est-ce que nous nous demandons ?	nous demandons-nous ?
est-ce que vous vous demandez ?	vous demandez-vous ?
est-ce qu' ils se demandent ?	se demandent-ils ?

Quelle forme est préférable ? La forme **est-ce que**... est toujours correcte et elle est acceptable dans la conversation. Naturellement, quand vous écrivez, il ne faut pas répéter trop souvent **est-ce que**.

B. L'impératif du verbe pronominal

1. L'impératif affirmatif

se lever	**se dépêcher**	**se mettre en route**
Lève-toi. *	Dépêche-toi.	Mets-toi en route.
Levons-nous.	Dépêchons-nous.	Mettons-nous en route.
Levez-vous.	Dépêchez-vous.	Mettez-vous en route.

2. L'impératif négatif

Ne te lève pas.	Ne te dépêche pas.	Ne te mets pas en route.
Ne nous levons pas.	Ne nous dépêchons pas.	Ne nous mettons pas en route.

REMARQUEZ : À l'impératif, on n'emploie pas le sujet du verbe (Reste ! Parlez !

* *You know that all verbs have an* -s *ending for the second person singular. Verbs of the first group (including* **aller**) *drop it in the imperative. The* -s *is restored when the imperative is followed by* y *or* en *as in* **vas-y, parles-en,** *but that cannot be the case with reflexive verbs which are always followed (affirmative) by their object pronoun.*

Écoutons!). À l'impératif des verbes pronominaux, on n'emploie pas le sujet non plus. On emploie le pronom d'objet.

2. La construction de la phrase avec le verbe pronominal

Tout ce que vous avez appris au sujet de la construction générale de la phrase s'applique à la phrase construite avec un verbe pronominal.

A. Avec deux verbes ensemble

1. Sans préposition, comme avec les verbes **aimer, espérer, penser, croire, vouloir**, etc. (Voir **Appendix B**, p. 566 pour la liste de ces verbes).

Aimez-vous vous lever de bonne heure ?   Non, et **je n'aime** pas **me coucher** de bonne heure non plus.

2. Avec une préposition comme **oublier de, décider de, finir de, inviter à, commencer à** (voir Appendix B, p. 566) ou comme **commencer par** et **finir par** (voir Leçon 23, p. 356).

Oubliez-vous quelquefois **de vous peigner ?**   Non, **je n'oublie** jamais **de me peigner. Je commence par me peigner** le matin.

B. Le pronom change suivant la personne.

L'infinitif se + *verbe* (se lever, se dépêcher, etc.) est la forme impersonnelle, générale de l'infinitif. Le pronom change suivant la personne :

se lever	Je vais me lever.	Nous allons nous lever.
	Tu vas te lever.	Vous allez vous lever.
	Il/Elle/On va se lever.	Ils/Elles vont se lever.

C. Le verbe pronominal avec **avant de (se)... après (s)'être...**

1. Vous connaissez déjà la construction **avant de** + *infinitif*, comme :

Avant de commencer à parler, il a réfléchi.

La même construction est naturellement possible avec les verbes pronominaux :

Avant de se lever, il est resté un moment dans son lit.
Avant de me mettre en route, je prends mes affaires.

2. Vous connaissez aussi la construction **après** +*infinitif passé*, comme :

Après avoir lu ce livre, j'ai compris les idées de l'auteur.

La même construction est naturellement possible avec les verbes pronominaux, et leur infinitif passé est formé avec **être** :

Après s'être levé, il a fermé la fenêtre.
Après m'être mis en route, j'ai vu que j'avais oublié ma clé.

3. Le passé des verbes pronominaux

A. Le passé composé des verbes pronominaux

Je me lève de bonne heure et **je me couche** tard.
Je me suis levé de bonne heure et **je me suis couché** tard.

LA CONJUGAISON DES VERBES PRONOMINAUX AU PASSÉ COMPOSÉ

Exemple : **se lever**

AFFIRMATIVE		NÉGATIVE	
je me suis	levé(e)	je ne me suis pas	levé(e)
tu t'es	levé(e)	tu ne t'es pas	levé(e)
il/elle/on s'est	levé(e)	il/elle/on ne s'est pas	levé(e)
nous nous sommes	levé(e)s	nous ne nous sommes pas	levé(e)s
vous vous êtes	levé(e)s	vous ne vous êtes pas	levé(e)s
ils/elles se sont	levé(e)s	ils/elles/ne se sont pas	levé(e)s

INTERROGATIVE

Il y a deux formes : { avec **est-ce que**.
{ avec l'inversion (excepté pour la 1ère personne du singulier).

AVEC **EST-CE QUE**		AVEC L'INVERSION	
est-ce que je me suis	levé(e) ?	_____	
est-ce que tu t'es	levé(e) ?	t'es-tu	levé(e) ?
est-ce qu'il/elle/on s'est	levé(e) ?	s'est-il/elle/on	levé(e) ?
est-ce que nous nous sommes	levé(e)s ?	nous sommes-nous	levé(e)s ?
est-ce que vous vous êtes	levé(e)(s) ?	vous êtes-vous	levé(e)(s) ?
est-ce qu'ils/elles se sont	levé(e)s ?	se sont-ils/elles	levé(e)s ?

B. **Comment formuler une question avec un verbe pronominal au passé composé**

1. Avec **est-ce que** (pour la conversation)

ADVERBE INTERROGATIF	EST-CE QUE	PHRASE DANS SON ORDRE NORMAL
Pourquoi	est-ce que	Jean-Pierre s'est lavé ?
Comment	est-ce que	vous vous êtes habillé ?
Quand	est-ce que	votre montre s'est arrêtée ?

2. Sans **est-ce que** (quand vous écrivez)

ADVERBE INTERROGATIF	NOM DE LA PERSONNE OU DE L'OBJET	PHRASE DANS L'ORDRE DE LA QUESTION
Pourquoi	Jean-Pierre	s'est-il levé ?
Comment	_____	vous êtes-vous habillé ?
Quand	votre montre	s'est-elle arrêtée ?

C. L'accord du participe passé avec le verbe pronominal

1. Bill **s'est** rasé.
   Jackie **s'est** un peu maquill**ée**.
   Ces dames **se** sont arrêt**ées**.
   Ces messieurs **se** sont install**és**.

Le participe passé s'accorde avec le complément d'objet direct, qui est généralement le pronom objet **me, te, se, nous, vous**.

2. Ils **se** sont parl**é**.
   Elles **se** sont demand**é**.

Le pronom d'objet **me, te, se, nous, vous** n'est pas toujours un complément d'objet direct. Il est parfois *indirect*. Dans ce cas, le participe passé reste *invariable* :

On parle **à** quelqu'un, on demande **à** quelqu'un.

3. Elle s'est maquill**ée**.
   Elle s'est maquill**é** les yeux.

Dans la phrase **Elle s'est maquillée**, le participe passé s'accorde avec le pronom **se** qui est un complément d'*objet direct*.

Mais vous savez qu'un verbe ne peut pas avoir plus d'un complément d'objet direct. Donc, dans la phrase **Elle s'est maquillé les yeux**, le complément d'objet direct est **les yeux**, et **se** n'est plus le complément direct : C'est maintenant un complément *indirect* :

Elle a maquillé quoi ? Les yeux.   À qui ? À elle **(se)**.

REMARQUEZ :   Cette règle semble compliquée, mais c'est en réalité la même règle que celle que vous employez pour les verbes conjugués avec **avoir** :

J'ai achet**é** une jolie voiture.
La voiture que j'ai achet**ée** est jolie.

4. L'usage du passé composé et de l'imparfait avec le verbe pronominal

L'emploi des temps de verbes pronominaux est exactement le même que celui des autres verbes :

A. Action : *passé composé*

Il **s'est levé**, ensuite **il s'est habillé**, et puis **il s'est mis** en route.

B. Description (ou état de choses, ou état d'esprit) : *imparfait*

Que faisait Cécile pendant ses vacances ? **Elle se levait** tard, **elle se baignait** tous les jours, et **elle s'amusait** beaucoup. **Elle ne s'ennuyait pas** du tout.

EXERCICES ORAUX

Le présent des verbes pronominaux réfléchis

1. Quelle est la forme du verbe ?

1. (*se lever tard*)

je ———
il ———
vous ———
on ———

2. (*se réveiller de bonne heure*)

nous ———
ils ———
vous ———
tu ———

3. (*se dépêcher le matin*)

elle ———
il ———
nous ———
je ———

4. (*s'arrêter en route*)

je ———
elle ———
vous ———
on ———

5. (*se reposer le soir*)

tu ———
elles ———
vous ———
nous ———

6. (*se mettre à table à six heures*)

on ———
il ———
elles ———
je ———

2. Quelle est la réponse ?

Exemple : Vous arrêtez-vous ?
Je m'arrête.

A. Affirmative

1. Vous reposez-vous le soir ?
2. Vous amusez-vous en classe ?
3. Vous endormez-vous vite ?
4. Vous trompez-vous souvent ?
5. Vous habillez-vous en cinq minutes ?
6. Vous ennuyez-vous quelquefois ?
7. Vous lavez-vous le matin ?
8. Vous peignez-vous devant un miroir ?
9. Vous dépêchez-vous le matin ?
10. Vous brossez-vous les cheveux ?
11. Vous installez-vous en classe ?
12. Vous réveillez-vous pour un examen ?
13. Vous endormez-vous sur vos livres ?
14. Vous parlez-vous quand vous êtes seul ?
15. Vous couchez-vous tard le soir ?
16. Vous mettez-vous à table le soir ?
17. Vous admirez-vous dans les miroirs ?
18. Vous moquez-vous des idées ridicules ?

Maintenant, avec une variété de personnes :

19. S'amuse-t-on au cinéma ?
20. Nous ennuyons-nous souvent ?
21. Vous endormez-vous tard ?
22. Se rase-t-il la barbe ?
23. Te mets-tu à table ?
24. T'habilles-tu pour ce soir ?
25. S'arrête-t-elle pour un copain ?
26. Te brosses-tu les dents ?
27. Se reposent-elles le dimanche ?
28. Vous installez-vous en ville ?
29. Se trompe-t-on quelquefois ?
30. Se coupe-t-elle souvent les cheveux ?

B. Négative

Exemple : Vous levez-vous tard ?
Non, je ne me lève pas tard.

1. Vous ennuyez-vous ?
2. Nous amusons-nous ?
3. S'habille-t-elle vite ?
4. Se demande-t-on pourquoi ?
5. Vous inquiétez-vous ?
6. Se trompe-t-il ?
7. Vous moquez-vous de moi ?
8. Nous dépêchons-nous ?
9. T'ennuies-tu ?
10. Est-ce que je me repose en classe ?
11. Se maquille-t-elle beaucoup ?
12. Nous réveillons-nous pendant la nuit ?
13. Te lèves-tu à cinq heures du matin ?
14. Te trompes-tu quelquefois d'adresse ?
15. S'arrête-t-on au milieu d'une phrase ?
16. Se moque-t-on de vous ?
17. Se met-elle en route de bonne heure ?
18. Vous déshabillez-vous en classe ?

3. Quelle est la forme du verbe à l'impératif ?

A. Affirmative

Exemple : Dites-moi de me lever.
Levez-vous.

Dites-moi de :
1. me réveiller
2. me reposer
3. me dépêcher
4. m'installer
5. m'amuser
6. m'arrêter
7. me lever
8. m'endormir
9. me mettre au travail
10. me couper les cheveux
11. me laisser pousser les cheveux
12. me mettre en route

B. Négative

Exemple : Dis-moi de ne pas me lever.
Ne te lève pas.

Dis-moi de ne pas :
1. me moquer de toi
2. me dépêcher
3. m'ennuyer
4. m'inquiéter
5. m'arrêter
6. me tromper
7. m'endormir
8. m'habiller
9. me raser la tête
10. me laisser pousser la barbe
11. me couper la moustache
12. me mettre en route tout de suite

VINGT-CINQUIÈME LEÇON **399**

4. Le verbe pronominal à l'infinitif

Répondez aux questions suivantes.

Exemple : Aimez-vous vous tromper ?
Non, je n'aime pas me tromper.

1. Voulez-vous vous amuser ?
2. Savez-vous vous maquiller ?
3. Préférez-vous vous ennuyer ?
4. Allez-vous vous habiller ?
5. Espérez-vous vous installer ?
6. Aimez-vous vous dépêcher ?
7. Avez-vous peur de vous tromper ?
8. Allez-vous vous endormir ?
9. Est-il préférable de vous réveiller ?
10. Avez-vous besoin de vous lever tôt ?
11. Commencez-vous à vous installer ?
12. Oubliez-vous de vous brosser les cheveux?
13. Décidez-vous de vous installer ?
14. Invitez-vous vos amis à se mettre à table ?
15. Commencez-vous par vous inquiéter ?
16. Finissez-vous par vous rassurer ?

Le passé des verbes pronominaux réfléchis

1. Quelle est la forme du verbe au passé composé ?

1. (*se lever à temps*)
je _____
nous _____
vous _____
on _____

2. (*se reposer*)
elle _____
tu _____
nous _____
on _____

3. (*s'endormir*)
il _____
je _____
elles _____
vous _____

4. (*se laver à l'eau froide*)
nous _____
je _____
tu _____
elles _____

6. (*bien s'amuser*)
je _____
nous _____
on _____
elle _____

7. (*toujours se dépêcher*)
elle _____
il _____
on _____
vous _____

2. La question et la négation

A. Quelle est la réponse négative ?

Exemple : Vous êtes-vous trompé(e) ?
Je ne me suis pas trompé(e).

1. Vous êtes-vous amusé(e) ?
2. Vous êtes-vous endormi(e) ?
3. Vous êtes-vous arrêté(e) ?
4. Vous êtes-vous réveillé(e) ?
5. Vous êtes-vous reposé(e) ?
6. Vous êtes-vous ennuyé(e) ?
7. T'es-tu levé(e) tard ?
8. S'est-il habillé ?
9. Vous êtes-vous inquiétés ?
10. Se sont-ils moqués de toi ?
11. S'est-on mis à table sans moi ?
12. S'est-elle mise au soleil ?

B. Voilà la réponse. Quelle est la question ?

1. Ils se sont mis en route.
2. Nous nous sommes moqués de lui.
3. Elle s'est peignée.
4. Elle s'est beaucoup inquiétée.
5. Vous vous êtes habillé.
6. Tu te laisses pousser la barbe.
7. Elle s'est trompée.
8. Il s'est rasé la tête.
9. On s'est bien amusé.
10. Vous vous êtes mis au travail.
11. Je me suis arrêté.
12. Tu t'es installé à la campagne.

CONVERSATION

Demandez à une autre personne :

1. à quelle heure il/elle se réveille.
2. s'il/si elle se lève tout de suite.
3. s'il/si elle se lave à l'eau chaude ou froide.
4. s'il/si elle se dépêche le matin.
5. à quelle heure il/elle se met en route.
6. dans quelle classe il/elle s'amuse le mieux. Pourquoi ?
7. dans quelle classe il/elle s'ennuie le plus. Pourquoi ?
8. s'il/si elle se moque de quelque chose ou de quelqu'un. Pourquoi ?
9. s'il/si elle s'arrête en route pour prendre son petit déjeuner.
10. s'il se rase le matin. Avec quoi ?
11. si elle se maquille. Avec quoi ?
12. s'il/si elle s'habille vite ou lentement.
13. s'il/si elle s'endort quelquefois dans une classe. Pourquoi ?
14. s'il/si elle se repose le samedi.
15. à quelle heure il/elle se met à table pour son dîner.
16. s'il/si elle se couche pour regarder la télévision.
17. s'il/si elle s'endort vite ; s'il/si elle fait des rêves intéressants.
18. s'il/si elle se réveille souvent la nuit.

Demandez à une autre personne (au passé) :

1. à quelle heure il/elle s'est levé(e).
2. s'il/si elle s'est mis(e) en route avant sept heures ce matin.
3. s'il/si elle s'est parfois trompé(e) de classe.
4. s'il/si elle s'est installé(e) dans un appartement, ou s'il/si elle habite chez ses parents. Pourquoi ?
5. s'il/si elle s'est bien amusé(e) hier soir.
6. quand il/elle s'est bien amusé(e).
7. de raconter une occasion où il/elle s'est ennuyé(e)... à mourir.
8. s'il/si elle s'est parfois trompé(e) d'adresse ; de numéro de téléphone ; d'autre chose.
9. s'il/si elle s'est brossé les cheveux ce matin. Avec quoi ?
10. ce qu'il/elle s'est demandé le premier jour de cette classe.

11. si elle s'est maquillée ce matin ; si elle se maquille souvent. Pourquoi ?
12. s'il/si elle s'est lavé les mains avant la classe.
13. à quelle heure il/elle s'est *vraiment* réveillé(e) ce matin.
14. (*au professeur*) ce qu'il/elle se demande le plus souvent dans la classe.
15. (*au professeur*) pourquoi il/elle ne s'est jamais endormi(e) en classe.

EXERCICES ÉCRITS

Présent

1. Répondez aux questions suivantes par quelques phrases complètes, et en employant des verbes pronominaux.

> Exemple : À quelle heure vous levez-vous ?
> *Je me lève à huit heures parce que j'ai une classe à neuf heures, mais je préfère me lever à midi.*

1. À quelle heure aimez-vous vous lever ? Pourquoi ?
2. Aimez-vous vous coucher tôt ou tard ? Pourquoi ?
3. Comment vous reposez-vous le mieux ?
4. Que fait-on quand on est en retard ? Pourquoi ?
5. Quels sont les moments de votre vie où vous vous amusez bien ?
6. Quels sont les moments de votre vie où vous vous ennuyez (à mourir) ?
7. Vous moquez-vous quelquefois de quelqu'un ou de quelque chose ? Expliquez.
8. Que faites-vous quand vous ne pouvez pas vous endormir le soir ? Pourquoi ?
9. Quand vous inquiétez-vous un peu ? Beaucoup ?

2. Voilà la réponse. Formulez la question avec un verbe pronominal.

> Exemple : Je m'ennuie quand je n'ai rien à faire.
> *Quand vous ennuyez-vous ?*

1. Je me moque de vous parce que vous êtes drôle.
2. Je me repose quand je suis fatigué.
3. Non. Je dors toute la nuit sans me réveiller.
4. Oui, je veux m'arrêter un moment.
5. Oui, il se laisse pousser la barbe et la moustache.
6. Je ne sais pas pourquoi elle se peigne comme ça.
7. Oh, oui, elle se maquille : C'est une actrice.
8. Oui, j'ai trouvé un appartement, j'ai un téléphone, et j'attends mes meubles.
9. Jamais ! Je suis optimiste, et je suis certain que tout va très bien.
10. Parce que je n'ai pas le sens de la direction, et toutes les rues sont les mêmes dans cette ville.

3. Avec des verbes pronominaux (au moins un, et deux ou trois si vous avez beaucoup d'imagination), dites ce que fait :

> Exemple : une dame pressée.
> *Elle se met vite en route, elle se dépêche, et elle ne s'arrête pas.*

1. une personne qui s'intéresse à son apparence.
2. un professeur distrait (*absent-minded*).
3. un voyageur qui n'est pas nerveux.
4. un étudiant studieux.
5. un jeune homme à la mode.
6. une personne qui ne sait pas organiser sa vie.
7. une personne qui a des insomnies.
8. quelqu'un qui est toujours en retard.
9. une personne qui est matinale (*an early riser*).
10. ce que vous faites, la veille d'une occasion importante de votre vie.

PASSÉ

1. Mettez au passé (passé composé et imparfait).

Dans la première page du roman, *Bonjour Tristesse*, de Françoise Sagan, Cécile, l'héroïne, *se présente* au lecteur. *C'est* une jeune fille de dix-huit ans qui *ressemble* probablement à Françoise Sagan. Sa mère *est* morte, et son père, qui *est* encore jeune, *gagne* beaucoup. *Ils se mettent en route* pour la Côte d'Azur, où *ils vont* passer l'été. Raymond, le père, *invite* Elsa, son amie du moment. Tous les trois y *arrivent* en juillet. Il *fait* un temps splendide. Cécile *se repose, se lève* tard, et *ne fait* rien. Il y *a* une petite plage devant la villa et la mer *brille* au soleil... Après quelques jours, Cécile *se demande* s'il y *a* des distractions. Un jour, dans l'eau, elle *rencontre* Cyril. Il *se présente* et Cécile *se met* à le voir tous les jours. Elle ne *sait* pas ce qui *va* suivre, aussi elle ne *s'inquiète* de rien.*

2. Voilà la réponse. Quelle est la question ?

> Exemple : Il s'est présenté... dans l'eau !
> *Où s'est-il présenté ?*

1. Je ne me maquille pas non plus.
2. Oui, nous nous sommes bien amusés.
3. Ma montre s'est arrêtée parce que je suis allé dans l'eau avec.
4. Personne ne s'est trompé.
5. Non, je ne me moquais pas de vous.
6. Non, il ne s'est pas encore réveillé.

* Le résumé complet de *Bonjour Tristesse* est dans la leçon suivante.

7. Elle s'inquiétait parce que vous étiez en retard.
8. Cécile se demandait quelle était l'occupation de Cyril.
9. Ils se sont mis en route le premier juillet.
10. Ils se sont installés dans une villa sur la Côte d'Azur.

3. **L'accord du participe passé**

Faites l'accord du participe passé quand il est nécessaire.

1. Elle s'est réveillé___, elle a regardé___ sa montre, et elle s'est levé___.
2. « Je me suis présenté___ », dit Cyril. Cécile s'est présenté___ aussi.
3. Cécile ne s'est pas mis___ de produits de beauté. Mais elle est descendu___ sur la plage, elle s'est mis___ au soleil, elle a lu___ un roman, et elle a attendu___ Cyril.
4. Vos amis sont arrivé___ ce matin, et ils sont venu___ me voir. Ils m'ont donné___ de vos nouvelles, et les nouvelles qu'ils m'ont donné___ étaient excellentes.
5. Vous êtes-vous bien reposé___, Mesdemoiselles ? Et avez-vous vu___ les lettres qui sont arrivé___ et que j'ai placé___ sur votre table ?
6. Elle s'est peigné___, elle s'est brossé___ les dents, elle s'est brossé___ les cheveux. Ensuite elle s'est lavé___ les mains et elle a déjeuné.

4. **L'emploi de avant de et de après avoir**

Transformez les phrases suivantes d'après l'exemple.

Exemple : Avant de me coucher, j'ai regardé la télévision.
Après avoir regardé la télévision, je me suis couché.

1. Elle s'habillait avant de descendre déjeuner.
2. Vous avez fermé la maison avant de vous mettre en route.
3. On finit son travail avant de se reposer.
4. On se lave les mains avant de se mettre à table.
5. Il est parti après avoir dit au revoir à tout le monde.
6. Vous vous êtes endormi après avoir lu un moment.
7. Elle s'est mise au travail après s'être installée.
8. Ils ont acheté des meubles après avoir trouvé un appartement.

COMPOSITION ORALE, ÉCRITE, OU DISCUSSION

1. **Racontez un souvenir d'enfance** (avec beaucoup de verbes pronominaux).
2. **Une journée où tout allait mal** (C'était un vrai désastre !) **ou, au contraire, une journée où tout allait bien.** (Vous en avez quelquefois !) *Par exemple* : « Ce matin, je me suis levé(e) trop tard. Quand je me suis mis(e) en route, il pleuvait, et je n'avais pas mon imperméable. J'ai couru pour attraper l'autobus, mais il ne s'est pas arrêté. Alors, j'ai commencé à m'inquiéter et à me demander ce que j'allais faire, etc. »

3. **Racontez un rêve que vous avez fait, vrai ou imaginaire.** *Par exemple :* « Je me suis endormi(e) de bonne heure, et pendant la nuit, j'ai fait un drôle de rêve. Il y avait des gens autour de moi, et je me demandais qui étaient ces gens... Puis, je me suis mis(e) à marcher sur une plage, et je m'arrêtais de temps en temps parce que j'avais peur de me tromper de direction. Puis, etc. »

VOCABULAIRE DE LA LEÇON

NOMS

Noms masculins

le fond de teint	le rasoir	le savon
le miroir	le réveil	le sens
le moment	le rouge	le teint
le produit de beauté		

Noms féminins

la brosse	l'insomnie	la patte
la dent	la lèvre	la paupière
l'héroïne	la moustache	la veille

ADJECTIFS

distrait, distraite	matinal, matinale	pronominal, pronominale
électrique	optimiste	réfléchi, réfléchie
ironique	préférable	studieux, studieuse

VERBES

s'amuser	s'ennuyer	se peigner
s'arrêter	s'habiller	se raser
se brosser	s'inquiéter	se rassurer
se coucher	s'installer	se rendormir
se couper	se laver	se reposer
se demander	se lever	se représenter
se dépêcher	se maquiller	se réveiller
se déshabiller	se mettre	se tromper
s'endormir	se moquer	mériter

ADVERBES

profondément	rarement

EXPRESSIONS

s'ennuyer à mourir	un drôle de rêve

Jacques Prévert

Jacques Prévert vous donne une « recette » pour faire le portrait
d'un oiseau. Il emploie l'infinitif, comme dans les recettes de cuisine
et les instructions.

Mais en réalité, ce n'est pas seulement le portrait d'un oiseau
que le poète explique et définit en termes poétiques : C'est le procédé
tout entier de la création artistique.

Pour faire le portrait d'un oiseau

Peindre d'abord une cage
avec une porte ouverte
peindre ensuite
quelque chose de joli
quelque chose de simple
quelque chose d'utile
pour l'oiseau
placer ensuite la toile contre un arbre
dans un jardin
dans un bois
ou dans une forêt
se cacher derrière l'arbre
sans rien dire
sans bouger...
Parfois l'oiseau arrive vite
mais il peut aussi bien mettre de longues années
avant de se décider
Ne pas se décourager
Attendre
Attendre s'il le faut pendant des années
la vitesse ou la lenteur de l'arrivée
de l'oiseau n'ayant aucun rapport

avec la réussite du tableau
Quand l'oiseau arrive
s'il arrive
observer le plus profond silence
attendre que l'oiseau entre dans la cage
et quand il est entré
fermer doucement la porte avec le pinceau
puis
effacer un à un tous les barreaux
en ayant soin de ne toucher aucune des plumes de l'oiseau
Faire ensuite le portrait de l'arbre
en choisissant la plus belle de ses branches
pour l'oiseau
peindre aussi le vert feuillage et la fraîcheur du vent
la poussière du soleil
et le bruit des bêtes de l'herbe dans la chaleur de l'été
et puis attendre que l'oiseau se décide à chanter
Si l'oiseau ne chante pas
c'est mauvais signe
signe que le tableau est mauvais
mais s'il chante c'est bon signe
signe que vous pouvez signer
alors vous arrachez tout doucement
une des plumes de l'oiseau
et vous écrivez votre nom dans un coin du tableau

Paroles © Éditions Gallimard

Exercice poétique

Une recette. En suivant le modèle général de ce poème, composez un poème qui donne une « recette » pour faire quelque chose. Par exemple : *Comment passer une bonne journée; Comment en passer une mauvaise* ; *Comment se faire un nouvel ami* ou *Comment perdre un excellent ami* ; peut-être *Comment tomber amoureux* ou *Comment écrire un poème quand on n'a pas beaucoup d'inspiration.*

Parlons d'un roman: BONJOUR, TRISTESSE de Françoise Sagan

LES VERBES PRONOMINAUX:

- Les verbes pronominaux réciproques
- Les verbes pronominaux à sens idiomatique
- Les verbes pronominaux à sens passif
- L'accord du participe passé

INTRODUCTION

Les verbes pronominaux réciproques

PRÉSENT	PASSÉ
Voilà un garçon et une fille.Un jour, **ils se rencontrent.**	Un jour, **ils se sont rencontrés.**

Ils se **regardent**, et puis **ils se regardent** encore.

Ils se **trouvent** très bien. **Ils se parlent, ils se plaisent**.

Ils décident de **se revoir**.

Ils se **revoient** souvent. Un jour, **ils se disent** qu'**ils s'aiment**.

Ils **s'embrassent**. Ils ne veulent plus **se séparer**. Alors, ils décident de **se fiancer**.

Ils se **fiancent**. Bientôt, **ils se marient**. Ils sont très heureux. **Ils s'installent** dans un petit appartement.

Au commencement, tout va bien. **Ils s'entendent** bien. **Ils se trouvent** intelligents et **ils se font des compliments**.

Mais un jour, **ils se disent** des choses désagréables. Elle se demande tout haut pourquoi elle l'a épousé. Lui, de son côté, se demande pourquoi il a changé sa vie de célibataire. Elle se met en colère. Il se fâche. Alors, **ils se disputent**.

Après plusieurs disputes, **ils se détestent**, et **ils se le disent**. Enfin, un jour, ils décident de **se séparer**.

Non seulement **ils se séparent**, mais les choses vont si mal qu'ils ne veulent plus **se parler. Ils se brouillent**. Quand **ils se rencontrent** dans la rue, chacun regarde de l'autre côté.

Ils veulent divorcer. *

Ils se **sont regardés**, et puis **ils se sont** encore **regardés**.

Ils se **sont trouvés** très bien. **Ils se sont parlé. Ils se sont plu**.

Ils ont décidé de **se revoir**.

Ils se **sont** souvent **revus**. Un jour, **ils se sont dit** qu'**ils s'aimaient**.

Ils se **sont embrassés**. Ils ne voulaient plus **se séparer**. Alors, ils ont décidé de **se fiancer**.

Ils se **sont fiancés**. Bientôt, **ils se sont mariés**. Ils étaient très heureux. **Ils se sont installés** dans un petit appartement.

Au commencement, tout allait bien. **Ils s'entendaient** bien. **Ils se trouvaient** intelligents et **ils se faisaient des compliments**.

Mais un jour, **ils se sont dit** des choses désagréables. Un jour elle s'est demandé tout haut pourquoi elle l'avait épousé. Lui, de son côté, se demandait pourquoi il avait changé sa vie de célibataire. Elle s'est mise en colère. Il s'est fâché. Alors, **ils se sont disputés**.

Après plusieurs disputes, **ils se détestaient**, et **ils se le sont dit**. Enfin, un jour, ils ont décidé de **se séparer**.

Non seulement **ils se sont séparés**, mais les choses allaient si mal qu'ils ne voulaient plus **se parler. Ils se sont brouillés**. Quand **ils se rencontraient** dans la rue, chacun regardait de l'autre côté.

Ils voulaient divorcer.

---

* **divorcer** n'est pas pronominal. On dit : **Je me marie, je me suis marié(e)**. Mais on dit : **Je divorce, j'ai divorcé**. Et on ne dit certainement pas : **Il a divorcé sa femme**. (Qui d'autre ?)

Cette situation dure pendant quelque temps. Un jour, **ils se voient** dans un restaurant. Il se demande qui est cet homme avec elle. Elle le voit qui la regarde, et **ils se sourient**.

Ils ont envie de **se revoir**.

Devinez ce qui se passe ? Vous devinez ! **Ils se réconcilient**. **Ils s'aiment** encore, et ils ne veulent plus **se séparer**. Ils ne divorcent pas.

Cette situation a duré pendant quelque temps. Un jour, **ils se sont vus** dans un restaurant. Il s'est demandé qui était cet homme avec elle. Elle l'a vu qui la regardait, et **ils se sont souri**.

Ils avaient envie de **se revoir**.

Devinez ce qui s'est passé ? Vous avez deviné ! **Ils se sont réconciliés**. Ils **s'aimaient** encore et ils ne voulaient plus **se séparer**. Ils n'ont pas divorcé.

Les verbes pronominaux à sens idiomatique

DÉCLARATION ET QUESTION	RÉPONSE
Si vous savez très bien faire quelque chose, si vous êtes expert, vous dites : « **Je m'y connais en...** » (en mécanique, en musique, en jardinage, par exemple). En quoi **vous y connaissez-vous** ?	**Je m'y connais en** sports, en particulier, en football et en soccer.
Si vous faites quelque chose avec beaucoup d'habileté, **vous vous y prenez** bien. Mais au contraire, si vous faites mal quelque chose, on vous dira : « Tu t'y prends mal ! » **Vous y prenez-vous** mal pour faire quelque chose ?	Oui, l'autre jour, j'ai mis de l'eau dans la poêle pour faire une omelette. **Je m'y suis** mal **pris**, il fallait du beurre !
Si vous blâmez quelqu'un pour quelque chose, **vous vous en prenez à lui** (ou à elle). À qui **vous en prenez-vous** de vos mauvaises notes ?	Je voudrais **m'en prendre** au professeur, au système, au livre... Mais en réalité, **je ne m'en prends qu'à moi** !
Si vous êtes raisonnable, si vous ne faites rien de mal, **vous vous conduisez bien**. **Vous conduisez-vous bien** ?	C'est une question d'opinion. Mais en fait, **je ne me conduis** jamais mal.
Quand quelque chose change, il faut **s'habituer** à la nouvelle situation. On dit aussi **se faire** à quelque chose. **Vous êtes-vous fait à** votre vie d'étudiant ?	Oui, après quelque temps, **je m'y suis fait**. Maintenant, **je m'y suis habitué**.

Vous connaissez le verbe **partir**. On dit aussi très souvent **s'en aller**. «**Je m'en vais**» a le sens de «**Je pars**». Quand **s'en va-t-on** en vacances cette année ?

On s'en va au mois de juin. Et **je m'en vais** en Europe une semaine plus tard.

Si vous réalisez* quelque chose, **vous vous en apercevez**. De quoi **vous êtes-vous aperçu** au commencement de cette classe ? (On dit aussi : **Je m'en suis rendu compte**.)

Je me suis aperçu de la nécessité de parler français. **Je m'en suis aperçu** tout de suite (*ou* : **Je m'en suis rendu compte** tout de suite.)

Si vous avez absolument besoin de voiture, vous dites : « Je ne peux pas **me passer de** voiture ». **Vous êtes-vous** souvent **passé de** quelque chose ?

Hélas oui. **Je me suis** souvent **passé de** petit déjeuner. **Je me suis** souvent **passé de** vacances parce qu'il fallait travailler.

J'ai très bonne mémoire. **Je me rappelle** toujours tout ce que j'entends. **Vous rappelez-vous** tout ?

Je ne me suis rappelé ni les dates, ni les faits pour l'examen d'histoire.

Les verbes pronominaux à sens passif

Il y a beaucoup de gens qui parlent français au Québec. On parle français, le français **se parle** au Québec. Quelle est la langue qui **se parle** aux États-Unis ?

Naturellement, c'est l'anglais qui **se parle** aux États-Unis. Mais d'autres langues **s'y parlent** aussi dans certaines régions. (L'espagnol **se parle** beaucoup dans le sud-ouest, par exemple.)

---

* Le verbe **réaliser**, au sens de *to make come true, to materialize* (comme dans **réaliser un rêve**, **réaliser un capital**) existe depuis longtemps en français. Le nouveau sens de *to understand, to perceive*, semblable au sens anglais de *to realize*, longtemps considéré comme un anglicisme, est maintenant accepté. Le *Petit Larousse* (Édition de 1966) le définit comme : **concevoir d'une manière nette, se rendre compte**.

Si vous vous mettez à danser pendant la classe, tout le monde est surpris, parce que **ça ne se fait pas.** Qu'est-ce qui ne se fait pas ?

Ça dépend. Aller en classe avec un chapeau, siffler en classe, **ne se font pas** du tout.

Si vous dites à un professeur : « Je vous trouve ridicule et je m'ennuie dans votre classe », il est furieux. **Ça ne se dit pas.** Est-ce que toutes les vérités **se disent** ?

Non ! Beaucoup de choses **ne se disent pas,** même si elles sont vraies.

Vous êtes pâle, vous avez l'air fatigué. Vous me dites : « Je n'ai pas dormi de la nuit ! » Je vous réponds : « **Ça se voit !** » Est-ce que **ça se voit,** quand vous n'avez pas préparé votre composition orale ?

Non seulement **ça se voit,** mais **ça s'entend** !

Quel journal **se vend** le plus à Paris ?

C'est probablement *Le Monde* ou *France-Soir* qui **se vend** le plus à Paris.

Savez-vous si le film qui **se joue** au Ciné-Club est bon ?

Je ne sais même pas lequel **s'y joue** en ce moment.

EXPLICATIONS

1. Les verbes pronominaux réciproques

A. Définition

Les verbes pronominaux réciproques sont ceux où l'action est mutuelle et réciproque d'une personne à l'autre : *

Ils se voient.   (*They see each other.*)
Ils se parlent.   (*They speak to each other.*)
Ils se rencontrent.   (*They meet.*)

Les verbes pronominaux réciproques sont généralement au pluriel, car pour une action réciproque il y a au moins deux personnes.

---

* *The translation of these verbs into English would vary. For instance, in* ils se voient (*they see each other*), ils se regardent (*they look at each other*) *the reciprocal idea is expressed as clearly in English as in French. But in* ils se rencontrent (*they meet*) *or in* ils s'aiment (*they are in love*), *the idea of reciprocity is not as clearly expressed through the English structure as through the French.*

B. Conjugaison des verbes réciproques

Leur conjugaison est exactement la même que celle des autres verbes pronominaux. Voilà, comme révision, les personnes du pluriel d'un de ces verbes.

LE PLURIEL DES VERBES RÉCIPROQUES

Exemple : **se rencontrer**	
AFFIRMATIVE	**NÉGATIVE**
nous nous rencontrons	nous ne nous rencontrons pas
vous vous rencontrez	vous ne vous rencontrez pas
ils se rencontrent	ils ne se rencontrent pas
INTERROGATIVE	
AVEC **EST-CE QUE**	AVEC L'INVERSION
est-ce que nous nous rencontrons ?	nous rencontrons-nous ?
est-ce que vous vous rencontrez ?	vous rencontrez-vous ?
est-ce qu'ils se rencontrent ?	se rencontrent-ils ?

C. Le passé de ces verbes

Leur passé est exactement comme celui des autres verbes pronominaux. Ils forment aussi leur passé composé avec **être**. Voilà, comme révision, le passé composé d'un de ces verbes.

LE PASSÉ COMPOSÉ DES VERBES RÉCIPROQUES (AU PLURIEL)

Exemple : **se rencontrer**	
AFFIRMATIVE	**NÉGATIVE**
nous nous sommes rencontré(e)s	nous ne nous sommes pas rencontré(e)s
vous vous êtes rencontré(e)s	vous ne vous êtes pas rencontré(e)s
ils se sont rencontrés	ils ne se sont pas rencontrés
elles se sont rencontrées	elles ne se sont pas rencontrées
INTERROGATIVE	
AVEC **EST-CE QUE**	AVEC L'INVERSION
est-ce que nous nous sommes rencontré(e)s ?	nous sommes-nous rencontré(e)s ?
est-ce que vous vous êtes rencontré(e)s ?	vous êtes-vous rencontré(e)s ?
est-ce qu'ils se sont rencontrés ?	se sont-ils rencontrés
est-ce qu'elles se sont rencontrées ?	se sont-elles rencontrées ?

D. Le verbe **plaire à** (*to be attractive to, to please someone*) **et le verbe réciproque se plaire** (*to like each other*)

Le seul nouveau verbe irrégulier de cette leçon est le verbe **plaire.** (Tous les autres verbes sont du premier groupe et réguliers.)

1. plaire à

CONJUGAISON AU PRÉSENT ET AU PASSÉ COMPOSÉ

PRÉSENT	PASSÉ COMPOSÉ
je plais	j'ai plu
tu plais	tu as plu
il/elle plaît	il/elle a plu
nous plaisons	nous avons plu
vous plaisez	vous avez plu
ils/elles plaisent	ils/elles ont plu

Cette couleur **me plaît** (= j'aime cette couleur).
Le film **leur a-t-il plu ?** (*Did they like the movie ?*)
Pierre **a plu à** Monique et Monique **a plu à** Pierre. (*Pierre liked Monique, and Monique liked Pierre.*)

2. se plaire

CONJUGAISON AU PRÉSENT ET AU PASSÉ COMPOSÉ

PRÉSENT	PASSÉ COMPOSÉ
nous nous plaisons	nous nous sommes plu
vous vous plaisez	vous vous êtes plu
ils/elles se plaisent	ils/elles se sont plu

Monique et Pierre **se plaisent. Ils se plaisent** beaucoup.
Ils se sont vus et **ils se sont plu.**

2. Les verbes pronominaux à sens idiomatique*

A. Leur définition

Ce sont des verbes qui changent de sens quand ils sont pronominaux.

Vous faites quelque chose. (*You do something.*)
mais:
Vous vous faites à quelque chose. (*You get used to something.*)

---

* *These are very numerous and used frequently in French. One might compare them to verbs formed in English on a simple verb like* to get, *with the adjunct of a postposition:* to get up, to get through, to get off, to get along, *etc., in the sort of problem they present to a student of the new language.*

B. Les verbes pronominaux idiomatiques de la leçon

> **s'y connaître**   (*to be good at something; to be an expert in*)
> a un sens différent de **connaître**   (*to know; to be acquainted with*)

> **s'y prendre**   (*to go about doing something*)
> a un sens différent de **prendre**

> **s'en prendre à**   (*to blame somebody*)
> a aussi un sens différent de **prendre**

> **se conduire**   (*to behave*)
> a un sens différent de **conduire**   (*to drive; to conduct*) *

> **s'habituer à, se faire à**   (*to get used to*) * *

> **se faire** a un sens différent de **faire**   (*to do; to make*)

> **s'en aller**   (*to go away*)
> a un sens différent de **aller**   (*to go*)

> **s'apercevoir de, se rendre compte de**   (*to realize*)
> Ces deux verbes ont le même sens. Mais vous voyez que **s'apercevoir de** a un sens différent de **apercevoir** (*to glimpse*), et **se rendre (compte)** a un sens différent de **rendre** (*to return; to give back*)

> **se passer de**   (*to do without*)
> a un sens différent de **passer** (*to pass*) et **se passer**   (*to happen*).

> **s'entendre**   (*to get along*)
> a un sens différent de **entendre** (*to hear*)

Il y a beaucoup d'autres verbes pronominaux à sens idiomatique, et vous les rencontrerez dans vos lectures et vos conversations. Employez ces verbes chaque fois qu'il est possible de le faire ; leur usage est une des caractéristiques du français.

C. La construction de ces verbes et leurs temps

La construction de ces verbes et leurs temps sont exactement les mêmes que pour les autres verbes pronominaux. Remarquez pourtant :

1. Certains de ces verbes emploient une préposition.
   Verbes comme **se passer de, se faire à, s'apercevoir de** ont une préposition qui devient le pronom **y** ou **en** quand l'objet n'est pas exprimé :

   > Vous passez-vous **de voiture** ? Oui, je m'**en** passe très bien.
   > Vous faites-vous **à ce climat** ? Non, je ne m'**y** fais pas.
   > S'est-il aperçu **de son erreur** ? Oui, il s'**en** est aperçu.

---

* *Although you can understand it as* to conduct oneself.
* * *There is also* **s'en faire** (to worry) *a little familiar, but commonly used in* : **Ne t'en fais pas** *or* : **Ne vous en faites pas** (Don't worry).

2. Certains de ces verbes comprennent (*comprise*) un **y** ou **en** sans antécédent, mais qui fait partie de l'expression :

> Vous vous **y** prenez mal. Il faut casser les œufs avant de les mettre dans la poêle !
> Il s'**y** connaît en musique.

3. Les verbes pronominaux à sens passif

A. Leur définition

Beaucoup de verbes s'emploient à la forme pronominale avec un sens passif :

> Ce journal **se vend** partout.   (= *is sold*)
> Le français **se parle** au Canada.   (= *is spoken*)
> Ça ne **se fait** pas du tout.   (= *is not done*)

REMARQUEZ :   Ces verbes sont toujours à la 3ème personne (singulier ou pluriel)— **se vend**, **se parle**, **se fait**, etc.—quand ils ont un sens passif.

B. Les trois alternatives pour exprimer la même idée

Il y a trois manières d'exprimer la même idée :

> *Avec le verbe pronominal à sens passif :* Ce journal **se vend** partout.
> *Avec on :*   **On vend** ce journal partout.
> *Avec le verbe à la voix passive :*   Ce journal **est vendu** partout.

REMARQUEZ :   La troisième forme, celle qui emploie le verbe à la voix passive, est la moins probable en français.

4. L'accord du participe passé

L'accord du participe passé suit la même règle que pour les autres verbes pronominaux.

> Ils se sont vu**s**.   (On voit quelqu'un.)
> Elles se sont rencontr**ées**.   (On rencontre quelqu'un.)
> Vous vous êtes aimé**s**.   (On aime quelqu'un.)

Mais :

> Ils se sont pl**u**.   (On plaît **à** quelqu'un.)
> Ils se sont sour**i**.   (On sourit **à** quelqu'un.)
> Elles se sont parl**é**.   (On parle **à** quelqu'un.)

Le participe passé s'accorde avec le complément d'objet direct, si ce complément est avant le participe. Si le pronom objet (**se**, **nous**, **vous**) représente un complément d'objet indirect, le participe passé reste invariable.

EXERCICES ORAUX

Les verbes pronominaux réciproques

1. Mettez les verbes suivants à la forme indiquée.

A. Négative

1. Nous nous parlons.
2. Ils se parlent.
3. Vous vous revoyez.
4. Ils se marient.
5. Ils s'entendent bien.
6. Elles s'embrassent.
7. Vous vous rencontrez.
8. Nous nous plaisons.
9. Ils se disputent.
10. Elles se fâchent.

B. Interrogative (avec l'inversion)

1. Elles se rencontrent.
2. Ils se plaisent.
3. Nous nous séparons.
4. Vous vous aimez bien.
5. Ils se trouvent très bien.
6. Nous nous disputons.
7. Vous vous réconciliez.
8. Ils se brouillent.
9. Elles s'entendent bien.
10. Vous vous dites bonjour.

C. Passé composé

(Attention à la place de l'adverbe et à l'accord du participe passé.)

1. Ils se revoient souvent.
2. Vous vous parlez quelquefois.
3. Nous ne nous disputons jamais.
4. Ils ne se fiancent pas encore.
5. Nous ne nous séparons jamais.
6. Ils ne se plaisent pas beaucoup.
7. Nous nous aimons bien.
8. Elles ne se rencontrent plus.
9. Vous ne vous regardez pas bien.
10. Ils ne se disent rien.

2. Répondez à la question. (La réponse est au même temps que la question.)

> Exemple : Se sont-ils mariés ?
> *Oui, ils se sont mariés.*

1. Se sont-ils fiancés ?
2. Se sont-ils disputés ?
3. Se sont-ils plu ?
4. Se sont-ils aimés ?
5. Se sont-ils bien entendus ?
6. Se sont-ils réconciliés ?
7. Vous reverrez-vous ?
8. Nous disputerons-nous ?
9. Vous plaisez-vous ?
10. Nous embrassons-nous ?
11. S'écriront-ils ?
12. Nous séparerons-nous ?

Les verbes à sens idiomatique

1. Quelle est la forme du verbe ?

A. Au présent (affirmative)

1. (*s'y connaître en art*)
   je ———
   nous ———
   tu ———

2. (*s'y habituer*)
   il ———
   on ———
   je ———

3. (*s'y faire*)
   elle ———
   vous ———
   on ———

4. (*s'en aller*) 6. (*se rappeler*) 8. (*s'en rendre compte*)

vous _____ elle _____ nous _____

elles _____ on _____ tu _____

je _____ ils _____ je _____

5. (*s'en passer*) 7. (*se conduire*) 9. (*s'en apercevoir*)

tu _____ il _____ mal ils _____

il _____ vous _____ mal on _____

vous _____ elles _____ bien tu _____

B. Au présent (négative)

1. (*se rappeler*) 2. (*s'en rendre compte*) 3. (*s'en aller*)

tu _____ elle _____ tu _____

je _____ vous _____ nous _____

vous _____ ils _____ ils _____

C. Au passé composé (affirmative)

1. (*s'y habituer vite*) 2. (*s'en apercevoir*) 3. (*s'en aller*)

je _____ tu _____ nous _____

vous _____ elles _____ je _____

elles _____ je _____ il _____

D. Au passé composé (négative)

1. (*s'y faire*) 2. (*s'y prendre bien*) 3. (*s'en prendre aux autres*)

je _____ il _____ elle _____

nous _____ vous _____ on _____

tu _____ je _____ ils _____

2. Voilà la réponse. Quelle est la question ?

Exemple :   Je m'y suis habitué.   (à la cuisine de l'université)
Vous êtes-vous habitué à la cuisine de l'université ?

1. Je ne m'en suis pas aperçu. (de l'heure qu'il est)
2. On ne peut pas s'en passer. (de téléphone)
3. Il s'en est très bien rendu compte. (de son erreur)
4. Je m'y fais sans difficultés. (au climat de cette région)
5. Je ne me la rappelle pas. (la date de mon anniversaire)
6. Oui, je m'y suis mis hier matin. (au travail)
7. Ma mère s'en passe très bien. (de voiture)
8. Oui, mon petit frère s'est bien conduit. (pendant le voyage)

3. Donnez l'équivalent de la phrase avec un verbe pronominal à sens passif.

Exemple :   Ce journal est vendu à Paris.
Ce journal se vend à Paris.

1. Le français est parlé en Afrique de l'Ouest.
2. On a joué ce film la semaine dernière au cinéma du coin.
3. On joue les fugues de Bach au piano.
4. La station de radio et télévision Tour Eiffel est vue et entendue dans toute la France.
5. On ne dit pas *Bon matin* en français. On dit *Bonjour*.
6. Les gens savent (on sait) les nouvelles en quelques heures.
7. La bouillabaisse est faite avec des poissons et du safran.
8. On lit beaucoup le journal *Le Monde* en France.
9. En France, le fromage est mangé avant les fruits, comme dessert.
10. On sert le vin blanc frais, mais on sert le vin rouge à la température de la pièce. On ne sert jamais le vin glacé.

4. À votre avis, dites-moi si... ?

Répondez en employant une des expressions suivantes, ou sa forme négative. (Il y a probablement plusieurs possibilités.)

ça se voit, ça se sait, ça se dit, ça se fait, ça s'entend, ça se comprend, ça se vend

Exemple : Je suis malade.
Ça ne se voit pas ! (ou : *Ça se voit !*)

1. J'ai soixante-dix ans.
2. Je parle anglais, mais je suis né en France.
3. Je me demande pourquoi les magasins sont pleins de ces horreurs !
4. Les gens savent-ils que les politiciens ne sont pas tous honnêtes ?
5. J'adore les pattes et la moustache.
6. Quand j'ai corrigé cinquante compositions, je suis... fatigué !
7. Pourquoi dites-vous *Hi!* quand vous rencontrez un copain ?
8. Pourquoi ne venez-vous pas en classe en smoking (*tuxedo*) ?
9. Nous sommes près d'un aéroport, et il y a des avions toute la journée !
10. Pourquoi ne vous rasez-vous pas la tête ?

CONVERSATION

Demandez à une autre personne de la classe :

1. ce que se disent deux Américains quand ils se rencontrent.
2. ce que se disent deux Français quand ils se rencontrent.
3. ce que pensent un chien et un chat quand ils se rencontrent.
4. pourquoi deux personnes qui se rencontrent décident de se revoir.
5. ce qu'un jeune couple qui s'aime décide de faire.
6. pourquoi un jeune couple se dispute quelquefois.
7. ce que les couples qui se disputent finissent par faire.
8. ce que font deux personnes qui ne veulent plus se parler.

9. pourquoi un jeune couple qui s'est séparé se réconcilie souvent.
10. comment exprimer « Je suis expert en musique folklorique ».
11. s'il/si elle se conduit toujours bien, et pourquoi.
12. comment on peut aussi exprimer « Je pars ».
13. s'il/si elle se fait à parler français.
14. s'il/si elle s'y prend bien pour étudier.
15. s'il/si elle s'en prend aux autres quand il/elle a une mauvaise note. Expliquez.
16. de quoi il/elle se passe souvent. Toujours ? Quelquefois ?
17. ce qu'il/elle se rappelle toujours, ne se rappelle pas toujours.

Parlons d'un roman:
BONJOUR, TRISTESSE de
Françoise Sagan

Françoise Sagan est un écrivain* contemporain, et *Bonjour Tristesse*
est son premier roman. Elle l'a écrit quand elle avait dix-huit ans,
et son héroïne, qui lui ressemble peut-être, s'appelle Cécile.

Cet été-là, Cécile avait dix-sept ans. Sa mère était morte depuis longtemps, et
elle vivait avec son père, Raymond. Celui-ci était un homme d'une quarantaine
d'années, encore jeune, qui gagnait beaucoup d'argent, et qui était pour sa fille
un copain plus qu'un père.

Cécile, son père, et la maîtresse du moment de celui-ci, une jeune actrice
nommée Elsa, étaient partis en vacances sur la Côte d'Azur. Raymond y avait loué
une villa près de la plage. C'était pour Cécile une vie idéale : Elle se levait tard,
passait ses journées sur la plage, allait se baigner, et le soir, son père l'emmenait
dîner et danser, avec Elsa, dans les cabarets de Saint-Tropez.

Un jour, un bateau à voile a chaviré devant la petite plage de la villa. C'était
celui de Cyril, un étudiant en droit, qui venait de s'installer avec sa mère dans la
villa voisine. Naturellement, Cyril et Cécile ont fait connaissance. Ils se sont revus
tous les jours, et se sont mis à passer tous les après-midis ensemble. Tout allait
bien, quand un jour, Raymond a annoncé à sa fille l'arrivée d'Anne Larsen.

Anne était une dame de l'âge de Raymond. C'était une amie de la mère de
Cécile qui était restée en excellents termes avec Cécile et son père. Il était naturel
que Raymond l'invite. Mais Cécile se demandait si c'était une bonne idée : Anne
était une personne disciplinée, élégante, et parfaite qui demandait beaucoup d'elle-
même et des autres. Et puis, il y avait Elsa, gentille, bien sûr, mais ni disciplinée,
ni cultivée, et pas du tout le genre d'Anne. Cécile s'inquiétait un peu et se demandait
ce qui allait se passer.

En attendant, les vacances continuaient. Le flirt avec Cyril s'était transformé
en quelque chose de plus sérieux, et Cécile voyait bien que Cyril était en train de

---

* Il n'y a pas de forme féminine pour le mot **écrivain** (comme pour le mot **professeur**) qui est toujours masculin. On dit :
C'est un écrivain, ou, si on désire être plus spécifique : **C'est une femme écrivain**. Ici, le sens est clair : Si elle s'appelle
Françoise, c'est sûrement une femme. Pour d'autres noms de professions, il y a une forme féminine : Une femme directeur
est **une directrice**, une femme avocat est **une avocate**, par exemple.

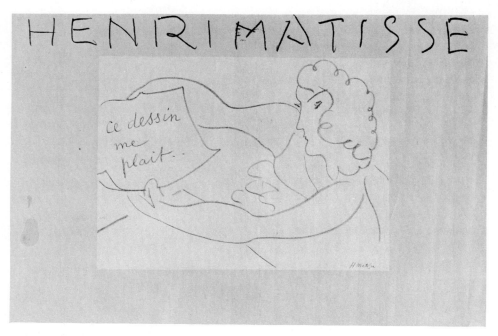

HENRI MATISSE, *Ce dessin me plaît...*   Galerie Maeght, Paris

Pourquoi ce dessin de Matisse pour illustrer *Bonjour Tristesse* ? Parce que le visage de la jeune femme semble précisément exprimer de la tristesse.
(Est-ce que ce dessin vous plaît ?)

tomber amoureux d'elle. Un jour, il lui a dit qu'il voulait se marier avec elle... Cécile le trouvait charmant, mais, à dix-sept ans, elle n'était pas prête à prendre cette grande décision. En attendant, c'étaient de bien agréables vacances.

Un jour, un coup de klaxon a annoncé l'arrivée d'Anne. Celle-ci, toujours aussi belle que Cécile se la rappelait, s'est installée à la villa, et tout le monde s'est fait à sa présence. Mais un soir, Raymond a invité Anne, Cécile, et Elsa à aller passer la soirée à Cannes. Ce soir-là, quand Anne est descendue de sa chambre, elle était si lumineuse, si transformée, qu'elle et Raymond se sont regardés soudain, non plus comme de vieux amis, mais comme un homme et une femme. En effet, le lendemain, Raymond et Anne ont décidé de se marier, après avoir demandé à Cécile son approbation. Elsa ? Elle avait déjà quitté la villa, et était partie avec un ancien amant, rencontré à Cannes.

Cécile, assez intelligente pour se rendre compte qu'elle était un peu fatiguée de cette vie agréable, mais sans discipline, s'est dit qu'elle était heureuse à la perspective d'avoir enfin une mère, une maison bien organisée, des heures régulières, bref, l'autorité d'une personne adulte. Elle ne voyait pas encore qu'elle allait être obligée de sacrifier son indépendance.

Pourtant, son idylle avec Cyril continuait. Elle lui a expliqué, un jour, ce que le lecteur avait déjà compris : C'est qu'elle commençait à être un peu jalouse de l'amour de son père pour Anne. Raymond n'était plus son copain. Anne était maintenant la première dans l'affection de celui-ci, et tous les deux la considéraient un peu comme une petite fille.

C'est Anne, qui, sans le vouloir, a précipité les événements. Un jour où elle se promenait dans le petit bois de pins, près de la villa, elle a surpris Cécile et Cyril dans une situation... compromettante. Pour une personne comme Anne, ce genre de choses ne se fait absolument pas. Elle a parlé très froidement à Cyril, et a ramené Cécile à la maison. Cécile s'est mise en colère, a pleuré. Anne est restée inflexible. « Je m'aperçois que vous usez mal de votre liberté, a-t-elle dit. Vous vous êtes mal conduite, et je vais parler à votre père. » Alors, le même soir, Raymond, sans regarder sa fille dans les yeux, lui a dit qu'il était d'accord avec Anne, qu'il fallait passer ses après-midi dans sa chambre à étudier pour un examen en octobre, et qu'il ne fallait plus revoir Cyril.

Enfermée dans sa chambre avec ses livres, Cécile s'en prenait à Anne et était bien trop furieuse pour travailler. Pour elle, Anne n'était plus la mère bonne et ferme qu'elle voulait, mais un beau serpent qui lui avait volé son père, pris sa liberté. Elle voulait se venger, et surtout se débarrasser d'Anne. Alors, elle a organisé un complot : D'abord, elle a retrouvé Elsa, qui avait bien envie de revenir à la villa (son autre ami était reparti pour l'Amérique du Sud). Puis, elle a expliqué à celle-ci le complot qu'elle avait imaginé : Elsa allait faire semblant d'être encore amoureuse de Raymond, et arranger un rendez-vous avec lui dans le petit bois de pins derrière la maison... naturellement à l'heure où Anne allait s'y promener.

Hélas, le complot a trop bien réussi ! Anne a surpris Raymond avec Elsa dans ses bras ; Anne s'est dit qu'elle s'était trompée, que Raymond n'était pas sérieux, qu'elle avait tort de vouloir se marier avec lui. Elle est rentrée à la villa, a fait ses bagages, et elle s'en est allée, sans revoir Raymond, sans explication, après avoir simplement dit à Cécile : « J'espère qu'un jour vous comprendrez. »

Deux heures plus tard, le téléphone a sonné. Raymond, qui était rentré, très gêné, s'est précipité pour y répondre. C'était un hôpital qui téléphonait. Anne avait eu un accident, sa voiture était tombée dans un précipice et elle venait de mourir... Cécile et son père se sont regardés, pleins de terreur. Était-ce vraiment un *accident* ? « Je ne le saurai jamais, se dit Cécile. Toute la vie, je me demanderai ce qu'Anne a vraiment compris, et si, par délicatesse, ou par pitié pour moi, elle a choisi cette manière de mourir. »

Maintenant, de retour à Paris, c'est une autre Cécile, une Cécile changée qui se rend compte de ses responsabilités, qui dit : « Bonjour, Tristesse » à ce sentiment nouveau, moitié remords, moitié tristesse, qui est peut-être, tout simplement, le commencement de la maturité.

RÉPONDEZ avec imagination et dans l'esprit de la lecture.

1. **Cécile :** Comment allons-nous passer les vacances cet été ?
   Raymond : _____

2. **Une dame, dans une autre villa :** Explique-moi qui est cette famille qui s'est installée dans la villa à louer.
   Sa fille : _____

3. **Elsa :** Qu'est-ce qu'on va faire aujourd'hui ? Et ce soir ?
   Cécile : _____

4. **Raymond :** Écoute, Cécile, il faut te dire quelque chose. J'ai invité Anne Larsen à passer le mois d'août avec nous. Qu'est-ce que tu en penses ?
   Cécile : _____

5. **La mère de Cyril :** Je ne te vois plus ! Où passes-tu tes journées maintenant ?
   Cyril : _____

6. **Raymond :** Cécile, j'aime Anne et je lui ai demandé de se marier avec moi. Qu'est-ce que tu en penses ?
   Cécile : _____

7. **Cyril :** (_quelques jours plus tard_) Cécile, tu as l'air triste. Est-ce parce que ton père va se marier avec cette dame ?
   Cécile : _____

8. **Anne :** (_après avoir trouvé Cécile et Cyril dans une situation... compromettante_) Cécile, vous usez mal de votre liberté. Il faut rester dans votre chambre et préparer votre examen. Vous n'avez que dix-sept ans et je suis responsable de vous.
   Cécile : (_à elle-même_) _____

9. **Cécile :** (_Elle a rencontré Elsa dans une boutique à Saint-Tropez._) Elsa ! Quelle bonne surprise ! Qu'est-ce que tu fais maintenant ?
   Elsa : _____

10. **Elsa :** (_Elle continue sa conversation avec Cécile au café Sennequier sur le port de Saint-Tropez._) Et alors, Raymond et Anne vont se marier ? En es-tu contente ?
    Cécile : _____

11. **Cécile :** (_toujours chez Sennequier, avec Elsa_) Elsa, il faut m'aider à me débarrasser de cette femme. Tu es une actrice. As-tu une idée ?
    Elsa : (_enthousiasmée_) Oh, oui. Écoute _____

12. **Raymond :** (_Quelques jours plus tard. Il rentre à la villa après la scène où Anne l'a surpris avec Elsa._) Cécile ! Cécile ! Où est Anne ?
    Cécile : _____

13. (_Le téléphone sonne._) **Raymond :** Allô, oui, c'est moi. Oui, je connais Madame Larsen. Quoi ? Un accident ? Elle est morte ? Mon Dieu, c'est horrible...
    Cécile : (_Elle pense._) _____

EXERCICES ÉCRITS

1. Comment dit-on, avec un verbe pronominal réfléchi ?

(Employez un des verbes de la leçon qui peut être différent du verbe de la phrase donnée.)

> Exemple :   Il aime sa fiancée et elle l'aime.
> *Ils s'aiment.*

1. Il l'a rencontrée et elle l'a rencontré.
2. Elle m'a souri, et je lui ai souri.
3. Il ne lui parle plus, et elle le déteste.
4. Leur querelle est finie et tout va bien.
5. Elle le trouve très bien et il la trouve charmante.
6. Vous vous êtes parlé fort, et en colère.
7. Cette jeune femme et sa belle-mère se disputent souvent.
8. Il m'a donné une bague de fiançailles.
9. Il m'a regardée, et je l'ai regardé.
10. Il lui a demandé un rendez-vous et elle a accepté.

2. Voilà la réponse. Quelle est la question ?

> Exemple :   Non, il ne me plaît pas du tout.
> *Vous plaît-il beaucoup ?*

1. Non, ils ne se sont pas revus.
2. Je ne sais pas pourquoi ils se sont disputés.
3. Ils se sont embrassés parce qu'ils se plaisent.
4. Je crois qu'ils se sont rencontrés à une manifestation politique.
5. Nous nous sommes brouillés parce qu'elle m'a dit que j'étais stupide.
6. Oh, nous nous aimons beaucoup.
7. Non, nous ne voulons pas nous marier.
8. Je me suis mis en colère quand vous vous êtes moqué de moi.
9. Si, ils se sont réconciliés.
10. Mais si, nous nous entendons très bien, au contraire.

3. Mettez les passages suivants au passé. (passé composé et imparfait)

A. Quand ils *s'installent* dans leur petit appartement, Lise *se dit* qu'elle *a* beaucoup de chance et que tout *est* parfait. Maurice et elle *s'entendent* si bien, ils *ont* les mêmes goûts. Ils *s'amusent* comme des enfants, ils *se lèvent* tard le dimanche matin, *se lisent* les passages amusants du journal au lit. Ils *s'adorent*.

Mais un jour, la mère de Maurice *vient* les voir. Elle *arrive* — surprise! — et elle *se fâche* parce que l'appartement *est* en désordre, que les affaires du pauvre Maurice ne *sont* pas en ordre. Alors Lise *se met* en colère, et elle *demande* à son mari s'il *a* besoin d'une femme ou d'une mère. Le pauvre Maurice, qui ne *sait* pas quoi faire et qui *veut* la paix ne *répond* pas. Alors, sa mère et sa femme *se disputent* et *se brouillent*.

B. Cécile *se rend compte* que son père ne l'*aime* plus comme avant. Elle *s'aperçoit* vite qu'Anne *a* beaucoup d'influence sur Raymond, alors elle *se met* en colère contre ce « beau serpent » qui lui *prend* son père.

Elle *se met* bientôt à détester Anne, et elle *se dit* qu'elle *va* se venger. Elle lui en *veut* aussi parce qu'Anne la *sépare* de Cyril et l'*enferme* dans sa chambre avec ses livres. Le complot qu'elle *prépare réussit* très bien, et Anne *s'en va*.

Mais un peu plus tard, le téléphone *sonne*. *C'est* un hôpital qui *annonce* que la voiture d'Anne *est tombée* dans un précipice, et qu'Anne *est* morte. Cécile *se rend* alors *compte* de sa responsabilité, et *se fait* à l'idée de vivre avec le remords dans sa conscience.

4. Quelques verbes idiomatiques de la lecture

> **s'en prendre à, se venger, se débarrasser de, se promener, se précipiter, s'en aller**
>
> Exemple : Comment vous débarrassez-vous d'un vieux disque ?
> *Si j'ai de la chance, je le vends à un copain.*

1. Que fait-on pour se débarrasser d'un travail ennuyeux ?
2. Pourquoi vous précipitez-vous quand le courrier arrive ?
3. À qui vous en prenez-vous quand les choses vont mal pour vous ?
4. Comment vous vengez-vous si quelqu'un dit des choses méchantes sur vous ?
5. Si quelqu'un vous dit : « Va-t-en », qu'est-ce que vous faites ?
6. Vous précipitez-vous quand le téléphone sonne ? Pourquoi ?
7. Préférez-vous aller vous promener à pied ou en voiture ? Pourquoi ?
8. Comment vous débarrassez-vous d'un vendeur trop insistant ?
9. Quand vous avez réalisé que c'était un mauvais film, êtes-vous resté ou vous en êtes-vous allé ?

5. Trouvez des questions possibles et imaginatives aux réponses suivantes.

> Exemple : Oh, c'était terrible ! Il s'y est très mal conduit.
> *Comment votre fiancé s'est-il conduit quand vous l'avez emmené voir vos parents ?*

1. Non, mais j'ai fait semblant.
2. Parce que je voulais me débarrasser de lui.
3. Je ne sais pas si ça se fait en France. Aux États-Unis, ça ne se fait pas.
4. Oh, je crois qu'il voulait simplement se reposer.
5. Non, ça ne se voit pas du tout. Mes compliments !

6. Mais non, je ne vous en veux pas du tout.
7. Non, je ne me rappelle pas son nom non plus.
8. Si, si. Je me promène chaque fois que j'ai le temps.
9. Oui, je me le demande aussi.
10. Non, pas encore. Mais je vais m'y mettre demain, sans faute.

6. L'impératif des verbes pronominaux

A. Complétez la phrase avec le verbe pronominal indiqué à l'impératif affirmatif.

Exemple : (se conduire)   *Conduisez-vous* bien quand on vous regarde !

1. (se rappeler)   Faites un effort de mémoire. _____ son nom !
2. (se mettre)   N'attendons plus. _____ à table sans lui.
3. (se débarrasser)   _____ de ces vieux papiers !
4. (se rendre compte)   Mais c'est très grave ! _____ de la situation.
5. (se promener)   Tu as besoin d'exercice. _____ plus souvent.

B. Complétez par le verbe à l'impératif négatif.

Exemple : (se tromper)   *Ne vous trompez pas* de numéro quand vous téléphonez.

1. (se venger)   Pardonnez à vos ennemis. _____ !
2. (se mettre en colère) _____ , je vous assure que c'était une plaisanterie.
3. (se disputer)   Discutez si vous voulez, mais _____ .
4. (s'en aller)   Reste, s'il te plaît, reste. _____ !
5. (se conduire)   _____ mal. Nous ne sommes plus des enfants.

COMPOSITION ORALE, ÉCRITE, OU DISCUSSION

1. **Une rencontre.** Si vous êtes marié(e), racontez comment vous et votre mari/femme vous êtes rencontrés. Si vous êtes célibataire, racontez comment vous avez rencontré quelqu'un de très spécial. Ou, si vous voulez, racontez comment vos parents se sont rencontrés.

2. **Une belle histoire d'amour.** Racontez une belle histoire d'amour, et expliquez pourquoi elle est belle. Cette histoire peut être un classique, comme Tristan et Yseut ou Roméo et Juliette. Elle peut être dans un film que vous avez vu ou un roman que vous avez lu. C'est peut-être aussi l'histoire d'un couple que vous connaissez.

3. **Imaginez une autre fin pour *Bonjour Tristesse*** (Par exemple, la fin si c'était un film de Hollywood, un film italien réaliste, une pièce de Shakespeare, votre film ou votre roman à vous.)

VOCABULAIRE DE LA LEÇON

NOMS

Noms masculins

le célibataire
le complot
l'écrivain
le flirt
le jardinage

le klaxon
le pin
le précipice
le remords

le rendez-vous
le safran
le smoking
le Sud

Noms féminins

l'affection
l'approbation
la bouillabaisse
la célibataire
la colère
la décision
la délicatesse
la discussion
la dispute

la doctoresse
l'erreur
la fugue
l'habileté
l'idylle
la manière
la maturité
la mécanique
la mémoire

la nécessité
la perspective
la pitié
la poêle
la quarantaine
la terreur
la tristesse
la villa
la voile

ADJECTIFS

changé, changée
compromettant, compromettante
cultivé, cultivée
discipliné, disciplinée
enfermé, enfermée

expert, experte
inflexible
insistant, insistante
lumineux, lumineuse
mutuel, mutuelle

naturel, naturelle
réciproque
rencontré, rencontrée
sérieux, sérieuse
transformé, transformée

VERBES

1*er* groupe

casser
chavirer
corriger
décider
divorcer

imaginer
pleurer
précipiter
ramener
sacrifier

séparer
transformer
user (de)
voler

1*er* groupe, pronominaux

s'en aller
se baigner
se brouiller
se débarrasser
se disputer
se fâcher

se fiancer
s'habituer
se marier
se passer de
se précipiter

se promener
se rappeler
se réconcilier
se rencontrer
se venger

Autres conjugaisons

mourir ≠ vivre
plaire (à)
repartir
revoir
surprendre

vivre ≠ mourir
s'apercevoir de
se conduire
s'en prendre à
s'entendre

se faire à
se plaire
se rendre compte
s'y connaître (en)
s'y prendre (bien, mal)

PRONOMS

chacun

ADVERBES ET EXPRESSIONS ADVERBIALES

en colère	froidement	tout haut

EXPRESSIONS IDIOMATIQUES

ça ne se fait pas	ça s'entend	ça se voit

Le crime de Daru

TU AS VENDU NOTRE FRÈRE

TU PAIERAS DE TA VIE

- Les pronoms interrogatifs
- L'expression **être à** : **À qui est-ce ? C'est à moi.**
- Le pronom relatif **dont** et **ce dont**
- Le plus-que-parfait

INTRODUCTION

DÉCLARATION ET QUESTION	RÉPONSE
Les pronoms interrogatifs	

PERSONNE

Qui est à la porte ?	C'est **un monsieur**. C'est **une dame**.
Qui vous donne de l'argent ?	**Personne** ne m'en donne. J'en gagne.
À qui pensez-vous le plus souvent ?	Je pense **à une certaine personne**.
De qui parle le professeur de littérature ?	Il parle **des auteurs célèbres**.
Avec qui passez-vous vos vacances ?	Je les passe **seul**, ou **avec ma famille**, ou **avec des amis**.
Sur qui comptez-vous pour vous aider ?	Je compte **sur mes amis**. En réalité, je sais qu'il ne faut compter que **sur soi**.

Qu'est-ce qui est devant la porte ?

C'est **le journal**.

Qu'est-ce que vous faites ?

Je fais **mon travail**

À quoi pensez-vous le plus souvent ?

Je pense **à mes études, à mon travail**.

De quoi parle le professeur ?

Il parle **des ouvrages** d'un auteur.

Avec quoi écrivez-vous ?

J'écris **avec un stylo** ou **avec une machine à écrire**.

Sur quoi comptez-vous pour vous aider ?

Je compte **sur mon travail** et **sur ma persévérance**.

Les pronoms relatifs composés

J'hésite entre deux maisons. **Laquelle** est la plus jolie ?

Celle qui est ancienne.

Vous allez écrire à votre oncle. Mais vous avez plusieurs oncles. **Auquel** allez-vous écrire ?

Je vais écrire **à celui** qui habite Bordeaux.

Votre cours du mardi ? Mais vous en avez trois, le mardi ! **Duquel** parlez-vous ?

Je parle **de celui** de physique.

J'hésite entre une Ford et une Peugeot. **Dans laquelle** a-t-on le plus de place ?

On a plus de place **dans une Ford**, c'est certain.

Avec laquelle aurai-je besoin de moins d'essence ?

Vous aurez besoin de moins d'essence **avec une Peugeot**.

À qui est... ? Il/Elle est à moi.

À qui est cette voiture ?

Elle est à moi.

À qui est cette clé ?

Je ne sais pas à qui elle est.

À qui sont ces livres ?

Ils ne sont pas à nous. Sont-ils à vous ?

Le pronom relatif **dont** et **ce dont**

De quoi avez-vous besoin ?

J'ai besoin de beaucoup de choses. Mais les choses **dont** j'ai besoin sont chères : **Ce dont** j'ai besoin est cher.

Vous allez en voyage ? Emportez tous les bagages **dont** vous aurez besoin.

Oui. Je vais emporter tout **ce dont** j'aurai besoin.

Le plus-que-parfait

À leur retour de France, Steve et Karen ont dit qu'**ils avaient fait** un bon voyage. Vous ont-ils dit ce qu'ils **avaient fait** ?

Ils m'ont dit qu'**ils étaient descendus** dans un petit hôtel, qu'**ils avaient vu** le ballet de l'Opéra, qu'**ils étaient allés** à Montmartre, et qu'ils **s'étaient promenés** le long de la Seine.

Avez-vous demandé à Greg s'**il avait travaillé** pendant les vacances ?

Oui, et il m'a dit qu'**il avait passé** trois mois au Club Méditerranée. **Il y avait travaillé** comme moniteur. Il n'y **avait** pas **gagné** beaucoup d'argent, mais **il s'y était** bien **amusé**.

Kim vous a-t-elle dit ce qui lui **était arrivé** au Festival de Cannes ?

Elle m'a dit qu'**elle était entrée** comme une vedette, qu'**elle avait signé** des autographes et que, pendant un moment, **elle s'était demandé** si **elle était devenue** célèbre.

EXPLICATIONS

1. Les pronoms interrogatifs

   A. Si la question concerne une personne : **Qui...?**

   > **Qui** a dit ça ? **Qui** a fait ça ?
   > **Qui** voulez-vous voir ?
   > **Qui** vous a donné ce cadeau ?
   > **À qui** avez-vous téléphoné ?
   > **De qui** parlez-vous avec vos amis ?
   > **Avec qui** sortez-vous souvent ?

   Quand la question concerne une personne, employez **qui** comme sujet, objet, ou objet de préposition.

   B. Si la question concerne un objet (une chose, une idée, ou un événement) : **Qu'est-ce qui...?, Qu'est-ce que...?, Quoi ?**

   1. Sujet de la phrase

   > **Qu'est-ce qui** fait ce bruit ? C'est un moteur.
   > **Qu'est-ce qui** est arrivé ? Il y a eu un accident.

   qu'est-ce qui est la forme sujet. Comme pour le pronom relatif **qui**, le verbe est généralement placé directement après, parce que **qui** est le sujet du verbe.

2. Objet direct de la phrase

> **Qu'est-ce que** vous dites ? Je dis que je vous comprends bien.
> **Qu'est-ce qu'**ils ont visité ? Ils ont visité des villes et des monuments.

qu'est-ce que est la forme objet direct. Comme pour le pronom relatif **que**, ce terme est généralement séparé du verbe par le sujet de celui-ci. Mais il y a une autre forme pour **qu'est-ce que** qui est souvent employée parce qu'elle est simple et courte :

> **Qu'est-ce que** vous dites ? = **Que** dites-vous ?
> **Qu'est-ce qu'**ils ont visité ? = **Qu'**ont-ils visité ?

3. Objet de préposition

> **Avec quoi** faites-vous un gâteau ? Avec des œufs, de la farine, etc.
> **Dans quoi** mettez-vous votre clé ? Dans ma poche.
> **À quoi** pensez-vous ? Je pense aux vacances !

On emploie aussi **quoi** quand la question consiste en un seul mot :

> J'ai quelque chose à vous dire. **Quoi** ?
> Elle voudrait quelque chose. **Quoi** ?

REMARQUEZ : Quand la question comprend (*includes*) la forme **est-ce que** il n'y a jamais d'inversion dans la question.

RÉCAPITULATION DES PRONOMS INTERROGATIFS

REMPLACENT	UNE PERSONNE	UN OBJET
SUJET	qui (*ou :* **qui est-ce qui**) *	qu'est-ce qui
OBJET DIRECT	qui (*ou :* **qui est-ce que**) *	que / qu'est-ce que
OBJET DE PRÉPOSITION	qui	quoi

C. **Lequel... ?**

Vous connaissez déjà l'adjectif interrogatif **quel** dans ses formes :

> quel :   **Quel** jour sommes-nous ?
> quelle :   **Quelle** heure est-il ?
> quels   **Quels** exercices avons-nous pour aujourd'hui ?
> quelles :   **Quelles** couleurs aimez-vous le mieux ?

* Ces formes sont possibles aussi, mais moins employées et vous n'avez pas besoin de les apprendre maintenant si vous trouvez qu'elles vous compliquent les choses.

quel est un adjectif, c'est-à-dire qu'il est toujours employé avec un nom. On l'emploie aussi de la façon suivante, toujours avec le verbe **être** :

> **Quel est** le titre de ce livre ?
> **Quelle est** la date d'aujourd'hui ?

1. Le pronom formé sur **quel** est **lequel**.* Voilà ses formes :

> **lequel** : **Lequel** de vos parents est le plus généreux ?
> **laquelle** : Voilà deux routes. **Laquelle** va-t-il prendre ?
> **lesquels** : **Lesquels** de ces jeunes gens étudient le français ?
> **lesquelles** : **Lesquelles** de vos robes portez-vous le plus souvent ?

Maintenant, voilà ce qui arrive quand **lequel** est accompagné de la préposition **à** ou **de** :

a. **auquel** est la combinaison de **à** + **lequel**.

> Il y a six étages. **Auquel** habitez-vous ?
> **À laquelle** de ces jeunes filles avez-vous téléphoné ?
> **Auxquels** d'entre vous a-t-on distribué des cartes ?
> **Auxquelles** de ces questions voulez-vous une réponse ?

Voilà les quatre formes que prend la combinaison de **à** + **lequel** :

auquel	à laquelle
auxquels	auxquelles

b. **duquel** est la combinaison de **de** + **lequel**.

> Vous avez besoin d'un de mes livres ? **Duquel** ?
> **Desquels** de vos professeurs avez-vous peur ? J'ai peur de ceux qui ne donnent pas de note avant la note finale.
> **De laquelle** d'entre vous, Mesdemoiselles, parlait le directeur ?
> **Desquelles** de mes idées faut-il me débarrasser ? De celles qui sont confuses et contradictoires.

Voilà les quatre formes que prend la combinaison de **de** + **lequel** :

duquel	de laquelle
desquels	desquelles

2. Quand **lequel** est employé avec une autre préposition, il n'y a pas de contraction et pas de forme spéciale :

* Vous avez déjà étudié **lequel** et ses formes dans la Leçon 22, page 332.

Dans lequel de ces pays avez-vous voyagé ?
Pour laquelle de ces raisons avez-vous quitté l'Europe ?
Avec lesquels de ces gens vous entendez-vous bien ?
Sur laquelle de ces chaises voulez-vous mettre votre sac ?
Sur lequel d'entre vous est-ce que je peux compter pour m'aider ?

2. L'expression **À qui est ?** indique la possession.

À qui est ce livre ? **Il est à moi.**
À qui est cette voiture ? Je ne sais pas **à qui** elle est.
À qui sont ces affaires ? **Elles sont à** Monique.

3. Le pronom relatif **dont** et **ce dont**

A. **dont**   (*of which ; of whom ; whose*)

J'ai besoin de ce livre. Voilà le livre **dont** j'ai besoin.
Voilà la dame **dont** je vous ai parlé.
Je vous présente M. Duval, **dont** la fille est votre amie.

dont est un pronom relatif qui remplace **de qui** ou **de quoi**.

REMARQUEZ :   On ne peut pas employer **dont** pour formuler une question.
Pour exprimer *whose* dans une question on dit :

(*Whose car is that?*)   **À qui** est cette voiture ? Elle est **à moi**. C'est la mienne.
(*Whose key is that?*)   **À qui** est cette clé ? Je ne sais pas **à qui** elle est.

B. **ce dont**   (*that of which = what*)

Je vais vous donner la liste de **ce dont** j'ai besoin.
Ce dont je suis sûr, c'est que j'irai en Europe un jour.
Hélas, **ce dont** j'ai envie n'est pas toujours légal.

ce dont remplace **la chose/les choses dont** :

de ce
Je vais vous donner la liste ~~des choses~~ dont j'ai besoin.

Ce
~~La chose~~ dont je suis sûr, c'est que j'irai en Europe un jour.

ce   n'est
Hélas ! ~~les choses~~ dont j'ai envie ~~ne sont~~ pas toujours ~~légales~~.

4. Le plus-que-parfait

Greg a dit qu'**il était allé** en Grèce, qu'il **avait travaillé** au Club Méditerranée et qu'**il s'était** bien **amusé**.
Je n'ai pas bien dormi hier soir, parce que **je n'avais** pas **fini** mon travail
avant de me coucher.
Kim savait qu'**elle n'était** pas **devenue** célèbre.

Le plus-que-parfait est formé de l'imparfait de **avoir** ou **être** + *le participe passé du verbe.*

On emploie le plus-que-parfait pour indiquer une action qui est antérieure à une autre action au passé.

CONJUGAISON DU PLUS-QUE-PARFAIT

AVEC **AVOIR**		AVEC **ÊTRE**	
Exemple : **finir**		Exemple : **aller**	
j'avais	fini	j'étais	allé(e)
tu avais	fini	tu étais	allé(e)
il/elle avait	fini	il/elle était	allé(e)
nous avions	fini	nous étions	allé(e)s
vous aviez	fini	vous étiez	allé(e)s
ils/elles avaient	fini	ils/elles étaient	allé(e)s

VERBES PRONOMINAUX	
Exemple : **s'amuser**	
je m'étais amusé(e)	nous nous étions amusé(e)s
tu t'étais amusé(e)	vous vous étiez amusé(e)s
il/elle s'était amusé(e)	ils/elles s'étaient amusé(e)s

EXERCICES ORAUX

1. Quel est le pronom interrogatif ? **(qui, qu'est-ce qui, qu'est-ce que, quoi)**

   Exemple : *Qu'est-ce que* vous dites ?   (La vérité.)

   1. _____ vous avez vu ?   (Une maison.)
   2. _____ avez-vous vu ?   (Une dame.)
   3. _____ vous a parlé ?   (Elle.)
   4. _____ vous avez fait ?   (Pas grand-chose.)
   5. À _____ pensez-vous ?   (À elle.)
   6. À _____ pensez-vous ?   (À mes problèmes.)
   7. De _____ avez-vous besoin ?   (De temps.)
   8. _____ il vous a dit ?   (Il m'a dit : « Bonjour ».)
   9. _____ m'a téléphoné ?   (Ta mère.)
   10. _____ vous voulez dire ?   (Rien d'important.)
   11. _____ il y a à manger ce soir ?   (Du bifteck.)
   12. _____ avez-vous rencontré ?   (Personne.)

13. Avec _____ y êtes-vous allé ?   (Tout seul.)
14. Sur _____ comptez-vous pour vous aider ?   (Sur vous.)
15. Dans _____ voulez-vous que je place ces fleurs ?   (Dans ce vase.)
16. _____ j'aurais dû dire ?   (Quelque chose d'intelligent.)
17. _____ aurait pu m'entendre ?   (Tout le monde, vous parlez si fort.)
18. _____ vous intéresse ?   (Oh, beaucoup de choses.)
19. Pour _____ faites-vous ce joli tricot ?   (Pour un ami.)
20. De _____ avez-vous besoin en ville ?   (De provisions.)

2. Répondez par un pronom interrogatif : **lequel, auquel, duquel** (ou les autres formes au féminin ou au pluriel) et une préposition si elle est nécessaire.

> Exemple :   Je vais dîner *au restaurant*.   *Auquel* ?

1. J'ai besoin *d'un manteau*.   _____ ?
2. Vous avez parlé *à une jeune fille*.   _____ ?
3. Je mets ma voiture *dans un garage*.   _____ ?
4. Allons *au cinéma* ce soir.   _____ ?
5. Vous faites toujours *la même faute*.   _____ ?
6. J'ai *deux choses* à vous dire.   _____ ?
7. J'ai peur *de certains animaux*.   _____ ?
8. Vous avez envie *d'un de ces gâteaux* ?   _____ ?
9. Vous auriez dû lui répondre *une chose*.   _____ ?
10. Il passe l'été *sur une plage* en France.   _____ ?
11. Elle écrit toujours *avec une de ces machines*.   _____ ?
12. Vous avez oublié *mes recommandations*.   _____ ?
13. Vous auriez dû téléphoner *à une de ces dames*.   _____ ?
14. Tu n'as plus besoin *de ton livre* ?   _____ ?
15. Le reporter voudrait vous parler *de votre grand succès*.   _____ ?
16. Les oiseaux font leur nid dans les branches *de certains arbres*.   _____ ?

3. Les pronoms relatifs **dont** et **ce dont**, **ce qui** et **ce que**.

> Exemple :   Donnez-lui *ce qu'* il veut.
> Donnez-lui *ce dont* il a besoin.

1. Mangez _____ vous avez envie.
2. Voilà les gens _____ je vous ai parlé.
3. As-tu vu la fille _____ je t'ai donné l'adresse ?
4. Moi, _____ m'intéresse est bien simple : Je voudrais juste avoir _____ il me faut pour une vie calme et paisible.
5. J'ai emporté tout _____ j'aurai besoin et tout _____ je pouvais mettre dans ma valise.
6. Salvador Dali a déclaré que _____ était important pour lui, et _____ il aimait parler, c'était l'argent.

7. La France, _____ la capitale est Paris, est pleine d'attractions pour le visiteur. Vous me demandez _____ est historique à Paris ? Et vous voulez savoir _____ je vous recommande ? Mon dieu, la liste de _____ il faut voir est interminable !

8. Je n'ai pas peur des événements. _____ j'ai peur, c'est de ma réaction, car ça, c'est _____ je ne peux pas prévoir.

4. À qui est...?

Quelle est la réponse ?

Exemple : À qui sont ces papiers ?   (le directeur)
Ils sont au directeur.

1. À qui était cette montre que j'ai trouvée ?   (Pierre)
2. À qui est cette voiture qui a une contravention ?   (moi)
3. À qui sont ces papiers par terre ?   (personne)
4. À qui étaient les livres qui sont restés sur mon bureau ?   (autres professeurs)

5. À qui est cette petite Renault ?   (Michel)

5. Le plus-que-parfait

Mettez les phrases suivantes au plus-que-parfait, en commençant par **il/elle a dit** (ou une autre personne, suivant le texte).

Exemple : Je me suis bien amusée.   (Kim)
Kim a dit qu'elle s'était bien amusée.

1. Nous avons dîné ensemble et nous avons passé une bonne soirée.   (Jean-Yves et un copain)
2. Je suis allé en ville et j'ai rencontré Michel.   (Roger)
3. Mes parents sont arrivés et ils ont loué une voiture.   (Marie-Claude)
4. Je n'ai pas compris le film, mais je ne me suis pas ennuyé.   (Bill)
5. Nous nous sommes mariés l'été dernier.   (Steve et Karen)
6. Je me suis habillée en cinq minutes et j'ai couru au travail.   (Jackie)
7. Ma femme est sortie et je suis resté à la maison.   (Paul)
8. Il a neigé et il a fait froid dans le nord de l'Europe.   (le bulletin de la météo)
9. Je n'ai pas trouvé l'essence chère aux États-Unis.   (Mme Lanier)
10. Je me suis mis au travail et j'ai fini ma dissertation.   (une étudiante)

CONVERSATION

Chaque étudiant(e) de la classe doit poser une question à une autre personne. Pour formuler ces questions, il faut employer une des formes interrogatives suivantes :

Qui... ?	Qu'est-ce qui... ?	Quoi ?
À qui... ?	Qu'est-ce que... ?	À quoi... ?
De qui... ?	Que... ?	De quoi... ?
Pour qui... ?		
Avec qui... ?		
Comme qui... ?		
À qui est... ?		

(Par exemple : « À qui est ce stylo ? »
« De quoi avez-vous besoin maintenant ? »
« À côté de qui es-tu assis(e) ? », etc.)

Le crime de Daru

Le texte suivant est un résumé et une adaptation de la célèbre nouvelle de Camus, L'Hôte.

« Qui monte la colline, là-bas ? se demandait Daru. Je vois bien un homme à cheval, mais qui est-ce ? Et qu'est-ce qu'il a avec lui ?

Daru était un jeune instituteur, c'est-à-dire maître d'école primaire, dans une petite école isolée au milieu des montagnes de l'Algérie. C'était l'hiver. La neige était tombée, les chemins étaient bloqués, ses élèves n'étaient pas venus depuis plusieurs jours. Ils n'allaient pas revenir avant le printemps. Daru se sentait seul, mais il ne s'ennuyait pas.

L'homme à cheval se rapprochait lentement, et bientôt Daru a reconnu Balducci, le gendarme du village voisin. Mais qui était avec lui ? C'était un Arabe que Balducci tenait, les mains liées, au bout d'une corde.

« Salut, mon vieux ! dit Balducci, en descendant de cheval. « Salut ! » répond Daru. Et il ajoute : « Qui est ce gars ? qu'est-ce qu'il a fait ? »

Balducci a expliqué que c'était un homme d'un village des montagnes. Il venait de commettre un crime. Il avait tué un autre homme au cours d'une querelle. Il fallait maintenant le conduire à la prison. Mais celle-ci était à une bonne distance, il fallait marcher longtemps, et Balducci ne pouvait pas quitter son poste aussi long-temps. « Alors, dit-il à Daru, Je me suis demandé : Qui peut me rendre un service ? Qui n'a rien à faire en ce moment ? Et j'ai pensé à toi, puisque tes élèves ne viennent pas. Alors, j'ai amené le type ici. Garde-le avec toi ce soir, et demain, tu l'emmèneras à la prison. Tiens, prends mon revolver. » Tout en parlant, Balducci a détaché son revolver et l'a donné à Daru. Puis, il a tendu à celui-ci la corde qui attachait l'Arabe, et il est remonté sur son cheval, car la nuit tombait, et il ne faut pas être sur les chemins quand le vent glacé du désert commence à souffler.

Resté seul avec l'Arabe, Daru n'a rien dit, mais il a conduit celui-ci à l'intérieur de sa modeste résidence : Il n'avait que deux pièces, adjacentes à l'unique salle de classe. Pendant que l'Arabe le regardait silencieusement, il a mis le revolver dans le tiroir de la table. Puis il a préparé un simple repas : du pain, du fromage, des figues sèches, une tasse de café noir. L'Arabe, assis par terre dans un coin, ne bougeait pas et mangeait sans dire un mot. Qu'est-ce qu'il pensait ? C'était un mystère pour

Photo : WAYNE ROWE

Daru regarde l'Arabe qui prend le chemin de la ville et de la prison.

Daru. Il était en Algérie depuis cinq ans, mais il ne comprenait pas encore bien la mentalité arabe.

Après le dîner, Daru a pris une couverture brune, l'a donnée à l'Arabe. « Installe-toi là, dans le coin, près de la cheminée. Je te réveillerai demain. » Puis Daru est allé se coucher. Pendant la nuit, il a entendu l'Arabe qui se levait, qui ouvrait la porte et qui sortait. « Lequel de nous est le plus coupable ? s'est demandé Daru. Qui peut blâmer un homme de ne pas vouloir aller en prison ? » Mais bientôt il a entendu un petit bruit dehors. La porte s'est ouverte, et l'Arabe est rentré sans bruit. Daru a souri : Ce n'était qu'un appel de la nature... Ce n'était pas une évasion.

Le lendemain matin, il faisait un froid clair et sec. Le soleil brillait sur la neige. Après un petit déjeuner frugal, Daru et l'Arabe sont sortis, et se sont dirigés vers l'endroit, à quelques kilomètres de là, où la route se divise en deux : à gauche, un chemin qui conduit vers la ville et la prison, à droite, celui qui va vers la montagne. Arrivés à la bifurcation, Daru s'arrête. « Écoute, dit-il, moi, je ne suis pas un gendarme.

Mais je suis un homme. Et toi, tu es peut-être un criminel, je ne sais pas. Mais tu es sûrement un homme aussi. Alors, regarde : Voilà deux routes. Celle-ci va vers la prison. L'autre va vers la montagne, où il y a des tribus qui te traiteront comme un frère. Laquelle vas-tu prendre ? Tu vas choisir, parce que tu es un homme. Moi, je vais retourner chez moi. Tu comprends ça ? »

L'Arabe le regarde, regarde les deux routes qui serpentent jusqu'à l'horizon.

Daru a repris le chemin dans la direction de chez lui. Après avoir marché un moment, il s'est retourné et il a regardé au loin. Il a vu l'Arabe qui restait là-bas, immobile, à la bifurcation de la route. Est-ce qu'il hésitait ? Qu'est-ce qui se passait dans sa tête ? À quoi pensait-il ? Sur laquelle de ces routes allait-il s'engager ? Après un long moment, Daru l'a vu prendre la route de la prison sur laquelle il marchait vite, sans se retourner. Daru a soupiré : Le criminel avait perdu, l'homme avait gagné. C'était un homme libre qui marchait là-bas d'un pas sûr, vers la prison.

Un moment plus tard, rentré chez lui, Daru a eu besoin d'aller chercher quelque chose dans la salle de classe froide et déserte. Là, pendant son absence, une main maladroite avait tracé sur le tableau noir : TU AS VENDU NOTRE FRÈRE. TU VAS PAYER TON CRIME DE TA VIE.

RÉPONDEZ dans l'esprit de la lecture et avec imagination.

Dans cette leçon, au lieu de vous proposer des questions, nous vous proposons des réponses. Nous vous demandons de trouver la question probable qui correspond à chaque réponse.

1. _____ ? Camus est un écrivain français contemporain.
2. _____ ? La préoccupation de Camus, c'est une morale humaniste.
3. _____ ? Daru était un jeune instituteur.
4. _____ ? L'histoire se passe en Algérie.
5. _____ ? Les élèves ne venaient plus parce que c'était l'hiver.
6. _____ ? Il a vu quelque chose, mais il ne savait pas ce que c'était.
7. _____ ? C'était Balducci, le gendarme du village voisin.
8. _____ ? Avec lui, il avait un Arabe prisonnier.
9. _____ ? Balducci a donné son revolver à Daru.
10. _____ ? Daru l'a mis dans le tiroir de la table.
11. _____ ? Il n'a rien dit à l'Arabe.
12. _____ ? L'Arabe a fini par choisir une route.
13. _____ ? Celle de la prison.
14. _____ ? Daru a vu une inscription menaçante.
15. _____ ? À Daru ? Il a probablement été tué.
16. _____ ? Je pense que Daru n'était coupable d'aucun crime.

EXERCICES ÉCRITS

1. La question

A. Vous rentrez, et quelqu'un (votre camarade de chambre ? votre mari ? votre femme ?) vous pose des questions. Voilà vos réponses. Quelles sont ces questions ? (Elles emploient peut-être les pronoms interrogatifs de la leçon, peut-être aussi les autres termes interrogatifs comme **pourquoi**, **quand**, **où**, etc.)

> Exemple : Je n'ai rencontré personne.
> *Qui as-tu (avez-vous) rencontré ?*

1. Oh, je suis sorti(e) un moment.
2. Je suis allé(e) au cinéma.
3. J'y suis allé(e) seul(e).
4. J'ai vu un film.
5. Celui dont tout le monde parle.
6. Il racontait une histoire très compliquée.
7. Eh bien, justement, j'ai rencontré les Martin.
8. Ils m'ont dit que Jackie attendait un bébé.
9. Nous n'avons parlé de personne d'autre.
10. J'avais besoin de sortir parce que j'étais fatigué(e) d'être ici.

B. Un jeune homme et une jeune fille font des projets pour leur mariage. Voilà quelques-unes de leurs réponses. Imaginez leurs questions.

1. _____ ? Nous n'inviterons que quelques amis.
2. _____ ? Ceux que nous aimons le mieux.
3. _____ ? Nous servirons du champagne et des petits-fours.
4. _____ ? Nous enverrons des faire-parts (*announcements*) à la famille et aux amis.
5. _____ ? Je porterai une jolie robe longue et des fleurs dans les cheveux.
6. _____ ? Pour vivre ? Nous aurons l'argent que nous gagnerons.
7. _____ ? Nous trouverons un appartement confortable et pas trop cher.
8. _____ ? Nous y mettrons les meubles que nous avons. Après, on verra.
9. _____ ? Celui qui rentrera du travail le premier fera le dîner.
10. _____ ? Nous compterons sur nous, et sur personne d'autre.

2. Voilà quelques questions. Donnez à chacune une réponse qui montre que vous comprenez la question.

1. De qui avez-vous peur ?
2. De quoi avez-vous peur ?
3. À quoi pensez-vous souvent ?
4. À qui pensez-vous souvent ?
5. Qu'est-ce que vous allez faire ce soir ?
6. Qu'est-ce qui se passe dans le monde en ce moment ?
7. Qui vous intéresse ?

8. À quoi vous intéressez-vous?
9. Un homme est riche, un autre est sympathique. Lequel preférez-vous?
10. Vous avez deux examens demain. Auquel pensez-vous le plus?
11. Vous avez sûrement des projets. Lesquels?
12. Vous avez besoin de vos amis. Lesquels?
13. Qui aimez-vous?
14. Qu'est-ce que vous aimez? Qu'est-ce que vous détestez?
15. De quoi avez-vous besoin?

3. Les pronoms relatifs

   A. Complétez les phrases suivantes par **dont**, **qui**, ou **que**.

1. Voilà la dame _____ je vous ai parlé.
                 _____ j'ai rencontrée chez des amis.
                 _____ vous connaît.
2. C'est l'appartement _____ j'ai loué.
                        _____ a une si jolie vue.
                        _____ je vous ai donné la clé.
3. Paris est une ville _____ vous enchantera.
                       _____ les habitants sont parfois difficiles.
                       _____ vous visiterez avec plaisir.
                       _____ le souvenir restera dans votre esprit.

   B. Complétez les phrases suivantes par **ce dont**, **ce qui**, ou **ce que**.

1. Vous voulez me donner _____ j'ai envie.
                         _____ est dans votre poche.
                         _____ vous avez à la main.
2. Je vais emporter _____ j'aurai besoin.
                    _____ sera nécessaire pour mon voyage.
                    _____ je pourrai mettre dans ma valise.
3. Vous faites des photos de _____ vous voulez garder l'image.
                             _____ intéressera vos amis.
                             _____ vous trouvez intéressant.

4. Le plus-que-parfait

   Mettez le passage suivant au plus-que-parfait en commençant par: **Il a dit que...**
   Remarquez qu'il faut commencer chaque nouvelle phrase par **que**.

   Salvador Dali: Mon ami, le poète André Breton, *a fait* quelque chose de très gentil: Il *a formé* une anagramme de mon nom, et m'*a appelé* AVIDA DOLLARS. Depuis ce temps-là, une pluie de dollars *est* sans cesse *tombée* sur moi avec une monotonie délicieuse.

   Exemple: *Salvador Dali a dit que son ami...*

Kim: *J'ai eu* une aventure très amusante : *J'ai pris* le bras de Bill, et ensemble, *nous sommes montés*, comme des vedettes, sur le grand escalier.

Daru: Quand l'Arabe *est sorti*, pendant la nuit, *j'ai cru* que c'était une évasion. Mais quand *il est rentré* un moment plus tard, *j'ai souri*, parce que *j'ai compris* ce qu'*il est allé* faire dehors.

L'Arabe: D'abord, *je n'ai pas compris* pourquoi le gars *a mis* le revolver dans le tiroir. Le matin, *j'ai cru* qu'*il a décidé* de m'accompagner à la prison. Quand *il m'a dit* de choisir, *j'ai réfléchi*, et *j'ai pris* le chemin de la prison.

COMPOSITION ORALE, ÉCRITE, OU DISCUSSION

1. Supposez que vous voulez expliquer *Le crime de Daru* à un groupe ou à une personne. Imaginez les questions que ces gens vont vous poser, et répondez-y.

2. Vous cherchez du travail, et vous allez voir le directeur (ou la directrice) d'une maison de commerce, ou d'une autre entreprise. Cette personne vous pose une quantité de questions. Vous y répondez, et, à votre tour, vous lui posez des questions, et elle y répond.

3. Quelles questions est-il prudent de poser à la personne avec qui on a l'intention de faire sa vie ? (Il faut savoir quelque chose sur ce que cette personne aime, déteste, fait, ne fait pas ; comment il/elle gagne sa vie ; ce qui est important, utile, ridicule pour elle/lui, etc.)

VOCABULAIRE DE LA LEÇON

NOMS

Noms masculins

le bout	le faire-part	le prisonnier
le chemin	le gendarme	le résumé
le criminel	le petit-four	le revolver
le désert	le poste	le vent

Noms féminins

l'absence	la couverture	la monotonie
l'Algérie	la criminelle	la persévérance
l'anagramme	la directrice	la préoccupation
la bifurcation	l'entreprise	la prison
la colline	l'évasion	la prisonnière
la contravention	la mentalité	la réaction
la corde	la météo	la tribu

ADJECTIFS

adjacent, adjacente	immobile	prudent, prudente
bloqué, bloquée	isolé, isolée	rentré, rentrée
désert, déserte	lié, liée	sec, sèche
frugal, frugale	maladroit, maladroite	voisin, voisine
humaniste	menaçant, menaçante	

VERBES

1er groupe

attacher	marcher	souffler
bouger	porter	soupirer
concerner	proposer	tracer
détacher	retourner	traiter
enchanter	serpenter	

Pronominaux, 1er groupe

se diriger	s'engager	se retourner
se diviser	se rapprocher	

Autres conjugaisons

correspondre (à)	reprendre	se sentir
prévoir	revenir	

PRÉPOSITIONS OU LOCUTIONS PRÉPOSITIVES

à l'intérieur de	le long de	vers →

EXPRESSIONS ADVERBIALES

au loin	dehors

VINGT-HUITIÈME LEÇON

Les Lanier en Amérique, ou : En France, il y aurait des croissants!

- (Révision rapide du futur)

LE CONDITIONNEL :

- Le conditionnel présent, conjugaison et usages
- Le conditionnel passé, conjugaison et usages
- Le conditionnel comme seul verbe de la phrase

- Le verbe **devoir**, conjugaison, temps, et usages
- Prépositions avec les noms de lieux

INTRODUCTION

Le conditionnel après **si**

PRÉSENT ET FUTUR	IMPARFAIT ET CONDITIONNEL	PLUS-QUE-PARFAIT ET CONDITIONNEL
Si **j'ai** assez d'argent :	Si **j'avais** assez d'argent :	Si **j'avais eu** assez d'argent :
j'irai en Europe cet été.	**j'irais** en Europe cet été.	**je serais allé** en Europe cet été.
j'aurai beaucoup de choses à voir.	**j'aurais** beaucoup de choses à voir.	**j'aurais eu** beaucoup de choses à voir.

PRÉSENT ET FUTUR	IMPARFAIT ET CONDITIONNEL	PLUS-QUE-PARFAIT ET CONDITIONNEL
je serai un touriste typique.	**je serais** un touriste typique.	**j'aurais été** un touriste typique.
je ferai des rencontres.	**je ferais** des rencontres.	**j'aurais fait** des rencontres.
je verrai des pays nouveaux.	**je verrais** des pays nouveaux.	**j'aurais vu** des pays nouveaux.
je saurai apprécier les bonnes choses.	**je saurais** apprécier les bonnes choses.	**j'aurais su** apprécier les bonnes choses.
je me promènerai dans les petites villes.	**je me promènerais** dans les petites villes.	**je me serais promené** dans les petites villes.
je choisirai des endroits pittoresques.	**je choisirais** des endroits pittoresques.	**j'aurais choisi** des endroits pittoresques.
je ne **perdrai** pas un moment.	**je** ne **perdrais** pas un moment.	**je** n'**aurais** pas **perdu** un moment.

DÉCLARATION ET QUESTION	RÉPONSE
Où **iriez-vous** si vous aviez assez d'argent ?	**J'irais** en Europe. Mon mari et moi, nous **irions** voir ma famille en France. Mon mari **irait** aussi en Israël voir des amis. Ensemble, **ils iraient** visiter Jérusalem.
Où **seriez-vous allés** l'année dernière si vous aviez eu des vacances ?	Nous **serions allés** à New-York, voir les parents de mon mari. Mon mari **serait** aussi **allé** à Boston voir son frère. Lui et son frère **seraient allés** faire du camping.

Le conditionnel comme seul verbe de la phrase

Feriez-vous ça pour moi ? **Ce serait** très gentil !	**Je** le **ferais** avec plaisir.
L'**auriez-vous cru** ? Pierre est devenu très conservateur.	D'un autre que vous, **je** ne l'**aurais** pas **cru**.

Le verbe **devoir**

Je dois être chez moi à six heures. À quelle heure **devez-vous** être chez vous ?

Je dois être chez moi vers sept heures, parce que des amis **doivent** passer nous voir vers huit heures. Mais **nous** ne **devons** pas sortir.

Vous deviez me téléphoner. Pourquoi ne l'avez-vous pas fait ?

Oui, **je devais** vous téléphoner. Mais **j'ai dû** perdre votre numéro : Je ne l'ai pas trouvé ! **Je devrais** toujours mettre les numéros dans mon carnet.

Vous auriez dû demander mon numéro aux renseignements !

Oui, **j'aurais dû** le demander... Si j'avais su, je l'aurais demandé. Mais je n'y ai pas pensé. Je suis distrait, parfois.

Prépositions avec les noms de lieux

Iriez-vous **à** Paris, **en** France ?

Oui. J'irais aussi **à** Rome, **en** Italie ; **à** Madrid, **en** Espagne ; **à** Lisbonne, **au** Portugal ; **à** Copenhague, **au** Danemark.

Reviendriez-vous **aux** États-Unis ?

Oui, je suis **des** États-Unis, et je reviendrais **à** Los Angeles, **en** Californie, **aux** États-Unis.

EXPLICATIONS

1. Le conditionnel présent

   A. Définition

   Le conditionnel est un mode (l'indicatif est un mode, l'impératif est un mode).

   Dans l'INTRODUCTION, vous voyez que les verbes qui sont au futur dans la colonne de gauche, sont au conditionnel dans la colonne du centre. C'est parce qu'il y a un rapport entre le futur et le conditionnel : Le conditionnel est le futur dans le passé.

   S'il **a** de l'argent, il **fera** un voyage.
   S'il **avait** de l'argent, il **ferait** un voyage.

   Si tu **vas** voir ce film, tu **passeras** une bonne soirée.
   Si tu **allais** voir ce film, tu **passerais** une bonne soirée.

B. Conjugaison du conditionnel (et révision du futur)

LE FUTUR ET LE CONDITIONNEL

RÉVISION DU FUTUR		TERMINAISONS
parler (*régulier*)	aller (*irrégulier*)	
je parler **ai**	j'ir **ai**	-ai
tu parler **as**	tu ir **as**	-as
il parler **a**	il ir **a**	-a
nous parler **ons**	nous ir **ons**	-ons
vous parler **ez**	vous ir **ez**	-ez
ils parler **ont**	ils ir **ont**	-ont

CONDITIONNEL		TERMINAISONS
parler (*régulier*)	aller (*irrégulier*)	
je parler **ais**	j'ir **ais**	-ais
tu parler **ais**	tu ir **ais**	-ais
il parler **ait**	il ir **ait**	-ait
nous parler **ions**	nous ir **ions**	-ions
vous parler **iez**	vous ir **iez**	-iez
ils parler **aient**	ils ir **aient**	-aient

TERMINAISONS:

La terminaison du conditionnel est toujours la même, et c'est celle de l'imparfait.

RACINE:

Si le verbe est régulier, sa racine au conditionnel, c'est l'infinitif:

je **parler** ais	je **demander** ais	je me **promèner** ais
je **finir** ais	je **choisir** ais	je **bâtir** ais
j'**attendr** ais	je **vendr** ais	je **perdr** ais

Si le verbe est irrégulier, sa racine est celle du futur:

aller:	j'**ir** ais	savoir:	je **saur** ais
avoir:	j'**aur** ais	tenir:	je **tiendr** ais
être:	je **ser** ais	venir:	je **viendr** ais
faire:	je **fer** ais	voir:	je **verr** ais
pouvoir:	je **pourr** ais	vouloir:	je **voudr** ais

2. Le conditionnel passé (ou conditionnel antérieur)

Comparez les phrases suivantes:

Si j'**ai** besoin de vous, je **téléphonerai**. (*présent et futur*)

Si j'**avais** besoin de vous, je **téléphonerais**. (*imparfait et conditionnel*)

Si j'**avais eu** besoin de vous, j'**aurais téléphoné**. (*plus-que-parfait et conditionnel passé*)

Le conditionnel passé exprime l'équivalent de l'anglais *would have* :

J'aurais téléphoné. (*I would have phoned.*)

A. Conjugaison du conditionnel passé

VERBES AVEC **AVOIR**		VERBES AVEC **ÊTRE**	
demander		**aller**	
j'aurais	demandé	je serais	allé(e)
tu aurais	demandé	tu serais	allé(e)
il/elle aurait	demandé	il/elle serait	allé(e)
nous aurions	demandé	nous serions	allé(e)(s)
vous auriez	demandé	vous seriez	allé(e)(s)
ils/elles auraient	demandé	ils/elles seraient	allés(ées)

B. La formation du conditionnel passé

Verbes réguliers : j'aurais demandé, j'aurais fini, j'aurais attendu
Verbes irréguliers : j'aurais dit, j'aurais fait, j'aurais vu, j'aurais lu, j'aurais écrit, j'aurais tenu, etc.

RÉVISION DE CERTAINS PARTICIPES PASSÉS : Il y a des verbes qui ne sont pas souvent employés au passé composé, et dont vous connaissez mieux l'imparfait. Révisons leurs participes passés :

	PARTICIPE PASSÉ	PLUS-QUE-PARFAIT	CONDITIONNEL PASSÉ
avoir	eu	j'avais eu	j'aurais eu
être	été	j'avais été	j'aurais été
croire	cru	j'avais cru	j'aurais cru
savoir	su	j'avais su	j'aurais su
vouloir	voulu	j'avais voulu	j'aurais voulu
devoir	dû	j'avais dû	j'aurais dû
pouvoir	pu	j'avais pu	j'aurais pu

NOTE : Un humoriste français a dit que le conditionnel passé, c'est le « mode du regret ». En effet, il est souvent associé avec les expressions :

si j'avais su... si j'avais pu... si j'avais voulu... si on m'avait dit... si j'avais cru... etc.

Ces expressions sont souvent employées par le pessimiste qui regrette, inutilement d'ailleurs, que les choses n'aient pas été (*that things were not*) autrement :

Louis XVI aurait pu dire : « Si j'avais su que c'était une révolution, j'aurais écouté le peuple. »

3. Les usages du conditionnel présent et passé

A. Après **si** et le passé

> Si **vous alliez** voir ce film, **vous passeriez** une bonne soirée.
>   (*imparfait*)   (*conditionnel*)
>
> Si **vous étiez allé** voir ce film, **vous auriez passé** une bonne soirée.
>   (*plus-que-parfait*)   (*conditionnel passé*)

Le conditionnel exprime le résultat d'une condition. On emploie donc le conditionnel avec **si** et le passé.

REMARQUEZ : Le verbe après **si** n'est pas au conditionnel. C'est **l'autre** verbe qui est au conditionnel :

Si j'étais beau...   Si j'étais beau, **je serais** modeste.
Si vous m'aimiez...   Si vous m'aimiez, **vous seriez** gentille avec moi.
Si on me disait ça... Si on me disait ça, **je** ne le **croirais** pas.
Si vous étiez venu...   Si vous étiez venu, **vous auriez dîné** avec nous.

B. Le conditionnel dans la phrase avec un seul verbe

> **Resteriez-vous** avec moi ?
> Oui, **j'aurais fait** ce voyage avec plaisir.
> Moi ? Célèbre un jour ? **Je voudrais** bien !

On emploie le conditionnel dans une phrase où il n'y a pas d'autre verbe quand il n'y a pas de condition exprimée.

C. Le conditionnel exprime la rumeur, l'opinion.

Le conditionnel, présent et passé, exprime souvent la rumeur ou une opinion exprimée, mais pas prouvée :

CONDITIONNEL PRÉSENT :
> D'après les journaux, **on aurait** des photos du monstre du Loch Ness.
> On dit que certains produits chimiques **seraient** responsables du cancer.

CONDITIONNEL PASSÉ :
> D'après certains auteurs, Shakespeare n'**aurait** pas **existé**. Ce **serait** Marlowe ou Ben Johnson qui **aurait écrit** son théâtre.
> Pour d'autres, il n'**aurait été** qu'un obscur acteur qui **aurait donné** son nom à un groupe de personnages importants qui **auraient préféré** rester anonymes.

4. Le verbe **devoir**

A. Sa conjugaison

LA CONJUGAISON DE **DEVOIR**

PRÉSENT	IMPARFAIT	PASSÉ COMPOSÉ	FUTUR
je dois	je devais	j'ai dû	je devrai
tu dois	tu devais	tu as dû	tu devras
il doit	il devait	il a dû	il devra
nous devons	nous devions	nous avons dû	nous devrons
vous devez	vous deviez	vous avez dû	vous devrez
ils doivent	ils devaient	ils ont dû	ils devront

PARTICIPE PASSÉ	PLUS-QUE-PARFAIT	CONDITIONNEL
dû	j'avais dû	je devrais

CONDITIONNEL ANTÉRIEUR

j'aurais dû

B. Les différents sens de **devoir** à ses différents temps

Employé comme seul verbe, **devoir** a le sens de *to owe* :

Je dois, je devais, j'ai dû, etc. de l'argent à la banque.

Employé comme auxiliaire, avec un autre verbe, le sens de **devoir** change avec le temps :

1. **je dois** (*présent*) et **je devais** (*imparfait*) ont deux sens possibles :

a. *probably*

Il doit faire froid en Alaska !
Balzac **devait** souvent **passer** la nuit à écrire.

b. *to be supposed to*

Je **dois être** chez moi à six heures.
Vous **deviez** me **téléphoner**, et vous avez oublié.

NOTE : Vous avez vu dans la Leçon 14 (page 195) les sens et usages de **il faut** (*to have to*) et la distinction entre **falloir** et **devoir**.

2. **j'ai dû** (*passé composé*)—*I must have*

J'ai dû laisser mes clés dans ma voiture.
Vous avez dû vous tromper de salle : Ce n'est pas la classe de mathématiques.

3. **je devrais** (*conditionnel*)—*I should, I ought to*

> J'ai un ami à l'hôpital. **Je devrais aller** le voir.
> **Vous** ne **devriez** pas **avoir** de difficultés si vous allez en France.

4. **j'aurais dû** ((*conditionnel antérieur*)—*I ought to have, I should have*

> **J'aurais dû** vous **écrire** plus tôt, mais j'étais si occupé !
> **On aurait dû dire** à Napoléon que la Russie était grande, et froide en hiver.

REMARQUEZ : C'est peut-être un commentaire défavorable sur la nature humaine, mais on peut remarquer que, le plus souvent, **je devrais** implique qu'on est conscient de l'obligation mais que l'on n'a pas l'intention de faire ce dont on parle (si on en a l'intention, on dira **il faut**) :

> J'ai une classe à huit heures, **il faut** me lever à sept heures ; **je devrais** me lever une heure plus tôt pour étudier. (Mais je ne le fais pas.)

j'aurais dû exprime la même conscience de l'obligation, mais en rétrospective, et quand il est trop tard :

> **J'aurais dû** aller voir mon grand-père plus souvent, parler avec lui, écouter ses réminiscences. (Et je le regrette maintenant qu'il est mort.)

5. Prépositions avec les noms de lieux

A. Avec les noms de ville

> Je suis **à Los Angeles**.
> Je viens **de Paris**.
> Je vais **à New-York**.

B. Avec les noms de pays

FÉMININS	MASCULINS
(Les noms de pays qui se terminent par -e sont féminins *)	(Les noms de pays qui ne se terminent pas par -e sont masculins **)
Je suis **en France**.	Je suis **au Portugal**.
Je vais **en Italie**.	Je vais **au Sénégal**.
Je viens **d'Espagne**.	Je viens **du Congo**.

* *Exception :* le Mexique est masculin. (Sa capitale est **Mexico**.)

> On est au Mexique, à Mexico.

** *Exception :* l'Israël, l'Iran, l'Irak sont féminins. On dit : en Israël, en Iran, en Irak.

RÉCAPITULATION DES PRÉPOSITIONS AVEC LES NOMS DE LIEUX
(VILLES ET PAYS)

	VILLE	PAYS	
		FÉMININ (avec -e final)	MASCULIN
aller→ (to go to)	à à Paris, à Londres, à New-York, à Rio	en en France, en Amérique	au au Japon, au Danemark
être (to be in)	à à Paris, à Londres, à New-York, à Rio	en en Europe, en Espagne	au au Brésil, au Chili
venir→ (to come from)	de de Paris, de Londres, de New-York, de Rio	de de France, d'Europe, d'Asie	du du Canada, du Brésil, du Dahomey

REMARQUEZ :   Le nom des **États-Unis** est masculin pluriel :
Je vais **aux États-Unis.**   (*zéta-zuni*)
Je suis **aux États-Unis.**   (*zéta-zuni*)
Je viens **des États-Unis.**   (*zéta-zuni*)

C. Quelques noms de pays et de leurs habitants

l'Afrique :	les Africains	l'Écosse :	les Écossais
l'Amérique :	les Américains	l'Espagne :	les Espagnols
l'Asie :	les Asiatiques	la France :	les Français
l'Australie :	les Australiens	la Grèce :	les Grecs
l'Europe :	les Européens	la Hollande :	les Hollandais
		la Hongrie :	les Hongrois
l'Allemagne :	les Allemands	l'Irlande :	les Irlandais
l'Angleterre :	les Anglais	l'Italie :	les Italiens
l'Autriche :	les Autrichiens	le Luxembourg :	les Luxembourgeois
la Belgique :	les Belges	la Norvège :	les Norvégiens
la Bulgarie :	les Bulgares	la Pologne :	les Polonais
le Canada :	les Canadiens	la Roumanie :	les Roumains
le Danemark :	les Danois	la Russie :	les Russes

EXERCICES ORAUX

1. Quelle est la forme du verbe au conditionnel présent ?

A. Les conditionnels irréguliers

1. (*faire des économies*)
   je _____
   nous _____
   il _____

2. (*aller en ville*)

   on _____
   j' _____
   vous _____

3. (*voir la différence*)
   je _____
   elle _____
   nous _____

4. (*avoir froid*)
   elle _____
   vous _____
   nous _____

5. (*être heureux*)
   vous _____
   on _____
   elle _____

6. (*pouvoir finir*)
   ils _____
   je _____
   nous _____

7. (*savoir la réponse*)
   on _____
   ils _____
   tu _____

8. (*tenir la porte ouverte*)
   tu _____
   je _____
   vous _____

9. (*vouloir rester*)
   vous _____
   je _____
   il _____

B. Les conditionnels réguliers

1. (*donner un pourboire*)
   je _____
   nous _____
   elles _____

2. (*préférer le champagne*)
   je _____
   vous _____
   on _____

3. (*choisir une place*)
   tu _____
   ils _____
   vous _____

4. (*attendre l'autobus*)
   elle _____
   je _____
   nous _____

5. (*comprendre le problème*)
   nous _____
   on _____
   elles _____

6. (*aimer ce film*)
   nous _____
   je _____
   il _____

2. Mettez les phrases suivantes au conditionnel.

Exemple : Si tu me dis la vérité, j'aurai confiance en toi.
Si tu me disais la vérité, j'aurais confiance en toi.

1. Si vous êtes gentille, je resterai avec vous.
2. Vous serez surpris s'il vous dit ce qu'il sait.
3. Si on te donne un million, le donneras-tu à une bonne cause ?
4. Moi, si j'ai un million, je ne serai pas longtemps ici.
5. Nous ferons le tour du monde si nous pouvons.
6. Mon père aura l'air plus jeune s'il porte des pattes.
7. Si vous vous coupez les cheveux, vous serez bien moins beau.
8. Elle prendra son billet si elle a assez d'argent et si elle a fini son diplôme.
9. On aura toujours des difficultés si on écoute les conseils de tout le monde.
10. Si je vais en ville, et si je prends ma voiture, je vous emmènerai.

3. Quelle est la forme du verbe au conditionnel passé ?

1. (*parler français*)
   je _____
   ils _____
   vous _____

4. (*faire des projets*)
   il _____
   vous _____
   tu _____

7. (*s'arrêter*)
   je _____
   vous _____
   nous _____

2. (*réussir à l'examen*)
   elle _____
   nous _____
   tu _____

5. (*croire cette histoire*)
   elle _____
   on _____
   nous _____

8. (*se venger*)
   tu _____
   elle _____
   nous _____

3. (*perdre la tête*)
   je _____
   elle _____
   on _____

6. (*s'y faire*)
   je _____
   on _____
   tu _____

9. (*se disputer*)
   nous _____
   ils _____
   vous _____

4. Le verbe **devoir**

Comment dit-on en français ?

> Exemple : *I was supposed to leave.*
> Je devais partir.

1. *I was supposed to see you.*
2. *He was supposed to arrive at nine.*
3. *They must have stayed in Paris.*
4. *I ought to call up when I am late.*
5. *I ought to have said that.*
6. *She must have been glad to see you.*
7. *Steve and Karen were supposed to spend three days in France.*
8. *I must have slept during class.*
9. *She probably was tired when you saw her.*
10. *When was the plane supposed to leave ?*

5. Complétez les phrases suivantes par une forme du verbe **devoir**, au temps approprié.

> Exemple : Regardez ces gens avec des manteaux et des bottes. Il *doit* faire froid dehors !

1. À quelle heure _____-vous être en classe hier matin ?
2. Vous _____ me téléphoner hier soir. Avez-vous oublié ?
3. Mon dieu ! Où est-il ? Six heures de retard ! Il _____ avoir un accident.
4. Tu es si gentil avec moi. Je _____ être plus gentille avec toi.
5. Nous vous avons attendu deux heures pour dîner. Vous _____ téléphoner.
6. J'_____ remercier ma grand-mère pour son cadeau. (Mais je déteste écrire !)

7. Tu n'avais pas vu l'agent de police ? Tu _____ mettre tes lunettes !
8. Je _____ me lever une heure plus tôt tous les matins.
9. Ses parents _____ aller en Europe l'été dernier, mais ils ont **changé de projets**. Maintenant, ils _____ y aller l'été prochain.

CONVERSATION

Demandez à quelqu'un de la classe :

1. où il/elle irait ce soir s'il/si elle était libre.
2. s'il/si elle irait en Europe s'il/si elle avait assez d'argent.
3. s'il/si elle serait un touriste typique.
4. ce qu'il/elle ferait en France.
5. ce qu'il/elle verrait à Paris.
6. s'il/si elle mangerait du lapin, des escargots, des calamars.
7. s'il/si elle monterait en haut de la Tour Eiffel. Pourquoi ?
8. s'il/si elle parlerait avec les gens.
9. s'il/si elle préférerait les grandes villes ou les petites villes.
10. s'il/si elle prendrait beaucoup de photos. Pourquoi ?
11. s'il/si elle aurait le mal du pays (*if he/she would be homesick*)
12. ce qu'il/elle ne ferait certainement pas en Europe. Pourquoi ?
13. s'il/si elle se marierait avec un Français/une Française. Pourquoi ?
14. s'il/si elle voudrait voyager seul(e) ou avec d'autres personnes.

15. où il/elle doit aller après cette classe.
16. où il/elle doit déjeuner aujourd'hui, et avec qui.
17. ce qu'un bon étudiant doit faire et ne doit pas faire.
18. ce qu'il/elle devait faire hier soir (et n'a pas fait...).
19. ce qu'il/elle devrait faire pour être parfait(e).
20. ce que le professeur devrait faire pour amuser les étudiants.
21. ce que le gouvernement devrait faire pour améliorer la vie des étudiants. (Leur payer un salaire ? Supprimer les cours è 8 heures ? Mettre en prison les professeurs qui donnent des mauvaises notes ?)

Demandez à quelqu'un de la classe dans quel pays se trouve :

1.	Madrid	(Espagne)	7.	Tokyo	(Japon)
2.	Athènes	(Grèce)	8.	Tel-Aviv	(Israël)
3.	Oslo	(Norvège)	9.	Bagdad	(Irak)
4.	Zurich	(Suisse)	10.	Moscou	(Russie)
5.	Copenhague	(Danemark)	11.	Lyon	(France)
6.	Québec	(Canada)	12.	Téhéran	(Iran)

Les Lanier en Amérique, ou: En France, il y aurait des croissants!

Vous vous rappelez M. et Mme Lanier, les parents de Marie-Claude? Ils viennent d'arriver aux États-Unis. Marie-Claude les attendait à l'aéroport,

Mme Lanier: Je suis un peu désorientée... Si nous étions en France, il serait minuit. Mais ici, il est huit heures du matin. Si nous allions directement à notre motel? Nous pourrions prendre un café au lait et des croissants. Tu nous raconterais ce que tu as fait depuis que tu es aux États-Unis.

Marie-Claude: J'ai beaucoup de choses à vous raconter, mais tu ne trouveras pas de croissants dans votre motel. Si tu voulais, tu pourrais prendre des œufs, du jambon, du jus de fruit.

M. Lanier: (*Il arrive de l'agence de location de voitures.*) Ah, si nous étions en France, j'aurais trouvé une petite voiture à louer. Une Citroën ou une Peugeot... Rien que des monstres, ici. Même les petites voitures sont grosses! Il faut dire qu'elles sont luxueuses. Je ne pensais pas que nous trouverions une Chevrolet avec climatiseur à ce prix!

Marie-Claude: C'est vrai. En France, ta petite voiture te coûterait bien plus cher à louer, et tu paierais le double pour l'essence. Si nous allions déjeuner?

(*Dans le petit restaurant du motel*)

Mme Lanier: Ta tante me disait que nous n'aimerions pas la cuisine américaine, mais j'ai très bien mangé. Elle pensait surtout que je détesterais le café... Je le trouve assez bon. Un peu clair, peut-être...

M. Lanier: Moi, je n'aurais pas cru que je pourrais manger des œufs au jambon pour mon petit déjeuner... et que je les aimerais! Dis donc, Marie-Claude, tu aurais dû m'entendre discuter avec le gars de l'agence! Si ton oncle Guy m'entendait, il ne pourrait plus se moquer de mon anglais. Il serait époustouflé.

Mme Lanier: Si nous étions raisonnables, nous irions dans notre chambre, nous coucher. Nous nous reposerions un moment, et puis, nous irions faire un

MARCEL GROMAIRE, *New York*

French Cultural Services

Beaucoup de Français imaginent que les Américains habitent dans des immeubles comme ces gratte-ciels. Ils sont surpris d'apprendre qu'en réalité, ces immeubles abritent des bureaux, et que beaucoup d'Américains habitent dans des maisons individuelles.

tour. Marie-Claude, tu nous montrerais la ville, l'université, et les environs. Je voudrais bien voir des maisons, des gens, savoir comment on vit ici.

Marie-Claude : Justement. Je savais ce que tu aimerais. Et j'ai des amis qui, eux, voudraient connaître ma famille. Ils pensaient que, si vous n'étiez pas fatigués, nous pourrions dîner chez eux ce soir. Ce serait tout à fait simple. Aux États-Unis, les gens vous invitent sans façon pour un dîner en famille. Ce n'est pas comme en France, où il faut sortir toute l'argenterie et la porcelaine quand on a des invités !

Mme Lanier : Tu es américanisée ! Moi, je ne voudrais pas recevoir sans préparer un repas très spécial, et sans ma belle argenterie. Mais ton père et moi serions enchantés de rencontrer tes amis.

(*Plus tard, le même jour. Les Lanier se promènent en ville avec Marie-Claude.*)

M. Lanier : Regarde le prix de ces petits appareils ménagers ! C'est beaucoup moins cher qu'en France. Un ouvre-boîte électrique, un mixeur, un fer à repasser, une pendule électrique si bon marché ! Nous devrions en acheter pour les emporter. Ce serait des cadeaux formidables.

Marie-Claude : Tu aurais des difficultés, tu sais, parce que le courant électrique est différent. Ici, il est à cent dix volts, mais en France il est à deux cent vingt. Les appareils ne fonctionneraient pas.

M. Lanier : Si j'achetais un transformateur, je suis sûr que je les ferais très bien marcher. Nous verrons avant notre départ.

Mme Lanier : Quand nous avons visité ton université, j'ai surtout remarqué qu'il n'y avait pas de graffiti sur les murs. En France, les murs des Facultés en sont couverts. C'est dommage...

Marie-Claude : Tout le monde le remarque aussi. C'est un paradoxe. D'après l'opinion générale, les Français seraient beaucoup plus conscients de l'esthétique de leur environnement que les Américains. Et pourtant, tu vois ce qu'ils font dans leurs belles Facultés toutes neuves ! Pourrais-tu l'expliquer, Papa ?

M. Lanier : Ça pourrait être, tout simplement, parce que les Français aiment parler. Écrire quelque chose sur un mur, c'est une autre façon de parler. D'après ce que j'ai entendu dire, les Américains seraient plus silencieux, mais plus intéressés par l'action que par les paroles.

Mme Lanier : Je savais bien que tu trouverais une bonne explication !

(*Un moment plus tard, sur le* freeway)

M. Lanier : Je n'ai jamais vu tant de voitures sur l'autoroute, sauf le premier et le dernier jour des vacances. Tu te rappelles ces embouteillages, le premier août ?

Marie-Claude : Ici, les gens prennent l'autoroute pour aller au travail. C'est surtout le matin et le soir, aux heures de pointe, qu'il y a des embouteillages. Mais attention ! Si tu conduisais aussi vite qu'en France, tu aurais une contravention. Tu vois cet agent de police à motocyclette ? Il serait sans pitié pour tes excuses.

Mme Lanier : Albert, tu devrais laisser conduire Marie-Claude. Si nous avions une contravention, ce serait une mauvaise façon de célébrer notre arrivée en Amérique. Moi, je conduirai dans quelques jours, quand je comprendrai mieux le système de circulation.

M. Lanier : Je devrais prendre de l'essence. Ce serait terrible de tomber en panne d'essence sur l'autoroute.

(*Il s'arrête dans une station d'essence. Il descend, parle avec l'employé qui fait le plein, paie, et remonte dans la voiture.*)

M. Lanier: (*à sa femme*) Sais-tu comment on dit, en américain, « Faites le plein » ? Je viens de l'apprendre.

Mme Lanier: Je devrais le savoir! J'ai fait six ans d'anglais au lycée. Mais nous faisions des traductions et de la grammaire. Je n'ai rien appris de pratique. Comment dit-on ?

M. Lanier: (*enchanté*) On dit: « *Fill her up* ». Très bon, comme expression, n'est-ce pas ?

(*Plus tard, le soir, pendant un bon dîner chez la famille Johnson. M. Johnson débouche une bonne bouteille en l'honneur de ses invités.*)

M. Johnson: *To your health!* À votre santé !

M. Lanier: À votre santé ! *Fill her up!*

RÉPONDEZ dans l'esprit de la lecture et avec imagination.

1. **M. Lanier:** Je voudrais louer une voiture. Auriez-vous une Citroën ou une Renault ?
   L'agent de location de voitures : _____

2. **Mme Lanier:** Marie-Claude, je voudrais un café au lait et des croissants. Où pourrions-nous en trouver ?
   Marie-Claude : _____

3. **Marie-Claude:** Comment trouvez-vous le petit déjeuner américain ?

   M. Lanier : _____

   Mme Lanier : _____

4. **M. Lanier:** Oui, nous sommes enchantés de dîner chez les Johnson. Qui sont les Johnson ? Parlent-ils français ?
   Marie-Claude : _____
   (*Si vous avez oublié, relisez la lecture de la Leçon 8*)

5. **M. Johnson:** C'est très intéressant... J'ai passé un an en France, mais j'ai oublié comment on dit « *Fill her up* ».
   M. Lanier : _____

6. **Mme Lanier:** Albert, qu'est-ce que nous devrions rapporter, comme cadeau, à Guy et Élisabeth ?
   M. Lanier : _____

(*De retour en France*)

7. **Un collègue de M. Lanier, au bureau:** Comment sont les autoroutes aux États-Unis ?
   M. Lanier : _____

8. **La tante Élisabeth :** Je suis sûre que tu n'as rien trouvé de bon à manger en Amérique ?
   Mme Lanier : _____

9. **L'oncle Guy :** Eh, dis donc, Albert, savais-tu parler américain avec les gens ?
   M. Lanier : _____

10. **Le petit cousin :** Y a-t-il beaucoup de gangsters en Amérique ? Avec des revolvers ?
    Mme Lanier : _____

11. **M. Lanier :** Voudrais-tu retourner aux États-Unis, si c'était possible ?
    Mme Lanier : _____

EXERCICES ÉCRITS

1. Le conditionnel

   A. Mettez les passages suivants au passé et au conditionnel présent.

1. Si nous _sommes_ sûrs de ce que nous _voulons_, nous n'_aurons_ pas de problème à décider de notre avenir. Mais alors, nous _serons_ différents des autres jeunes.
2. Ah, si seulement on me _comprend_ ! Vous ne _penserez_ pas que je suis stupide ou paresseux, vous _savez_ que je _suis_ un génie. Vous vous _rendrez_ compte que le monde _sera_ meilleur s'il y _a_ plus de gens comme moi.
3. Si vous vous _levez_ à cinq heures du matin, et si vous _passez_ une heure à faire de la gymnastique, si vous vous _mettez_ à étudier à six heures... _Serez_-vous plus heureux ? _Aurez_-vous plus de succès ? _Verrez_-vous des résultats sensationnels ? _Pourrez_-vous répondre à toutes les questions ? Ou vous _endormirez_-vous sur votre chaise à onze heures ?

   B. Mettez les passages suivants au conditionnel passé.

1. _Voudriez_-vous être pirate, comme Lafitte, par exemple ? Ou _aimeriez_-vous être un brigand de la forêt comme Robin des Bois (_Robin Hood_) ? Vous _auriez_ des aventures, vous _iriez_ du danger à la victoire, et vous ne _seriez_ jamais sûr du lendemain. Mais vous _sauriez_ que votre vie _est_ pleine d'imprévu (_unknown_) et vous _seriez_ peut-être plus heureux que dans la sécurité.
2. Si Washington _devenait_ roi, nous _aurions_ une monarchie aux États-Unis. Beaucoup de choses _seraient_ différentes, si nous _avions_ une famille royale. Le roi _établirait_ une aristocratie. Les industriels _deviendraient_ ducs et marquis. La culture de notre pays _se développerait_ de façon différente.

2. Formez une phrase en employant le plus-que-parfait et le conditionnel passé.

   Exemple : Si je _____ (savoir), je _____ (rester chez moi).
   Si j'avais su, je serais resté chez moi.

1. Si vous _____ (penser), vous _____ (répondre ça).
2. Si Napoléon _____ (pouvoir), il _____ (prendre la Russie).

3. Si Christophe Colomb _____ (savoir la vérité), il _____ (être surpris).
4. Si Louis XVI _____ (écouter le peuple), il _____ (peut-être éviter la Révolution).
5. Si le professeur _____ (vous croire), il _____ (donner des « A »).
6. Si vous _____ (ne pas être intelligent), vous _____ (ne pas aller à l'université).
7. Si je _____ (croire ce monsieur), je _____ (se tromper de route).
8. Si les voyageurs _____ (prendre l'avion direct), ils _____ (arriver plus tôt).
9. Si votre voiture _____ (marcher), vous _____ (aller en vacances).
10. Si je _____ (savoir), je _____ (ne pas choisir ce cours).

3. Complétez les phrases suivantes avec imagination (imparfait ou conditionnel présent).

Exemple : Aurais-je besoin de parler espagnol si *j'allais à Madrid* ?

1. M. Lanier achèterait des appareils ménagers si _____.
2. _____ si j'étais raisonnable !
3. Mangeriez-vous des croissants si _____ ?
4. Si _____, je ferais des économies pour faire un voyage.
5. M'aimeriez-vous si _____ ?
6. Si vous étiez célèbre, vous _____.
7. Je voudrais faire un grand voyage si _____.
8. M. et Mme Lanier retourneraient aux États-Unis si _____.

4. Complétez ces phrases avec imagination (plus-que-parfait ou conditionnel passé).

Exemple : Si vous étiez venu me voir, *je vous aurais invité à dîner.*

1. Je ne vous aurais pas cru si _____.
2. Si on m'avait dit qu'un jour je saurais le français, _____ !
3. Je ne serais pas venu aujourd'hui si _____.
4. M. Lanier n'aurait pas mangé d'œufs au jambon si _____.
5. Si vous vous étiez marié avec votre premier amour, _____.
6. Si Kim avait été une actrice, _____.

5. Transformez ces déclarations en rumeurs.

Ajoutez **d'après**... pour transformer ces phrases en rumeurs. (Le conditionnel—présent et antérieur—indique la rumeur.)

Exemple : Louis XIV *avait* un frère qui *a passé* sa vie dans une forteresse, le visage couvert d'un masque de fer. (Alexandre Dumas)

D'après Alexandre Dumas, Louis XIV aurait eu un frère qui aurait passé sa vie dans une forteresse, le visage couvert d'un masque de fer.

1. On *a trouvé* un étrange poisson, probablement préhistorique, qui ne *ressemble* à aucune espèce identifiée. (le journal de ce matin)
2. Le drapeau ne *représente* pas le pays, *c'est* simplement un objet comme un autre, et on *peut* le traiter comme on veut. (un groupe de gauche)
3. La vie *existe* sur les autres planètes. Un savant *a réussi* à communiquer avec les habitants de Mars, Vénus, et Jupiter. (une revue de science-fiction)
4. La terre *est* beaucoup plus ancienne qu'on ne le *croyait* et on *a découvert* des fossiles qui le *prouvent*. (un article scientifique)
5. Le président *a fait* un voyage secret. Il *est allé* à Helsinki et là, il *a rencontré* les chefs des puissances étrangères. Il *s'est* aussi *arrêté* à Stockholm où il *a conféré* avec le représentant des Nations-Unies. (un commentateur à la télévision)

6. Quelques questions indiscrètes

Nommez deux choses :

1. que vous devez faire avant ce soir.
2. que vous deviez faire hier soir (et que vous avez faites).
3. que vous devriez faire tous les jours.
4. que vous auriez dû faire il y a longtemps (et que vous n'avez pas faites).

Répondez par des phrases complètes.

7. Quelle est la préposition ?

Exemple : M. Duval habite *à* Paris, *en* France.

1. Cette dame vient _____ Londres, _____ Angleterre. Mais elle est née _____ Glasgow, _____ Écosse. Maintenant, elle habite _____ Los Angeles, _____ Californie, _____ États-Unis.
2. Tokyo est _____ Japon, _____ Asie, et Pékin est _____ Chine. Saïgon et Hanoï sont _____ Viet-nam.
3. Si vous venez _____ États-Unis, et vous allez _____ Canada, _____ Québec, par exemple, vous avez souvent l'impression d'être _____ France.
4. Les Anglais habitent _____ Angleterre, les Portuguais _____ Portugal, les Israëliens _____ Israël, et les Mexicains _____ Mexique. Les Français, eux, habitent _____ France.
5. M. Papadopoulos est _____ Athènes, _____ Grèce ; M. O'Donnell est _____ Dublin, _____ Irlande ; et M. Sorenson est _____ Copenhague, _____ Danemark.

COMPOSITION ORALE, ÉCRITE, OU DISCUSSION

1. **Racontez un voyage que vous voudriez faire.** (Prenez un atlas ou une carte, et imaginez un grand voyage, dans des pays exotiques. Ou, au contraire, racontez un petit voyage. Mais dans les deux cas, employez beaucoup de verbes au conditionnel.)

2. Imaginez le voyage d'une personne qui ferait le tour du monde. Où irait cette personne ? Dans quelles villes s'arrêterait-elle ? Quels pays traverserait-elle ? Comment irait-elle d'un endroit à l'autre ? (Vous aurez besoin d'un atlas pour cette composition.)

3. Qu'est-ce que vous auriez fait si on vous avait donné un million ce matin, au moment où vous alliez entrer dans votre classe de français ? (Imaginez la scène. Vos réactions. L'auriez-vous accepté ? Refusé ? Pourquoi ? Qu'auriez-vous fait ensuite ?)

VOCABULAIRE DE LA LEÇON

NOMS

Noms masculins

l'appareil ménager	le gangster	le motel
l'atlas	le graffiti	l'ouvre-boîte
le brigand	l'humoriste	le paradoxe
le climatiseur	l'impératif	le participe
le conditionnel	l'imprévu	le pessimiste
le double	le mal du pays	le pirate
le duc	le marquis	le plein
l'environnement	le mixeur	Robin des Bois
les environs (*pl.*)	le mode	le transformateur
le fer à repasser	le monstre	le volt
le fossile		

Noms féminins

l'agence	l'esthétique	la pendule
l'argenterie	l'excuse	la porcelaine
l'aristocratie	la forteresse	la réminiscence
la botte	l'heure de pointe	la rumeur
la colonne	la location	la sécurité
la confiance	les lunettes (*pl.*)	la victoire
la conscience	la monarchie	

ADJECTIFS

chimique	époustouflé, époustouflée	paresseux, paresseuse
conscient, consciente	intéressé, intéressée	préhistorique
conservateur, conservatrice	luxueux, luxueuse	silencieux, silencieuse
désorienté, désorientée		

VERBES

amuser	déboucher	prouver
apprécier	fonctionner	se venger
conférer	se promener	tenir

EXPRESSIONS ADVERBIALES

sans façon	sans pitié

EXPRESSIONS IDIOMATIQUES

à votre santé !

Victor Hugo

La coccinelle

Elle me dit : Quelque chose
Me tourmente. Et j'aperçus
Son cou de neige, et, dessus
Un petit insecte rose.

J'aurais dû, — mais, sage ou fou,
À seize ans, on est farouche, —
Voir le baiser sur sa bouche
Plus que l'insecte à son cou.

On eût dit un coquillage ;
Dos rose et taché de noir.
Les fauvettes pour nous voir
Se penchaient dans le feuillage.

Sa bouche fraîche était là ;
Je me courbai sur la belle ;
Et je pris la coccinelle ;
Mais le baiser s'envola.

— Fils, apprends comme on me nomme,
Dit l'insecte du ciel bleu,
Les bêtes sont au Bon Dieu*,
Mais la bêtise est à l'homme.

Les Contemplations, Livre I, XV

Exercice poétique

Composez un petit poème qui raconte un souvenir, récent
ou ancien, bon ou mauvais, joyeux ou embarrassant. Prenez
comme modèle général *La coccinelle*. (C'est peut-être
le souvenir de quelque chose que vous auriez dû faire et que
vous n'avez pas fait.)

* La coccinelle, petit insecte rouge et noir, est souvent nommée
«bête à Bon Dieu». (En anglais, on dit *lady bug*.)

Une conversation avec le consul des États-Unis à Marseille

LE SUBJONCTIF :

- Les formes du subjonctif :
  verbes à subjonctif irrégulier
  et verbes à subjonctif régulier
- Conjugaison du subjonctif
- Subjonctif et infinitif après **il faut**

- Le verbe **falloir (il faut)** et ses différents temps :
  il faut et **il ne faut pas**

INTRODUCTION

INDICATIF

Les verbes à subjonctif irrégulier

Je suis toujours gentil.

J'ai de l'enthousiasme.

SUBJONCTIF

Il faut **que je sois** toujours gentil.

Il faut **que j'aie** de l'enthousiasme.

INDICATIF	SUBJONCTIF

Les verbes à subjonctif irrégulier

Je fais beaucoup de choses.

Il faut **que je fasse** beaucoup de choses.

Je vais régulièrement au travail.

Il faut **que j'aille** régulièrement au travail.

Je peux aider les autres.

Il faut **que je puisse** aider les autres.

Je sais que mes années d'études sont importantes,

Il faut **que je sache** que mes années d'études sont importantes.

Les autres verbes ont un subjonctif régulier.

Je regarde la télévision.

Il faut **que je regarde** la télévision pour savoir les nouvelles.

Je réfléchis avant de répondre.

Il faut **que je réfléchisse** avant de répondre pour donner une réponse intelligente.

J'attends la fin du semestre.

Il faut **que j'attende** la fin du semestre pour partir en vacances.

Je viens ici tous les matins.

Il faut **que je vienne** ici tous les matins.

Je prends ma voiture.

Il faut **que je prenne** ma voiture : Il n'y a pas d'autobus.

Je bois du café.

Il faut **que je boive** du café pour ne pas m'endormir.

Je mets mon nom sur ma boîte aux lettres.

Il faut **que je mette** mon nom sur ma boîte aux lettres, car il ne faut pas que le facteur fasse une erreur.

DÉCLARATION ET QUESTION	RÉPONSE

Conjugaison du subjonctif

Il faut **que je sois** chez moi à trois heures. À quelle heure faut-il **que vous soyez** chez vous ?

Il faut **que nous** y **soyons** à six heures. Quelqu'un doit nous téléphoner.

Combien d'argent faut-il **que vous ayez** pour aller en Europe ?

Ça dépend. Il faut **que nous** en **ayons** assez.

Il faut **que je fasse** mon lit. Faut-il **que vous fassiez** le vôtre ?

Oui, il faut **que nous fassions** le nôtre.

Il faut **que j'aille** au marché. Faut-il **que vous** y **alliez** aussi ?

Oui, il faut **que nous** y **allions** aussi.

Ouvrez la fenêtre. Il faut **que l'air puisse** entrer.

Excellente idée. Il faut aussi **que nous puissions** respirer.

Faut-il **que vous sachiez** le français ?

Il faut certainement **que nous** le **sachions** dans cette classe.

Faut-il **qu'un artiste veuille** surtout représenter la réalité ?

Non, il faut surtout **qu'il veuille** exprimer sa vision personnelle. Il faut aussi **que nous voulions** accepter cette vision.

Quand faut-il **que nous regardions** la télévision ?

Il faut **que vous la regardiez** quand on y passe des bons films.

Faut-il **que vous réfléchissiez** avant d'écrire ?

Oui, il faut **que nous réfléchissions**. Il faut **que tous** ceux qui font un travail créateur **réfléchissent**.

Combien de temps faut-il **que vous attendiez** une réponse de France ?

Avec le courrier aérien, il faut **qu'on attende** environ une semaine.

Pourquoi faut-il **que vous buviez** du café ?

Il faut **que nous buvions** du café parce qu'il ne faut pas **que nous nous endormions**.

Qu'est-ce qu'il faut **que nous prenions** au restaurant ?

Il faut **que vous preniez** la terrine maison. C'est la spécialité. Il faut **que tous les clients** la **prennent** au moins une fois !

EXPLICATIONS

Le subjonctif

Le subjonctif est un **mode** (comme l'indicatif, le conditionnel, et l'impératif sont des modes). C'est le mode que prend le verbe quand il est précédé de certains verbes, comme **il faut,** ou de certaines expressions qui indiquent une situation subjective. Dans cette leçon, nous allons voir le subjonctif employé après **il faut.**

Étudions d'abord les neuf verbes qui ont un subjonctif irrégulier.

1. **Les neuf verbes qui ont un subjonctif irrégulier**

être : **que je sois** *	faire : **que je fasse**	savoir : **que je sache**
avoir : **que j'aie**	falloir : **qu'il faille**	valoir : **qu'il vaille**
aller : **que j'aille**	pouvoir : **que je puisse**	vouloir : **que je veuille**

A. Le subjonctif de **être** et de **avoir**

être			avoir		
(INDICATIF PRÉSENT)	SUBJONCTIF		(INDICATIF PRÉSENT)	SUBJONCTIF	
je suis	que	je **sois**	j' ai	que	j' **aie**
tu es	que	tu **sois**	tu as	que	tu **aies**
il est	qu'	il **soit**	il a	qu'	il **ait**
nous sommes	que nous **soyons**		nous avons	que nous **ayons**	
vous êtes	que vous **soyez**		vous avez	que vous **ayez**	
ils sont	qu'	ils **soient**	ils ont	qu'	ils **aient**

B. Le subjonctif de **aller, vouloir, faire, pouvoir, savoir, falloir, valoir**

aller			vouloir		
(INDICATIF PRÉSENT)	SUBJONCTIF		(INDICATIF PRÉSENT)	SUBJONCTIF	
je vais	que	j' **aille**	je veux	que	je **veuille**
tu vas	que	tu **ailles**	tu veux	que	tu **veuilles**
il va	qu'	il **aille**	il veut	qu'	il **veuille**
nous **allons**	que nous **allions** **		nous **voulons**	que nous **voulions** **	
vous **allez**	que vous **alliez**		vous **voulez**	que vous **vouliez**	
ils vont	qu'	ils **aillent**	ils veulent	qu'	ils **veuillent**

faire			pouvoir		
(INDICATIF PRÉSENT)	SUBJONCTIF		(INDICATIF PRÉSENT)	SUBJONCTIF	
je fais	que	je **fasse**	je peux	que	je **puisse**
tu fais	que	tu **fasses**	tu peux	que	tu **puisses**
il fait	qu'	il **fasse**	il peut	qu'	il **puisse**
nous faisons	que nous **fassions**		nous pouvons	que nous **puissions**	
vous faites	que vous **fassiez**		vous pouvez	que vous **puissiez**	
ils font	qu'	ils **fassent**	ils peuvent	qu'	ils **puissent**

savoir			falloir	
(INDICATIF PRÉSENT)	SUBJONCTIF		(INDICATIF PRÉSENT)	SUBJONCTIF
je sais	que	je **sache**	il faut	qu'il **faille**
tu sais	que	tu **saches**		
il sait	qu'	il **sache**	**valoir**	
nous savons	que nous **sachions**		(INDICATIF PRÉSENT)	SUBJONCTIF
vous savez	que vous **sachiez**		il vaut	qu'il **vaille**
ils savent	qu'	ils **sachent**	(surtout employé dans l'expression : **il vaut mieux...**)	

* Since the subjunctive is usually introduced by **que**, we will use **que** in front of the verb forms in the subjunctive to help you remember them as such.
** Note that in the case of the verbs **aller**, **avoir**, and **vouloir** the stem changes in the **nous** and **vous** forms, and then parallels the stem of the present indicative. You will find this peculiarity in several other "regular" subjunctives, based on verbs that have an irregular present indicative conjugation.

2. Le subjonctif des autres verbes

A. Verbes réguliers des trois groupes (**-er, -ir, -re**)

1er groupe : **regarder**

Il faut **que je regarde** la télévision pour voir les actualités.

2ème groupe : **réfléchir**

Il faut **que je réfléchisse** avant de répondre.

3ème groupe : **attendre**

Il faut **que j'attende** la fin du semestre pour partir en vacances.

CONJUGAISON DU SUBJONCTIF DES VERBES RÉGULIERS DES TROIS GROUPES

1er GROUPE: REGARDER		2ème GROUPE: RÉFLÉCHIR		3ème GROUPE: ATTENDRE	
que	je **regarde**	que	je **réfléchisse**	que	j' **attende**
que	tu **regardes**	que	tu **réfléchisses**	que	tu **attendes**
qu'	il **regarde**	qu'	il **réfléchisse**	qu'	il **attende**
que nous	**regardions**	que nous	**réfléchissions**	que nous	**attendions**
que vous	**regardiez**	que vous	**réfléchissiez**	que vous	**attendiez**
qu'	ils **regardent**	qu'	ils **réfléchissent**	qu'	ils **attendent**

RÈGLE: Pour former le subjonctif de tous les verbes (excepté les neuf verbes irréguliers que nous avons étudiés), on prend la troisième personne du pluriel du présent de l'indicatif :

VERBE	3ème PERS. PL. PRÉS. INDIC.	SUBJONCTIF
parler	**ils parl/ent**	**que je parl/e**
réfléchir	**ils réfléchiss/ent**	**que je réfléchiss/e**
attendre	**ils attend/ent**	**que j'attend/e**

B. Verbes irréguliers

Voilà quelques verbes irréguliers. Vous voyez qu'ils forment leur subjonctif de la même manière :

VERBE	3ème PERS. PL. PRÉS. INDIC.	SUBJONCTIF	VERBE	3ème PERS. PL. PRÉS. INDIC.	SUBJONCTIF
boire	**ils boiv / ent**	**que je boiv / e**	mettre	**ils mett / ent**	**que je mett / e**
devoir	**ils doiv / ent**	**que je doiv / e**	prendre	**ils prenn / ent**	**que je prenn / e**
dire	**ils dis / ent**	**que je dis / e**	tenir	**ils tienn / ent**	**que je tienn / e**
écrire	**ils écriv / ent**	**que j'écriv / e**	venir	**ils vienn / ent**	**que je vienn / e**

INFI-NITIF	PRÉSENT INDICATIF	SUBJONCTIF		INFI-NITIF	PRÉSENT INDICATIF	SUBJONCTIF
boire	je bois	que je boive		devoir	je dois	que je doive
	tu bois	que tu boives			tu dois	que tu doives
	il boit	qu' il boive			il doit	qu' il doive
	nous **buv**ons	que nous **buv**ions			nous **dev**ons	que nous **dev**ions
	vous **buv**ez	que vous **buv**iez			vous **dev**ez	que vous **dev**iez
	ils boivent	qu' ils boivent			ils doivent	qu' ils doivent
dire	je dis	que je dise		écrire	j' écris	que j' écrive
	tu dis	que tu dises			tu écris	que tu écrives
	il dit	qu' il dise			il écrit	qu' il écrive
	nous disons	que nous disions			nous écrivons	que nous écrivions
	vous dites	que vous disiez			vous écrivez	que vous écriviez
	ils disent	qu' ils disent			ils écrivent	qu' ils écrivent
mettre	je mets	que je mette		prendre	je prends	que je prenne
	tu mets	que tu mettes			tu prends	que tu prennes
	il met	qu' il mette			il prend	qu' il prenne
	nous mettons	que nous mettions			nous **pren**ons	que nous **pren**ions
	vous mettez	que vous mettiez			vous **pren**ez	que vous **pren**iez
	ils mettent	qu' ils mettent			ils prennent	qu' ils prennent
tenir	je tiens	que je tienne		venir	je viens	que je vienne
	tu tiens	que tu tiennes			tu viens	que tu viennes
	il tient	qu' il tienne			il vient	qu' il vienne
	nous **ten**ons	que nous **ten**ions			nous **ven**ons	que nous **ven**ions
	vous **ten**ez	que vous **ten**iez			vous **ven**ez	que vous **ven**iez
	ils tiennent	qu' ils tiennent			ils viennent	qu' ils viennent

REMARQUEZ : Quand le verbe a une conjugaison irrégulière au présent de l'indi-catif (pour le **nous** et le **vous**), le subjonctif a généralement la même irrégularité.

C. Les terminaisons de la conjugaison du subjonctif

À l'exception de **être** et de **avoir**, tous les subjonctifs, irréguliers et réguliers, ont la même terminaison :

que je	...-**e**	que nous	...-**ions**
que tu	...-**es**	que vous	...-**iez**
qu'il/elle	...-**e**	qu'ils/elles	...-**ent**

3. Remarques générales sur les formes du subjonctif

A. Comparaison des formes du subjonctif et de celles de l'imparfait

La forme **nous** et **vous** de tous les verbes au subjonctif (excepté pour les neuf verbes déjà étudiés) est la même que pour l'imparfait.

	IMPARFAIT	SUBJONCTIF			IMPARFAIT	SUBJONCTIF
devoir	je devais	que	je doive	prendre	je prenais	que	je prenne
	tu devais	que	tu doives		tu prenais	que	tu prennes
	il devait	qu'	il doive		il prenait	qu'	il prenne
	nous **dev**ions	que nous **dev**ions		nous **pren**ions	que nous **pren**ions
	vous **dev**iez	que vous **dev**iez		vous **pren**iez	que vous **pren**iez
	ils devaient	qu'	ils doivent		ils prenaient	qu'	ils prennent

B. Les cas des verbes qui ont un **i** dans la racine (comme **rire**, **étudier**, **oublier**)

Le verbe dont la racine se termine par **i** le garde à l'imparfait et au subjonctif. Il a donc deux **i** aux formes **nous** et **vous**.

Exemple : **oublier**

PRÉSENT	IMPARFAIT	SUBJONCTIF
j'oublie	j'oubliais	que j'oublie
tu oublies	tu oubliais	que tu oublies
il oublie	il oubliait	qu' il oublie
nous oublions	nous oubli**ions**	que nous oubli**ions**
vous oubliez	vous oubli**iez**	que vous oubli**iez**
ils oublient	ils oubliaient	qu' ils oublient

C. Le cas des verbes qui ont un **y** pour leur forme **nous** et **vous**

Les verbes qui ont un **y** pour leur forme **nous** et **vous** au présent de l'indicatif (**voir** : **nous voyons**, **vous voyez** ; **croire** : **nous croyons**, **vous croyez** ; etc.) auront un **y** et aussi un **i** pour le **nous** et le **vous** de l'imparfait et du subjonctif.

Exemple : **croire**

PRÉSENT	IMPARFAIT	SUBJONCTIF
je crois	je croyais	que je croie
tu crois	tu croyais	que tu croies
il croit	il croyait	qu' il croie
nous croyons	nous croy**ions**	que nous croy**ions**
vous croyez	vous croy**iez**	que vous croy**iez**
ils croient	ils croyaient	qu' ils croient

4. Le subjonctif et l'infinitif après **il faut**

A. L'infinitif

Vous connaissez déjà la construction **il faut** + *l'infinitif*.

Il faut manger pour vivre.
Il faut être à l'heure.
Si on* est malade, **il faut aller** chez le docteur.
Il faut faire son travail, si on ne veut pas avoir de difficultés.

* Vous savez déjà qu'il n'y a pas de subjonctif après **si** en français.

Cette construction a un sens impersonnel, c'est-à-dire, général. Il n'y a pas de référence à une personne spécifique, le sens est semblable à celui de **on**, et on l'emploie souvent en contexte avec **on**.

B. Le subjonctif

Si je suis malade, **il faut que j'aille** chez le docteur.
Il faut que je fasse mon travail si je ne veux pas avoir de difficultés.

La construction **il faut** + *le subjonctif* s'emploie quand on parle d'une personne spécifique (**je, tu, il, nous, vous, ils**) :

Il faut que vous soyez à l'heure.
Il faut que les étudiants de cette classe **sachent** le subjonctif.
Il ne faut pas que ma nouvelle voiture soit trop chère.

Il faut + *le subjonctif* est une construction très fréquente en français. **Il faut** a le sens général de *to have to* et **il ne faut pas** de *must not*.

5. Les différents temps du verbe **falloir**

A. *Passé composé :* **il a fallu**   ([*suddenly*] *had to*)

Il a fallu que j'aille chercher mon copain : Sa voiture était en panne !
(*I* [*suddenly*] *had to go pick up* . . .)

B. *Imparfait :* **il fallait**   (*had to* [*as a situation*])

L'année dernière, **il fallait** que je fasse des économies pour mon voyage en Europe.   (*I had to* . . . [*that was the situation*])

C. *Futur :* **il faudra**   (*will have to*)

Il faudra que je décide un jour de mon avenir.   (*I will have to* . . .)

Il existe aussi un conditionnel présent et passé pour le verbe **falloir** :

D. *Conditionnel :* **il faudrait**   (*would have to, ought to*)

Il faudrait que chaque individu change pour que la société s'améliore.
(*Each person would have to change* . . .)

E. *Conditionnel parfait :* **il aurait fallu**   (*would have had to, ought to have*)

Il aurait fallu que je commence à étudier le français très jeune pour le parler parfaitement maintenant.   (*I would have had to start* . . .)

6. Le sens de **il ne faut pas**   (*must not*)

Vous avez déjà vu que **il faut** a le sens de *to have to* ou *must*. Mais la négation **il ne faut pas** a seulement le sens de *must not* :

Il ne faut pas dire des choses désagréables aux gens !
Il ne fallait pas conduire si vite, vous n'auriez pas eu de contravention.
Il ne faudra pas oublier tout ce que vous avez appris.

NOTE: Comment exprime-t-on *I don't have to* ? Employez l'expression **Je ne suis pas obligé de...** (*ou* : **Je n'ai pas besoin de...**).

Votre première classe est à neuf heures. **Vous n'êtes pas obligé (Vous n'avez pas besoin) de** vous lever avant sept heures et demie.
Dans certaines classes, **nous ne sommes pas obligés d'**écrire des compositions. Mais dans celle-ci, **il faut que** nous fassions tout le travail.

EXERCICES ORAUX

1. Quelle est la forme correspondante du subjonctif avec **il faut** ?

> Exemple : Je suis à l'heure.
> *Il faut que je sois à l'heure.*

A. Verbes à subjonctif irrégulier

1. Je vais en ville.
2. Je fais des progrès.
3. Je sais les réponses.
4. Je veux apprendre.
5. Je peux voyager en Europe.
6. J'ai une bonne situation.
7. Je suis utile aux autres.
8. Nous faisons du sport.
9. Vous allez voir cet ami malade.
10. Elle est chez elle avant cinq heures.
11. On a quelquefois tort.
12. Ils peuvent trouver votre maison.
13. Vous voulez travailler dur.
14. Tu peux finir aujourd'hui.

B. Verbes à subjonctif régulier

1. Je dîne à sept heures.
2. Je réfléchis avant de parler.
3. J'attends le moment de mon départ.
4. Je choisis la meilleure place.
5. Je demande des conseils.
6. Je vends ma voiture.
7. Je réussis à mes examens.
8. Il achète des meubles.
9. Elle brunit au soleil.
10. Vous perdez cette habitude.
11. Je viens vous voir.
12. Nous buvons cette bonne bouteille.
13. Elle s'endort de bonne heure.
14. Il se met en route.
15. Cécile se débarrasse d'Anne.
16. Vous vous réconciliez.
17. Nous étudions la question.
18. On lit la bonne littérature.
19. Cet enfant grandit.
20. On s'amuse quand on est jeune.

2. Mettez la phrase au subjonctif.

> Exemple : Il faut être à l'heure.   (vous)
> *Il faut que vous soyez à l'heure.*

1. Il faut faire attention. (je)
2. Il faut aller au marché. (nous)
3. Il faut être compréhensif avec les autres. (elle)
4. Il faut avoir des réserves d'énergie. (les étudiants)
5. Il faut savoir accepter les critiques. (l'auteur de *Parole et Pensée*)

6. Il faut vouloir faire un effort pour réussir. (vous)
7. Il faut pouvoir employer le subjonctif correctement. (nous)
8. Il ne faut pas avoir peur des difficultés. (elles)
9. Il ne faut pas faire de fautes idiotes. (il)
10. Il faut dormir huit heures par nuit. (tout le monde)
11. Il faut réfléchir avant de prendre une décision. (on)
12. Il faut prendre votre temps. (vous)
13. Il faut se dépêcher le matin. (les gens)
14. Il ne faut pas perdre la tête. (je)
15. Il ne faut pas se mettre en colère. (ils)

3. Donnez une réponse personnelle aux questions suivantes.

Exemple : Où faut-il que vous alliez après cette classe ?
Il faut que j'aille à l'aéroport prendre l'avion.

1. Où faut-il que vous alliez après cette classe ?
2. Quelle note faut-il que vous ayez pour être satisfait ?
3. Qu'est-ce qu'il faut que vous fassiez ce soir ?
4. Pourquoi faut-il que vous ayez de la patience ?
5. Pourquoi faut-il que vous fassiez des économies ?
6. Pourquoi faut-il que vous soyez gentil avec tout le monde ?
7. Quand faut-il que vous puissiez employer le subjonctif ?
8. Combien de temps faut-il que vous mettiez à préparer un examen ?
9. À quelle heure faut-il que vous soyez chez vous aujourd'hui ?
10. Pourquoi ne faut-il pas qu'on se mette en colère ?

CONVERSATION

Demandez à une autre personne de la classe.

1. s'il faut qu'il/elle soit à l'heure pour cette classe.
2. s'il faut qu'il/elle se lève de bonne heure.
3. s'il faut qu'il/elle mette sa voiture dans le parking (*ou* : prenne l'autobus).
4. s'il faut qu'il/elle étudie le soir.
5. s'il faut qu'il/elle travaille dans un bureau (*ou* : un magasin, etc.).
6. s'il faut qu'il/elle aille au laboratoire.
7. où il faut qu'il/elle soit à midi aujourd'hui.
8. où il faut qu'il/elle soit à six heures ce soir.

9. où il faut qu'il/elle soit à minuit ce soir.
10. s'il faut qu'il/elle fasse son lit.
11. s'il faut qu'il/elle fasse le dîner ce soir.
12. s'il faut qu'il/elle fasse la vaisselle.
13. ce qu'il faut qu'il/elle fasse le dimanche en général.
14. s'il faut qu'il/elle emporte un sandwich le matin.
15. s'il faut qu'il/elle fasse attention dans la classe.
16. s'il faut qu'il/elle réfléchisse avant de parler. Pourquoi ?
17. s'il faut qu'il/elle vende ou achète quelque chose cette semaine.
18. s'il faut qu'il/elle fasse des économies, et pourquoi.
19. où il faut qu'il/elle aille après cette classe.
20. ce qu'il ne faut pas qu'il/elle fasse en classe.
21. ce qu'il ne faut pas qu'il/elle dise au professeur.
22. ce qu'il/elle n'a pas besoin de faire aujourd'hui.
23. ce qu'il/elle n'a pas besoin de faire dimanche.

Une conversation avec le consul des États-Unis à Marseille

Comme tous les jeunes gens, les étudiants du Programme International savent qu'il faut qu'ils pensent à leur avenir, et qu'ils s'y préparent. Jackie sait déjà qu'elle voudrait travailler pour le Département d'État à l'étranger. Comment se renseigner ? Paul a une excellente idée : Il faut trouver quelqu'un qui travaille dans cette organisation et lui demander des conseils. Qui trouver, là, dans le sud de la France ? « Attends, dit Paul, il faut que je réfléchisse. Voilà ! J'ai une idée. Il faut que nous demandions un rendez-vous au consul américain de Marseille. Je suis sûr qu'il pourra te dire comment il faut que tu te prépares, et ce qu'il faut que tu saches pour travailler en vue d'une situation dans les services consulaires. »

Aussitôt fait que dit. Un coup de téléphone au consulat de Marseille, et le rendez-vous est pris pour le lendemain. Le consul des États-Unis recevra Madame Martin demain à quinze heures. « Il faut que tu viennes avec moi, dit-elle à Paul. Tu as sûrement des questions aussi. Il faut que tu sois là pour les poser au consul. »

D'Aix à Marseille, il n'y a que trente kilomètres, et l'autobus ne prend pas long-temps. « Il ne faut pas que nous nous perdions dans les petites rues de Marseille » dit Paul. Mais sans difficultés, les voilà dans le salon d'attente du consulat. Ils sont un peu intimidés, mais contents pourtant de se trouver un peu « chez eux ». En effet, ils savent que les consulats à l'étranger sont placés sous le drapeau américain.

Quelques minutes plus tard, la porte s'ouvre. « Je suis Madame von Duerckheim, consul des États-Unis », dit une jeune femme qui n'a pas l'air bien plus âgée que Jackie. « Il faut que je vous demande pardon de mon retard. Il y avait un cas d'urgence... Entrez dans mon bureau. »

Jackie regarde le consul. Elle est très encouragée parce qu'elle s'identifie sans difficulté avec cette jeune femme sympathique d'environ trente ans, au regard direct et souriant. Elle se dit : « Voilà comment je voudrais être dans quelques années. »

« Madame, dit Jackie, je vais parler français, parce que je me suis promis de toujours parler français pendant que je serais en France. Nous sommes venus, mon

---

* The information presented here is accurate, and the U.S. consul is modeled after Ms. von Duerckheim, United States consul in Marseille, who was kind enough to meet with American students and tell them about her profession. The exam discussed by the consul is described in the State Department brochure : Foreign Service Officer, available upon request from the Board of Foreign Service Examiners, Box 9317 Rosslyn Station, Arlington, Va. 22209. This brochure gives sample examinations and information concerning positions in consular services and other State Department agencies.

mari et moi, parce qu'il faut que nous vous posions des questions. Qu'est-ce qu'il faut que je fasse pour entrer dans le service consulaire, comme vous ? »

Le consul réfléchit un instant : « Eh bien, dit-elle, il faut d'abord que vous prépariez l'examen du Département d'État, et que vous y réussissiez. Pour cela, il faut que vous ayez des bonnes connaissances générales, parce qu'il y a des questions d'anglais, de mathématiques élémentaires, d'histoire, de géographie, de sciences, et d'économie politique. »

« Faut-il qu'on sache une autre langue ? » demande Jackie.

Le consul sourit. « En théorie, non. On n'a pas besoin de savoir de langue étrangère, et il n'y a pas de question de langue étrangère à l'examen. Mais si vous réussissez à cet examen, il faut que vous en appreniez, et on vous donne très peu de temps pour en apprendre une ou deux... Alors, en pratique, il faudrait que vous en sachiez déjà au moins une quand vous passez l'examen. »

Paul demande à son tour : « Faut-il qu'on ait un diplôme d'université, un *B.A.*, pour se présenter à cet examen ? »

« Vous n'avez pas besoin d'en avoir un, mais les questions sont au niveau de ce diplôme. En fait, beaucoup de gens ont même fait un ou deux ans d'études avancées avant de passer l'examen. Je vous conseille de finir votre diplôme avant de vous présenter. »

Jackie prend son courage à deux mains : « Il faut que vous m'excusiez si je suis indiscrète, Madame, dit-elle, mais comment êtes-vous devenue consul vous-même, si jeune, dans un poste important comme Marseille ? »

Le consul rit franchement : « Ce n'est pas un mystère. D'abord, j'ai fait mes études dans une université américaine, où je me suis spécialisée en langues et en affaires internationales. J'ai eu de la chance, et j'ai réussi à l'examen la première fois. Beaucoup de gens ne réussissent que la deuxième ou la troisième fois. Il y a tant de candidats ! Mais il ne faut pas qu'on se décourage. Après, j'ai passé deux ans dans mon premier poste, au Canada, où j'étais assistante du vice-consul. J'aimais bien le Canada, c'est là que j'ai perfectionné mon français. J'étais triste quand il a fallu que je quitte Ottawa et que j'aille à Francfort ! Mais j'étais nommée vice-consul et c'est à Francfort que je me suis mariée. Mon mari est allemand. Après deux ans, il a fallu que je change de nouveau. J'étais heureuse de venir à Marseille. Marseille n'est pas très loin de Francfort, aussi mon mari et moi, nous nous voyons souvent. Qu'est-ce que nous ferons si mon prochain poste est à Madagascar, par exemple ? Eh bien, il faudra sans doute que mon mari quitte son emploi, s'il veut venir avec moi... »

« Quelles sont vos fonctions ? » demande Paul que la conversation intéresse autant que Jackie.

« Elles sont si variées et si nombreuses, que je ne peux pas vous les énumérer. En résumé, nous représentons le gouvernement américain à l'étranger. Nous avons des responsabilités envers les citoyens américains qui voyagent, et envers les citoyens français qui veulent aller aux États-Unis. Par exemple, si vous perdez votre passeport, il faut que je vous le remplace. Si un Américain est malade, ou a un accident à Marseille, et personne pour l'aider, il faut que je m'occupe de lui. Par exemple, quand vous êtes arrivés, un vieux monsieur venait de mourir dans un hôtel de Marseille. C'était un voyageur américain. Il faudra que nous aidions sa femme à faire rapatrier le corps, que nous nous occupions de son retour aux États-Unis... Quand un Français désire aller aux États-Unis, vous savez qu'il faut qu'il obtienne un visa. Pour cela, il faut qu'il vienne au consulat, que j'examine sa situation, et que je décide s'il faut, ou s'il ne faut pas, qu'il ait un visa. »

« Nous sommes allés au consulat de France de notre ville, dit Jackie, pour obtenir notre visa de résidence d'un an en France. »

« En effet, dit le consul, chaque pays est représenté dans les grandes villes du monde. Le personnel consulaire fait partie du corps diplomatique. Nous avons l'occasion de vivre dans une variété de pays. Mais attention ! Il ne faut pas qu'on s'attache trop à un pays ou à un autre, car nous sommes obligés de changer de poste périodiquement. »

À ce moment, le téléphone sonne. Le consul répond. Puis elle se tourne vers ses visiteurs. « Un autre cas d'urgence, dit-elle. La police a arrêté un jeune Américain qui arrivait du Maroc avec une provision de hachisch, paraît-il. Il faut que j'aille lui parler, que je sache de quoi on l'accuse exactement, m'assurer qu'il a un avocat, et que je lui demande s'il veut que je notifie sa famille... » Elle ajoute après un instant : « Mais il ne faut pas qu'il croie que je peux obtenir sa liberté parce qu'il est étranger. Vous savez qu'on est toujours soumis aux lois du pays où on se trouve ! »

Jackie et Paul se lèvent, et remercient le consul de son amabilité. Elle sourit : « Il ne faut pas que vous pensiez que je n'ai que des devoirs pénibles... Il y en a d'autres ! Par exemple, demain, je dois servir de témoin au mariage de deux Américains qui ont fait connaissance dans une station de ski des Alpes. C'est un aspect plus agréable de mes fonctions. Au revoir, et bonne chance ! »

RÉPONDEZ dans l'esprit de la lecture et avec imagination.

1. **Kim :** Jackie et Paul, où étiez-vous hier après-midi ? Nous ne vous avons pas vus...
   Jackie : _____

2. **Bill :** Le consul américain ? Ça doit être un vieux monsieur...
   Paul : _____

3. **Roger :** Pourquoi êtes-vous allés voir ce consul ?
   Jackie : _____

4. **Michel :** Justement, comment peut-on entrer dans les services consulaires ?
   Jackie : _____

5. **Un autre étudiant :** Je connais le mot *consul*, mais je ne sais pas exactement ce que fait un consul. Qu'est-ce qu'il fait ?
   Paul : _____

6. **Bill :** Qu'est-ce qu'il faut qu'on sache pour l'examen du Département d'État ?
   Jackie : _____

7. **Une autre étudiante :** Est-ce que le consul passe sa vie dans le même poste ?
   Paul : _____

8. **Jean-Yves :** Je voudrais aller aux États-Unis. Faut-il que j'obtienne un visa ? Qui me le donnera ?
   Jackie : _____

9. **Valérie :** Faut-il que tu saches des langues étrangères pour l'examen dont tu parles ?
   Jackie : _____

10. **Un étudiant américain :** Je suis content de savoir qu'il y a un consul américain à Marseille... Si j'ai des difficultés avec la police il faudra qu'il me fasse libérer, n'est-ce pas ?
    Paul : _____

11. **Kim :** Jackie, pourquoi voudrais-tu être consul, un jour ?
    Jackie : _____

12. **Monique :** Mais, qu'est-ce que Paul fera ?
    Jackie : _____
    (Si vous avez oublié, relisez la Lecture de la Leçon 21.)

EXERCICES ÉCRITS

1. Mettez les phrases suivantes au subjonctif après **il faut**.

> Exemple : Nous sommes à l'heure.
> *Il faut que nous soyons à l'heure.*

1. Vous restez à la maison ce soir.
2. Je trouve un crayon.
3. Je m'arrête au supermarché.
4. Vous vous mettez au travail.
5. Elle est patiente.
6. Il se réveille à sept heures.
7. Tu vends ta voiture.
8. Nous avons du courage.
13. Tu vois ce film.
14. On déjeune de bonne heure aujourd'hui.
15. Je fais un long voyage.
16. C'est un fou qui a fait ça !
17. Il sait ce qui est arrivé.
18. Tu vas à la bibliothèque.
19. On comprend les autres.

9. Je dors huit heures par nuit.
10. Tu bois un verre d'eau.
11. Vous me promettez de dire la vérité.
12. Ils savent les nouvelles.

20. Elle met sa voiture au garage.
21. Vous prenez de l'aspirine.
22. Nous apprenons le subjonctif.
23. Je te dis qui j'ai rencontré.
24. Il y a du pain pour le dîner.

2. Complétez la phrase par le verbe au subjonctif ou à l'infinitif.

> Exemple : Il faut _____ (être) honnête avec tout le monde.
> *Il faut être honnête avec tout le monde.*
>
> Il ne faut pas que vous _____ (croire) tout ce que vous entendez !
> *Il ne faut pas que vous croyiez tout ce que vous entendez !*

1. Il faut que le consul _____ (être) là pour aider ses compatriotes.
2. Il ne faut pas que tu _____ (prendre) trop d'aspirine.
3. Il faut toujours _____ (réfléchir) avant de parler.
4. Il faut que vous _____ (trouver) ce livre pour demain.
5. Il ne faut pas _____ (se disputer) avec les gens stupides.
6. Il fallait que je _____ (faire) la cuisine quand j'avais un appartement.
7. Il faut _____ (travailler) pour vivre.
8. Il ne faudrait pas que vous _____ (rire) quand je parle sérieusement.
9. Il a fallu que je _____ (lire) Camus pour comprendre sa morale.
10. Il faudra que Jackie _____ (passer) l'examen du Département d'État.

3. Transformez chaque phrase en ajoutant **falloir** ou **devoir** au temps approprié (qui est le temps du verbe en italiques).

> Exemple : Pierre *a oublié* de me téléphoner. (devoir)
> *Pierre a dû oublier de me téléphoner.*
>
> *Je travaillais* trente heures par semaine l'an dernier. (falloir)
> *Il fallait que je travaille trente heures par semaine l'an dernier.*

1. *J'ai passé* le week-end au lit. (falloir)
2. Vous *êtes* fatigué : Vous êtes pâle. (devoir)
3. Nous *partirons* de bonne heure demain matin. (falloir)
4. *J'ai oublié* mon portefeuille à la maison. (devoir)
5. Votre génération *changera* la société. (falloir)
6. Panne d'essence ! *Elle a fait* trois kilomètres à pied. (falloir)
7. Tiens, *c'est* André dans cette caravane (camper). (devoir)
8. Oui, *il vendait* sa voiture la semaine dernière. (devoir)
9. *J'achèterai* une caravane comme la sienne. (falloir)
10. *Elle* n'a pas *coûté* très cher. (devoir)
11. *C'est* très pratique pour le camping. (devoir)
12. *Je* lui *demanderai* combien il a payé. (falloir)

4. Complétez la phrase avec **il faut/il ne faut pas, il fallait, il a fallu, il faudra,** etc.

> Exemple : Quand je suis sorti, il pleuvait. Il...
> *Quand je suis sorti, il pleuvait. Il a fallu que je prenne mon*
> *imperméable.*

1. Le téléphone a sonné pendant que j'étais dans mon bain. Il...
2. Votre mari (*ou* : Votre femme) avait beaucoup de travail. Il...
3. Vous avez besoin d'argent ? Il...
4. Tu voudrais aller en Europe ? Alors, il...
5. Elle a du talent pour la musique. Il...
6. Vous êtes beaucoup trop dogmatique ! Il...
7. Tu as oublié ta clé dans ta chambre ? Comment vas-tu rentrer ? Il...
8. Le monde change si vite maintenant ! Bientôt, il...
9. Roger était au Resto-U, il n'y avait que du lapin. Pauvre Roger ! Il...
10. La police a arrêté un jeune homme et a téléphoné au consul. Il...

COMPOSITION ORALE, ÉCRITE, OU DISCUSSION

1. **Si un étranger visite votre ville,** ou votre état, ou votre université, où faut-il qu'il aille ? Que faut-il qu'il voie ? Qui faut-il qu'il rencontre ? Que faut-il qu'il sache ? Si vous le désirez, dites aussi (peut-être avec un certain humour !) ce qu'il ne faut pas qu'il voie et ce qu'il ne faut pas qu'il sache.

2. **Racontez une aventure passée de votre vie,** en employant beaucoup de sub-jonctifs après **il faut/il ne faut pas, il a fallu, il fallait.** Employez aussi **devoir** à ses différents temps.

3. **Si quelqu'un veut devenir célèbre ou riche** (ou simplement être heureux), que faut-il qu'il fasse ? Qu'il ne fasse pas ? Que faut-il qu'il sache ? Que faut-il qu'il attende comme résultat de ses actions ?

4. **À votre avis, qu'est-ce qu'il faudrait que chaque personne fasse pour améliorer la société ?** Prenez le cas d'une personne comme vous : Montrez comment il faut que cette personne se conduise pour que son environnement physique, son milieu psychologique, et la condition des gens autour d'elle soient meilleurs.

VOCABULAIRE DE LA LEÇON

NOMS

Noms masculins

le candidat	le coup de téléphone	le salon d'attente
le citoyen	le facteur	le subjonctif
le compatriote	le hachisch	le vice-consul
le consul	le personnel	le visa

Noms féminins

l'amabilité
l'assistante
la boîte aux lettres
la candidate
la caravane

la citoyenne
la compatriote
la connaissance
la fonction

la géographie
la réserve
la terrine
la vision

ADJECTIFS

avancé, avancée
compréhensif, compréhensive
diplomatique
direct, directe

dogmatique
encouragé, encouragée
international, internationale
pénible

personnel, personnelle
soumis, soumise (à)
souriant, souriante
varié, variée

VERBES

1er groupe

ajouter
énumérer
examiner

libérer
nommer
notifier

perfectionner
quitter
rapatrier

Pronominaux, 1er groupe

s'assurer (de)
s'attacher (à)
se décourager (de)

s'identifier (à)
s'occuper (de)

se renseigner
se tourner (vers)

Autres conjugaisons

obtenir

se perdre

Expressions idiomatiques

prendre son courage à deux mains

paraît-il

ADVERBES

au moins
aussitôt

correctement
en résumé

franchement
périodiquement

PRÉPOSITIONS

envers

Les surprises du système métrique

LES USAGES DU SUBJONCTIF :

- Subjonctif après expressions de sentiment personnel (émotion, volonté, désir, nécessité, doute, possibilité)
- Subjonctif (ou indicatif) après **penser, croire, espérer, trouver, il paraît**, et **il me semble**
- Subjonctif après certaines locutions conjonctives
- Subjonctif facultatif après le superlatif
- Le subjonctif remplace le futur et le conditionnel
- Le subjonctif parfait, ou passé composé du subjonctif

INTRODUCTION

INFINITIF	SUBJONCTIF

Le subjonctif après expressions de sentiment personnel

Je suis content d'être ici.	**Je suis content que vous soyez** ici.
Je suis fier d'avoir des bonnes notes.	Le professeur **est fier que vous ayez** des bonnes notes.

Le subjonctif après expressions de sentiment personnel

Je suis enchanté de faire votre connaissance.

Je suis enchanté que vous fassiez connaissance avec le reste de ma famille.

Cette vieille dame **n'a pas honte d'avoir**
des cheveux blancs.

Cette vieille dame **n'a pas honte que ses
cheveux soient** blancs.

Je veux (*ou* : je voudrais) aler passer
mes vacances sur la Côte d'Azur.

Je voudrais que vous alliez passer vos
vacances sur la Côte d'Azur.

Les Nations-Unies désirent assurer la
paix entre les différents pays.

Les Nations-Unies désirent que les
différents pays vivent en paix.

Quand on passe un examen, **on souhaite faire** de son mieux.

Quand vous passez un examen, **je souhaite que vous fassiez** de votre mieux.

Il est possible de faire la traversée de la
Manche à la nage.

Il est possible qu'un excellent nageur
fasse la traversée de la Manche à la
nage.

Il est triste de ne pas avoir d amis de son
âge.

Il est triste que cet enfant n'ait pas
d'amis de son âge.

Il est regrettable de ne pas savoir la
langue des pays qu'on visite.

Il est regrettable que nous ne sachions
pas le russe.

Je ne suis pas certain d'avoir raison.

Je ne suis pas certain que vous ayez
raison (*mais* : Je suis certain que vous
avez raison).

Je doute de pouvoir gagner un million.

Je doute que vous puissiez gagner un
million.

Je ne suis pas sûr de faire des économies si j'ai un carnet de chèques.

Je ne suis pas sûr que vous fassiez des
économies si vous avez un carnet de
chèques (*mais* : Je suis sûr que vous
ferez des économies si vous n'en avez
pas).

Subjonctif (ou indicatif) après **penser, croire, espérer, trouver, il paraît,**
et **il me semble**

Le professeur **pense que vous comprenez. Pense-t-il que vous compre-
niez** tout ce qu'il dit ?

Il ne pense pas que je comprenne tout.

Roger est pâle. **Croyez-vous qu'il soit** malade ?

Non, **je ne crois pas qu'il soit** malade. **Je crois** simplement **qu'il est** un peu fatigué.

J'espère que Jackie **sera** consul un jour. **Espérez-vous** aussi **qu'elle le soit ?**

Oui. Mais **je n'espère pas qu'elle passe** l'examen la première fois. (La deuxième fois, probablement.)

Je trouve que cet artiste a beaucoup de talent. Et vous, **trouvez-vous qu'il ait** du talent ?

Non, **je ne trouve pas qu'il ait** de talent.

Il me semble qu'il est possible d'apprendre une langue en quelques jours. **Vous semble-t-il que ce soit** possible ?

Non, **il ne me semble pas que ce soit** possible.

Il paraît que nous aurons des vacances supplémentaires cette année !

(*La négation et la question ne sont pas souvent employées.*)

INFINITIF	SUBJONCTIF

Subjonctif après certaines locutions conjonctives

Voilà un franc **pour le téléphone.**
Voilà un franc **pour téléphoner.**

Voilà un franc **pour que vous télé-phoniez** á mes parents.

Je finis mon travail **avant le week-end.**
Je finis mon travail **avant de sortir.**

Je finis mon travail **avant que vous (n')arriviez.**

Fermez la fenêtre **de peur du froid.**
Fermez la fenêtre **de peur d'avoir froid.**

Fermez la fenêtre **de peur que nous (n')ayons froid.**

À moins d'un accident, tout ira bien.
À moins d'avoir un accident, ce cheval gagnera la course.

À moins que son cheval (n')ait un accident, ce jockey gagnera la course.

Cet auteur va **jusqu'au fond** de ses personnages.
Cet auteur va **jusqu'à ressembler** à ses personnages !

Cet auteur étudie ses personnages **jusqu'à ce qu'il les connaisse** parfaitement.

(Pas de forme communément employée.)

Bien que je fasse des efforts, je suis souvent en retard (*ou* : **Quoique je fasse**...).

Qui que vous soyez
Où que vous alliez
Quoi que vous fassiez
Quelle que soit votre destinée

vous serez un jour heureux de savoir une langue étrangère.

INDICATIF (CERTITUDE)

SUBJONCTIF (DOUTE)

Subjonctif (facultatif) après le superlatif (et **premier, dernier, seul, unique,** et **personne**)

Voilà **sûrement le meilleur** restaurant **que je connais.**

C'est **probablement le meilleur** restaurant **que je connaisse.**

Cet homme a perdu tous ses amis. **Le seul qui** lui **est** fidèle, c'est son chien.

Cet homme a perdu beaucoup d'amis. Et **les seuls qui** lui **soient** fidèles commencent à l'abandonner.

C'est bien **la première** fois de ma vie **que je vois** ça !

Je ne crois pas que ce soit **la première** fois de ma vie **que je voie** ça.

PHRASE À L'INDICATIF

PHRASE AVEC LE SUBJONCTIF

Subjonctif parfait, ou passé composé du subjonctif

Je pense qu'**il a compris.**

Je ne pensais pas qu'**il ait compris.**

Je pensais qu'**il avait compris.**

Je ne pensais pas qu'**il ait compris.**

Je pensais qu'**il comprenait.**

Je ne pensais pas qu'**il ait compris.**

J'espérais qu'**elle était arrivée.**

Je n'espérais pas qu'**elle soit arrivée.**

Je croyais qu'**elle était venue.**

Je ne croyais pas qu'**elle soit venue.**

Le subjonctif remplace le futur et le conditionnel

Je crois qu'**elle viendra.**

Je ne crois pas qu'**elle vienne.**

Je pense **que vous aurez** mal à l'estomac si vous mangez trop.

Je ne pense pas **que vous ayez** mal à l'estomac si vous faites attention.

Je pensais **que vous seriez** content que je vous donne un examen supplémentaire.

Je ne pensais pas **que vous soyez** content que je vous donne un examen supplémentaire.

EXPLICATIONS

Les usages du subjonctif

Vous avez vu qu'on emploie l'infinitif ou le subjonctif après **il faut**. Vous allez voir maintenant, qu'on emploie le subjonctif (ou l'infinitif, s'il n'y a pas de changement de sujet) après certaines expressions « subjectives » : *sentiment personnel* (émotion, volonté, ou désir) et *nécessité*, *doute*, ou *possiblilité*.

1. Après une expression de sentiment personnel (émotion, volonté, ou désir)

   A. Après un adjectif ou un nom

PAS DE CHANGEMENT DE SUJET	CHANGEMENT DE SUJET
INFINITIF	SUBJONCTIF
Je suis heureux **d'être** ici.	Je suis heureux **que vous soyez** ici.
Vous êtes fier **d'avoir** des amis.	Nous sommes fiers **que vous ayez** des amis.
J'ai hâte **de finir** mes études.	Mes parents ont hâte **que je finisse** mes études.

Vous remarquez que s'il n'y a pas de changement de sujet, il y a un infinitif après **de**. (Vous n'avez pas oublié qu'un adjectif ou un nom prend **de** devant un infinitif.)

S'il y a un changement de sujet, on emploie le subjonctif.

Quelques adjectifs et quelques noms qui expriment un sentiment personnel et demandent un subjonctif, quand il y a changement de sujet :

ADJECTIFS			NOMS	
content	triste	étonné	peur	besoin
enchanté	désolé	surpris	honte	envie
On est ⟨ ravi	navré	embarrassé	On a ⟨ hâte	horreur
heureux	ému	enthousiasmé		
fier	gêné	flatté		

Les parents **sont fiers que** leurs enfants **viennent** leur demander des conseils. Par exemple, mon père **est flatté que je veuille** avoir son opinion, et il est enchanté de me la donner.

Ma chère Cécile,
   J'ai envie d'être sur la Côte d'Azur, et **j'ai** surtout **envie que** vous y **soyez** avec moi. J'ai besoin d'entendre votre voix. **J'ai besoin que** vous me **disiez** que rien n'a changé entre nous.

B. Après un verbe

PAS DE CHANGEMENT DE SUJET	CHANGEMENT DE SUJET
INFINITIF	**SUBJONCTIF**
Ma grand-mère n'aime pas **sortir**.	Ma grand-mère n'aime pas **que je sorte**.
Elle préfère **faire** la cuisine.	Elle préfère **que je fasse** la cuisine.
Elle veut (*ou*: Elle voudrait...) **aller** se coucher à 9 heures tous les soirs.	Elle veut (*ou*: Elle voudrait...) **que j'aille** me coucher à 9 heures tous les soirs.
Elle souhaite **vivre** comme ça.	Elle souhaite **que je vive** comme ça.
Elle aime mieux **avoir** la sécurité que l'aventure, et elle désire **être** calme et tranquille.	Elle aime mieux **que j'aie** la sécurité que l'aventure, et elle désire **que je sois** calme et tranquille.
Elle regrette de me **voir** si différent d'elle. (*ou*: Elle déplore de...)	Elle regrette **que je sois** si différent d'elle. (*ou*: Elle déplore que...)

REMARQUEZ: déplorer **de**, regretter **de**. Les autres verbes de ce groupe ne prennent pas **de**: j'aime, je voudrais, je préfère, je souhaite, je désire + *l'infinitif* sans préposition.

QUELQUES VERBES QUI DEMANDENT UN SUBJONCTIF DANS LE VERBE QUI SUIT, QUAND IL Y A CHANGEMENT DE SUJET

SANS PRÉPOSITION AVEC L'INFINITIF		AVEC **DE** + *L'INFINITIF*
aimer	préférer	regretter (de)
aimer mieux	souhaiter	déplorer (de)
désirer	vouloir	

Les Nations-Unies **voudraient que** tous les pays **soient** d'accord sur les questions de politique internationale. Dans un discours récent, le secrétaire général **regrettait** de ne pas pouvoir arbitrer une dispute. Il **regrettait** aussi **que** la guerre **paraisse** si souvent la seule solution à ces conflits.

C. Les verbes de sentiment personnel et les verbes de communication

Au cas où vous auriez oublié, et où vous seriez tenté de confondre les verbes de sentiment personnel et de volonté comme **vouloir**, **désirer**, etc., et les verbes de communication comme **dire**, **demander** (voir Leçon 20, page 304), voilà des exemples pour vous montrer la différence :

COMMUNICATION	SENTIMENT (VOLONTÉ, DÉSIR)
Je vous demande de me téléphoner.	Je **veux** (*ou* : Je voudrais) **que** **vous** me **téléphoniez**.
Vous dites à vos amis qu'ils sont gentils.	Vous **voulez que** vos amis **soient** gentils.

Il n'y a généralement pas de subjonctif après les verbes qui expriment la communication.

2. Après une expression de nécessité, doute, ou possibilité

PAS DE CHANGEMENT DE SUJET **INFINITIF**	CHANGEMENT DE SUJET **SUBJONCTIF**
Il faut (*ou* : Il est nécessaire de, *ou* : Il est indispensable de) **savoir** les choses essentielles de la vie.	**Il faut que** (*ou* : Il est nécessaire que, *ou* : Il est indispensable que). **vous sachiez** les choses essentielles de la vie.
Il est **possible d'aller** sur la lune.	Il est **possible que** des touristes **aillent** un jour sur la lune.
Je ne suis pas **certain de pouvoir** venir demain.	Je ne suis pas **certain que** Roger **puisse** venir demain.

QUELQUES EXPRESSIONS QUI DEMANDENT LE SUBJONCTIF QUAND IL Y A CHANGEMENT DE SUJET

ADJECTIFS		VERBES
il est { possible impossible douteux	vraisemblable invraisemblable incertain	il se peut que (= il est possible que) douter (de)
il n'est pas certain il n'est pas sûr		

REMARQUEZ : **certain** et **sûr** ne prennent pas de subjonctif, car dans ce cas, il n'y a pas de doute :

Je suis sûr que vous pouvez faire ça.
Vous êtes certain que Cécile aura sa vengeance.

3. Le subjonctif après les verbes d'opinion : **penser**, **croire**, **espérer**, **trouver**, **il paraît**, **il me semble**

Vous avez déjà vu qu'on emploie le subjonctif après les expressions d'*émotion*
(**Je suis heureux, fier, triste que...,** etc., **j'ai peur, j'ai hâte que...,** etc.), après celles
de *volonté* ou de *désir* (**Je veux que..., je souhaite que...,** etc.), et de *possibilité*
(**Il se peut que...**), ou de *nécessité* (**Il faut que...**).

Maintenant, examinez les phrases suivantes :

> **Je crois** que Roger **est** fatigué, mais **je ne crois pas** qu'il **soit** malade.
> **Croyez-vous** qu'il **soit** malade ?

> **Nous pensons** qu'il **fait** froid. Mais **nous ne pensons pas** qu'il **fasse** aussi
> froid que l'hiver dernier. **Pensez-vous** qu'il **fasse** plus froid en Alaska ?

> **J'espère** que vous **viendrez** me voir dans mon appartement. Mais
> **n'espérez pas** qu'il **soit** aussi confortable que le vôtre.

A. Il n'y a pas de subjonctif après les verbes **penser, croire, espérer, trouver,
il paraît,** et **il me semble** quand ils sont affirmatifs.

> **Je crois** que Roger **est** fatigué.
> **Nous pensons** qu'il **fait** froid.
> **J'espère** que vous **viendrez** me voir.
> **Je trouve** que vous **avez** du talent.
> **Il me semble** que le monde **change** très vite en ce moment.

B. On emploie le subjonctif ou l'indicatif après ces verbes quand ils sont à la
forme interrogative ou négative.

> **Croyez-vous** que Roger **soit** malade ? Non, **je ne crois pas** qu'il **soit**
> malade. (*ou :* Je ne crois pas qu'il est malade.)

> **Pensez-vous** qu'il **fasse** plus froid en Alaska qu'ici ? Non, **je ne pense pas**
> qu'il y **fasse** plus froid qu'ici. (*ou :* Je ne pense pas qu'il y fait plus
> froid qu'ici.)

> **Espérez-vous** que mon appartement **soit** grand et confortable ? En tout
> cas, **n'espérez pas** qu'il **soit** élégant ! (*ou :* N'espérez pas qu'il sera
> élégant !)

> **Je ne trouve pas** que ce nouveau film **soit** bon. **Trouvez-vous** qu'il **soit**
> original ? (*ou :* Trouvez-vous qu'il est original ?)

> **Il ne me semble pas** que le temps **aille** vite ! **Vous semble-t-il** que nous
> **soyons** déjà à la fin de l'année ? (*ou :* Vous semble-t-il que nous
> sommes déjà à la fin de l'année ?

NOTE : Pourquoi cet usage ou cette omission du subjonctif ? Probablement celle-ci :
je pense, je crois, j'espère, je trouve, il paraît, il me semble expriment, en réalité,
un fait pour celui qui parle. Le subjonctif s'emploie à la forme négative ou interrogative, quand le doute apparaît.

On n'emploie donc pas le subjonctif après ces verbes, même à la forme interrogative et négative, s'il n'y a pas de doute dans l'esprit de celui qui parle :

> Le candidat **ne pense pas** que son adversaire **a** raison (= Il est sûr qu'il a complètement tort!).

RÉCAPITULATION : Une chose est certaine et fixe — il n'y a pas de subjonctif après les verbes suivants à la forme affirmative :

penser	trouver
croire	il me (te, lui, nous, vous, leur) semble
espérer	il paraît*

Une expression affirmative d'opinion après ces verbes est toujours suivie de l'indicatif.

Une expression négative ou interrogative d'opinion après ces verbes est généralement suivie du subjonctif.

4. Le subjonctif après certaines locutions conjonctives

On emploie le subjonctif après certaines locutions conjonctives quand il y a un changement de sujet. Les plus employées de ces locutions sont :

pour que**	à moins que
afin que**	jusqu'à ce que
de sorte que**	bien que***
avant que	quoique***
de peur que	

PAS DE CHANGEMENT DE SUJET	CHANGEMENT DE SUJET
INFINITIF	SUBJONCTIF
Voilà un franc **pour téléphoner**.	Voilà un franc **pour que vous téléphoniez**.
Fermez la fenêtre **de peur d'avoir** froid.	Je ferme la fenêtre **de peur que vous (n')ayez** froid.
Venez me voir **avant de partir**.	J'irai vous voir **avant que vous (ne) partiez**.

---

* **il paraît que** est suivi d'un indicatif. Les formes interrogatives et négatives sont rares.
** Ces trois locutions ont le même sens : *so that, in order that*.
*** Ces deux locutions ont le même sens : *although*.

REMARQUEZ : Toutes les locutions conjonctives ne demandent pas le subjonctif. Vous en connaissez déjà beaucoup qui demandent l'indicatif.

parce que : Vous riez **parce que vous êtes** content.
depuis que : Nous sommes enchantés **depuis que nous avons** donné notre télévision.
après que : La pluie a commencé **après que je suis** arrivé.
pendant que : La cigale (*grasshopper*) chantait **pendant que** la fourmi **travaillait.**

Qu'est-ce qui explique cette différence ? Pourquoi certaines locutions demandent-elles un subjonctif, alors que d'autres demandent un indicatif ?

Les locutions qui demandent un subjonctif ont toutes une idée de but inaccompli (*unaccomplished goal or aim*). Il est toujours question de quelque chose de futur, de probable, de désirable ou non, mais jamais de quelque chose de factuel, comme pour les locutions qui demandent un indicatif.

5. Le **ne** pléonastique (*facultatif*)

Vous avez observé ce **ne** que nous plaçons entre parenthèses dans les phrases modèles et dans les exemples de la leçon ci-dessus pour vous montrer claire-ment qu'il n'est pas indispensable. Vous n'êtes pas obligé de l'employer, mais quand vous le verrez dans vos lectures il faut comprendre ce qu'il veut dire. Par exemple :

Je vous répète de conduire plus lentement de peur que vous **n'**ayez un accident.

Ce **ne** s'emploie quand, dans une phrase affirmative, il y a une idée de négation et qu'on pourrait dire la même chose dans une phrase négative :

Conduisez plus lentement pour **ne pas avoir** d'accident.

L'idée de **ne pas avoir** d'accident est claire.

À moins que vous **ne** mettiez de l'essence dans la voiture (= si vous ne mettez pas d'essence) nous serons en panne dans dix minutes.

Essayez de finir avant que nous **ne** partions (= ne partez pas avant d'avoir fini).

6. Le subjonctif après **qui que** (*whoever*), **quoi que** (*whatever*), **où que** (*wherever*)

Qui que vous soyez, dans une démocratie, vous êtes soumis aux lois de votre pays.

Oh, maintenant, avec le progrès, **où qu'on aille**, tous les pays se ressemblent !

Quoi que je fasse, je n'arrive pas à faire d'économies !

Il y a d'autres constructions semblables, bien que celles qui précèdent soient les plus employées. Les voilà :

Quelle que soit la vérité sur cette affaire, ce n'est sûrement pas ce qu'on a lu dans les journaux.

Quelque intelligent qu'on soit, et **quelque effort qu'on fasse**, on ne réussit pas si on ne sait pas organiser son temps et son travail.

7. Le subjonctif (*facultatif*) après une expression de superlatif

Vous êtes peut-être le meilleur ami que **j'aie**.
Vous êtes certainement le meilleur ami que **j'ai**.

On emploie le subjonctif après le superlatif quand il y a une idée de doute ou de probabilité, mais quand il y a une idée de certitude, on emploie l'indicatif.

Vous êtes la seule personne qui **puisse** le faire. (Je ne sais pas où sont les autres.)
Vous êtes la seule personne qui **peut** le faire. (Les autres ne peuvent pas, je leur ai demandé.)

On peut, dans le même ordre d'idées, employer (mais ce n'est pas obligatoire non plus) le subjonctif après les expressions **premier, seul, unique, rien, personne, ne... que** :

Il **n'y a que** vous qui **sachiez** le russe ici, n'est-ce pas ?
Oui, il n'y a certainement **que** moi qui **sait** le russe.

8. Le subjonctif dans la phrase au passé : subjonctif parfait (ou passé composé du subjonctif)

Le français contemporain n'emploie en général, **qu'un seul temps passé du subjonctif.** *

---

* Il y a, en fait, quatre temps du subjonctif : le présent, le parfait, l'imparfait, et le plus-que-parfait. L'imparfait et le plus-que-parfait du subjonctif sont aujourd'hui des temps littéraires. On ne les emploie pas dans la conversation, ni dans le style ordinaire. Vous les verrez surtout dans la littérature. Pour les formes du subjonctif parfait et plus-que-parfait, voir matériel supplémentaire, page 531 et Appendice B, page 544.)

CONJUGAISON DU SUBJONCTIF PARFAIT (ET COMPARAISON
AVEC LE PASSÉ COMPOSÉ DE L'INDICATIF)

VERBES CONJUGUÉS AVEC **AVOIR**	
PASSÉ COMPOSÉ DE L'INDICATIF	PARFAIT DU SUBJONCTIF
Exemple : regarder	
j'ai regardé tu as regardé il a regardé nous avons regardé vous avez regardé ils ont regardé	que j'aie regardé que tu aies regardé qu'il ait regardé que nous ayons regardé que vous ayez regardé qu'ils aient regardé
VERBES CONJUGUÉS AVEC **ÊTRE**	
Exemple : aller	
je suis allé(e) tu es allé(e) il/elle est allé(e) nous sommes allé(e)s vous êtes allé(e)(s) ils/elles sont allé(e)s	que je sois allé(e) que tu sois allé(e) qu'il/elle soit allé(e) que nous soyons allé(e)s que vous soyez allé(e)(s) qu'ils/elles soient allé(e)s

Exemples :

1. Avec un autre verbe au passé composé :

> Tout le monde n'a pas trouvé que le président **ait eu** raison d'augmenter les impôts.

2. Avec un autre verbe à l'imparfait :

> Beaucoup de gens ne croyaient pas qu'il **ait pris** une bonne décision.

9. Le subjonctif remplace le futur et le conditionnel.

Il n'y a pas de subjonctif futur ou conditionnel en français. Le subjonctif remplace le futur et le conditionnel.

> Je crois que **nous arriverons** demain. (*futur*)
> Je ne crois pas que **nous arrivions** demain. (*subjonctif*)
> Nous espérions que **vous pourriez** venir. (*conditionnel*)
> Nous n'espérions pas que **vous puissiez** venir. (*subjonctif*)

SUBJONCTIF (SUJETS DIFFÉRENTS)	INDICATIF (MÊME SUJET)

1. Après **il faut que**
 	
    Il faut **que j'aille** en ville
	1. Après **il faut**
	
	    Il faut **aller** en Europe par avion.

2. Après les expressions
 	
    d'**émotion** : Je suis heureux **que vous soyez** ici.
    de **volonté, désir** : Je voudrais **que vous restiez**.
    de **possibilité** : Il est possible **que j'aille** à Paris.
    de **doute** : Je doute **que vous alliez** dans la lune.
	2. Après les expressions
	
	    d'**émotion** : Je suis heureux **d'être** ici.
	    de **volonté, désir** : Je voudrais **rester**.
	    de **possibilité** : Il est possible **d'aller** dans la lune.
	    de **doute** : Je doute **d'aller** dans la lune.

3. Après certaines conjonctions adverbiales
 	
    jusqu'à ce que
      Restez **jusqu'à ce qu'il soit** l'heure de partir.
 	
    pour que, afin que
      Je vous dis cela **pour que** (= **afin que**) vous le **sachiez**.
 	
    de peur que
      Prenez de l'essence **de peur que** la voiture (**ne**) **tombe** en panne.
 	
    à moins que
      Vous arriverez à six heures, **à moins que** votre avion (**n'**) **ait** du retard.
 	
    bien que, quoique
      Je vous aime, **bien que vous** ne **soyez** pas gentil avec moi (*ou :* **quoique vous** ne **soyez** pas gentil...)
	3. Après certaines conjonctions adverbiales
	
	    pour, afin de
	      Vous m'écoutez **pour savoir** (= **afin de savoir**) ce que je dis.
	
	    de peur de
	      Dépêchez-vous **de peur de manquer** l'avion.
	
	    à moins de
	      À moins d'être en retard, votre avion arrivera à six heures.

4. Le subjonctif (facultatif) après le superlatif et après les termes comme **premier, dernier, seul, unique, personne, rien,** et **ne... que**
 	
    Employez le subjonctif quand il y a un doute.
 	
    Vous êtes peut-être **le meilleur** ami que **j'aie**.
    Suis-je **la seule** personne qui **sache** cela ?
    Ne connaissez-vous **personne** qui **comprenne** le chinois ?
	4. L'indicatif (possible) après le superlatif, et après les termes comme **premier, dernier, seul, unique, personne, rien,** et **ne... que**
	
	    Employez l'indicatif quand il n'y a pas de doute.
	
	    Vous êtes sûrement **le meilleur** ami que **j'ai**.
	    Je suis **la seule** personne qui **sache** cela.
	    Vous ne connaissez **personne** qui **comprend** le chinois.

5. Le subjonctif (quelquefois, mais pas toujours*) après les verbes **penser, croire, espérer, trouver, il paraît,** et **il me semble** quand ils sont employés dans une phrase négative ou interrogative
 	
    Croyez-vous que ce **soit** (*ou :* c'**est**) vrai ?
    Je ne **crois pas que** ce **soit** (*ou :* c'**est**) vrai.
 	
    Penses-tu qu'il **vienne** (*ou :* **viendra**) nous voir ?
    Je ne **pense pas qu'**il **vienne** (*ou :* **viendra**).
 	
    Trouvez-vous que ce **soit** (*ou :* que c'**est**) difficile ?
    Je ne **trouve pas que** ce **soit** (*ou :* que c'**est**) difficile.
	5. L'indicatif après les verbes **penser, croire, espérer, trouver, il paraît,** et **il me semble** quand ils sont employés affirmativement
	
	    Je **crois que** c'**est** vrai.
	
	    Je **pense qu'**il **viendra**.
	
	    Je **trouve que** c'**est** très difficile.

* La grammaire classique demande le subjonctif après ces verbes quand ils sont employés à la forme négative ou interrogative. Mais les Français ont de plus en plus tendance à employer l'indicatif, surtout dans la conversation et dans le style écrit sans intention littéraire, et quand il n'y a pas d'idée de doute.

EXERCICES ORAUX

1. Transformez la phrase par un changement de personne.

> Exemple :   Je suis désolé *d'être* malade.   (vous)
> *Je suis désolé que vous soyez malade.*

1. Je suis heureux *de faire* ce voyage.   (nous)
   de lire ce roman.   (tu)
   d'avoir de la chance.   (elle)
   de revenir bientôt.   (vous)
   de comprendre le subjonctif.   (ils)
2. Je ne veux pas *partir* sans *dire* au revoir.   (tu)
   sortir quand *j'ai* la grippe.   (elle)
   rester dehors quand il fait froid.   (vous)
   donner l'impression d'être idiot.   (nous)
   aller au laboratoire aujourd'hui.   (ils)
3. Êtes-vous fier *de savoir* si bien parler français ?   (nous)
   de donner des interviews à la presse ?   (vos étudiants)
   de voir votre photo dans les journaux ?   (nous)
   de ne pas faire de fautes de français ?   (nous)
   de gagner le match de football ?   (notre école)
4. Je souhaite de tout mon cœur *de réussir* dans la vie.   (vous)
   de trouver le bonheur.   (il)
   de faire un beau voyage.   (tu)
   de changer le monde.   (vous)
   de comprendre les autres.   (on)

2. Formulez la question.

> Exemple :   Je crois que vous avez tort.
> *Croyez-vous que j'aie tort ?*

1. Je pense que vous savez la vérité.
2. Il me semble que nous faisons des progrès.
3. Je crois que vous allez dans la bonne direction.
4. Nous trouvons que Jackie a raison.
5. J'espère que vous lisez les nouvelles.
6. Nous pensons que vous prenez trop d'aspirine.
7. On trouve souvent que les autres ont tort.
8. Je pense que Jackie doit écouter les conseils du consul.
9. Il nous semble qu'il fait très chaud.
10. Nous trouvons que ce politicien manque de sincérité.

3. Répondez à la question.

> Exemple : Croyez-vous que je sache le subjonctif ?
> *Oui, je crois que vous savez le subjonctif.* (ou : *Non, je ne crois pas que vous sachiez le subjonctif.*)

1. Pensez-vous que la fin du monde vienne bientôt ?   Non, ...
2. Croyez-vous qu'il faille observer les lois ?   Oui, ...
3. Trouvez-vous que cette classe apprenne bien le français ?   Oui, ...
4. Vous semble-t-il que les embouteillages deviennent plus fréquents ?   Oui, ...
5. Pensez-vous qu'il faille réfléchir avant d'agir ?   Oui, ... *ou* : Non, ...
6. Croyez-vous que les femmes soient aussi intelligentes que les hommes ?   Oui, ...
7. Trouvez-vous que chaque sexe doive avoir un rôle bien défini ?   Oui, ...   Non, ...
8. Vous semble-t-il que votre situation soit idéale ?   Non, ... Oui, ...
9. Espérez-vous que le monde soit parfait un jour ?   Oui, ... Non, ...
10. Espérez-vous que le public reconnaisse un jour vos talents ?   Oui, ... Non, ...

4. Le subjonctif (ou l'indicatif) après certaines locutions conjonctives

Complétez la phrase avec ou sans le subjonctif.

> Exemple : Vous fermez la fenêtre avant...   (vous sortez)
> *Vous fermez la fenêtre avant de sortir.*
>
> Vous fermez la fenêtre avant...   (il fait froid)
> *Vous fermez la fenêtre avant qu'il* (*ne*) *fasse froid.*

1. Ne courez pas de peur...   (vous tombez)
2. Nous faisons des économies pour...   (nous faisons un voyage)
3. Vous mettez de l'essence de peur...   (la voiture a une panne)
4. Attendez jusqu'à...   (je vous téléphone)
5. Les Nations-Unies délibèrent pour...   (elles préservent la paix)
6. Prenez vos billets maintenant, de peur...   (il n'y a pas de place)
7. Vous arriverez à cinq heures, à moins...   (l'avion est en retard)
8. Le délégué expose son problème avant...   (les délibérations commencent)
9. On ne peut pas tout savoir, à moins...   (on est un génie)
10. Donnez-moi votre adresse pour...   (je vous écris)
11. N'ouvrez pas votre porte la nuit, à moins... (c'est un ami)
12. Vous vous dépêchez de peur...   (on ne vous attend pas)
13. Ne vous moquez pas des gens, à moins...   (vous n'êtes pas ridicule vous-même)

14. Je vais fermer la télévision pour... (tu peux étudier)
15. Vous réservez une chambre d'hôtel de peur... (il n'y en a pas quand vous arriverez)

5. Le subjonctif et le superlatif (y compris **premier**, **dernier**, **seul**, **rien**, **unique**, **ne... que**, et **personne**)

Employez le subjonctif s'il y a un doute, l'indicatif si c'est une certitude.

> Exemple : Je suis sûr que vous êtes le meilleur ami que je... (avoir).
>
> *Je suis sûr que vous êtes le meilleur ami que j'ai.*
>
> Je me demande souvent si vous n'êtes pas le meilleur ami que je... (avoir).
>
> *Je me demande souvent si vous n'êtes pas le meilleur ami que j'aie.*

1. C'est sûrement la première fois que vous... (venir) dans cette ville.
2. Je sais qu'il n'y a que vous qui... (savoir) le russe ici.
3. C'est peut-être la dernière leçon de français que vous... (faire) !
4. Vous êtes peut-être la classe la plus intelligente que je... (connaître).
5. Quel est le plus grand poète qui... (écrire) en français ?
6. Il n'y a probablement personne qui... (rougir) aussi facilement que moi.
7. Nous prendrons le premier appartement qui... (ne pas être) trop cher.
8. Nous n'avons trouvé personne qui... (savoir) tout faire.
9. La plus belle histoire d'amour que vous... (avoir entendu), était-ce Roméo et Juliette ?
10. Quelle est la plus grande ville que vous... (avoir visité) ?
11. Quel est le plus petit objet que vous... (pouvoir) voir sans microscope ?
12. Où est le meilleur hôtel où nous... (pouvoir) dîner dans cette ville ?
13. Est-ce l'avion le plus rapide qui... (aller) de Los Angeles à Paris ?
14. Dites-moi quel est le meilleur livre que vous... (avoir lu).
15. C'est l'unique occasion que vous... (avoir) de comprendre le subjonctif.

Les surprises du système métrique

Pensez-vous qu'il soit normal que, de nos jours, une partie du monde emploie un système de mesures, et qu'une autre partie en emploie un autre ? Le système métrique, créé en France pendant la période révolutionnaire (vers 1790), a été adopté par tous les pays du monde, sauf les pays de langue anglaise. Mais ceux-ci sont maintenant en train de convertir leur système de mesures au système métrique, et bientôt, nous ne doutons pas que ce système soit universel. Pour le moment, il cause encore quelques surprises aux Américains qui visitent les pays où on emploie le système métrique.

Kim : Comment va ta grippe, Roger ? Nous avions peur que tu aies la fièvre...

Roger : Oh, ça va beaucoup mieux. Je ne pense pas qu'on puisse longtemps avoir la fièvre quand on a une température de trente-huit degrés. Il faut que tu admettes que trente-huit, ça semble bien moins chaud que cent ! Du moins, c'est l'impression que j'ai eue quand le docteur a pris ma température.

Kim : Oh, les degrés centigrades ! J'aurais voulu que tu voies la figure de Monique le jour où je lui ai dit que, dans notre ville, il faisait souvent une température de cent degrés en été. « Mais alors, a-t-elle dit, l'eau bout ! On ne peut pas survivre ! Vous devez être cuits ! » D'abord, je ne comprenais pas, parce que j'avais oublié ces sacrés degrés centigrades ! Et puis, j'ai compris. Elle avait raison ! Dans le système métrique, l'eau bout à cent degrés... Et comme tu le sais maintenant, la température du corps humain est d'environ trente-sept degrés...

Jackie : J'espère que tu lui as dit qu'il faisait souvent trente-neuf ou quarante degrés chez nous. C'est très chaud, en centigrades, tu sais !

Bill : Ah, les surprises du système métrique ! Il me semble toujours que les distances sont plus grandes qu'elles ne le sont, quand elles sont indiquées en kilomètres. Par exemple, cent kilomètres, ça fait combien en milles ?

Jackie : Ça fait environ soixante milles. J'ai un système : Je divise les kilomètres par deux, et j'ajoute un petit peu... Alors, cent divisé par deux, ça fait cinquante, plus un petit peu, ça fait soixante. Soixante, peut-être, ou soixante-deux. Mais enfin, tu as une idée.

Paul : (*Il rit.*) Ma femme a l'esprit plus pratique que mathématique, mais pour la vie

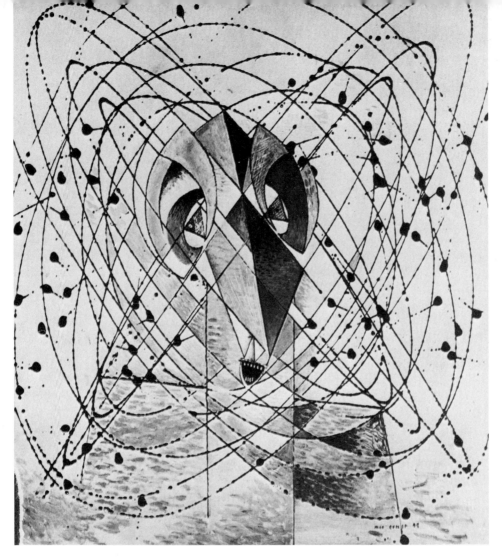

MAX ERNST, *Jeune homme intrigué par le vol d'une mouche non euclidienne*

Ce jeune homme, intrigué par le vol d'une mouche non euclidienne, serait probablement intrigué aussi par les mystères — et les surprises — du système métrique.

courante, son système marche bien. Moi, je ne pense pas que je puisse me faire aux kilos. L'autre jour, je me suis pesé, parce qu'il me semblait que j'avais perdu du poids. «Vous pesez soixante-quinze kilos» a dit le petit ticket qui est sorti de la machine. Je n'ai pas encore réussi à calculer...

Bill : Dis donc, Jackie, as-tu aussi un système pour passer du kilo à la livre américaine ?

Jackie : Oui, bien sûr. Tu multiplies par deux, et tu ajoutes un petit peu. Disons dix pour cent. Par exemple, je pèse cinquante-cinq kilos. Eh bien, ça fait cent vingt livres, à peu près...

Paul : Je ne suis pas sûr qu'un ingénieur soit satisfait de ton système, Jackie, mais pour nous, ça donne une idée.

Bill : Alors, au marché, là, je ne trouve pas qu'il y ait de problème. Si on achète un demi-kilo de fruits, c'est presque la même chose qu'une livre. Et un litre de vin ou de lait, c'est comme un *quart*.

Jean-Yves : Tu veux que je te dise où il y a des problèmes ? Écoute. L'autre jour, j'étais avec Roger dans ma voiture, Il voulait que je lui dise combien ma voiture consomme d'essence, et combien ça me coûte. Quel casse-tête ! Il a fallu que nous calculions combien il y a de milles dans cent kilomètres, combien ma consommation d'essence, en litres au kilomètre, faisait en gallons au mille. Et puis, pour finir, il a fallu calculer les francs en dollars... Il est bien possible que nous ayons fait erreur !

Kim : Et les tailles, dans les magasins ! N'es-tu pas toujours un peu surprise, Jackie, que ta taille soit quarante ou quarante-deux pour une robe ou un manteau ?

Jackie : Oui, au début, ça me paraissait gigantesque ! Et les chaussures ! Moi qui ai l'habitude de chausser du 6, j'ai découvert qu'il fallait que je prenne du 36 ici.

Paul : Pour moi, c'est bien simple : Chez nous, je chausse du 13. C'est grand, mais ça existe. En France, il semble que je sois le seul homme au monde qui ait des si grands pieds. Je ne pense pas que les vendeuses aient jamais vu quelqu'un comme ça... Quand j'entre dans un magasin, et que je demande un 46, tout le monde regarde mes pieds avec stupeur...

Jean-Yves : Sapristi ! En effet, je ne crois pas qu'il y ait beaucoup de Français qui aient des pieds comme ça ! Mais, je vous écoute, et il me semble que vous avez tort. Le système métrique est bien plus simple que votre vieux système anglais. Nous avons cent centimètres dans un mètre, cent mètres dans un hectomètre et mille mètres dans un kilomètre. Les calculs sont bien plus simples que si on a douze pouces dans un pied, trois pieds dans un *yard*, et Dieu sait combien de *yards* dans un mille. Je doute que beaucoup de gens sachent faire ces calculs en Amérique !

Kim : Ça, c'est vrai. Mon père vend de la moquette au mètre dans son magasin, et il dit toujours que, s'il voulait, il pourrait tricher sur la quantité, parce que beaucoup de gens se perdent dans le calcul de pieds et pouces en *square yards*.* Jean-Yves a raison, c'est compliqué !

---

* La mesure métrique correspondante est le mètre carré.

Bill : Vous vous rappelez ce qu'on nous a dit, quand nous sommes arrivés en France : Il faut que vous pensiez « métriquement ». Je ne crois pas que ce soit une mauvaise idée... Il n'est pas probable que les États-Unis gardent longtemps ce vieux système.

Roger : Bientôt, nous vivrons dans un monde où l'eau gèle à zéro degré, où elle bout à cent degrés, où on a la fièvre à trente-huit...

Kim : Et où on calcule le kilométrage de sa voiture en litres ! Faudra-t-il que nous achetions tous des calculateurs, ou vaudra-t-il mieux que nous prenions le système pratique de Jackie ?

POIDS ET MESURES

Le système métrique et le système américain de poids et mesures

MESURES DE LONGUEUR ET DE DISTANCE

1 centimètre	(1 cm.)	= 0.3937 *inch (less than 1/2 an in.)*
1 mètre	(1 m.)	= 39.37 *inches (about 1yd. and 3 in.)*
1 kilomètre (= 1000 m.)	(1 km.)	= 0.6213 *mile (about 5/8 of a mi.)*

MESURES DE POIDS

100 grammes	(100 gr.)	= 3.52 *oz. (a little less than 1/4 lb.)*
500 grammes	(500 gr.)	= 17.63 *oz. (a little more than 1 lb.)*
1 kilo(gramme)	(1000 gr.)	= 35.27 *oz. (a little over 2 lbs.)*

MESURE DE LIQUIDE

1 litre (1 l.) = 1.0567 *qt. (just a little over a quart)*

TEMPÉRATURES

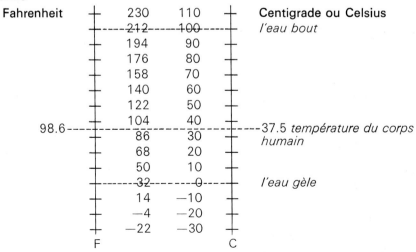

Fahrenheit				Centigrade ou Celsius
	230	110		
	212	100		*l'eau bout*
	194	90		
	176	80		
	158	70		
	140	60		
	122	50		
	104	40		
98.6			37.5	*température du corps humain*
	86	30		
	68	20		
	50	10		
	32	0		*l'eau gèle*
	14	−10		
	−4	−20		
	−22	−30		
F			C	

CONVERSION PRATIQUE: Quand une équivalence approximative est suffisante, voilà comment on calcule:

1 yard	1 mètre
1 foot	1/3 de mètre
1 mile	un peu moins de deux kilomètres
1 lb., 2 lbs.	1 livre, 1 kilo (moins 10%)
1 quart	1 litre
1 gallon	4 litres

RÉPONDEZ dans l'esprit de la lecture et avec imagination.

1. **Kim:** Tu vas mieux Roger? Quelle est ta température?
   Roger: _____

2. **Bill:** Est-ce normal, ou as-tu la fièvre?
   Roger: _____

3. **Kim:** Aidez-moi, vous autres! Je voudrais expliquer à Monique qu'il fait souvent très chaud, en été, dans notre ville. Il fait souvent cent degrés! Mais Monique dit que c'est impossible. Je sais que les degrés centigrades sont différents des Fahrenheit, mais cent degrés F. qu'est-ce que c'est en centigrade?
   Jean-Yves: _____

4. **Paul:** Moi aussi, j'ai besoin d'aide! Je pesais 175 *pounds*, et maintenant je pèse 75 kilos. Est-ce que j'ai gagné ou perdu du poids?
   Jackie: _____

5. **Valérie:** Il y a trente kilomètres de Marseille à Aix. Ça fait combien en milles américains?
   Jackie: _____

6. **Bill:** Je vois sur la carte que la distance Marseille-Paris est de 780 kilomètres. Ça fait combien en milles?
   Jackie: _____

7. **Monique:** Nous achetons le lait, le vin, l'eau minérale au litre. Quelle est la mesure correspondante dans votre système?
   Bill: _____

8. **Valérie:** Moi, je porte une taille 38 ou 40 ici, pour mes vêtements. Qu'est-ce qu'il faudrait que je prenne, aux États-Unis?
   Kim: _____

9. **Jean-Yves:** Je crois que tu as un bon système Jackie. Comment calcules-tu pour passer du kilomètre au mille?
   Jackie: _____

10. **Jean-Yves :** Bon, je comprends. Maintenant, comment calcules-tu pour passer du mille au kilomètre. Par exemple, suppose une distance de cent milles. Ça fait combien en kilomètres, approximativement ?
    Jackie : _____

11. **Valérie :** Si tu es dans un supermarché aux États-Unis, et que tu as besoin de cinq kilos de fruits, par exemple, qu'est-ce qu'il faut que tu demandes ?
    Paul : _____

12. **Bill :** Croyez-vous que les États-Unis changent de système et prennent le système métrique, un jour ?
    Roger : _____

EXERCICES ÉCRITS

1. Transformez deux phrases en une.

   Avec les deux phrases qui vous sont données, faites-en une seule, dans laquelle vous emploierez le subjonctif quand il est nécessaire, et l'infinitif dans les autres cas.

   > Exemple : Vous êtes désolé /Le père de votre ami est mort.
   > *Vous êtes désolé que le père de votre ami soit mort.*
   >
   > Vous avez peur /Vous êtes en retard.
   > *Vous avez peur d'être en retard.*

   A.

1. Les voyageurs sont contents	/Ils arrivent à leur destination.
2. Ils sont surpris	/La Tour Eiffel est si haute.
3. Ils ont hâte	/Le guide les conduit au restaurant.
4. Certains sont amusés	/Il y a un MacDonald sur les Champs-Élysées.
5. D'autres voudraient bien	/Tout le monde sait l'anglais à Paris !
6. Voilà une dame qui voudrait	/Elle achète des souvenirs.
7. Une autre déplore	/Elle est venue sans son appareil photo.
8. Mais d'autres ont peur	/Ils ne prennent pas assez de photos.
9. Il y en a beaucoup qui souhaitent	/Le voyage dure plus longtemps.
10. Car ils sont enchantés	/Ils voient des gens et des endroits nouveaux.

   B.

1. Je doute beaucoup	/Jean-Pierre viendra en classe demain.

2. Il est possible /Il est malade.
3. Mais je ne suis pas sûr /Sa maladie est très grave.
4. En réalité, il a peut-être peur /Il y a un examen surprise.
5. Et il a honte /Il n'est pas préparé.
6. Nous aimons mieux /Nous ne savons pas la vérité.
7. Car, alors, il faudrait /Le professeur prend des mesures sévères.
8. Et nous serions tristes /Il punit Jean-Pierre, qui est si gentil!
9. Il n'est pas certain, après tout /Jean-Pierre est paresseux.
10. Il n'est pas impossible /Notre copain est malade et veut suivre les ordres de son médecin.

2. Exprimez votre sentiment personnel sur chacune des déclarations suivantes avec un subjonctif (ou un infinitif).

Exemple : Vous êtes le meilleur étudiant de la classe!
Ah! Je suis heureux que vous reconnaissiez mon talent!

1. Je ne sais pas ce que j'ai : J'ai mal à la gorge, mal à la tête, et la fièvre.
2. Il y aura un tremblement de terre en Californie cette année.
3. Le système métrique est plus compliqué que le système américain.
4. Vous avez des idées bizarres. Pourquoi dites-vous que je suis fou ?
5. Nous détestons la cuisine du Resto-U.
6. Les gens sont très fiers de notre ville. Ils la trouvent belle.
7. Il est certain que Jean-Pierre a une maladie grave.
8. Ma belle-mère et moi, nous nous entendons très bien.
9. On m'a dit que la bibliothèque serait fermée le lundi, le mardi, et le jeudi.
10. Je ne comprends pas du tout le système de Jackie pour transformer les kilomètres en milles.

3. Complétez les phrases suivantes en employant un subjonctif ou un infinitif.

Exemple : Tout le monde a hâte...
Tout le monde a hâte que cette leçon finisse!

1. Voudriez-vous être célèbre et que la ville...
2. Regrettez-vous de...?
3. Je suis toujours étonnée de...?
4. Aimeriez-vous gagner un million et que la presse...?
5. Il se peut que vous ayez raison. Mais il se peut aussi que...
6. Je ne crois pas que le système métrique...
7. Avez-vous peur que votre avenir...
8. Si vous parlez bien français, vous êtes certain...!

4. Mettez les phrases suivantes à la forme négative.

(Attention! Dans certaines phrases, vous emploierez le subjonctif. L'emploierez-vous dans toutes?)

1. Je *crois* que son histoire est vraie.
2. Nous *sommes sûrs* que vous avez toujours raison.
3. Jean-Pierre *dit* qu'il ne veut pas venir.
4. Le candidat *veut* entendre le discours de son adversaire.
5. Je **trouve** qu'on doit fermer la bibliothèque.
6. Il *est possible* que vous sachiez tout.
7. Il me *semble* que certaines de ces phrases sont des clichés.
8. Nous *avons* beaucoup *regretté* que vous soyez parti.
9. Il *est impossible* d'aller sur une autre planète.
10. *J'aime* sortir, mais *je déteste* que les gens viennent me voir.
11. On vous *demande* de faire trop de travail.
12. Tout le monde *voudrait* que vous soyez des anges! (*Négation de* **tout le monde**?)

5. Récapitulation des formes et des usages du subjonctif que vous avez étudiés

Mettez le verbe à la forme correcte, avec le subjonctif quand il est nécessaire.

1. Pensez-vous que votre père (*vouloir*) vous prêter sa voiture?
2. Il est certain que nous (*aller*) en Europe bientôt.
3. Croyez-vous qu'il (*falloir*) faire la conversation avec tout le monde?
4. Le candidat était sûr (*être*) élu.
5. Restez! Je ne veux pas que vous (*partir*).
6. Je crois qu'il (*faire*) beau demain. Je ne crois pas qu'il (*faire*) froid.
7. Étiez-vous fier (*savoir*) qu'il fallait que vous (*faire*) un discours?
8. Je ne crois pas que vous (*comprendre*) ce que j'ai expliqué hier.
9. Tu penses que les gens (*voter*) pour ce candidat demain?
10. Les élections (*avoir lieu*) le mois prochain. Voudriez-vous qu'elles (*avoir lieu*) plus souvent? Croyez-vous qu'elles (*avoir lieu*) à la même date l'année prochaine, et qu'elles (*avoir lieu*) plus tôt l'année dernière?

6. Transformez les phrases suivantes en ajoutant l'expression verbale indiquée. (Emploierez-vous le subjonctif dans toutes?)

Exemple: Tu as assez réfléchi.   (Il ne me semble pas)
          Il ne me semble pas que tu aies assez réfléchi.

1. Tu as très bien compris.   (Je crois)
2. Il est très amusant d'attendre.   (Nous ne trouvons pas)
3. Cette ville a grandi trop vite.   (Vous semble-t-il)
4. Tout le monde pense comme moi.   (Moi, je voudrais bien)

5. Le gouvernement prendra des décisions. (Tout le monde se demande si)

6. Je suis indépendant, je gagne ma vie. (Mes parents ont hâte)
7. Les jeunes détermineront l'avenir. (Il n'y a pas de doute)
8. Le directeur s'est décidé et j'ai une situation. (Je souhaite)
9. Tu viendras me voir. (Tu devrais, un de ces jours)
10. Je sais absolument tout. (Comment voulez-vous)

7. Complétez les phrases suivantes en employant un nom, un infinitif, ou un subjonctif.

Exemple : Vous écoutez un disque jusqu'à *la fin*.

Vous écoutez un disque jusqu'à ce que *vous en soyez fatigué*.

1. Je vais rester dans cette ville jusqu'à _____.
   Je vais rester dans cette ville jusqu'à ce que _____.
2. Les Nations-Unies délibèrent afin de _____.
   Les Nations-Unies délibèrent afin que _____.
3. Vous ne parlez pas clairement. On ne vous comprendra pas à moins de _____.
   Vous ne parlez pas clairement. On ne vous comprendra pas à moins que _____.
4. Vous demandez des conseils aux gens de peur de _____.
   Vous demandez des conseils aux gens de peur que _____.
5. Vous faites des efforts pour _____.
   Vous faites des efforts pour que _____.
6. Nous allons faire nos bagages avant de _____.
   Nous allons faire nos bagages avant que _____.

8. Transformez les deux phrases qui vous sont proposées et faites-en une seule.

Exemple : Vous n'êtes pas gentil avec moi. / Je vous aime. (bien que)
Bien que vous ne soyez pas gentil avec moi, je vous aime.

1. Ce monsieur apporte des fleurs à sa femme. / Elle est contente. (pour)
2. Je relis tout ce que j'écris. / Je fais des fautes. (de peur)
3. Vous serez en retard. / Vous vous dépêchez. (à moins)
4. Je me lave les mains. / Je me mets à table. (avant)
5. La commission restera à Berlin. / Elle a un rapport complet. (jusqu'à)
6. Ce jeune ménage s'entend bien. / La belle-mère est partie. (depuis)
7. Nous sommes arrivés. / Vous étiez parti. (après)
8. Voulez-vous me téléphoner ? / Je sors. (avant)

9. Exercice de traduction (facultatif)

1. *Whoever you are, you will have to think of others.*
2. *Whatever I say, whatever I do, he never changes his mind.*

3. *However intelligent you are, you need to work.*
4. *Whatever your future may be, the present is important too.*
5. *Wherever you go in France, you'll find good meals.*
6. *Whoever you meet in Europe, you'll be glad to know French.*
7. *Whatever you do, don't miss a visit to the* châteaux de la Loire.
8. *However small the world may be, it is our only world.*

COMPOSITION ORALE, ÉCRITE, OU DISCUSSION

1. Exprimez votre opinion sur un sujet d'actualité (politique, social, ou autre), en commençant vos phrases par les expressions suivantes, par exemple :

Je ne crois pas...   D'autre part, il paraît...
Beaucoup de gens pensent...   On devrait sans doute...
Il me semble que...   Il n'est pas impossible que...
Je suis fier (fière)...   Il se peut que...
Ne croyez-vous pas, d'ailleurs...   Alors, on finirait par...
Il faudrait peut-être...   Alors, il serait possible...

2. Faites un discours pour convaincre quelqu'un de la valeur d'un sujet qui vous intéresse beaucoup. Inspirez-vous, si vous voulez, des expressions indiquées dans le premier sujet de composition, pour commencer vos phrases.

3. Une conversation avec un voyageur qui a eu des expériences intéressantes, peut-être bizarres, peut-être amusantes, dans ses voyages. C'est peut-être quelqu'un qui a eu des difficultés en France à cause du système métrique, ou quelqu'un qui n'a pas toujours compris la façon de vivre d'une autre culture. Il faut que vous lui expliquiez pourquoi les choses et les gens diffèrent dans différents pays. (Employez si vous voulez les expressions indiquées dans le premier sujet pour vous guider.)

VOCABULAIRE DE LA LEÇON

NOMS

Noms masculins

le calculateur   le doute   le microscope
le casse-tête   l'hectomètre   le nageur
le corps   le jockey   le sexe
le délégué   le kilométrage   le tremblement de terre
le discours

Noms féminins

la cigale   l'élection   la nageuse
la cloche   l'émotion   la nécessité
la commission   la fièvre   la possibilité
la consommation   la fourmi   la taille

la course
la délibération
la démocratie
la distance

la grippe
la Manche
la manche
la mesure

la température
la traversée
la volonté

ADJECTIFS

centigrade
cuit, cuite
douteux, douteuse
ému, émue
étonné, étonnée
flatté, flattée

gigantesque
incertain, incertaine
invraisemblable
métrique
navré, navrée
ravi, ravie

regrettable
révolutionnaire
subjectif, subjective
supplémentaire
universel, universelle
vraisemblable

VERBES

1er groupe

abandonner
arbitrer
calculer
chausser
consommer

délibérer
déplorer
déterminer
diviser
douter

geler
prêter
tricher
voter

Pronominal, 1er groupe

s'inspirer (de)

Autres conjugaisons

admettre
bouillir

convaincre
convertir

survivre

Expressions verbales

avoir hâte (de)

avoir honte (de)

avoir horreur (de)

LOCUTIONS CONJONCTIVES

afin que
à moins que
avant que

bien que
de peur que
de sorte que

jusqu'à ce que
pour que
quoique

INTERJECTIONS

Sapristi!

Paroles et musique de Jacques Yvart

Dans la Vallée des Roses

Jacques Yvart est un des jeunes compositeurs et chanteurs
contemporains. Il chante des vieilles ballades, des chansons à boire,
met en musique des grands poètes français, et, surtout, il compose
ses propres chansons. C'est Yvart qui chante cette chanson sur les
bandes qui accompagnent ce livre.

Dans la Vallée des Roses est une chanson autobiographique : Yvart
est né à Rosendal, près de Dunkerque, dans la province flamande
du nord de la France. *Rosendal* veut dire, en flamand, *vallée des roses*.
Il évoque ses souvenirs d'enfance.

Nous étions revenus, la guerre était finie
J'étais petit garçon et j'allais à l'école
C'est là que je suis né, c'est là que j'ai grandi
La mer était tout près avec ses vagues folles
    Le dimanche on buvait de la Prim'rose[1]
    Dans la Vallée des Roses.

Au cœur des grandes dunes, j'étais Géronimo[2]
Devant moi détalaient des bisons de garenne[3]
Quand je perdais mes billes au sable des châteaux
Une humble ménagère m'en offrait en étrennes
    D'y penser aujourd'hui, ça me fait quelque chose
    Dans la Vallée des Roses.

[1] Primerose, ou **Prim'rose** : une marque de bière
[2] **Géronimo** : chef indien
[3] **des bisons de garenne** : En réalité, ce sont plus probablement
des lapins de garenne (*cottontail rabbits*).

Il m'arrivait le soir de courir le quartier.
L'herbe pour les lapins poussait sur les décombres
Un marin à vélo rentrant de travailler
Me prenait par la main, je marchais dans son ombre
     Sa journée est finie, il se repose
     Dans la Vallée des Roses.

Dans le pays flamand, on sait rire et danser
Et chansons en patois, et refrains à la mode
Au bal à Jérémie, les couples chaloupaient
La boule de cristal fait des ombres commodes
     L'accordéon jouait *La vie en rose*
     Dans la Vallée des Roses

J'y retourne parfois, mais j'y perds mon latin[4]
Jusqu'au creux de mes dunes poussent des H.L.M.[5]
Les jardiniers d'ici ont vendu leurs jardins
Le bal à Jérémie a fermé ses persiennes
     Barman, remettez-moi une autre Prim'rose
     Pour la Vallée des Roses.

[4] **j'y perds mon latin** : *I get confused*
[5] **des H.L.M.** (Habitations à Loyer Modéré) : Grands immeubles d'appartements construits aujourd'hui dans la périphérie des villes de France.

Exercice poétique (et peut-être musical !)

Dans cette chanson, Jacques Yvart raconte sa vie, ou plus exactement certains souvenirs, certains événements de sa vie. Les paroles de cette chanson constituent un poème autobiographique.

En vous inspirant de vos propres souvenirs d'enfance, composez vous aussi un poème autobiographique : Comment était l'endroit où vous avez passé votre enfance ? Quels souvenirs avez-vous gardé ? Cet endroit a-t-il changé ? Avez-vous changé aussi ? Êtes-vous heureux ou un peu triste quand vous revoyez le décor de votre enfance ?

Cherchez un titre poétique pour votre poème.

Et si vous êtes musicien, composez la musique qui vous permettra de chanter votre poème-chanson.

LEÇONS SUPPLÉMENTAIRES

Le discours indirect (Passage du discours direct au discours indirect

Le passif (*ou* La voix passive) des verbes

Le participe présent

Les temps littéraires de l'indicatif et du subjonctif

LE PASSAGE DU DISCOURS DIRECT AU DISCOURS INDIRECT

INTRODUCTION

- Changement de temps des verbes
- Changement des termes de temps
- Autres changements de la phrase

DÉCLARATION ET QUESTION

RÉPONSE

Changement de temps des verbes

Roger dit : « **Je suis** à la maison maintenant. »
Qu'est-ce qu'il a dit ?

Il **a dit qu'il était** à la maison maintenant.

« **J'ai passé** une excellente année en France. »
Qu'est-ce qu'il a dit ?

Il **a dit qu'il avait passé** une excellente année en France.

« **J'étais** à l'Université de Provence. » Qu'est-ce qu'il a dit ?

Il **a dit qu'il était** à l'Université de Provence.

« **Je continuerai** mes études l'année prochaine. Mes copains et moi, **nous ferons** notre dernière année d'université. » Qu'est-ce qu'il a dit ?

Il **a dit qu'il continuerait** ses études l'année prochaine (ou : l'année suivante) et que **ses copains et lui feraient** leur dernière année d'université.

Changement des termes de temps

Roger dit : « **Aujourd'hui**, je reste à la maison parce que je suis sorti **hier** et que je sortirai **demain**. » Qu'est-ce qu'il a dit ?

Il a dit que **ce jour-là** il restait à la maison parce qu'il était sorti **la veille** et qu'il sortirait **le lendemain**.

Cécile dit : « Je m'amuse bien **cette année** parce que je passe les vacances sur la Côte d'Azur. **Ce matin**, je vais à la plage, et **ce soir**, je vais danser à Saint-Tropez. » Qu'est-ce qu'elle a dit ?

Cécile a dit qu'elle s'amusait bien **cette année-là** parce qu'elle passait les vacances sur la Côte d'Azur. **Ce matin-là**, elle allait à la plage et **ce soir-là**, elle allait danser à Saint-Tropez.

Autres changements de la phrase

Ajoutez les verbes de communication nécessaires

L'agent à l'automobiliste : « Allez-vous toujours aussi vite ? »

L'agent **a demandé** à l'automobiliste **s'il** allait toujours aussi vite.

L *automobiliste* : « Non. Quand je sais qu'il y a un agent derrière moi, je conduis beaucoup plus lentement. »

L'automobiliste **a répondu que** non. Il a expliqué (*ou* : ajouté) **que** quand il savait qu'il y avait un agent derrière lui, il conduisait beaucoup plus lentement.

L'agent : « Au moins, vous êtes sincère ! »

L'agent **s'est exclamé qu'**au moins, ce monsieur était sincère.

Qu'est-ce que/qui devient **ce que/qui.**

« **Qu'est-ce que** vous dites ? »

Vous m'avez demandé **ce que je disais.**

« **Qu'est-ce qui** est devant la porte ? »

Vous m'avez demandé **ce qui était** devant la porte.

Mais : « À qui avez-vous parlé ? »
     « Qui est à la porte ? »

Vous m'avez demandé à qui j'avais parlé.
Vous m'avez demandé qui était à la porte.

Ajoutez des éléments personnels.

« **Tiens !** Comment savez-vous la réponse ? »

Le professeur lui a demandé **avec surprise** comment elle savait la réponse.

« **Non,** vous ne savez pas, parce que vous n'écoutez jamais ! »

Le professeur, **furieux,** s'est exclamé que l'étudiant n'écoutait jamais.

« Vous ne comprenez pas ? Je vais expliquer de nouveau. »

Le professeur a dit **gentiment** que puisque l'étudiant ne comprenait pas, il allait expliquer de nouveau.

EXPLICATIONS

Le passage du discours direct au discours indirect

> *L'étudiante* : « Je comprends. »   (C'est le discours **direct.**)
> L'étudiante a dit qu'elle comprenait.   (C'est le discours **indirect.**)

Vous employez le **discours direct** quand vous citez (*quote*) exactement les paroles d'une personne. Un dialogue est au discours direct, une pièce de théâtre est au discours direct.
Vous employez le **discours indirect** quand vous racontez ce qu'une personne a dit, une remarque, une conversation sous forme de narration.

1. Changement de temps des verbes

> *L'étudiante* : « **Je comprends.** »
> L'étudiante a dit qu'**elle comprenait.**

> *L'étudiante* : « **J'ai compris.** Votre explication **était** très claire. »
> L'étudiante a dit qu'**elle comprenait** et que l'explication **était** claire.

> *L'étudiante* : « **Je ne ferai pas** de fautes demain. »
> L'étudiante a dit qu'elle ne **ferait** pas de fautes le lendemain.

> *Bill* : « **Je suis** fatigué parce qu'**il fait** chaud et que **j'ai travaillé** au soleil. **J'avais** un rendez-vous important, mais **ma voiture ne marchait** pas et **j'avais** besoin de la réparer. »

Bill a dit qu'il **était** fatigué parce qu'il **faisait** chaud et qu'il **avait** travaillé au soleil. Il a expliqué qu'il **avait** un rendez-vous important, mais que **sa voiture** ne **marchait** pas et qu'il **avait** besoin de la réparer.

Kim : « Dans un mois, **je serai** en vacances. Ma famille et moi, **nous irons** au bord d'un lac. **Nous** y **passerons** le mois d'août. »

Kim a dit que dans un mois, **elle serait** en vacances. Elle a annoncé que **sa famille et elle iraient** au bord d'un lac et qu'**ils** y **passeraient** le mois d'août.

Vous remarquez que le temps des verbes change quand vous passez du discours direct au discours indirect. La règle qui gouverne le changement des temps s'appelle la concordance des temps. (La même règle existe en anglais où les changements de temps sont semblables.)

TABLEAU DU CHANGEMENT DE TEMPS DES VERBES

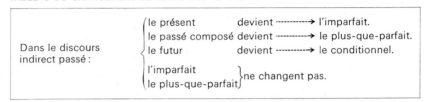

2. Changement des termes de temps

Comment exprimer **aujourd'hui, hier, demain**, etc. au discours indirect passé ?

Jackie : « **Aujourd'hui**, je prépare un bon dîner. **Hier (soir)** j'ai dîné au restaurant. Et **demain (soir)**, nous dînons chez les parents de Paul. »

Elle a dit que **ce jour-là**, elle préparait un bon dîner. Elle a ajouté que **la veille (au soir)** elle avait dîné au restaurant, et que **le lendemain (soir)**, ils dînaient chez les parents de Paul.

TABLEAU DE CHANGEMENT DES TERMES DE TEMPS

LE TERME :	DEVIENT AU DISCOURS INDIRECT PASSÉ :
aujourd'hui	ce jour-là (*ou* : un jour)
hier (matin, soir)	la veille (au matin, au soir)
demain (matin, soir)	le lendemain (matin, soir)
ce matin	ce matin-là (*ou* : un matin)
ce soir	ce soir-là (*ou* : un soir)
cette année	cette année-là (*ou* : une année)

3. Autres changements de la phrase

A. Ajoutez les verbes de communication nécessaires.

Quand un dialogue est raconté au discours indirect, il est nécessaire d'ajouter certains verbes qui donnent la cohérence à votre narration. Ce sont des verbes de communication.

L'agent : « Allez-vous toujours aussi vite ? »
L'agent **lui a demandé** s'il allait toujours aussi vite.

L'automobiliste : « Non. Quand je sais qu'il y a un agent derrière moi, je conduis plus lentement. »

L'automobiliste **a répondu que** non. Il **a ajouté (Il a expliqué) que** quand il savait qu'il y avait un agent derrière lui, il conduisait plus lentement.

LISTE DES VERBES QUI SONT UTILES DANS LE DISCOURS INDIRECT

dire	ajouter	expliquer
demander	continuer	s'exclamer
répondre	répliquer	conclure en disant que etc.

B. **qu'est-ce qui/que** devient **ce qui/que**.

« **Qu'est-ce que** vous faites ? »
Je vous ai demandé **ce que** vous faisiez.

« **Qu'est-ce qui** est arrivé pendant notre absence ? »
Nous voulions savoir **ce qui** était arrivé pendant notre absence.

Remarquez que les autre pronoms interrogatifs ne changent pas. Par exemple :

« **Qui** avez-vous rencontré ? »
Je vous ai demandé **qui** vous aviez rencontré.

C. Ajoutez des éléments personnels.

Un étudiant: « Euh... Euh... Je ne suis pas certain de savoir la réponse. »
Il a répondu **avec hésitation** qu'il n'était pas certain de savoir la réponse.

Une dame à un monsieur : « Tiens ! Quelle bonne surprise ! Je suis contente de vous rencontrer ! »
Elle s'est exclamée **avec joie** que c'était une bonne surprise et qu'elle était contente de le rencontrer.

L'agent, **touché par la sincérité** de l'automobiliste, a décidé de ne pas lui donner de P.V. (procès verbal = *ticket*).

Quand vous avez l'impression de rendre ainsi votre narration plus vivante, plus pittoresque, vous pouvez indiquer, par une notation personnelle, *comment* la personne a dit cette chose.

EXERCICES ORAUX OU ÉCRITS

1. Mettez au discours indirect.

Exemple : « Je suis fatigué. »   (il nous a dit)
Il nous a dit qu'il était fatigué.

1. « Je vous aime et je vous aimerai toujours. »   (ce jeune homme lui a dit)
2. « Je ne suis pas fou et je ne serai jamais fou. »   (Salvador Dali a déclaré)
3. « Vous allez beaucoup trop vite ! »   (l'agent lui a crié)
4. « Où avez-vous passé vos vacances ? »   (je vous demande)
5. « Vous ne faites pas attention. »   (on vous répète)
6. « Je suis en retard, mais je serai à l'heure demain. »   (j'ai dit)

7. « Je regrette, mais j'ai oublié de vous téléphoner. »   (vous m'avez dit)
8. « J'ai eu un P.V., mais ce n'était pas ma faute. »   (l'automobiliste a expliqué)
9. « Ma sœur se mariera dans un mois. »   (Kim a dit)
10. « Le vin blanc se sert frais, il ne se sert pas froid. »   (un expert a affirmé)
11. « Si vous passez votre lune de miel à Paris, ce sera un souvenir merveilleux. »   (un Français vous a dit)
12. « Si nous avons assez d'argent, nous ferons ce voyage. »   (Steve et Karen ont dit)
13. « Resterez-vous chez vous demain ? »   (je vous ai demandé)
14. « J'ai fini ma thèse de doctorat. »   (un nouveau docteur ès lettres a dit avec joie)

2. Mettez les phrases au discours indirect passé, et remplacez **qu'est-ce qui/qu'est-ce que** par **ce qui/ce que**.

> Exemple : « Qu'est-ce que vous avez vu ? »
> Qu'est-ce que je vous ai demandé ?
>
> *Vous m'avez demandé ce que j'avais vu.*

Qu'est-ce que je vous ai demandé ?

1. « Qu'est-ce que vous avez fait ? »
2. « Qu'est-ce qui est arrivé en mon absence ? »
3. « Qu'est-ce qui est dans votre poche ? »
4. « Qu'est-ce que vous voulez me dire ? »
5. « Qu'est-ce qui passe dans la rue ? »
6. « Qu'est-ce que vous avez acheté cette semaine ? »
7. « Qu'est-ce qui vous intéresse dans la vie ? »
8. « Qu'est-ce que vous avez mangé pour votre déjeuner ? »
9. « Qu'est-ce qui est le plus difficile en français ? »
10. « Qu'est-ce que vous avez dit quand vous avez vu cet accident ? »
11. « Qu'est-ce que vous ferez pendant les vacances ? »
12. « Qu'est-ce qu'il y aura pour le dîner ? »

3. Mettez les phrases au discours indirect passé, en employant **le lendemain, la veille, ce jour-là, cette année-là,** etc.

> Exemple : Je vous dis : « Hier, j'ai rencontré un vieil ami. »
> *Vous m'avez dit que la veille vous aviez rencontré un vieil ami.*

1. Je vous demande : « Serez-vous libre demain ? »
2. Vos parents vous demandent : « Pourquoi n'as-tu pas téléphoné hier ? »
3. Un ami m'a dit : « Aujourd'hui, j'ai vingt ans, et demain, je partirai. »
4. Le haut-parleur répète : « Ce soir, il y a une importante réunion. »
5. Le professeur nous explique : « J'étais absent hier. »
6. Des voix disent à Jeanne d'Arc : « Pars demain et va délivrer la France ! »
7. Ma mère ajoute : « Si tu passes une heure au téléphone ce soir, tu paieras la note ! »
8. Le peintre dit : « Je ne comprends pas ce que le public veut, cette année. »

4. Mettez le passage suivant au discours indirect.

> *Le professeur :* Quel examen préparez-vous, Mademoiselle ? Voulez-vous le doctorat ès sciences ou le doctorat ès lettres ?

L'élève : J'espère bien passer le doctorat total si je suis assez bonne. Mais il est difficile !

Le professeur : Nous allons commencer par l'arithmétique. Combien font un et un ?

L'élève : Deux !

Le professeur : Mais c'est très bien ! Vous êtes forte en arithmétique. Vous aurez votre doctorat total sans difficultés. Deux et un ?

L'élève : Trois !

Le professeur : Trois et un ?

L'élève : Quatre !

Le professeur : Vous êtes magnifique ! Je vous félicite ! Pour l'addition vous êtes magistrale... Maintenant, je vais vous poser quelques questions sur la soustraction. Combien font quatre moins trois ?

(Adapté de *La Leçon* de Eugène Ionesco)

> Exemple : *Le professeur a commencé par demander à l'élève quel examen elle préparait. Il lui a demandé si elle voulait le doctorat ès sciences ou le doctorat ès lettres.*
> *Celle-ci a répondu... etc.*

Employez des verbes de communication et ajoutez des termes comme **sans hésiter**, **plein d'admiration**, **avec enthousiasme**.

COMPOSITION ORALE. ÉCRITE OU DISCUSSION

1. **Racontez un souvenir d'enfance ou une journée mémorable de votre vie.** Racontez les conversations qui ont eu lieu au discours indirect passé et employez des termes comme **la veille, le lendemain, ce jour-là, cette année-là**.

2. **Racontez une conversation que vous avez eu récemment** (c'était peut-être une dispute...) au discours indirect passé. Expliquez les circonstances et la conclusion.

3. **Vous avez peut-être entendu une conférence intéressante, ou un discours, ou lu un article.** Résumez les idées principales de cette conférence, ce discours, ou cet article au discours indirect passé.

LE PASSIF (OU LA VOIX PASSIVE) DES VERBES

● Formation et temps du passif
● Usage du passif et comment l'éviter
● **par** et **de** avec le passif

INTRODUCTION

DÉCLARATION ET QUESTION	RÉPONSE

Formation et temps du passif

Qu'est-ce qui se passe dans le roman *L'Étranger* ?

Le héros, Meursault, a tué un homme. **Il est arrêté**, **il est mis** en prison, puis **il est jugé**. Enfin, **il est condamné** à mort. Quand le roman finit, **il va être exécuté**.

Qu'est-ce que vous avez entendu à la radio ?

Une banque **a été cambriolée par** un groupe de criminels. Mais **un** de ceux-ci **a été tué** d'une balle tirée par un agent de police.

C'est votre voiture ? Je ne la reconnaissais pas !

Oui, **elle a été réparée** et **elle a été repeinte** parce qu'**elle avait été endommagée** dans un accident.

Par qui **seront faits les plans** de cette nouvelle ville ?

Ils seront faits par des architectes-urbanistes.

PHRASE AU PASSIF	CONSTRUCTION PRÉFÉRABLE

Comment éviter le passif quand il n'est pas nécessaire

Cette lettre **a été apportée** par le facteur.	Le facteur **a apporté** cette lettre.
Cette station de radiodiffusion **est entendue** jusqu'en Europe.	**On entend** cette station de radiodiffusion jusqu'en Europe.
La bouillabaisse **est faite** avec une variété de poissons et du safran.	La bouillabaisse **se fait** avec une variété de poissons et du safran.

EXPLICATIONS

Le passif (*ou* La voix passive) des verbes

> **J'ai été surpris** par votre arrivée.
> Le sens de ce mot **est donné** par le dictionnaire.

Un criminel **a été tué** d'une balle.
Quand votre travail **sera-t-il fini** ?
Anne Larsen **avait été tuée** dans un accident.

Un verbe est au passif quand l'action retombe sur le sujet.

1. Formation et temps du passif

On forme le passif avec le verbe **être** et le participe passé du verbe. Le temps du verbe **être** indique le temps du verbe au passif.

Mon travail **est** fait.	*présent*
Mon travail **a été** fait.	*passé composé*
Mon travail **était** fait.	*imparfait*
Mon travail **avait été** fait.	*plus-que-parfait*
Mon travail **sera** fait.	*futur*
etc.	

L'infinitif passif est formé de **être** + le participe passé :

Meursault va **être exécuté**.
La représentation doit **être finie** à onze heures.

Accord du participe passé : Le participe passé s'accorde avec le sujet.

Ces dessins sont fait**s** par un artiste.
Kim a été remarqué**e** au Festival de Cannes.
Ces jeunes filles ont été choisi**es** pour représenter l'université.

2. L'usage du passif

Dans certains cas, en particulier quand il n'y a pas de complément d'objet ou quand il est impossible de dire **qui** (ou **ce qui**) a fait l'action, on est obligé d'employer le passif. Par exemple :

Ce travail **est** très bien **fait**.
Meursault **a été exécuté**.
Dans ce film, le crime **était puni** et la vertu **était récompensée**.

3. Comment éviter le passif

En français, on n'emploie pas de préférence, le passif quand il est possible d'exprimer la même idée par une autre forme. Il y a trois formes qui permettent de remplacer le passif par une construction préférable en français :

FORME PASSIVE	FORME ACTIVE (PRÉFÉRABLE)

A. La forme active

| Le résultat des élections est annoncé par la presse. | La presse annonce le résultat des élections. |

B. **on**

| La bouillabaisse est mangée à Marseille. | On mange la bouillabaisse à Marseille. |

C. Un verbe pronominal (voir Leçon 26, p. 416)

Ce journal est vendu partout et il est beaucoup lu.	Ce journal se vend partout et il se lit beaucoup.
Le vin rouge est bu avec la viande rouge, mais le vin blanc est servi avec le poisson.	Le vin rouge se boit avec la viande rouge, mais le vin blanc se sert avec le poisson.

4. **par** et **de** avec le passif

Meursault a été condamné **par un juge**.
Le criminel a été tué **d'une balle**, tirée **par un agent**.

On emploie **par** ou **de** pour indiquer l'agent ou l'instrument du passif. La règle n'est pas absolue, mais en général, on emploie **par** pour indiquer un agent qui fait une action volontaire et **de** pour indiquer un instrument ou une action habituelle ou générale.

AGENT OU ACTION VOLONTAIRE	INSTRUMENT OU ACTION HABITUELLE OU GÉNÉRALE
Le président est élu **par** la majorité des votes.	Le président n'est pas aimé **de** tout le monde.
Ce travail est fait **par** des artistes.	Ce travail est fait **de** la main d'un artiste.
Vous serez reçu à la porte **par** le maître de maison.	Ce monsieur est toujours accompagné **de** son chien.

REMARQUEZ: Dans le doute, employez **par**.

EXERCICES ORAUX OU ÉCRITS

1. Mettez les phrases suivantes au passif. (Ce sont des phrases dans lesquelles le passif est très acceptable en francais.)

Exemple : Un orage *a déraciné* cet arbre.
Cet arbre a été déraciné par un orage.

 1. Un enfant *a écrit* cette lettre.
 2. La presse *annonce* les nouvelles.
 3. Votre coup de téléphone m'*a surpris*.
 4. Un agent de police *a arrêté* le cambrioleur.
 5. Un bulldozer *démolira* cette vieille maison.
 6. Ma mère *ouvrait* toujours les fenêtres à six heures.
 7. Des urbanistes *feront* les plans de la nouvelle ville.
 8. Des acteurs célèbres *tourneront* ce film.
 9. Une foule d'admirateurs *avait suivi* Kim au Festival de Cannes.
10. Tous les étudiants *avaient compris* vos explications.
11. Tout le monde *admirait* le nouveau président.

2. Remplacer le passif pour former une meilleure phrase en français. (Il y a probablement plusieurs formes possibles pour chaque phrase.)

Exemple : Le vin rouge *est servi* à la température de la pièce.
On sert le vin rouge à la température de la pièce. (ou : *Le vin rouge se sert...*)

1. Le français *est parlé* au Viêt-nam.
2. Ce morceau *est joué* au piano.
3. Les nouvelles *sont entendues* toutes les heures à la radio.
4. Un rendez-vous *est pris* par le secrétaire pour la directrice.
5. Anne n'a pas *été tuée* par Cécile!
6. La bouillabaisse *est mangée* avec du pain frotté d'ail.
7. Je veux voir le film qui *est joué* cette semaine au petit cinéma du coin.
8. Les escargots *sont-ils servis* avec du vin blanc ou du vin rouge?
9. Dans *Bonjour Tristesse*, la narration *est faite* par Cécile.
10. Ce que vous dites *est* facilement *compris*.

3. Transformez la phrase passive quand cela vous semble désirable. Dans le passage suivant, il y a plusieurs phrases passives. Examinez ces phrases et transformez-les quand cela est possible et que vous pensez que vous aurez une meilleure phrase en français.

> *La Première Guerre mondiale.* L'archiduc Ferdinand, qui *avait été envoyé* en visite officielle en Serbie par l'Empereur d'Autriche, *a été assassiné* à Sarajevo par un étudiant fanatique. Alors, la guerre *a été déclarée* à la Serbie et à la Russie par l'Autriche, et à la France par l'Allemagne. Tous les hommes d'âge adulte *ont été mobilisés* (*drafted*). D'abord, l'armée française *a été battue* par les forces allemandes, et elle *a été décimée* par l'artillerie. Beaucoup d'hommes *ont été tués* ou *blessés*, et beaucoup d'autres *ont été faits* prisonniers. De nombreuses villes *ont été démolies* par l'artillerie. Mais la bataille de la Marne *a été gagnée* par les troupes françaises. L'ennemi *a été surpris* par leur arrivée rapide: En effet, *elles avaient été amenées* par les taxis de Paris. Depuis, un «taxi de la Marne» *est exposé* aux Invalides par le Musée de l'Armée. Sa présence *est expliquée* par les guides à des milliers de touristes chaque année.

LE PARTICIPE PRÉSENT

- Formation du participe présent
- Usages du participe présent

INTRODUCTION

DÉCLARATION ET QUESTION	RÉPONSE
Comment êtes-vous tombé ?	Je suis tombé **en faisant** du ski (= pendant que je faisais du ski).
Où avez-vous rencontré votre copain ?	Je l'ai rencontré **en marchant** dans la rue.
Où avez-vous appris cette nouvelle ?	Je l'ai apprise **en lisant** le journal.
Qu'est-ce que Pierre a fait **en arrivant** ?	**En arrivant**, il a dit bonjour. Il a aussi dit, **en souriant**, qu'il était content de nous voir.
Comment réussit-on dans la vie ?	On réussit **en travaillant** et **en ayant** de la chance.

EXPLICATIONS

1. Formation du participe présent*

   Le participe présent est formé du verbe (forme **nous** au présent, sans la terminaison **-ons**) plus la terminaison **-ant**.

VERBES RÉGULIERS		VERBES IRRÉGULIERS	
arriver	**arrivant**	prendre (nous prenons)	**prenant**
finir	**finissant**	vouloir (nous voulons)	**voulant**
vendre	**vendant**	faire (nous faisons)	**faisant** etc.

   Il y a trois participes présents irréguliers :

   être : **étant**   avoir : **ayant**   savoir : **sachant**

2. Usages du participe présent

   Le participe présent est en général employé avec la préposition **en. (en** est la seule préposition qui n'est pas suivie d'un infinitif.) Le participe présent a trois sens principaux :

---

* Le participe présent des **verbes** apparaît dans l'Appendice B. Il est donné pour chaque verbe.

A. Deux actions simultanées :

> **En entrant**, il a dit bonjour.
> Je suis tombé **en faisant** du ski.
> Il m'a parlé **en souriant**.
> Elle est arrivée **en courant**.

B. Un moyen, une manière de faire quelque chose :

> **En travaillant**, on réussit.
> Vous faites marcher votre voiture **en mettant** de l'essence dans le réservoir.
> C'est **en faisant** des économies que vous accumulez un capital.

C. Le participe présent s'emploie aussi comme adjectif :

> Voilà une personne **charmante**.
> Regardez ce paysage **souriant**.
> C'est un personnage **important**.
> Quelle histoire **intéressante** et **émouvante** !

ATTENTION : Certains adjectifs qui sont formés sur le participe présent en anglais ne le sont pas en français. Par exemple :

> *boring* : **ennuyeux**   *lying down* : **couché, allongé**
> *standing* : **debout** (*invariable*)   *sitting* : **assis**

EXERCICES ORAUX OU ÉCRITS

1. Exprimez en français les termes indiqués en anglais, en employant un participe présent.

> Exemple : Elle l'a regardé (*smiling*).
> *Elle l'a regardé en souriant.*

1. C'est (*while running*) qu'il est tombé.
2. Je me suis endormi (*while watching*) la télévision.
3. Vous faites des économies (*by paying*) comptant (*cash*).
4. Il ne faut pas parler (*while eating*).
5. C'est (*while demolishing*) ce vieux château qu'on a trouvé un trésor.
6. La jeune fille du roman a regardé son fiancé (*blushing*).
7. (*While sleeping*), vous faites des beaux rêves.
8. J'ai trouvé votre lettre (*as I returned home*).
9. Nous avons bien ri (*when we heard*) cette histoire amusante.
10. Vous transformez ces phrases (*by using*) un participe présent.

2. Comment employer et comment ne pas employer le participe présent.

Comment dit-on en français :

> Exemple : *I was walking.*
> Je marchais.

1. *I was laughing.*
2. *You are sitting.*
3. *This is boring.*

9. *I saw an accident while going home.*
10. *By working, one succeeds.*
11. *When he heard that song, he cried.*

4. *She is lying on the beach.*
5. *You were standing at the door.*
6. *This story is interesting.*
7. *I think she is charming.*
8. *The story of Meursault is very moving.*

12. *Jacques Yvart travels through the world, giving concerts.*
13. *You study more by staying home.*
14. *He always whistles while walking.*
15. *Going out, he put on his hat.*
16. *Running, she arrived on time.*

LES TEMPS LITTÉRAIRES DE L'INDICATIF ET DU SUBJONCTIF

INTRODUCTION

Indicatif

STYLE « ORDINAIRE »

PASSÉ COMPOSÉ

Louis XIV **a été** un grand roi. Il **a eu** un long règne. **Il est né** en 1638, et **il est mort** en 1715.

Il **a régné** de 1643 jusqu'à sa mort. Il **a bâti** le château de Versailles où il **a réuni** une quantité de courtisans.

Il **a étendu** l'autorité royale à tous les domaines. Il **a pris** sous sa protection les artistes et les écrivains, et il **a mis** la France au premier rang des nations de son époque.

PLUS-QUE-PARFAIT

Jeanne d'Arc était une simple jeune fille de Lorraine, mais après qu'elle **avait entendu** des voix qui lui disaient d'aller délivrer la France, elle est partie. Quand elle **est arrivée** près du roi, et après qu'elle l'**avait reconnu** parmi les membres de son entourage, personne n'a plus douté que Dieu l'**avait envoyée**.

STYLE LITTÉRAIRE

PASSÉ DÉFINI (*OU* PASSÉ LITTÉRAIRE)

Louis XIV **fut** un grand roi. Il **eut** un long règne. Il **naquit** en 1638, et **mourut** en 1715.

Il **régna** de 1643 jusqu'à sa mort. Il **bâtit** le château de Versailles où il **réunit** une quantité de courtisans.

Il **étendit** l'autorité royale à tous les domaines. Il **prit** sous sa protection les artistes et les écrivains et il **mit** la France au premier rang des nations de son époque.

PASSÉ ANTÉRIEUR

Jeanne d'Arc était une simple jeune fille de Lorraine, mais après qu'elle **eut entendu** des voix qui lui disaient d'aller délivrer la France, elle partit. Quand elle **fut arrivée** près du roi, et après qu'elle l'**eut reconnu** parmi les membres de son entourage, personne ne douta plus que Dieu l'**eut envoyée**.

Subjonctif

STYLE « ORDINAIRE »

PRÉSENT ET PARFAIT (OU PASSÉ COMPOSÉ) DU SUBJONCTIF

Une lettre d'aujourd'hui *

Ma chère,

J'étais heureuse que vous **soyez arrivée** à destination et que vous **n'ayez pas** trop **souffert** du voyage.

STYLE LITTÉRAIRE

IMPARFAIT ET PLUS-QUE-PARFAIT DU SUBJONCTIF

Une lettre écrite au 17e ou au 18e siècle

J'étais heureuse que vous **fussiez arrivée** à destination et que vous **n'eussiez point** trop **souffert** du voyage.

---

* *It is written in the language of today but you may notice that the style and the feelings described fit better with the 17th or 18th century fashion. This is done on purpose, to show you how literary tenses are really used.*

Après votre départ, il a fallu que j'**aille**, sans vous, voir tous nos amis. Je ne pensais pas qu'ils **puissent** être si tristes, ni que votre absence **ait été** tant regrettée.

Votre admirateur, en particulier, ne s'est pas consolé, et il m'a dit qu'il ne croyait pas qu'il **ait cessé** un instant de penser à vous.

Nous avons parlé de vous, nous avons déploré que notre amie **soit** si loin, mais nous étions heureux que vous nous **ayez promis** de revenir l'an prochain.

Après votre départ, il fallut que j'**allasse**, sans vous, voir tous nos amis. Je ne pensais pas qu'il **pussent** être si tristes, ni que votre absence **eût été** tant regrettée.

Votre admirateur, en particulier, ne se consola point, et il me dit qu'il **ne** croyait **point** qu'il **eût cessé** un instant de penser à vous.

Nous parlâmes de vous, nous déplorâmes que notre amie **fût** si loin, mais nous étions heureux que vous **eussiez promis** de revenir l'an prochain.

EXPLICATIONS

Les temps littéraires de l'indicatif et du subjonctif

On n'emploie pas ces temps dans la conversation. Dans le style écrit contemporain, on les emploie quand il s'agit d'un texte formel, historique, ou littéraire. Par exemple, si vous cherchez des renseignements dans la partie *Noms propres* du *Petit Larousse*, vous verrez que ceux-ci sont écrits en style contemporain, mais qu'on emploie les temps littéraires pour les définitions et les biographies, par exemple :

> **Washington (George)**, l'un des fondateurs de la république des États-Unis, dont **il fut** le premier président... Au début de la guerre de l'Indépendance, **il eut** le mérite de discipliner ses jeunes troupes. Aidé par La Fayette et Rochambeau, **il battit** les Anglais à Trenton et à Yorktown (1781). Après avoir affranchi son pays, il l'**organisa**, fit voter en 1787 la Constitution fédérale, encore en vigueur aujourd'hui, **fut élu** à deux reprises président de l'Union (1789 et 1793), puis alla reprendre à Mount Vernon ses travaux agricoles. Il est, par sa droiture et l'élévation de son esprit, l'une des plus belles figures des États-Unis.
>
> (Adapté du dictionnaire *Petit Larousse*)

REMARQUE GÉNÉRALE : L'imparfait reste imparfait.

Dans un texte écrit aux temps littéraires, **l'imparfait ne change pas.**

STYLE «ORDINAIRE»

Je savais que **vous étiez** triste de mon départ, mais **je** ne **pensais** pas que **vous soyez** si triste ! Quand votre lettre **est arrivée**, elle m'a fait plaisir, car **j'étais** heureuse que mes amis **m'aiment** tant.

STYLE LITTÉRAIRE

Je savais que **vous étiez** triste de mon départ, mais **je pensais** pas que **vous fussiez** si triste ! Quand votre lettre **arriva, elle** me **fit** plaisir, car **j'étais** heureuse que mes amis **m'aimassent** à ce point.

1. Les temps littéraires de l'indicatif

Il y a deux temps de l'indicatif, le passé composé et le plus-que-parfait, qui deviennent, respectivement, le passé défini (passé littéraire) et le passé antérieur dans le style littéraire.

Voilà, par exemple, la conjugaison du verbe **faire** et du verbe **aller**.

Exemple : **faire**			
PASSÉ COMPOSÉ	PASSÉ DÉFINI	PLUS-QUE-PARFAIT	PASSÉ ANTÉRIEUR
j(e) ai fait	fis	avais fait	eus fait
tu as fait	fis	avais fait	eus fait
il a fait	fit	avait fait	eut fait
nous avons fait	fîmes	avions fait	eûmes fait
vous avez fait	fîtes	aviez fait	eûtes fait
ils ont fait	firent	avaient fait	eurent fait

Exemple : **aller**			
PASSÉ COMPOSÉ	PASSÉ DÉFINI	PLUS-QUE-PARFAIT	PASSÉ ANTÉRIEUR
j(e) suis allé	allai	étais allé	fus allé
tu es allé	allas	étais allé	fus allé
il est allé	alla	était allé	fut allé
nous sommes allés	allâmes	étions allés	fûmes allés
vous êtes allé(s)	allâtes	étiez allé(s)	fûtes allé(s)
ils sont allés	allèrent	étaient allés	furent allés

A. PASSÉ COMPOSÉ

Jacques Cartier **est allé** au Canada.
Louis XIV **est né** en 1638.
Washington **a battu** les Anglais.
La France **a perdu** le Canada en 1754.
Nous **avons fait** un voyage.

PASSÉ DÉFINI

Jacques Cartier **alla** au Canada.
Louis XVI **naquit** en 1638.
Washington **battit** les Anglais.
La France **perdit** le Canada en 1754.
Nous **fîmes** un voyage.

B. PLUS-QUE-PARFAIT

Dès que **nous avions commencé** notre voyage, nous avons regretté d'être partis. Quand le roi **était arrivé**, il a pris place au balcon.

PASSÉ ANTÉRIEUR

Dès que **nous eûmes commencé** notre voyage, nous regrettâmes d'être partis. Quand le roi **fut arrivé**, il prit place au balcon.

2. Les temps littéraires du subjonctif

Le subjonctif a quatre temps : le présent, le parfait (ou passé composé du subjonctif), l'imparfait, et le plus-que-parfait.

LES QUATRE TEMPS DU SUBJONCTIF*

Exemple : faire			
PRÉSENT	IMPARFAIT	PARFAIT	PLUS-QUE-PARFAIT
que j(e) fasse	fisse	aie fait	eusse fait
que tu fasses	fisses	aies fait	eusses fait
qu'il fasse	fît	ait fait	eût fait
que nous fassions	fissions	ayons fait	eussions fait
que vous fassiez	fissiez	ayez faits	eussiez fait
qu'ils fassent	fissent	aient fait	eussent fait

Exemple : aller			
PRÉSENT	IMPARFAIT	PARFAIT	PLUS-QUE-PARFAIT
que j(e) aille	allasse	sois allé	fusse allé
que tu ailles	allasses	sois allé	fusses allé
qu'il aille	allât	soit allé	fût allé
que nous allions	allassions	soyons allés	fussions allés
que vous alliez	allassiez	soyez allé(s)	fussiez allé(s)
qu'ils aillent	allassent	soient allés	fussent allés

Dans le style « ordinaire », on emploie seulement le présent et le parfait du subjonctif. Dans le style littéraire, on emploie les quatre temps du subjonctif.

STYLE « ORDINAIRE »	STYLE LITTÉRAIRE
Il faut que **nous fassions** ce voyage.	Il faut que **nous fassions** ce voyage.
Il fallait que **nous fassions** ce voyage.	Il fallait que **nous fissions** ce voyage.

Dans le style « ordinaire », on n'emploie pas l'imparfait du subjonctif. On le remplace par le présent du subjonctif.

Il aurait fallu que **vous ayez fait** ce voyage.

Il aurait fallu que **vous eussiez fait** ce voyage.

Dans le style « ordinaire », on n'emploie pas le plus-que-parfait du subjonctif. On le remplace par le parfait (ou passé composé) du subjonctif.

EXERCICES ORAUX OU ÉCRITS

1. Le passé défini (ou passé littéraire) et l'imparfait

Exprimez ces phrases au style « ordinaire ». (N'oubliez pas que l'imparfait ne change pas.)

Exemple : *Nous allâmes visiter des monuments qui étaient très anciens.*
Nous sommes allés visiter des monuments qui étaient très anciens.

* See Appendix B p. 544 for these tenses of all verbs.

1. Napoléon 1er *naquit* en 1769 et *mourut* en 1821.
2. Les soldats *marchèrent* longtemps et *arrivèrent* devant l'ennemi.
3. Nous *prîmes* un bateau qui nous *emmena* au Nouveau-Monde.
4. Je *vis* des choses étranges qui me semblaient dangereuses.
5. Soudain, j'*eus* peur quand je *fus* au milieu de la forêt.
6. Il y avait des animaux qui *partirent* à mon approche.
7. Quand vous étiez enfant, vous *lûtes* des livres d'aventures.
8. Le roi *entra*, *prit* un siège, *salua* la foule, et *fit* un discours.
9. Le prince *se mit* en route, *traversa* le pays, et *eut* le temps de voir son peuple.
10. Dès que je *sus* que vous étiez là, je *vins*, car je voulais vous voir.
11. On *servit* un superbe dîner et l'orchestre *joua* pendant que nous dansions.
12. Nous *bûmes*, nous *mangeâmes*, et nous *fîmes* une promenade.

2. Les temps littéraires du subjonctif et de l'indicatif

Exprimez ces phrases en style « ordinaire ».

Exemple : Je ne pensais pas que *vous vinssiez*.
Je ne pensais pas que vous veniez.

1. Au 17e siècle, on ne pensait pas qu'il *pût* y avoir une république.
2. Il ne semblait pas que le pouvoir du roi *eût* des limites.
3. Bien que le peuple *fût* pauvre, il acceptait l'idée que Dieu lui *eût donné* son roi.
4. Les philosophes du 18e siècle ne pensaient pas que le roi *sût* gouverner.
5. Après que les philosophes *eussent écrit* L'Encyclopédie, leurs idées gagnèrent l'Amérique.
6. Louis XV était furieux que les philosophes *eussent osé* écrire ce livre.
7. Pourtant, Rousseau ne pensait pas que les philosophes *fussent allés* assez loin.
8. Il voulait que la société *changeât*, et qu'elle *supprimât* même la propriété privée.

3. Mettez ce passage au style « ordinaire ». Puis traduisez-le en anglais.

Charles de Gaulle *naquit* à Lille en 1890. Il *devint* général dans l'armée, et *prit*, à Londres, la tête de la résistance française contre l'Allemagne. Il *fut nommé* chef du gouvernement provisoire à Paris en 1944. Mais comme il ne pensait pas que les Français *fussent* capables d'accepter son gouvernement, il *abandonna* le pouvoir, *fonda* le Rassemblement du peuple français et *se retira* du gouvernement, bien qu'il *eût* de nombreux admirateurs. Il *fut rappelé* au pouvoir en 1958, et bien que la constitution *plaçât* des limites sévères au pouvoir du président, il *fit approuver* une nouvelle constitution et *devint* président de la Cinquième République après qu'il *eût obtenu* des pouvoirs qui lui *permissent* de gouverner comme il pensait que ce *fût* nécessaire. Il *se retira* de la vie publique et *mourut* peu de temps après.

(Adapté du dictionnaire *Petit Larousse*)

Appendixes

Appendix A

A few principles of French spelling and pronunciation

1. GENERAL PRINCIPLES

A good pronunciation cannot be acquired without the help of a competent teacher. We will give below only the most general principles to guide the students and serve as reference.

A. *Diacritical marks:* The French alphabet is similar to the English alphabet, but French uses a number of diacritical marks which usually influence pronunciation. These marks never indicate that a syllable should be stressed. They are:

1. *the acute accent:* ´ é (accent aigu). Appears only on the vowel e: été, téléphone, éléphant, élévé

2. *the grave accent:* ` è (accent grave). Used most often in the combination: è + *consonant* + *mute* e at the end of a word. Whenever this combination of è + *consonant* + *mute* e occurs at the end of a word, the e *must have a grave accent:* * frère, pièce, pèse, achète, etc.
   The grave accent also appears in a few specific words, without altering the pronunciation. These are: à (preposition) to distinguish it from a (verb *to have*, 3rd pers. sing. pres.), là (adverb) to distinguish it from la (article), voilà (a compound of là), and où (adverb) to distinguish it from ou (conjunction).

3. *the circumflex accent:* ^ ê â ô î û (accent circonflexe). Used on all vowels, but most often on e: tête, fête quête, (often before a t) âtre, âme, sûr, vôtre, plaît

4. *the cedilla:* ¸ ç (la cédille). Used only under a c to indicate that it is pronounced s and before a, o, u: français, garçon, reçu

5. *the diaeresis:* ¨ ë (le tréma). Used to show that the vowel on which it is placed should be pronounced clearly separated from the preceding one: Noël, égoïste, naïf

B. *Elision:* Elision occurs when a vowel is dropped before another word beginning with a vowel: L'ami d'Ernest dit qu'il prend l'auto. (le) (de) (que) (la)

Elision occurs only for some vowels and in specific cases. The following will elide:

1. final e of words of one syllable: je (j'ai), me (il m'a dit), te, ce (c'est), se, de (l'ami d'Ernest), le, ne (ce n'est pas), que (il dit qu'il)

---

* Except in the following two cases: (1) when the consonant is an x—complexe, circonflexe and (2) when an etymological s has disappeared —même, quête, arrête, and in that case the accent is a circumflex instead of a grave.

2. **a** elides only in the case of **la** :   l'auto, l'enveloppe, l'adresse   **(la) (la) (la)**

3. **i** elides only in *one* case :   **si** followed by **il(s)** : **s'il**   *but :* **qui il**

4. There is elision in front of words beginning with **h**, since **h** is usually mute :   **l'homme, l'huître**

   A few words beginning with **h** will not cause elision because the **h** is aspirate (these are usually words of Germanic origin) :   **la Hollande, la hutte, la hache, le hibou**

C. *Linking of words, or liaison :* Words closely connected by meaning are run together as one word ; this means that the last consonant of an individual word—which is not pronounced otherwise—becomes the introductory consonant of the following word. Liaison happens mostly with the following letters :

   s)
   x }all pronounced **z**   **les amis, dix amis, chez eux, ils ont**
   z)

   d)
   t }both pronounced **t** :   **un petit ami, un grand ami, quand il**

   n   pronounced **n** :   **un ami, en avion, il y en a**

The liaison is necessary :

1. between the article and the noun : **les amis, les hommes, un homme**

2. between an adjective and the following noun :   **un petit ami, un grand ami, de beaux enfants**

3. between subject pronoun and verb, or between verb and subject pronoun ; **ils ont, ont-elles ? elles arrivent, nous irons, iront-ils ?**

4. between a monosyllabic preposition and its object :   **chez elle**

   The liaison is absolutely forbidden after the conjunction **et** :   mon frère et / / un ami

D. *Accentuation :* It is often difficult to distinguish individual words in spoken French, because a sentence is composed of a series of *stress groups*, each composed of words expressing a very simple idea :

   Il ne veut pas/sortir avec moi.
   J'ai envie/d'aller voir/un bon film.

There are no accented syllables in French words, as there are in English words. Each syllable has the same stress. But there is a stress on the last syllable of each stress group.

   Je suis étudi**ant**.
   Je suis étudiant de fran**çais**.
   Marie part en va**can**ces.
   Les vacances de Ma**rie** / / ont commencé **hier**.

E. *The syllable :* French words can be divided into syllables (in French poetry, the meter of the verse is based upon the numbers of syllables, not of accents, as in English).

A syllable is a group of letters which are uttered together. In dividing French words into syllables, each syllable should begin with a consonant and end with a vowel whenever possible. This means that in pronunciation exercises, you must avoid anticipating the next consonant while pronouncing the words. For instance, compare

ENGLISH : an-i-mal	FRENCH : a-ni-mal
per-im-e-ter	pé-ri-mè-tre
sal-ad	sa-lade
pres-i-dent	pré-si-dent

This division applies to writing, where a word must never be cut in such a way that a vowel would be the first letter on the next line : **aca-démie, uni-versité**

In the case of two consonants : **pas-ser, par-tir, pa-trie**

2. THE FRENCH ALPHABET AND ITS SOUNDS

A. *The vowels :* Each vowel represents a fixed sound. The French vowel has a pure sound, as compared to the English vowel which represents a combination of several sounds. There is no gliding from one sound to another, as in English, and therefore, no diphthongs. To utter a vowel sound, it is often necessary to advance and round the lips, and hold the position firmly, but with great mobility to go from one sound to another. If you master the vowels, you will be very close to having mastered French pronunciation.

> a : la gare, l'accident, papa, la table, Paris
> e : je, me, le, que, de, venir, demain, cheval
> i : ici, Virginie, la ville, visite, machine, petit
> o : joli, l'école, objet, la robe, location
>
> or, when followed by a silent final consonant : le mot, le dos, gros
>
> or by a **z** sound : la rose, la chose, poser
>
> u : sur, la rue, du café, il a bu

B. *Consonants :* For practical purposes, there is less difference between the sound of French and English consonants, than in the case of vowels. Note the following facts :

1. The final consonant is usually silent : le hasar**d**, tro**p**, le dépar**t**, ver**s**

2. The **s** of the plural is also silent : **parent** = **parents, ami** = **amis, fleur** = **fleurs**

3. There may be more than one final silent consonant : le temp**s**, ving**t**, le doig**t**, quatre-vingt**s**, les doig**ts**

4. The only final consonants which are usually pronounced are : **c, r, f, l** (think of the word **CaReFuL**) : avec, l'hôtel, pour, le chef

5. **h** is silent : l'histoire, l'homme, la honte, la Hollande

6. **qu**, a very common spelling combination in French, is pronounced like a **k** : **quart** (= kar), **quand, quelque, qu'est-ce que c'est ?**

7. **s** is pronounced **z** between two vowels : la rose, la chose, une pause, animosité, les amis and **s** in all other cases :

   double : la tasse, la bosse, la tresse, impossible
   initial : Suzanne, société, splendide
   between vowel and consonant : socialisme, aspérité, obsession

8. **w**, which is found only in a few words, is pronounced **v**.

C. *Nasal vowels:* The nasal vowel is a very distinctive sound of French. It occurs when a vowel is followed by an **n** or **m** in the same syllable. Then, the vowel is nasalized and the **n** or **m** is not pronounced. There are *several spellings for each nasal vowel, but only one sound for each.*

an : grand, Jean, an**g**lais, allemand   (an)
      ambulance, chambre, champ   (am)   } one sound : **an**
      enfant, la dent, vendre   (en)
      emporter, le temps, ensemble   (em)

in : matin, jardin, invite, fin   (in)
      impossible, timbre   (im)
      peintre, teint   (ein)   } one sound : **in**
      examen, européen, citoyen   (en)
      pain, demain, bain   (ain)
      faim   (aim)

on : mon, bâton, garçon, onze   (on)   } one sound : **on**
      compter, le nombre, le nom   (om)

un : un, lundi, chacun   (un)   } one sound : **un**
      parfum   (um)

When the **n** or **m** is double, or when it is followed by a vowel, there is usually no nasal sound :

un   *but :*   u/ne, u/nanime, chacu/ne
an   *but :*   â/ne, A/nne, a/nnée, a/nimal
bon   *but :*   bo/nne, bo/ni/ment, co/mme, co/mité
fin   *but :*   fi/ne, i/mmobile

Compare :

nasal		*no nasal*	
américain	Simon	américai/ne	Simo/ne
européen	chacun	europée/nne	chacu/ne
bon	un	bo/nne	u/ne

Note the sound of **-emm** (= amm) in **femme** and in some adverbs : prud**emm**ent, intellig**emm**ent

D. *Letter groups with a single sound:* There are certain groups of letters which have a fixed sound :

au or eau :   château, au, aujourd'hui, bateau, auto
oi :   moi, le doigt, la boîte, une fois
eu or œu :   neuf, leur, jeune, la sœur, un œuf
ai or ei :   maison, j'avais, une chaise, la peine, la neige
gn :   montagne, gagner, peigne
ill (or when final may be il) :   la famille, la fille, je travaille, le travail

You see here one of the major differences between French and English. In French, a fixed group of letters will usually have one sound and keep that one sound in different words. (Think of letter groups like *ough* in English, and of all the sounds they may have. In French, it is rare that a letter group changes its sound.)

E. *Word ending and gender:* We have already mentioned that the final consonant is usually silent in French. There are several common word endings which have the same sound, although they have different spellings :

<pre>
-er*:   papier, aller, marcher ⎫
-et**:   cabaret, ballet, poulet ⎬ have one sound: é
-ed: pied, assied   ⎪
-ez: nez, chez, avez   ⎭
</pre>

Also having the same sound is -es in: les, mes, tes, des, ses, ces

The **s** of the plural, as we have seen, is silent unless it is followed by a word with which it must be linked: ils parlent, ils‿arrivent

F. *Gender:* All nouns in French are either masculine or feminine. In some cases, the ending may indicate the gender:

<pre>
-er: le cahier, le papier   ⎫
-et: le ballet, le cabinet   ⎪
-ed: le pied   ⎬ are masculine
-ez: le nez   ⎪
-eau†:   le chapeau, le gâteau   ⎪
two consonants: le banc, le renard, le temps, le restaurant⎭

-tion: la soustraction, la multiplication ⎫ are feminine
-té: la beauté, la générosité, la charité⎭
</pre>

Often, but by no means always, a mute **e** ending indicates a feminine gender:

la vache, la table, la porte, la fenêtre, la blouse, la robe, la chaise, la rose, etc.

(*but:* le livre, le beurre, etc.)

Note: A final **e** without an accent is always silent: je, que, il parle, je regarde, une, robe, blanche

G. *The* -ent *ending of the 3rd pers. plur. of verbs is silent:*

ils parlent   ils parlaient   ils parlèrent

* -er. *This is true for all verb endings in* -er *and for other words ending in* -er *unless they are "short" words (usually one syllable). The* r *is pronounced:* la mer, le fer, fier, cher, *and in* amer.
** -et. *Phoneticians may disagree. It is true that* -et *has a closed e sound except in the conjunction* et. *But the above are meant as helpful hints on pronunciation for the beginning student and it is far better for the novice to pronounce "cabaret" with an open e than to diphthongize the sound into "cabaray."*
† eau. *Exception:* l'eau (water) *and* la peau (skin) *are feminine.*

Appendix B
Le système de conjugaison des verbes

1. GÉNÉRALITÉS

Chaque verbe a :

1. *des formes verbales :* **infinitif présent** et **passé**
   participe présent et **passé**

2. *des modes :* **l'indicatif**
   l'impératif
   le subjonctif
   le conditionnel

3. *des temps :* **présent, passé, futur, conditionnel.** À chaque temps simple correspond un temps composé qui est formé de l'auxiliaire et du participe passé. Par exemple, au présent, correspond le passé composé ; à l'imparfait, correspond le plus-que-parfait ; au futur, correspond le futur antérieur ; etc.

4. *une conjugaison* des différentes personnes pour chaque temps du verbe.

2. LES VERBES AUXILIAIRES **AVOIR** ET **ÊTRE**

Il y a deux verbes auxiliaires : **avoir** et **être**. Voilà les différentes formes de ces verbes :

	AVOIR		ÊTRE	
	FORMES VERBALES			
	Infin. prés. : avoir	*Part. prés. :* ayant	*Infin. prés. :* être	*Part. prés. :* étant
	passé : avoir eu	*passé :* eu	*passé :* avoir été	*passé :* été
	INDICATIF			
	Prés.	*Passé composé*	*Prés.*	*Passé composé*
j(e)	ai	ai eu	suis	ai été
tu	as	as eu	es	as été
il	a	a eu	est	a été
nous	avons	avons eu	sommes	avons été
vous	avez	avez eu	êtes	avez été
ils	ont	ont eu	sont	ont été

	AVOIR		ÊTRE	

INDICATIF

	Imparf.	*Plus-que-parf.*	*Imparf.*	*Plus-que-parf.*
j(e)	avais	avais eu	étais	avais été
tu	avais	avais eu	étais	avais été
il	avait	avait eu	était	avait été
nous	avions	avions eu	étions	avions été
vous	aviez	aviez eu	étiez	aviez été
ils	avaient	avaient eu	étaient	avaient été

	Futur	*Futur antér.*	*Futur*	*Futur antér.*
j(e)	aurai	aurai eu	serai	aurai été
tu	auras	auras eu	seras	auras été
il	aura	aura eu	sera	aura été
nous	aurons	aurons eu	serons	aurons été
vous	aurez	aurez eu	serez	aurez été
ils	auront	auront eu	seront	auront été

	Passé déf. (*litt.*)	*Passé antér.* (*litt.*)	*Passé déf.* (*litt.*)	*Passé antér.* (*litt.*)
j(e)	eus	eus eu	fus	eus été
tu	eus	eus eu	fus	eus été
il	eut	eut eu	fut	eut été
nous	eûmes	eûmes eu	fûmes	eûmes été
vous	eûtes	eûtes eu	fûtes	eûtes été
ils	eurent	eurent eu	furent	eurent été

CONDITIONNEL

	Prés.	*Antér.*	*Prés.*	*Antér.*
j(e)	aurais	aurais eu	serais	aurais été
tu	aurais	aurais eu	serais	aurais été
il	aurait	aurait eu	serait	aurait été
nous	aurions	aurions eu	serions	aurions été
vous	auriez	auriez eu	seriez	auriez été
ils	auraient	auraient eu	seraient	auraient été

IMPÉRATIF

aie, ayons, ayez	sois, soyons, soyez

SUBJONCTIF

	Prés.	*Parf.*	*Prés.*	*Parf.*
que j(e)	aie	aie eu	sois	aie été
que tu	aies	aies eu	sois	aies été
qu'il	ait	ait eu	soit	ait été
que nous	ayons	ayons eu	soyons	ayons été
que vous	ayez	ayez eu	soyez	ayez été
qu'ils	aient	aient eu	soient	aient été

	AVOIR		ÊTRE	

SUBJONCTIF

	Imparf. (litt.)	Plus-que-parf. (litt.)	Imparf. (litt.)	Plus-que-parf. (litt.)
que j(e)	eusse	eusse eu	fusse	eusse été
que tu	eusses	eusses eu	fusses	eusses été
qu'il	eût	eût eu	fût	eût été
que nous	eussions	eussions eu	fussions	eussions été
que vous	eussiez	eussiez eu	fussiez	eussiez été
qu'ils	eussent	eussent eu	fussent	eussent été

3. LES VERBES RÉGULIERS

On classifie les verbes suivant la terminaison de leur infinitif. L'infinitif d'un verbe se termine par : -er, -ir, -re. Il y a donc trois groupes de verbes : le premier groupe, avec l'infinitif en -er ; le deuxième groupe, avec l'infinitif en -ir ; et le troisième groupe, avec l'infinitif en -re.

1. DONNER   2. FINIR   3. ATTENDRE

FORMES VERBALES

Infin. prés.	Infin. passé	Infin. prés.	Infin. passé	Infin. prés.	Infin. passé
donner	avoir donné	finir	avoir fini	attendre	avoir attendu
Part. prés.	Part. passé	Part. prés.	Part. passé	Part. prés.	Part. passé
donnant	donné	finissant	fini	attendant	attendu

INDICATIF

	Prés.			Passé composé	(prés. de l'auxiliaire + part. passé) *	
j(e)	donn e	fin is	attend s	ai donné	ai fini	ai attendu
tu	donn es	fin is	attend s	as donné	as fini	as attendu
il	donn e	fin it	attend	a donné	a fini	a attendu
nous	donn ons	fin iss ons	attend ons	avons donné	avons fini	avons attendu
vous	donn ez	fin iss ez	attend ez	avez donné	avez fini	avez attendu
ils	donn ent	fin iss ent	attend ent	ont donné	ont fini	ont attendu

	Imparf.			Plus-que-parf.	(imparf. de l'auxiliaire + part. passé) **	
j(e)	donn ais	fin iss ais	attend ais	avais donné	avais fini	avais attendu
tu	donn ais	fin iss ais	attend ais	avais donné	avais fini	avais attendu
il	donn ait	fin iss ait	attend ait	avait donné	avait fini	avait attendu
nous	donn ions	fin iss ions	attend ions	avions donné	avions fini	avions attendu
vous	donn iez	fin iss iez	attend iez	aviez donné	aviez fini	aviez attendu
ils	donn aient	fin iss aient	attend aient	avaient donné	avaient fini	avaient attendu

* Le passé composé est formé du présent de l'auxiliaire et du participe passé du verbe.
** Le plus-que-parfait est formé de l'imparfait de l'auxiliaire et du participe passé du verbe.

1. DONNER 2. FINIR 3. ATTENDRE

INDICATIF

	Futur			Futur antér.	(futur de l'auxiliaire + part. passé)	
j(e)	donner ai	finir ai	attendr ai	aurai donné	aurai fini	aurai attendu
tu	donner as	finir as	attendr as	auras donné	auras fini	auras attendu
il	donner a	finir a	attendr a	aura donné	aura fini	aura attendu
nous	donner ons	finir ons	attendr ons	aurons donné	aurons fini	aurons attendu
vous	donner ez	finir ez	attendr ez	aurez donné	aurez fini	aurez attendu
ils	donner ont	finir ont	attendr ont	auront donné	auront fini	auront attendu

	Passé déf. (litt.)			Passé antér. (litt.)	(passé déf. de l'auxiliaire + part. passé)	
j(e)	donn ai	fin is	attend is	eus donné	eus fini	eus attendu
tu	donn as	fin is	attend is	eus donné	eus fini	eus attendu
il	donn a	fin it	attend it	eut donné	eut fini	eut attendu
nous	donn âmes	fin îmes	attend îmes	eûmes donné	eûmes fini	eûmes attendu
vous	donn âtes	fin îtes	attend îtes	eûtes donné	eûtes fini	eûtes attendu
ils	donn èrent	fin irent	attend irent	eurent donné	eurent fini	eurent attendu

CONDITIONNEL

	Prés.			Antér. (cond. prés. de l'auxiliaire + part. passé)		
j(e)	donner ais	finir ais	attendr ais	aurais donné	aurais fini	aurais attendu
tu	donner ais	finir ais	attendr ais	aurais donné	aurais fini	aurais attendu
il	donner ait	finir ait	attendr ait	aurait donné	aurait fini	aurait attendu
nous	donner ions	finir ions	attendr ions	aurions donné	aurions fini	aurions attendu
vous	donner iez	finir iez	attendr iez	auriez donné	auriez fini	auriez attendu
ils	donner aient	finir aient	attendr aient	auraient donné	auraient fini	auraient attendu

SUBJONCTIF

	Prés.			Parf. (subj. prés. de l'auxiliaire + part. passé)		
que j(e)	donn e	fin iss e	attend e	aie donné	aie fini	aie attendu
que tu	donn es	fin iss es	attend es	aies donné	aies fini	aies attendu
qu'il	donn e	fin iss e	attend e	ait donné	ait fini	ait attendu
que nous	donn ions	fin iss ions	attend ions	ayons donné	ayons fini	ayons attendu
que vous	donn iez	fin iss iez	attend iez	ayez donné	ayez fini	ayez attendu
qu'ils	donn ent	fin iss ent	attend ent	aient donné	aient fini	aient attendu

SUBJONCTIF

	Imparf. (litt.)			Plus-que-parf. (litt.) (imparf. du subj. de l'auxiliaire + part. passé) *		
que j(e)	donn asse	fin isse	attend isse	eusse donné	eusse fini	eusse attendu
que tu	donn asses	fin isses	attend isses	eusses donné	eusses fini	eusses attendu
qu'il	donn ât	fin ît	attend ît	eût donné	eût fini	eût attendu
que nous	donn assions	fin issions	attend issions	eussions donné	eussions fini	eussions attendu
que vous	donn assiez	fin issiez	attend issiez	eussiez donné	eussiez fini	eussiez attendu
qu'ils	donn assent	fin issent	attend issent	eussent donné	eussent fini	eussent attendu

IMPÉRATIF

(qu'il)	donn e	fin is	attend s
	donn e) **	fin iss e) **	attend e) **
	donn ons	fin iss ons	attend ons
	donn ez	fin iss ez	attend ez
(qu'ils)	donn ent) **	fin iss ent) **	attend ent) **

4. LES VERBES IRRÉGULIERS

A. Verbes en **-er** (premier groupe)

Ce groupe est, de beaucoup, le plus vaste des trois groupes. Tous les verbes de ce groupe sont réguliers, excepté **aller** et **envoyer**.

Certains verbes de ce groupe sont soumis à un système de modifications orthographiques qui sont prévisibles et ne sont pas des irrégularités. Pour ces modifications, voir page 567.

1. **ALLER** (to go)

FORMES VERBALES

Infin. prés. : aller
passé : être allé

Part. prés. : allant
passé : allé

		INDICATIF				SUBJONCTIF	
	Prés.	*Futur*	*Imparf.*	*Passé déf.*		*Prés.*	*Imparf.*
j(e)	vais	irai	allais	allai	que j(e)	aille	allasse
tu	vas	iras	allais	allas	que tu	ailles	allasses
il	va	ira	allait	alla	qu'il	aille	allât
nous	allons	irons	allions	allâmes	que nous	allions	allassions
vous	allez	irez	alliez	allâtes	que vous	alliez	allassiez
ils	vont	iront	allaient	allèrent	qu'ils	aillent	allassent

CONDITIONNEL *prés. :* j'irais, etc.

IMPÉRATIF : va, allons, allez

---

* Le subjonctif parfait, ou passé composé du subjonctif, est formé du subjonctif présent de l'auxiliaire et du participe passé du verbe.
** Le plus-que-parfait du subjonctif est formé de l'imparfait du subjonctif de l'auxiliaire et du participe passé du verbe.
† La troisième personne de l'impératif n'existe pas. On la remplace par la troisième personne du subjonctif.

2. **ENVOYER** (to send)

FORMES VERBALES

Infin. prés. : envoyer
     passé : avoir envoyé

Part. prés. : envoyant
     passé : envoyé

INDICATIF

	Prés.	*Futur*	*Imparf.*	*Passé déf.*
j(e)	envoie	enverrai	envoyais	envoyai
tu	envoies	enverras	envoyais	envoyas
il	envoie	enverra	envoyait	envoya
nous	envoyons	enverrons	envoyions	envoyâmes
vous	envoyez	enverrez	envoyiez	envoyâtes
ils	envoient	enverront	envoyaient	envoyèrent

SUBJONCTIF

	Prés.	*Imparf.*
que j(e)	envoie	envoyasse
que tu	envoies	envoyasses
qu'il	envoie	envoyât
que nous	envoyions	envoyassions
que vous	envoyiez	envoyassiez
qu'ils	envoient	envoyassent

CONDITIONNEL *prés.* : j'enverrais, etc.

IMPÉRATIF : envoie, envoyons, envoyez

Comme **envoyer** : **renvoyer** (to send away ; to send back)

B. Verbes en **-ir** (deuxième groupe)

Les verbes réguliers de ce groupe prennent l'infixe **-iss** (finir, nous fin**iss**ons). Il faut remarquer un assez large groupe de verbes avec l'infinitif en **-ir**, qui sans être absolument irréguliers, n'ont pas l'infixe **-iss**.

3. **DORMIR** (to sleep)

FORMES VERBALES

Infin. prés. : dormir
     passé : avoir dormi

Part. prés. : dormant
     passé : dormi

INDICATIF

	Prés.	*Futur*	*Imparf.*	*Passé déf.*
j(e)	dors	dormirai	dormais	dormis
tu	dors	dormiras	dormais	dormis
il	dort	dormira	dormait	dormit
nous	dormons	dormirons	dormions	dormîmes
vous	dormez	dormirez	dormiez	dormîtes
ils	dorment	dormiront	dormaient	dormirent

SUBJONCTIF

	Prés.	*Imparf.*
que j(e)	dorme	dormisse
que tu	dormes	dormisses
qu'il	dorme	dormît
que nous	dormions	dormissions
que vous	dormiez	dormissiez
qu'ils	dorment	dormissent

CONDITIONNEL *prés.* : je dormirais, etc.

IMPÉRATIF : dors, dormons, dormez

Comme **dormir** : **endormir (s')** (to go to sleep), **partir, sentir, servir, sortir**

Remarquez le présent de l'indicatif de ces verbes (qui suivent le modèle de **dormir**) :

partir : je pars, tu pars, il part, nous partons, vous partez, il partent
servir : je sers, tu sers, il sert, nous servons, vous servez, il servent
sentir : je sens, tu sens, il sent, nous sentons, vous sentez, ils sentent
sortir : je sors, tu sors, il sort, nous sortons, vous sortez, il sortent

4. CONQUÉRIR (to conquer)

FORMES VERBALES

Infin. prés. : conquérir
passé : avoir conquis

Part. prés. : conquérant
passé : conquis

INDICATIF

	Prés.	Futur	Imparf.	Passé déf.
j(e)	conquiers	conquerrai	conquérais	conquis
tu	conquiers	conquerras	conquérais	conquis
il	conquiert	conquerra	conquérait	conquit
nous	conquérons	conquerrons	conquérions	conquîmes
vous	conquérez	conquerrez	conquériez	conquîtes
ils	conquièrent	conquerront	conquéraient	conquirent

SUBJONCTIF

	Prés.	Imparf.
que j(e)	conquière	conquisse
que tu	conquières	conquisses
qu'il	conquière	conquît
que nous	conquérions	conquissions
que vous	conquériez	conquissiez
qu'ils	conquièrent	conquissent

CONDITIONNEL *prés.* : je conquerrais, etc.

IMPÉRATIF : conquiers, conquérons, conquérez

Comme **conquérir** : **acquérir** (to acquire)

5. COURIR (to run)

FORMES VERBALES

Infin. prés. : courir
passé : avoir couru

Part. prés. : courant
passé : couru

INDICATIF

	Prés.	Futur	Imparf.	Passé déf.
j(e)	cours	courrai	courais	courus
tu	cours	courras	courais	courus
il	court	courra	courait	courut
nous	courons	courrons	courions	courûmes
vous	courez	courrez	couriez	courûtes
ils	courent	courront	couraient	coururent

SUBJONCTIF

	Prés.	Imparf.
que j(e)	coure	courusse
que tu	coures	courusses
qu'il	coure	courût
que nous	courions	courussions
que vous	couriez	courussiez
qu'ils	courent	courussent

CONDITIONNEL *prés.* : je courrais, etc.

IMPÉRATIF : cours, courons, courez

6. **FUIR** (to flee)

FORMES VERBALES

Infin. prés.: fuir
passé: avoir fui

Part. prés.: fuyant
passé: fui

	INDICATIF				SUBJONCTIF		
	Prés.	*Futur*	*Imparf.*	*Passé déf.*		*Prés.*	*Imparf.*
j(e)	fuis	fuirai	fuyais	fuis	*que j(e)*	fuie	fuisse
tu	fuis	fuiras	fuyais	fuis	*que tu*	fuies	fuisses
il	fuit	fuira	fuyait	fuit	*qu'il*	fuie	fuît
nous	fuyons	fuirons	fuyions	fuîmes	*que nous*	fuyions	fuissions
vous	fuyez	fuirez	fuyiez	fuîtes	*que vous*	fuyiez	fuissiez
ils	fuient	fuiront	fuyaient	fuirent	*qu'ils*	fuient	fuissent

CONDITIONNEL *prés.*: je fuirais, etc.

IMPÉRATIF: fuis, fuyons, fuyez

Comme **fuir**: **s'enfuir** (to escape, to flee, to run away)

7. **MOURIR** (to die)

FORMES VERBALES

Infin. prés.: mourir
passé: être mort

Part. prés.: mourant
passé: mort

	INDICATIF				SUBJONCTIF		
	Prés.	*Futur*	*Imparf.*	*Passé déf.*		*Prés.*	*Imparf.*
j(e)	meurs	mourrai	mourais	mourus	*que j(e)*	meure	mourusse
tu	meurs	mourras	mourais	mourus	*que tu*	meures	mourusses
il	meurt	mourra	mourait	mourut	*qu'il*	meure	mourût
nous	mourons	mourrons	mourions	mourûmes	*que nous*	mourions	mourussions
vous	mourez	mourrez	mouriez	mourûtes	*que vous*	mouriez	mourussiez
ils	meurent	mourront	mouraient	moururent	*qu'ils*	meurent	mourussent

CONDITIONNEL *prés.*: je mourrais, etc.

IMPÉRATIF: meurs, mourons, mourez

REMARQUEZ: La voyelle de la racine du verbe, **ou** (mourir), devient **eu** quand elle est dans une position accentuée.

8. OUVRIR (to open)

FORMES VERBALES

Infin. prés.: ouvrir
passé: avoir ouvert

Part. prés.: ouvrant
passé: ouvert

	INDICATIF				SUBJONCTIF	
	Prés.	*Futur*	*Imparf.*	*Passé déf.*	*Prés.*	*Imparf.*
j(e)	ouvre	ouvrirai	ouvrais	ouvris	*que j(e)* ouvre	ouvrisse
tu	ouvres	ouvriras	ouvrais	ouvris	*que tu* ouvres	ouvrisses
il	ouvre	ouvrira	ouvrait	ouvrit	*qu'il* ouvre	ouvrît
nous	ouvrons	ouvrirons	ouvrions	ouvrîmes	*que nous* ouvrions	ouvrissions
vous	ouvrez	ouvrirez	ouvriez	ouvrîtes	*que vous* ouvriez	ouvrissiez
ils	ouvrent	ouvriront	ouvraient	ouvrirent	*qu'ils* ouvrent	ouvrissent

CONDITIONNEL *prés.*: j'ouvrirais, etc.

IMPÉRATIF: ouvre, ouvrons, ouvrez

Comme **ouvrir**: **couvrir** — couvert (to cover), **découvrir** — découvert (to discover, to uncover), **offrir** — offert (to offer), **souffrir** — souffert (to suffer)

9. VENIR (to come)

FORMES VERBALES

Infin. prés.: venir
passé: être venu

Part. prés.: venant
passé: venu

	INDICATIF				SUBJONCTIF	
	Prés.	*Futur*	*Imparf.*	*Passé déf.*	*Prés.*	*Imparf.*
j(e)	viens	viendrai	venais	vins	*que j(e)* vienne	vinsse
tu	viens	viendras	venais	vins	*que tu* viennes	vinsses
il	vient	viendra	venait	vint	*qu'il* vienne	vînt
nous	venons	viendrons	venions	vînmes	*que nous* venions	vinssions
vous	venez	viendrez	veniez	vîntes	*que vous* veniez	vinssiez
ils	viennent	viendront	venaient	vinrent	*qu'ils* viennent	vinssent

CONDITIONNEL *prés.*: je viendrais, etc.

IMPÉRATIF: viens, venons, venez

Comme **venir**: **devenir** (to become), **revenir** (to come back, to come again, to return)

Aussi comme **venir** mais qui forment leurs temps composés avec **avoir**: **tenir** (to hold), **maintenir** (to maintain), **soutenir** (to uphold), **obtenir** (to obtain), **retenir** (to hold back), etc.

C. Verbes en **-re** (troisième groupe)

10. BOIRE (to drink)

FORMES VERBALES

Infin. prés. : boire   *Part. prés. :* buvant
    passé : avoir bu   *passé :* bu

	INDICATIF				SUBJONCTIF		
	Prés.	*Futur*	*Imparf.*	*Passé déf.*		*Prés.*	*Imparf.*
j(e)	bois	boirai	buvais	bus	*que j(e)*	boive	busse
tu	bois	boiras	buvais	bus	*que tu*	boives	busses
il	boit	boira	buvait	but	*qu'il*	boive	bût
nous	buvons	boirons	buvions	bûmes	*que nous*	buvions	bussions
vous	buvez	boirez	buviez	bûtes	*que vous*	buviez	bussiez
ils	boivent	boiront	buvaient	burent	*qu'ils*	boivent	bussent

CONDITIONNEL *prés. :* je boirais, etc.   IMPÉRATIF : bois, buvons, buvez

11. CONDUIRE (to drive), SE CONDUIRE (to behave)

FORMES VERBALES

Infin. prés. : conduire   *Part. prés. :* conduisant
    passé : avoir conduit   *passé :* conduit

	INDICATIF				SUBJONCTIF		
	Prés.	*Futur*	*Imparf.*	*Passé déf.*		*Prés.*	*Imparf.*
j(e)	conduis	conduirai	conduisais	conduisis	*que j(e)*	conduise	conduisisse
tu	conduis	conduiras	conduisais	conduisis	*que tu*	conduises	conduisisses
il	conduit	conduira	conduisait	conduisit	*qu'il*	conduise	conduisît
nous	conduisons	conduirons	conduisions	conduisîmes	*que nous*	conduisions	conduisissions
vous	conduisez	conduirez	conduisiez	conduisîtes	*que vous*	conduisiez	conduisissiez
ils	conduisent	conduiront	conduisaient	conduisirent	*qu'ils*	conduisent	conduisissent

---

CONDITIONNEL *prés. :* je conduirais, etc.   IMPÉRATIF : conduis, conduisons,
                                                  conduisez

Comme **conduire** : **construire** (to construct, to build), **cuire** (to cook), **détruire** (to destroy), **produire** (to produce), **traduire** (to translate)

12. CONNAÎTRE (to know) *personnaly*

Infin. prés.: connaître   *Part. prés.:* connaissant
      passé: avoir connu   *passé:* connu

INDICATIF   SUBJONCTIF

	Prés.	*Futur*	*Imparf.*	*Passé déf.*		*Prés.*	*Imparf.*
j(e)	connais	connaîtrai	connaissais	connus	*que j(e)*	connaisse	connusse
tu	connais	connaîtras	connaissais	connus	*que tu*	connaisses	connusses
il	connaît	connaîtra	connaissait	connut	*qu'il*	connaisse	connût
nous	connaissons	connaîtrons	connaissions	connûmes	*que nous*	connaissions	connussions
vous	connaissez	connaîtrez	connaissiez	connûtes	*que vous*	connaissiez	connussiez
ils	connaissent	connaîtront	connaissaient	connurent	*qu'ils*	connaissent	connussent

CONDITIONNEL *prés.:* je connaîtrais, etc.   IMPÉRATIF: connais, connaissons, connaissez

Comme **connaître**: **reconnaître** (to recognize), **paraître** (to appear; to seem)

13. CRAINDRE (to fear)

Infin. prés.: craindre   *Part. prés.:* craignant
      passé: avoir craint   *passé:* craint

INDICATIF   SUBJONCTIF

	Prés.	*Futur*	*Imparf.*	*Passé déf.*		*Prés.*	*Imparf.*
j(e)	crains	craindrai	craignais	craignis	*que j(e)*	craigne	craignisse
tu	crains	craindras	craignais	craignis	*que tu*	craignes	craignisses
il	craint	craindra	craignait	craignit	*qu'il*	craigne	craignît
nous	craignons	craindrons	craignions	craignîmes	*que nous*	craignions	craignissions
vous	craignez	craindrez	craigniez	craignîtes	*que vous*	craigniez	craignissiez
ils	craignent	craindront	craignaient	craignirent	*qu'ils*	craignent	craignissent

CONDITIONNEL *prés.:* je craindrais, etc.   IMPÉRATIF: crains, craignons, craignez

Comme **craindre**: **peindre** (to paint), **plaindre** (to pity), **se plaindre** (to complain)

14. **CROIRE** (to believe)

FORMES VERBALES

Infin. prés. : croire
   passé : avoir cru

Part. prés. : croyant
   passé : cru

	INDICATIF					SUBJONCTIF	
	Prés.	*Futur*	*Imparf.*	*Passé déf.*		*Prés.*	*Imparf.*
j(e)	crois	croirai	croyais	crus	*que j(e)*	croie	crusse
tu	crois	croiras	croyais	crus	*que tu*	croies	crusses
il	croit	croira	croyait	crut	*qu'il*	croie	crût
nous	croyons	croirons	croyions	crûmes	*que nous*	croyions	crussions
vous	croyez	croirez	croyiez	crûtes	*que vous*	croyiez	crussiez
ils	croient	croiront	croyaient	crurent	*qu'ils*	croient	crussent

CONDITIONNEL *prés. :* je croirais, etc.

IMPÉRATIF : crois, croyons, croyez

---

15. **DIRE** (to say, to tell)

FORMES VERBALES

Infin. prés. : dire
   passé : avoir dit

Part. prés. : disant
   passé : dit

	INDICATIF					SUBJONCTIF	
	Prés.	*Futur*	*Imparf.*	*Passé déf.*		*Prés.*	*Imparf.*
j(e)	dis	dirai	disais	dis	*que j(e)*	dise	disse
tu	dis	diras	disais	dis	*que tu*	dises	disses
il	dit	dira	disait	dit	*qu'il*	dise	dît
nous	disons	dirons	disions	dîmes	*que nous*	disions	dissions
vous	dites	direz	disiez	dîtes	*que vous*	disiez	dissiez
ils	disent	diront	disaient	dirent	*qu'ils*	disent	dissent

CONDITIONNEL *prés. :* je dirais, etc.

IMPÉRATIF : dis, disons, dites

16. ÉCRIRE (to write)

FORMES VERBALES

Infin. prés. : écrire	*Part. prés. :* écrivant
passé : avoir écrit	*passé :* écrit

INDICATIF

	Prés.	*Futur*	*Imparf.*	*Passé déf.*
j(e)	écris	écrirai	écrivais	écrivis
tu	écris	écriras	écrivais	écrivis
il	écrit	écrira	écrivait	écrivit
nous	écrivons	écrirons	écrivions	écrivîmes
vous	écrivez	écrirez	écriviez	écrivîtes
ils	écrivent	écriront	écrivaient	écrivirent

SUBJONCTIF

	Prés.	*Imparf.*
que j(e)	écrive	écrivisse
que tu	écrives	écrivisses
qu'il	écrive	écrivît
que nous	écrivions	écrivissions
que vous	écriviez	écrivissiez
qu'ils	écrivent	écrivissent

CONDITIONNEL *prés.* : j'écrirais, etc.

IMPÉRATIF : écris, écrivons, écrivez

Comme **écrire** : **décrire** (to describe)

17. FAIRE (to do, to make)

FORMES VERBALES

Infin. prés. : faire	*Part. prés. :* faisant
passé : avoir fait	*passé :* fait

INDICATIF

	Prés.	*Futur*	*Imparf.*	*Passé déf.*
j(e)	fais	ferai	faisais	fis
tu	fais	feras	faisais	fis
il	fait	fera	faisait	fit
nous	faisons	ferons	faisions	fîmes
vous	faites	ferez	faisiez	fîtes
ils	font	feront	faisaient	firent

SUBJONCTIF

	Prés.	*Imparf.*
que j(e)	fasse	fisse
que tu	fasses	fisses
qu'il	fasse	fît
que vous	fassions	fissions
que nous	fassiez	fissiez
qu'ils	fassent	fissent

CONDITIONNEL *prés.* : je ferais, etc.

IMPÉRATIF : fais, faisons, faites

18. **LIRE** (to read)

FORMES VERBALES

Infin. prés. : lire   *Part. prés. :* lisant
      passé : avoir lu   *passé :* lu

INDICATIF   SUBJONCTIF

	Prés.	*Futur*	*Imparf.*	*Passé déf.*		*Prés.*	*Imparf.*
j(e)	lis	lirai	lisais	lus	*que j(e)*	lise	lusse
tu	lis	liras	lisais	lus	*que tu*	lises	lusses
il	lit	lira	lisait	lut	*qu'il*	lise	lût
nous	lisons	lirons	lisions	lûmes	*que nous*	lisions	lussions
vous	lisez	lirez	lisiez	lûtes	*que vous*	lisiez	lussiez
ils	lisent	liront	lisaient	lurent	*qu'ils*	lisent	lussent

CONDITIONNEL *prés. :* je lirais, etc.   IMPÉRATIF : lis, lisons, lisez

19. **METTRE** (to put, to place)

FORMES VERBALES

Infin. prés. : mettre   *Part. prés. :* mettant
      passé : avoir mis   *passé :* mis

INDICATIF   SUBJONCTIF

	Prés.	*Futur*	*Imparf.*	*Passé déf.*		*Prés.*	*Imparf.*
j(e)	mets	mettrai	mettais	mis	*que j(e)*	mette	misse
tu	mets	mettras	mettais	mis	*que tu*	mettes	misses
il	met	mettra	mettait	mit	*qu'il*	mette	mît
nous	mettons	mettrons	mettions	mîmes	*que nous*	mettions	missions
vous	mettez	mettrez	mettiez	mîtes	*que vous*	mettiez	missiez
ils	mettent	mettront	mettaient	mirent	*qu'ils*	mettent	missent

CONDITIONNEL *prés. :* je mettrais, etc.   IMPÉRATIF : mets, mettons, mettez

Comme **mettre** : **permettre** (to allow), **promettre** (to promise)

20. **NAÎTRE** (to be born)

FORMES VERBALES

Infin. prés.: naître
passé: être né

Part. prés.: naissant
passé: né

	INDICATIF					SUBJONCTIF	
	Prés.	*Futur*	*Imparf.*	*Passé déf.*		*Prés.*	*Imparf.*
j(e)	nais	naîtrai	naissais	naquis	*que j(e)*	naisse	naquisse
tu	nais	naîtras	naissais	naquis	*que tu*	naisses	naquisses
il	naît	naîtra	naissait	naquit	*qu'il*	naisse	naquît
nous	naissons	naîtrons	naissions	naquîmes	*que nous*	naissions	naquissions
vous	naissez	naîtrez	naissiez	naquîtes	*que vous*	naissiez	naquissiez
ils	naissent	naîtront	naissaient	naquirent	*qu'ils*	naissent	naquissent

CONDITIONNEL *prés.:* je naîtrais, etc.

IMPÉRATIF: nais, naissons, naissez

---

21. **PLAIRE** (to please, to attract)

FORMES VERBALES

Infin. prés.: plaire
passé: avoir plu

Part. prés.: plaisant
passé: plu

	INDICATIF					SUBJONCTIF	
	Prés.	*Futur*	*Imparf.*	*Passé déf.*		*Prés.*	*Imparf.*
j(e)	plais	plairai	plaisais	plus	*que j(e)*	plaise	plusse
tu	plais	plairas	plaisais	plus	*que tu*	plaises	plusses
il	plaît	plaira	plaisait	plut	*qu'il*	plaise	plût
nous	plaisons	plairons	plaisions	plûmes	*que nous*	plaisions	plussions
vous	plaisez	plairez	plaisiez	plûtes	*que vous*	plaisiez	plussiez
ils	plaisent	plairont	plaisaient	plurent	*qu'ils*	plaisent	plussent

CONDITIONNEL *prés.:* je plairais, etc.

IMPÉRATIF: plais, plaisons, plaisez

22. PRENDRE (to take)

FORMES VERBALES

Infin. prés.: prendre
passé: avoir pris

Part. prés.: prenant
passé: pris

INDICATIF					SUBJONCTIF		
	Prés.	*Futur*	*Imparf.*	*Passé déf.*		*Prés.*	*Imparf.*
j(e)	prends	prendrai	prenais	pris	*que j(e)*	prenne	prisse
tu	prends	prendras	prenais	pris	*que tu*	prennes	prisses
il	prend	prendra	prenait	prit	*qu'il*	prenne	prît
nous	prenons	prendrons	prenions	prîmes	*que nous*	prenions	prissions
vous	prenez	prendrez	preniez	prîtes	*que vous*	preniez	prissiez
ils	prennent	prendront	prenaient	prirent	*qu'ils*	prennent	prissent

CONDITIONNEL *prés.:* je prendrais, etc.

IMPÉRATIF: prends, prenons, prenez

Comme **prendre**: **apprendre** (to learn), **comprendre** (to understand), **surprendre** (to surprise)

23. RIRE (to laugh)

FORMES VERBALES

Infin. prés.: rire
passé: avoir ri

Part. prés.: riant
passé: ri

INDICATIF					SUBJONCTIF		
	Prés.	*Futur*	*Imparf.*	*Passé déf.*		*Prés.*	*Imparf.*
j(e)	ris	rirai	riais	ris	*que j(e)*	rie	risse
tu	ris	riras	riais	ris	*que tu*	ries	risses
il	rit	rira	riait	rit	*qu'il*	rie	rît
nous	rions	rirons	riions	rîmes	*que nous*	riions	rissions
vous	riez	rirez	riiez	rîtes	*que vous*	riiez	rissiez
ils	rient	riront	riaient	rirent	*qu'ils*	rient	rissent

CONDITIONNEL *prés.:* je rirais, etc.

IMPÉRATIF: ris, rions, riez

Comme **rire**: **sourire** (to smile)

24. SUIVRE (to follow)

FORMES VERBALES

Infin. prés. : suivre
passé : avoir suivi

Part. prés. : suivant
passé : suivi

INDICATIF

	Prés.	*Futur*	*Imparf.*	*Passé déf.*
j(e)	suis	suivrai	suivais	suivis
tu	suis	suivras	suivais	suivis
il	suit	suivra	suivait	suivit
nous	suivons	suivrons	suivions	suivîmes
vous	suivez	suivrez	suiviez	suivîtes
ils	suivent	suivront	suivaient	suivirent

SUBJONCTIF

	Prés.	*Imparf.*
que j(e)	suive	suivisse
que tu	suives	suivisses
qu'il	suive	suivît
que nous	suivions	suivissions
que vous	suiviez	suivissiez
qu'ils	suivent	suivissent

CONDITIONNEL *prés.* : je suivrais, etc.

IMPÉRATIF : suis, suivons, suivez

25. VIVRE (to live)

FORMES VERBALES

Infin. prés. : vivre
passé : avoir vécu

Part. prés. : vivant
passé : vécu

INDICATIF

	Prés.	*Futur*	*Imparf.*	*Passé déf.*
j(e)	vis	vivrai	vivais	vécus
tu	vis	vivras	vivais	vécus
il	vit	vivra	vivait	vécut
nous	vivons	vivrons	vivions	vécûmes
vous	vivez	vivrez	viviez	vécûtes
ils	vivent	vivront	vivaient	vécurent

SUBJONCTIF

	Prés.	*Imparf.*
que j(e)	vive	vécusse
que tu	vives	vécusses
qu'il	vive	vécût
que nous	vivions	vécussions
que vous	viviez	vécussiez
qu'ils	vivent	vécussent

CONDITIONNEL *prés.* : je vivrais, etc.

IMPÉRATIF : vis, vivons, vivez

D. Verbes en -oir

Ces verbes n'appartiennent en réalité à aucun groupe et ils sont tous irréguliers.

26. ASSEOIR (to seat), S'ASSEOIR (to sit)

(Il y a deux conjugaisons alternées pour ce verbe. Nous donnons celle qui s'emploie le plus fréquemment.)

FORMES VERBALES

Infin. prés. : (s') asseoir	*Part. prés.* : (s') asseyant
passé : $\begin{cases} \text{avoir assis} \\ \text{s'être assis} \end{cases}$	*passé* : assis

	INDICATIF				SUBJONCTIF		
	Prés.	*Futur*	*Imparf.*	*Passé déf.*		*Prés.*	*Imparf.*
j(e)	assieds	assiérai	asseyais	assis	*que j(e)*	asseye	assisse
tu	assieds	assiéras	asseyais	assis	*que tu*	asseyes	assisses
il	assied	assiéra	asseyait	assit	*qu'il*	asseye	assît
nous	asseyons	assiérons	asseyions	assîmes	*que nous*	asseyions	assissions
vous	asseyez	assiérez	asseyiez	assîtes	*que vous*	asseyiez	assissiez
ils	asseyent	assiéront	asseyaient	assirent	*qu'ils*	asseyent	assissent

CONDITIONNEL *prés.* : j'assiérais, etc.	IMPÉRATIF : assieds, asseyons, asseyez

27. DEVOIR (to owe, to be supposed to)

FORMES VERBALES

Infin. prés. : devoir	*Part. prés.* : devant
passé : avoir dû	*passé* : dû

	INDICATIF				SUBJONCTIF		
	Prés.	*Futur*	*Imparf.*	*Passé déf.*		*Prés.*	*Imparf.*
j(e)	dois	devrai	devais	dus	*que j(e)*	doive	dusse
tu	dois	devras	devais	dus	*que tu*	doives	dusses
il	doit	devra	devait	dut	*qu'il*	doive	dût
nous	devons	devrons	devions	dûmes	*que nous*	devions	dussions
vous	devez	devrez	deviez	dûtes	*que vous*	deviez	dussiez
ils	doivent	devront	devaient	durent	*qu'ils*	doivent	dussent

CONDITIONNEL *prés.* : je devrais, etc.	IMPÉRATIF : dois, devons, devez

28. FALLOIR (to have to, to be necessary)

FORMES VERBALES

Infin. prés.: falloir	*Part. prés.:* (*pas de part. prés.*)
passé: avoir fallu	*passé:* fallu

		INDICATIF				SUBJONCTIF	
	Prés.	*Futur*	*Imparf.*	*Passé déf.*		*Prés.*	*Imparf.*
il	faut	faudra	fallait	fallut	*qu'il*	faille	fallût

CONDITIONNEL *prés.*: il faudrait	IMPÉRATIF: (*pas d'impératif*)

29. PLEUVOIR (to rain)

FORMES VERBALES

Infin. prés.: pleuvoir	*Part. prés.:* pleuvant
passé: avoir plu	*passé:* avoir plu

		INDICATIF				SUBJONCTIF	
	Prés.	*Futur*	*Imparf.*	*Passé déf.*		*Prés.*	*Imparf.*
il	pleut	pleuvra	pleuvait	plut	*qu'il*	pleuve	plût

CONDITIONNEL *prés.*: il pleuvrait	IMPÉRATIF: (*pas d'impératif*)

30. POUVOIR (to be able, can)

FORMES VERBALES

Infin. prés.: pouvoir	*Part. prés.:* pouvant
passé: avoir pu	*passé:* pu

	INDICATIF					SUBJONCTIF	
	Prés.	*Futur*	*Imparf.*	*Passé déf.*		*Prés.*	*Imparf.*
j(e)	peux*	pourrai	pouvais	pus	*que j(e)*	puisse	pusse
tu	peux	pourras	pouvais	pus	*que tu*	puisses	pusses
il	peut	pourra	pouvait	put	*qu'il*	puisse	pût
nous	pouvons	pourrons	pouvions	pûmes	*que nous*	puissions	pussions
vous	pouvez	pourrez	pouviez	pûtes	*que vous*	puissiez	pussiez
ils	peuvent	pourront	pouvaient	purent	*qu'ils*	puissent	pussent

CONDITIONNEL *prés.:* je pourrais, etc.	IMPÉRATIF: (*pas d'impératif*)

* **Je peux** ou **je puis** (généralement: **puis-je?** au sens de *may I?* et **je peux** le reste de temps).

31. **RECEVOIR** (to receive, to entertain)

FORMES VERBALES

Infin. prés. : recevoir
passé : avoir reçu

Part. prés. : recevant
passé : reçu

INDICATIF

	Prés.	*Futur*	*Imparf.*	*Passé déf.*
j(e)	reçois	recevrai	recevais	reçus
tu	reçois	recevras	recevais	reçus
il	reçoit	recevra	recevait	reçut
nous	recevons	recevrons	recevions	reçûmes
vous	recevez	recevrez	receviez	reçûtes
ils	reçoivent	recevront	recevaient	reçurent

SUBJONCTIF

	Prés.	*Imparf.*
que j(e)	reçoive	reçusse
que tu	reçoives	reçusses
qu'il	reçoive	reçût
que nous	recevions	reçussions
que vous	receviez	reçussiez
qu'ils	reçoivent	reçussent

CONDITIONNEL *prés. :* je recevrais, etc.

IMPÉRATIF : reçois, recevons, recevez

32. **SAVOIR** (to know)

FORMES VERBALES

Infin. prés. : savoir
passé : avoir su

Part. prés. : sachant
passé : su

INDICATIF

	Prés.	*Futur*	*Imparf.*	*Passé déf.*
j(e)	sais	saurai	savais	sus
tu	sais	sauras	savais	sus
il	sait	saura	savait	sut
nous	savons	saurons	savions	sûmes
vous	savez	saurez	saviez	sûtes
ils	savent	sauront	savaient	surent

SUBJONCTIF

	Prés.	*Imparf.*
que j(e)	sache	susse
que tu	saches	susses
qu'il	sache	sût
que nous	sachions	sussions
que vous	sachiez	sussiez
qu'ils	sachent	sussent

CONDITIONNEL *prés. :* je saurais, etc.

IMPÉRATIF : sache, sachons, sachez

33. **VALOIR** (to be worth)

FORMES VERBALES

Infin. prés. : valoir
    passé : avoir valu

Part. prés. : valant
    passé : valu

	INDICATIF				SUBJONCTIF		
	Prés.	*Futur*	*Imparf.*	*Passé déf.*		*Prés.*	*Imparf.*
j(e)	vaux	vaudrai	valais	valus	*que j(e)*	vaille	valusse
tu	vaux	vaudras	valais	valus	*que tu*	vailles	valusses
il	vaut	vaudra	valait	valut	*qu'il*	vaille	valût
nous	valons	vaudrons	valions	valûmes	*que nous*	vallions	valussions
vous	valez	vaudrez	valiez	valûtes	*que vous*	valliez	valussiez
ils	valent	vaudront	valaient	valurent	*qu'ils*	vaillent	valussent

CONDITIONNEL *prés.* : je vaudrais, etc.

IMPÉRATIF (*rare*) : vaux, valons, valez

34. **VOIR** (to see)

FORMES VERBALES

Infin. prés. : voir
    passé : avoir vu

Part. prés. : voyant
    passé : vu

	INDICATIF				SUBJONCTIF		
	Prés.	*Futur*	*Imparf.*	*Passé déf.*		*Prés.*	*Imparf.*
j(e)	vois	verrai	voyais	vis	*que j(e)*	voie	visse
tu	vois	verras	voyais	vis	*que tu*	voies	visses
il	voit	verra	voyait	vit	*qu'il*	voie	vît
nous	voyons	verrons	voyions	vîmes	*que nous*	voyions	vissions
vous	voyez	verrez	voyiez	vîtes	*que vous*	voyiez	vissiez
ils	voient	verront	voyaient	virent	*qu'ils*	voient	vissent

CONDITIONNEL *prés.* : je verrais, etc.

IMPÉRATIF : vois, voyons, voyez

35. VOULOIR (to want, to will, to wish)

FORMES VERBALES

Infin. prés.: vouloir
passé: avoir voulu

Part. prés.: voulant
passé: voulu

	INDICATIF					SUBJONCTIF		
	Prés.	*Futur*	*Imparf.*	*Passé déf.*			*Prés.*	*Imparf.*
j(e)	veux	voudrai	voulais	voulus	*que j(e)*		veuille	voulusse
tu	veux	voudras	voulais	voulus	*que tu*		veuilles	voulusses
il	veut	voudra	voulait	voulut	*qu'il*		veuille	voulût
nous	voulons	voudrons	voulions	voulûmes	*que nous*		voulions	voulussions
vous	voulez	voudrez	vouliez	voulûtes	*que vous*		vouliez	voulussiez
ils	veulent	voudront	voulaient	voulurent	*qu'ils*		veuillent	voulussent

CONDITIONNEL *prés.*: je voudrais, etc.

IMPÉRATIF: veuille, veuillons, veuillez

LA LISTE DES VERBES IRRÉGULIERS LES PLUS EMPLOYÉS

acquérir — 4 *
aller — 1
apprendre — 22
asseoir (s'asseoir) — 26

boire — 10

comprendre — 22
conduire — 11
connaître — 12
conquérir — 4
construire — 11
courir — 5
couvrir — 8
craindre — 13
croire — 14
cuire — 11

découvrir — 8
décrire — 16
devenir — 9

détruire — 11
devoir — 27
dire — 15
dormir — 3

écrire — 16
endormir — 3
enfuir (s') — 6
envoyer — 2

faire — 17
falloir — 28
fuir — 6

lire — 18

maintenir — 9
mettre — 19
mourir — 7

naître — 20

obtenir — 9
offrir — 8
ouvrir — 8

paraître — 12
partir — 3
peindre — 13
permettre — 19
plaindre (se plaindre) — 13
plaire — 21
pleuvoir — 29
produire — 11
pouvoir — 30
prendre — 22
promettre — 19

recevoir — 31
renvoyer — 2
retenir — 9
revenir — 9

rire — 23

savoir — 32
sentir — 3
servir — 3
sortir — 3
souffrir — 8
sourire — 23
soutenir — 9
suivre — 24
surprendre — 22

tenir — 9
traduire — 11

valoir — 33
venir — 9
vivre — 25
voir — 34
vouloir — 35

* Numéro de référence (voir Appendix B, p. 544).

LISTE DES VERBES LES PLUS EMPLOYÉS QUI SONT SUIVIS D'UN INFINITIF SANS PRÉPOSITION, OU AVEC LA PRÉPOSITION A OU **DE**

1. Verbes qui sont suivis d'un infinitif sans préposition

> EXEMPLE : J'aime aller au cinéma.
> Je n'ose pas inviter cette jeune fille.

aimer, *to like or love*
aller, *to go*
arriver, *to arrive or happen*
courir, *to run*
croire, *to think*
désirer, *to wish*
devoir, *to be supposed to*
envoyer, *to send*
espérer, *to hope*
écouter, *to listen*

entendre, *to hear*
faire, *to do or make*
falloir, *to have to*
laisser, *ot let or leave*
monter, *to go or come up*
oser, *to dare*
paraître, *to seem or appear*
penser, *to think*
préférer, *to prefer*

se rappeler, *to recall*
regarder, *to look at*
rentrer, *to go (come) home*
retourner, *to go back*
savoir, *to know*
valoir (mieux), *to be better*
venir, *to come*
voir, *to see*
vouloir, *to want*

2. Verbes qui sont suivis de la préposition **à** devant un infinitif

> EXEMPLE : J'apprends à jouer du piano.
> Je commence à savoir le français.

aider, *to help*
s'amuser, *to have fun*
apprendre, *to learn*
chercher, *to seek or try*
commencer, *to begin*
condamner, *to condemn*

continuer, *to continue*
enseigner, *to teach*
s'exercer, *to practice*
hésiter, *to hesitate*
inviter, *to invite*

se mettre, *to begin*
passer, *to spend time*
penser, *to think of (doing something)*
réussir, *to succeed*

3. Verbes qui sont suivis de la préposition **de** devant un infinitif

> EXEMPLE : Je décide de rester.
> J'oublie de prendre mes affaires.

s'arrêter, *to stop*
cesser, *to stop*
conseiller, *to advise*
craindre, *to fear*
décider, *to decide*
demander, *to ask*
se dépêcher, *to hurry*
dire, *to tell*

empêcher, *to prevent*
essayer, *to try*
finir, *to finish*
menacer, *to threaten*
mériter, *to deserve*
obliger, *to oblige*
offrir, *to offer*

ordonner, *to order*
oublier, *to forget*
proposer, *to propose*
refuser, *to refuse*
regretter, *to regret*
risquer, *to risk*
venir, *to have just*

Nous avons déjà vu que les verbes du premier groupe (de beaucoup le plus vaste des trois) sont réguliers, excepté **aller** et **envoyer**. Plusieurs de ces verbes réguliers, cependant, sont soumis à des modifications orthographiques. Celles-ci sont prévisibles.

1. Verbes avec un changement d'accent

Quand un mot se termine par la combinaison : **e** + consonne + **e** muet, il y a un accent grave sur le **e** qui précède la consonne ; donc, cette terminaison est toujours :

è + **consonne** + **e muet**

Cette règle s'applique aussi bien aux verbes qu'à tous les autres mots.

préférer : je préfère, tu préfères, il préfère, nous préférons, vous préférez, ils préfèrent
acheter : j'achète, tu achètes, il achète, nous achetons, vous achetez, ils achètent
régler (*les deux consonnes ont le rôle d'une seule*) : je règle, tu règles, il règle, nous réglons, vous réglez, ils règlent

Les formes du **nous** et **vous** ne sont pas suivies d'un **e** muet. Donc, on garde l'orthographe de la racine du verbe. Toutes les autres personnes sont suivies d'un **e** muet (ou d'un son muet) :

Futur	*Imparf.*	*Condit.*	*Part. passé*
je préférerai*	je préférais	je préférerais*	préféré
j'achèterai	(*accent aigu à toutes*	j'achèterais	
je réglerai*	*les personnes*)	je réglerais*	

Dans cette catégorie : **répéter, céder, espérer, mener, emmener**, etc.

2. Verbes qui doublent la consonne (exceptionnel)

Quelques verbes, au lieu d'ajouter un accent grave (comme **acheter**), doublent la consonne (**l** ou **t**). Cela a lieu exactement pour la même raison, car le son de **e** devant une double consonne est le même que celui de **è**.

jeter : je jette, tu jettes, il jette, nous jetons, vous jetez, ils jettent
appeler (comme **appeler** : **épeler**) : j'appelle, tu appelles, il appelle, nous appelons, vous appelez, ils appellent

Les formes du **nous** et du **vous** ne sont pas suivies d'un **e** muet. Donc, on garde l'orthographe de la racine du verbe.

Toutes les autres personnes sont suivies d'un **e** muet (ou d'un son muet).

Futur	*Part. passé*	*Condit.*
je jetterai	jeté	je jetterais
j'appellerai	appelé	j'appellerais
(*double consonne à toutes les personnes*)		(*double consonne à toutes les personnes*)

* Les verbes qui ont déjà un accent à l'infinitif (comme **répéter, céder, préférer, espérer, régler**) gardent l'**accent aigu** au futur et au conditionnel. L'accent ne change qu'au présent de l'indicatif et du subjonctif. Les verbes qui n'ont pas d'accent à l'infinitif (comme **lever, acheter**) et qui ajoutent un accent, en ajoutent toujours un **grave**, même au futur et au conditionnel.

3. Verbes où le **y** devient **i**

Le **y** des verbes qui se terminent par **-yer** à l'infinitif devient **i** quand il est suivi d'un **e** muet.

payer : je paie, tu paies, il paie, nous payons, vous payez, ils paient
envoyer : j'envoie, tu envoies, il envoie, nous envoyons, vous envoyez, ils envoient
ennuyer : j'ennuie, tu ennuies, il ennuie, nous ennuyons, vous ennuyez, ils ennuient

Futur	*Imparf.*	*Condit.*	*Part. passé*
je paierai	je payais	je paierais, etc.	payé
j'enverrai (*c'est un des deux verbes*	j'envoyais	(**i** *à toutes les personnes*)	envoyé
irréguliers de ce groupe)	j'ennuyais		ennuyé
j'ennuierai	(**y** *à toutes les personnes*)		
(**i** *à toutes les personnes*)			

4. Verbes qui ajoutent une cédille

Quand un verbe se termine par **-cer** à l'infinitif, on ajoute un cédille sous le **c** devant **a** et **o** pour garder le son **s** comme à l'infinitif.

commencer : je commence, tu commences, il commence, nous commen**ç**ons, vous commencez, ils commencent

Futur	*Condit.*	*Imparf.*	*Part. passé*
je commencerai	je commencerais	je commen**ç**ais	commencé
		(*avec* **cédille** *à toutes*	
		les personnes, excepté **nous** *et* **vous**)	

5. Verbes qui ajoutent un **e**

Quand un verbe se termine par **-ger** à l'infinitif, on ajoute un **e** devant **a** ou **o** pour garder le son **j** comme à l'infinitif.

manger : je mange, tu manges, il mange, nous mang**e**ons, vous mangez, ils mangent

Futur	*Condit.*	*Imparf.*	*Part. passé*
je mangerai	je mangerais	je mang**e**ais	mangé
		(*avec* **e** *à toutes les personnes, excepté* **nous** *et* **vous**)	

Vocabulaire français-anglais

A

à to, at, in
abandonner to give up ; to abandon
abeille, *f.* bee
abord : d'abord at first
aboyer to bark
abri, *m.* shelter
abricot, *m.* apricot
abricotier, *m.* apricot tree
absence, *f.* absence
absolument absolutely
absurde, *m.* absurd
accent, *m.* accent, stress
accentué(e) accented
accepter to accept
accompagner to accompany
accord, *m.* agreement ; d'— o.k.
accordéon, *m.* accordion
accorder to agree
achat, *m.* purchase
acheter to buy
acteur, *m.* actor
activité, *f.* activity
actrice, *f.* actress
actualités, *f. pl.* newsreel, news
adaptation, *f.* adaptation
adjacent(e) adjacent
admettre to admit
admirablement admirably, wonderfully
admirateur, *m.* (admiratrice, *f.*) admirer, fan
admirer to admire
adorer to adore
adresse, *f.* address
adversité, *f.* adversity
aéroport, *m.* airport
affaire, *f.* deal, bargain ; **les affaires** business ; **mes affaires** my things
affection, *f.* affection
affectueux (affectueuse) affectionate

affiche, *f.* poster
affranchir to free, to stamp
afin de in order to
afin que in order that
africain(e) African
Afrique, *f.* Africa
âge, *m.* age
âgé(e) old (of a person)
agence, *f.* agency
agent, *m.* agent ; — de police police officer
aggraver to aggravate, worsen
s'agir de : il s'agit de it is a matter of, it deals with
agiter to agitate, shake, upset
agréable pleasant, nice
aider to help
aigu (aiguë) sharp, piercing
ail, *m.* garlic
aile, *f.* wing
ailleurs elsewhere ; d'— besides
aimable nice, kind
aimer to like, love
aîné(e) elder
air, *m.* air ; tune ; **avoir l'—** to seem, look like
aise, *f.* ease, comfort ; **être à l'—** to be comfortable ; **être mal à l'—** to be uncomfortable
ajouté(e) added
ajouter to add
ajuster to adjust
alcool, *m.* alcohol
alcôve *f.* alcove
Algérie *f.* Algeria
algue, *f.* seaweed
Allemagne, *f.* Germany
allemand(e) German
aller to go ; **s'en —** to go away ; **— et retour** round trip
allié(e) ally
allô hello (on the telephone)
allongé(e) stretched out
allonger (s') to lie down
allumer to light

allumette, *f.* match
alors then, so, therefore
Alpes, *f. pl.* Alps
altitude, *f.* altitude
alunir to land on the moon
amabilité, *f.* kindness
amant, *m.* (amante, *f.*) lover
amateur, *m.* amateur
âme, *f.* soul
amélioration, *f.* improvement
améliorer to improve
amener to bring (a person)
américain(e) American
américaniser to Americanize
américanisme, *m.* Americanism
Amérique, *f.* America
ami, *m.* (amie, *f.*) friend
amitié, *f.* friendship
amour, *m.* (amours, *f. pl.*) love
amoureux (amoureuse) in love ; **être — (de)** to be in love with ; **tomber — (de)** to fall in love with
amplifier to amplify
amulette, *f.* amulet
amusant(e) amusing
amusé(e) amused
amuser to amuse ; **s'—** to have a good time
an, *m.* year
anagramme, *f.* anagram
ananas, *m.* pineapple
ancien(e) ancient ; former
Angleterre, *f.* England
animé(e) animated, lively, bustling
année, *f.* year
anniversaire, *m.* birthday, anniversary
annoncer to announce
annuaire, *m.* directory
anonyme anonymous
antenne, *f.* antenna
Antilles, *f. pl.* Antilles
antiquité, *f.* antiquity ; antique

apercevoir   to perceive ; s'— de
   to realize
apéritif, *m.*   appetizer
apogée, *m.*   apogee, peak
appareil, *m.*   machine ; camera
apparence, *f.*   appearance
appartement, *m.*   apartment
appartenir   to belong
appauvrir   to make poor
appel, *m.*   call
appeler   to call ; s'—   to be
   called ; je m'appelle   my name
   is
appétit, *m.*   appetite ; bon —!
   enjoy your meal !
applaudir   to applaud
apporter   to bring (a thing)
apprécier   to appreciate
apprendre   to learn
approbation, *f.*   approval
approuver   to approve
après   after
après-midi, *m. or f.*   afternoon
arabe   Arab, Arabic
arbitrer   to arbitrate
arbre, *m.*   tree
archéologie, *f.*   archeology
archiduc, *m.*   archduke
architecte, *m.*   architect
argent, *m.*   money ; silver ; — de
   poche   pocket money ; — comptant   cash
argenterie, *f.*   silverware
ariette, *f.*   arietta, light melody
aristocratie, *f.*   aristocracy
arme, *f.*   weapon
arracher   to pull out
arrestation, *f.*   arrest
arrêter   to stop ; to arrest ; s'—
   to stop
arrière, *m.*   rear
arrivage, *m.*   shipment
arrivée, *f.*   arrival
arriver   to arrive
arroser   to water
art, *m.*   art ; — dramatique
   drama, theater ; arts
article, *m.*   article
artillerie, *f.*   artillery
artiste, *m. or f.*   artist
ascenseur, *m.*   elevator
Asie, *f.*   Asia
aspirine, *f.*   aspirin
assassiner   to assassinate
assez   enough ; j'en ai —   I've
   had enough
assiette, *f.*   plate
assis(e)   seated
assistant, *m.* (assistante, *f.*)
   assistant ; spectator

assister (à)   to attend
assorti(e)   matched
assurer   to assure ; to insure
astrologique   astrological
astrologue, *m.*   astrologer
atlas, *m.*   atlas
atours, *m. pl.*   finery
attaché de direction, *m.*   manager
attacher   to attach ; to fasten ;
   s'— à   to become attached to
attendre   to wait
attentat, *m.*   attempt
attentivement   attentively
atterrir   to land
attirer   to attract
attitude, *f.*   attitude
attraper   to catch
auberge, *f.*   inn
aucun(e)   not any, none
auditeur, *m.* (auditrice, *f.*)   listener
auditoire, *m.*   audience
augmenter   to increase
aujourd'hui   today
au revoir   goodbye
aussi   so, also, too, thus
aussitôt   right away ; — que   as
   soon as
Australie, *f.*   Australia
auteur, *m.*   author
auto, *f.*   car
autobus, *m.*   city bus
autocar, *m.*   bus
autographe, *m.*   autograph
automne, *m.*   autumn
autorisation, *f.*   authorization
autoritaire   authoritarian
autoroute, *f.*   freeway
auto-stop, *m.*   hitchhiking
autour de   around
autre   other
autrefois   formerly
autrement   otherwise
Autriche, *f.*   Austria
avancé(e)   advanced ; fast
avance : en avance   early
avant   before
avant-garde   avant-garde, van-
   guard
avec   with
avenir, *m.*   future
aventure, *f.*   adventure ; à l'—
   at random
aventureux (aventureuse)   ad-
   venturous
avion, *m.*   airplane ; — à réaction
   jet plane
avis, *m.*   view ; à mon —   in my
   opinion
avocat, *m.* (avocate, *f.*)   lawyer
avoir   to have ; — besoin (de)   to

need ; — chaud   to be, feel
warm ; — de la veine   to be
lucky ; — droit à   to have a
right to ; — envie de   to feel
like ; — faim   to be hungry ;
— froid   to be cold ; — hâte (de)
to be anxious to ; — honte (de)
to be ashamed to ; — horreur (de)
to abhor ; — l'air   to look like,
seem ; — le cafard   to be depressed ; — les moyens (de)   to
have the means to ; — lieu   to
take place ; — mal   to feel bad ;
to hurt ; — peur   to be afraid ;
— raison   to be right ; — soif
to be thirsty ; — sommeil   to be
sleepy ; — tendance à   to have
a tendency to ; — tort   to be
wrong
avril, *m.*   April

B
bac, *m.*   freezer
bagages, *m. pl.*   luggage
bague, *f.*   ring
se baigner   to take a bath, bathe
baigneur, *m.* (baigneuse, *f.*)
   bather
baignoire, *f.*   bathtub
baiser, *m.*   kiss
bal, *m.*   ball, dance
Balance, *f.*   Libra
balcon, *m.*   balcony
ballade, *f.*   ballad
ballet, *m.*   ballet
ballon, *m.*   balloon ; ball
banane, *f.*   banana
bananier, *m.*   banana tree
bande, *f.*   band, group ; — dessinée   comic strip
banlieue, *f.*   suburb, outskirts
bannière, *f.*   banner
banque, *f.*   bank
banquet, *m.*   banquet
bar, *m.*   bar
barbare   barbarous
barbe, *f.*   beard
barreau, *m.*   bar (of a cage)
bas(se)   low
base, *f.*   base
bassin, *m.*   basin
Bastille, *f.*   Bastille (old fortress in
   Paris serving as the King's
   prison)
bataille, *f.*   battle
bateau, *m.*   boat ; — à voile   sail
   boat ; — mouche   tour boat of
   Paris
bâtiment, *m.*   building
bâtir   to build, construct

bavarder   to gossip, chat
beau (bel, belle)   beautiful, handsome
beaucoup   much, a lot
beau-frère, *m.*   brother-in-law
beauté, *f.*   beauty
beaux-arts, *m. pl.*   fine arts
bébé, *m.*   baby
Belgique, *f.*   Belgium
Bélier, *m.*   Aries
belle   beautiful ; la — au Bois Dormant   Sleeping Beauty
belle-sœur, *f.*   sister-in-law
besoin, *m.*   need
bestiaux, *m. pl.*   cattle
bête, *f.*   beast ; creature ; petite — bug ; — à Bon Dieu   lady bug
bêtise, *f.*   stupidity
beurre, *m.*   butter
bibelot, *m.*   knickknack
bibliothèque, *f.*   library
bicyclette, *f.*   bicycle
bien   well, very ; — que   although ; — sûr   of course, sure
bientôt   soon
bienvenue, *f.*   welcome
bière, *f.*   beer
bifteck, *m.*   steak
bifurcation, *f.*   fork, junction
bijou, *m.*   jewel
bijoutier, *m.*   jeweler
bille, *f.*   marble
billet, *m.*   ticket ; note
bison, *m.*   bison
blâmer   to blame
blanc (blanche)   white
blanchir   to whiten
blazer, *m.*   blazer
blé, *m.*   wheat
blessé(e)   injured
blesser   to injure
bleu(e)   blue
bleuet, *m.*   cornflower
bleuir   to turn blue
bloc, *m.*   block
blond(e)   blond
blondir   to become blond
bloqué(e)   blocked, stuck
blouse, *f.*   blouse
blouson, *m.*   jacket
bœuf, *m.*   beef, ox
boire   to drink
bois, *m.*   wood
boîte, *f.*   box ; nightclub ; — aux lettres   mailbox
bombe, *f.*   bomb
bon(ne)   good, nice ; — appétit   enjoy your meal ; — sens   common sense ; bonne chance

good luck ; — année   Happy New Year
bonbon, *m.*   candy
bonheur, *m.*   happiness
bonjour, *m.*   hello, good day
bonsoir, *m.*   good evening, good night
bord, *m.*   brim, edge ; à — on board
botte, *f.*   boot
bouche, *f.*   mouth
bouger   to move
bougie, *f.*   candle
bouillabaisse, *f.*   Provençale fish soup
bouillir   to boil
boule de cristal, *f.*   crystal ball
bouledogue, *m.*   bulldog
boulevard, *m.*   boulevard, street
bouquiniste, *m.*   bookseller
Bourse, *f.*   stock exchange
bout, *m.*   end
bouteille, *f.*   bottle
boutique, *f.*   shop
boutonner   to button
braqué(e)   aimed
bravo, *m.*   bravo, cheer
bravement   bravely
bref (brève)   brief
bridge, *m.*   bridge (game)
brigand, *m.*   robber
briller   to shine
bronzé(e)   tanned
bronzer   to bronze, tan
brosse, *f.*   brush
brosser   to brush ; se — les dents   to brush one's teeth
se brouiller   to quarrel and break up
bruit, *m.*   noise
brûler   to burn
brun(e)   brown ; dark
brunir   to darken ; to tan
budget, *m.*   budget
Bulgarie, *f.*   Bulgaria
bureau, *m.*   office
but, *m.*   aim, purpose
buveur, *m.*   drinker

C

ça   this, that ; — dépend   it depends ; — ne fait rien   it doesn't matter ; — va ?   how's it going ?
cabaret, *m.*   cabaret, club
cabinet, *m.*   closet ; small room
cacher   to hide ; se — to hide oneself
cachette, *f.*   hiding place
cacao, *m.*   cacao, cocoa
cadeau, *m.*   gift
cadre, *m.*   frame ; framework

cafard : avoir le cafard   to be depressed
café, *m.*   coffee ; café ; — au lait   coffee with milk
cafétéria, *f.*   cafeteria
cage, *f.*   cage
cahier, *m.*   notebook
caisse, *f.*   box ; chest ; till
calamar (or : calmar), *m.*   squid
calcul, *m.*   calculation
calculateur, *m.*   calculator
calculer   to calculate
calèche, *f.*   carriage
calligramme, *m.*   calligram (art form made of words)
calme   calm, still
calme, *m.*   calm
camarade, *m. or f.*   pal ; schoolmate ; — de chambre   roommate
cambriolage, *m.*   burglary
cambrioleur, *m.*   burglar
camembert, *m.*   camembert cheese
campagne, *f.*   country
camp de vacances, *m.*   summer camp
Canada, *m.*   Canada
canadien(ne)   Canadian
canard, *m.*   duck
canari, *m.*   canary
Cancer, *m.*   Cancer
candidat, *m.* (candidate, *f.*)   candidate
caniche, *m.*   poodle
capitale, *f.*   capital
Capricorne, *m.*   Capricorn
car   for, because
caractère, *m.*   disposition
caravane, *f.*   camper, trailer
cardigan, *m.*   cardigan, sweater
caricature, *f.*   caricature
carnet, *m.*   notebook ; — d'adresses   address book ; — de chèques   check book
carotte, *f.*   carrot
carré, *m.*   square
carte, *f.*   card ; — postale   postcard ; — d'anniversaire   birthday card ; — de crédit   credit card
cas, *m.*   case ; — d'urgence   emergency
casser   to break
casserole, *f.*   saucepan
casse-tête, *m.*   braintwister, puzzle
cassette, *f.*   casket ; box
cathédrale, *f.*   cathedral
cause, *f.*   cause ; à — de   because of, on account of

cavalier, *m.*   horseman
cave, *f.*   cave ; wine cellar
ceci   this
cela   that
célèbre   famous
célébrer   to celebrate
célébrité, *f.*   celebrity
célibataire, *m. or f.*   bachelor
cendre, *f.*   ash
cendrier, *m.*   ashtray
censure, *f.*   censure, censoring
cent. *m.*   one hundred
centigrade   centigrade
cercle, *m.*   circle
cérémonie, *f.*   ceremony
certainement   certainly
certificat, *m.*   certificate
chacun(e)   each
chaîne, *f.*   chain
chaise, *f.*   chair
chaleur, *f.*   heat
chalouper   to sway
chambre, *f.*   bedroom
champ, *m.*   field
champagne, *m.*   champagne
champignon, *m.*   mushroom
chance, *f.*   luck
changé(e)   changed
changement, *m.*   change
chanson, *f.*   song ; — à boire
   drinking song
chanter   to sing
chanteur, *m. (chanteuse, f.)*
   singer
chapeau, *m.*   hat
chaque   each
char   cart, wagon
charbon, *m.*   charcoal
charmant(e)   charming
charme, *m.*   charm
chasse, *f.*   hunt
chat, *m.*   cat
châtain(e)   brown
château, *m.*   castle
chaud(e)   warm
chauffage central, *m.*   central
   heating
chausser   to wear (shoes) ; je
   chausse du... my shoe size
   is . . .
chaussure, *f.*   shoe
chavirer   to capsize
chef, *m.*   head, chief ; — d'œuvre
   masterpiece
chemin, *m.*   road, path ; — de fer
   railroad
cheminée, *f.*   fireplace ; chimney
chemise, *f.*   shirt
chemisier, *m.*   shirtmaker ;
   tailored blouse

chèque, *m.*   check
cher (chère)   dear ; expensive
chercher   to look for
mon chéri (ma chérie)   darling
cheval, *m.*   horse
chevalier, *m.*   knight
cheveux, *m. pl.*   hair
chèvre, *f.*   goat
chez   at the home of . . .
chic   smart, chic, great
chien, *m.* (chienne, *f.*)   dog
chiffre, *m.*   figure, numeral
chimie, *f.*   chemistry
chimique   chemical
Chine, *f.*   China
chinois(e)   Chinese
chocolat, *m.*   chocolate
choisir   to choose
choix, *m.*   choice
chose, *f.*   thing ; quelque —
   something
chou, *m.*   cabbage
chronique, *f.*   chronicle
chrysanthème, *f.*   chrysanthemum
chut!   quiet, hush !
cible, *f.*   target
ciel, *m.*   sky ; heaven
cigale, *f.*   grasshopper
cimetière, *m.*   cemetery
cinéma, *m.*   movie theater ;
   movies
cinématographique   cinemato-
   graphic
cinq   five
cinquante   fifty
circonflexe   circumflex
circonstance, *f.*   circumstance
circulaire   circular
circulation, *f.*   traffic
cirque, *m.*   circus
citadelle, *f.*   citadel
citer   to cite
citoyen, *m.* (citoyenne, *f.*)   citizen
citron, *m.*   lemon
citronnier, *m.*   lemon tree
civet de lapin, *m.*   rabbit stew
civil(e)   civil
civilisation, *f.*   civilization
civilisé(e)   civilized
clair(e)   clear
clair de lune, *m.*   moonlight
clairement   clearly
clandestin(e)   secret
clarinette, *f.*   clarinet
classe, *f.*   class
classique   classical
clé, *f.*   key
climatiseur, *m.*   air conditioner
cloche, *f.*   bell
club, *m.*   club

coccinelle, *f.*   ladybug
cocher   coachman
cœur, *m.*   heart
coffre-fort, *m.*   strong-box
cognac, *m.*   cognac liqueur, brandy
cohérence, *f.*   coherence
coin, *m.*   corner
colère, *f.*   anger ; se mettre en —
   to get angry
collectif (collective)   collective
collègue, *m. or f.*   colleague
colline, *f.*   hill
colon, *m.*   colonist
colonne, *f.*   column
coloré(e)   colored
combiné(e)   combined
comédie, *f.*   comedy
comité, *m.*   committee
commander   to command
comme   like
commencer   to begin ; — par   to
   begin by
comment   how ; — vous
   appelez-vous ?   what is your
   name ? ; — allez-vous ?   how
   are you ?
commercial(e)   commercial
commettre   to commit
commis(e)   committed
commode, *f.*   chest of drawers
communiquer   to communicate
compagnie, *f.*   company
comparatif   comparative
comparer   to compare
compatriote, *m. or f.*   countryman
compétition, *f.*   competition
complet   full
compléter   to complete
compliment, *m.*   compliment
complot, *m.*   plot
compositeur, *m.* (compositrice, *f.*)
   composer
compréhensif (compréhensive)
   comprehensive
comprendre   to understand
compromettant(e)   compromising
comptabilité, *f.*   accounting
compte courant, *m.*   ckecking
   account
compter   to count
comptoir, *m.*   counter
concept, *m.*   concept
conception, *f.*   conception
concerner   to concern, affect
concert, *m.*   concert
conclure   to conclude
concours, *m.*   competition
condamner   to condemn
condescendance, *f.*   condescen-
   sion

conditionnel, *m.* conditional
condoléance, *f.* condolence
conduire to drive ; se — to behave
conférence, *f.* lecture
conférencier, *m.* (conférencière, *f.*) lecturer
conférer to confer, award
confiance, *f.* confidence
confisquer to confiscate
confort, *m.* comfort
confortable comfortable
congé, *m.* holiday
congelé(e) frozen
conjugaison, *f.* conjugation
connaissance, *f.* acquaintance ; knowledge
connaître to know ; to be acquainted with ; s'y — en to be an expert in
conquérir to conquer
conquête, *f.* conquest
conscience, *f.* consciousness, awareness
conscient(e) conscious, aware
consécutif (consécutive) consecutive
conseil, *m.* advice
conservateur (conservatrice) conservative
consommation, *f.* drink, beverage
consommer to consume
consonne, *f.* consonant
constamment constantly
construire to construct
consul, *m.* consul
consulaire consular
consulat, *m.* consulate
conte, *m.* story ; — de fées fairytale
contemplation, *f.* contemplation
contemporain(e) contemporary
continuer to continue
contraire, *m.* opposite ; au — on the contrary
contravention, *f.* violation
contre against
contrit(e) contrite, repentant
contrôler to control ; to check
convaincre to convince
converser to converse
convertir to convert
coopération, *f.* cooperation
copain, *m.* (copine, *f.*) pal, buddy
coquillage, *m.* seashell
corbeille, *f.* basket
corde, *f.* cord
cornet, *m.* ice cream cone

corps, *m.* body ; — diplomatique diplomatic corps
correctement correctly
corrélation, *f.* correlation
correspondre to correspond
corriger to correct
corse Corsican
Corse, *f.* Corsica
cortège, *m.* procession
cosmopolite cosmopolitan
costume, *m.* outfit
côte, *f.* coast ; — d'Azur the Riviera
côté, *m.* side ; à — de beside
coteau, *m.* hillside
coton, *m.* cotton
cou, *m.* neck
se coucher to go to bed
couler to flow
couleur, *f.* color
coup, *m.* stroke, blow ; — d'œil glance ; — de soleil sunburn ; — de téléphone phone call
coupable guilty
couper to cut ; se — les cheveux to cut one's hair
couple, *m.* couple
couplet, *m.* stanza, verse
cour, *f.* court ; yard
courage, *m.* courage
courageux (courageuse) courageous
couramment fluently
courant, *m.* current
courant(e) current
courber to bend
courir to run
courrier, *m.* mail
cours, *m.* course
course, *f.* race
court(e) short
courtisan, *m.* courtier
cousin, *m.* (cousine, *f.*) cousin
couteau, *m.* knife
coutume, *f.* custom
couturier, *m.* tailor
couvert, *m.* place setting
couvert(e) covered ; overcast
couverture, *f.* blanket
craie, *f.* chalk
cravate, *f.* necktie
crayon, *m.* pencil
créateur (créatrice) creative
crème, *f.* cream
creux (creuse) hollow
cri, *m.* cry
crier to shout ; to cry
crime, *m.* crime
criminel, *m.* (criminelle, *f.*) criminal

cristal, *m.* crystal
critique, *m.* critic
croire to believe
croissant, *m.* crescent roll
croque-monsieur, *m.* grilled ham and cheese sandwich
croustillant(e) crisp, crunchy
cruauté, *f.* cruelty
cuillère *or* cuiller, *f.* spoon
cuillerée, *f.* spoonful
cuir, *m.* leather
cuire to cook
cuisine, *f.* kitchen ; cooking
cuisinier, *m.* (cuisinière, *f.*) cook
cuisse, *f.* thigh, leg
cuit(e) cooked
culpabilité, *f.* guilt
cultivé(e) cultivated, cultured
curieux (curieuse) curious

D

daim, *m.* suede
dame, *f.* lady, woman
Danemark, *m.* Denmark
danger, *m.* danger
dangereux (dangereuse) dangerous
dans in, within ; during
danse, *f.* dance
danser to dance
danseur, *m.* (danseuse, *f.*) dancer
dater de to date from
se débarrasser de to get rid of
déboucher to uncork
debout standing
débrouillard(e) resourceful
début, *m.* debut ; beginning
débutant(e), *m.* beginner
décembre, *m.* December
décès, *m.* decease, death
décidé(e) decided
décider to decide
décimer to decimate
décision, *f.* decision
déclarer to declare
décombres, *m. pl.* ruins
décontracté(e) relaxed
décor, *m.* decoration ; decor
décorer to decorate
décourager to discourage ; se — to become discouraged
découverte, *f.* discovery
dédain, *m.* scorn
défaite, *f.* defeat
défendre to defend
défiler to march past
défini(e) defined ; definite
dégoûté(e) disgusted
degré, *m.* degree
dehors outside

spendthrift

déjà   already

déjeuner, *m.*   lunch; **petit —** breakfast

déjeuner   to have lunch

délégué, *m.*   delegate

délibération, *f.*   deliberation

délibérer   to deliberate, ponder

délicatesse, *f.*   delicacy, tactfulness

délicieux (délicieuse)   delicious

délirant(e)   frantic, frenzied, demented

demain   tomorrow

demande, *f.*   request

demander   to ask; **se —**   to wonder

demeurer   to stay; to remain

demi(e)   half

démocratie, *f.*   democracy

demoiselle d'honneur   maid of honor

démolir   to demolish

dent, *f.*   tooth

dentelle, *f.*   lace

dentiste, *m.*   dentist

départ, *m.*   departure

département, *m.*   department

se dépêcher   to hurry

dépense, *f.*   expenditure

dépenser   to spend

dépensier (dépensière)   extravagant

dépliant, *m.*   folder

déplorer   to deplore

déposer   to deposit

depuis   since

dernier (dernière)   last

derrière   behind, in back of

dès que   as soon as

désagréable   unpleasant

désastre, *m.*   disaster

désastreux (désastreuse)   disastrous

descendre   to go down

désert, *m.*   desert

désert(e)   deserted

désespéré(e)   desperate, hopeless

se déshabiller   to get undressed

désir, *m.*   desire

désolé(e)   sorry

désordonné(e)   disorganized

désordre, *m.*   disorder

désorienté(e)   disoriented

dessin, *m.*   sketch, drawing; **— animé**   cartoon

dessus, *m.*   top, upper side; **— de lit**   bedspread

destination, *f.*   destination

destinée, *f.*   destiny

détacher   to untie

détail, *m.*   detail

détaler   to scamper away

détective privé, *m.*   private detective

déterminer   to determine

déterminé(e)   determined

détester   to detest, despise

deuil, *m.*   sorrow, mourning

deux   two

devant   in front of

devenir   to become

deviner   to guess

devoir, *m.*   duty

devoir   to be supposed to; to owe

dévorer   to devour

diable, *m.*   devil

dictée, *f.*   dictation

dictionnaire, *m.*   dictionary

Dieu, *m.*   God; **mon —**   good heavens

différer   to differ

difficile   difficult

difficulté, *f.*   difficulty

dimanche, *m.*   Sunday

dîner, *m.*   dinner, supper

dîner   to have dinner

diplomate, *m.*   diplomat

diplomatique   diplomatic

diplôme, *m.*   diploma, certificate

dire   to say; to tell; **dis donc!**   say!

direct(e)   direct

directeur, *m.* **(directrice,** *f.***)**   director

diriger   to direct; **se —**   to make one's way

discipliné(e)   disciplined

discothèque, *f.*   discotheque, nightclub

discours, *m.*   talk, speech

discussion, *f.*   discussion

discuter   to discuss

disjoint(e)   separated, disjunctive

dispute, *f.*   dispute, quarrel

se disputer   to quarrel, dispute

disque, *m.*   record

distance, *f.*   distance

distingué(e)   distinguished

distrait(e)   absent-minded

divan, *m.*   couch

divers   varied

diviser   to divide

divorcer   to divorce

dix   ten

docteur, *m.*   doctor

doctorat, *m.*   doctorate degree

doctoresse, *f.*   woman doctor

documentaire, *m.*   documentary

dogmatique   dogmatic

domicile, *m.*   residence, home

dominer   to dominate

dommage: c'est dommage   (it's) too bad

donc   then, therefore

donner   to give

dont   of which, of whom, whose

doré(e)   golden

dormir   to sleep

dos, *m.*   back

dossier, *m.*   file, record

douane, *f.*   customs

douanier, *m.*   customs agent

double, *m.*   double

doucement   gently; slowly

douleur, *f.*   pain

doute, *m.*   doubt

douter   to doubt

douteux (douteuse)   doubtful

doux (douce)   sweet; gentle

douzaine, *f.*   dozen

douze   twelve

drapeau, *m.*   flag

dressage, *m.*   training

droit, *m.*   law

droit(e)   straight; right; **à droite**   on the right

droiture, *f.*   integrity

drôle   funny, odd; **un — de rêve**   a funny dream

duc, *m.*   duke

dune, *f.*   sand dune

durer   to last

E

eau, *f.*   water; **— minérale**   mineral water

échanger   to exchange

échecs, *m. pl.*   chess

échelle, *f.*   ladder

éclair, *m.*   eclair (pastry)

éclater   to burst

écœurer   to disgust, sicken, dishearten

école, *f.*   school; **— primaire**   elementary school

économe   thrifty, economical

économies, *f. pl.*   savings; **faire des —**   to save money

économique   economical

Écosse, *f.*   Scotland

écouter   to listen

écran, *m.*   screen

écrire   to write

écrit(e)   written

écrivain, *m.*   writer

effacer   to erase

effort, *m.*   effort

église, *f.*   church

égoïste, *m.*   selfish

Égypte, *f.*   Egypt

égyptien(e) Egyptian
eh bien well
élection, *f.* election
électoral(e) electoral
électrique electric
électrophone, *m.* hi-fi chain, stereo
élégant(e) elegant
élémentaire elementary
élève, *m. or f.* student
embarquement, *m.* embarkation
embarrassant(e) embarrassing
embarrasser to embarrass
embellir to beautify
emblème, *m.* emblem
embouteillage, *m.* traffic jam
embrasser to kiss
emmener to lead away
émotion, *f.* emotion
empereur, *m.* emperor
emploi, *m.* job, employment
employé, *m.* (employée, *f.*) employee
employer to use; to employ
emporter to take along (a thing)
ému(e) touched, moved
en in, into, to
enchanté(e) delighted
encombre, *m.* obstacle
encore again, still
encouragé(e) encouraged
s'endormir to go to sleep
endroit, *m.* place
énergie, *f.* energy
énergique energetic
enfance, *f.* childhood
enfant, *m.* child
enfermé(e) shut up, enclosed
enfin at last, finally
s'engager to join
ennemi, *m.* enemy
s'ennuyer to be bored
énorme enormous
enquête, *f.* inquiry, investigation
enragé(e) enraged
enrichir to enrich
enseigne, *f.* sign
enseigner to teach
ensemble together
ensuite next, afterwards
entendre to hear; s'— to get along; ça s'entend that's understood; it can be heard
enterrement, *m.* burial
enterrer to bury
enthousiasme, *m.* enthusiasm
enthousiasmé(e) enthused; enthusiastic
entier (entière) whole
entièrement entirely

entouré(e) surrounded
entr'acte, *m.* intermission
entrain, *m.* liveliness; spirit
entre between
entrée, *f.* entrance
entreprise, *f.* undertaking, venture
énumérer to enumerate
enveloppe, *f.* envelope
envers towards
environ about
environnement, *m.* environment, surroundings
environs, *m. pl.* surroundings, vicinity
s'envoler to fly away
envoyer to send
épaule, *f.* shoulder
épeler to spell
épicerie, *f.* grocery store
épidémie, *f.* epidemic
épinards, *m. pl.* spinach
épisode, *m.* episode
épouser to marry
époustouflé(e) flabbergasted
équipe, *f.* team
ère, *f.* era
erreur, *f.* error
escalier, *m.* staircase
escargot, *m.* snail
escroc, *m.* crook, swindler
Espagne, *f.* Spain
espagnol(e) Spanish
espérance, *f.* hope
espérer to hope
esprit, *m.* mind; spirit
esquimeau, *m.* eskimo-pie
essayer to try
essence, *f.* gasoline
essentiel(le) essential
esthétique esthetic
estomac, *m.* stomach
étage, *m.* floor
étagère, *f.* shelf
état, *m.* state; condition; — d'esprit state of mind
États-Unis, *m. pl.* United States
été, *m.* summer
étoile, *f.* star
étoilé(e) star-spangled
étonné(e) astonished
étourdi(e) scatter-brained
étranger (étrangère) foreign
étranger, *m.* (étrangère, *f.*) foreigner, stranger
être to be; — d'accord to agree
étrenne, *f.* New Year's gift
étudiant, *m.* (étudiante, *f.*) student

étudier to study
Europe, *f.* Europe
évasion, *f.* escape
événement, *m.* event
évident(e) evident, obvious
évier, *m.* sink
éviter to avoid
évoquer to evoke; to call up
exagérer to exaggerate
examen, *m.* examination
examiner to examine
exceptionnel(le) exceptional
s'exclamer to exclaim
exclusivement exclusively
excuse, *f.* excuse
s'excuser to excuse oneself; to apologize
exemple, *m.* example
exercer to exercise
exercice, *m.* exercise
exister to exist
exotique exotic
expansion, *f.* expansion
expert(e) expert
explication, *f.* explanation
expliquer to explain
exposé(e) exposed
exposition, *f.* exhibit
exprimer to express
extérieur, *m.* outside, exterior
extraordinaire extraordinary
Extrême-Orient, *m.* Far East

F
fabriqué(e) made, manufactured
face, *f.* face; en — de facing; — à — face to face
se fâcher to become angry
facile easy
façon, *f.* way, manner; sans — informal; faire des —s to put on airs
facteur, *m.* factor; mailman
faculté, *f.* faculty, university
faim, *f.* hunger; — de loup hungry as a wolf
faire to do; to make; — attention à to pay attention to; — beau to be good weather; — chaud to be warm weather; — des économies to save money; — froid to be cold weather; — gris to be overcast; — le plein to fill it up; se — à to get used to; ça ne se fait pas that is not done
faire-part, *m.* announcement
fait-divers, *m.* news item
falloir to be necessary
famille, *f.* family

famine, *f.* famine
fanatique fanatical
fantastique fantastic ; great
farine, *f.* flour
farouche fierce, shy
fatigué(e) tired
fauché(e) broke (without money)
faut : il faut one must
faute, *f.* fault ; mistake
fauteuil, *m.* armchair
fauvette, *f.* warbler
favori (favorite) favorite
féliciter to congratulate
femme, *f.* woman ; wife ; — de chambre maid
fenêtre, *f.* window
féodal(e) feudal
fer, *m.* iron ; — à repasser iron (for clothes)
ferme firm
ferme, *f.* farm
fermer to close ; — à clé to lock
féroce ferocious
fête, *f.* celebration ; — nationale national holiday
feu, *m.* fire
feuillage, *m.* foliage, leaves
feuille, *f.* leaf
fève, *f.* bean
février, *m.* February
fiançailles, *f. pl.* engagement
se fiancer to become engaged
fiche, *f.* file card
fier (fière) proud
fièvre, *f.* fever
figue, *f.* fig
figuier, *m.* fig tree
figure, *f.* face
filet, *m.* net
fille, *f.* girl ; daughter
fils, *m.* son
fin(e) fine, thin
fin, *f.* end
financer to finance
financier (financière) financial
fini(e) finished
finir to finish
fixe fixed, settled
flamand(e) Flemish
flash, *m.* flashbulb
flatté(e) flattered
fleur, *f.* flower ; — de lys lily
fleuri(e) in bloom
fleuriste, *m. or f.* florist
fleuve, *m.* river (that runs into the sea)
flirt, *m.* flirt
flocon, *m.* snowflake

flotter to float
flûte, *f.* flute
foi, *f.* faith
foie, *m.* liver
fois, *f.* time, instance
folie, *f.* madness
folklorique folkloristic
fonction, *f.* function
fonctionner to function
fond, *m.* bottom ; — de teint make-up base
fondateur, *m.* founder
fondre to melt
fontaine, *f.* fountain
force, *f.* strength, force
forêt, *f.* forest
forme, *f.* form
former to form
formidable terrific, great
fort(e) strong
forteresse, *f.* fortress
fortification, *f.* fortifications
fortune, *f.* fortune
fossile, *m.* fossil
fou (folle) crazy
fouetter to whip
foule, *f.* crowd
fourchette, *f.* fork
fourgon, *m.* wagon
fourmi, *f.* ant
fourneau, *m.* furnace
fournir to furnish
foyer, *m.* hearth ; lobby
fraîcheur, *f.* freshness
frais (fraîche) fresh, cool
fraise, *f.* strawberry
framboise, *f.* raspberry
France, *f.* France
franchement frankly
frère, *m.* brother
frites, *f. pl.* french fried potatoes
froid(e) cold
froidement coldly
fromage, *m.* cheese
frontière, *f.* frontier ; border
frotter to rub
frugal(e) frugal, sparing
fugue, *f.* fugue
fuir to flee
fumée, *f.* smoke
fumer to smoke
funéraire funerary
furieux (furieuse) furious
fusée, *f.* rocket
fusil, *m.* rifle
futur, *m.* future

G

gagner to earn ; to win ; to gain
galerie, *f.* gallery

gangster, *m.* gangster
gant, *m.* glove
garagiste, *m.* garageman
garçon, *m.* boy ; waiter
garde d'honneur, *f.* honor guard
garder to guard
garde-robe, *f.* wardrobe
gare, *f.* train station
garenne, *f.* warren ; lapin de — jack rabbit
gars, *m.* guy
gâté(e) spoiled
gâteau, *m.* cake ; — sec cookie
gauche left ; à — to the left
géant(e) giant
geler to freeze
Gémeaux, *m. pl.* Gemini
gendarme, *m.* policeman
gêné(e) embarrassed
général : en général in general
généreux (généreuse) generous
générique, *m.* credits (of a film)
générosité, *f.* generosity
génie, *f.* genius
genou, *m.* knee
genre, *m.* gender ; sort
gens, *m. pl.* people ; jeunes — young men or young people
gentil(le) gentle ; nice
gentiment politely
géographie, *f* geography
géométrie, *f.* geometry
germer to germinate, sprout
geste, *m.* gesture, sign
gestion, *f.* administration
gigantesque gigantic
gigot, *m.* leg of lamb
glace, *f.* ice ; ice cream
glacé(e) frozen ; ice cold
gloire, *f.* glory
gorge, *f.* throat
gosse, *m. or f.* child, kid
gourmet, *m.* gourmet
goût, *m.* taste
goûter to taste
gouvernement, *m.* government
grâce à thanks to
gracieusement gracefully, graciously
graffiti, *m. pl.* graffiti
graine, *f.* grain
grammaire, *f.* grammar
grand(e) large ; great ; tall ; — magasin department store
Grand Marnier, *m.* Grand Marnier liqueur (orange flavored brandy)
grandir to grow ; to grow up
grand-mère, *f.* grandmother
grand-père, *m.* grandfather

gratis   free
gratuit(e)   free
grave   grave, serious
gravure, *f.*   etching ; picture
grec (greque)   Greek
Grèce, *f.*   Greece
grenade, *f.*   grenade
grenouille, *f.*   frog
grève, *f.*   strike
grippe, *f.*   flu
gris(e)   gray
gros(se)   big ; fat
groseille, *f.*   currant
groseillier, *m.*   currant bush
groupe, *m.*   group
Guadeloupe, *f.*   Guadeloupe
guerre, *f.*   war
guichet, *m.*   ticket window
guitare, *f.*   guitar
gymnastique, *f.*   gymnastics

H*

habile   clever, skillful
habileté, *f.*   cleverness
habillé(e)   dressed
s'habiller   to get dressed
habiter   to live, reside
habituel(le)   usual, habitual
s'habituer à   to grow accustomed
   to
haché(e)   chopped
*haine, *f.*   hate
*haricots verts, *m. pl.*   green beans
*hasard, *m.*   chance ; accident
*haschisch, *m.*   hashish
*hâte, *f.*   haste
*haut(e)   high, tall
*haut-parleur, *m.*   loudspeaker
hélicoptère, *m.*   helicopter
herbe, *f.*   grass
héritage, *m.*   heritage
héroïne, *f.*   heroine
hésiter   to hesitate
heure, *f.*   hour ; à l'— on time ;
   — de pointe   rush hour
heureux (heureuse)   happy
heureusement   happily ; luckily
hier   yesterday
histoire, *f.*   story ; history
historique   historic
hiver, *m.*   winter
*hollandais(e)   Dutch
*Hollande, *f.*   Holland
homme, *m.*   man
*Hongrie, *f.*   Hungary
honneur, *m.*   honor
hôpital, *m.*   hospital
horizon, *m.*   horizon
horoscope, *m.*   horoscope

horreur, *f.*   horror
hospitalité, *f.*   hospitality
hôte, *m.*   host ; guest
hôtel, *m.*   hotel ; — de ville   city
   hall
hôtesse, *f.*   hostess
*hublot, *m.*   porthole
huile, *f.*   oil
*huit   eight
humain, *m.*   human
humain(e)   human
humaniste   humanistic
humanité, *f.*   humanity
humide   moist ; humid, damp
humoriste, *m.*   humorist
humour, *m.*   humor
hurler   to yell ; to roar
hymne national, *m.*   national
   anthem

*L'astérisque (*) indique h aspiré

I

ici   here
idéal(e)   ideal
idée, *f.*   idea ; notion
identifier   to identify ; s'— avec
   to identify with
identité, *f.*   identity
idiomatique   idiomatic
idylle, *f.*   idyl, romance
île, *f.*   island
illégalement   illegally
illuminé(e)   lit ; illuminated
il y a   there is, there are
imaginaire   imaginary
imaginer   to imagine
immeuble, *m.*   apartment building
immobile   motionless, still
impartial(e)   impartial, fair
impératif, *m.*   imperative
imperméable, *m.*   raincoat
impersonnel(le)   impersonal
impôt, *m.*   tax, duty
impressionner   to impress
Impressionniste, *m.*   Impressionist
imprévu(e)   unforeseen
imprimé(e)   printed
inanimé(e)   inanimate
inattention, *f.*   inattention
inaugurer   to inaugurate
incertain(e)   uncertain
inclus(e)   included
incognito, *m.*   incognito ;
   anonymous
inconnu(e)   unknown
Inde, *f.*   India
indéfini(e)   indefinite
indépendance, *f.*   independence
indifférent(e)   indifferent

indiqué(e)   indicated
indiquer   to indicate
indispensable   indispensable
individuel(le)   individual
industriel(le)   industrial
inévitable   inevitable
infini, *m.*   infinity
infinitif, *m.*   infinitive
infirmière, *f.*   nurse
infixe, *m.*   infix
influencé(e)   influenced
ingénieur, *m.*   engineer
ingrédient, *m.*   ingredient
inonder   to inundate, flood
inoubliable   unforgettable
s'inquiéter   to worry
inscrire   to write down
insistant(e)   insistent
insister   to insist
insomnie, *f.*   insomnia
s'inspirer de   to take one's inspiration from
s'installer   to settle
instantané(e)   instant
instituteur, *m.* (institutrice, *f.*)
   schoolteacher
institution, *f.*   institution
insulte, *f.*   insult
insupportable   unbearable ; un
   enfant —   a brat
intéressant(e)   interesting
intéresser   to interest ; s'— à   to
   be interested in
intérieur, *m.*   interior
interminable   endless
international(e)   international
interrompre   to interrupt
intime   intimate
intimidé(e)   intimidated
inutilité, *f.*   uselessness
inviter   to invite
invraisemblable   unlikely
Irlande, *f.*   Ireland
ironique   ironic
irrégulier (irrégulière)   irregular
irrésistible   irresistible
isolé(e)   isolated
Israël, *m.*   Israel
Italie, *f.*   Italy
italien(ne)   Italian

J

jaloux (jalouse)   jealous
jambon, *m.*   ham
jaquette, *f.*   jacket
jardin, *m.*   garden
jardinage, *m.*   gardening
jardinier, *m.*   gardener
jaser   to chat

jaune yellow ; — d'œuf, m. egg
  yolk
jaunir to turn yellow
jeu, m. game
jeudi, m. Thursday
jeune young
jockey, m. jockey
joie, f. joy
joli(e) pretty ; nice
jouer to play
jour, m. day
journal, m. newspaper
journée, f. day
joyeux (joyeuse) merry, happy
juge, m. judge
juillet, m. July
juin, m. June
jumeau, m. (jumelle, f.) twin
jupe, f. skirt
jus, m. juice
jusqu'à until
juste just ; right ; au — exactly
justement precisely

K

kilo, m. kilogram
kilométrage, m. mileage
kilomètre, m. kilometer
klaxon, m. horn

L

là there ; — -bas over there
laboratoire, m. laboratory
lac, m. lake
laine, f. wool
laisser to let ; to leave
lait, m. milk
laitier (laitière) dairy
laitue, f. lettuce
lampe, f. lamp
lance-roquette, m. rocket
  launcher
langue, f. language
langueur, f. languor, lassitude
lapin, m. rabbit
larme, f. tear
las(se) weary
lavabo, m. basin ; sink
laver to wash ; se — to wash
  oneself
lave-vaisselle, m. dishwasher
leçon, f. lesson
lecteur, m. (lectrice, f.) reader
lecture, f. reading
Légion d'honneur, f. Legion of
  Honor
légume, m. vegetable
lendemain, m. next day
lent(e) slow
lentement slowly

lettre, f. letter
leur their, them
se lever to get up
lèvre, f. lip
libéralement liberally
libérer to liberate, free
liberté, f. freedom
librairie, f. bookstore
libre free
licence, f. university degree
lié(e) bound ; attached
lieu, m. place ; au — de instead
  of
ligne, f. line ; — aérienne air-
  line
limonade, f. soft drink ; soda
linguistique, f. linguistics
lion, m. lion
liqueur, f. liqueur
lire to read
lisible readable ; legible
liste, f. list
lit, m. bed
littérature, f. literature
livraison, f. delivery
livre, m. book
livre, f. pound
location, f. rental
logiquement logically
loi, f. law
loin far ; au — in the distance
lointain(e) distant
long(ue) long ; le — de along
longtemps a long time
longuement for a long time
louer to rent
loup, m. wolf
lourd(e) heavy
loyer, m. rent
lumière, f. light
lumineux (lumineuse) luminous
lundi, m. Monday
lune, f. moon ; — de miel
  honeymoon
lunettes, f. pl. eyeglasses
luxe, m. luxury
Luxembourg, m. Luxembourg
luxueux (luxueuse) luxurious
lycée, m. secondary school
lys, m. lily

M

ma my
machine à écrire, f. typewriter
madame, f. Mrs.
mademoiselle Miss
magasin, m. store
magie, f. magic
magnifique magnificent
main, f. hand

maintenant now
mairie, f. town hall
maïs, m. corn
mais but
maison, f. house ; — de commerce business firm
maître, m. master
maîtresse, f. mistress ; — de
  maison lady of the house
maîtrise, f. master's degree
majeur, m. major
majuscule, f. capital
mal badly
mal, m. pain, ache ; — de l'air
  air sickness ; — du pays home
  sickness
malade sick ; ill
maladie, f. illness
maladroit(e) clumsy
malgré in spite of
malheur, m. misfortune
malheureusement unfortunately
malheureux (malheureuse) un-
  happy
malhonnête dishonest
malin (maligne) difficult
manche, f. sleeve ; la Manche
  the English Channel
manchette, f. headline
manger to eat
manière, f. manner, way
manifestation, f. demonstration
manquer to lack ; to miss
manteau, m. overcoat
manufacture, f. manufacture
se maquiller to put on makeup
marbre, m. marble
marchand (marchande) merchant
marchander to bargain
marché, m. market ; bon —
  cheap
marcher to walk
mardi, m. Tuesday
marée, f. tide
mari, m. husband
mariage, m. marriage
marié(e) married
se marier to marry
marin, m. sailor, seaman
Maroc, m. Morocco
marquer to mark
marquis (marquise) marquis
  (marchioness)
marron brown
mars, m. March
martiniquais(e) from Martinique
Martinique, f. Martinique
mascotte, f. mascot
masse, f. mass
match, m. match

maternel(le) maternal
mathématiques, *f. pl.* mathe-
  matics
matin, *m.* morning
matinal(e) morning
matinée, *f.* afternoon performance
maturité, *f.* maturity
mauvais(e) bad
mécanique mechanical
méchant(e) mean
mécontent(e) dissatisfied
médecin, *m.* doctor
médecine, *f.* medicine
médicament, *m.* medication
médiéval(e) medieval
Méditerranée Mediterranean
meilleur(e) better; le —, la —e
  the best
mélanger to mix
mêler to blend; to mix
membre, *m.* member
même same; even
mémoire, *f.* memory
menaçant(e) menacing
menacer to threaten
ménage, *m.* couple
ménager (ménagère) household,
  domestic
mener to lead
mentalité, *f.* mentality
mer, *f.* sea
merci thank you
mercredi, *m.* Wednesday
mère, *f.* mother
mérite, *m.* merit, worth
mériter to deserve
merveilleux (merveilleuse) mar-
  velous
mesure, *f.* measure
métal, *m.* metal
métaphysique, *f.* metaphysics
météo, *f.* weather report
météorologique meteorological
métier, *m.* career
mètre, *m.* meter
métrique metric
métro, *m.* subway
métropolitain(e) metropolitan
metteur en scene, *m.* director
mettre to put; to place; se — à
  table to sit down to eat; se —
  au travail to set to work; se —
  en colère to get angry; se —
  en route to set out
meuble, *m.* piece of furniture
Mexique, *m.* Mexico
microscope, *m.* microscope
midi, *m.* noon
miel, *m.* honey
mieux better; le/la — the best

mignon(ne) cute
milieu, *m.* middle
mille one thousand
mille, *m.* mile
milliard, *m.* billion
millier, *m.* about a thousand
mimosa, *m.* mimosa
mince thin
mine, *f.* appearance
mineur, *m.* miner
minier (minière) mining
minime tiny, minimal
ministre, *m.* minister
minuit, *m.* midnight
minuscule tiny
miroir, *m.* mirror
misérable miserable
mission, *f.* mission
mi-temps part-time
mitrailleuse, *f.* machine gun
mobilisation, *f.* mobilization
mode, *f.* fashion
mode, *m.* method
modèle, *m.* model
moderne modern
modeste modest
modifier to modify
moins less; au — at least; à —
  que unless
mois, *m.* month
moitié, *f.* half
mon my
monarchie, *f.* monarchy
monde, *m.* world; tout le —
  everybody
moniteur, *m.* (monitrice, *f.*)
  counselor, monitor, advisor
monnaie, *f.* change
monotone monotonous
monotonie *f.* monotony
monsieur, Mr., sir; un — a man,
  a gentleman
monstre, *m.* monster
montagne, *f.* mountain
monter to go up; to climb
montre, *f.* watch
montrer to show
se moquer de to make fun of
moquette, *f.* carpet (wall to wall)
morale, *f.* morals, ethics
morceau, *m.* piece
mort(e) dead
mort, *f.* death
mort, *m. or* morte, *f.* dead person
mot, *m.* word
motel, *m.* motel
moteur, *m.* motor
mourir to die
mousse, *f.* mousse (dessert)
moustache, *f.* moustache

moutarde, *f.* mustard
mouvement, *m.* movement
moyen, *m.* means; — de transport means of transportation
Moyen-Orient, *m.* Middle East
muet(te) mute, silent
multicolore multicolored
mur, *m.* wall
muraille, *f.* stone wall
musée, *m.* museum
musique, *f.* music
mutuel(le) mutual
mystère, *m.* mystery
mystérieux (mystérieuse) mys-
  terious

N
nager to swim
nageur, *m.* (nageuse, *f.*) swimmer
naissance, *f.* birth
naître to be born
natation, *f.* swimming
nationalité, *f.* nationality
Nations-Unies, *f. pl.* United
  Nations
nature, *f.* nature; — morte still
  life
naturel(le) natural
naturellement naturally
navet, *m.* turnip; bad movie or
  play
navré(e) heartbroken
ne... pas not; n'est-ce pas? isn't
  it so?
ne... que only
né(e) born
nécessaire necessary
nécessité, *f.* necessity
négatif (négative) negative
négligence, *f.* negligence
neige, *f.* snow
neiger to snow
nerveux (nerveuse) nervous
neuf nine
neuf (neuve) brand new
neveu, *m.* nephew
nez, *m.* nose
niçois(e) from Nice in Southern
  France
nièce, *f.* niece
niveau, *m.* level
noble noble
noces, *f. pl.* wedding
Noël Christmas; Joyeux —
  Merry Christmas
noir(e) black
noircir to turn black
nom, *m.* noun; name
nombre, *m.* number

nombreux (nombreuse) numerous
nommer to name; to appoint
non no; — **plus** neither
normal(e) normal; usual
Norvège, *f.* Norway
note, *f.* grade; bill
notifier to notify
notre our; **le (la) nôtre** ours
nouveau (nouvelle) new; **de nouveau** again; **Nouvelle Vague** New Wave (in films)
nouvelles, *f. pl.* news
novembre, *m.* November
nuage, *m.* cloud
nul (nulle) none; no one; no; **nulle part** nowhere
numéro, *m.* number

O

obéir to obey
objet, *m.* object, thing; — **d'art** work of art
obligé(e) obliged, compelled
obscur(e) dark, obscure
obsèques, *f. pl.* funeral
obstiné(e) stubborn
obtenir to obtain, get
occasion, *f.* bargain; opportunity
occuper to occupy; **s'— de** to deal with, take care of
octobre, *m.* October
œil, *m.* (*pl.* **yeux**) eye
œuf, *m.* egg
offert(e) given, offered
office, *m.* functions, duty
officiel(le) official
offre, *f.* offer
offrir to offer
oignon, *m.* onion
oiseau, *m.* bird
ombre, *f.* shadow
ombrelle, *f.* parasol
oncle, *m.* uncle
onze eleven
opéra, *m.* opera
optimiste optimistic
or, *m.* gold
orchestre, *m.* orchestra
ordonné(e) orderly, neat
ordre, *m.* order, command
oreille, *f.* ear
organiser to organize
ormeau, *m.* elm tree
oser to dare
oublier to forget
oui yes
outre-mer overseas
ouvert(e) open
ouvre-boîte can-opener

ouvreuse, *f.* usherette
ouvrier, *m.* (**ouvrière,** *f.*) worker
ouvrir to open

P

pain, *m.* bread
paix, *f.* peace
palais, *m.* palace
pâle pale
pâli(e) pale, blanched
pan bagnat, *m.* sandwich with lettuce, anchovies, tuna, tomatoes, and olives
panier, *m.* basket
panne, *f.* breakdown; **avoir une — d'essence** to run out of gas; **tomber en —** to have car trouble
panneau de signalisation, *m.* road sign
panorama, *m.* panorama, view
Pape, *m.* Pope
papier, *m.* paper
par for; by; — **contre** on the other hand; **par exception** by way of exception; **par terre** on the ground
paradis, *m.* paradise, heaven
paradoxe, *m.* paradox
paragraphe, *m.* paragraph
paraître to seem, appear; **paraît-il** it seems
parallèle parallel
parapluie, *m.* umbrella
parc, *m.* park
parce que because
pardonner to pardon, forgive
parent, *m.* relative; *pl.* parents
paresseux (paresseuse) lazy
parfait(e) perfect
parfois sometimes
parfum, *m.* perfume, fragrance
parfumeur, *m.* perfumer
parisien(ne) Parisian
parler to speak; to talk
parole, *f.* spoken word
parquet, *m.* floor
partager to share
partenaire, *m. or f.* partner
participe, *m.* participle
partie, *f.* game; party
partir to depart, leave
partitif, *m.* partitive
partition, *f.* musical score
partout everywhere, all over
pas no, not; **ne... —** not; **surtout —** definitely not
passager, *m.* (**passagère,** *f.*) passenger
passé, *m.* past

passeport, *m.* passport
passer to spend, pass; — **un examen** to take an exam; **se — de** to do without
passionant(e) exciting, thrilling
pâte, *f.* dough; *pl.* macaroni
patience, *f.* patience
pâtisserie, *f.* pastry; pastry shop
patois, *m.* patois, local dialect
patron, *m.* boss
patronat, *m.* management
patte, *f.* paw; foot
paupière, *f.* eyelid
pauvre poor
payant(e) paying
payer to pay
pays, *m.* country
paysage, *m.* landscape
paysan, *m.* (**paysanne,** *f.*) peasant
pêche, *f.* peach; fishing; **aller à la —** to go fishing
pécher to sin
pêcher to fish
pécheur, *m.* sinner
pêcheur, *m.* fisherman
peigne, *m.* comb
se peigner to comb one's hair
peindre to paint
peine, *f.* trouble, sorrow; **à —** barely
peintre, *m.* painter
peinture, *f.* painting
pelouse, *f.* lawn
se pencher to lean out, lean over
pendant during, **— que** while
pendule, *f.* clock
pénétrer to penetrate
pénible painful
pensée, *f.* thought
penser to think
pente, *f.* slope
perdre to lose; **se —** to get lost
père, *m.* father
perfectionner to perfect
périphérie, *f.* periphery, outskirts
périmé(e) out-of-date
périodiquement periodically
perle, *f.* pearl
permettre to permit
permis de conduire, *m.* driver's licence
persévérance, *f.* perseverance
persienne, *f.* Venetian shutter
personnage, *m.* character (in a book, play)
personnalité, *f.* personality
personne, *f.* person
personne (ne) nobody
personnel, *m.* personnel
personnel(le) personal

perspective, *f.* perspective
peser to weigh
pessimiste, *m.* pessimist
petit(e) small ; — ami boy-
friend ; — déjeuner breakfast ;
petite amie girlfriend
pétition, *f.* petition
petits pois, *m. pl.* peas
peu little, few ; un — a little ;
à — près about
peuple, *m.* people
peur, *f.* fear ; avoir — to be
afraid ; de — que for fear that
peut-être perhaps
pharmacie, *f.* pharmacy, drug-
store
pharmacien, *m.* (pharmacienne, *f.*)
pharmacist
philosophe philosophical
philosophe, *m.* philosopher
photogénique photogenic
photographe, *m.* photographer
photographier to photograph
physique, *f.* physics
pièce, *f.* room ; — de théâtre
play
pied, *m.* foot
pierre, *f.* stone
pilote, *m.* pilot
pin, *m.* pine
pinceau, *m.* paintbrush
pipe, *f.* pipe
pique-nique, *m.* picnic
piquer to sting ; to annoy
pirate, *m.* pirate
pire worse, worst
piscine, *f.* pool
pitié, *f.* pity
pittoresque picturesque
pizza, *f.* pizza
placard, *m.* closet
placé(e) placed, situated
plafond, *m.* ceiling
plage, *f.* beach
plaire to please ; to be attractive
to
plaisanterie, *f.* joke
plaisir, *m.* pleasure
plaît : s'il vous plaît please
plan, *m.* plan, map
planète, *f.* planet
plante, *f.* plant
plaque, *f.* plaque, plate
plastique, *m.* plastic
plat, *m.* dish
plat(e) flat
platane, *m.* sycamore tree
plateau, *m.* tray
plein(e) full ; faites le — fill her
up ; en — air in the open air

pleurer to cry
pleuvoir to rain ; il pleut it is
raining
plongée, *f.* diving
pluie, *f.* rain
plume, *f.* feather
pluriel, *m.* plural
plus more ; ne... plus no longer
plusieurs several
plutôt rather
pneu, *m.* tire
poche, *f.* pocket
poêle, *f.* skillet, pan
poème, *m.* poem
poésie, *f.* poetry
poire, *f.* pear
poirier, *m.* pear tree
poisson, *m.* fish ; — rouge goldfish
poitrine, *f.* chest
poivre, *m.* pepper
poivron, *m.* bell pepper
poliment politely
politicien, *m.* politician
politique, *f.* politics
Pologne, *f.* Poland
pomme, *f.* apple ; — de terre
potato
pommier, *m.* apple tree
pompe, *f.* pump
pompier, *m.* fireman
pompiste, *m.* service station
attendant
pont, *m.* bridge
porcelaine, *f.* porcelain
port, *m.* port, harbor
porte, *f.* door ; — d'entrée main
door
porte-bonheur lucky
portefeuille, *m.* wallet
porter to wear ; to carry
poser to put ; to ask
possibilité, *f.* possibility
postal(e) postal
poste, *f.* post office
poste, *m.* post
pot, *m.* flowerpot
poulet, *m.* chicken
pour for ; to ; in order to ; — que
so that
pourboire, *m.* tip
pourquoi why
pourrir to rot
poursuite, *f.* pursuit, chase
pourtant however, yet
pousser to grow
poussière, *f.* dust
pouvoir, *m.* power
pouvoir to be able
pratique, *f.* practice

pratique practical
pré, *m.* meadow
précédent(e) preceding
précipice, *m.* precipice, cliff
se précipiter to hurry
précis(e) precise, exact
précisément exactly
préface, *f.* preface, foreword
préférable preferable
préférence, *f.* preference
préférer to prefer
préhistorique prehistoric
premier (première) first
prendre to take ; s'en — à to
blame ; s'y prendre to go
about it
prénom, *m.* first name
préoccupation, *f.* preoccupation,
worry
préparatif, *m.* preparation
préparer to prepare
près near ; à peu — nearly
presque almost
presse, *f.* press
pressé(e) in a hurry
prêt(e) ready
prétention, *f.* pretention ; pretense
prêter to lend
prévoir to foresee
prier to pray
primaire primary
principe, *m.* principle ; en —
theoretically
printemps, *m.* spring
prise, *f.* hold ; taking
prison, *f.* prison
prisonnier, *m.* (prisonnière, *f.*)
prisoner
priver to deprive
privé(e) private
prix, *m.* price ; prize
probable probable
probablement probably
problème, *m.* problem
procédé, *m.* process
procès-verbal (P.V.), *m.* traffic
ticket
prochain(e) next
proche near
producteur, *m.* producer
produit, *m.* product ; — de
beauté cosmetic
professeur, *m.* teacher, professor
profiter de to benefit by ; to take
advantage of
profond(e) deep, profound
profondément deeply
programme, *m.* program
progrès, *m.* progress
projet, *m.* project, plan

promenade, *f.* walk
se promener to take a walk
promesse, *f.* promise
promettre to promise
promise, *f.* betrothed, fiancee
prononcer to pronounce
prononciation, *f.* pronunciation
proposer to propose
propriétaire, *m.* owner
prospection, *f.* prospecting
protester to protest
protocole, *m.* protocol, regulations
prouver to prove
provenance, *f.* : en provenance de coming from
proverbe, *m.* proverb
prudence, *f.* prudence
prudent(e) prudent, cautious
prune, *f.* plum, prune
prunier, *m.* plum-tree
publicitaire *m. or f.* advertising
publicité, *f.* advertising
puis then
puissance, *f.* power
punir to punish
pur(e) pure, fresh
P.V., *m.* traffic ticket
pyjama, *m.* pajamas

Q

qualifier to qualify
qualité, *f.* quality
quand when
quantité, *f.* quantity
quarantaine, *f.* about forty, quarantine
quarante forty
quartier, *m.* neighborhood; district
quatorze fourteen
quatre four
quatre-vingts eighty
que that; which; than; qu'est-ce que c'est? what is it?
québecois(e) from Quebec
quelque some; — part somewhere
quelquefois sometimes
querelle, *f.* quarrel
questionneur, *m.* (questionneuse, *f.*) questioner
qui who, whom
quinze fifteen
quitter to leave
quoi what
quoique although
quotidien(ne) daily

R

racine, *f.* root
raconter to tell, relate
radiateur, *m.* radiator
radiodiffuser to broadcast
radiographier to X-ray
radis, *m.* radish
raffiné(e) refined
raisin, *m.* grape
raison, *f.* reason; avoir — to be right
raisonnable reasonable
rajeunir to rejuvenate
ramener to bring back
rang, *m.* row; rank
rapatrier to repatriate, send home
rapetisser to become small
rapide fast
se rappeler to recall, remember
rapport, *m.* relationship; avoir — avec to have contact with
rapporter to report back, to bring back
se rapprocher to come closer
raquette, *f.* racket
rarement rarely
se raser to shave (oneself)
rasoir, *m.* razor
rassemblement, *m.* gathering
rassurer to reassure
rat, *m.* rat
ravi(e) delighted
rayon, *m.* department; ray
réaction, *f.* reaction; avion à — jet plane
réaliser to effect; to realize
réaliste realistic
réalité, *f.* reality; en — in reality
récapitulation, *f.* summary
récemment recently
récent(e) recent
recette, *f.* recipe
recevoir to receive
réciproque reciprocal
récit, *m.* story, narration
recommander to recommend
se réconcilier to make up
reconnaissable recognizable
reçu(e) received; passed
récupérer to recover
redoubler to redouble
réel(le) real; actual
réfléchi(e) reflexive
réfléchir to think over; to reflect
refrain, *m.* refrain, chorus
réfrigérateur, *m.* refrigerator
refroidir to chill; to cool
refuser to refuse
regard, *m.* look, glance

regarder to look
régime, *m.* diet
régiment, *m.* regiment
règle, *f.* rule
règlement, *m.* regulation
regret, *m.* regret
regretter to regret
régulier (régulière) regular
régulièrement regularly
reine, *f.* queen
relatif (relative) relative
religieux (religieuse) religious
remarquable remarkable
remarquer to notice
remercier to thank
remettre to put back
réminiscence, *f.* reminiscence
remonte-pente, *m.* ski-lift
remontée mécanique, *f.* ski-lift
remonter to go back up; — le moral to cheer up
remontrance, *f.* reproof
remords, *m.* remorse
remplir to fill
rencontre, *f.* meeting, encounter
rencontrer to meet
rendez-vous, *m.* appointment, rendezvous
se rendormir to go back to sleep
rendre to give back, return; se — compte de to realize
renforcer to strengthen
renseignement, *m.* information
se renseigner to get information
rentrée, *f.* re-entry, return
rentrer to come home; to re-enter
réparer to repair
repartir to leave again
repas, *m.* meal
repasser to retake; to iron
répéter to repeat
répliquer to reply
répondre to respond
réponse, *f.* response
reportage, *m.* news report, commentary
repos, *m.* rest
reposer to put back; se — to rest
reprendre to take back
représentation, *f.* performance
représenter to represent; to perform
reprise, *f.* refrain
requête, *f.* request
réserve, *f.* reserve, reservation
réserver to reserve
résidentiel(le) residential
résider to reside

résister   to resist
responsabilité, *f.*   responsibility
responsable   responsible
ressembler   to resemble
reste, *m.*   rest
rester   to remain, stay
restriction, *f.*   restriction
résultat, *m.*   result
résumé, *m.*   résumé, summary
retard : être en retard   to be late
retour, *m.*   return ; être de — to be back
retourner   to return ; se — to turn around
réussir   to succeed
rêve, *m.*   dream
réveil, *m.*   alarm-clock
se réveiller   to wake up
révéler   to reveal
revenir   to come back
rêver   to dream
rêveur (rêveuse)   dreamy
revoir   to see again ; au — goodbye
révolte, *f.*   revolt
révolutionnaire   revolutionary
revolver, *m.*   revolver
revue, *f.*   review ; magazine
rez-de-chaussée   first floor
riche   rich
rideau, *m.*   curtain
ridicule   ridiculous
rien   nothing
rire, *m.*   laugh
rire   to laugh
risqué(e)   daring, risqué
rivière, *f.*   river ; stream
robe, *f.*   dress ; gown
Robin des Bois   Robin Hood
robinet, *m.*   faucet, tap
rôle, *m.*   role, part
romaine(e)   Roman
roman, *m.*   novel
romantique   romantic
rond, *m.*   circle
rond(e)   round
rondelle, *f.*   small circle, slice
rose   pink
rose, *f.*   rose
rosé(e)   rosy
rôti, *m.*   roast
rouge   red ; — à lèvres   lipstick
rougir   to turn red
Roumanie, *f.*   Romania
route, *f.*   road
rue, *f.*   street
rumeur, *f.*   rumor ; noise
ruse, *f.*   trick
russe   Russian
Russie, *f.*   Russia

S

sa   his ; her ; its
sable, *m.*   sand
sac, *m.*   purse ; — à dos   back-pack ; — de couchage   sleeping bag
sacré(e)   holy, sacred
sacrifier   to sacrifice
safran, *m.*   saffron
sage   wise, good
Sagittaire, *m.*   Sagittarius
Saint-Laurent   Saint Lawrence
Saint-Valentin, *f.*   Valentine's Day
saison, *f.*   season
salade, *f.*   salad
salaire, *m.*   salary, earnings
sale,   dirty
salir   to dirty
salle, *f.*   room ; — à manger dining room ; — d'attente waiting room ; — de bain bathroom ; — de séjour   living room
saluer   to greet ; to salute
salut !   Hi !
samedi, *m.*   Saturday
sang, *m.*   blood
sans   without ; — façon   informal
santé, *f.*   health ; à votre — to your health
sapristi !   gosh !
satin, *m.*   satin
satisfait(e)   satisfied
sauce, *f.*   sauce
sauf   save, except
sauter   to jump ; to jump over
sauvage   wild
savoir   to know ; to know how
savon, *m.*   soap
savourer   to savor
scène, *f.*   scene
scolaire   school, scholastic
Scorpion, *m.*   Scorpio
séance, *f.*   session
sec (sèche)   dry
secondaire   secondary
sécurité, *f.*   security, safety
seize   sixteen
séjour, *m.*   stay, sojourn
sel, *m.*   salt
semaine, *f.*   week
semestre, *m.*   semester
sens, *m.*   meaning, sense
sensas   great, sensational
sensationnel(le)   sensational
sentir   to feel ; to smell ; se — bien   to feel well ; se — mal to feel bad
séparer   to separate

sept   seven
septembre   September
série, *f.*   series
sérieux (sérieuse)   serious
serpent, *m.*   snake
serpenter   to meander
serrer   to hug ; to press
serveuse, *f.*   waitress
servi(e)   served
service, *m.*   service, set ; — compris   tip included
serviette, *f.*   briefcase ; napkin ; towel
servir   to serve
seul(e)   alone, only
seulement   only
sexe, *m.*   sex
si   so, if ; s'il vous plaît   please ; si !   but yes !
siècle, *m.*   century
signe, *m.*   sign
signer   to sign
silence, *m.*   silence
silencieux (silencieuse)   silent
sincère   sincere
singulier (singulière)   singular
sinon   otherwise, except
site, *m.*   site, location
situé(e)   located
ski, *m.*   skiing ; faire du — to go skiing
smoking, *m.*   tuxedo
sœur, *f.*   sister
soif, *f.*   thirst ; avoir — to be thirsty
soigner   to care for
soin, *m.*   care
soir, *m.*   evening
soirée, *f.*   evening ; evening party
soixante   sixty
soixante-dix   seventy
soldat, *m.*   soldier
soleil, *m.*   sun ; un coup de — sunburn, sunstroke
solennel(le)   solemn
solitaire   solitary
sommeil, *m.*   sleep ; avoir — to be sleepy
somptueux (somptueuse)   somptuous, lavish
son   his ; her ; its
son, *m.*   sound
sonner   to ring, to sound
Sorbonne, *f.*   Sorbonne (part of the University of Paris)
sorte : de sorte que   so that
sortir   to go out
soucoupe volante, *f.*   flying saucer
soufflé, *m.*   soufflé

souffler   to blow
souffrir   to suffer
souhait, *m.*   wish
souhaiter   to wish
soulier, *m.*   shoe
soumis(e) à   subject to
soupe, *f.*   soup
soupirer   to sigh
souriant(e)   smiling
sourire, *m.*   smile
sourire   to smile
souris, *f.*   mouse
sous   under, below
sous-marin, *m.*   submarine
sous-sol, *m.*   cellar, basement
soustraction, *f.*   subtraction
souvenir, *m.*   souvenir; memory
se souvenir de   to remember; **je me souviens**   I remember
souvent   often
spécial(e)   special
spécialité, *f.*   specialty
spécifique   specific
sport, *m.*   sports; **— d'hiver** winter sports
sportif (sportive)   athletic, sporting
station, *f.*   station; resort
stationner   to park
stopper   to stop
strophe, *f.*   stanza, verse
studieux (studieuse)   studious
stupide   stupid
stylistique   stylistic
stylo, *m.*   pen
subir   to undergo
subjectif (subjective)   subjective
subjonctif, *m.*   subjunctive
substance, *f.*   substance, matter
succès, *m.*   success
sucre, *m.*   sugar
sud, *m.*   south
Suède, *f.*   Sweden
suédois(e)   Swedish
suffire   to suffice
suggérer   to suggest
Suisse, *f.*   Switzerland
suivant(e)   following, next
suivre   to follow
superbe   superb
supermarché, *m.*   supermarket
supplémentaire   supplementary
supprimer   to suppress; to abolish
sur   on, towards
sûr(e)   sure
surgelé(e)   frozen
surprendre   to surprise
surpris(e)   surprised
surprise-partie, *f.*   surprise party

surtout   especially
survenir   to happen, occur
survivre   to survive
suspect, *m.* (suspecte, *f.*)   suspect
symbolique   symbolic
syndicat, *m.*   labor union
syntaxe, *f.*   syntax
systématique   systematic
système, *m.*   system

T

table, *f.*   table
tableau, *m.*   picture, painting; blackboard
tablette, *f.*   tablet
taché(e)   stained, spotted
taille, *f.*   size; waist
tandis que   while
tango, *m.*   tango
tant   so much, so many; **— mieux** so much the better
tante, *f.*   aunt
taper   to tap; to hit; to type
tapis, *m.*   carpet
taquiner   to tease
tard   late
tarte, *f.*   pie, tart
tas, *m.*   heap; **un — de**   a lot of
tasse, *f.*   cup
Taureau, *m.*   Taurus
technique   technical
techniquement   technically
teint, *m.*   complexion
téléphone, *m.*   telephone
téléphoner   to telephone
téléviser   to televise
télévision, *f.*   television
témoin, *m.*   witness
température, *f.*   temperature
tempête, *f.*   storm
temps, *m.*   time; tense; weather; **de — en —**   from time to time
tendance, *f.*   tendency
tenir   to hold; to keep
tentation, *f.*   temptation
tente, *f.*   tent
tenter   to try, attempt
tenture, *f.*   hanging, tapestry
terme, *m.*   term
terminaison, *f.*   ending
terminer   to end
terrasse, *f.*   terrace
terre, *f.*   earth; ground; **par —** on the ground
terreur, *f.*   terror
terrifiant(e)   terrifying
terrifié(e)   terrified
terrine, *f.*   chopped meat
terrorisme, *m.*   terrorism
terroriste, *m. or f.*   terrorist

tertre, *m.*   hill, knoll
tête, *f.*   head; **mal de —**   headache
thé, *m.*   tea
théâtre, *m.*   theater
théorie, *f.*   theory
thon, *m.*   tuna
tiens!   well!
timide   timid, shy
tirer   to shoot
tireuse de cartes, *f.*   fortune-teller
tiroir, *m.*   drawer
tisser   to weave
titre, *m.*   title
toile, *f.*   canvas; oil painting
toilette, *f.*   outfit, dress
toit, *m.*   roof
tomate, *f.*   tomato
tombe, *f.*   tomb
tomber   to fall; **— amoureux (de)** to fall in love with
tonnerre, *m.*   thunder
tort, *m.*   wrong; **avoir —**   to be wrong
totem, *m.*   totem pole
touché(e)   touched
toucher   to touch; **— un chèque** to cash a check
toujours   always
tour, *f.*   tower; **la — Eiffel**   Eiffel Tower
tour, *m.*   turn
touriste, *m.*   tourist
touristique   touristic
tourmenter   to torment; to distress
tourner   to turn; **se — vers**   to turn towards; **— un film**   to make a film
tournesol, *m.*   sunflower
tout(e)   all, any; **— à coup**   suddenly; **— haut**   out loud; **tout le monde**   everybody
tracer   to trace
traditionnel(le)   traditional
trafiquant, *m.*   dealer
tragédie, *f.*   tragedy
tragique   tragic
trahison, *f.*   treachery, betrayal
train, *m.*   train; **être en — de**   to be in the act of
trait, *m.*   feature
traiter   to treat
tranche, *f.*   slice
tranquille   quiet, peaceful
tranquillité, *f.*   tranquility
transformateur, *m.*   transformer
transformer   to transform
travail, *m.*   work
travailler   to work

à travers   across
traversée, *f.*   passage, crossing
traverser   to cross
treize   thirteen
tremblement de terre, *m.*   earth-quake
trente   thirty
très   very ; **— bien**   very well
tribu, *f.*   tribe
tricher   to cheat
tricolore   tricolored
tricot, *m.*   sweater
trimestre, *m.*   trimester
triompher   to triumph
triste   sad
tristesse, *f.*   sadness
trois   three
se tromper   to be mistaken
trompette, *f.*   trumpet
tronc, *m.*   trunk
trop   too much
trou, *m.*   hole
trouver   to find
truffe, *f.*   truffle
tuer   to kill
turc   Turkish
type, *m.*   type ; guy
typique   typical

U

ultra-moderne   ultramodern
un(e)   one, a, an
uniforme, *m.*   uniform
unisexe   unisex
universel(le)   universal
universitaire   university
université, *f.*   university
urbaniste, *m.*   city planner
user de   to make use of
usine, *f.*   factory
usuel(le)   usual
utile   useful

V

vacances, *f. pl.*   vacation
vache, *f.*   cow
vague, *f.*   wave
vague   vague
vaisselle, *f.*   dishes ; **faire la —**   to wash the dishes
valise, *f.*   suitcase
vallée, *f.*   valley, vale
valoir   to be worth
valse, *f.*   waltz

vanille, *f.*   vanilla
varié(e)   varied
variété, *f.*   variety
vase, *m.*   vase
vedette, *f.*   star
véhicule, *m.*   vehicle
veille, *f.*   the previous night
veiller   to keep watch ; to stay awake
veine, *f.*   vein ; **avoir de la —**   to be lucky
vélomoteur or vélo, *m.*   bicycle, scooter
vendanges, *f. pl.*   grape harvest
vendeur, *m.* (vendeuse, *f.*)   sales-person
vendre   to sell
vendredi, *m.*   Friday
vénéneux (vénéneuse)   poisonous
venger   to avenge
venir   to come ; **— de**   to have just
vent, *m.*   wind
verdir   to become green
vérifier   to verify
vérité, *f.*   truth
vermicelle, *f.*   noodle
vernissage, *m.*   varnishing
verre, *m.*   glass
vers   towards
vers, *m.*   verse, poetry
Verseau, *m.*   Aquarius
vert(e)   green
vertige, *m.*   dizziness
vertu, *f.*   virtue
veston, *m.*   jacket
vêtement, *m. pl.*   clothes
vêtir   to clothe
vêtu(e)   clothed
vexé(e)   annoyed
viande, *f.*   meat
vice-consul, *m.*   vice-consul
victime, *f.*   victim
victoire, *f.*   victory
victorieux (victorieuse)   victorious
vide   empty
vider   to empty
vie, *f.*   life
vieille fille, *f.*   old maid
vieillir   to grow old
Vierge, *f.*   Virgo
vieux (vieille)   old ; **mon —**   old pal
vigueur, *f.*   vigor ; **en —**   in force

villa, *f.*   villa
ville, *f.*   town
vin, *m.*   wine
vinaigre, *m.*   vinegar
vingt   twenty
violence. *f.*   violence
visa, *m.*   visa
visage, *m.*   face
visite, *f.*   visit
visiter   to visit
visiteur, *m.* (visiteuse, *f.*)   visitor
vite   quickly
vitrine, *f.*   store-window
vivant(e)   living, alive
vivre   to live
vocabulaire, *m.*   vocabulary
voici, voilà   here is, there is, here are, there are
voile, *f.*   sail
voir   to see ; **ça se voit**   that is obvious ; **voyons!**   come on !
voisin, *m.* (voisine, *f.*)   neighbor
voiture, *f.*   car
voix, *f.*   voice
vol, *m.*   flight ; theft
volant, *m.*   steering wheel
volé(e)   stolen
voler   to steal ; to fly
volontaire, *m.*   volunteer
volonté, *f.*   will
volt, *m.*   volt
voter   to vote
votre   your ; **le, la vôtre**   yours
vouloir   to want ; to wish ; **je voudrais**   I would like
voûte, *f.*   vault, arch
voyage, *m.*   trip, journey
voyager   to travel
voyageur, *m.* (voyageuse, *f.*)   traveler
voyelle, *f.*   vowel
vrai(e)   true
vraiment   truly, really
vraisemblable   likely, plausible
vue, *f.*   view

Y

y   there ; to it ; by it ; **il y a**   there is, there are
yeux, *m. pl.*   eyes

Z

zodiaque, *m.*   zodiac
zoo, *m.*   zoo
zut !   darn it !

Index